JN448052

요한복음서 재발견

박호용 지음

부활의 신학

쿰란출판사

이 책은

중국 선교에 헌신하기로 결단한

사랑하는 아내 임연희 목사와

아들 도신, 그리고 딸 승아에게 주는

아빠의 선물이다.

아하! 바로 그거야!

1. 요한복음서는 누구나 쉽게 읽을 수 있다는 점에서 기독교 신앙에 입문하는 초신자에게 가장 먼저 읽기를 권하는 책이다. 그러면서 대부분의 사람들은 가장 난해하고 심오한 책이 또한 요한복음서라고 말한다. 그런 점에서 요한복음서는 아이러니한 책이 아닐 수 없다. 요한복음서의 어휘수는 공관복음서에 비하면 빈약하기 그지없다(요=1011; 마=1691; 막=1345, 눅=2055). 그럼에도 불구하고 요한복음서는 공관복음서와 비교할 때 그 의미가 매우 심오하다. 그 까닭은 요한은 자신이 사용하는 말들을 양식화(樣式化)시켜 독창적이고 깊은 의미를 그 책에 부여하고 있기 때문이다.[1)]

그런데 요한복음서를 접할 때 가장 먼저 받는 인상은 공관복음서와 너무나도 다르다는 점이다.[2)] 요한복음서가 공관복음서와 많은 점에서 차이가 난다고 해서 정경에서 제외하려고 한 적도 있었으나 요한복음서가 정경으로 채택된 것이야말로 하늘의 축복이 아

---

1) 최안나, 《나오너라: 성서가족을 위한 요한복음서 해설》, 21.
2) 김득중, 《요한의 신학》, 11-16; 박수암, 《요한복음》, 9-10을 참조하라.

닐 수 없다.[3]

2. 공관복음이 주로 사건 보도 형식을 취한 복음서라고 말한다면, 요한복음은 전승 내용들이 음미되고 심층적으로 재해석된 형식을 취한 복음서라고 말할 수 있다. 요한복음은 일반적으로 "영"의 복음서로도 불려진다. 다시 말하면 요한복음은 성령에 관해서 자주 말할 뿐만 아니라[4] 성령이 주는 통찰력으로 철저히 그리고 가장 강력하게 조명되어 있다.[5] 공관복음서는 "육적인 복음서"요 요한복음은 "영적인 복음서"라고 언급한 알렉산드리아의 클레멘스의 견해 역시 이를 대변해 준다. 그리고 눈부시게 빛나는 태양마저 볼 수 있는 독수리처럼, 요한을 〈독수리〉로 상징(계 4:7)하여 심오한 진리를 꿰뚫어 볼 수 있는 영적인 눈을 지닌 자로 표현하는 것도 그 맥락을 같이한다.[6]

많은 이들이 요한복음에 대해 찬사를 아끼지 않았다. "실로 요한복음은 여러 방면으로 성경의 면류관이다"(이상근). "다른 모든 책 중에서 요한복음은 최고의 것이다"(마르틴 루터).[7] 필자는 요한복음을 가리켜 이렇게 말하고 싶다. "천재성이 유감없이 발휘된 불후의 명작",[8] "2막 7장으로 된 영원한 감동의 드라마", "제3의 종교개혁의 텍스트", "인류 역사상 그 어느 책과도 비교가 안 되는 최고의 걸작품", "성경 66권 중 단 한 권만 남기라면 그 책은 요한복음서가 될 것이다."

---

3) 신약정경화과정에 대해서는 B. M. Metzger, 《신약정경형성사》를 참조하라.
4) 성령에 관한 구절들(1:32, 33; 3:5; 6:63; 7:39; 14:16-17, 26; 15:26; 16:13-14; 20:22).
5) 《성경전서: 개역개정판》(독일성서공회 해설), "요한복음 안내."
6) 이영헌, 《요한복음서》, 9.
7) 박수암, 10.
8) 무디 스미스는 "요한은 천재성이 번뜩이는 독창적인 사상가"라고 하였다. D. Moody Smith, 《요한복음 신학》, 110.

3. 오늘 교계와 신학계의 문제는 "신학과 교회의 별거"[9]이며, "구약과 신약의 별거"에 있다고 해도 과언이 아니다. 오늘 우리 앞에 놓여 있는 신구약성경은 나누어질 수 없는 〈한권의 책〉으로서 오랜 세월 동안 교회가 "삶과 신앙의 표준"인 정경으로 인정한 책이다. 그러기에 '구약신학'과 '신약신학'이 따로 분리되어 있는 것을 지향하고 〈성서신학〉이라는 이름 아래 늘 함께 연구되어야 할 것이다. 우리에게는 아직도 좀 낯설게 여겨질지 모르나 구약을 전공한 필자가 신약에 속하는 요한복음서를 연구한 까닭도 평소에 필자가 가지고 있던 이러한 생각에 기인한다.

성서연구 방법론[10]을 크게 나누면 역사비평적 연구방법과 문학비평적 연구방법이 있다. 역사비평적 연구방법은 '역사'를 중심으로 다루는 통시적(diachronic) 연구방법이고, 문학비평적 연구방법[11]은 '언어'를 중심으로 다루는 공시적(synchronic) 연구방법이다. 모든 방법론이 다 나름대로 의미를 가지고 있기에 본서에서는 어느 한 방법론에 매이지 않을 것이다. 그러나 기본적으로는 정경비평[12]을 중심으로 연구를 진행하고자 한다.

필자가 요한복음을 연구하면서, "정경비평"이라는 방법론을 사용한다는 말 속에는 다음과 같은 의도를 가지고 있다. 본래 성경은 교회를 위한 책이자 신앙을 위한 책이다. 그러니까 성경은 학교에서 학문적으로 연구하기 위한 목적으로 쓰여진 책이 아니다. 성경

---

9) 왕대일 교수는 《새로운 구약주석》(서울: 성서연구사, 1996), 17-56에서 "딜레마"라는 제목으로 이 문제를 심각하게 취급하고 있다.

10) 자료비평, 양식비평, 편집비평은 '통시적 연구방법'에 속하며, 사회학적 비평, 정경비평, 수사학적 비평, 구조주의비평, 설화비평, 독자-반응비평 등은 '공시적 연구방법'에 속한다.

11) 요한복음서에 대한 대표적인 문학비평 연구서로는 R. A. Culpepper, 《요한복음 해부: 서사비평으로 보는 제4복음서》가 있다.

12) 정경비평에 대해서는 B. S. Childs, *Introduction to the Old Testament as Scripture* 를 참조하라.

을 연구하는 학자들은 이 말을 깊이 명심할 필요가 있다. 교회와 신앙에 도움이 되지 않는 성경 연구는 무익할 뿐만 아니라 실은 큰 해악이 된다. 그럼에도 불구하고 얼마나 많은 학자들이 학문이라는 이름 하에 교회와 신앙, 그리고 성경의 권위를 무너뜨려 왔는가. 따라서 이 책은 성경적,[13] 교회적, 신앙적, 그리스도 중심적으로 써 갈 것이다.

4. 서구 신학자들은 성서(신학) 연구에 있어서 부분적이고 분석적으로 보는 데에는 탁월하지만 전체적이고 종합적으로 보는 데에는 미흡하다.[14] 이 같은 사실은 요한복음 연구에 있어서도 예외는 아니다. 요한복음은 "통으로 짠 이음새가 없는 옷과 같다"(19:23).[15] 요한복음 전체가 하나의 완벽한 유기적 통일체이다. 필자가 생각하기에 종래의 요한복음 연구의 문제점은 부분적(분석적)인 나무는 잘 보았으나 전체적(종합적)인 숲은 제대로 보지 못했다는 점이다. 이로 인해 요한복음이라는 전체 그림을 통전적으로 볼 수 있는 안목을 제대로 열어주지 못했고, 빗나간 해석이 많았다는 것이 필자의 생각이다.[16]

---

13) 종교개혁자들은 "오직 성경"(sola scriptura)과 "성경이 성경을 해석한다"(sui ipsius interpres)를 개신교의 성경 해석 원리로 삼았다(G. F. Hasel, 《구약신학: 현대 논쟁의 기본 이슈들》, 21-22). 이 말은 구약을 해석할 때 신약적(기독론적)으로 해석할 필요가 있다는 것이며, 신약을 해석할 때 그 뿌리가 되는 구약적(히브리적) 배경 하에서 해석할 필요가 있다는 것이다. 왜냐하면 신약적(기독론적)으로 해석하지 않는 구약해석은 유대교일 뿐이며, 구약적(히브리적) 배경 하에서 해석하지 않는 신약 해석은 그 가장 중요한 근본을 배제한 해석이기에 피상적 이해로 귀결될 수밖에 없기 때문이다. 따라서 성경 밖의 문서나 사상(헬라적 배경), 또는 여러 신학자들의 이론보다 성경 안(구약적-히브리적 배경)에서 요한복음을 연구하는 것이 바람직하다.

14) 키는 성경을 연구함에 있어서 저자의 의도를 전체적으로 보는 것의 중요성을 강조한다.H. C. Kee, 《마가복음 연구: 새 시대의 공동체》, 12.

15) R. Kysar, 《설교자들을 위한 요한복음 해석》, 25.

16) 요한복음에는 이에 대한 많은 실례가 있지만 여기서 한 가지만 예를 들면 니

필자는 요한복음을 연구하면서 요한복음 전체를 꿰뚫고 흐르는 네 가지를 추출했다. 첫째, 요한복음은 "이야기체(narrative)로 쓰여진 한편의 신학논문"이라는 것,[17] 둘째, 요한복음은 "부활의 신학에 대한 묵상의 산물"이라는 것,[18] 셋째, 요한복음은 "구약적(히브리적)[19] 배경으로 절여져 있는 책"이라는 것,[20] 넷째, 요한복음은 "역사의 해체와 재구성을 철저히 사용하고 있다"는 것이 그것이다.

고데모를 3장에 국한해서 해석할 때와 7장 및 18-19장과 관련해서 해석할 때는 상당히 다른 해석이 나온다. 자세한 것은 본문 주석(3장과 7장 및 18-19장)을 참조하라.

17) "요한복음은 신학적 주제에 대한 논문이라는 느낌을 준다"(최흥진, 《요한복음》, 22-23).

18) H. Conzelmann, *Grundriß der Theologie des Neuen Testaments*(München, 1967), 366에 의하면, 요한의 "강렬한 인상을 주는 부활절 사화는 그가 가지고 있었던 자료에서 이미 주어진 것으로 본다." 요한복음에서 부활절사화는 공관복음에 비하여 매우 강렬한 인상이 부여되고 있다. 김문경, 《요한신학》, 46-47; 지금까지 요한복음서 연구는 엠마오로 가는 두 제자(눅 24:16)가 부활하신 예수가 그들 곁을 지나가고 있었지만 저들의 영적인 눈이 가려져서 그가 주님이신 줄 몰랐던 것처럼, 또는 막달라 마리아가 부활하신 주님을 알아보지 못하고 동산지기로 오해한 것처럼(요 20:15), 요한복음서가 "부활의 신학"으로 이루어진 책이라는 사실을 영적인 안목이 열리지 않아 제대로 보지 못했다는 것이 필자의 생각이다.

19) 우리에게는 "히브리-그리스도교적"(Hebrew-Christian)이란 말보다는 "유대-그리스도적"(Jewish-Christian)이란 말이 보다 더 익숙하다. 그런데 "유대적"보다는 "히브리적"이라는 말이 보다 더 적합하다. 그 까닭은 "유대-그리스도교적"이라는 말이 유대교와 기독교 사이에 본질적 차이점이 없는 것처럼 그 둘을 동일시하는 인상을 주기 때문에 그것을 피하기 위해서이다. 그와 동시에 유대교와 기독교는 그 차이점에도 불구하고 똑같이 히브리, 즉 구약에 뿌리를 두고 있기 때문이다. J. P. Milton, 《히브리식 사고와 기독교》, 4.

20) 《새번역 신약성경》에 의한 4복음서의 구약 인용 횟수를 보면 요한복음이 가장 적은 것으로 나타난다(마태 56회, 마가 36회, 누가 43회, 요한 17회). 따라서 얼핏 보기에는 요한복음이 구약과 관계가 가장 적은 책으로 보인다. 그러나 실제적으로는 그렇지 않다. 요한복음이야말로 구약에 절여진 책이라는 것이 필자의 주장이다. 요한복음이야말로 신약성경 가운데 히브리서와 더불어 가장 "구약적(히브리적)"이라는 것이 필자의 확고한 신념이며, 이 책을 쓰게 된 가장 중요한 동기 중의 하나이다.

필자는 이 네가지를 요한복음 해석을 위한 틀로 삼고자 했다.[21) 베토벤은 "〈더욱 아름답기〉위해서라면 범하지 못할 규칙이란 하나도 없다"[22)]라는 말을 했다. 마찬가지로 요한은 예수를 보다 잘 드러내기 위하여 이 같은 해석의 틀을 통해 공관복음서와 전혀 다른 "새로운 복음서"를 썼다는 것이 필자의 생각이다.

5. 1839년 열여덟 살이었던 도스토예프스키는 자신의 형에게 보낸 편지에 이렇게 썼다. "인간은 신비입니다. 그 신비를 풀기 위해 인생 전부를 바친다 해도, 시간을 낭비했다고 할 수는 없겠지요. 내가 이 신비에 이토록 집착하는 이유는 나는 인간이 되고 싶기 때문입니다." 이 위대한 심리분석가는 자신의 소명을 예감하고 있었다. 그의 모든 창작은 인간의 신비에 관한 것이었다.[23)]

요한이 만난 예수 또한 한마디로 '신비'다. 그 신비는 그를 감동시켰고, 그 감동을 어떻게 표현할까를 놓고 그는 한평생을 기도하며 고심하였다. 그 기도와 고심의 결과물이 요한복음서이다. 그 요한복음서가 수많은 이들을 감동시켰고, 또한 나를 감동시켰다. 깨달음이 오는 순간 우리는 "아하! 바로 그거야!"라는 말을 한다. 그 아하! 체험은 신앙적 체험의 순간이요 신학적 통찰의 순간이다. 필자가 요한의 이야기를 읽고 연구하면서 무릎을 치며 "아하! 바로 그거야!"를 얼마나 연발했는지 모른다. 이 책을 읽는 독자들에게도 그 같은 순간이 많았으면 하는 바람 간절하다.

---

21) 종래의 요한복음서 연구는 이 네 가지에 철저하지 못했다는 것이 필자의 생각이다. 따라서 필자가 이 책을 쓰려는 동기는 이 네 가지를 철저히 함으로써 요한복음서를 재발견하고자 함에 있다. 아울러 해석의 틀로 삼은 이 네 가지는 밀접하게 상호 연관되어 있다. 이 네 가지는 하나의 입체(삼각뿔)처럼 첫째 것을 꼭지점(구조)으로 하여 나머지 셋이 밑변(방법론)을 형성한다.

22) R. Rolland, 《베에토벤의 생애》, 115.

23) K. Mochulskij, 《도스토예프스키(2)》, 959.

도스토예프스키가 시베리아 옴스크 감옥에서 4년(1850-1854) 동안 모진 옥고를 겪고 나온 후에 한 명언이 있다. "이 세상에 그리스도보다 더 아름답고 깊고 자비로우며 슬기롭고 용기있고 완전한 것은 없습니다. 만일 어떤 사람이 그리스도는 진리를 벗어났다고 할지라도 저는 기꺼이 그리스도를 따르겠습니다." 내 인생의 영원한 테마인 새 모세 예수 그리스도에 대한 목마름을 안고 이 책을 썼다. 서문(Prologue)에서 못다 한 이야기는 후기(Epilogue)에서 하기로 하고 이제 요한과 더불어 신비의 여행을 떠나기로 하자.

contents

Contents

II. 본문 주석

제1부 표적을 통한 영광(1-11장)

contents

contents

제2부 십자가와 부활을 통한 영광(12-21장)

contents

I. 요한복음서 해석의 틀 (네가지)

1. 예비적 고찰

1) 저자: 애제자(愛弟子)는 누구인가

신약성서는 네 권의 복음서가 맨 앞에 있고 다음에 사도행전과 바울서신의 순서로 되어 있다. 그래서 복음서가 바울서신보다 먼저 기록된 것으로 생각하기 쉬우나 바울서신이 복음서보다 먼저 기록되었다는 사실과, 이것들 중 한 명의 저자가 처음부터 끝까지 써 내려간 것은 하나도 없다는 사실에 대부분의 학자들이 동의한다.[1)]

아래에서 자세히 밝히기로 하고 "예수께서 사랑하시던 제자"(이하 애제자[愛弟子])라고 약칭함)를 '사도 요한'이라고 볼 경우 그가 요한복음서 전체를 다 쓰지 않았다 하더라도 대표성을 중시하는 성서의 전통[2)]에 따라 그를 요한복음의 원저자라고 말할 수도 있다.

---

1) 바울서신(50-60년), 마가복음(70년 전후), 마태복음과 누가복음(80-85년 전후), 사도행전(85-90년), 요한복음(90-100년 전후)의 순으로 쓰여졌다. "사실상 복음서나 사도행전의 이야기들은 훗날 익명의 저자들의 수정과 가필로 변형된 이야기들이다. 그 과정에서 시대의 취향에 맞추기 위해 일관성도 없고 다듬어지지도 않은 이야기가 첨가됐다. 따라서 오늘날 신약성서의 책들은 편집의 결과물이라 할 수 있다"(G. Mordillat & J. Prieur, 《예수 후 예수》, 50).

그러나 요한복음은 예수 사후 60년 이상 오랜 전승과정과 편집과정을 거치면서 최종적인 형태로 현재와 같은 책으로 완성되었다는 점에서 한사람 사도 요한의 저작이라고 말할 수는 없다.[3] 요한복음서는 사도 요한과 관련이 있는 사랑하는 제자가 지도자로 있는 공동체[4]의 산물이라고 말할 수 있다.

요한복음은 21:24에 근거하여 이 책의 원저자를 "예수께서 사랑하시던 제자"라고 말하고 있다.[5] 그렇다면 이 애제자는 누구인가? 초대교회는 21:24을 문자적으로 받아들여서 애제자(the beloved disciple), 곧 세베대의 아들 (사도) 요한이 복음서 중에서는 가장 늦은 시기에 에베소에서 요한복음서를 기록하였다고 믿었다(Irenaeus, Hear., III:1,1).

---

2) 현재의 구약성경은 그 어떤 책도 한 순간에 한 저자에 의해 쓰여져 그대로 전해진 것이 아니라 오랜 동안의 전승과정과 편집과정을 거쳐 형성된 책이라는 관점에서 볼 때 구약성경의 그 어떤 책도 한 저자의 작품이라고 말할 수 있는 책은 없다. 단지 대표성이라는 관점에서 오경(토라)은 모세가, 시편은 다윗이, 지혜문학은 솔로몬이 쓴 것으로 인정되고 있다.

3) 스몰리는 요한복음서의 편찬에 세 단계가 얽혀 있다고 말한다. 첫째, 세베대의 아들 사도 요한(사랑받는 제자)이 에베소에서 그의 제자들에게 구두로 예수의 행적들과 어록들을 전했다는 것이다. 둘째로, 요한의 제자(들)가 사도 요한으로부터 받은 구전전승을 기록으로 남겼다는 것이다. 셋째로, 에베소에 있는 요한의 교회는 사도 요한이 죽은 후에 서곡(1:1-18)과 후기(21장)를 덧붙여서 이 복음서의 최종 편집본을 간행했다는 것이다(S. S. Smalley, 《요한신학》, 182-184); 브라운은 5 단계설을 주장한다. (1) 구전단계, (2) 전승들이 요한식 패턴으로 발전된 단계, (3) 복음서의 제1판 출현, (4) 복음서의 제2판 출현, (5) 마지막으로 일부 자료들을 첨가한 단계(R. E. Brown, *The Gospel According to John,* Vol.1, Introduction, XXXIV-V).

4) 이 단체는 공동체(Käsemann), 써클(Cullmann), 그룹(Brown, Martyn), 학파(Culpepper), 종파(Meeks) 등으로 불리운다. 요한복음을 쓴 사람을 저자, 편집자 또는 복음사가 등 여러 명칭으로 부르고 있는데, 필자는 "요한"으로 쓰고자 한다.

5) 요한복음에는 "예수께서 사랑하시던 제자"라는 문구로 다섯 번(13:23-25; 19:26-27; 20:2; 21:7; 21:24), 그리고 익명의 제자 형태로 세 번(1:37-42; 18:15-16; 20:3-10) 나타난다. 공관복음은 이 제자에 대해 전혀 말하지 않는다.

그런데 오늘날 대다수의 주석가들은 사도 요한이 요한복음서를 썼다는 데에 동의하지 않는다.[6] 애제자는 사도 요한이 아닌 요한 마가라는 가설, 이상적인 혹은 상징적인 제자[7]라는 가설, 가룟 유다가 아닌 다른 유다(요 14:22)라는 가설, 맛디아(행 1:15 이하)라는 가설, 나사로라는 가설 등 여러 가설이 등장한다.[8]

애제자에 대한 필자의 생각은 이렇다. 애제자는 '사도 요한'이되, '역사적인 사도 요한'이 아닌 '이상화한 사도 요한'이라는 것이다. 이 같이 보는 이유는 다음과 같다. 우선, 요한복음에는 공관복음에 나오는 예수의 측근 제자 세 사람(베드로, 야고보, 요한)이 나타나지 않는다. 그런데 21장(2절)에 "세베대의 아들" 곧 사도 요한이 처음으로 나타난다. 그리고 21장(7절)에 '애제자'가 나타나는데, 그렇다면 그는 2절의 일곱 제자 가운데 한 사람이다.

다음으로, 공관복음서와 사도행전에 보면 베드로와 요한이 같이 등장하는 것을 많이 볼 수 있다.[9] 요한복음에서는 애제자가 등장하는 다섯 문맥 가운데 십자가 아래(19:26-27)에서만 제외하면 베드로와 애제자는 같이 등장한다.[10] 그렇다면 1:35-42에 베드로와 '다

---

6) 파피아스는 사도 요한과 장로 요한을 구별한다(Eusebius, *Hist. eccl.*, iii:39, 4). 헹엘은 장로 요한이 요한복음서의 저자라고 가정한다(M. Hengel, *The Johannine Question*, London: SCM Press, 1989). G. Theissen, 《복음서의 교회정치학》, 165; 오늘날 일반적 경향과는 달리 카슨은 사도 요한이 요한복음을 썼다는 것을 강력히 주장한다(D. A. Carson, *The Gospel according to John*, 68-81).

7) 애제자를 상징적인 인물이 아닌 역사적인 실제의 인물(요 21:20-23의 애제자의 죽음 참조)이라는 것에 대해서는 K. Quest, *Peter and the Beloved Disciple*, 16-17을 참조하라.

8) 요한복음서의 저자(애제자)에 관한 자세한 내용은 김득중, 《요한의 신학》, 181-189; 최홍진, 《요한복음》, 26-39을 참조하라.

9) 마 10:2; 17:1; 26:37; 막 5:37; 9:2; 13:3; 14:33; 눅 6:4; 8:51; 9:28; 22:8; 행 3:1-11; 4:13,19; 8:14.

10) 필자는 1장과 21장이 상응관계에 있다고 보면서 21장의 '애제자'는 1장의 '다른 제자'라고 생각한다.

른 제자'가 같이 등장한다는 점에서 '다른 제자'는 사도 요한일 가능성이 짙다. '다른 제자'가 사도 요한이라면 '애제자'는 사도 요한과 동일 인물임이 확실하다.(20:2-3 참조)

그런데 요한복음에 등장하는 '애제자'가 '사도 요한'이라면, 그 모습은 공관복음서에 등장하는 사도 요한의 모습과는 상당히 다르다.[11] 이 때문에 '애제자'가 사도 요한이라는 설에 대해 많은 의문점을 가지고 있는 것이 사실이다. 여기서 우리는 요한의 글쓰기에 대해 생각해 볼 필요가 있다. 많은 학자들은 '애제자'가 누구냐, 즉 사도 요한이냐 아니냐에 생각이 매여 있다. 그런데 요한은 애제자가 누구냐에 대한 관심보다는 애제자를 통해 자신이 하고 싶은 메시지를 던지고 싶었다는 것이 필자의 생각이다.

요한은 요한의 교회(공동체)에 참 제자상, 즉 이상적인 제자의 모델을 제시하려는 데 관심을 가졌다. 그래서 요한은 끝까지 예수 곁에서 예수의 사랑을 받으면서 예수에 관해 목격한 모든 사실을 충실히 증언하는 제자로서의 사명을 잘 감당한 자로서 애제자를 그렸다. 애제자는 이상적인 제자상을 보여준다는 점에서 그는 '역사적인 사도 요한'이 아닌 '이상화한 사도 요한'이라는 것이 필자의 생각이다.

여기서 이런 의문을 가질 수 있다. 왜 요한복음 저자는 '요한'이라는 사도의 이름을 사용하면 더 권위있는 책으로 인정받을 터인데 굳이 익명(애칭)을 사용했는가 하는 점이다. 타이센은 익명성이 공동체의 권위를 강화시켜 준다고 말하고 있다. 예수의 제자 중 특정한 한 사람에게 저작을 돌리는 것보다 더 많은 특권적 지위를 이 복음서에 부여하고자 했다는 것이다.[12]

---

11) 요한복음에는 불같은 성격의 '우레의 아들'(막 3:17)이 아닌 사랑이 넘치는 온유한 자의 모습으로 나타난다. 그 외에도 요한과 '애제자'가 등장하는 구절에서 두 인물의 모습은 사뭇 다르다.

역사적(실제의) 인물인 사도 요한으로서는 참 제자상의 권위를 가질 수 없다. 요한 또한 베드로처럼 십자가 앞에서 도망간 제자였다(마 26:56). 그 외에도 요한은 많은 실수를 한 제자이기도 하다(마 17:8; 20:20; 26:43; 막 10:35; 눅 9:49,54 등). 따라서 역사적인 사도 요한이 아닌 참 제자상의 모습으로 '애제자'라는 애칭(익명)을 사용하여 요한복음서와 요한공동체의 권위를 높이고자 했을 것이라는 것이 필자의 생각이다.

2) 시대적 배경: 유대교에 대한 기독교 변증서(선교문서)

주전 400년경 제사장이자 학사인 에스라 이후 형성된 유대교를 '초기 유대교'라고 말한다. 그리고 400년이 지난 예수 이후 시대의 유대교를 '후기 유대교'라고 말한다. 유대교는 근본적으로 '성전과 율법'이라는 두 기둥에 의해 떠받쳐진 종교이다. 여기서 성전이라 함은 '예루살렘 성전'을 일컫는 말이고, 율법이라 함은 '모세오경'을 두고 하는 말이다.

유대종파 가운데 제사장 집단인 사두개파는 예루살렘 성전을 그들의 존재 기반으로 삼아 온 반면, 서기관 집단인 바리새파는 모세의 율법을 그들의 존재 기반으로 삼아왔다. 그런데 주후 70년 제1차 유대-로마 전쟁에서 로마에 의해 예루살렘이 함락되고 예루살렘 성전이 무참히 파괴되면서 성전을 존재 기반으로 삼은 사두개

12) 익명성이 가져다주는 권위는 쿰란공동체의 창시자인 '의의 교사'(The Teacher of Righteousness)의 경우도 마찬가지다. '의의 교사'라는 호칭은 쿰란공동체의 가장 높은 가치가 '의'임을 말해준다. 같은 방식으로 '애제자'라는 호칭은 '사랑'이 요한공동체의 최상의 가치임을 말해준다. 익명성을 통해 이 두 역사적 인물들은 자신들의 공동체에 모범이자 상징이 된다. G. Theissen, 《복음서의 교회정치학》, 166.

파는 사라져 갔고, 그 대신 바리새파가 유대교의 주류로 등장하게 되었다. 이러한 바리새파 유대교를 일명 '랍비 유대교'라고 부른다.

한편, 예수 승천 이후 유대교(Judaism)와 기독교(Christianity)는 큰 충돌 없이 병존해 왔다. 그런데 주후 70년 유대교의 중심이었던 예루살렘 성전이 파괴되고, 소종파(sect)로써 별로 대수롭지 않게 여겼던 기독교라는 집단이 날로 커지자 양측 사이에는 긴장과 갈등이 형성되기 시작하였다. 날로 번창해 가는 기독교에 대해 불안을 느낀 유대교는 두 가지 조치를 강구하게 되었다.

하나는 유대교의 정체성을 확립한다는 차원에서 유대교 정경을 확정지을 필요성을 느낀 것이다. 주후 90년 얌니아라는 곳에서 유대교 정경[13]을 확정지음으로써 유대교는 자체적으로 기독교와의 차별화 전략을 시도하였다. 또 하나는 기독교인들을 유대교 회당으로부터 출교시키는 조치를 취함으로써 유대교인들이 기독교인이 되는 것을 막고 유대교를 기독교로부터 지켜내려고 했다.[14] 요

---

13) 유대교 정경은 24권으로 39권으로 된 우리의 구약성경과 내용은 같으나 순서와 책의 권수를 세는 방식이 다르다. 유대교 정경은 세 부분, 즉 토라(오경), 네비임(예언서), 케투빔(성문서)으로 되어 있다(세 부분의 첫 글자[TNK]를 따서 유대교 정경을 타낙[TaNak]이라고 부른다). 한편 우리의 구약성경은 신약성경에 대응하는 말로서 네 부분, 즉 오경, 역사서, 시가서, 예언서로 구분한다.

14) 마틴에 의하면 회당예배 때에 낭송되는 "표준 18기도문"은 주후 85년경 얌니아 공회의 수반인 가말리엘 2세가 랍비들의 지도자로 있을 때에 랍비들의 총회에서 채택된 것이라고 한다. 이 기도문의 열두 번째 간구가 분리주의자들, 특히 그리스도인들을 회당으로부터 출교시킬 것을 조장하기 위해 구성되었다고 한다. 그 기도문의 내용은 이렇다. "이단자들에게 소망이 없게 하옵소서. 그리고 오만한 정권을 속히 우리 시대에서 당장 근절시키소서. 나사렛 당(기독교인)과 이교도를 일순간에 멸하소서. 그리고 생명책에서 그들의 이름을 지우시고 의인들과 함께 기록되지 않게 하소서. 은총을 베푸소서. 오 주여, 교만한 자를 비천하게 하시는 이여!"(J. L. Martyn, *History and Theology in the Fourth Gospel*, 50-62). 이 기도문은 회당예배 때 그리스도인들을 저주했던 공식적인 문구로서 유대인과 기독교인들 간에 논쟁이 격렬했던 90년경의 상

한은 "출교"라는 말을 세 차례(9:22; 12:42; 16:2)나 언급하면서 이 사건이 기독교인들에게 미친 파장이 얼마나 컸는가를 간접적으로 시사해 주고 있다.

기독교인들이 당면한 이 같은 위기 상황에서 기독교회는 저마다 위기를 타개하기 위한 전략을 마련하지 않을 수 없었다. 이제 요한복음서 저자는 기독교가 유대교와 어떻게 다른지를 확실하게 정립하지 않으면 안 될 상황에 처한 것이다. 이것은 한편으로는 유대교에 대한 전략적 대응이면서, 다른 한편으로는 기독교의 정체성 확립이라는 차원에서도 미룰 수 없는 사안이 아닐 수 없었다.

한편, 종교적(유대교)으로는 '모세의 영광', 정치적(로마제국)으로는 '로마의 영광(평화)'(Pax Romana)이 판을 치는 시대 속에서 '그리스도의 영광(평화)'(Pax Christi), '하나님의 영광'을 드러내야 할 필요성이 절실해졌다. 즉 로마 식민지 상황 아래에서 예수를 믿는다는 이유로 유대 사회로부터 박해를 당하고 유대 회당으로부터 출교를 당하는 상황에서 생존[15]을 위한 대책이 절실히 필요했다. 이러한 시대적 배경에서 "유대교에 대한 기독교 변증서이자 선교문서"로 쓰여진 것이 바로 요한복음서이다.[16]

여기서 요한이 결정적으로 꺼내든 무기가 바로 "부활이 신학"이었다. "예수의 부활"은 땅의 영광인 모세의 영광과 로마의 영광을 뒤집어엎고(5:41-44; 12:43). 하늘의 영광인 하나님(그리스도)의 영광을 드러내었다(7:18; 11:4). "예수의 부활"은 삶 자체가 위태롭고 생

황을 생생하게 증언하고 있다. 최흥진, 《요한복음》, 41, 58.

15) '생존'은 성경을 해석하는 중요한 개념이다. 포로후기시대 에스라는 모세의 토라를 '생존을 위한 지침서'로 붙들었다(왕대일, 《다시 듣는 토라: 설교를 위한 신명기 연구》, 55-56). '생존의 수사학'이라는 관점에서 성경을 해석한 시도에 대해서는 서용원, 《생존의 복음: 초기 기독교의 신앙과 복음 해석에 대한 탐구》(서울: 한들, 2000)를 참조하라.

16) 요한이 그의 복음서를 (조직)신학적 주제에 따른 '논문 형식'으로 쓴 까닭 또한 이러한 상황에서 연유한다는 것이 필자의 생각이다.

존이 위협받는 상황에서(9:22; 12:42) 잠시 잘 사는 것이 아니라 영원히 사는 삶(영생)을 약속해 주었다(11:25-26; 12:50). 또한 "예수의 부활"은 근심과 두려움에 떨고 있는 제자들(요한공동체)에게 세상이 주지 못하는 평안을 주는 동시에(14:27) 세상에서는 환난을 당하나 이 세상을 이기는 담대함을 가져다주는 힘이 되었던 것이다(16:33).

이렇듯 예수의 부활 사건은 유대교와의 차별성이 가장 극명하게 드러나는 결정적인 사건이자, 로마 제국 치하에서 요한공동체[17]가 직면한 시대적인 문제를 해결하고 나아가 기독교의 정체성을 확립할 수 있는 가장 확실한 토대였다. 결국 요한복음은 당시의 상황에서 "예수의 부활에 대한 깊은 묵상을 통해 나온 결과물"이다. 그리고 유대인과 기독교인들이 모두 알아들을 수 있는 효과적인 언어로 이를 표현해야 했는데, 이 때문에 바로 구약적(히브리적) 배경(방법론)을 채택하게 되었다는 것이 필자의 생각이다.

최근에는 로마 제국 치하에서 요한공동체가 로마 제국과 어떤 관계를 가졌는가 하는 것(로마적 배경)이 중요한 문제로 부각되고 있다. 이에 대해 김선정 박사는 다음과 같은 주장을 하였다.

로마는 기본적으로 神-王 일치 사상을 가진 반면, 유대인들은 神-王 분리 사상으로 대응하였다. 그들은 로마 제국의 신이었던 황제를 거부하고 자신들의 유일신 신앙에 따라 야웨를 자신들의 신으로 선택하는 한편, 가이사를 자신들의 왕 곧 황제로 선택하였다(19 :15). 이러한 이중 기준에 의한 유대인들의 對 로마 해법은 요한공동체에 의해 불순한 타협으로 규정되었다. 왜냐하면 로마

17) 브라운은 요한복음서에는 일곱 개의 그룹이 있었다고 말한다. 불신자 그룹(1. 세상, 2. 유대인들, 3. 세례 요한의 추종자들), 다른 기독교인들(4. 숨은 기독교인들, 5. 그릇된 신앙을 지닌 유대계 기독교인 교회들, 6. 사도 교회의 기독교인들), 7. 요한공동체(분파가 아님). R. E. Brown, 《요한공동체의 역사와 신학》, 71-107.

제국에 의해 신으로 숭배되었던 가이사를 인정하는 것은 유일신 신앙에 유배되는 것이기 때문이다. 그들은 하나님에 대한 올바른 신앙을 버리고 자신들의 유익(영광)을 추구하였던 것이다(5:44).

이와는 달리 요한공동체는 자신들의 신앙의 중추인 예수를 神-王으로 고백하였다. 즉 자신들의 神-王 일치 사상, 곧 '예수=신(하나님)=왕(메시아)'의 일원구조가 하나님에 대한 바른 이해임을 주장하였다. 이것은 로마 제국의 神-王 일치 사상과 요한공동체의 神-王 일치 사상의 충돌을 불가피하게 하였으며, 결국 유대교 회당으로부터 추방당한 것과 밀접하게 연관된다. 유대교 회당으로부터 추방됨으로써 요한공동체는 유대교 안에서 누렸던 특권을 박탈당한 채 로마 제국의 종교적, 정치적 정책과 직접적으로 대면/갈등하게 되었다는 것이다.

이러한 로마 제국과의 갈등은 요한공동체가 로마 황제보다 우월한 神-王 예수를 고백한 데서 극명하게 드러난다. 예수가 원래 신이었는데 육신을 입고 세상에 왔다는 주장이나 하나님의 유일한 아들이라는 주장, 하나님과 하나라는 주장, 예수의 최종적인 신성을 보증하는 부활에 대한 강조는 황제의 신성을 넘어서는 예수의 신성을 보여 준다. 또한 예수는 로마 황제를 능가하는 왕권을 소유한 것으로 그려진다. 그러면서 요한공동체의 神-王 예수상(神-王 일치 사상)은 로마 식민 통치 이념과의 갈등 속에서 배태되었다고 주장한다.[18]

요한공동체의 로마적 배경에 대한 이러한 주장은 요한복음 이해의 지평을 넓혀주었다. 여기서 필자는 그녀의 주장에 대한 반론으로 두 가지만 지적하고자 한다. 첫째는, 회당으로부터의 출교가 직접적으로 로마 제국의 神-王 일치 사상과의 갈등으로부터 비롯

18) 김선정, 《요한복음서와 로마황제숭배》, 178-185.

되었으며, 그로 인해 로마 제국과 직접적으로 대면/갈등하게 되었다는 주장은 요한복음서에서 직접적으로 찾아보기 어렵다.[19)]

둘째는, 요한공동체의 神-王 일치 사상의 뿌리가 로마 식민 통치 이념과의 갈등 속에서 배태되었다는 주장에 대해, 요한공동체의 神-王 일치 사상의 뿌리는 근본적으로 출애굽 이후 구약 히브리 신앙에 면면히 흐르는 하나님에 대한 이해에 그 뿌리를 두고 있다는 것이 필자의 생각이다.

구약 히브리 신앙에 의하면 하나님은 천상 영역에 계시면서 지상영역에서 활동하시는 분이다. 곧 하나님은 神이면서 王이었다. 그래서 지상의 왕이 필요 없었다(삿 8:23; 17:6; 사 33:22). 하나님이 통치하시는 이러한 神政정치는 다윗에 의해 본격적으로 시작된 王政정치와 더불어 변화를 겪으면서 하나님 왕과 인간 왕이라는 두 왕이 있게 된 것이다. 그래서 하나님(야웨)은 하늘의 영역을 담당하는 왕이고, 인간 왕(다윗)은 지상의 영역을 담당하는 왕이 되었다. 유대인들의 神-王 분리 사상의 뿌리는 이같은 왕정신학(시온신학)에서 비롯된 것이다.

요한공동체는 부활하시고 하늘로 승천하신 예수는 본래 하나님의 아들(神子)이자 사람의 아들(人子)로서, 하나님으로부터 기름부음 받은 왕(메시아)으로 이 세상에 보내진 분으로 고백하였다. 따라서 요한공동체의 예수상(神-王 일치 사상)의 뿌리는 구약 왕정시대 이전의 神政정치라는 구약적(히브리적) 배경에서 비롯되었다고 말할 수 있다.[20)]

---

19) 요한복음에서 어둠의 세상은 로마인이 지배하는 세상이다. 세상의 어둠은 로마인들의 압제의 결과이다. 그러나 요한복음서는 이것을 직접적으로 말하지는 않는다. 이 메시지는 요한 문서 안에 코드화되어 숨겨졌다. 로마를 공개적으로 공격한다는 것은 너무나 위험한 일이기 때문이다. 사탄과 "이 세상의 임금(지배자)" (12:31; 14:30; 16:11)에 대해 말하는 것은 그들을 간접적으로 비판하는 방법이다. G. Theissen, 《복음서의 교회정치학》, 189.

3) 공관복음서와의 관계

요한복음은 공관복음과 비교할 때 고유기사를 구분하는 것이 무의미할 정도로 전혀 내용이 다르다.[21] 이 같은 차이점을 어떻게 설명해야 할까?[22] 최근에 이에 대한 학자들의 견해를 크게 둘로 나누면 이렇다.

첫째는, 오늘날 많은 학자들이 따르고 있는 견해로 요한복음서 저자는 공관복음서에 대해 전혀 몰랐다는 것이다.[23] 둘째는, 요한복음서 저자가 공관복음서를 모를 리가 없다는 것이다.[24] 이에 대

---

20) 구약시대의 神政과 王政에 대해서는 B. W. Anderson, 《구약성서이해》, 243-260을 참조하라.

21) 공통 내용 비율을 말하면 공관복음서의 경우는 각각 마태 58%, 마가 93%, 누가 41%인데 반해, 요한복음은 8%에 불과하고 92%가 고유기사이다. 《옥스퍼드원어성경대전》 (요한복음 제1-6장), 40-45; 로버트 카이저는 요한복음서를 가리켜 "독자적 길을 걸은(이단적) 복음서"(The Maverick Gospel)라고 하였다(Robert Kysar, 《요한복음서 연구: 그 독자성을 중심으로》, 15-16).

22) 공관복음과 요한복음의 공통점과 차이점에 대해서는 김문경, 《요한신학》, 44-49을 참조하라.

23) "오늘날 성서학계의 경향은 요한복음서의 독자적인 전승을 인정하면서도 공관복음서와의 관계는 구두전승 단계, 즉 공관복음서가 쓰여질 무렵이나 그 이전 전승단계에서나 설명할 수 있다고 보는 관점이 지배적이다. 한마디로 말한다면 요한복음서와 공관복음서의 문학적 상관관계에 대해서 회의적인 편이다"(이영헌, 12-13); "요한은 공관복음이 예수에게 접근한 그와 같은 유사한 방식으로 예수에 대해 접근하지만 실은 거의 독특한 방식이라 할 수 있다. 이 복음전도자는 '나는 내 방식으로 했다'"(G. S. Sloyan, 《요한복음》, 35); 한편, 요한복음서의 독자성을 강조하는 로버트 카이저는 1975년 저술에서 "제4복음서 기자가 자신의 저작보다 10년이나 앞서 기록된 공관복음서의 어느 한 권에 의존했다는 전제는 머지않아 소멸될 것"이라고 주장하였다(R. Kysar, *The Fourth Evangelist and His Gospel*, 451). 그러나 그의 주장은 실현되지 않았다.

24) "실제로 점점 더 많은 주석가들은 요한복음서가 비록 직접적인 자료로 사용하지는 않았지만 공관복음서 중 최소한 마가와 누가를 알고 있었으리라고 생각한다"(G. Theissen, 《복음서의 교회정치학》, 168); "요한공동체는 80년대 이전까지만 해도 고립되거나 폐쇄된 공동체는 아니었으며 어떤 형태로든지 베드로로 대표되어지던 (그의 순교 후에도) 당시 주류 기독교 공동체와 교류하

한 필자의 견해는 이렇다.

누가복음은 이렇게 시작한다. "우리 중에 이루어진 사실에 대하여 / 처음부터 목격자와 말씀의 일꾼 된 자들이 전하여 준 그대로 내력을 저술하려고 붓을 든 사람이 많은지라 / 그 모든 일을 근원부터 자세히 미루어 살핀 나도 데오빌로 각하에게 차례대로 써 보내는 것이 좋은 줄 알았노니 / 이는 각하가 알고 있는 바를 더 확실하게 하려 함이로라"(눅 1:1-4).

필자가 누가복음 서언을 그대로 인용한 이유는 요한복음 저자 또한 누가복음 저자처럼 자기 이전에 이미 전해져 내려오는 구전 전승을 포함하여 기록되어 있는 모든 자료를 세심하게 살폈다는 것이다. 그런 연후에 이전의 세 복음서와는 전혀 다른 방식으로 복음서를 썼다. 그 까닭은 아래에서 보다 자세히 밝히겠지만 유대교와의 피할 수 없는 대립과 갈등 상황에서 유대교와의 차별성을 부각시키는 동시에 유대교에 대해 기독교를 변증하고 복음을 증언해야 할 필요성이 대두되었기 때문이다. 이를 위해 요한은 공관복음 저자의 글쓰기와는 다른, 신학적 주제에 따른 논문 형식으로 글을 쓰게 되었다는 것이 필자의 생각이다.

고 있었던 것으로 볼 수 있다. 그리고 80년대는 이미 마가 · 마태 · 누가복음이 완성되어서 당시 여러 교회공동체에서 유통 · 사용되어지고 있었을 것으로 여겨지는데 그러한 공관복음서 문헌자료들을 요한공동체가 모르고 있었다는 것은 납득하기 어려운 부분이다"(성종현, 《신약총론》, 714).

2. 이야기체(narrative)로 된 한편의 신학논문

1) 요한의 글쓰기(논문 형식)

요한은 유대교와의 논쟁 상황에서 기독교를 변증하고 복음을 증언하려면 기존의 형식을 타파하고 새로운 글쓰기를 시도해야 할 필요성을 느꼈다. 그 같은 필요성이 '논문 형식'이라는 현재와 같은 복음서의 모습을 띠게 되었다는 것이 필자의 생각이다.[1] 형식면에서 현재의 복음서는 3중구조, 즉 서론(1장), 본론(2-20장), 결론(21장)의 형태를 띠고 있다.[2] 그리고 내용면에서 현재의 복음서는 신학

1) "요한복음은 신학적 주제에 대한 논문이라는 느낌을 준다"(최흥진, 《요한복음》, 22-23).

2) 스몰리는 1장과 21장의 관계를 이렇게 말한다. 요한복음 첫 장은 전체적으로 제4복음서 전 장의 축소판인 것 같다. 서곡은 그 이후(1:19-51)까지 확산된다. 1장 전체는 제4복음서의 한 중요한 서론을 이루고 있다. 1장의 결론 부분(51절의 인자 말씀)은 서론의 절정을 이룰 뿐만 아니라 복음서 전체에 대한 적절한 머리말로 손색이 없다. 따라서 요한복음 1장 전체는 제4복음서에 대한 중요한 서론을 제시한다고 볼 수 있다. 한편, 첫 눈에 보기에 21장은 애당초 요한복음서에 속해 있었다고 주장하기 힘들다. 그러나 요한복음서가 21장 없이 존재해 왔음을 보여주는 본문상의 증거는 없다. 즉 21장이 1장보다 훨씬 더 멀리 떨어져 있는 것처럼 보인다 해도 21장에 나오는 에필로그(맺음말)를 비요한적인 것

적 주제에 따른 배열로 이루어져 있다.

바울의 로마서는 논술체로 쓰여 있기에 한편의 신학논문이라는 것을 쉽게 알 수 있다. 그러나 요한복음서는 이야기체(설화체)로 쓰여 있기에 신학논문이라는 것을 쉽게 알기가 어렵다. 요한복음이 이야기체로 된 한편의 완벽한 신학논문이라는 사실을 인식하게 될 때 요한복음을 새롭게 재발견하는 계기가 될 것이다.

논문을 쓰는 사람은 가장 먼저 논문의 목적과 주제, 그리고 구조와 방법론을 고려한다. 마찬가지로 요한은 요한복음이라는 신학논문을 쓰면서 논문의 목적을 밝히고 있다. 요한은 그것을 본론의 끝자락인 20:31에 밝혀 놓았다. "오직 이것을 기록함은 너희로 예수께서 하나님의 아들 그리스도이심을 믿게 하려 함이요 또 너희로 믿고 그 이름을 힘입어 생명을 얻게 하려 함이니라."

논문의 목적을 밝혀 놓은 이 구절 속에는 논문의 신학적 주제, 즉 기독론을 중심으로 신앙론과 구원론이 잘 드러나 있다. 요한복음은 전체가 "예수는 누구인가?"라는 기독론의 문제로 가득차 있다. 요한이 기독론을 강조한 까닭은 시대적 배경에 기인한다. 즉 유대교와의 대결이라는 절박한 상황에서 모세로 대표되는 유대교보다 예수로 대표되는 기독교가 우월하다는 것을 변증해야 했기

으로, 또는 제4복음서와 무관한 것으로 여겨야 할 실제적 이유는 전혀 없다. 그 맺음말의 취향은 전형적으로 요한 풍(風)이다(1절의 디베랴, 2절의 시몬 베드로, 쌍둥이 도마, 가나의 나다나엘. 7절과 20절의 사랑받는 제자, 18절의 이중적 아멘[ἀμήν] 사용 등). 이로써 21장을 요한복음서의 단순한 추록(追錄) 내지 그 복음서와 아무런 객관적 관련성이 없는 것으로 기술해 버릴 수 없음이 명백해진다. 예루살렘 전승 대신 갈릴리 전승을 사용하는 요한의 맺음말이 어떻게 해서 생겨나게 되었든지, 또는 그것이 언제 현재 우리가 보는 작품의 일부로 화하였든지 21장은 제4복음서의 편찬 및 최종 배열 과정에 매우 깊이 연루되어 있다. 따라서 요한복음 1장과 21장은 그 자체의 위치 배열과 아울러 신학적 내용의 차원에서, 양자 모두 이 복음서 안에서 의의 깊은 기능을 지닌다. 이 두 장은 마치 어울리는 버팀목처럼 복음서의 골격을 버티어 주고 있다. S. S. Smalley, 《요한신학》, 141-149.

때문이다.

또한 논문에 있어서 중요한 것이 구조와 방법론이다. 잘 쓴 논문은 구조면에서 짜임새가 있다. 요한복음은 대단히 정교한 구조를 갖추고 있다는 점에서 완벽한 신학논문이라고 말할 수 있다. 아래에서 자세히 살펴보겠지만 요한복음은 전체적으로 히브리 문장법, 특히 교차대구구조에 의한 이중구조로 되어 있다. 구조를 달리 보면 해석이 달라진다. 요한복음 이해의 열쇠는 요한복음의 구조를 어떻게 보느냐에 달려 있다. 기존의 구조(1-12장 / 13-21장)가 아닌 새로운 구조(1-11장 / 12-21장)로 요한복음을 보려는 필자의 생각은 요한복음 이해의 열쇠가 될 것이다.

방법론에 있어서 요한은 전체를 꿰뚫고 흐르는 세 가지 방법론을 사용하고 있다는 것이 필자의 생각이다. '부활의 신학'이라는 방법론, '구약적(히브리적) 사상 배경'이라는 방법론, '역사의 해체와 재구성'이라는 방법론이 그것이다. 이 세 방법론은 '요한복음이 한 편의 신학논문'이라는 것과 더불어 요한복음 해석을 위한 네 가지 틀이 될 것이다.

한편, 장르면에서 볼 때 요한복음은 같은 '복음서'라는 장르로 불리우는 공관복음과 상당히 다르다. 공관복음 저자들은 되도록이면 많은 자료를 제시하면서, 그것을 사건별로 단회적(직선적)으로 배열하는 형식을 취한 반면, 요한은 신학적 의도에 따라 자료를 최소한으로 선별하여, 그것을 주제별로 반복적(원형적)[3]으로

3) 이에 대해서는 서곡과 복음서의 나머지 부분이 얼마나 밀접하게 관련되어 있는가를 살펴보면 쉽게 알 수 있다. 로고스의 선재(1:1a// 17:5), 로고스와 하나님의 동일시(1:1c// 8:58; 10:30; 20:28) 생명(1:4a// 5:24; 11:25; 14:6), 빛(1:4,9// 8:12), 빛과 어두움의 갈등(1:5// 3:19; 12:46), 요한의 증거(1:7-8,15// 1:19; 10:41), 믿음(1:7,12// 2:11; 3:16,18,36; 5:24; 6:69; 11:25; 14:1; 16:27; 17:21; 20:25), 세상의 거절(1:10c,11/ 4:44; 7:1; 8:59; 10:31; 12:37-40; 15:18), 하나님의 자녀(1:12// 1:52), 거듭남(:13// 3:1-7), 그의 영광을 봄(1:14// 17:5), 독생자(1:14// 3:16), 모세(1:17// 5:45-46; 6:32; 9:28-29), 하나님을 봄(1:18// 5:37;

배열하는 형식을 취했다. 요한복음서가 공관복음서와 상당한 차이를 드러내는 까닭은 전승자료의 차이에 기인하기 보다는 전승자료를 취급하는 관점의 차이, 즉 요한의 글쓰기에 기인한다는 것이 필자의 생각이다.

많은 사건들이 계속해서 이어지는 식으로 진행되는 공관복음과는 달리 요한복음은 사건(표적)에 이어 설교(강화)가 반복되는 식으로 진행되는 모습을 보여주고 있다. 한 개 이상의 설교(강화)가 표적(사건) 하나의 의미를 말하기 위하여 사용될 수 있으며, 그 반대로 한 개 이상의 표적이 한 설교와 관련될 수도 있다.

본론의 전반부(2-11장)에 나타난 표적과 설교의 목록을 개진하면 다음과 같다.

표적들	**설교들**
1. 물로 포도주를 만드심(2:1-11)	1. 새로운 탄생(3:1-21)
2. 신하의 아들을 고치심(4:46-54)	2. 생수(4:1-42)
3. 38년 된 병자를 고치심(5:1-18)	3. 하나님의 아들(5:19-47)
4. 오병이어(6:1-15)	4. 생명의 떡(6:22-65)
5. 물 위를 걸으심(6:16-21)	5. 살리는 영(7:1-52)
6. 날 때부터 소경된 자를 고치심(9:1-41)	6. 세상의 빛(8:12-59)
7. 나사로를 살리심(11:1-57)	7. 선한 목자(10:1-42)

여기서 우리는 각 표적들이 그 의미를 말해주는 설교를 동반한다는 관점을 확인할 수 있다. 그러나 어떤 획일성도 없다. 표적과

6:46), 아버지와 로고스와의 관계(1:18// 3:34; 8:19,38; 12:49-50; 14:6-11; 17:8) 등 서곡과 복음서의 나머지 부분이 긴밀히 연결되어 있음을 알 수 있다. R. A. Culpepper, *The Gospel and Letters of John*, 117-119.

설교가 상호 관계하면서, 설교는 그 표적들에 선행하거나 뒤따르는 모습을 볼 수 있다.[4)]

한편, 본론의 후반부(12-20장)는 전부가 유대(예루살렘)에서 있었던 사건으로 되어 있다. 그런데 그 전개 방식은 공관복음처럼 많은 사건을 일직선적으로 소개하는 식으로가 아니라 전반부(2-11장)와 상응하는 신학적 주제를 반복하는 식으로 전개되고 있다. 즉 공관복음에 비해 사건도 별로 많지 않고, 내용도 아주 단순하여 한 주간에 있었던 수난과 죽음 및 부활을 취급하고 있다.

내용적으로 구분하면 크게 네 부분으로 나눌 수 있다. 12장, 13-17장, 18-19장, 20장이 그것이다. 12장은 전환장으로 9-10장에 상응하는 '예수의 수난'을 다루고 있다. 그 내용은 나사로의 누이 마리아가 예수의 발에 향유를 붓는 사건과 예루살렘 입성, 그리고 겟세마네 기도를 다루면서 이들과 관련된 긴 강화로 되어 있다.

13-17장은 제자들에게 유언처럼 전하는 고별강화(13-16장)와 고별기도(17장)로 되어 있다. 요한의 교회론을 다루고 있는 17장은 전환장으로 4장과 상응하고, 13-16장은 기독론을 중심으로 대논쟁을 벌이는 5-8장과 상응하는 긴 강화로 되어 있다. 고별강화에서 특이한 것은 예수가 하늘로 돌아가면서 예수의 사역을 대신할 보혜사 성령을 보내겠다는 언급이다.

18-19장은 예수의 수난과 죽음을 다루고 있는데, 구원론의 기초가 되는 십자가 신학을 언급하고 있는 3장과 상응관계에 있다. 그 형식은 공관복음서와 비교할 때 아주 짧고 단순하여 빌라도와의 대화를 중심으로 삼등분되어 있다. 그 내용은 예수의 수난과 죽음이 왕으로서의 즉위라는 것을 일관되게 보여주고 있다.[5)]

---

4) L. Morris, 《요한신학》, 38-39.
5) 요한복음의 수난(부활) 이야기가 '왕으로서의 즉위식'이라는 것에 대해서는 R. Kysar, 《설교자를 위한 요한복음 해석》, 239-308을 참조하라.

20장은 예수의 부활을 언급하고 있는데, 부활의 신학을 보여주는 2장과 상응관계에 있다. 그 내용은 부활하신 주님이 막달라 마리아와 제자들(특히 도마)을 만나는 내용으로 되어 있다. 여기서 특이한 점은 부활절이 곧 성령을 받는 오순절이라는 것과 요한복음의 저작 목적이 맨 끝에 언급되어 있다는 사실이다. 이는 요한복음이 전체적으로 '부활의 신학'에 근거하고 있다는 것을 암시한다.[6)]

이미 서문에서 언급했듯이 요한복음은 '통으로 짠 옷'처럼 전체가 유기적 통일체로 되어 있으며, '반복과 연쇄'라는 글쓰기의 특징을 보여주고 있다. 또한 전체가 신학적 주제에 의한 논문의 형태로 되어 있다는 사실에 주목할 필요가 있다. 먼저, 논문에서 가장 중요한 전체 구조를 살펴보자.

2) 구조에 대한 기존의 견해

요한복음의 구조를 살펴보면서 우리가 명심해야 할 사실은 구조를 달리 보면 전체 해석이 달라진다는 사실이다. 따라서 전체 구조에 대한 정확한 이해가 요청된다.[7)]

종래의 대부분의 학자들은 '표적의 책'(2:1-12:50)과 '영광(수난)의 책' (13:1-20:29)으로 제목을 붙이고 12장과 13장을 경계로 전반부와

---

6) 위에서 언급한 장들 간의 상응관계와 '부활의 신학'에 대해서는 아래의 '구조에 대한 새로운 견해'를 참조하라.

7) "구조 분석은 본문을 이해하기 위한 해석학적 틀을 제공하며, 해석자가 어떠한 강조점을 가지고 본문을 분석하느냐에 따라 구조 이해는 달라진다. 요한복음의 중심 주제를 근거로 그 구조를 구분할 수 있으며, 주제 외에도 내러티브의 특징을 살려서 지리적인 전환이나 시간적인 전환 혹은 이 둘의 병합이나 청중의 변화(무리와 제자들), 그리고 드라마적 요소나 극적 전개 혹은 수와 상징, 대칭적 형태 등을 중심으로 나누어 이해할 수 있다"(최흥진, 《요한복음》, 59).

후반부로 나누고 있다. 다드가 요한복음서의 구조를 크게 두 부분, 즉 "표적의 책"(The Book of Signs, 2:1-12:50)과 "수난의 책"(The Book of Passion, 13:1-20:31)으로 나눈 이래로 거의 대부분의 학자들이 그의 견해를 따르고 있다.[8)]

대표적인 학자들을 들면, 불트만은 제1부(2-12장, 세상 앞에 나타나는 영광의 계시), 제2부(13-20장, 공동체 앞에 나타나는 영광의 계시)로 나눈다.[9)] 브라운은 "표적의 책"의 시작을 1:19로부터, 그리고 "수난의 책" 대신 "영광의 책"(The Book of Glory)이라는 제목으로 나눈다.[10)] 쉬낙켄버그는 제1부(1-12장)와 제2부(13-21장)로 나눈다.[11)].

헨헨은 제1부(1장-12:36)와 제2부(12:37-21장)로 나눈다.[12)] 바레트는 8개의 단락으로 나누어 취급하고 있다.[13)] 카이저는 요한복음서를 서론:시작(1:1-51), 제1부:예수께서 영광을 드러내시다(2:1-12:50)와 제2부: 예수께서 영광을 받으시다(13:1-20:29), 결론: 종결(20:30-21:25)로 분해한다.[14)]

한편, 요한복음의 구조를 주제적 관점이 아닌 다른 관점에서 취급한 학자는 요한 게르하르트(J. Gerhard)이다. 그는 현재대로의 요한복음은 저자 한 사람의 글이며 결코 자료가 제자리를 이탈하거나 잘못 배열된 일이 없으며, 처음부터 끝까지 전부 키아즘(chiasm)의 구조로 되어 있다고 주장하였다. 그에 따르면, 요한복음은 간음

8) C. H. Dodd, *The Interpretation of the Fourth Gospel*(1953).
9) R. Bultmann, *The Gospel of John*(1971).
10) R. E. Brown, *The Gospel According to John*, 2 vols.(1966).
11) R. Schnackenburg, *The Gospel According to John*, 3 vols.(1990).
12) E. Haenchen, *A Commentary on the Gospel of John,* 2 vols.(1984).
13) I. 예수에 대한 증언(1:1-3:36), II. 예수의 자기이해(4:1-6:71), III. 예수는 누구인가(7:1-10:42), IV. 수난에의 길(11:1-13:38). V. 고별담론(14:1-17:26), VI. 재판과 처형(18:1-19:42), VII. 부활과 현시(20:1-31), VIII. 부록(21:1-25). C. K. Barrett, 《요한복음(1,2)》(1978).
14) R. Kysar, 《요한의 예수이야기》, 9-11.

녀의 용서 및 중요하지 않은 몇 군데를 제외하면 전부가 원저자의 글일 뿐만 아니라, 꿰매지 않은 통으로 짠 속옷(요 19:23-24) 같다고 한 스트라우스(Strauss)의 말 그대로라는 것이다. 게르하르트의 요지는, 현재의 요한복음은 논리적으로 그리고 시간질서의 관점으로 사건의 연결, 상황과 내용, 인물과 배역, 그리고 언어와 주제 등에 아무런 차질이 없다고 단언할 수 있다는 것이다.[15)]

이상훈 박사는 1226년에 스테펜 랑턴(Stephen Langton)이 정확하지 않은, 임의로 분할해 놓은 21개장의 고정관념이 아니라 장소와 시간과 주제와 상황에 따라 분할하는 새로운 21개의 연속적 부분으로 전체를 교체해야 한다고 주장하면서, 게르하르트의 가정에 근거하여 "요한복음 전체의 키아즘 병행구조"(Chiastic Parallelism of the Gospel as a Whole)[16)]를 제시하였다.[17)]

---

15) 게르하르트의 가정(the Gerhard's hypothesis)에 의하면, 요한복음은 전체가 "키아즘 구조론"에 의해서 성립될 뿐만 아니라, 요한복음 전체를 5개의 큰 묶음(the five major parts)으로 분류하고, 그 전체를 다시 21개의 연속적 부분으로 분류할 수 있는데, 전체와 세부가 다 같이 키아즘의 병행구문에 의한 정연한 구조로 되어 있다는 것이다. J. Gerhard, *The Literary Unity and Compositional Method of John,* Unpublished Dissertation (Washington: The Catholic University of America, 1975), 이상훈, 《요한복음》, 44-45에서 재인용.

16)

PART I (1:19-4:3): 증거와 제자	PART V (12:12-21:25): 증거와 제자
연속 1(1:19-51), 연속 2(2:1-12)	연속 21(20:19-21:25), 연속 20(20:1-18)
연속 3(2:13-25), 연속 4(3:1-21)	연속 19(18-19장), 연속 18(13-17장)
연속 5(3:22-4:3)	연속 17(12:12-50)
PART II(4:4-6:15): 응답: 적극과 소극	PART IV(6:22-12:11): 응답: 적극과 소극
연속 6(4:4-38), 연속 7(4:39-45)	연속 16(10:40-12:11), 연속 15(10:22-39)
연속 8(4:46-52), 연속 9(5:1-47)	연속 14(9:1-10:21), 연속 13(7:1-8:58)
연속 10(6:1-15)	연속 12(6:22-72)

PART III: 6:16-21 새로운 탈출(The New Exodus)

위에서 본 바와 같이 요한복음을 크게 나눈 다섯 개의 묶음을 다시 정리하면, PART I: 1:19-4:3, PART II: 4:4-6:15, PART III: 6:16-21(중심), PART IV: 6:22-12:11, PART V: 12:12-21:25이다. 이상훈, 46-49.

17) 박수암 교수는 이런 주장과 방법론은 신중함이 요구된다고 하면서 다음과 같

이상훈 박사의 주장에 대한 필자의 견해는 이러하다. 요한복음서는 부분적으로도 교차대구구조가 나타나지만,[18] 전체적으로도 교차대구구조로 되어 있다는 것이 필자의 생각이다.[19] 그래서 요한복음서가 전체적으로 교차대구구조로 되어 있다는 이상훈 박사의 주장에 필자는 동의한다. 그런데 잘된 논문을 보면 구조가 전체적으로 균형이 잡히고, 한 눈에 보아도 쉽게 알 수 있을 정도로 일목요연하게 짜임새가 있다. 그리고 주제는 단순한 것이 특징이다.

그런데 요한복음서의 구조를 다섯 묶음으로 나누고, 그 중심 주제를 새로운 탈출(New Exodus)로 삼은 이상훈 박사의 이 같은 주장은 오경과 출애굽 사건(Exodus)에 근거한 것 같다. 그런데 세부적으로 그런 주장이 옳으냐 그르냐를 떠나 첫째, PART III: 6:16-21(새로운 탈출)을 전체 구조의 중심으로 본 그의 주장은 요한복음서 전체 구조로 볼 때 균형을 이루지 못하고 있다는 점, 둘째, 요한복음서가 일관되게 주장하는 주제들(가령, 영광, 생명, 예수, 혹은 성육신,

---

이 비판한다. 요한 게르하르트가 제시하는 몇 군데의 단서를 과연 제외할 수 있느냐 하는 문제, 교차대구법은 글의 어떤 부분에서 사용하는 기법인데, 긴 요한복음서 전체를 저자가 과연 대차대구법으로 기록했는가 하는 것이다. 요한복음서 같이 긴 문서를 교차대구법으로 기록할 경우 독자는 그 병행을 쉽게 파악하지 못하게 되며, 그리하여 그 기법의 효과를 거두지 못하게 되는 것이다. 그가 제시하는 병행들은 억지의 감이 있으며, 본문에 근거하여 해석을 하기보다는 기존의 해석의 틀에 본문을 맞추는 감이 있다고 비판한다. 박수암, 32-33.

18) 가령, 최홍진 교수는 생명의 떡 강화인 6:51-58이 교차대구구조(chiasmus)로 되어 있음을 밝혔다(A 48절=A' 58c절, B 49절=B' 58b절, C 50a절=C' 58a절, D 50b절=D' 57c절, E 51a절=E' 57ab절, F 51b절=F' 56절, G 51c절=G' 55절, H 52절=H' 54절, I 53절). 이와 같이 교차대구구조를 사용하여 반복적으로 주제를 진술하며 점차 발전시키는 것은 요한복음에서 메시지를 효과적으로 전달하기 위하여 즐겨 사용하는 수단이다. 최홍진, "예수에 대한 고백과 성만찬", 《설교를 위한 성서연구》, 135-136.

19) 엘리스는 요한복음이 전체적으로 교차대구구조로 형성되었다고 주장한다. P. F. Ellis, *The Genius of John: A Composition-Critical Commentary on the Fourth Gospel* (Collegeville, Minn.: Liturgical, 1984).

십자가, 부활 등등)로 구성되지 못했다는 점, 셋째, 어떤 단락의 교차대구구조를 취급할 때 주된 신학적 주제의 상관관계보다는 주로 같은 언어의 상관관계에 초점을 맞추다 보니 전체적으로 난삽하고 어수선하다는 느낌이 든다는 점이다.[20)]

아래에서 필자는 요한복음의 구조를 다양한 측면에서 살펴보고자 한다.

첫째, 요한복음의 전체 구조가 다섯 차례의 하강구조로 되어 있다는 것을 밝히면서, 위치변동설의 잘못을 지적하고자 한다.

둘째, 요한복음의 본론(2-20장)이 5중구조로 되어 있으며, 서론(1장)과 결론(21장)을 포함할 경우 7중구조로 되어 있다는 것을 밝히면서, 이는 요한이 모세의 오경구조와 7이라는 '숫자상징주의'를 염두해 둔 구조임을 제시하려고 한다.

셋째, 요한복음 전체가 교차대구구조에 의한 이중구조임을 '예수의 때'와 '유월절'의 관점에서 밝히면서, 이를 통해 종래의 견해(1-12장 / 13-21장)와는 다른 새로운 견해, 즉 제1부(1-11장)와 제2부(12-21장)를 제시하는 것과 동시에 요한복음이 전체적으로 '부활의 신학'에 근거하고 있음을 밝히고자 한다.

---

20) 김춘호 신부는 요한복음서의 구조를 교차대구구조를 사용하여 여섯 부분으로 나누어 분해하고 있다. 1. 예수 그리스도에 대한 증언(1:19-28에서 5:31-47까지), 2. 하나님 나라 예고(6:1-21부터 7:45-52까지), 3. 반(反)하느님 나라 세력과 예수의 대립, (1) 어둠과 빛(7:53-8:11에서 10:22-39까지), (2) 죽음과 삶(10:40-11:27부터 12:37-50까지), (3) 세상과 성령(13:1-20부터 17:20-26까지), 4. 예수의 죽음-부활과 하느님 나라(18:1에서 20:11-29까지). 김춘호, 《요한복음을 읽으려면》, (서울: 가톨릭출판사, 2002).

3) 구조에 대한 새로운 견해

(1) 다섯 차례의 하강구조(갈릴리 지향적 복음서)

요한복음은 본문 배열에 있어서 명백한 불연속성을 가진 대목[21]이 많기에 재배열해야 한다는 주장이 많았다. 대표적인 학자가 불트만인데, 그는 자료의 위치가 요한복음서 전체를 통해 광범위하게 변동되었다는 가설, 소위 '위치변동설'(환치 이론, Theory of Displacement)을 주장하였다.[22] 그러나 그의 주장은 본문이 코덱스(codex)가 아닌 두루마리(scroll)로 되어 있을 경우에는 거의 불가능한 가설이다.[23] 그리고 사본상의 어떤 근거도, 이론상의 어떤 근거도 확보하지 못하고 있다. 그는 오늘날의 입장에서 자신의 합리적인 생각으로 본문의 구조를 비평할 뿐, 요한의 입장에서 그 의도를

---

21) 후대의 첨가가 분명한 7:53-8:11과 5:4을 제외하고, 명백한 불연속성을 보이는 대목을 제시하면 다음과 같다. (1) 3:22-30은 주님과 니고데모와의 대화를 중단시키고 있다. 이어지는 31-36절은 1-21절의 자연적 결론을 형성한다. (2) 5장은 예루살렘 장면으로 두 갈릴리 에피소드(4장과 6장)을 중단시키고 있다. (3) 7:15-24은 5장에서 묘사된 병자 치유로 인해 일어난 논쟁의 연속처럼 보인다. (4) 10:19-29의 말씀은 예수께서 선한 목자의 비유를 말할 때에 속한 것으로 보이며 수전절에 예루살렘 방문 동안에 일어난 것으로 보이지 않는다. (5) 14장의 결어(25-31절)는 15-16장의 강화 이후의 말씀으로 보인다. 게다가 16:5은 13:36 및 14:5과 모순되는 것처럼 보인다. *IB*, Vol.8(Luke-John), 446, 460-461을 참조하라.

22) 불트만은 현재의 고별설교(14-17장)는 순서가 온통 뒤바뀌어 있다고 보고 다음과 같이 순서를 바꾸어 제시하고 있다. 13:1-30(배반예고), 17:1-26(고별기도), 13:31-35; 15:1-17(고별유언), 15:18-16:11(세상 속에 있는 공동체), 16:12-33(종말론적 상황으로서의 신자들의 미래), 13:36-14:31(아들과 아버지의 교제). 이 같은 그의 이해는 고별기도가 고별설교의 시작에 와야 한다는 생각에 근거하고 있다. 또한 2:13-25에 나오는 성전정화 기사는 수난 기사 부분으로 옮겨져야 하며, 3:13-36은 1:19-34 다음에 놓이든지, 아니면 3:19 뒤에 두어져야 하며, 5장과 7장은 6장 뒤로 와야 하며, 10:22-39의 일부는 10:1-21의 기사 안에 흡수되어야 하며, 12:44-50은 어디에서 이탈한 것인지 정당한 위치를 정할 수 없다고 본다. R. Bultmann, 《요한복음서연구》, 501-699.

23) 서중석, 《복음서해석》, 295.

파악하려 들지 않았다.[24)]

현재의 요한복음은 자료의 위치가 잘못 배열된 것이 아니라 요한의 신학적 의도에 따른 것으로 여기에는 놀라울 정도로 중요한 메시지를 담고 있다는 것이 필자의 생각이다. 그러므로 우리는 겸손한 자세로 현재 있는 그대로의 요한복음서를 하나님의 말씀으로 받아들이고, 그 안에서 우리에게 말씀하시는 주님의 음성을 들어야 하는 것이 올바른 신앙인의 자세라고 생각한다. 즉 이성적이고 합리적인 생각에 따라 성경을 함부로 순서를 바꾸거나 가감과 삭제를 해서는 안 된다.[25)]

공관복음서는 분명한 지리적 구조를 가지고 있다. 갈릴리에서 예루살렘으로의 구조가 그것이다.[26)] 그런데 요한복음도 자세히 살펴보면 분명한 지리적인 구조를 가지고 있다.[27)] 즉 요한복음은

---

24) 가령, 창세기에는 두 창조기사(1:1-2:3과 2:4-3:24)가 나오며, 75세의 아브람이 하란을 떠났을 때(창 12:1-4) 아비 데라는 아직 죽지 않았으나 이미 죽은 것으로 처리한 대목(11:32)이 나오고, 아브라함이 아내 사라를 누이라고 속인 장면(12:10-20; 20:1-18)이 반복해서 나오는 데, 성경 편집자들이 이것을 몰라서 그대로 둔 것으로 보이지 않는다. 이에 대해서는 Jean-Louse SKA, 《모세오경 입문》, 111-148을 참조하라,

25) "내용이라는 관점에서 본문의 현 순서는 이해할만하며, 그 모습 그대로 그것을 남겨 놓는 것이 가장 좋을 듯하다.… 전체적으로 요한복음은 매우 통일되고 잘 통합된 문서이다"(G. R. Beasley-Murray, 50).

26) 마태: 갈릴리(4:12-16:12), 예루살렘 여정(16:13-20:34), 예루살렘(21:1-28:15); 마가: 갈릴리(1:14-8:26), 예루살렘 여정(8:27-10:52), 예루살렘(11:1-16:8); 누가: 갈릴리(4:14-9:50), 예루살렘 여정(9:51-19:27), 예루살렘(19:28-28:49). 콘첼만은 그의 책 《시간의 중심》(*Die Mitte der Zeit*)에서 누가 문서(누가-행전)는 구속사를 3단계로 나누었다고 말한다. 이스라엘 시대(율법과 예언자의 시대), 예수의 시대, 교회의 시대(예수의 승천과 재림[파루시아] 사이). 누가복음은 중간시대인 예수의 시대를 취급한다. H. Conzelmann, *The Theology of St Luke*, 16-17.

27) 최홍진 교수는 요한복음에서 시간적, 지리적으로 서로 모순된 진술들이 계속되는 것은 요한이 연대기적 배열이나 지리적 배열에는 관심이 적었기 때문이라고 말한다. 최홍진, 《요한복음》, 62-63. 그러나 필자가 '역사의 해체와 재구성'에서 언급했듯이 요한은 연대기적 배열이나 지리적 배열에 관심이 없는 것

상(위)과 하(아래)의 관점[28]에서 다섯 차례의 하강구조를 되어 있다는 점이다.

첫 번째-하늘(영원)에서 땅(시간)으로(성육신 사건, 1:1-18)
두 번째-유대(예루살렘)에서 갈릴리로(1:19-2:12)
세 번째-유대(예루살렘)에서 갈릴리로(2:13-4:54)
네 번째-유대(예루살렘)에서 갈릴리로(5:1-7:9)
(예루살렘 활동기: 7:10-20:29)
다섯 번째-유대(예루살렘)에서 갈릴리로(21:1-23)

요한복음은 예루살렘에서의 예수의 활동을 많이 다루고 있다.[29] 그래서 얼핏 보기에 요한복음은 "예루살렘 중심적 복음서"라는 인상을 갖게 한다. 그런데 위에 분석에서 볼 수 있듯이 지리적인 관점에서 예수의 행적을 살펴보면 유대(예루살렘)와 갈릴리(사마리아)에 대한 예수의 입장을 분명하게 볼 수 있다. 즉 예수의 행적은 "유대(예루살렘)에서 갈릴리로" 또는 "하늘에서 땅으로", 즉 "위에서 아래로의 지향"으로 되어 있다.

예수에게 있어서 유대(예루살렘)라는 곳은 근본적으로 유대인들과의 끝없는 논쟁의 장소요 수난과 죽음으로 점철된 장소이다(마지막에는 예루살렘에서 부활하기는 하지만 그것은 갈릴리를 향한 포석의 성격을 갖는다).[30] 이에 반해 갈릴리(사마리아)는 예수가 궁극적으로

이 아니라 그것들을 해체하고 재구성했다는 사실이다.

28) 여기서 상(위)은 하늘 혹은 유대(예루살렘)를 지칭하고, 하(아래)는 땅 혹은 갈릴리(사마리아)를 지칭하는 것으로 사용한다.

29) "공관복음은 갈릴리 지역에서의 예수님의 생애에 초점을 맞춘 반면, 요한복음은 거의 전적으로 예루살렘에서의 예수님의 사역에 관심을 두고 기술하고 있음을 알 수 있다"(최흥진, 《요한복음》, 21).

30) "요한복음에서 '유대', 또는 '유대인', 그리고 '예루살렘'이 부정적인 의미로, 즉 예수를 배척한 사람들, 예수가 고난을 당하고 처형당한 장소로 부각되고 있을

지향하고자 하는 장소이다.[31] 따라서 전체 구조면에서 보면 요한복음은 갈릴리(아래)로의 지향, 즉 철저히 낮은 곳으로의 지향성을 갖고 있는 "갈릴리 지향적 복음서"라고 말할 수 있다.[32]

예수는 첫 사역을 유대(예루살렘)에서 시작한다(1:29-51). 그러기에 첫 표적을 부유하고 많은 사람들이 모이는 그곳에서 행할 수 있었다. 그러나 굳이 갈릴리, 그곳도 가난한 동네인 가나에서 첫 표적(2:1-11)과 두 번째 표적(4:43-54)을 행하였다. 그리고 부활하신 주님은 오래도록 활동하던 예루살렘에 머무실 수 있었으나 가난한 어촌인 디베랴(갈릴리) 호수로 내려오셔서 제자들을 만나시고 그들에게 목회와 선교의 사명을 부여하셨다. 이것이 주님의 마지막 활동이었다.

그러므로 지리적인 관점에서도 요한복음은 일관된 흐름을 지니고 있다. 이 같은 다섯 차례의 하강구조에는 요한의 분명한 신학적

뿐이고, 요한복음 저자의 보다 긍정적인 관심은 오히려 사마리아와 북부 갈릴리 지역에 쏠리고 있다는 사실이다"(김득중, 《요한의 신학》, 251).

31) 요한복음서에서 갈릴리가 반드시 긍정적으로만 기술되어 있지는 않다(1:46; 4:44; 7:41,52). "마가와 마태는 철저히 갈릴리 중심적(Galilee-centered), 혹은 갈릴리 지향적(Galilee-oriented)이다.… 마가와 마태의 신학을 갈릴리 신학(Galilean theology) 혹은 북부 신학(the Northern theology)이라고 불러도 좋을 것이다. 그러나 누가와 요한에 와서는 이것이 크게 다르다.… 누가는 철저히 예루살렘 중심적(Jerusalem-centered) 혹은 예루살렘 지향적(Jerusalem-oriented)이다. 이 점은 요한에서도 마찬가지다.… 누가와 요한은 남부 신학 곧 예루살렘 신학을 반영하고 있다고 말할 수 있다"(김득중, 《누가의 신학》, 68-72).

32) 요한복음이 예루살렘 중심의 복음서인가? 아니면 갈릴리 중심의 복음서인가? 하는 문제는 학자들의 중요 쟁점 중의 하나였다. 그러면서 "요한의 신학은 분명히 보편주의적 경향을 갖고 있다"고 말해지기도 한다. 이에 대한 자세한 논의는 김득중, "요한의 보편주의 사상", 《요한의 신학》, 242-267을 참조하라. 얼핏 보기에 요한복음은 '예루살렘 중심적 복음서'인 누가복음에 가까운 것 같으나 실제적으로는 '갈릴리 지향적 복음서'인 마가복음에 가깝다. "갈릴리와 예루살렘"의 문제에 대해서는 田川建三, 《마가복음과 민중해방: 원시그리스도교 연구》, 43-73을 참조하라.

의도가 깔려 있다고 보아야 할 것이다. 여기서 다섯 차례의 하강구조는 모세 오경을 염두에 둔 배열로 생각해 볼 수 있다. 더욱 중요한 것은 이러한 다섯 차례의 하강구조가 갖고 있는 요한의 메시지이다. 요한복음에 나타난 예수의 행적에 대한 이 같은 묘사는 결코 우연이라고 볼 수 없다. 즉 요한은 이 같은 묘사를 통해 '성육신적(내리)사랑'이라는 하나님의 사랑을 보여주고자 한 것이 아닐까! 성육신적 (내리)사랑을 가장 잘 보여주는 대목이 복음 중의 복음이라는 3:16의 말씀이다. 요한은 이를 통해 예수(하나님)의 사랑은 내려가는 것. 즉 내리사랑의 특징을 가지고 있다는 분명한 메시지를 전하고 있다.

(2) 본론(2-20장)의 5중구조

요한복음의 본론(2-20장)은 5중구조, 서론(1장)과 결론(21장)을 포함할 경우 7중구조로 되어 있다고 볼 수 있다. 아래에서 살펴볼 교차대구구조를 통해 볼 경우 본론(2-20장)의 구조는 부활과 관련된 2장에서 시작하여, 부활을 상징하는 11장에서 정점을 이루고, 부활장인 20에서 대단원을 이루는 구조로 되어 있다. 한마디로 요한복음은 부활로 시작해서 부활을 거쳐 부활로 끝나는 책이라는 것이다.

첫째, 9-12장은 예수의 부활을 상징하는 일곱 번째 표적이자 제1부의 절정인 11장을 중심으로 한 단위를 이루고 있다. 신학적 주제면에서 9장(신앙과 불신앙) 및 10장(십자가)이 12:1-36(십자가) 및 12:37-50(신앙과 불신앙)과 교차대구를 이룬다.

둘째, 주목할 것은 세 장(4장, 12장, 17장)은 앞장과 뒷장의 연결고리로서 전환장의 역할을 한다는 점이다. 교회론적 주제를 가진 4장은 신학적 주제가 다른 첫 세장(1-3장)과 기독론 대논쟁이 시작되는 5장을 연결하는 전환장의 역할을 한다. 구원론(십자가 신학)을 말하는 12장은, 부활의 신학으로 제1부를 마감하는 11장과 고별강화가 시작되는 13장을 연결하는 전환장 역할을 한다. 교회론적 주제를 가진 17장(고별기도)은 고별강화를 마감하면서 수난과 부활(18-20장)을 연결하는 전환장 역할을 한다.

셋째, 5장과 9장은 안식일에 병자 치유라는 예수의 표적이라는 관점에서 각각 새로운 단락을 시작한다고 볼 수 있다.[33]

넷째, 고별강화인 13-16장은 5-8장과 상응한다.

다섯째, 18-20장(십자가와 부활)은 2-3장과 상응한다.

위의 고찰을 정리하면, 본론은 5중구조를 이루되 9-12장을 중심으로 교차대구구조(A-B-C-B′-A′)로 되어 있음을 볼 수 있다.

A. 2-3장 (2장[부활]-3장[십자가])

전환장: 4장(교회론)

B. 5-8장(기독론 대논쟁)

C. 9-12장(9장[신앙과 불신앙]-10장[십자가]-11장[부활]

- 12:1-36[십자가]-12:37-50[신앙과 불신앙])

---

33) 켈페퍼는 두 표적간의 유사함을 열한 가지로 비교하고 있다. 1. 그 사람의 역사가 기술되어 있다(38년; 5:5) / 그 사람의 역사가 기술되어 있다(출생으로부터; 9:1). 2. 예수가 솔선하여 치료한다(5:6) / 예수가 솔선하여 치료하다(9:6). 3. 연못이(베데스다) 어떤 기간 동안 치료의 능력을 가지고 있다(5:4). / 그 사람은 연못에서(실로암) 씻고 치유된다(9:6). 4. 예수께서 안식일에 치료하신다(5:9). / 예수께서 안식일에 치료하신다(9:14). 5. 유대인들이 예수가 안식일을 범했다고 비난한다(5:10). / 바리새인들이 예수가 안식일을 범했다고 비난한다(9:14). 6. 유대인들이 누가 그를 치료했는지 질문한다(5:12). / 바리새인들이 그가 어떻게 치유되었는지 질문한다(9:15). 7. 그 사람은 예수가 어디 계시며 누구인지를 모르고 있다(5:13) / 그 사람은 예수가 어디에 계시는지 모르고 있다(9:12). 8. 예수는 그를 찾아가서(5:14) 믿음으로 초청한다. / 예수가 그를 찾아가서(9:35) 믿음으로 초청한다. 9. 예수는 죄와 고통이 관계가 있다고 암시한다(5:14) / 예수는 죄를 인간의 고통의 원인으로 설명하기를 거절한다(9:3). 10. 그 사람은 유대인에게 간다(5:15). / 유대인들이 그 사람을 추방한다(9:34-35). 11. 아버지가 일하고 계시기 때문에 예수도 일해야만 한다(5:17). / 예수는 그를 보내신 분의 일을 해야 한다(9:4). R. A. Culpepper, 《요한복음 해부》, 223.

B′ 13-16장(고별설교)

전환장: 17장(교회론)

A′. 18-20장(18-19장[십자가]-20장[부활])

여기서 한 가지를 첨언하면 요한복음은 3개의 종결어를 가진 책으로 구성되어 있다는 사실이다. 11장의 끝에 있는 54-57절은 제1부와 제2부를 가르는 전반부의 종결어 역할을 한다는 점이다. 55절에 기술된 "유대인의 유월절이 가까우매"라는 대목은 후반부를 시작하는 12장 첫 대목인 "유월절 엿새 전에" 앞에서 '유월절'이라는 주제로 후반부 도입을 위한 도입구 역할을 하고 있다.

또한 요한복음의 목적을 기술하고 있는 20:30-31은 본론의 종결어 기능을 한다.[34] 그리고 요한복음 마지막 대목인 21:24-25은 이 책의 마지막 종결어 역할을 한다. 이 같은 모습에서 우리는 요한이 3개의 종결어로서 이 책을 구성하고 편집했음을 엿볼 수 있다. 즉 이 3개의 종결어는 이 책의 구조를 파악하는 데 중요한 역할을 하고 있다고 말할 수 있다.

(3) 교차대구구조에 의한 이중구조

요한복음은 전체가 교차대구구조에 의한 이중구조로 되어 있다는 것이 필자의 생각이다. 요한은 그의 복음서를 신학적 주제에 따라 상응하는 장들을 교차대구구조로 배열했다. 먼저, '예수의 때'와 '유월절'의 관점에서 본론(2-20장)이 전반부(2-11장)와 후반부(12-20장)로 나누어진다는 것을 살펴보자.

요한은 '예수의 때'를 나타내는 어휘로 "호라"(*ὥρα*, 2:4; 4:23; 5:25; 7:30; 8:20; 12:23; 13:1 등)라는 용어를 사용하고 있다. 이 말 외에

34) 현재의 정경을 있는 그대로 볼 경우 21장은 결론 역할을 하고, 20:30-31은 결론이 아닌 두 번째 종결어 역할을 하고 있다.

"카이로스"(*καιρὸς*)라는 말을 세 번(7:6[2회], 7:8) 사용하고 있는데, 다른 복음서에서 자주 나타나는 것과는 대조를 이룬다. 헬라어에서 '카이로스'라는 용어는 단순히 '~한 때'라는 의미를 넘어 '결정적인 순간'이라는 의미를 가지고 있다.[35] 그런데 요한복음에서는 '카이로스'와 의미상 별 차이가 없는 '호라'라는 낱말을 주로 사용하고 있다. '호라' 또는 '카이로스'라는 낱말과 함께 사용되는 "내 때"(*ὥρα μου*[2:4], *καιρὸς ὁ ἐμὸς*[7:6]) 또는 "그의 때"(*ὥρα αὐτοῦ* [7:30; 8:20])는 "예수의 때"로서 그의 죽음과 영광스럽게 되심을 나타낸다.

여기서 중요한 사실은 전반부(2-11장)에서는 "내(그의) 때가 아직 이르지 않았다"(2:4; 7:6,8,30; 8:20)는 사실을 반복하여 언급한다. 그런데 후반부(12-20장)에서는 "때가 이르렀다"(12:23; 13:1; 17:1)는 사실을 반복하여 선언하고 있다. 이것은 요한복음이 '예수의 때'의 관점에서 11장까지를 전반부로, 12장 이후부터는 후반부로 나누어짐을 시사한다.

한편, 요한복음은 예수의 사역을 유대의 여러 제도(결례, 성전, 예배) 및 절기(안식일, 유월절, [오순절], 초막절, 수전절)와 관련하여 언급(절기상징주의)하고 있다.[36]

---

35) 《옥스퍼드원어성경대전》(요한복음 제7-12장), 32.

36) G. A. Yee는 예수의 사역을 특별히 네 개의 절기(안식일, 유월절, 초막절, 수전절)와 연결시켜 이해하면서, 요한복음의 구조를 이러한 관점에서 분석하였다.

I. 서론(1:1-18)

II. 표적의 책(1:19-12:50)

1. 예수 계시의 시작(1:19-51)
2. 가나에서 가나로(2:1-4:54)
3. 예수와 유월절 절기(5-10장)

a. 안식일(5:1-47; 9:1-41) b. 유월절(6:1-71) c. 초막절(7:1-8:59) d. 수전절(10:22-39)

4. 마지막 유월절-예수의 죽음과 영광(11-12장)

유월절은 이스라엘의 최대의 명절인데, 요한복음은 "유월절 복음서"라 불리울 정도로 유월절을 자주 언급하고 있다. 유월절과 관련하여 주목할 사실은 공관복음에는 한번의 유월절이 복음서 끝부분에 집중적으로 언급되고 있는데 반해, 요한복음에는 여러 번의 유월절이 고루 퍼져 언급되고 있다는 사실이다.[37] 이러한 사실은 요한복음을 유월절을 기준으로 엮어가고자 하는 요한의 신학적 의도에서 비롯된 것으로 보아야 할 것이다. 그러면 요한은 유월절을 어떤 식으로 엮었는가?

요한복음은 파스카(pascha) 축제를 중심으로, 즉 구약적으로는 애굽으로부터의 이스라엘의 해방을 기념하는 유월절(Passover) 절기를 중심으로, 신약적으로는 십자가 죽음으로부터 부활 생명을 기념하는 부활절(Easter)을 중심으로, 전반부(2-11장)와 후반부(12-20장)로 나누어진다. 이를 잘 보여주는 실례로 공생애의 마지막 유월절을 시작하는 12장부터 '유월절' 용어나 '일반적 시간' 용어를 사용함에 있어서 차이가 난다는 점이다.

그러면 '유월절' 용어부터 살펴보자. 전반부인 11장까지는 유월절 용어가 단순히 "(유대인의) 유월절"(2:13, 23; 6:4; 11:55)이라는 말로만 기술되어 있다. 이에 반해 공생애의 마지막 유월절을 시작하는 12장부터는 '유월절' 용어가 구체적이고 다양하게 기술되어 있는 것을 볼 수 있다. 후반부가 시작되는 12장 1절에는 "유월절 엿새 전에"로 되어 있다. 그리고 고별설교가 시작되는 13장 1절에는

III. 영광의 책(13:1-20:31)
IV. 결론(21:1-25).
이 같은 분석을 통해 그는 예수가 유대 절기들을 무효화시킴으로서 이 모든 절기의 대치자라는 것이다. G. A. Yee, *Jewish Feasts and The Gospel of John*, 30.

37) 마태 4회(26:2, 17, 18, 19), 마가 4회(14:1, 12, 14, 16), 누가 8회(2:41; 22:1, 7, 8, 11, 13, 15, 16) 언급되어 있는데, 요한은 9회 언급하고 있다(2:13, 23; 6:4; 11:55; 12:1; 13:1; 18:28, 39; 19:14).

"유월절 전에"로 되어 있다. 정확하게 말하면 "유월절 전날에"이다. 그리고 다른 곳에서는 "유월절"(18:28, 39), "유월절 준비일"(19:14)로 되어 있다.

이 같은 사실은 12장 이전까지의 공생애 초기와 12장 이후의 공생애 말기의 '일반적 시간' 용어를 살펴보더라도 거의 유사하다. 공생애 초기(1-11장)에 사용된 시간들은 정확하게 언제인지가 분명하지 않은 것이 특징이다.[38)]

공생애 말기(12장 이후)에 사용된 시간 용어는 그 시간이 언제인지가 구체적으로 명시되어 있다. 예루살렘 입성과 관련된 "그 이튿날"(12:12)은 토요일인 "유월절 엿새 전에"(12:1)에 비추어 볼 때 일요일에 해당한다. 주님이 제자들의 발을 씻기던 "저녁 먹는 중에"와 유다가 빵 조각을 받고 나간 밤은 "유월절 전날"(13:1) 저녁과 밤이다. "닭이 울"(19:27) 때와 예수를 로마 총독 관정으로 끌고 가던 "새벽"(19:28)은 십자가를 지던 날이다. "이 날은 유월절 준비일이요 때는 제육시라"(19:14)는 니산월 13일로서 성금요일 정오에 해당하는 시간이다. "안식 후 첫날 일찍이 아직 어두울 때에"(20:1)는 주님이 부활하신 날로서 일요일에 해당한다.

지금까지 살펴본 대로 공생애 말기부터는 구체적이고 정확한 날짜와 시간을 알 수 있을 정도로 시간 사용이 명확하다. 마지막 유월절 일주간 사이에 일어난 예수의 일들을 소상히 기록하고 있는 12장부터를 그 이전 장들과 구별하고자 하는 요한의 신학적 의도를 엿볼 수 있다.

지금까지의 논의를 통해서 우리는 '예수의 때'나 '유월절'의 관점

---

38) "(또) 이튿날"(1:29, 35, 43; 6:22), "사흘째 되던 날"(2:1), "그 후에"(3:22; 5:1; 6:1; 7:1), "때가 여섯 시쯤 되었더라"(4:6), "이 때에"(4:27), "이틀이 지나매"(4:43), "명절 끝날 곧 큰 날에"(7:37), "예수께서 길을 가실 때에"(9:1), "이 날부터는"(11:53).

에서 요한복음을 11장과 12장을 경계로 전반부(제1부)와 후반부(제2부)로 나누는 것이 바람직하다는 것을 엿볼 수 있게 되었다. 이 같은 견해는 아래에서 논의하고자 하는 11장의 나사로의 소생 사건을 중심으로 한 교차대구구조를 통해서도 다시 한번 입증된다.

한편, 요한복음의 전체 구조를 신학적 주제에 따라 매 장을 거칠게 둘로 구분하여 상응하는 대목끼리 연결시키면 아래 도표와 같다(본문 주석에서는 매 장을 둘로 나누지 않고 전체적인 신학적 주제에 따라 논의를 개진할 것이다). 도표에 대한 설명은 본문 주석과 중복을 피하기 위해 생략하기로 한다.

요한복음서의 구조 (교차대구구조)

제 I 부 표적의 영광(1-11장)			제II부 부활(십자가)의 영광(12-21장)	
A(서론) 예수의 정체성	(A1) 1:1-18		(A1′) 21:1-15	A′(결론) 제자들의 정체성
	(A2) 1:19-51		(A2′) 21:16-25	
	내리사랑(성육신) /첫 다섯 제자		내리사랑(갈릴리행) /예수의 증인들	
B(성육신의 영광)	(B1) 2:1-12		(B1′) 20:1-23	B′(부활의 영광)
	(B2) 2:13-25		(B2′) 20:24-31	
	첫표적의 기쁨 /성전된 예수		부활의 기쁨 /신앙고백	
C(하나님의 사랑)	(C1) 3:1-15		(C2′) 19:1-42	C′(십자가의 성취)
	(C2) 3:16-36		(C1′) 18:1-40	
	하나님나라/심판과 구원		심판과 구원/예수나라	
D(하나님의 뜻)	(D) 4:1-26/27-54		(D′) 17:1-26	D′(예수가족 공동체)
	예배(모임) /선교(흩어짐)		고별기도(하나의 교회)	
E(아버지와 아들)	(E1) 5:1-18		(E1′) 16:1-24	E′(아들과 성령)
	(E2) 5:19-47		(E2′) 16:25-33	
	아빠 하나님 /아들의 권한		보혜사 성령 /아들의 승리	
F(하늘양식 예수)	(F1) 6:1-59		(F1′) 15:1-17	F′(포도나무 친구 예수)
	(F2) 6:60-71		(F2′) 15:18-27	
	성만찬(사랑의 동거) /영생의 말씀의 증인		포도나무(사랑의 동거) /증인이 될 성령과 제자	
G(하나님의 때)	(G1) 7:1-36		(G1′) 14:1-15	G′(고별의 때)
	(G2) 7:37-52		(G2′) 14:16-31	
	초막절은 잡힐 때 아님 /믿는 자가 받을 성령		본향 예비/성령 보내심	
H(하늘로부터 온 스승 예수와 참 제자)	(H1) 8:1-30		(H1′) 13:1-20	H′(하늘로 가는 스승 예수와 참 제자)
	(H2) 8:31-53		(H2′) 13:21-38	
	사랑의 빛/ 진리 되신 새모세 예수		사랑의 종/새계명 주시는 새모세 예수	
I(사랑의 시선을 지닌 화목제물 예수)	(I1) 9:1-41		(I2′) 12:1-36	I′(십자가를 지실 화목제물 예수)
	(I2) 10:1-42		(I1′) 12:37-50	
	빛 되신 예수/ 선한 목자(희생)		밀알 하나(희생)/ 빛으로 오신 예수	
J(예수-살림의 길)		11:1-44 /45-57 중심점 (반환점)	J′(대제사장-죽임의 길)	

3. 부활의 신학

1) 부활 : 초대교회 케리그마의 머릿돌

신약성서 기자들은 거의 다 유대인이었다. 이 말은 그들이 외피에 있어서는 '헬라 문화'(헬레니즘)의 영향을 받았다 하더라도, 그들의 정신세계는 '히브리 신앙과 생활'(헤브라이즘)에 토대를 두고 있음을 말하는 것이다.[1] 초대교회의 케리그마(설교 또는 선포)의 핵심은 십자가와 부활인데,[2] 이 가운데서도 부활이 케리그마의 머릿돌(건물을 지을 때 맨 먼저 놓는 돌로서 기준과 방향이 되는 돌)로서 십자가에 우선한다. 그런 의미에서 요한복음서야말로 히브리적-그리스도교적 전통에 가장 충실히 서 있는 책이 아닐 수 없다.[3]

---

1) T. Holland, 《바울신학개요》, 13-15.

2) 십자가는 '구약의 완성'이며, 부활은 '신약의 시작'이라고 말할 수 있다. "십자가와 부활은 복음의 양면이다. 죽음을 통해 부활이 있고, 부활이 있기 때문에 십자가가 복음이 되는 것이다"(유동식, 《풍류도와 요한복음》, 145).

3) 히브리서는 '구약적(히브리적)' 전통에는 그 어떤 책보다 충실하나 '신약적(그리스도교적)' 전통에서는 그렇지 못하다(케리그마의 머릿돌인 '부활의 신학'이 약함). 반면에 요한복음서는 철저히 '구약적'('구약적[히브리적] 배경' 참조)이면서 신약적(케리그마의 머릿돌인 '부활의 신학' 강조)이라는 점에서 '히브리적-그리스도적' 전통에 가장 충실한 균형잡힌 책이다. 히브리서의 구약적 특성에 대해

지금까지 요한복음은 주로 "성육신 기독론"(성육신 신학)이나 "십자가 신학"(고난의 기독론)[4]이 강조되어 읽혀왔으며, "부활의 신학"(부활의 기독론)으로 읽는 것은 왠지 생소하게 느껴진 것이 사실이다. 그런데 요한복음은 "부활을 케리그마의 머릿돌로 하는 종말론적 선취로서의 부활의 신학"[5]이라고 말할 수 있다. "부활"이라는 어휘는 요한복음의 핵심 용어(key word)로서 요한복음의 모든 신학이나 공관복음과의 차이점을 설명해 주는 유용한 도구라는 것이 필자의 생각이다.[6]

먼저 "성육신 기독론"부터 살펴보자. 요한의 기독론은 요한복음서의 모든 신학적 진술의 중심축을 이루고 있다. 요한복음서의 어떠한 신학적 주제도 이 기독론과 분리되어서 해석될 수 없다고 말할 수 있을 정도로 기독론은 요한 신학을 결정짓는 최대 결정요소이다. 요한의 기독론은 신구약성서적 기독론의 전승사적인 발전과정이 최종적으로 완성되어지고 종결되어지는 기독론의 대 완성점이다.[7]

서는 김정준, 《히브리서》를 참조하라.

4) 요한복음서에 대한 새로운 시각을 말하는 스몰리도 그의 책에서 "부활의 신학"이라는 항목은 없고, "요한의 십자가 신학"이라는 항목을 두고 있다. S. S. Smalley, 346-351.

5) 몰트만과 판넨베르크는 종말론에 기초하여 부활을 해석하고 있다. "종말론과 부활의 신학"에 관한 보다 자세한 논의는 정기철, 《시간문제와 종말론》, 93-115을 참조하라.

6) 요한은 서로 다른 사건들 사이에 분명한 쐐기를 박아서 구별하고자 하지 않는다는 것은 분명한 사실이다. 하지만 그가 그러한 사건들을 서로 구별되지 않는 단일한 것으로 뭉개버리지 않았다는 것도 분명한 사실이다. "물론, 요한은 십자가 사건, 부활, 승천을 단일한 사건으로 보고 있다고 말할 수 있다. 그것은 신학적으로 어떤 차원에서는 일리가 있다. 그러나 요한은 또한 그러한 것들을 주의깊게 차별화한다. 실질적으로 십자가 사건, 승천과 마찬가지로 부활에 대해서도 이야기를 쓰고 있다는 사실 자체가 십자가 사건과 부활을 구별하고 있다는 것을 웅변적으로 말해준다"(N. T. Wright, 《하나님의 아들의 부활》, 1029-1030).

7) 성종현 교수는 기독론의 발전과정을 이렇게 말한다. 예수의 자의식 속에 이미

여기서 우리가 염두에 두어야 할 것은 요한복음서의 "로고스 찬가"(1:1-18)에 나타난 성육신(또는 영광) 기독론은 신약성서에서 최후의 완성된 기독론으로써 요한복음서의 본론(2-20장)에 나중에 첨가되어 들어왔다는 것이다. 그런데 본론에 이미 성육신(또는 영광) 기독론의 모습이 배태되어 있음을 엿볼 수 있다. 17장의 예수의 고별기도, 또는 부활한 예수를 만난 후의 도마의 신앙고백에 이은 이 책의 기록 목적을 말하는 구절(20:30-31)이 그것이다.

따라서 우리는 2-20장에 나타난 "부활의 기독론"(christologia resurrectionis), "영광의 기독론"(christologia gloriae), 또는 "영광의 신학"(theologia gloriae)의 관점에서 "로고스 찬가"에 나타난 기독론을 다시 새롭게 조명하는 순서로 요한복음서를 해석하는 것이 올바른 순서라고 여겨진다.

다음으로, "십자가 신학"을 살펴보자. 일반적으로 초대교회의 케리그마의 핵심은 "십자가와 부활"이라고 말한다. 이 같은 사실은 복음서를 비롯하여 사도행전과 바울서신 모두에 해당한다. 여기서 십자가와 부활 가운데서 케리그마의 "머릿돌"은 "십자가"가 아니라 "부활"이었다. 그러니까 케리그마의 순서가 "십자가와 부활"이 아니라 "부활과 십자가"이다. 부활이 1차적(Primary)이고, 십자가는 2차적(Secondary)이라는 것이다. 이것은 대단히 중요한 차이이다.

"내포된 기독론"으로 시작하여, 예루살렘 원시기독교 공동체 안에서 선포된 "양자 기독론", 안디옥교회를 중심으로 한 헬레니즘 기독교 공동체와 바울신학을 통해 형성된 "선재사상과 퀴리오스 기독론", 공관복음서의 다채로운 기독론을 거쳐서 비로소 요한공동체에서 신약성서의 기독론이 완성된다(로고스 기독론과 계시자로서의 아들의 영광 기독론). 성종현, 《신약총론》, 719-724; 풀러는 신약 기독론의 세 모형을 제시하였다. "팔레스타인 교회 모형"(양자론적 기독론), "헬라적 유대인 모형"(대리적 기독론), "이방인 선교 모형"(성육신 기독론)이 그것이다. R. H. Fuller, *The Foundations of New Testament Christology*, 243-246; 또한 요한의 기독론에 대해서는 R. Kysar, 《요한복음서 연구》, 66-79을 참조하라.

시간적 순서로 보면 십자가 사건이 먼저이고 그 후에 부활 사건이 뒤따르지만, 신앙적 순서로 보면 부활 사건을 체험한 후에 그 부활의 빛에서 십자가 사건의 의미를 재해석한 것이다.[8)]

그런데 유대교와 기독교(신구약성서)의 연속성(continuity)으로 볼 때 십자가 신학이 더욱 적절하다. 그러나 기독교가 유대교와 구별되는 가장 큰 기준은 "부활"의 여부이다. 예수 그리스도의 복음은 새로운 기쁜 소식(복음)으로 구약(유대교)과는 근본적으로 구별되는 것이다.[9)] 따라서 유대교와 기독교(신구약성서)의 불연속성(discontinuity)이라는 측면에서 "부활의 신학"(Theologia resurrectionis)이 더 우선한다.

비기독교 세계를 향한 교회의 선포에서 가장 강조되는 것은 예수의 지상 사역도 아니고, 심지어 예수의 죽음에 나타난 속죄의 의미도 아니다. 가장 두드러지게 강조되고 있는 것은 '예수의 부활'이었다.[10)] 사도행전은, 1세기의 세계를 송두리째 뒤엎어서 그리스도를 향하게 만든 것은 그저 십자가 자체가 아니라, 바로 그리스도

---

8) 성종현 교수는 요한복음은 십자가(예수의 고난과 죽음) 해석을 예수의 부활과 영광의 빛에서 해석하고 있다고 말한다. 성종현, 《신약성경: 해설대조연구》, 565.

9) 그리스도교의 특색의 불연속성에 대해서는 이형근, 《예수 그리스도의 복음》, 25-28을 참조하라.

10) 정양모 신부는 그리스도인의 생사관(生死觀)은 "부활신앙"에 있다고 하면서 이렇게 말한다. "예수 부활신앙은 실로 납득하기 어렵지만 이 신앙을 빼면 그리스도교는 쓰러진다. 사실 그리스도교는 역사의 예수께서 창교(創教)하지 않았다. 더군다나 그분이 서기 30년 4월 7일 금요일 오후에 예루살렘 북서부 성 밖 골고타 형장에서 처형되었을 때 그리스도교는 태어날 수 없었다. 예수의 제자들이 처형된 스승의 발현을 체험하면서 그 부활을 확신하고, 드디어 30년 5월 말경 오순절을 맞아 예루살렘에 모여 그리스도교를 창시했다. 그러므로 그리스도교는 무엇보다 예수 부활신앙의 종교이다.…… 부활신앙이야말로 타력신앙의 전형이다. 정말 부활을 믿는 그리스도인이라면 위대한 사도 바울로처럼 구원의 환성을 지를 것이다. 죽음을 삼키고 승리했구나! 죽음아, 네 승리가 어디 있느냐? 죽음아, 네 독침이 어디 있느냐?(고전 15:54-55)"(정양모, 《마태오 복음 이야기》, 436-446).

의 부활의 선포로 말미암은 것이었음을 증거하고 있다.[11] 베드로와 바울이 물론 그리스도께서 십자가에 달려 죽으신 사실을 무시한 것은 아니나, 그들이 케리그마에서 강조한 것은 그리스도가 죽은 자 가운데서 부활한 사실이었다. 1세기의 이교도들은 예수가 로마인에 의해 십자가에서 죽었다는 선언에 대해서는 별로 감동을 받지 않았겠지만(그리스도 이외에도 십자가에서 죽은 사람들이 수천이 넘지 않은가?) 하나님이 예수를 죽은 자 가운데서 다시 살리셨다는 선언에 대해서는 중립의 자세를 취할 수 없었다. 하나님이 살리셨든지, 살리지 않으셨든지 둘 중의 하나지, 이것도 저것도 아닌 중간적인 입장은 없었다(행 13:40-41, 46-47, 51; 28:25-28).[12]

네 복음서 기자의 복음서 서술 목적은 당시의 특정 신앙공동체의 신앙을 심오하게 하고 강화하기 위하여 부활과 성령강림에 힘입어 예수 그리스도의 인격과 사역을 역사적으로 재구성하려는 것이었다. 신약성경 전체에는 예수 그리스도의 부활신앙이 강물처럼 흐르고 있다. 이 흐름 때문에 신앙과 순종을 계속 유지할 수 있었고, 죄와 죽음에 대한 최후 승리를 확신할 수 있었다. 이 같은 개인적인 부활신앙을 가진 사람이 없었더라면, 우리들에게 전해진 복음서들은 한 줄도 쓰여질 수 없었을 것이고 쓰려고 하지도 않았을

---

11) "사도행전에는 그리스도의 희생적 죽으심을 뜻하는 신학적 약어(略語)라고 할 수 있는 그리스도의 '피'가 단 한 번밖에 언급되지 않으며(20:28), 그가 '죽임을 당하셨다'는 사실도 단 한 번밖에 언급되지 않으며(3:15), 그가 '십자가에 달리셨다'는 사실도 단 두 번밖에 언급되지 않으며(2:36; 4:10), 그가 '나무 위에서 죽으셨다'는 것도 단 세 번밖에 언급되지 않으며(5:30; 10:39; 13:29), 그의 '십자가'는 한 번도 언급되지 않는다. 그러나 그의 '부활'은 10회나 언급되며, 그가 죽은 자 가운데서 '살아나셨다'는 사실은 13회가 언급되며, 또한 이 놀라운 사건에 대해 사도들이 '증인'이라는 사실이 10회 가량 언급되고 있다. 그러므로 초기 교회의 케리그마의 강조점은 그리스도의 부활의 사실과 그 파생적 의미에 있었던 것이 너무나도 분명한 것이다"(R. L. Reymond, 《바울의 생애와 신학》, 57).

12) R. L. Reymond, 《바울의 생애와 신학》, 56-60.

것이다. 복음서들의 부활기사는 다양성을 가지며, 어느 면에서는 상충되는 점도 없지 않으나, 근본적인 통일성은 '부활이 복음의 살아있는 핵심이라는 것'이다.[13]

종교개혁자 마르틴 루터가 개신교 신학을 "십자가 신학"(Theologia crucis)이라고 말한 이래 부활보다 십자가가 강조되어 온 것이 사실이다. 19세기 독일 신학자인 마틴 켈러(Martin Kähler)가 최초의 복음서인 마가복음을 가리켜 "확대된 서론이 첨가된 수난설화"라고 한 이래 복음서 연구는 수난설화, 즉 "십자가 신학", "고난의 기독론"(the suffering christology), 또는 "수난의 신학"(passion theology)을 더욱 강조하는 방향으로 흘러왔다. 켈러의 주장이 복음서 연구에 너무나도 지대한 영향을 미쳤고, 그 이후 저명한 학자들에 의해 추인되면서[14] 감히 그들의 주장에 도전하여 다른 견해를 내세우는 것이 어렵고 어리석은 것처럼 보이기도 하였다.

최근에 와서 켈러의 주장은 복음서에 대한 올바른 이해나 해석에 있어서 근본적으로 잘못되었다는 주장들이 나오고 있다. 켈러의 주장은 마태, 누가, 요한에도 맞지 않을 뿐만 아니라 마가에도 맞지 않다는 것이다. 그 이유는 수난과 십자가를 너무 지나치게 강조한 나머지 이적 설화의 중요성이나 복음서의 결론 부분에 제시되어 있는 부활 선언에 대한 이야기를 공정하게 다루지 못했다는 것이다.

서방교회는 전통적으로 예수의 십자가나 그의 속죄적 죽음에 치중하는 신학을 해왔다. 켈러의 복음서 이해는 이 같은 서방교회

13) 이형기, 《세계교회사(I)》, 96, 105.

14) "예수의 부활은 십자가의 죽음이 이미 예수의 올리움과 영화롭게 됨이라면 특별한 의미의 사건일 수 없다. 부활이 죽음의 승리를-그것을 죽음이 가령, 십자가형을 통해 쟁취했다면-헛된 것으로 만들 수는 없다. 십자가가 이미 세상과 그 지배자에 대한 승리였기 때문이다"(R. Bultmann, 《신약성서신학》, 418).

전통의 현대적 표현이라고 설명할 수 있다. 이와는 달리 동방교회는 십자가를 부활로부터 분리시키지 않을 뿐만 아니라 부활의 빛에서 십자가를 이해하려고 하였다. 부활 사건은 기독론을 위해서 뿐만이 아니라 교회를 위해서도 가장 중요한 뿌리를 형성해주고 있다.[15)]

십자가는 실패한 메시아를 우리에게 보여준다. 실패한 메시아가 어떻게 우리의 구주가 될 수 있는가? 부활이 없었다면 예수는 실패한 메시아로 남게 되었을 것이다. 실패한 메시아가 우리의 구주가 된 것은 부활 때문이다. 바울이 전했던 복음은 주로 예수의 부활에 대한 것이었다(고전 15:4-8, 12, 14-15). 그는 때때로 십자가에 대해서는 아무런 언급을 하지 않은 채 부활만을 언급하기도 했다(살전 1:10; 고전 6:14; 고후 4:14; 롬 1:4; 8:11; 10:9). 바울이 십자가를 부활과 관련해서 언급할 때에도 역시 그의 주요 강조점은 분명히 부활에 있었다(롬 8:34; 고후 13:4).[16)]

특히 고대 문서를 이해하고자 할 때 마땅히 그 문서의 결론(막 16:1-8)[17)]을 알아야만 하는데, 이것은 마가복음만이 아니라 모든 복음서에 해당하는 말이다. 부활이 없는 복음서는 단순히 마지막

---

15) 동방교회의 부활에 대한 강조에 대해서는 남정우, 《동방정교회 이야기》, 44-58을 참조하라.

16) 로마서에서 바울이 "복음"이라고 말할 때, 그는 "이신칭의"(以信稱義)를 의미하는 것이 아니다. 칭의는 복음의 직접적인 결과이기는 하지만, 바울이 염두에 두었던 "복음"은 다윗 자손에 속한 이스라엘의 메시아인 예수가 세상의 부활하신 주라고 선포하는 것이다. 바울의 요지는 이것이다. 부활은 다윗의 자손인 나사렛 예수를 진정한 메시아, 바로 그러한 의미에서의 "하나님의 아들"이라고 선포하였다는 것이다. 이것은 가이사가 신의 아들이자 세상의 주였던 세계 속에서 엄청난 정치적 의미를 지니고 있었다. 부활은 예수를 세상의 참된 통치자로 만든 표지가 되었고, 가이사는 세상의 이 참된 통치자의 희화화에 불과한 존재였다. N. T. Wright, 《하나님의 아들의 부활》, 396-400.

17) 막 16:9-20은 마가복음의 본래 일부가 아니라고 하는 결론이 오늘날 널리 인정되고 있다.

종장이 없는 복음서일 뿐만 아니라 그런 복음서는 전혀 복음서가 아니다. 마가복음서는 "부활지향적인 구조"(a resurrection-oriented structure)로 되어 있으며, 부활이 마가복음 연구를 위한 진정한 출발점이 될 수 있다.[18] 그런 의미에서 마가복음을 "뒤로부터"(backwards), 즉 수난이나 십자가로부터가 아닌 부활로부터 읽는 것이 정당화 될 수 있다.[19] 이것은 요한복음서에도 그대로 적용되는 말이다.

---

18) 최초의 복음서인 마가복음서는 이렇게 시작하고 있다. "하나님의 아들 예수 그리스도의 복음의 시작이라." 마르코와 그의 공동체가 외쳐대는 이 신앙고백 구절이 마르코 복음서의 전체꼴과 내용을 이해하는 열쇠이다. 무엇이 시작되었는가? "복음"(euaggelion)이다. 헬레니즘 시대에 이 말은 승전 소식을 가리키는 전문용어였다. 전쟁에서 이겨 걱정거리가 사라졌으니 기쁠 수밖에 없지 않은가. 이 말이 로마시대에는 신적인 인간으로 일컬어졌던 황제의 출생 등 나라 전체에 큰 영향을 미칠 좋은 소식을 의미했다: "신(황제)의 탄생은 세상을 위한 기쁜 소식이니, 그분으로 인해 그 소식이 비롯되었기 때문이다"(아우구스투스 황제의 비문에서). 성서와함께 편집부, 《예수를 따라-성서가족을 위한 마르코복음서 해설》, 46-47.

19) 김득중, 《마가복음의 부활신학》, 24-41; "고난의 교회(ecclesia pressa)에 요구되는 것은 십자가의 신학이나 고난의 기독론이 아니었다. 그런 것은 기껏해야 예수를 모범적인 순교자로 전해 줄 뿐이다. 그런 예수를 전하는 복음이 고난과 핍박 중에 있는 교회에 '기쁜 소식'(유앙겔리온, εὐαγγελίον)이 될 수는 없었을 것이다. 여기서 다시 우리는 마가가 그의 복음을 '기쁜 소식'으로 기록했고, 또한 희랍 세계에서 '유앙겔리온'이 본래는 '승리의 소식'과 관계되어 가장 널리 사용되던 단어임을 기억해야만 할 것이다. 고난의 교회에 필요했던 것은 승리의 기쁜 소식이었다. 사탄적인 로마 제국의 세력에 붙잡혀 있던 고난의 교회에는 '더 강한 분'의 승리의 복음이 필요했었다. 그것만이 참으로 "기쁜 소식"이 될 수 있었고, 또 그런 승리의 복음은 오늘날 이 세상에서도 악한 세력의 억압 밑에서 고난을 당하고 있는 모든 기독교인과 기독교 교회에 똑같이 '기쁜 소식'이 될 수 있을 것이다"(김득중, 《복음서 신학》, 124).

2) '부활'이 갖는 의미(네 가지)

이미 언급했듯이 요한복음은 공관복음을 자세히 살핀 후에 '다시 쓴 복음서'이다. 또한 요한복음은 '예수의 부활이 갖는 의미에 대한 깊은 묵상에서 나온 결과물'이다. 그리고 유대교와의 대립과 갈등의 상황에서 전략적으로 채택한 신학이 바로 '부활의 신학'이다. 그렇다면 "부활"의 의미에 대한 바른 이해야말로 요한복음서 이해의 열쇠가 아닐 수 없다.

누가복음 기자는 예수의 탄생을 노래하기를 "지극히 높은 곳에서는 하나님께 영광이요 땅에서는 하나님이 기뻐하신 사람들 중에 평화로다"(눅 2:14)라고 찬송하였다. 요한복음서에서 부활이 갖는 네 가지 개념을 이에 적용하면 "지극히 높은 '하늘'에서는 하나님께 '영광'이요 땅에서는 예수를 믿는 자들에게 '영원'한 '생명'(영생)이로다"라고 말할 수 있다.

부활이 갖는 이 같은 네 가지 의미(하늘, 영광, 영원, 생명)를 통해 부활의 신학에 기초한 성육신 기독론과 십자가 신학을 살펴보자.

(1) 하늘의 의미

부활이라는 말에는 "하늘"이라는 의미가 내포되어 있다. 부활 사건은 인간이 아닌 하나님께 속한 사건이요 땅이 아닌 하늘에 속한 사건이다. 공관복음과 달리 요한복음은 죽음과 부활과 승천이 모두 하나의 실체이다. 그런데 그 중심에 부활이 있다. 그 까닭은 부활이라는 말에는 사망을 이겼다는 죽음의 의미를 그 안에 내포하면서, 또한 땅에서 하늘로 올라갔다는 승천의 의미를 그 안에 내포하고 있기 때문이다.

예수께서 부활하시고 하늘로 승천하신 분이라면 예수는 이 땅에 속한 분이 아닌 하늘에 속한 분이라고 말하지 않을 수 없다.[20] 즉 예수는 하늘에서 내려와 하늘의 뜻을 펼치다 하늘로 올라가실 분이요, 하나님께로부터 파견되어 세상에 하나님을 알려준 다음 다시 하나님께 되돌아가실 분(13:1)이라는 것이다.[21]

요한복음의 메시아관이 바울 서신이나 공관복음서와 다른 것은 바로 이 같은 부활의 신학에 대한 새로운 이해에서 비롯된 것이다. 여기서 요한복음서의 메시아관에 이르기까지 시대와 관점의 차이에 따른 메시아관의 차이를 간략히 살펴보면 다음과 같다.

우선 50-60년대에 쓰여진 바울 서신에는 예수의 지상 생애에 대한 언급이 없다. 따라서 사도 바울이 가지고 있던 메시아관은 십자가와 부활 이후부터 예수가 메시아였다라는 관점을 가지고 있다. 바울이 이러한 메시아관을 가질 수밖에 없었던 것은 그가 열두 사도와 달리 역사적 예수에 대해 알지 못했다는 점과 더불어 다메섹 도상에서 부활하신 예수를 만난 사건[22]에 깊은 의미를 부여한 데서 비롯되었다고 볼 수 있다.

이러한 바울의 메시아관에서 결정적으로 방향을 선회한 것은 최초의 복음서인 마가복음서이다. 70년경에 쓰여진 마가복음서는 예수의 공생애부터 복음서를 기록하고 있다. 이는 십자가-부활 이전, 즉 공생애 때부터 예수는 메시아였다라는 관점을 가지고 복음서를 쓴 것이다. 그러다가 80-85년경에 쓰여진 마태복음서와 누가복음서는 예수의 탄생 때부터 복음서를 기록하고 있다. 이는 탄생 때부

---

20) 요한복음에는 공관복음과는 달리 예수의 세례받는 기사(마 3:13-17; 막 1:9-11; 눅 3:21-22)가 없는데, 그 까닭은 하늘에 속한 분은 세례를 받을 필요가 없기 때문이다.

21) 정태현, 《거룩한 독서(1): 모세오경 · 네 복음서》, 257.

22) 사도행전은 이 사건을 세 차례(9:1-18; 22:6-16; 26:12-18)에 걸쳐 보도하고 있다. 그 만큼 사도 바울에게 있어서 이 사건은 그의 나머지 생애를 결정할 만큼 충격적 사건이었음을 간접적으로 시사한다.

터 예수는 메시아였다라는 관점을 가지고 복음서를 쓴 것이다.

그런데 90-100년경에 쓰여진 요한복음서는 공관복음서와는 달리 태초부터 선재하신 로고스(말씀)로서의 예수를 그리고 있다. 공관복음서의 예수는 땅에서 난 자이기에 지상 생애부터 메시아였다는 것으로 예수를 그리고 있는 것과는 달리, 요한복음서의 예수는 부활하여 승천하신 분으로 본래 땅이 아닌 하늘에 계셨던 분이요 그분이 아버지 하나님의 뜻을 이 땅에 전하기 위해 하늘로부터 내려온 자라는 관점에서 예수의 메시아관을 그리고 있다. 그것이 바로 요한복음서의 성육신 기독론, 즉 말씀이 육신이 되었다(1:14)는 말로 표현된 것이다. 지금까지 언급한 메시아관의 차이를 도표로 간략히 그려보면 다음과 같다.

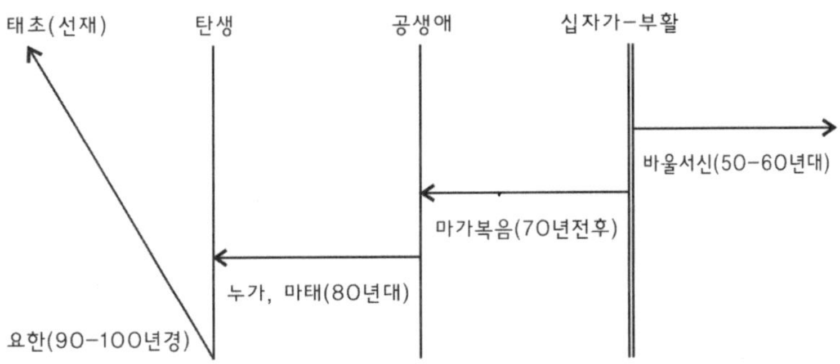

(2) 영광의 의미

부활이라는 말이 갖는 두 번째 의미는 "영광"[23]이다. 부활은 십자가의 수치를 이긴 영광이다. 따라서 부활이라는 말에는 "영광"이

---

23) *δόξα*가 공관복음에서 23회(마태 7회, 마가 3회, 누가 13회) 쓰인 데 반해, 요한복음는 19회 쓰이고, *δοξάζω*가 공관복음에서 14회(마태 4회, 마가 1회, 누가 9회) 쓰인데 반해 요한복음에서만 23회 쓰이고(신약 전체 61회), 계시록에서도 *δόξα*가 17회, *δοξάζω*가 2회 쓰여 있다.

라는 의미를 그 안에 내포하고 있다. 요한복음은 "영광의 복음서"라고 할 만큼 영광을 강조한다. 요한복음은 부활의 영광이라는 빛에서 그 이전의 예수의 모든 생애를 영광으로 보고 있다. 예수의 부활 사건이 하나님의 영광을 드러낸 사건이라면, 십자가 사건을 포함한 부활 이전의 예수의 모든 생애는 다 영광의 사건이 된다. 십자가의 죽음도 영광이요(12:23),[24] 지상생애도 영광이요(7:18), 성육신도 영광이요(1:14), 창세 전에 아버지 품 속에 있는 것도 영광이다(17:1, 5).

(3) 영원의 의미

부활이라는 말이 갖는 세 번째 의미는 "영원"이다. 부활한 예수가 본래 하늘에 속한 분이라면, 부활이라는 말에는 "영원"이라는 의미를 그 안에 내포하고 있다. 부활 사건은 시간이 아닌 영원에 속한 사건이다. 이 세상에 영원한 것은 하늘밖에 없다. 이 말을 뒤집으면 하늘에 속한 것이 아닌 이 땅에 속한 것치고 영원한 것은 아무 것도 없다는 말이 된다. 하늘로부터 오신 그분은 하나님의 말씀을 하는(3:34) 반면, 땅에서 난 자는 땅에 속한 말을 할 수밖에 없고(3:31), 따라서 땅에 속한 자는 그 누구라도 우리의 구원자가 될 수 없는데, 그 까닭은 우리에게 영원(한 생명)을 가져다주지 못하기 때문이다. 이와는 달리 본래 하늘에서 속한 자는 영원 전부터 계신 분이고(1:1; 8:58) 영원 전부터 계신 그분의 말씀은 영원한 생명(영생)의 말씀이다(6:68).

---

24) "영광, 영화의 주제는 요한의 수난사에서도 깊은 밑바닥에 깔려 있다. 십자가 사건은 처음부터 부활의 영광의 빛에서 조명되어진다. 예수의 죽음은 파송된 아들의 복귀의 과정, 즉 선재하신 하나님의 아들 곧 말씀이 본래의 영광으로 되돌아가는 과정으로 이해된다.… 요한의 기독론은 이러한 의미에서 "비하의 기독론"(Niedrigkeitschristologie)이라기보다는 오히려 "영화의 기독론"(Herrlichkeitschristologie)이라 부를 수 있을 것이다"(성종현, 《신약총론》, 721).

(4) 생명의 의미

부활이라는 말이 갖는 네 번째 의미는 "생명"이다. 부활은 십자가의 죽음을 이긴 생명이다. 따라서 부활이라는 말에는 "생명"이라는 의미를 그 안에 내포하고 있다. 부활하신 예수는 사망에 매일 수 없는 분이다. 그래서 그분의 이름은 부활이요 생명이다. 따라서 부활이요 생명이신 그분을 믿으면 죽지 않고, 살아서 믿는 자는 영원히 죽지 않는다(영생한다)는 것이다(3:16; 5:24; 11:25-26). 요한복음은 "생명의 복음서"라고 할 만큼 생명(영생)을 강조한다. 요한복음서에서 가장 중요한 개념은 "생명" 또는 "영원한 생명"이다.[25] 이는 요한복음서가 그 근저에 부활의 신학을 담지하고 있다는 말에 다름 아니다.

요한은 "부활의 신학"을 통해 믿는 자에게는 신앙을 강화할 목적으로, 불신자에게는 예수를 믿게 하려는 선교 목적으로 이 책을 썼다. 이러한 "부활의 신학"을 개진하기 위해서는 세 가지가 먼저 전제되어야 한다.

첫째, 요한복음은 예수의 부활과 성령강림을 체험한 이후에 요한 기자(편집자)가 자료를 수집하고 편집해서 회고적으로 쓴 책이다. 이 말은 요한복음서의 예수이야기에는 요한의 입장이 들어갈 수밖에 없다는 것이다.

둘째, 요한복음서 전체 스물 한 장 중 본론에 해당하는 2-20장을 먼저 쓰고, 서론(1장)과 결론(20장)은 나중에 본론에 덧붙여졌다는

---

25) 잠시 있다가 사라질 이 땅(육신)의 생명은 진정한 의미에서 생명이 아니다. 그것은 죽음과 다름없는 생명이다. 요한복음서가 말하는 생명은 부활하셔서 영원한 생명으로 존재하시는 예수의 생명이라는 점에서 죽음이 없는 영원한 생명, 곧 영생을 말한다. 그런 의미에서 요한에게 있어서 "생명"과 "영생"은 완전히 동의어(3:36과 5:39-40 비교)이다. 요한에게 있어서 구원은 곧 생명인데, 그 생명은 바로 영원한 생명을 뜻하기 때문이다. 요한복음서에 "생명"은 19회, "영생"은 17회, 도합 36회가 나타난다. 김득중, 《요한의 신학》, 321-322.

것이다. 이 말은 요한복음을 해석할 때 전체의 90% 이상에 해당하는 본론의 메시지가 무엇인지를 먼저 해석하고 그것을 바탕으로 서론과 결론을 해석해야 한다는 말이다. 이것을 역으로 하면 가령, 1장의 '로고스 찬가'를 가지고 요한복음서 전체를 해석하는 것은 해석의 순서상 오류라는 것이다.

셋째, 현재 우리 앞에 놓여있는 요한복음은 신앙공동체가 우리에게 전해준 정경이다. 그렇다면 우리 맘대로 본문의 순서를 바꾸어 읽거나(가령, 6장이 5장의 앞에 와야 한다는 등), 또는 어떤 부분을 가볍게 부록으로 취급하는(가령, 21장) 그런 식의 성경읽기를 지양하고 본문 전체가 다 신앙공동체가 하나님의 말씀으로 우리에게 전해준 책이라는 사실을 겸손하게 인정하고 있는 그대로를 가지고 논의가 이루어져야 한다는 것이다.

이러한 세 가지 전제를 바탕으로 요한이 사용한 몇 가지 문학적이고 신학적인 장치가 있는데, 그 중 가장 중요한 것은 요한복음서 전체가 히브리 문장 기법, 특히 대표적인 기법인 교차대구구조(chiasmus)로 되어 있다는 점이다. 즉 요한의 천재성은 부활의 의미에 대한 놀라운 통찰(정확한 이해)과 그것을 표현하기 위한 도구로 교차대구구조를 사용한 데 있다는 것이 필자의 생각이다.

3) 교차대구구조와 부활의 신학

교차대구구조의 관점에서 볼 때 요한복음은 11장을 중심으로 "2막 5장(서론과 결론을 포함하면 7장)으로 된 영원한 감동의 드라마"라는 것이 필자의 생각이다. 여기서 2막은 제1부(1-11장)와 제2부(12-21장)를 말하고, 5장은 모세오경처럼 본론(2-20장)을 다섯 부분으로 나눌 수 있다는 것을 말한다.[26]

"구조를 달리 보면 전체 해석이 달라진다." 이 말은 요한복음을 해석하는 데 있어서 결정적으로 중요한 말이 아닐 수 없다. 이미 언급했듯이 대부분의 학자들은 요한복음을 크게 둘로 나눌 때 12장까지를 제1부로, 13장부터 제2부로 나눈다. 그리고 이렇게 나누는 근거는 "표적과 영광"이라는 주제 아래 2-12장은 "표적의 책"이요, 13-20장은 "영광의 책"이라는 데 근거한다. 이러한 주장이 과연 타당한가?

많은 학자들이 요한복음서의 전반부를 예수의 공적 활동이라는 의미에서 12장까지로 보고 있는데, 여기서 문제가 되는 부분은 12:37-50이다. 대부분의 학자들은 본문 37절에 있는 "많은 표적"[27]이라는 말을 근거로 12장까지를 '표적의 책', 즉 제1부로 보고 있다.[28] 그런데 12장까지를 제1부라고 주장하는 대부분의 학자들도

---

26) 베이컨(B. W. Bacon)은 마태복음은 모세오경의 패턴에 따라 그 형태가 구성되었을 뿐만 아니라 그 내용도 상당히 모세를 모형으로 해서 구성되었다고 주장한다. 김득중, 《복음서 신학》, 17-23.

서론(1-2장): 탄생설화

제1권: 설화자료(3:1-4:2)와 산상설교(5-7장)

종결후렴문구: "예수께서 이 말씀을 마치시매 무리들이 그 가르치심에 놀라니…"(7:28).

제2권: 설화자료(8:1-9:25)와 선교와 순교에 관한 설교(10장)

종결후렴문구: "예수께서 열두 제자에게 명하시기를 마치시매…"(11:1).

제3권: 설화자료(11:2-12:50)와 천국설교(13장)

종결후렴문구: "예수께서 이 모든 비유를 마치시니…"(13:53).

제4권: 설화자료(13:54-17:21)와 교회 행정에 관한 설교(18장)

종결후렴문구: "예수께서 이 말씀을 마치시매…"(19:1).

제5권: 설화자료(19:2-22:46)와 종말설교(23-25장)

종결후렴문구: "예수께서 이 모든 말씀을 다 마치시니…"(26:1)

결론(26-28장): 수난설화.

27) 이 표현은 요한이 예수의 표적에 대해 관용적으로 쓰는 표현이다(11:47 참조).

28) 이와는 달리 《오픈성경》(1987년)은 "요한복음 서론"에서 "수난주간의 예수님"(12:1-19:42)이라는 제목 하에 12장을 앞부분과 구분하고 있는 모습을 보여주고 있다.

상황에 전혀 어울리지 않는 대목(44-50절)이 12장 끝에 붙어 있다는 사실 때문에 매우 곤혹스러워 한다. 그러면서 상황에 어울리지 않는 이 대목을 편집자의 실수라는 식으로 이 문제를 처리하려고 한다.[29)]

그런데 과연 이 대목이 많은 학자들의 주장대로 편집자의 실수로 여기에 들어가 있는 것일까? 아니면 아주 중요한 의미를 지니고 있는 대목일까? 우선 12장을 제1부로 간주하는 데에는 몇 가지 문제점이 있다.

첫째, 이 대목(12:37-50)은 예수의 수난 기사가 시작되는 앞 대목(12:1-36)과 내용적으로 어울리지 않는다. 둘째, 이 대목이 표적을 요약하는 대목이라면 7대 표적의 마지막 표적 사건인 11장의 나사로 소생사건 뒤에 놓이는 것이 바람직하다. 셋째, 둘로 나누어진 이 대목(37-43절/44-50절)은 앞 절(36절)과 관련지어 볼 때 오히려 순서가 바뀌어야 더 잘 어울린다. 즉 37-43절이 종결어로 와야 더 잘 어울린다.

이러한 사실을 고려해 볼 때 12장을 전반부로 보는 것에는 문제점이 있다. 필자는 11장을 제1부로 보고, 12장부터는 제2부로 보려고 하는데, 그 까닭을 다섯 가지로 설명하면 다음과 같다.

첫째, 12장부터 마지막 유월절에 대한 구체적 시간표가 나타나

---

29) "예수의 자기계시 말씀으로서 문맥상 매끄럽지 못하게 연결된 대목이다. 왜냐하면 예수의 공적인 계시활동에 관한 보도는 이미 마무리되었고(36b절), 예수의 활동에 대한 성과도 앞서 요약 보도되었기 때문이다(37-43절). 따라서 상황이 결여된 예수의 자기계시 말씀이 현 문맥에 잘못 연결된 것으로 보기도 한다. 원래 8:12이나 12:36b절 또는 12:37에 연결되었을 것으로 추정하기도 한다"(이영헌, 257); "인간의 불신앙, 비겁함, 명예욕(37-43절 참조)에도 불구하고 예수의 주장과 생명 제공은 여전히 유효하다. 복음서 저자는 이 점을 분명히 하기 위해서 예수의 연설을 마지막에 배치한다. 이 연설은 상황에 관련시키지 않은 채 전승되었는데, 예수의 공적인 선포를 요약하는 것처럼 들리는 말씀이다"《성경전서: 개역개정판》(독일성서공회 해설).

고 있다는 점이다. 12장 1절에서는 "유월절 엿새 전에"라는 말로, 13장 1절에서는 "유월절 전(날)에"라는 말로 그것을 표현하고 있다.

둘째, 12:1-8에서 마리아가 예수의 죽음을 예비하는 뜻으로 예수의 발에 향유를 부어 씻기는 장면과 13:1-11에서 예수가 제자들의 발을 씻기는 장면이 상응한다.

셋째, 12장 전체의 내용이 예수의 수난을 말하고 있는데, 특히 예수의 예루살렘 입성(12:12-19)으로부터 후반부가 시작되는 것으로 보는 것은 자연스러운 구분이다.

넷째, 요한복음서가 영광 주제와 관련하여 중요하게 취급하는 예수의 "때"에 대해 12장 이전까지는 "그 때가 아직 오지 않았다"고 말하나 12장에서 "그 때가 왔다"(23절)고 말하고 있다.

다섯째, 12장 전반부(1-36절)는 11:45부터 시작되는 고난 이야기의 계속이다. 그리고 후반부(37-50절)는 표적의 책의 결론이라기보다는, 예수의 표적을 믿는 자를 오히려 회당에서 출교시키는 바리새인들을 향하여 이사야의 글을 인용하여 저들의 불신앙(영적 소경)을 책망하면서 빛으로 세상에 오신 예수님을 증거하는 내용으로 되어 있다. 이것은 철저히 9장의 태생소경 치유표적에 상응하는 내용이다. 9장에 나타난 두 부류의 사람들, 즉 시력을 회복한 소경(9:7)과 반대로 본다고 주장하는 유대인들의 소경(9:39)은 12:37-50에 나타난 두 부류의 사람들, 즉 유대인들의 불신앙(12:37)과 관리들 중 많은 이들의 신앙(12:42)과 내용적으로 상응하고 있다.

더욱이 "출교"라는 중요한 용어가 필자의 주장을 더욱 결정적으로 뒷받침해 준다. "출교"라는 말은 유대 기독교인들이 유대 회당으로부터의 축출당하는 요한공동체의 박해상황을 알려주는 중요한 용어이다.[30] 이 용어는 요한복음서에 단 세 차례(9:22; 12:42;

16:2)가 나오고 있다. 9장은 출교(22절) 상황을 말하고 있으며, 표적을 보고도 예수를 믿지 않는 유대인들의 불신앙(영적 소경)에 대해 말하고 있다. 마찬가지로 12장 후반부의 내용 또한 출교(42절) 상황을 말하고 있으며, 선지자 이사야의 말을 인용(12:37-41)[31]하면서까지 빛이신 예수를 믿지 않는 유대인들의 불신앙(영적 소경)을 질책하는 내용으로 되어 있다.

여기서 12장의 전반부의 내용은 10장과, 12장 후반부의 내용은 9장과 상응관계에 있음을 볼 수 있다. 즉 12장 전반부의 내용이 예수가 십자가(죽음과 희생)의 길을 걷듯이, 10장의 내용 또한 선한 목자 되신 예수가 자기를 보낸 아버지의 뜻을 따라 양을 위해 스스로 목숨을 버리는 십자가의 길을 걷겠다는 것(1-21절)과 이에 대해 유대인들이 예수를 죽이고자 돌을 드는 내용(22-43절)으로 되어 있다.

또한 9장의 태생소경 치유사건은 세상의 빛이신 예수가 맹인의 눈을 뜨게 해 주자 유대인들이 예수를 그리스도로 시인하는 자를 출교하기로 결의하는 내용과 예수께서 유대인들의 불신앙(영적 소경)을 질타하는 12장 후반부의 내용이 상응한다. 따라서 지금까지의 고찰을 통해 12장부터 후반부가 시작되는 것으로 보는 것이 자연스럽다.

이에 곁들여서 말한다면 16장의 출교(2절) 상황은 5장의 박해(16절) 상황과 대응관계를 말해주고 있다. 16장에서는 예수가 제자들을 떠남으로 제자들(요한공동체)이 근심과 두려움에 빠지고, 유대인들로부터 출교를 당하게 될 상황이 올 것임을 보도하고 있다. 이에 예수는 자신이 떠나면 자신을 대신할 보혜사 성령이 오셔서 제자

30) 최안나, 《나오너라》, 35-36.

31) 이사야 인용에서 '귀로 듣는 것'이 생략되고, '눈으로 보는 것'(9장의 소경 치유와 관련)이 강조되고 있음을 볼 수 있다.

들과 함께 하리라고 말함으로써 제자들을 위로하고 있다.

이와 상응관계에 있는 5장에서는 예수에 대한 박해가 본격적으로 시작되는데, 안식일에 예수가 38년 된 병자를 고치자 유대인들이 예수를 박해하기 시작한다. 이때 예수는 자신이 아버지께로부터 보냄 받은 자로서 아버지가 자신을 증언한다고 말한다. 그리고 구약도 이러한 사실을 증언하고 있다고 말하면서 아버지께서 자신과 함께 (일)하신다는 것으로 위로를 삼고 있는 모습을 보게 된다.

5장과 16장은 박해와 출교 상황에서 5장은 아버지께서 함께 하심(증언자)으로 아들이 위로를 받는 것처럼, 16장은 성령이 함께 하심(증언자)으로 제자들이 위로를 받는 것으로 되어 있다.

지금까지의 논의를 통해 요한복음서의 제2부는 13장보다는 12장이 되어야 한다는 것을 알 수 있다. 대부분의 학자들이 11장과 12장의 경계선에서 제1부와 제2부가 나누어진다는 사실을 보지 못한 것은 요한복음서가 '부활의 신학'이라는 관점에서 쓰여진 책이라는 사실을 보지 못했기 때문이다. 역으로, 이 말은 부활을 상징하는 11장의 나사로의 소생사건이 제1부의 절정(클라이맥스)임을 시사한다.

4. 구약적(히브리적) 배경

과거에는 다드와 불트만의 영향으로 요한복음의 사상적 배경으로 헬라 사상, 특히 영지주의(Gnosticism)[1]가 강조되기도 했다. 그러나 최근에 와서 요한복음 연구가들의 일반적 합의는 오히려 구약적(히브리적) 배경이 요한복음을 보다 잘 이해할 수 있는 틀(framework)임을 인정하고 있다.[2]

헬라어로 기록된 요한복음서에 어찌 헬라적 영향이 없을 수 있겠는가. 하지만 요한복음에서 헬라적 영향은 무시해도 좋을 만큼

---

1) 영지주의가 기독교에 침투하였음이 신약 여러 곳에 나타난다(골 2:8,18; 딤 1:16; 딤후 3:7). 그러나 이 모든 것은 기독교와 영지주의 사이의 접촉의 가장 이른 시기에 속한다. 그 둘 사이의 실제적인 대결은 주후 2세기 중엽까지는 일어나지 않았다(B. M. Metzger, 《신약정경형성사》, 92). 나그 함마디(Nag Hammadi)에서 나온 영지주의 문서(특히 도마복음서)는 요한복음과 내용상 멀리 떨어져 있다(H. C. Kee, 《신약성서 이해》, 220-221). 요한문서는 영지주의와의 접촉점(진리, 인식하다, 요한적 이원론 등)이 있는데 요한복음서보다 요한일서가 더 결정적으로 영지주의에 대항한다. 그러나 요한복음서에서 영지주의는 복음서 전체의 높은 신학적 작업에 흡수된 것으로 보인다(김문경, 《요한신학》, 66). 이 문제에 관한 보다 자세한 논의는 P. Perkins, 《영지주의와 신약성서》, 175-196을 참조하라.

2) 김득중, 《요한의 신학》, 24; 최근에 도올은 헬라적 배경 아래에서 요한복음을 길게 논술하고 있는데, 이는 시대에 역행하는 시대착오적인 모습이 아닐 수 없다. 김용옥, 《요한복음강해》, 67-107.

지엽적이라는 것이 필자의 생각이다. 그 동안 요한복음을 헬라적 배경과 히브리적 배경의 혼합물로 취급함으로써 요한복음 이해를 어렵게 하고 혼란스럽게 했다는 것이 필자의 주장이다. 그리고 그 혼란의 중심에는 요한복음서 연구에 있어서 중요한 위치를 차지하는 불트만이 자리하고 있다.[3)]

반유대주의(anti-Semitism)가 절정에 달했던 나치 시대에 불트만은 유대인의 성서인 구약에 대해 상당한 거부감을 갖고 있었다. 그는 구약의 역사를 "유산의 역사"요 "실패의 역사"로 보면서 이 실패가 일종의 약속이 되었다는 것이다. "구약성서는 옛날이나 지금이나 유대인에게는 하나님의 계시이나 기독교인에게는 더 이상의 계시가 아니다. 따라서 구약은 신약의 전제(presupposition)일 뿐이지 그 이상도 그 이하도 아니다." 이와 같이 불트만은 구약과 신약의 완전한 신학적 불연속성을 주장하였다.[4)] 이 같은 그의 생각은 요한복음의 사상적 배경에도 그대로 나타났다. 그는 요한복음서의 사상적 배경으로 헬라사상(Hellenism), 특히 영지주의(靈知主義)를 강조하였다.[5)]

박수암 교수는 요한복음서에 헬라적 배경이 영향을 끼쳤다는 주장은 부인할 수 없다고 말하면서 헬라적 배경으로 다음과 같은 내용을 제시하였다.

요한복음에는 플라톤 사상, 필로의 사상, 스토아 사상, 영지주의

3) 애쉬톤은 요한복음 연구사를 "불트만 이전, 불트만, 불트만 이후"라는 제목으로 나눈다. J. Ashton, *Understanding the Fourth Gospel*, (Oxford: Claredon, 1994).

4) G. F. Hasel, 《구약신학: 현대 논쟁의 기본 이슈들》, 208-210.

5) R. Bultmann, *The Gospel of John*, 7-9; 차일즈는 불트만의 견해의 큰 문제점 중의 하나는 구약의 중요성을 간과하고 구약의 역할을 약화시킨 것이라고 그를 비판한다. B. S. Childs, *Biblical Theology of the Old and New Testament*, 284-286.

등과 일부 사상 구조에 있어, 어휘에 있어, 비슷한 점들이 많이 나타난다. "위"와 "아래"(3:31; 8:23), "영"과 "육"의 대조(3:6; 6:63), "참(ἀληθινός) 포도나무"(15:1), "참 빛"(1:9), "참 떡"(6:32)은 플라톤의 '이데아' 사상을 암시하고 있으며(E.A.Abbot), 예수를 '로고스'에 비유한 것은(1:1) 스토아 사상을 배경으로 했을 가능성을 보여 준다(Moffatt). 거룩한 거듭남에 의한 입교의 개념들과(1:12; 3:3, 5) 성례전적 먹고 마심에 의해 성취되는 영적 생활의 개념들은(6:51, 53) 헬라 신비종교들의 사상들의 공유성을 부인치 못하게 하며(Barrett), "지식"(17:3), "올라간다", "내려간다"(3:13) 등의 표현은 마치 예수를 영지주의의 구속자에 비유하게 한다(Bultmann). 그리하여 요한복음은 일찍이 "헬라사람들의 복음서"(B.W. Bacon)라 불렸다.[6]

이 같이 주장한 헬라적 배경[7]에 대해 필자는 이 모든 것들이 구약적(히브리적) 배경 아래 있다는 사실을 다음과 같이 입증하고

---

6) 박수암, 12; 톰슨(M. M. Thompson)은 이렇게 말한다. "요한의 이원론적인 세계관은 영과 육, 위와 아래 그리고 영원과 자연으로 대조하는데 유대교보다는 플라톤 사상과 같은 그리스 사고의 철학적 운동들과 더 많은 공통점이 있는 세계관을 나타낸다고 생각되었다. 그러한 견해들을 재고해야 하는 주된 이유 가운데 하나는 1947년 사해의 북서쪽 연안의 동굴에서 발견된 사해문서로 알려진 다양한 필사본들 때문이다. 그 문서들은 복음서에 개념적인 배경을 제공하는 요한복음의 이원론과 유사한 범주에서 영과 육, 진리와 잘못, 빛과 어둠 사이의 이원론을 보여준다. 이러한 발견들은 팔레스타인 유대교의 궤도 안에 요한복음을 놓는 가능성에 대해 새로운 관심을 북돋았다. 많은 해석자들에게 요한복음의 형성에 영향을 제공한 것으로서 헬레니즘 종교들에 호소하는 것은 더 이상 필요가 없는 것처럼 보인다"(P. J. Achtemeier, J. B. Green, & M. M. Thompson, 《새로운 신약성서개론》, 250).

7) 요한은 그 당시 철학적-종교적인 큰 흐름들이 만나는 곳에서 살았다. 주요 도시 중의 하나로 그리스의 사고와 동양적 신비주의가 만나는 곳, 같은 유다이즘이지만 다른 면을 지니고 있고 밖의 영향에 열려져 있던 곳에서 살았다. 하지만 무엇보다도 그의 사유(思惟)가 깊은 독창성을 지니고 있다는 사실에서 헬라적 영향과는 상당한 거리가 있다는 점을 기억할 필요가 있다. 최안나, 《나오너라》, 16-19 참조.

자 한다. "위와 아래"는 "…… 하나님은 하늘(위)에 계시고 너는 땅(아래)에 있음이니라"(전 5:2)에, "영과 육의 대조"는 "여호와 하나님이 땅의 흙(육)으로 사람을 지으시고 생기(영)를 그 코에 불어넣으시니 사람이 생령이 되니라"(창 2:7)에, "참 포도나무"는 "포도원의 노래"(사 5:1-7)에, "참 빛"은 "일어나라 빛을 발하라 이는 네 빛이 이르렀고 여호와의 영광이 네 위에 임하였음이니라…나라들은 네 빛으로, 왕들은 네 광명으로 나아오리라"(사 60:1-3)에, "참 떡"은 "…… 너도 알지 못하며 네 조상들도 알지 못하던 만나를 네게 먹이신 것은 사람이 떡으로만 사는 것이 아니요 여호와의 입에서 나오는 모든 말씀으로 사는 줄을 네가 알게 하려 하심이니라"(신 8:3)에, "거룩한 거듭남에 의한 입교의 개념들과 성례전적 먹고 마심에 의해 성취되는 영적 생활의 개념들"은 시내산에서 하나님과 이스라엘 사이에 언약을 체결하고 먹고 마시는 장면(출 24:1-11)에서 그 연원을 찾을 수 있다. 마지막으로 요한복음 첫 절의 "말씀"으로 번역된 '로고스'[8]는 신명기 첫 절의 "말씀", 즉 "이는 모세가 …… 이스라엘 무리에게 선포한 말씀이니라"(신 1:1)와 상응한다.

이미 언급했듯이 헬라어로 쓰여진 요한복음서에 헬라적 요소가 전혀 없다고 말할 수는 없다. 사상이나 문화는 역사를 통해 서로

---

8) '로고스'(말씀)에 대해서는 좀 더 자세한 설명이 필요할 것 같아 《오픈성경》요한복음 1:1의 해설을 옮기면 다음과 같다. 이성(理性), 법칙, 생각 등의 뜻을 가진 이 말은 그리스 철학에서 널리 사용된 개념이었다. 스토아 철학에서는 이것을 우주에 적용하여, 우주를 다시리는 신(神)의 이성(理性), 또는 만물의 이성적 원리를 '로고스'라고 불렀다. 그러나 요한복음의 '로고스'는 (1) 인격을 갖고 있으며, (2) 영원 전부터 계셨으며, 특히 (3) 사람이 되었다는 점에서 그리스 철학의 '로고스'와는 근본적으로 다르다. 오히려 이 말은 구약성경에 사상의 근저를 둔 것이다(특히 시 33:6; 잠 8:27-30). 요한이 예수님을 '말씀'이라고 부른 이유는 '그가 하나님의 뜻과 감추인 지혜를 알게 해 주시기 때문'이라고 학자들은 해석한다. 요 1:1에 나타난 '로고스'("말씀")에 대한 필자의 생각은 본문 주석 1:1을 참조하라.

교류하면서 영향을 주고받게 되어 있다. 그런 면에서 헬라적 영향을 생각해 볼 수는 있다.[9] 그러나 위에서 살펴보았듯이 요한복음은 근본적으로 철저히 구약적(히브리적) 전통에 깊이 뿌리박고 있다는 사실이다.[10] 이 같은 입장을 취하게 된 것은 요한복음서가 유대교와의 대결 속에서 기독교를 효과적으로 변증하기 위해서는 그들과 소통할 수 있는 언어로 표현할 수밖에 없었기 때문이라는 것이 필자의 생각이다.[11]

1) 신명기적 배경("다시 쓴 복음서")

신구약성서를 한권의 책으로 읽고 해석해야 할 필요성과 관련하여 한 가지 물음을 함께 생각해 보고자 한다. "왜 복음서는 네 개일까?" 이 물음에 대해 필자를 포함한 대부분의 기독교인들이 예수 그리스도의 모습을 사면에서 입체적으로 보아야 완전하게 볼 수

---

9) "요한복음은 유대교적 배경을 가지고 발생한 복음을 헬라적 관점에서 재해석하여 헬라적 사고구조를 지닌 지성인들에게 그리스도의 복음을 선포하는 책이다"(김세윤, 23)라고 주장했는데, 이는 필자의 생각으로는 상당히 빗나간 주장이 아닐 수 없다.

10) 요한복음만이 아니라 바울서신도 구약적(히브리적) 관점에서 연구되어야 함을 보여 주는 책으로는 P. J. Achtemeier, 《로마서》, 33-45; T. Holland, 《바울신학개요》, 13-38; D. Wenham, 《바울: 예수의 추종자인가 기독교의 창시자인가?》, 513-562을 참조하라.

11) 최근에 요한복음이 헬라 사상보다는 오히려 구약 사상 혹은 유대 사상에 더 뿌리를 두고 있다고 주장하는 학자들의 말을 들어보면, "요한의 책은 신약성서 안에서 가장 히브리적인 책이다"(J. B. Lightoot), "요한복음은 철저히 팔레스타인적이다. 이 복음서가 어떤 의미에서 헬라적이라는 생각은 복음서 전체의 경향과 배치된다"(W. Temple), "오늘날의 연구는 요한복음 사상의 팔레스타인 · 구약적 · 유대적 배경을 선호한다"(R. Kysar). "요한 사상의 뿌리는 헬라 사상보다는 유대 사상에 더 붙어 있으며……유대교와의 접촉이 우선적이다"(S. S. Smalley). 요한복음의 유대적(구약적-히브리적) 배경에 대해서는 김득중, 《요한의 신학》, 24-29을 참조하라.

있기 때문이라고 배웠다. 또는 예수 그리스도의 복음을 세상의 동서남북 사방으로 땅 끝까지 전파하라는 뜻에서 초대교회가 복음서를 네 권으로 정했다고 생각해 볼 수 있다.[12)]

그런데 신약성서를 구약성서와의 관련성에서 통전적으로 읽고 해석할 때 이 문제는 이렇게 대답할 수도 있다. "(구약의) 모세의 책이 네 권이니까 (신약의) 새 모세인 예수의 책도 네 권이라고." 초대교회가 신약의 예수와 관련된 복음서를 네 권으로 한정한 까닭은 구약의 모세와 관련하여 네 권으로 정했다는 것이다.[13)] 부연 설명하면 모세의 책이 네 권이라는 말은 모세오경에서 창세기는 "출애굽기(모세)를 위한 서곡(prelude)"이고, 진정한 모세의 일대기는 모세의 출생을 다루고 있는 출애굽기로부터 시작해서 모세의 죽음을 다루고 있는 신명기에 이르는 네 권(출-신)이라는 것이다.

여기서 주목해야 할 사실은 신약성서를 최종적으로 편집한 사람들은 아무 생각없이 책의 권수를 정하거나 책의 순서를 배열한 것이 아니라 구약성서와의 깊은 관련 하에 책을 편집했다는 사실이다. 여기서 모세의 사서(출-신)와 '새' 모세 예수의 사복음서(마-요)의 관계를 좀 더 자세히 검토해 보자.

신명기의 영어 이름인 Deuteronomy는 "제2의"(deutero)와 "율법"(nomos)이란 두 단어가 합쳐 이루어진 명칭으로, "제2의 율법"(Second Law)이란 의미를 가진다. 신명기가 "제2의 율법"이라고

---

12) 조철수, 104.

13) 가톨릭에서 나온 "거룩한 독서"(Lectio Divina)라는 책은 이 같은 특징을 살려 신구약성서 전체를 네 권으로 엮어 출간하였다(이것은 신약성서가 구약성서[70인역]의 4분법에 기초하고 있음을 보여주는 것이다). 각 권은 서로 대칭되는 구약과 신약 책들을 함께 다루고 있다. 제1권은 구약의 모세오경과 신약의 네 복음서, 제2권은 구약의 역사서와 신약의 사도행전을, 제3권은 구약의 시가서/지혜서와 신약의 서간들, 제4권은 구약의 예언서와 신약의 묵시록을 다룬다. 정태현, 《거룩한 독서(1)》, 5.

불리우는 것은 시내산(신명기에서는 '호렙산')에서 전수된 하나님의 가르침(출 19:1-민 10:10)을 첫 번째 말씀으로 전제하고 있기 때문이다. 즉 시내산 율법(출-레-민)은 "제1의 율법"이고, 신명기는 "제2의 율법"이라는 것이다.

신명기를 한자로 申命記라고 쓰는데, 이 말 또한 "제2의 율법"이란 뜻을 지닌다. 여기서 "申" 자는 "거듭 신"의 의미로, "申命"이라 함은 "거듭 강조하여 명령한다"는 뜻을 지닌다. 결국 申命記는 "거듭 강조하여 들려주는 계명"(다시 듣는 토라)이라는 의미를 갖는다. 하나님께서 시내산에서 출애굽 1세대에게 들려주었던 하나님의 가르침이 "제1의 율법"(출-민)이라면, 가나안 땅에 들어가기 직전 모압 평지에서 새 세대인 출애굽 2세대에게 모세를 통해 다시 들려준 하나님의 가르침이 "제2의 율법"인 신명기이다. 결국 "제2의 율법"인 신명기는 "제1의 율법"(출-민)에 대한 신학적 재해석인 것이다. 그리고 이 네 권의 중심에는 이스라엘의 구원자요 해방자요 중보자인 모세가 자리하고 있다.

한편, "새 언약"이란 뜻의 신약(新約)은 시내산에서 맺은 "옛 언약" 곧 구약(舊約)에 대비되어 일컬어진 말로 예수 그리스도에 기인한다. 즉 예수 그리스도로 말미암아 "새"(新, New) 자가 들어가게 된 것이다. 초대교회는 구약의 모세를 신약의 예수의 원형(prototype, archetype)으로 보았다. 따라서 예수 그리스도를 새 모세(New Moses) 또는 제2의 모세(Second Moses)로 그리고 있다. 가령, 모세가 시내산에서 이스라엘 백성에게 율법을 가르치는 교사라면, 새 모세인 예수 또한 산 위에 올라 새 이스라엘 백성에게 새 율법(산상수훈)을 가르치는 새 교사이다.

그러면 공관복음서와 요한복음서는 무엇이 다른가? 네 권의 복음서는 모두 예수가 그리스도 곧 메시아인데, "어떤 메시아냐?"라고 할 때 차이가 있다. 마태복음서는 (유대인의) 왕으로 오신 메시아를, 마가복음서는 (수난의) 종으로 오신 메시아를, 누가복음서는 (잃어버린 자를 찾아) 인자로 오신 메시아를, 요한복음은 (선재하신 말씀인) 하나님의 아들로 오신 메시아를 각각 그리고 있다. 공관복음서는 예수가 사람의 아들(人子, Son of Man)로서의 메시아를 강조하는데 반해, 요한복음은 하나님의 아들(神子, Son of God)로서의 메시아를 강조하고 있다는 점이다.

결국 제2의 율법인 신명기가 제1의 율법인 시내산 율법(출-민)의 신학적 재해석이라면, 제4복음서인 요한복음서는 공관복음서에 대한 신학적 재해석이 되는 셈이다. 그리고 이 네 복음서의 중심에는 새 이스라엘의 구원자요 해방자요 중보자인 새 모세인 예수가 자리하고 있다. 또한 마태복음서가 최초의 복음서인 마가복음서보다 앞에 놓인 것은 구약 예언에 대한 성취로서 더욱 적합하기에 맨 앞에 놓인 것이다. 출애굽기 앞에 모세의 서곡으로 창세기가 자리하듯이, 마태복음서 앞에는 새 모세인 예수의 서곡으로서 구약이 자리하고 있는 것이다.

지금까지의 논의를 도표로 그려보면 다음과 같다.

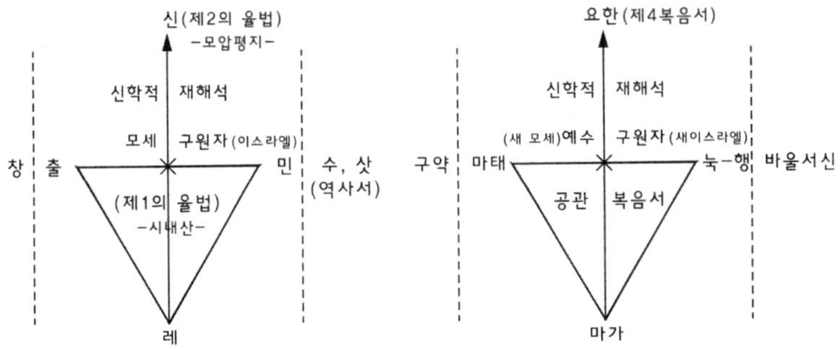

이 간단한 도표는 모세의 4서(출-신)와 새 모세인 예수의 4복음서(마-요)의 관계, 그리고 구약의 첫 다섯 권의 책(창-신)과 신약의

첫 다섯 권의 책(마-행)의 관계를 대칭구조로 일목요연하게 보여주고 있다. 나아가 그 동안 한 저자의 책이면서도 요한복음서가 사이에 끼여 들어가 둘로 나누어진 누가복음서와 사도행전이 하나로 연결된 모습을 보여주고 있다.[14)]

지금까지의 논의를 통해 우리는 "왜 복음서는 네 개인가?"라는 물음에 대한 대답을 살펴 보았다. 뿐만 아니라 요한복음서가 모세의 설교인 신명기와 유형론적으로 상응하는 책이라는 점에서 신명기는 요한복음서의 원형이 되는 책임을 엿보게 되었다.[15)]

2) 유월절 복음서

일반적으로 예수의 공생애 기간은 대략 3년이라고 말한다. 이는 세 번의 유월절을 말하고 있는 요한복음서(2:13; 6:4; 11:55)에 근거한다.[16)] 이러한 사실은 예수의 공생애가 1년이라는 시간적 틀 안

---

14) 박호용, 《출애굽기 강의》, 386-390을 참조하라.

15) 라코마라(A. Lacomara)는 요한복음서의 신명기 유형론(Deuteronomy Typology)을 강조하였다. 그에 의하면 신명기에서 구약 율법의 최종 정수를 제시하고 있는 모세의 모습은 요한복음에서 사랑의 새 계명을 제시하는 예수의 모형이 되고 있다는 것이다. 이렇게 모세의 신명기적 설교가 새 모세 예수의 고별설교의 모델이 되고 있다. 신명기와 요한복음의 고별설교간에 드러나는 형식 및 내용상의 유사성은 다음과 같은 결론을 가능하게 해준다. "요한복음 저자가 예수의 말씀들을 모아 제자들에게 주는 마지막 교훈으로 구성할 때 염두에 두었던 것은 무엇보다도 먼저 신명기와 거기에 나오는 '새 모세'에 대한 예언이었다. 이런 의미에서 모세의 신명기 설교는 고별설교의 모델이었다" (A. Lacomara, "Deuteronomy and the Farewell Discourse", 82). 김득중, 《요한의 신학》, 35-37.

16) "공관복음서에서는 갈릴리에서의 공개적인 활동 시기에 이어서 예루살렘 여행이 이루어지고, 예루살렘에서 예수는 적대자들과의 짧은 마무리 논쟁을 벌인 후에 십자가에서 처형된다. 이 모든 일들은 일 년이라는 시간적인 틀 안에서 일어났을 것이다. 그에 반해서 요한복음서에서는 예수의 활동 무대가 갈릴

에서 일어났다고 보는 공관복음서보다 예수의 공생애 기간을 3년으로 보는 요한복음서가 역사적 진실에 더 가깝다는 생각을 갖게 하였다. 그런데 이 같은 생각이 얼마나 타당할까?

예수의 공생애가 공관복음서처럼 1년인지 아니면 요한복음서처럼 3년인지는 정확히 알 수 없다. 다만 요한복음서 기자는 자신의 독특한 신학적 관점(의도)을 가지고 예수의 공생애를 3년으로 구성한 것이다. 즉 요한의 의도는 연대기적으로 3년 동안의 예수의 일대기를 쓰는 데 있었던 것이 아니라 3년으로 상정한 예수에 대한 완벽한 신학적 논문을 쓰고자 한 것이다. 다시 말하면 유월절을 주제로 한 3년짜리 "유월절 복음서"(A Passover Gospel)[17]를 쓰고자 했다는 것이 필자의 생각이다.

한편, 예수의 수난의 시점을 정하는 데 나타난 차이는 특히 주목할 만하다. 공관복음에 따르면 예수의 고별식사가 유월절 축제의 밤에 유대인들의 유월절 식사의 틀 속에서 행해진다. 그러나 요한복음에 따르면 예수는 이 시점에 이미 운명하셨다. 예수는 이날 오전 일찍이 십자가에 달리셨다. 이때는 성전에서 유월절 식사를

리와 예루살렘 사이를 교차한다. 예수는 여러 상이한 축제 때에 예루살렘에 머물렀다(2:13; 5:1; 7:2; 10:22-23 참조). 특히 요한복음은 세 번에 걸쳐서 상이한 유월절 축제를 언급하고 있기 때문에 예수의 공생애는 대략 3년 이상이었을 것이다. 이 점에서 요한복음은 다른 세 복음서보다 더 역사적인 진실에 근접해 있다고 할 수 있을 것이다"(《성경전서: 개역개정판》(독일성서공회 해설) "요한복음 안내."

17) 빌켄스(W. Wilkens)는 요한복음의 구성사를 말하는 가운데서 본서 발전의 세 단계를 언급하고 있다. 첫째 단계는 "기본적인 복음서"의 단계로서, 이는 주로 예수의 이적을 기록한 복음서이고, 둘째 단계는 설교들이 많이 첨가되는 단계로서, "생명의 떡"(6장), "심판"(5-8장), "빛"(8, 10, 12장), "부활과 생명"(11장), 헬라인들에 대한 설교(12장), 고별설교(14장), 그리고 서곡(1:1-18) 등이 이때에 첨가되었다. 그리고 셋째 단계는 복음서 편집자가 유월절 주제를 많이 가미한 단계로서, 소위 "유월절 복음서"(A Passover Gospel)란 것이 이때에 나왔고, 바로 이 "유월절 복음서"가 현재의 요한복음이라는 것이다. 박수암, 99-100.

위하여 양들을 도살하던 바로 그 시점이다(18:28; 19:14-16 참조).[18] 따라서 그 전날 밤에 있었던 예수의 고별식사는 유월절 식사의 성격을 갖지 않는다(13장 참조). 역사적으로 어느 것이 더 정확한지는 알 수 없다. 다만 두 경우에 있어서 시간 설정에는 다음과 같은 신학적인 선포 의도가 결부되어 있다. 공관복음의 시간 설정은 예수의 고별식사(성만찬)가 새로운 계약을 체결하는 유월절 식사라는 의미를 지닌 시간 설정인데 반해, 요한복음의 시간 설정은 예수의 죽음이 참된 유월절 양의 죽음이었다는 의미를 지닌 시간 설정이다(1:29, 36; 19:36 참조).[19]

요한복음에는 유월절 모티프가 강하게 나타난다(1:29; 2:13; 6:4; 12:1; 13:1; 19:14, 29, 33-36). 레온 모리스(Leon Morris)는 "요한복음의 가장 중요한 열쇠는 유월절의 중심성(centrality)이다"라고 하였다. 요한복음의 모세 · 유월절 모티프는 당시 요한공동체가 당면한 교회적인 상황에서 설명할 수 있다. 이 공동체는 무엇보다 유대교의 박해 속에서 기독교를 변증해야 하는 형편에 처해 있었다. 이런 가운데서 요한은 유대교의 핵심적인 인물인 모세와 핵심되는 절기인 유월절의 빛에서 예수의 우월성을 옛 질서의 완전한 대형(對型, antitype)으로 제시하려고 했다. 예수는 유대교를 완성하고 성취함으로써 유대교를 능가하고 그리하여 결국 유대교를 대치(代置)하신 분이다.[20] 다시 말하면 이스라엘의 구원 사건인 출애굽과 유월절은, 새 이스라엘의 구원 사건인 예수의 부활 사건으로 말미암아,

18) 유월절이 시작되는 니산월 14일은 어린 양의 고기와 무교병 및 쓴 나물을 먹음으로써 출애굽한 그 날을 기념하는 특별한 날이다. 요한복음에 따르면 예수께서 죽으신 니산월 13일은 금요일이고, 그날 오후 6시가 되면 니산월 14일로서 유월절이 시작되는 동시에 토요일인 안식일이 시작되는 것이다. 《옥스퍼드원어성경대전》(요한복음 제13-21장), 547.

19) 《성경전서: 개역개정판》(독일성서공회 해설) "요한복음 안내."

20) 박수암, 100.

새 출애굽 사건과 새 유월절 사건으로 대치된 것이다.

3) 숫자상징주의

유대인들(기독교인들)은 숫자, 특히 홀수 1, 3, 5, 7이라는 숫자에 관심이 많다.[21] 숫자 1은 하나님, 숫자 3은 하늘(부활)의 숫자, 숫자 5는 모세오경, 숫자 7은 창조의 7일(안식일, 안식년) 등이 그것이다. 유대인이었던 요한 또한 숫자에 관심이 아주 많았다는 것이 필자의 생각이다. 이것은 요한복음을 숫자로 풀려는 영해(靈解)로서가 아니라 요한복음을 이해하는 데 있어서 '숫자상징주의'가 중요한 역할을 한다는 의미에서이다.

우선 현재의 요한복음서 전체가 21장(3X7)으로 된 것부터가 숫자상징주의에 걸맞다고 보여진다.[22] 그 외에도 디베랴 바닷가에서 제자들이 잡은 물고기 153마리[23]도 숫자상징주의의 대표적인 예라고 할 수 있다. 요한복음에 나타난 숫자상징주의를 살펴보자.

(1) 숫자 3의 상징적 의미

2라는 숫자가 강조의 의미를 가진다면, 3이라는 숫자는 두 가지 의미를 가진다. 첫째, '부활'의 의미를 가진다. "사흘째 되던 날"(2:1)과 "안식 후 첫날"(20:1)은 3이라는 숫자가 갖는 부활의 의미를

---

21) 중국인들이 짝수(2, 4, 6, 8)를 좋아하는 것과 대조된다. "중국인들은 조화를 중요시한다. 그래서 무엇을 하든지 짝수로 한다"(김하중, 《떠오르는 용 중국》, 314).

22) 요한복음(홀수장)과 비교할 때 공관복음서(짝수장), 즉 마태 (28장=4x7), 마가 (16장=4x4 또는 2x8), 누가 (24장=4x6)는 '숫자상징주의'에 걸맞지 않다.

23) 이에 대한 자세한 논의는 본문 주석(21:11)을 참조하라.

잘 보여주고 있다.[24] 둘째, '더 이상은 없다', '끝'이라는 의미를 갖는다. 유월절(2:13; 6:4, 11:55), 카이로스(7:6[2회], 8), 출교(9:22; 12:42; 16:2), 세 명의 마리아(예수의 어머니, 나사로의 누이, 막달라 마리아), 니고데모(3장, 7장, 19장), "이 세상의 임금"(12:31; 14:30; 16:11), 베드로의 예수 부인(13:38)과 목양 사명(21:15-17), 세 차례의 예수무죄선언(18:38; 19:4, 6) 세 개의 종결어(11:54-57; 20:30-31; 21:24-25) 등등.

(2) 숫자 5의 상징적 의미

5라는 숫자는 구약에서 모세오경과 관련된 대표적인 숫자이다. 새 모세로서의 예수 또한 5라는 숫자와 긴밀하게 관련되어 나타난다. 고별설교(13-17장), 성령 대목(14:16-17, 26; 15:26; 16:7-11, 13-15), 5개의 절기,[25] 1장의 5중구조, 본론(2-20장)의 5중구조, 하나님 나라(3:3, 5; 18:36[3회]), 애제자 대목(13:23-26; 19:25-27; 20:2-10; 21:7, 20-24) 등등.

(3) 숫자 7의 상징적 의미

7이라는 숫자는 하늘의 숫자(3)와 땅의 숫자(4)를 더한 완전수로 충만함(완전함)을 상징한다.[26] 7개의 표적, 7개의 신앙고백, 7개의 '에고 에이미'(비유적 용법), 서곡(1:1-18)의 7개의 빛, 증인본문(1:19-51)의 7개의 기독론, 고별설교(14-16장)의 "내가……이름은"이라는 7개의 어구, 7개의 도마 언급 등등.

---

24) 이상훈, 106-107,

25) 유월절, 유대인의 명절(아마도 오순절, 5:11), 안식일(5:9; 9:14), 초막절(7:2), 수전절(10:22).

26) 숫자 7에 대한 보다 자세한 논의는 D. E. Aune, 《요한계시록 1-5장》, 493-494; 조철수, 41-50을 참조하라.

(4) 기타 숫자

6이라는 숫자는 7에서 하나가 모자라는 숫자로서 불완전함을 드러낸다. 6개의 돌항아리(2:7)는 유대교의 불완전함을 드러낸다. 사마리아 여인의 여섯 남자(4:18)는 하나를 더한 신랑되신 예수가 필요함을 나타낸다. 8이라는 숫자는 7에서 하나를 더한 숫자로 새로운 시작을 나타낸다.[27] 아이가 태어나면 팔 일째 할례(눅 2:21), 한 주간이 시작되는 첫 날(20:26) 등등.

4) 7대 표적과 7일간의 창조의 상응성

'표적'은 헬라어로 '세메이온'(*σημείον*, 복수는 *σημεία*)이라 부른다. 그런데 이 어휘는 공관복음과 요한복음이 뜻하는 바가 다르다. 공관복음은 기적들을 '힘있는 행위들'이라는 뜻의 '뒤나미스' (*δύναμις*)로 부르는데, 요한복음은 기적들을 언제나 '세메이온'으로 부른다. 요한복음의 '세메이온'은 기적 이상의 더 깊고 복잡한 상징적 의미를 가리키는데 쓰인다.[28]

요한복음에서 소개하고 있는 표적은 그 자체가 목적이 아니라 어떤 '상징적 의미'를 제시하기 위한 수단이다. 즉 표적은 '상징적 의미체'이다. 가령, 물로 포도주를 만든 표적은 기독교가 유대교보다 훨씬 낫다는 것을 뜻하는 상징적인 의미체이다. 또한 표적은

---

27) 2:1의 "사흘째 되던 날"은 1장의 다섯 날과 합하면 8일이 되어 새로운 시작, 즉 유대교에서 기독교가 시작되는 날(부활절)의 의미를 갖는다. 이에 대해서는 본문 주석(2:1)을 참조하라.

28) 요한이 공관복음서에서 사용하는 '이적'(*δύναμις*, 마 12회, 막 10회, 눅 15회) 용어를 한번도 사용하지 않고 대신에 '표적'(*σημείον*, 17회))이라는 용어를 많이 사용한 까닭도 이 때문이라고 볼 수 있다. 《옥스퍼드원어성경대전》(요한복음 제1-6장), 118.

이어지는 예수의 강화를 소개하기 위한 수단이 된다. 가령, 38년 된 병자를 고치신 표적은 안식일 논쟁을 도입하기 위한 서론 역할을 한다. 오천 명을 먹이신 표적은 생명의 빵 강화를 위한 서언 역할을 한다.[29)]

공관복음이 수많은 기적 이야기를 전해 주는 데 비하여, 요한복음은 일곱 표적만을 선별하여 언급한다. 잘 알다시피 일곱이라는 숫자는 완전을 뜻하는 상징수이다. 요한은 예수께서 행하신 수많은 기적 가운데 의도적으로 일곱 표적만을 골라 소개하였다.[30)] 숫자는 비록 일곱에 그치지만 실체를 가리키는데 부족함이 없다는 뜻이다.

그런데 위에서 언급한 일곱 표적만이 그 어떤 것을 암시(sign)하는 표적이 아니라 요한복음서에서 언급하고 있는 절기(가령, 유월절), 지명(가령, 요단강 건너편), 인명(가령, 디두모라 하는 도마) 등 수많은 단어들이 그 어떤 것을 암시(sign)하기 위해 사용되고 있다. 그런 점에서 요한복음서는 전체가 '표적(sign)의 책'이라는 것이 필자의 생각이다.[31)]

---

29) 김득중,《요한의 신학》, 68-69; "요한복음에서 표적은 우리말로 '표지'에 해당한다. 표지는 '교통 표지'나 '안내 표지'처럼 실체를 따로 두고 그 실체를 설명하거나 그 실체에 접근하기 위하여 도움을 주는 표이다"(정태헌, 263-264). 필자는 요한복음에서 표적(sign)은 우리말로 '암시(사인)'에 해당한다고 생각한다. 즉 표적(sign)은 그 어떤 실체를 암시하는 사인(sign)이라는 말이다.

30) 1. 물로 포도주를 만드심(2:1-11), 2. 왕의 신하의 아들을 고치심(4:46-54), 3. 38년 된 병자를 치유하심(5:1-9), 4. 오병이어로 오천 명을 먹이심(6:1-13), 5. 물 위를 걸으심(6:16-21), 6. 날 때부터 소경 된 자를 치유하심(9:1-41), 7. 죽은 나사로를 살리심(11:1-44). 이상훈 박사는 요한복음서에 나오는 일곱 개의 표적은 각기 하나의 범주의 상징적 대표이며, 그 범주에서 예수의 권능과 인격을 변증한다고 보고 있다. 1. 질의 주(the master of quality), 2. 거리와 공간의 주(the master of distance or space), 3. 시간의 주(the master of time), 4. 양의 주(the master of quantity), 5. 자연법의 주(the master of natural law), 6. 운명의 주(the master of misforture), 7. 사망의 주(the master of death). 이상훈, 55-56.

요한복음서에서 표적(표징)은 예수가 행한 초자연적 행위가 단순히 기적이라는 차원을 넘어서 그것으로 인해 하나님(예수)의 영광을 드러내거나, 예수가 그리스도요 하나님의 아들이라는 것을 나타내어 사람들로 믿음을 불러일으키는 표시로 사용된 것이다. 나아가 이 표적은 하나님 편에서는 '영광'과 연관되지만, 사람 편에서 보면 모두 죽음에서의 부활처럼 '생명'과 연관된다.[32)]

지금까지의 논의를 통해 볼 때 요한복음에서 표적은 '주제'라기보다는 표지로서의 '소재'에 속하는 개념이다. 따라서 7대 표적이 전반부(2-11장)에 몰려 있다고 해서 이를 책의 주제로 삼아 많은 학자들이 전반부(2-12장)는 '표적의 책'이요, 후반부(13-20장)는 '영광의 책'이라는 제목을 붙여 제1부와 제2부로 나누는 것은 바람직하지 않다. 왜냐하면 요한복음은 전반부와 후반부를 가릴 것 없이 전체가 '표적의 책'이자 '영광(또는 생명)의 책'[33)]이기 때문이다.

여기서 주목해야 할 것은 요한은 이 일곱 표적을 왜 현재와 같은 순서로 배열했는가 하는 점이다. 요한이 선택한 일곱 표적과 그 배열 순서는 구약의 7일간의 창조 구조와 상응한다. 이 같은 사실은 요한복음서가 "부활의 신학" 및 "구약적(히브리적) 배경"과 밀

---

31) 일곱 표적을 다루고 있는 2-11장만이 아니라 요한복음 첫 장의 "이 보다 더 큰 일"(1:50), 수난기사 가운데 "이렇게 많은 표적을 그들 앞에서 행하신 일"(12:37), 요한복음의 목적을 말하는 본문(20:31) 앞 절의 "이 책에 기록되지 아니한 다른 표적"(20:30), 그리고 요한복음의 마지막 절인 "예수께서 행하신 일이 이 외에도 많으니 만일 낱낱이 기록된다면 이 세상이라도 이 기록된 책을 두기에 부족할 줄 아노라"(21:25)라는 구절들은 요한복음서 전체가 표적의 책임을 암시한다.

32) 정태헌 신부는 일곱 표징 가운데 가나의 표징과 물 위를 걸으신 표징을 제외한 모든 표징을 생명과 연관된 표징으로 본다(정태헌, 264). 그러나 실제적으로 일곱 표징은 모두 다 생명과 연관된 표징이다.

33) J. R. Kohlenberger, *The NRSV Concodance* 에 따르면 영광(glory)은 19회, 영화롭게 하다(glorify)는 10회, 영광을 받다(glorified)는 12회가 나타난다. 그런데 전반부(1-11장)에는 각각 13회, 1회, 2회, 후반부(12-21장)에는 각각 6회, 9회, 10회가 나타난다.

접하게 연관되어 있다는 필자의 주장을 가장 극명하게 보여주는 증거가 아닐 수 없다.

우선, 창세기에 나타난 7일간의 창조 구조부터 살펴보자. 창세기 1:1-2:3에 나오는 일곱 날의 창조 순서는 제7일인 안식일을 중심으로 여섯 날이 그 주변을 형성하며, 첫째 날-넷째 날, 둘째 날-다섯째 날, 셋째 날-여섯째 날이 대칭을 이루는 구조(다윗의 별)로 되어 있다. 이것을 좀더 부연 설명해 보자.

첫째 날은 빛 창조, 대응하는 넷째 날은 빛의 발광체 창조, 둘째 날은 물과 궁창의 분리, 대응하는 다섯째 날은 물에는 물고기, 궁창에는 새를 창조, 셋째 날은 땅과 식물 창조, 대응하는 여섯째 날은 땅에는 인간 창조, 식물에는 동물 창조, 그리고 일곱째 날은 창조 사역을 마치고 안식하셨는데, 이 날이 다른 여섯 날과 구별되는 것은 이 날에만 "거룩하게"(창 2:3)라는 말을 사용하고 있다. 구약에서 '거룩'이라는 개념은 '구별'을 의미하는 말로 사용되고 있다.[34] 제사장(P) 기자는 7일간의 창조 구조를 말하면서 제7일 안식일은 특별히 다른 날과 구별된 날로 삼았다.

이 같은 7일간의 창조 구조의 모습은 유대인들의 마인드 속에 깊이 새겨져 있는 다윗의 별의 모습을 띠고 있다. 7일간의 창조 구조를 다윗의 별로 그릴 때의 장점은 중심과 주변을 선명하게 구별해 볼 수 있다는 점이다.

다음으로, 요한복음에 나타난 일곱 표적을 살펴보자.

일곱 표적도 7일간의 창조 구조와 똑같이 일곱 번째 표적인 나사로 소생 표적을 중심으로 여섯 표적이 그 주변을 형성한다. 즉 첫째 표적-넷째 표적, 둘째 표적-다섯째 표적, 셋째 표적-여섯째 표적이 대칭을 이루는 구조(다윗의 별)로 되어 있다. 이것을 좀더

34) '거룩의 의미'에 대해서는 박호용, 《폰라드》, 64-66을 참조하라.

부연 설명해 보자.

첫째 표적은 물로 포도주를 만든 표적이고, 넷째 표적은 오병이어 표적이다. 이 두 표적은 둘 다 자연과 관련된 표적들이다. 둘째 표적은 왕의 신하의 아들 치유 표적이고, 다섯째 표적은 물위를 걸으신 표적이다. 언뜻 보기에 이 두 표적은 아무 관계가 없는 듯이 보이나 두 표적 모두 죽음이 경각에 달린 혼돈의 상황에서 구원을 얻는 표적을 말하고 있다(성경에서 물 또는 바다는 혼돈과 죽음의 상징으로 제자들이 배를 타고 바다를 건너다가 큰 풍랑을 만나 위험에 처해 있을 때 예수께서 바다 위를 걸어오시면서 그들을 안심시키는 대목이 다섯째 표적이다). 셋째 표적은 38년 된 병자 치유 표적이고, 여섯째 표적은 태생소경 치유표적이다. 이 두 표적은 모두 인간의 질병과 관련된 표적들이다.

그리고 마지막 일곱째 표적은 죽었던 나사로를 살리는 표적이다. 이는 나중에 인류 역사상 초유의 사건인 예수의 부활을 상징적으로 보여주는 표적이라는 의미에서 표적 중의 표적이며, 앞의 여섯 표적과 구별된다. “나는 부활이요 생명이니”(11:25)라는 예수의 말씀은 부활의 신학을 가장 극명하게 드러내 주는 말씀이 아닐 수 없다. 여기서 주목해야 할 것은 나사로의 소생 사건을 요한복음 전체의 정가운데 장인 11장에 위치시켰다는 사실이다.

7일간의 창조순서와 일곱 표적의 구조를 도표로 그려보면 다음과 같다.

첫째 날 - 넷째 날
둘째 날 - 다섯째 날
셋째 날 - 여섯째 날

일곱째 날(안식일)

첫째 표적 - 넷째 표적
둘째 표적 - 다섯째 표적
셋째 표적 - 여섯째 표적

일곱째 표적(부활 주일)

요한이 7대 표적을 7일간의 창조구조와 상응하는 방식으로 배열한 진정한 의도는 무엇일까? 그것은 다윗의 별의 중심이 보여주듯 "유대교의 안식일"이 예수의 부활로 말미암아 "기독교의 주일"로 대치(代置)되었다는 것을 암시(사인)하는 것이라고 말할 수 있다.[35) 주일은 "주의 날"로서 주님이 부활하신 날을 말한다. 그러니까 매 주일은 주님의 부활을 기념하는 날이다. 그리고 주님의 부활을 기념하는 주일은 기독교의 출발이 되는 것이다.

주전 400년경의 초기 유대교 시절부터 예수 당시의 후기 유대교에 이르기까지 유대교는 "율법(말씀)과 안식일(제도)"라는 두 기둥에 의해 유지되어 온 종교라고 말할 정도로 안식일 제도는 유대교

---

35) 요한복음에서 "안식일"은 "유월절"과 똑같이 9회 나온다(5:9, 10, 16, 18; 7:22, 23; 9:14, 16; 19:31). 여기서 마지막 구절인 19:31의 "안식일"은 유월절 절기 중 일곱째 되는 날은 '큰 날'이라는 것을 나타내기 위해 도입되었을 뿐 특별한 의미를 갖지 못한다. 따라서 유대교의 "안식일" 표현도 유대교의 "모세"와 같이 그 역할이 9장으로 끝난다. 이 또한 '유대교의 안식일'을 '기독교의 주일'로 대치하려는 요한의 신학적 의도가 깔려 있다고 보아야 할 것이다.

의 정수였다.[36] 그래서 "유대인이 안식일을 지킨 것이 아니라 안식일이 유대인을 지켰다"는 말이 나올 정도였다.[37]

안식일과 관련하여 요한은 셋째 표적과 여섯째 표적을 안식일에 있었던 표적(5:9; 9:14)으로 상정함으로써 안식일을 온전케 하신 예수를 말하고자 의도하였다. 즉 예수는 "안식일의 주인"(막 2:28)임을 암시(사인)하려고 하였던 것이다.[38]

---

36) 창조의 핵심이 안식일에 있을 뿐만 아니라 십계명의 핵심도 사실은 안식일에 있다고 할 수 있다. 십계명을 둘로 나눌 때에는 1-4계명(하나님과의 관계)과 5-10계명(인간과의 관계)으로 나누는데, 십계명을 셋으로 나눈다면 1-3계명(하나님과의 관계), 5-7계명(인간과의 관계), 8-10계명(자연 또는 물질과의 관계), 그리고 제4계명인 안식일 계명은 이 셋을 연결하는 계명이라고 할 수 있다.

37) 안식일의 중요성에 대해서는 박호용, "안식일(Sabbath)", 《구약강의노트(1)》, 108-114을 참조하라.

38) N. T. Wright는 요한복음에 나타난 일련의 표적들을 이해하는 가장 좋은 방식으로 다음과 같은 방식을 제시하였다. 그는 7대 표적 가운데 "물위를 걸으심"(6:15-21)을 빼고 "십자가 사건"을 완전수에 해당하는 일곱 번째 표적으로 넣고 "부활"을 여덟 번째 표적에 두었다. 그러면서 "십자가 사건은 예수가 옛 창조의 칠일을 따라서 제시한 '표적들'의 절정이자 완성이다"라고 말하였다. 아울러 그는 이렇게 말한다. "예수의 공생애의 한 주간의 여섯째 날에 빌라도가 '보라 이 사람이로다!'고 분명하게 말하였다고 보도한다. 일곱째 날은 창조주를 위한 안식의 날이다. 요한에게 있어서 그 날은 예수가 무덤에서 안식하는 날이다. 부활절은 새로운 창조의 날이다"(N. T. Wright, 《하나님의 아들의 부활》, 1031, 1034). 이는 위에서 그가 언급한 말에서조차 모순되는 주장이다. 요한에게 있어서 제6일은 십자가의 날이고, 제7일은 안식하는 날이고, 제8일은 부활하는 날이다. 그러기에 십자가가 표적이라면 여섯 번째 표적이어야 한다. 그리고 그럴 경우 그것은 표적의 절정도 완성도 아니다. 요한이 여섯 번째 표적(9장의 나면서 소경된 자를 고치심)과 일곱 번째 표적(11장의 나사로를 살리심) 사이에 십자가(선한 목자 비유)에 해당하는 10장을 둔 것은 예수의 죽음이 무덤에서 안식하는 날(제7일)에 해당하기 때문이며, 부활에 해당하는 나사로의 소생(일곱 번째 표적)은 표적의 절정이자 완성(제8일)임을 보여주고자 한 것이다. 여기서 필자는 부활에 관해 방대한 분량(천 페이지가 넘음)의 책을 쓴 그가 아직도 서구 신학의 주류인 십자가 신학에서 벗어나지 못하고 있음을 지적하고 싶다. 게다가 다섯 번째 표적(물위를 걸으심)을 제1부의 7대 표적에서 빼게 되면 제1부의 일곱 개의 표적이 갖는 상징성(완전성)이 깨질 뿐만 아니라 본문주석에서 다시 언급하겠지만 다섯 번째 표적은 7대

5) '에고 에이미' 말씀[39])과 성전(성막)의 상응성

요한복음의 중요한 특징 중의 하나는 예수가 자신의 정체와 신분을 몸소 밝히는 독특한 정식(定式)으로 소위 '에고 에이미'(Ἐγώ εἰμι)[40]) 말씀의 사용이다.[41]) 헬라어 '에고 에이미'를 우리말로 옮기면 "나는…이다" 또는 "나는 있다"가 된다.[42]) 요한복음에서 예수가 사용한 이 표현은 기독론적인 의미를 담고 있으며, 그 용법이 세 가지 형태로 나타난다. 첫째로, 술어를 갖지 않는 형태(절대적 말씀들, 8:24, 28, 58; 13:19). 둘째로, 암시적으로 술어를 갖는 형태(서술적 말씀들, 6:20; 18:5, 6, 8), 셋째로, 명백한 술어를 가진 것(비유적 말씀들, 6:35; 8:12; 10:7; 10:11[14]; 11:25; 14:6; 15:1[5])이 그것이다. 이를 하나씩 검토해 보자.

첫째로, 절대적 말씀들이다. "나는 있다"로 옮길 수 있는 이 용법

표적에서 뺄 수 없는 대단히 중요한 표적이다.

39) 이 문구는 예수의 신적 권위와 진리를 나타내는 방법 중의 하나이다. 이 문구는 마태에 5회(14:27; 22:32; 24:5; 26:22, 25), 마가에 3회(6:50; 13:6; 14:62), 누가에 4회(1:19; 21:8; 22:70; 24:39), 요한에 23회, 사도행전에 6회(9:5; 10:21; 18:10; 22:70; 24;39), 그리고 요한계시록에 5회(1:8,17; 2:23; 21:6; 22:16) 나온다. "나는…이다" 문구는 요한 문서 연구에 특별히 중요하다(R. E. Brown, *John*, Vol.1: 533-38; R. Schnackenburg, *John*, Vol.2: 79-38를 참조하라).

40) 이 용법의 출처를 놓고 많은 이론이 있으나 그 출처는 구약성경으로부터 유래한 것이 확실하다. L. Morris, 147.

41) '에고 에이미'의 용례는 요한복음의 독특한 기독론을 형성하는 사회어로서 기능한다. 유대인들은 유대교의 창시자인 모세에게 '에고 에이미' 용례를 적용하지 않는다. 이 용례는 유대교와는 갈등의 이해 관계를, 다른 기독교 공동체와는 경쟁적 이해 관계를 드러내는 사회어로서 다른 집단들과 구별해주고 요한 공동체의 유대성과 정체성을 강화하는 기능을 담당한다고 볼 수 있다. 사회어의 기능에 관해서는 P. V. Zima, 《텍스트사회학》, 99을 참조하라.

42) 불트만은 '에고 에이미' 진술의 대표적인 해석의 실례를 제공하였다. 그런데 그의 해석은 영지주의 자료가설에 근거한 종교사적 유추해석이기에 오히려 구약성서의 배경 아래 설명되어져야 한다. 이에 대한 자세한 논의는 김문경, 100-106을 참조하라.

은 구약성서에서 하나님의 이름으로 모세에게 계시된 '야웨'(출 3:14)와 맥을 같이 한다. 출애굽기 3:14을 히브리어 원문으로 보면 '에흐예 아쉐르 에흐예'(אֶהְיֶה אֲשֶׁר אֶהְיֶה)이다. 이 어구를 그 동안 서구에서는 주로 존재론적인 시각에서, "나는 스스로 있는 자니라" 혹은 "나는 나다"로 해석해 왔다.

필자는 이 어구를 본문 상황과 관련하여 관계론적인 시각에서 해석해야 한다고 보고, "나야 나(나라니까!)"로 해석하였다. 그러면서 본문의 상황과 관련지어 그 의미를 두 가지로 해석하였다. 하나는 야웨 하나님은 '임마누엘 하나님'(출 3:12)이라는 것이다. 신약적으로 이는 우리와 함께 하시기 위해 이 역사 속에 오신 '임마누엘 예수'(마 1:23)의 모습으로 해석하였다. 또 하나는 야웨 하나님은 '히브리인의 하나님'(출 3:18)이라는 것이다. 신약적으로는 이는 가난한 자에게 복음을 전하기 위해 갈릴리에 오신 '나사렛 예수'(눅 4:16-19)의 모습으로 해석하였다.[43] 예수께서 사용한 이 절대적 말씀들은 야웨 하나님의 이 같은 모습을 대신하여 오신 분임을 선언하신 말씀이다.

둘째로, 서술적 말씀들이다. "나는 그다"로 옮길 수 있는 이 용법은 구약성서의 제2이사야(사 40-55장)에서 그 근거를 찾을 수 있다: "내가 그다"(אֲנִי־הוּא, 사 41:4; 43:10, 13), "나는 야웨다"(אָנֹכִי יְהוָה, 사 43:11; 45:5, 6, 18), "나는 하나님이다"(אֲנִי־אֵל, 사 43:12; 45:22; 46:9). 여기서 "내가 그다"라는 말은 "내가 야웨다"라는 말이다. 그리고 "야웨는 하나님이다"(41:13). 그런데 그 하나님은 이전에도, 이후에도 지음받은 일이 없으신 하나님이다. 그러므로 "나는 하나님이다"는 "나는 유일한 하나님이다"라는 의미를 지닌다. 즉 야웨가 유일한 하나님이라는 유일신 신앙(Monotheism)을 말하고 있다.

---

43) 이 어구와 관련된 자세한 논의는 박호용, 《출애굽기강의》, 80-84을 참조하라.

물위를 걸으실 때 두려워하는 제자들에게 하신 "나다"(6:20)라는 말씀과 기드론 골짜기에서 체포되실 때 "내가 그 사람이다"(18:5, 6, 8)라는 말씀은 예수께서 자신을 하나님과 동일시하는 표현이다. 즉 제2이사야 선지자의 말씀에 근거해 볼 때 야웨 하나님이 유일하신 하나님이듯이 예수 자신이 창조주요 구속주가 되시는 유일한 "하나님"이라는 것을 선언하신 말씀이다.[44]

셋째로, 비유적 말씀들이다. 이 용법은 "나는…이다"로 옮길 수 있다. 예수는 많은 비유의 말씀을 했는데, 요한복음에는 완전수를 상징하는 일곱 개의 말씀만을 선별해서 기록하고 있다. 여기에는 요한의 분명한 신학적 의도가 깔려 있다고 보아야 한다. 일곱 개의 비유말씀은 구약성서의 성전(성막)의 일곱 개의 주요 기구와 상응한다.[45](1) "나는 생명의 떡이다"(6:35, 48)-떡상(출 25:23-30). (2) "나는 세상의 빛이다"(8:12)-등잔대(출 25:31-40; 37:17-24), (3) "나는 양의 문이다"(10:7, 9)-성막문(출 25:13-16). (4) "나는 선한 목자다"(10:11, 14)-번제단(출 27:1-8). (5) "나는 부활이요 생명이다"(11:25)-법궤(출 25:10-22). (6) "나는 길이요 진리요 생명이다"(14:6)-분향단(출 30:1-10). (7) "나는 참 포도나무다"(15:1,5)-물두멍(출 30:18-21).[46]

---

44) 성서와함께 편집부, 《예수를 따라: 성서가족을 위한 마르코복음서 해설》, 184.

45) "요한복음의 모든 비유말씀들이 구약성서의 배경을 지닌다. '떡-말씀'은 만나 전승의 문맥에서 인용되고 있고, '빛-말씀'은 '하나님의 종'이 '백성들의 빛'으로 이해되는 이사야 42:6, 그리고 '빛'으로서의 토라에 대해 언급하는 창조전승을 상기시킨다(사 9:6). '목자-말씀'은 에스겔 34장의 '이스라엘의 목자들'과 '포도나무-말씀'은 시편 80장에서 이스라엘을 포도나무로 비유하는 진술과 관련된다(비교, 사 27:2 등). 이 구약적 배경을 지니는 비유들에 독특하게 '요한적인' 개념인 '생명', '진리'가 요한복음에 등장한다"(김문경, 105). 김문경 교수의 이 같은 진술은 예수의 비유말씀들이 구약적 배경을 갖는다는 지적에 대해서는 전적으로 동의하나 그는 이 비유말씀의 핵심의도, 즉 성전(성막)의 일곱 기구와 관련됨으로써 예수가 유대교의 성전(성막)과 제사를 대치하신 분이라는 사실을 놓치고 있다.

46) 성전(성막)과 예수의 관련성에 대해서는 강문호, 《수건 벗고 구약 보면 예수

성전(성막)의 기본 골격은 3부 구조, 즉 뜰(court), 성소(holy place), 지성소(holy of holies)로 구성되어 있다. 성막(성전)에는 일곱 개의 주요 내용물이 있는데, 입구부터 그 순서를 말하면 다음과 같다. 성막(성전)문, 번제단, 물두멍, 떡상, 등잔대, 분향단, 법궤의 순으로 되어 있다. 여기서 성막문, 번제단, 물두멍은 뜰에, 떡상, 등잔대, 분향단은 성소에, 그리고 법궤만이 지성소에 들어 있다.

성전(성막)의 일곱 기구에 상응하는 예수의 비유말씀에 대한 설명이 필요할 것 같아 간단히 설명하면 다음과 같다. "생명의 떡"은 이스라엘의 12지파를 상징하는 12개의 떡이 두 줄로 놓여 있는 진설병 "떡상"에 해당한다. "세상의 빛"은 일곱 가지 촛대(메노라, menorah) 모양의 "등잔대"에 해당한다. "양의 문"은 하나밖에 없는 "성막문"에 해당한다. "선한 목자"는 양을 위해 스스로 희생제물이 되신 예수님을 비유한 것으로 이는 희생제물을 태우는 "번제단"에 해당한다. "법궤" 안에는 만나를 담은 금 항아리와 아론의 싹난 지팡이와 언약의 돌판들(히 9:4)이 들어있는 데, 이는 "부활이요 생명"을 상징한다.

"나는 길이요 진리요 생명이니 나로 말미암지 않고는 아버지께로 올 자가 없느니라"(14:6)는 말씀은 "분향단"에 해당한다. 그 까닭은 이러하다. 여기서 "길"은 이중의미를 갖는다. 하나는 "길"은 분향단에서 기도를 통해 하나님께 가는 길이다. 또 하나는 "길"은 법궤가 있는 하나님이 임재하시는 지성소로 가는 길이다. 부연해서 설명하면 분향단은 하나님께 기도를 올리는 곳이다. 구약시대에 하나님께 갈 수 있는 길은 (대)제사장이 분향단에서 기도하는 길밖에 없다. 그렇다면 "나는 길이요…… 없느니라" 하면 될 것을 "진리와 생명"이라는 말을 첨가한 이유는 무엇 때문일까?

다》를 참조하라.

요한복음에서 "예수"는 "진리"이며(8:32), 또한 예수는 "부활"(11:25)이기에 "진리"는 "부활"의 진리가 된다. "진리요 생명"(14:6)은 "부활이요 생명"(11:25)과 같은 의미로서 "법궤"를 상징한다. 그런데 분향단(성소)과 법궤(지성소) 사이에는 휘장이 놓여 있다.[47] 구약시대에 지성소는 제사장도 못 들어가고 오직 대제사장만 1년에 하루 대속죄일에 들어갈 수 있었다. 그러기에 지성소 바로 앞에 놓인 분향단에서의 기도는 휘장으로 가로막혀 있어 불완전한 기도일 수밖에 없었다. 이제 길이요 진리요 생명이 되신 예수께서 성소(분향단)와 지성소(법궤) 사이를 가로막고 있는 휘장을 십자가로 찢으시고 부활하심으로 하나님께(지성소)로 가는 "새로운 살 길"(히 10:20)을 연 것이다.

마지막으로 "참 포도나무"는 구약에서 거룩한 이스라엘 백성을 상징하는 것으로 이 비유말씀은 참 이스라엘 사람인 거룩하신 예수께 붙어 있어야 거룩함을 보존할 수 있고 많은 열매를 맺을 수 있음(15:2-5)을 의미한다. 이는 성소에 들어가기 전에 성결을 위해 손을 깨끗하게 씻는 "물두멍"에 해당한다.[48]

그런데 여기서 주목해야 할 사실은 예수의 일곱 개의 비유말씀이 일곱 개의 성막(성전) 기구의 순서로 되어 있지 않고 "번제단"(2)을 중심으로 (1)(7)-(5)(6)-(3)(4)가 둘러싸고 있는 형국으로 되어

---

47) "묵시문학의 대제사장적 기원"을 주장한 바커는 성전(성막)의 휘장은 이스라엘 종교와 기독교의 기원을 이해하는 중요한 주제라고 말한다. 성소와 지성소를 가르는 휘장은 땅과 하늘의 경계로서 휘장과 휘장 너머의 세계를 구분짓는다. 지성소는 하늘로 간주되었고(시 11:4) 공간 뿐만 아니라 시간을 초월하는 것으로 그곳에 들어가는 자는 영원에 들어가는 자이며 하늘에 들어간 자이다. 묵시 본문들에는 지성소가 생생하게 묘사되고 있는데 묵시가들은 지성소를 알고 있었을 뿐만 아니라 그것에 특별한 관심을 가지고 있었다. M. Barker, "Beyond the Veil of the Temple: The high Priestly Origins of the Apocalypses," *SJT* 51(1998), 1-21.

48) 성막(성전)에 관한 자세한 논의는 박호용, 《출애굽기 강의》, 327-351을 참조하라.

있음을 엿볼 수 있다.

요한이 번제단을 중심에 둔 것은 선한 목자이신 예수가 십자가를 지심으로 희생제물이 되사 이제부터는 더 이상 죄사함을 위한 번제가 필요없음을 말하고자 하는 뜻이 담겨 있다고 볼 수 있다. 일곱 비유말씀을 통해 자신이 유대교의 성전임을 천명하신 예수는 그 중심에 번제단을 놓음으로써(10장) 유대교의 성전제사제도를 대치하신 분임을 말씀하고자 한 것이다. 그리고 요한은 전반부의 절정인 11장에서 나사로의 소생사건을 통해 예수의 부활을 말씀하심으로 유대교와 결정적으로 구별되는 기독교의 정체성과 우월성을 드러내고자 했다.

5. 역사[1]의 해체와 재구성

요한복음을 이해하는 데 있어서 결정적으로 중요한 문제 중의 하나가 '역사에 대한 해체와 재구성'이라는 문제이다. 기존의 요한복음 연구의 빗나감이나 피상성은 요한복음서가 연대기적인 객관적 역사를 해체하고 신학적 의도에 따라 재구성된 역사라는 사실을 제대로 파악하지 못한 데서 비롯되었다고 해도 지나친 말은 아니다.[2]

18세기 계몽주의 시대 이후 계속된 '역사적 예수'(Historical Jesus)[3]와 '신앙의 그리스도'(Kerygmatic Christ) 간의 논쟁은 결국 '역사'를

---

1) 역사는 3間, 즉 시간(時間), 공간(空間), 인간(人間)으로 이루어진다.

2) 이러한 사실은 공관복음서도 마찬가지이다. "마가복음이 순수한 현실적인 문서도, 역사적(신학적)인 문서도 아니다. 이 둘이 복음서 안에서 합류되어 새로운 차원의 작품세계를 이루고 있는 것이다"(서용원, "마가복음에 나타난 '생존' 모티프", 56). 누가-행전(누가문서)도 마찬가지이다. 누가는 다른 복음서 기자들처럼 단순한 자료의 수집가나 편집자가 아니라 자신의 신학적 의도와 목적을 가지고 복음서를 썼다. 또한 누가는 초대교회의 역사 전체를 보여주기 위해서 사도행전을 기록한 것이 아니라 두 사도를 중심으로, 즉 유대와 사마리아에서 선교활동을 편 베드로는 사도행전의 전반부에, 소아시아와 유럽 그리고 로마로 이어지는 선교활동을 편 바울은 후반부에 기록하여 복음이 땅 끝까지 편만해지는 복음전도적 목적으로 썼다. 김경진, 《잃어버린 자를 찾아오신 주님》, 28-29, 269-276.

어떻게 볼 것이냐 하는 역사 해석의 문제에 다름 아니다. 불트만은 마틴 켈러(1835-1912)가 이미 주장한 것처럼 역사적 예수와 신앙의 그리스도를 엄격히 구분할 것을 촉구한다. 그는 공관복음서는 '역사적 예수'에 관한 객관적-사실적 보도를 하는 것이 아니라 죽으시고 부활하신 예수 그리스도에 대한 신앙을 선포하는 것이기 때문에 공관복음서를 통해 '역사적 예수'를 아는 것은 불가능하다고 선언한다.[4)]

불트만 이후 케제만을 비롯한 '역사적 예수에 대한 새 연구'는 복음서에 나타난 예수는 역사상의 구체적인 인물 곧 나사렛 예수이며, 그의 생은 십자가의 비극에서 끝난 인간적인 생이 전제되지 않는 한 우리는 장차 "케리그마-신학적 가현설"(kerygmatheological docetism)에 빠질 위험에 처하게 됨으로 역사와 케리그마 사이에는 연속적인 관계구조가 있어야 한다는 것을 역설하였다.[5)]

이 문제에 대해 좀더 부연 설명하면 이렇다. 전통적으로 사복음서는 모두 "예수가 친히 하신 말씀"(ipsissima verba)으로 보았다. 그러다가 20세기 전반 양식비평(문서화 이전의 구전 단계와 '삶의 자리'를 주로 연구)은 복음서에는 예수의 말씀만이 아니라 또 하나의 층인 "초대교회"(팔레스틴 교회와 헬라교회라는 삶의 자리)가 있음을 연구를 통해 밝혀냈다.

그러다가 20세기 후반 편집비평(최종적 형태의 현재의 복음서를 주로 연구)은 그 위에 또 하나의 층인 "복음서 기자"가 있음을 발견해

---

3) '역사적 예수연구의 새로운 지평'에 대해서는 김진호 편, 《예수 르네상스》를 참조하라.

4) 성종현, 《신약총론》, 124.

5) '역사적 예수의 새 연구'에 대한 보다 자세한 내용은 R. Fuller, 《현대신약학의 주류》, 37-74을 참조하라. 최근에 나온 '역사적 예수'에 대한 대표적인 저서로는 J. D. Crossan, 《역사적 예수》; G. Theissen / A. Merz, 《역사적 예수: 예수의 삶에 대한 총체적 연구》가 있다.

내었다. 각 복음서 기자는 단지 전승수집가가 아닌 자신의 독특한 신학적 관점에 따라 복음서를 편집한 개성있는 신학자라는 것이다.[6] 이는 각 복음서 기자들이 저마다 다른 입장에서 예수 사건을 보았다는 것을 의미한다.

일반적으로 공관복음이 요한복음보다 먼저 쓰여졌고, 요한복음은 공관복음을 신학적으로 재해석한 책이기에 공관복음이 요한복음보다 사실-사건으로서의 객관적 역사(Historie)에 가깝다고 말한다. 그런데 실은 정도의 차이만 있을 뿐 사복음서는 모두 의미-해석으로서의 주관적 역사(Geschichte)라는 것은 이론의 여지가 없는 학계의 정설이다.

따라서 각 복음서의 차이는 그들이(또는 그들 중 어느 하나가) 잘못 보았다는 것을 뜻하는 것이 아니라, 그들이 각기 특정한 관점을 택했다는 것을 의미한다. 그런데 저마다의 독특한 관점들은 그들이 각기 처한 시급한 정치적 · 사회적 · 심리적 정황에 의해 결정되게 마련이다.

요한복음서의 경우, 요한공동체가 유대교 회당으로부터 축출된 공동체이기 때문에 그들의 당면 과제는 정치적인 문제가 아니라 오히려 "유대인들"(혹은 "세상")과의 대립이었다. 따라서 그들은 자신들의 위기와 갈등의 상황을 과거의 예수 이야기 속에 투영시켰다. 예수가 특히 유대인들로부터 박해를 받고 그들에 의해 죽게 되었다는 것을 부각시킴으로써, 그들은 자신들의 운명 속에서 예수의 운명을, 그리고 반대로 예수의 운명 속에서 자신들의 운명을 보았던 것이다.

따라서 "역사적으로 과연 무엇이 일어났는가?"를 복음서에서 명확하게 가려낸다는 것은 거의 불가능하다. 그 까닭은 지금 남아

---

6) R. H. Fuller, 《현대신약학의 주류》, 95-98.

있는 기록들은 사건과 그 사건에 대한 해석(관점)들이 가려낼 수 없을 정도로 한데 얽혀 있기 때문이다.[7]

사복음서가 예수의 행적에 대한 객관적이고 연대기적인 사실이나 사건에 대한 보도가 아니라는 결정적 증거는 사복음서가 예수의 마지막 한 주간에 있었던 사건에 복음서 전체의 2분의 1 내지는 4분의 1을 할애하여 다루고 있다는 사실에서 명백히 드러난다.[8] 이는 복음서 기자들이 예수의 생애에 대한 전기를 쓰고자 한데 집필의 목적을 둔 것이 아니라 예수의 수난과 부활에 초점을 맞춰 복음서를 집필했음을 보여준다.

특히 요한은 예수에 대한 연대기적 보도에는 거의 관심이 없었다고 말할 수 있다. 오로지 그의 관심사는 인류 역사상 초유의 사건인 예수의 부활을 신학(신앙)적으로 기술하고 증언하는 데 있었다. 요한은 예수 사건의 의미를 보다 잘 기술하기 위해서는 예수에게 일어난 연대기적 순서를 파기하는 것까지 주저하지 않았다.

요한의 예수는 하늘에서 땅으로 내려왔다가 부활 승천하여 다시 하늘로 되돌아간 분이다. 이 말은 요한의 예수는 역사를 구성하는 시간(時間)과 공간(空間)과 인간(人間)(이것을 3間이라고 말함)을 초월하신 분이라는 말이다. 즉 요한의 예수는 인간 역사(3間)에 매이지 않는 역사를 초월한 하나님이다. 따라서 요한은 요한의 예수를 그린 자신의 복음서에서 역사를 해체하고 신학적 의도에 따라 역사를 재구성했다.

그러니까 요한복음에 나타난 절기(시간)를 연대기적 사실성으로

---

7) 서중석, "요한공동체의 기원과 성장", 《신약성서는 오늘 우리에게 이렇게 증언한다》, 148.

8) 예수의 마지막 한 주간이 시작되는 '예루살렘 입성'은 마가(전체 16장)는 11장부터, 마태(전체 28장)는 21장부터, 누가(전체 24장)는 19장부터, 요한(전체 21장)은 제2부의 시작인 12장부터 취급하고 있다.

받아들이거나, 지명(공간)에서 지리적인 정확성을 찾거나 인명(인간)에서 그가 한 말을 액면 그대로 사실이라고 믿는 것은 요한복음서가 갖고 있는 '역사에 대한 해체와 재구성'이라는 특성을 제대로 파악하지 못한 처사이다. 이는 요한복음을 잘못 이해하는 길로 나아갈 수밖에 없으며, 연대기적인 역사에 매여 있는 한 우리는 요한복음서가 말하는 입체적이고 심층적인 깊이에 들어갈 수 없게 된다.

1) 시간의 해체와 재구성(요한복음의 시간관)[9]

시간의 해체와 재구성과 관련된 구체적인 실례가 이미 언급한 '유월절 복음서'이다. 여기서는 시간의 해체와 재구성과 관련하여 삼위일체 하나님을 중심으로 한 요한복음의 시간관을 고찰하고자 한다.

요한은 그의 복음서를 성 삼위 하나님의 사역을 중심으로 성부의 시간, 성자의 시간, 성령의 시간으로 삼등분하여 기술하고 있다. 성부의 시간은 성육신 이전의 아버지와 아들이 함께 동거한 시간이다. 성자의 시간은 성육신하여 이 땅에 와서 활동하다가 십자가에 죽고 부활할 때까지의 시간이다. 성령의 시간은 부활한 주님이 성령을 보내면서 시작되어 주님이 다시 재림할 때까지의 시간 곧 교회의 시간이다.

요한복음은 예수의 성육신으로부터 시작하여 부활에 이르기까지의 사역을 기술하고 있다는 점에서 대부분은 성자의 시간으로 되어 있다. 요한은 성자의 시간을 요한복음의 제1부(1-11장)와 제2

9) 이 문제에 대한 보다 자세한 내용은 박호용, "요한복음서의 구조와 시간의 문제", 《시간과 해석학》, 30-68을 참조하라.

부(12-21장)로, 즉 크로노스(*κρόνος*, 수평적-역사적) 시간을 마지막 유월절을 기준으로 그 이전(제1부)과 그 이후(제2부)로 나누어 기술하고 있다.

게다가 요한은 성자의 시간을 카이로스(*καιρὸς*, 수직적-종말론적)의 시간, 즉 "예수의 때"를 나타내는 "호라"(*ὥρα*, 2:4; 4:23; 5:25; 7;30; 8:20; 12:23; 13:1 등)라는 용어를 사용하여 기술하고 있다. 즉 카이로스적 시간을 크로노스적 시간 구분처럼 마지막 유월절을 기준으로 그 이전(제1부)과 그 이후(제2부)로 나누어 기술하고 있다.

나아가 요한은 부활 이후의 시간을 성자의 시간과 구분되는 보혜사 성령의 시간으로 규정지었다. 보혜사 성령의 시간은 예수의 사역을 대신해서 제자들이 복음을 전파하는 시간이요 교회의 시간으로서 예수가 재림할 때까지 계속되는 시간으로 규정지었다. 이 시간은 보혜사(교회)의 미래적인 직선적 시간과 부활-승귀-영광을 얻으신 예수의 영원회귀적인 순환적(원형적) 시간으로 나누어진다.

요한은 제자들이 예수의 말씀을 이해하는 기준점이 되는 시간이 있음을 말한다. 그 시간을 나누는 기준점은 예수의 부활 · 승천 · 영광이다(2:22; 12:16; 13:7; 20:9). 그 시간이 예수의 영광에 의해서 나누어지는 이유는 예수의 말씀에 대한 온전한 이해는 성령의 역사에 의해서만 가능한데 성령은 예수가 영광을 받은 후에 오기 때문이다(7:39 참조).[10] 여기서 요한 문서에만 독특하게 나타나는

10) 보혜사 성령의 역할에 관해 마틴은 두 수준의 무대(two-level stage)에서 상연되는 드라마라는 개념을 예증으로 들면서 예수의 지상 사역과 부활하신 주님의 활동의 결합을 시도한다. 마틴은 요한이 예수를 요한 자신의 공동체 내에 있는 기독교 증인들의 모습과 "중첩시키면서" 과감한 조치를 취했다는 점을 인정한다. 바로 이것이 요한복음서 기자가 누가가 한 것과 같이 예수와 그의 교회에 대한 두 권 분량의 저작을 피하는 대신, 부활하신 그리스도의 현재적 활동과 육체상의 예수의 사역의 통일성을 보여주는 방법이다. 그 절차에 대한 실마리가 보혜사 교리이다. 성부께로 가실 것이기 때문에 자신의 지상 사역이 계속될 것이라고 하는 예수의 역설적인 약속은 예수께서 자신에게 속한 보혜

영(πνεῦμα)의 개념인 보혜사(παράκλητος)의 시간을 살펴보자.

첫 번째 보혜사 본문(14:16-17)에서 보혜사의 시간은 예수의 지상 사역 시간과 대조된다는 것이 암시되어 있다. 예수는 제자들과 "잠시 동안"(13:13) 머무르는 반면, 보혜사는 그들과 "영원히" 머무를 것이다(14:16). 보혜사가 제자들과 항상 머무를 기간이 바로 교회의 시간이다. 예수가 제자들에게 보혜사로 역할을 했듯이 보혜사 성령은 예수를 대신해서 제자들에게 '또 한분의 보혜사'가 될 것이다. 또한 보혜사의 명칭인 진리의 영(17절)은 예수가 진리(14:6)라는 요한의 선언을 생각나게 한다.

두 번째 보혜사 본문(14:26)도 이러한 시간의 구별이 명확하다. 보혜사의 시간은 예수가 영광을 받으신 후에 그가 하나님에 의해서 보내질 때 시작된다. 보혜사가 성령이라고 명확하게 제시된 곳은 이 구절뿐이다. 여기서 예수가 그의 지상 현존 기간 동안 그의 제자들에게 교사였다면 보혜사는 오는 세대의 교사로 소개된다. 예수가 아버지의 계시자였던 것처럼(5:43; 10: 25), 보혜사는 예수의 계시자다. 보혜사는 예수의 본질을 들어내기 위해서 왔다는 측면에서 보혜사의 기능은 그리스도 중심적이다.

세 번째 보혜사 본문(15:26)은 보냄(혹은 옴), 보혜사의 이름(진리의 영, 혹은 성령)과 부활 후의 기독교 공동체에서 보혜사의 기능을 포함하고 있다는 면에서 이전 보혜사 본문의 구성과 비슷하다(14:16-17, 26). 여기서 보혜사의 파송자가 아버지에서 아들로 바뀐 것은 그렇게 중요한 사항은 아니다. 왜냐하면 요한의 사상에서는 아버지와 아들은 하나이기 때문이다(10:30). 중요한 것은 예수와 보혜사의 관계이다. 즉 보혜사는 예수의 영이다. 보혜사의 시간은

사의 인격 안에서 귀환하시는 일로 말미암아 해결된다. 따라서 그 두 수준의 드라마를 창작하신 분은 바로 보혜사이다. J. L. Martyn, *History and Theology of the Fourth Gospel,* 148.

예수가 하늘에 가서 보혜사를 보내줄 때까지는 시작되지 않는다. 여기서 보혜사의 기능은 증거하는 것인데, 이것은 교회시대에 제자들의 기능이기도 하다는 점에서 중요하다.

네 번째 보혜사 본문(16:7-11)은 예수가 떠나는 것(7b절)과 보혜사의 기능(8-11절)에 관한 것이다. 요한에게서 예수의 지상 사역의 시간과 보혜사의 제자들에 대한 사역의 시간은 겹치지 않는다. 보혜사의 기능을 묘사하는 모든 동사가 미래 시제로 되어 있다는 것은 우연히 아니다. 요한의 생각에는 예수의 시간과 구별되는 보혜사의 시간이 있는데, 이것은 다름 아닌 부활 후의 신자공동체의 시간이다.

요약하면 고별강화에 나오는 보혜사의 기능은 모두 다 그리스도 중심적이라는 것이 분명하다. "보혜사"(14:16; 요일 2:1)와 "진리"라는 명칭들이 그리스도에 대한 명칭으로 사용된 것들이기 때문에 "또 다른 보혜사", "진리의 영"과 같은 보혜사의 명칭들은 보혜사의 그리스도 중심성을 보여주는 좋은 예다. 한마디로 말해 보혜사의 기능은 예수의 부재시, 즉 교회 시대에 예수의 대리자로서의 기능이다.[11]

지금까지의 고찰을 통해 보혜사 성령의 시간은 예수 부활 이후 예수를 대신하여 성령이 활동하는 교회의 시간이며, 이 시간은 미래적인 직선적 시간이자 재림주를 기다리는 종말론적 시간이다.

한편, 요한의 시간관에서 부활 이후의 예수의 시간을 성육신(인자) 사건과 관련하여 살펴볼 필요가 있다. 요한복음에서 예수의 거대함을 알 수 있는 한 가지는 다섯 시대의 기간-역사 이전의 과거, 역사적 과거, 서사적 현재, 역사적 미래, 종말론적 미래- 모두에서 예수가 어떤 역할을 하고 계시다는 것이다. 예수는 신성한 로고스

11) 김동수, 《요한복음의 교회론》, 111-128.

(logos)로서 언제나 하나님과 함께 계셨고, 하나님의 대리인으로 창조에 동참하였다.[12)]

"때가 차매"(갈 4:4) 하나님이 그의 아들을 이 세상에 보내신 것이다. 요한은 1:14에서 선재하신, 즉 하늘(우주)과 영원에 속하는 말씀(*λόγος*)이신 분이 육신(*σὰρξ*)을 입고 이 땅, 이 시간(역사) 속에 왔다는 것이다. "말씀이 육신이 되었다"[13)]는 성육신 사건이야말로 요한의 예수가 누구이며, 요한의 시간이 무엇인가를 극명하게 보여주는 사건이다.

예수의 기원을 말하는 성육신은 창조와 구속이 만나는 사건이며 우주의 시작이요 역사의 시작이다.[14)] 성육신은 하늘이 땅과 만나는 공간의 통합이요, 영원이 시간과 만나는 시간의 통합이다.[15)] 나아가 공간적 하늘이 시간적 영원과 그리스도 예수(부활하시고 선재하신 하나님) 안에서 하나가 된 시공간의 통합이다. 하나님은 시공간을 넘어서는 초월적인 분이다. 그래서 요한복음에서는 시간을 넘나들고 공간을 넘나드는 것을 별로 문제 되지 않는다. 예수 사역의 초기부터 예루살렘이 나오고, 예루살렘에서 갈릴리로 갔다가,

---

12) R. A. Culpepper, 《요한복음 해부》, 167.

13) 서중석 교수는 3:13의 "하늘에서 내려온 자" 예수에 관해 다음과 같은 요지의 말을 한다. 이 서막에서의 "육화 신학"(incarnation theology)은 예수가 나사렛 예수로, 요셉의 아들이라는 구체적인 "육"으로 오신 분이지 결코 가현적으로 이 세상에 오신 것이 아니다. 요한은 참된 인성을 지닌 육으로 오신 예수에게서 신성과 인성을 동시에 가지고 계신 분으로 보았다. 그러나 요한은 예수 안에서 초월과 한계를 동시에 보았다. 인성과 신성을 모두 가진 예수는 인성(육체)없이 신성만을 가진 하나님에게 종속되어 있다. 예수의 육은 그가 하나님의 지위를 상실했음을 의미한다. 예수는 하나님에 의해서 보냄을 받은 자다. 보낸 자가 보냄을 받은 자보다 높다는 의미에서 예수는 하나님께 종속된다. 서중석, "예수의 하강과 특권상실", 《현대와 신학》(1999.6), 63-79.

14) R. Kysar, 《요한의 예수이야기》, 13-20.

15) 시공간의 극복 및 영원과 시간과의 만남에 대해서는 김재진, "현대후기 성서해석의 모형: 시-공간의 극복과 하늘과 땅의 지평융합", 《현실적 경험철학》, 122-140을 참조하라.

예루살렘으로 돌아왔다는 아무런 언급도 없이 다시 예루살렘에서 사역을 시작하는 것이다. 인자 예수는 예루살렘과 갈릴리를 오르내리고 있다.

인자 칭호[16] 속에는 이미 요한복음 특유의 선재와 승귀의 사상이 내포되어 있다(1:51; 3:14). 요한의 예수는 공관복음서와는 달리 철저히 "선재하신 하나님의 아들로서의 예수"이다. 이 예수의 정체는 세상으로부터가 아니라 오직 위로부터만, 즉 하나님과의 관계성 속에서만 이해될 수 있다.[17] 1:51은 1장의 결론으로써 요한의 시간의 문제의 핵심을 이룬다. 하늘을 열고 성육신하신 인자는 하늘과 땅을, 영원과 시간을 오르락내리락 하는 시공간을 초월하시고 통합하신 분이다. 여기에 요한복음서가 말하는 시공간의 통합(초월)으로서의 시간문제의 핵심이 있다.

지금까지의 고찰을 통해 우리는 요한복음에 나타난 시간관은 역사적이고 종말론적인 직선적 시간관뿐만 아니라 영원회귀적(순환적)인 원형적 시간관도 있음을 보았다. 요한복음에 나타난 시간관을 도표로 그리면 다음과 같다.

16) "인자" 칭호의 구약과의 관련성에 대해서는 김세윤, 47-54을 참조하라.
17) 성종현, 《신약총론》, 721.

요한복음의 시간관

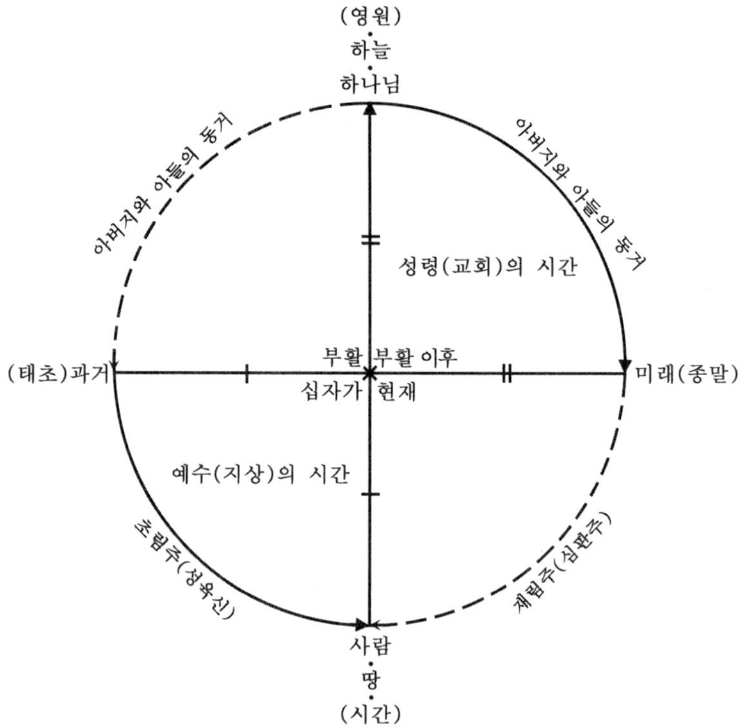

2) 공간의 해체와 재구성("요단강 건너편")

공관복음서, 특히 마가복음에 나타난 "갈릴리와 예루살렘"에 대한 문제는 이미 많은 학자들에 의해 연구되었다.[18] 복음서에 나타난 공간(지리적 구도)의 문제는 각 복음서 저자에 따라 신학적으로

18) 이에 대한 보다 제사한 논의는 田川建三, 《마가복음과 민중해방》, 43-73을 참조하라.

해석된 공간이라는 것은 주지의 사실이다.[19]

요한복음도 예외가 아니다. 요한은 공간의 해체와 재구성을 통해 '지리적 상징주의'라는 자신의 신학적 의도를 개진하고 있다. '갈릴리와 예루살렘'[20]은 물론, 갈릴리 내에서도 '가나와 가버나움'의 대조를 통한 지리적 상징주의를 보여주고 있다.[21] 특히 요한은 요단 동편(건너편)과 요단 서편(팔레스타인)을 대조시킴으로써 예수와 세례 요한(=모세)을 구분짓는 중요한 기준점으로 삼고 있다. 이에 대해 자세히 살펴보고자 한다.

공관복음서는 세례 요한의 첫 사역의 장소를 유대 광야(마 3:1), 광야(막 1:4), 또는 "요단강 부근"(눅 3:3)이라고 밝히고 있다. 이에 반해 요한복음은 "요단강 건너편 베다니"(1:28)[22]라고 밝히고 있다. 요한복음에서 이곳은 예수께서 나사로를 살리시기 직전에 머물던 곳으로 한번 더 언급(10:40)되고 있다. 그런데 어떤 문헌에도 이 장소의 정확한 위치가 알려져 있지 않다. 세례 요한은 요단강 건너편인 요단 동편에서 그의 사역을 시작하고 있다. 그리고 그 후 세례 요한은 살렘 가까운 애논에서 세례 사역을 하고 있는 것으로 나타난다(3:23). 그런데 이곳 또한 정확한 위치를 알 수 없다. 단지 세례를 베푸는 데 있어서 물이 많은 곳으로만 기술되어 있다.

그런데 요한은 세례 요한과 관련해서는 언제나 "요단강 건너편"

---

19) 마가복음에 나타난 공간 구조에 대해서는 서용원, "마가복음에 나타난 '생존' 모티프: 마가의 '갈릴리-예루살렘 구조와 공간 정체성", 33-60을 참조하라.

20) 이미 언급한 다섯 차례의 하강구조는 '갈릴리와 예루살렘'이라는 '지리적 상징주의'를 잘 보여준다.

21) 요한은 가나를 긍정적(신앙적)인 장소로(2:1,11; 4:46; 21:2), 가버나움을 부정적(불신앙)인 장소(2:12; 4:46; 6:17, 24, 59)로 그리고 있다.

22) 요한복음에는 '베다니'라는 지명이 두 곳 나온다. 하나는 예루살렘 남동쪽 3km 지점, 감람산 기슭에 위치한 마르다와 마리아, 나사로의 집이 있는 곳(11:1)이고, 또 하나는 세례 요한이 사람들에게 세례를 베풀던 요단강 건너편, 즉 요단 동편에 위치한 곳(1:28)이다.

또는 "요단강 저편"(3:26; 10:40)이라는 말을 쓰고 있다. 즉 세례 요한을 언제나 요단 동편에 있는 인물로 그리고 있다. 즉 요한복음에서 세례 요한은 한번도 요단 서편, 즉 팔레스타인(가나안) 땅에서 사역하지 않은 것으로 묘사되고 있다. 여기서 주목해야 할 사항은 요한은 왜 세례 요한을 언제나 요단 동편에 머물러 있는 존재로 묘사하고 있는가? 또한 공관복음에서는 한번도 언급하고 있지 않으며, 정확한 위치도 알 수 없는 요단강 건너편 베다니라는 곳을 언급하고 있는 까닭은 무엇일까?

요한은 신학적 의도를 가지고 세례 요한을 모세와 같은 인물로 상정한다. 즉 모세와 세례 요한은 선구자일 뿐이라는 것이다. 모세는 이스라엘 백성을 애굽에서 가나안으로 인도했지만 자신은 약속된 땅(가나안 땅)을 바라볼 뿐 가나안에 들어가지 못하고 요단 동편에서 죽는다. 약속의 성취는 여호수아에 의해 이루어진다. 마찬가지로 예수의 선구자로서 율법시대의 마지막 주자인 세례 요한도 모세처럼 약속에서 성취로 가는 통로일 뿐이라는 것이다. 요단강을 경계로 모세와 세례 요한은 요단 동편에 머무를 수밖에 없는 운명인 것이다.

약속의 성취(구원)는 복음시대를 열었던 오직 예수에 의해서만 이루어진다. 똑같이 그 이름이 '구원자'라는 의미를 지닌 여호수아(히브리어)와 예수(헬라어)는 성취자가 되는 셈이다. 요한이 세례 요한을 요단 동편의 사람으로 상정한 것은 이 같은 깊은 신학적 의도를 가지고 행한 것이라고 보아야 할 것이다. 한마디로 부활한 예수로 말미암아 "영생을 얻었고…… 사망에서 생명으로 옮겼느니라"(5:24)는 말을 하고 싶었던 것이다.

여기서 한 가지 주목해야 할 사항은 요한복음에서 12회나 언급되는 모세[23]에 대한 기사가 9장으로 끝나고, 10장 이후부터는 전혀 그에 대한 언급이 없다는 것이다. 마찬가지로 요한복음에서 무려 22구절에서 언급되고 있는 세례 요한[24]에 대한 기사도 10장으로 끝나고, 11장 이후부터는 전혀 그에 대한 언급이 없다는 점이다. 즉 모세와 세례 요한은 요한복음서의 제1부(전반부)에만 나오고 제2부(후반부)에는 전혀 언급되지 않고 있다. 이것은 무엇을 말하는가? 요한이 철저히 신학적 의도를 가지고 이들을 그렇게 배치했다고 볼 수밖에 없다.[25]

요한복음 10장은 예수가 선한 목자로서 십자가의 희생 제물이 되심으로 인간을 구원한다는 것을 상징적으로 보여주는 장이다. 모세는 이 같은 예수의 역할을 할 수 없는 존재이다. 따라서 모세의 이야기는 10장 이전의 9장으로 끝나야 하는 것이다. 또한 11장은 요한복음서의 정점으로서 예수가 죽은 나사로를 살리는 부활을 상징하는 장이다.

세례 요한은 이 같은 예수의 역할을 할 수 없는 존재이다. 따라서 세례 요한의 이야기는 11장 이전으로 끝나야 하는 것이다. 여기서 우리는 요한이 철저히 신학적 의도를 가지고 모세와 세례 요한을 같은 운명을 타고 난 존재임을 이 같은 '공간의 해체와 재구성'(지리적 상징주의)이라는 장치를 통해서 보여주고자 했다는 것을 엿볼 수 있다.

---

23) '모세'에 대해 마태는 7회, 마가는 8회, 누가는 10회 언급하고 있는데, 요한은 12회 언급하고 있다(1:17,45; 3:14; 5:45, 46; 6:32; 7:19, 22, 23; 8:5; 9:28, 29). 4복음서의 절수(마태 28장 · 1060절, 마가 16장 · 678절, 누가 24장 · 1151절, 요한 21장 · 879절)로 비교하면 요한의 비율은 더 높아진다.

24) 모세와 같은 운명을 지닌 '세례 요한'은 22구절에 걸쳐 나타난다(1:6, 15, 19, 20, 26, 28, 29, 32, 35, 40, 42; 3:23, 24, 25, 26, 27; 4:1; 5:33, 35, 36; 10:40, 41).

25) 옛 인물로 상징된 두 인물, 즉 모세(1-9장)와 세례 요한(1-10장)의 역할이 끝난 후 전반부의 절정인 부활을 상징하는 11장 이후 새 시대를 상징하는 두 인물, 즉 도마(11-20장)와 애제자(13-21장)가 등장한다.

3) 인간의 해체와 재구성("디두모라 하는 도마")

공간의 해체와 재구성과 마찬가지로 요한은 인간(등장인물)의 해체와 재구성을 통해 자신의 신학적 의도를 개진하고 있다. 앞서 보았듯이 요한은 세례 요한을 모세와 같은 인물로 그렸다. 이는 예수를 "새 모세" 또는 "제2의 모세"로 이해하고 있다는 말에 다름 아니다. 많은 학자들이 마태복음에 나타나고 있는 "모세 유형론"(Moses Typology)에 대해서 자주 언급하였다. 그런데 최근에 요한복음 연구가들도 요한복음에 모세 유형론이 강하게 반영되어 있다는 사실을 강조하기 시작하였다.

유형론을 보는 관점에 따라서 모세 유형론, 또는 출애굽 유형론(Exodus Typology), 또는 "신명기 유형론"(Deuteronomy Typology) 또는 "유월절 유형론"(Passover Typology)으로 나누기도 한다. 하지만 대체로 모세와 출애굽의 주제를 요한복음의 주요주제로, 그리고 요한복음의 배경을 구약으로 보는 점에서는 의견이 일치하고 있다. 모세는 요한의 기독론에 중요한 배경을 이루고 있는 것으로 보인다. 이런 생각은 복음서 기자 중에서 요한이 모세를 가장 많이 언급하고 있다는 점에서도 뒷받침되고 있다.

한편, 요한은 자신의 독특한 글쓰기인 '오해 모티프'와 '아이러니 기법'을 통해 등장인물을 해체하고 재구성하고 있다. 여기서는 '오해 모티프'와 '아이러니 기법'을 살펴본 후에 그것을 도마에게 적용하여 요한이 어떻게 인간의 해체와 재구성을 시도했는가를 살펴보고자 한다.

(1) 이중의미: 오해 모티프와 아이러니 기법

요한복음의 독특한 특징 중의 하나는 이중의미로 나타나는 '오해 모티프' 혹은 '아이러니'(irony)[26] 기법을 풍부하게 사용하고 있다는 점이다. 십자가의 이중의미는 아이러니의 가장 좋은 실례이다. 예수의 십자가는 실제로는 그의 죽음을 나타내나 또한 그가 영광을 받으시는 과정으로 의미가 역전된다. 곧 예수의 죽음은 그가 왕으로 즉위하는 과정이다.[27]

'아이러니'(역설)는 예수를 빈정대며 조롱하는 말이 오히려 예수를 드러내는 작용을 하거나 저들의 무지를 드러내는 효과를 거두고 있다. 또한 '이중의미'는 '오해(誤解) 모티프'로 나타난다. 요한복음에는 예수와 그의 제자들 그리고 예수와 그의 대화 상대자들 사이에서 발생한 오해와 몰이해에 대한 보도가 자주 등장한다. 예수는 계시자로 오셔서 세상에 자기 자신을 계시하시나 청중들은 그 의미를 깨닫지 못하거나 자주 오해하는 것으로 나타난다.[28] 요한복음에 나타난 '오해 모티프'를 도표로 그리면 다음과 같다.[29]

구절	모호성	대화상대	주제	설명
2:19-21	'이 성전'	유대인들	죽음과 부활	화자에 의해
3:3-5	'거듭나다'	니고데모	사람이 어떻게 하나님의 자녀가 되는가?	다른 용어로 재진술
4:10-15	'생수'	사마리아 여인	예수께로부터 오게 될 계시 혹은 영	뒤로 미룸 (7:38 참조)

26) 이중의미의 실례(1:5; 2:19; 3:3, 8, 14; 4:10, 15, 27, 35; 8:22, 31-33, 51-53, 57-58; 11:11-14, 23-26; 13:6-9, 36-37; 14:3-7, 7-9, 21-33 등등). 아이러니의 실례(4:12; 7:35, 42; 8:22; 11:50; 18:38; 19:2-3 등등). 박수암, 29; 최승락, "요한복음의 경우를 통해 독창적 복음 증거에 이르게 하는 성경 해석", 《빛과 소금》(2004. 10), 106-109.

27) 최홍진, 《요한복음》, 64.

28) 성종현, 《신약성경: 해설대조연구》, 567을 참조하라.

29) R. A. Culpepper, 《요한복음 해부》, 258-259.

구절	모호성	대화상대	주제	설명
4:31-34	'양식'	제자들	예수와 아버지의 관계	예수에 의해
6:32-35	'하늘에서 내린 떡'	무리들	예수의 기원, 정체, 사명	예수에 의해
6:51-53	'내 살'	유대인들	예수의 죽음	예수에 의해
7:33-36	'나는 너희가 올 수 없는 곳으로 간다'	유대인들	예수의 영화(榮化)	설명 없음
8:21-22	'내가 가리니...'	유대인들	예수의 영화	설명 없음
8:31-35	'너희를 자유케 한다'	유대인들	예수를 영접한 사람들에게 예수가 수여하는 자유	'아들'과 '종'의 대조에 의해 암시됨
8:51-53	'죽음'	유대인들	영생	설명 없음
8:56-58	'나의 때를 보는 것'	유대인들	하나님의 구속적 행위의 성취로서의 예수	설명 없음
11:11-15	'잠자다'	제자들	죽음과 영생	화자에 의해, 다음에 예수에 의해
11:23-25	'네 오라비가 다시 살리라'	마르다	부활과 영생의 근원으로서의 예수	예수에 의해
12:32-34	'들리워지다'	무리들	예수의 죽음과 영화	설명 없음
13:36-38	'내가 가겠다'	베드로	예수의 영광	설명 없음
14:4-6	'내가 가려는 곳'	도마	예수의 영화	예수에 의한 은유적 설명
14:7-9	'네가 그를 보았다'	빌립	예수가 아버지를 계시함	예수에 의해
16:16-19	'조금 후에…'	제자들	예수의 죽음과 제자들에게 다시 돌아오심	예수에 의한 은유적 설명

(2) "디두모라 하는 도마"(최고의 신앙의 모델)

오해 모티프나 아이러니의 가장 극적인 실례는 "디두모라 하는 도마"이다.[30] 도마에게는 "의심많은 제자"라는 꼬리표가 늘 따라다녔다.[31] 그런데 역사적으로 예수의 제자 가운데 하나인 도마가 의심많은 사람이라는 증거는 아무 데도 없다. 그럼에도 불구하고 지난 2천년 동안 도마는 "의심많은 제자"라는 의심을 받아왔다. 도마가 의심 많은 제자라고 하는 생각은 공관복음에 어디에도 나오지 않는다. 오직 요한복음에 근거하여 사람들이 일반적으로 깊이 생각해 보지 않고 나온 선입견이라는 것이 필자의 생각이다.

도마에 대한 이 같은 일반인들의 오해와 빗나감은 요한의 표현 기법인 오해 모티프나 아이러니 기법을 제대로 이해하지 못한 데서 연유한다고 볼 수 있다. 도마의 엉뚱한 돌출 발언이나 행동을 액면 그대로가 아니라 요한이 즐겨 사용하는 오해 모티프와 아이러니 기법을 통해 볼 때 도마에 대한 해석을 종래의 입장과는 전혀 다른 해석이 가능하다는 점이다.

요한복음에 조연으로 등장하는 도마야말로 요한복음 이해의 결정적 열쇠를 쥐고 있는 중요한 인물이라는 것이 필자의 생각이다. 즉 도마는 요한이 비밀리에 숨겨놓은 '히든카드'이다. 도마는 요한공동체가 걸어가야 할 길이 부활의 복음을 가슴에 안고 예수가 이미 걸었던 십자가의 길임을 보여준 메신저(대사)이자 요한공동체가 본받아야 할 "최고의 신앙의 모델"이라는 것이 필자의 생각이

---

30) 그 동안 제자들 가운데 수제자 베드로(1:42, 44; 6:68; 13:8, 37; 18:11, 15-18, 25-27; 20:2-6; 21:15-17, 19-21)나 애제자(13:23-25; 19:26-27, 35; 20:2-10; 21:7, 20-24; 1:37 이하와 18:15은 논란 구절)에 대해서는 많은 관심을 가지고 연구되었으나 도마에 대해서는 거의 관심이 없었던 것이 사실이다.

31) 요한복음을 서사비평으로 접근한 켈페퍼는 도마에 대해 이렇게 말한다. "도마는 예수의 육신은 이해하지만 그의 영광은 이해하지 못하는 제자의 모델이다. …… 의심하는 자라기보다 사실주의자인 도마는 막달라 마리아처럼 지상의 예수를 영접하지만 아직 부활하신 그리스도를 인식하지 못하는 모든 사람을 대표한다"(R. A. Culpepper, 《요한복음 해부》, 196). 그러나 필자의 생각은 그와 다르다.

다. 그 까닭을 이러하다.

도마는 공관복음에서 각각 단 한번 열두 제자를 소개할 때 아무런 설명없이 단지 이름으로만 나올 뿐이다(마 10:3; 막 3:18; 눅 6:15). 그런데 요한복음서에는 일곱 번("충만함"을 나타내는 상징적 숫자)이나 나타난다(11:16; 14:5; 20:24, 26, 27, 28; 21:2). 그런데 여기서 도마가 완전수를 상징하는 일곱 번 등장하는 것은 요한이 다분히 신학적 의도를 가지고 그렇게 했다고 생각해 볼 수 있다.

그런데 더욱 중요한 사실은 도마는 요한복음 내에서 결정적으로 중요한 순간과 위치에서 나타난다. 먼저, 요한의 신학은 '부활의 신학'이 그 핵심이라는 필자의 견해대로 도마는 철저히 부활과 관련된 장에서 나타난다는 사실이다. 예수의 부활을 상징하는 나사로의 소생사건은 요한복음서의 정가운데 장인데, 여기서 도마라는 이름이 처음으로 나타난다(11:16). 도마는 모세와 세례 요한의 옛 시대가 끝나고(1-10장까지), 새로운 시대를 여는 인물로 11장에서부터 등장하고 있다. 요한복음서가 이중구조로 되어 있다는 필자의 견해에 따르면, 도마는 제1부의 정점인 11장에서 처음으로 등장한다는 것은 매우 중요한 의미를 시사한다.

다음으로, 이 땅을 떠나 아버지께로 돌아가는 예수의 부활과 승천을 다루고 있는 고별설교(14-16장)의 첫 대목에서 도마가 다시 등장한다(14:5). 그리고 요한복음서의 본론이 끝나는 장면, 즉 부활의 피날레 장면에서 도마가 여러 차례 등장한다(20:24, 26, 27, 28). 그리고 부활 이후 디베랴 호수에서 일곱 제자 가운데 한 사람으로 등장한다(21:2).

여기서 도마가 등장하는 대목들을 하나씩 검토해 보자. 첫 대목을 보자. "디두모라고도 하는 도마가 다른 제자들에게 말하되 우리도 주와 함께 죽으러 가자 하니라"(11:16). 도마의 이 말은 곧 있을 나사로의 소생사건(11:17-44)의 바로 앞 구절에 위치하고 있다. 예수께서 나사로가 죽었으니 "그에게로 가자"(11:15)라는 말씀에 도마가 응수한 것이다. 지금 이 상황은 예수를 잡고자 하는 무리들을 벗어나 방금 요단강 건너편으로 피신했는데, 죽은 나사로를 방문하기 위해 다시 예루살렘 근방에 있는 베다니 마을로 다시 들어간다는 것은 죽음을 각오하지 않으면 안 되는 상황이다. "우리도 주와 함께 죽으러 가자"라는 도마의 발언은 바로 이 같은 상황에서 한 것이다.

도마가 한 이 말은 과연 생각없이 무심코 툭 한번 던져 본 돌출 발언인가? 필자는 그렇게 생각하지 않는다. 이 발언은 이중의미와 아이러니 기법을 즐겨 사용한 요한의 고도로 계산된 신학적 발언이라고 볼 수 있다. 이 발언에 대한 요한의 진정한 의도는 곧 있을 예수의 부활을 상징하는 나사로의 소생 사건을 염두에 두면서 부활을 체험한 요한공동체(제자공동체)가 가야 할 길을 제시하고자 했다고 볼 수 있다. 부활하신 주님이 가신 길이 십자가의 길이기에 제자들(요한공동체)도 주님의 발자취를 따라 '부활신앙을 가슴에 안고 십자가의 길로'라는, 즉 '요한공동체의 구호(모토)'적 성격을 띤 발언이라는 것이 필자의 생각이다.

두 번째 대목을 보자. "도마가 이르되 주여 주께서 어디로 가시는지 우리가 알지 못하거늘 그 길을 어찌 알겠사옵나이까?"(14:5). 이 도마의 발언은 예수께서 제자들을 위해 아버지의 집으로 거처를 예비하러 갔다가 다시 와서 그들을 영접하려 한다고 말씀하시면서 내가 가는 그 길을 너희가 알 것이다(14:4)라는 예수의 말씀에 대한 도마의 응수이다.

이 질문은 요한이 독자나 요한공동체에 대해 하고 싶은 말을 도마의 입을 통해 드러내고자 하는, 즉 도마로 하여금 예수의 입으로부터 위대한 말씀을 토해내도록 다분히 의도적으로 행한 유도성 질문이라는 것이 필자의 생각이다. 이 발언은 앞 대목에서처럼 언뜻 보기에는 무심코 뱉은 말 같으나 그 다음에 나오는 예수의 말씀을 통해 이 질문이 얼마나 중요한 질문인가를 엿볼 수 있다. “예수께서 이르시되 내가 곧 길이요 진리요 생명이니 나로 말미암지 않고는 아버지께로 올 자가 없느니라”(14:6).

인류 역사가 시작된 이래 이보다 더 위대한 말씀은 없었다는 것이 필자의 생각이다. 도마의 이 엉뚱하게 들리는 질문은 그 이면에 요한의 신학적 의도가 깊이 깔려 있다. 즉 예수의 입으로부터 이 같이 위대한 말씀을 이끌어내기 위해 치밀하게 계산된 요한의 장치라는 것이 필자의 생각이다.

세 번째 대목(20:24-29)을 보자. 우선 이 대목은 예수의 부활을 다루고 있는 장면으로 요한복음의 본론의 마지막 대목이다. 그 위치 자체만으로도 이 대목은 요한복음의 피날레를 장식하는 중요한 대목이다. 이 같이 중요한 대목에서 도마가 등장하고 있는 것이다. 부활하신 예수가 제자들을 만나러 왔을 때 하필이면 도마만 그 자리에 없다니! 우선 이것부터 심상치가 않다.

그런데 여드레가 지나서 예수가 다시 제자들에게 나타난 것이다. 예수가 여드레 날에 나타난 것도 심상치가 않다. 여기서 ‘여드레’란 실제적 사실일 수도 있지만 요한이 의도적으로 상정한 날이라고 보아야 할 것이다. 이스라엘에서 ‘여드레’ 날은 아기가 출생한 이후 할례를 받는 날이다(눅 2:21). 그러니까 “믿음 없는 자가 되지 말고 믿는 자가 되라”(20:27)는 예수의 말씀에 비추어볼 때 이 날의 의미는 ‘믿음의 할례를 받으라’는 의미로 해석할 수 있다. 또한 ‘여드레’는 다시 주일이 시작되는 날이다. 그러니까 제8일은 새로운 주기의 시작으로서, 유대교를 대치하는 기독교의 새 시대를 여는 날이라는 의미로 해석할 수 있다.

아무튼 도마의 얘기를 들어보자. “도마가 이르되 내가 그의 손의 못자국을 보며 내 손가락을 그 못자국에 넣으며 내 손을 그 옆구리에 넣어 보지 않고는 믿지 아니하겠노라"(20:25). 그래서 여드레가 지나서 예수가 그에게 나타났을 때 도마는 그가 말한 대로 행한 후에 예수의 부활을 믿었는가? 그렇지 않다. "네 손가락을 이리 내밀어 내 손을 보고 네 손을 내밀어 내 옆구리에 넣어보라 그리하여 믿음 없는 자가 되지 말고 믿는 자가 되라"(20:27)는 예수의 말씀에 도마는 단숨에 즉각 다음과 같이 대답하였다. "나의 주님이시요 나의 하나님이시니이다"(20:28).

이 신앙고백은 인류 역사상 최고의 신앙고백이 아닐 수 없다. 예수가 '주님'일 뿐만 아니라 '하나님'이라고 하는 이 신앙고백은 지금까지 행한 어느 누구의 신앙고백 가령, 베드로의 신앙고백(마 16:16)이나 마르다의 신앙고백(요 11:27), 또는 나다나엘의 신앙고백(요 1:49)보다 더 위대한 신앙고백이다. 도마의 이 신앙고백은 요한복음서 전체를 괄호로 묶는다는 측면에서 그 중요성을 더한다. 즉 요한복음은 "이 말씀은 곧 하나님이시니라"(1:1)라는 말로 시작하여 "나의 주 나의 하나님"이라는 말로 끝을 맺고 있는 것이다. 이것은 도마의 이 같은 신앙고백이 요한공동체의 신앙고백이 되기를 바라는 요한의 깊은 신학적 의도를 담고 있다고 말할 수 있다.

또한 "믿음 없는 자가 되지 말고 믿는 자가 되라"(20:27)는 예수의 말씀에 대해서는 이러한 해석이 가능하다. 여기서 도마는 부활한 예수가 그리스도요 하나님의 아들이라면 그분에 대한 믿음의 여부에 따라 구원과 멸망이 결정된다는 요한복음서에서 결정적으로 중요한 구원론을 이끌어내는 역할을 하고 있는 것이다. 이 또한 고난당하고 있는 요한공동체에게 흔들림 없는 강력한 믿음을 촉구하는 요청이라고 볼 수 있다.

또한 "너는 나를 본 고로 믿느냐 보지 못하고 믿는 자들은 복되도다"(20:29). 이 말씀은 도마와 나눈 예수의 마지막 축복의 말씀(beatitude)이다.[32] 요한복음서에서 "복"이라는 말은 이 구절과 13:

17에서 단 두 번만 나올 정도로 이 대목은 중요한 의미를 갖는다. 이 말씀은 예수가 떠나면 후대에 예수를 믿는 자들이 더 이상 표적을 볼 수도 없을 뿐만 아니라 또한 표적 신앙을 넘어선 올바른 신앙을 갖도록 배려하는 예수의 유언과 같은 말이다. 그리고 요한 공동체를 향한 예수의 축도와 같은 아주 중요한 의미를 갖는다. 그것이 지금 도마와의 대화 속에서 이루어지고 있는 것이다.

여기서 주목할 만한 사실은 이미 언급했듯이 요한복음의 저작 목적(20:30-31)이 도마의 신앙고백에 바로 이어서 나오고 있다는 사실이다. 지금까지는 이 대목을 주로 부록(또는 후기)으로 취급되는 21장을 제외한 요한복음의 결론으로 생각했다. 하지만 이미 언급했듯이 21장이 요한복음의 결론이고, 이 대목은 부활과 관련된 본론의 종결어라고 볼 경우 도마의 신앙고백이 이 자리에 배치되어 있다는 것은 요한이 도마를 부활신앙의 중요한 인물로 간주하고 있다는 것을 시사하는 것으로 볼 수 있다.

네 번째 대목을 보자. "시몬 베드로와 디두모라 하는 도마와 갈릴리 가나 사람 나다나엘과 세베대의 아들들과 또 다른 제자 둘이 함께 있다가"(21:2). 이 대목은 요한복음서의 후기에 해당하는 대목이다. 부활하신 예수가 다시 디베랴(갈릴리) 호수에 나타났을 때 일곱 제자가 거기에 있었다. 여기서 중요한 것은 도마가 시몬 베드로에 이어서 두 번째 순위에 나오고 있다는 사실이다. 예수의 열두 제자 명단에서 도마는 여섯 번째(행 1:13), 일곱 번째(마 10:3), 또는 여덟 번째(막 3:18; 눅 6:15)에 위치한다. 그런데 이 대목에서는 도마가 그 유명한 신앙고백을 한 갈릴리 가나 사람 나다나엘(1:45, 46, 47, 48, 49; 21:2)보다 앞에 나올 뿐만 아니라 예수의 측근인 세베대의 두 아들들보다 앞에 나온다. 이 사실은 예사로 볼 수 없는 일이

32) *IB*, Vol.8, "John", 799.

다.

성서적(동양적) 사고방식에서는 사람의 순위를 정할 때 아무렇게나 정하는 것이 아니라 중요한 사람이나 연장자를 앞에 놓는다. 그래서 베드로는 항상 맨 수위 자리에 위치시킨다(마 10:2; 막 3:16; 눅 6:14; 요 21:2; 행 1:13). 그런데 이 대목에서 도마가 예상 밖으로 베드로 다음 자리에 위치하고 있다는 것은 아무 생각없이 그 자리에 도마를 배치한 것이 아니라 다분히 요한의 신학적 의도가 깔려 있다고 보아야 할 것이다. 즉 요한복음에서의 도마의 중요성을 고려한 자리 배열이라고 보아야 할 것이다.

끝으로, 한 가지 짚고 넘어가야 할 것은 도마라는 이름 앞에 늘 붙어 다니는 "디두모라 하는"(11:15; 20:24; 21:2)이라는 이 말이다. 한번만 하면 될 것을 왜 자꾸 반복(세 차례)하는지 그 이유는 무엇일까? '디두모'는 "쌍둥이"라는 뜻이다. 그렇다면 도마가 정말 쌍둥이였을까. 그 어디에도 이것을 증명할만한 근거는 없다. 쌍둥이라는 이 말의 뜻을 통해서, 그리고 이 말을 반복해서 하고 있다는 면에서 우리는 여기에 요한의 의도가 들어가 있지 않나 생각해 볼 수 있다. 그것은 요한이 즐겨 사용하는 이중 의미와 아이러니 기법으로 도마를 해석해 주기 바란다는 암시(사인)가 아닐까!

지금까지의 논의를 통해서 "의심많은 제자의 모델"로서의 도마에 대한 종래의 생각이 얼마나 빗나간, 즉 요한의 의도를 깊이 고려하지 않은 편견이라는 사실을 엿볼 수 있다. 오히려 도마는 요한에 의해 요한공동체의 최고의 신앙의 모델로 창조된 인물이라고 말할 수 있다. 그런 의미에서 도마는 요한복음 이해에 있어서 대단히 중요한 인물이 아닐 수 없다.

요한복음의 등장인물들은 거의 대부분이 예수에 대한 두 가지 반응 중의 한 가지 모형이다. 곧 신앙과 불신앙의 모델이다.[33] 요한은 점차적으로 등장인물들을 빛과 어두움, 이 두 영역으로 나눈다. 가령, 유대인은 불신앙의 모델이며, 사마리아 여인은 신앙의 모델이다. 요한은 등장인물들의 이러한 모습을 통해 우리에게 두 가지 영역, 곧 불신 혹은 신앙 중에서 하나를 선택할 것을 권고하며 아직은 온전하지 못한 신앙을 가진 자들이 한 단계, 한 단계씩 신앙이 성장해 가기를 원한다. 그리고 마지막에는 도마와 같이 예수님을 향해 "나의 주여, 나의 하나님이시라"는 고백에 이르도록 인도하고자 한다.[34)]

---

33) 요한복음을 '신앙과 불신앙'의 대립 구도로 본 대표적인 학자는 켈페퍼이다. R. A. Culpepper, 《요한복음 해부》, 142-156.

34) 최홍진, 《요한복음》, 65.

Ⅱ. 본문주석

제1부

표적을 통한 영광

(1-11장)

제1장(서론)

1장은 서론으로서 요한복음 전체를 요약한 "총론"의 성격을 띤다.[1] 1장, 특히 서곡(1-18절)은 본론(2-20장)을 이해하는 열쇠가 된다는 점에서 대단히 중요하다. 1장은 "예수는 누구인가?"라는 〈기독론〉으로 시작해서 제자 선택(제자도)으로 끝나고 있다. 전체 줄거리는 부활(1,4절)로 시작해서 성육신(14절)을 거쳐 십자가(29절)로 이어지고 인자(51절)로 끝나고 있다.

1장은 다섯 가지 측면에서 모세오경과 관련되어 있다. 그 중에서 한 가지만 먼저 말한다면 1장 전체가 오경구조(1-18/ 19-28/ 29-34/ 35-42/ 43-51절)로 되어 있다는 사실이다. 이는 1장이 서곡(1-18절)과 증인 본문(19-51절)으로 구별은 되지만 분리될 수 없음을 시사한다.[2]

---

1) 요한복음서의 동양적 읽기를 시도한 이현주 목사는 총론적 성격을 갖는 1장을 건너뛰고 2장부터 글을 시작하고 있다. 이현주, 《요한복음 묵상》, 서울: 대한기독교서회(1998).

2) 카이저는 1:1-18을 '우주적 시작'으로, 1:19-51을 '역사적 시작'으로 서술하면서 이 둘을 나누는 것은 바람직하지 않다고 보고 있다. 그 까닭은 우주적인 그리스도-말씀은 세상과 역사로부터 동떨어진 것이 아니기 때문이라는 것이다. R. Kysar, 《요한의 예수이야기》, 17.

따라서 일부 학자들이 이 두 본문을 분리하여 증인 본문(19-51절)을 2장과 연결시켜 "표적의 책"(1:19-12:50)으로 간주하려는 주장은 적절치 않다. 또한 1장은 모세의 율법과 관련된 서곡과 선지자의 글을 인용한 증인 본문, 이 둘이 합하여 구약을 성취하러 오신 예수 그리스도(1:45)를 보여주고 있다. 중요한 것은 서곡의 이면에는 "부활의 신학"이 그 배경을 이루고 있다는 사실이다.[3)]

1. 서곡(1-18절)[4)]

서곡(prelude)[5)]은 "요한복음 전체의 축소판"이라고 불리울 정도로 매우 중요하다.[6)] 따라서 이 부분을 어떻게 해석하느냐가 요한

3) 요한복음에서 후대의 첨가로 여겨지는 21장을 제외한 1-20장을 요한복음 전체로 볼 때 1장, 특히 서곡은 부활장인 20장과 교차대구적으로 상응하며, 따라서 서곡을 부활의 빛에서 볼 필요가 있다. 라이트는 요한복음의 원래의 결말 부분(20장)은 서문에 나오는 내용을 조목조목 다시 거론하고 있다고 하면서 몇 가지 실례를 든다. 빛(20:1; 1:4), "내가 내 아버지 곧 너희 아버지…"(20:17; 1:12), 도마의 신앙고백(20:28; 1:18). 1:1-18과 20장이 밀접하게 서로 부합한다는 사실은 요한이 서문을 다른 자료에서 가져와서 마지막 단계에서 요한복음에 덧붙였다기보다는, 이 둘을 서로 염두에 둔 가운데 함께 편집하였다고 볼 수 있는 추가적인 근거를 제공한다. N. T. Wright, 《신약성서와 하나님의 백성》, 692.

4) 요 1:1-18을 여러 이름으로 부르고 있다. 서론, 서문, 로고스 찬가(찬시), 서막, 프롤로그 등.

5) 켈페퍼는 서곡(1:1-18)이 '로고스'의 관점에서 교차대구구조로 되어 있다고 주장한다. A(1-2절), A'(18절) - 하나님과 함께 하신 로고스 / B(3절), B'(17절) - 로고스를 통해 나타난 것 / C(4-5절), C'(16절) - 로고스로부터 받아들여진 것 / D(6-8절), D'(15절) - 요한이 로고스를 선포하다 E(9-10절), E'(14절) - 로고스가 세상에 왔다 F(11절), F'(13절) - 로고스와 그의 백성들 G(12a절), G'(12c절) - 로고스가 영접되어지다 H(12b절) - 그를 영접하는 자들에게 주어지는 로고스의 선물(R. A. Cullpepper, 《요한복음 해부》, 116). 이는 요한복음의 서곡이 얼마나 정교하게 의도적인 문학작품으로 구성되어 있는지를, 그리고 아울러 서곡의 신학적 관심이 무엇인지를 잘 보여준다. 김득중, 《요한의 신학》, 65-66.

복음 해석의 향방을 결정한다고 해도 지나친 말은 아니다. 그 중에서도 첫 절의 해석이 가장 중요하다. 왜냐하면 유대인들은 모든 책의 첫 절을 매우 중요시하는 관습이 있기 때문이다.[7] 요한복음의 첫 절은 이렇게 시작한다. "태초에 말씀이 계시니라[8] 이 말씀이 하나님과 함께 계셨으니 이 말씀은 곧 하나님이시니라"(1:1).

우선, 이 구절에 대한 필자의 생각은 이렇다. 요한은 그의 복음서를 쓰면서 예수를 무엇이라고 표현하면 좋을까 많은 고심을 했을 것이다. 그러다가 그에게 떠오른 통찰은 바로 이러한 것이었으리라. 구약에서 예언자는 "하나님의 말씀의 대언자(심부름꾼)"이다. 그런데 유대교의 대표자인 모세는 신명기에 의하면 최고의 예언자이다(신 34:10).

그렇다면 기독교의 대표자인 예수는 모세를 대신한 종말론적 예언자로서,[9] 단지 "하나님의 말씀의 대언자(심부름꾼)"을 넘어 "하나님의 말씀 그 자체"라고 말하지 않을 수 없다. 즉 요한은 구약의

---

6) N. T. Wright, 《신약성서와 하나님의 백성》, 691; 브라운은 요한복음서가 신약성경 중 가장 가치있는 진주로 묘사될 수 있다면 서곡은 이 복음서 내의 진주라면서 서곡의 중요성을 강조한다. R. E. Brown, *John*, Vol.1: cxxxviii.

7) 히브리 성경에서 모세오경의 각 책의 제목은 첫 절(첫 단어)로 제목을 삼은 것만 보아도 알 수 있다. 창세기("태초에"라는 뜻의 '베레쉬트'), 출애굽기("이름들"이라는 뜻의 '쉐모트'), 레위기("불렀다"라는 뜻의 '와이크라'), 민수기("광야에서"라는 뜻의 '베미드바르'), 신명기("말씀들"이라는 뜻의 '핫데바림'). 아울러 공관복음서의 첫 절도 매우 중요한 의미를 지닌다. "아브라함과 다윗의 자손 예수 그리스도의 계보라"(마 1:1), "하나님의 아들 예수 그리스도의 복음의 시작이라"(막 1:1), "우리 중에 이루어진 사실에 대하여"(눅 1:1). 이에 대한 자세한 내용은 박호용, 《감악산의 두 돌판》, 25-28을 참조하라.

8) 이 문장은 너무나도 유명하여 많은 유사한 표현들이 나왔다. "태초에 행동이 있었다"(J. W. von Goethe). "태초에 권태가 있었다"(S. Kierkegaard), "태초에 관계가 있었다"(M. Buber), "태초에 퍼포먼스가 있었다"(J. Crossan), 필자도 한마디 했다. "태초에 목마름이 있었다(요 4:1-26)"(박호용, 《부르다가 내가 죽을 노래》, 174-187).

9) 예수는 '유대 민족 회복의 신학' 전통에서 이해되는 종말론적 예언자였다. E. P. Sanders, *Jesus and Judaism*, 11.

"여호와의 말씀"을 대신한 "예수의 말씀"을 말하고자 했다. 또한 아래에서 밝히겠지만 요한은 모세에 의한 '토라의 말씀' 대신에 예수에 의한 '복음의 말씀'을 말하고자 했다. 이를 통해 요한은 예수가 곧 '하나님'이라는 것과 따라서 기독교(예수)가 유대교(모세)보다 우월하다는 것을 드러내고자 했다는 것이 필자의 생각이다.

요한은 예수 이야기를 "태초에"(In the Beginning)라는 말로 시작한다. "태초에"는 창세기에 서술된 "태초에"(역사의 시작)에 근거를 두고 있으나 요한은 이를 역사 이전(선재)으로 변형시켜 새로운 의미를 창출했다. 그리스도-말씀(Christ-Word)의 실재는 인간 인식의 한계를 넘어선 곳에 그 기원을 두고 있다.

여기서 '예수는 누구인가'는 '예수는 무엇을 하였는가'와 밀접히 관련되어 있다. 구약의 하나님은 창조주(Creator)요 구속주(Redeemer)이다. 마찬가지로 예수는 창조시에 하나님과 함께 했던 창조주요 인간을 구원하기 위해 육신을 입고 이 세상에 오신 구속주이다. '창조와 구속'은 분리될 수 없는 하나의 연속된 행위이다. 창조는 구속의 시작이요 구속은 창조의 계속이다.[10]

첫 절에서 "말씀"으로 번역된 원어는 헬라어 "호 로고스"(ὁ λόγος)[11]이다. 그런데 이 "로고스"라는 말이 헬라철학에서 널리 사용된 개념이라고 하여 요한복음의 주된 사상적 배경을 헬레니즘에서 찾으려고 했던 학자들이 많았다. 그러나 이미 언급했듯이 여기서 "로고스"라는 말은 헬라철학에서 널리 사용된 개념과는 근본적으로 다르다. 즉 같은 단어를 사용하고 있을지라도 그 의미는 전혀 다르다.[12]

---

10) R. Kysar, 《요한의 예수이야기》, 13-14.

11) 중국어 성경이나 한글 구역성경은 '로고스'를 '道'(도)라고 번역하고 있다.

12) 최안나, 《나오너라》, 16-17; "로고스는 흔히 '말씀'으로 번역되는데, 이는 헬라 철학이 의미하는 무질서한 세계를 지탱하는 질서의 원칙이나 합리적 이성의 총체를 지칭하지는 않는다……로고스가 육체를 입었다는 선언은 육체를 부정

요한은 신명기의 첫 단어인 "핫데바림"(말씀)에 해당하는 헬라어를 찾던 중에 당시 독자들에게 익숙한 개념인 "로고스"를 차용해 온 것뿐이라는 것이 필자의 생각이다. 그러니까 "태초에 말씀이 계시니라"라는 문장은 창세기의 첫 단어인 "태초에"[13]와 신명기의 첫 단어인 "말씀"이라는 단어로 이루어진 문장이다. 다시 말하면 이 문장은 모세오경(토라)의 첫 책인 창세기와 마지막 책인 신명기로 되어 있다. 이 말은 천지창조 이전에 토라, 즉 "모세의 율법"이 존재했음을 시사한다.[14]

그런데 이중 의미의 탁월한 재능을 지닌 요한은 그 다음 문장("이 말씀이… 곧 하나님이시니라")을 통해 그 의미를 반전시킨 것이다. 즉 "모세의 말씀"(율법)을[15] "예수의 말씀"(복음)으로 전환시킨 것이다. 서곡은 바로 이 사실을 들려주고 있다. 여기서 "모세의 말씀"(율법)은 유대교를 상징하고, "예수의 말씀"(복음)은 기독교를 상징한다. 따라서 요한복음은 "모세의 말씀"(율법)으로 대표되는 유대교를 "예수의 말씀"(복음)으로 대표되는 기독교로의 대치를 말하고자 쓰여진 책이라는 것이 필자의 생각이다.

이와 관련하여 17절은 이렇게 말씀하고 있다. "율법은 모세로 말미암아 주어진 것이요 은혜[16]와 진리는 예수 그리스도로 말미

하는 헬라철학과 영지주의(신비한 지식을 믿음으로 육체의 제한으로부터 탈피할 수 있음)에 대한 전격적 반격이다"(이원우, 《성서: 거룩한 글들의 도서관》, 336-337).

13) 창세기에서의 "태초"와 요한복음의 "태초"는 의미상의 차이가 있다. 창세기에서는 천지창조의 시작, 즉 '역사의 시작'이라는 의미를 띠지만, 요한복음에서는 역사 이전의 영원한 시간, 즉 '선재성'이라는 의미를 띤다.

14) 조철수, 52-53을 참조하라.

15) 첫 절의 "말씀"은 좁은 의미로는 구약의 "모세의 말씀"(율법)이지만, 넓은 의미로는 구약의 선지자들이 선포한 "여호와의 말씀"(암 8:11; 렘 1:4; 겔 1:3 등등)을 의미하는 것으로 확대 해석할 수 있다.

16) "은혜"(카리스, *χάρις*)는 바울 서신에서 율법에 대립되는 개념으로 101회(신약 전체 156회)나 나오는 데 반해, 요한복음에서는 서곡에만 4회(1:14, 16[2

암아 온 것이라." 여기서 "율법"은 "은혜와 진리" 곧 복음과, "모세"는 "예수 그리스도"와 대응한다. 그리고 요한복음에서 처음 나오는 "예수 그리스도"라는 단어는 1절의 "호 로고스"인 "말씀"에 해당한다. "은혜와 진리"의 결합은 헬라어적 관용법이 아니라 구약의 하나님과 이스라엘간의 언약 관계를 나타내는 어휘이다(헤세드[חֶסֶד]) 와 에메트[אֱמֶת], 우리말 개정개역판은 "인자와 진실"로 번역[출 34:6; 미 7:20; 시 40:9-10; 85:10 참조]).[17]

여기서 한 가지 짚고 넘어가야 할 문제는 복음은 은혜이지만 율법은 은혜가 아니라는 생각에 대한 것이다.[18] 하나님의 은혜에 의해 복의 언약이 주어진 후에 율법이 주어진 것이기에 구약시대는 '율법의 시대'이고, 신약시대는 '은혜의 시대'라는 말은 전적으로 틀린 것이며, 창조 때부터 모든 인간들은 '은혜 시대' 속에서 삶을 영위한 것이다. 단지 은혜 시대가 '언약', '율법', 그리고 '복음'으로 우리에게 나타난 것뿐이다. 그리고 그리스도의 복음을 통해 하나님의 은혜가 보다 더 구체적으로 완성되어 나타난 것이다.[19]

은혜 시대

언약 〈시내산〉 율법 〈갈보리산〉 복음

(모세) (예수 그리스도)

회], 17) 나올 뿐이다.

17) 나채운, "요한복음 서론의 문학적 구조와 신학적 의미(IV)", 221.

18) "〈율법과 복음〉은 흔히 구원사적 두 시기 또는 구원에 이르는 두 가지 상반된 길을 가리킵니다. 이런 경우에 〈율법〉은 구약시대, 유다교, 행위, 공로주의 등을 뜻하며 〈복음〉은 신약시대, 그리스도교, 믿음, 하느님의 은총, 그리스도 등을 뜻합니다. 이러한 의미에서의 〈율법〉과 〈복음〉은 대립관계이며 양자택일의 가치입니다. 그러나 이러한 단순한 이분법은 현실에 그대로 적용될 수 없는 많은 곤란한 물음들을 야기시킵니다"(김창락, "율법과 복음", 《신약성서는 오늘 우리에게 이렇게 증언한다》, 149).

19) 김태평, 《자세히 보는 성막여행》, 170-171.

바울이 구약(유대교, 모세)을 율법, 신약(기독교, 예수)을 복음, 이렇게 이분법적으로 대립시킨 것에 대해 비판하는 이들이 많으나 그는 결코 율법 무용론을 주장한 사람이 아니다. 율법과 복음을 대립시킨 것처럼 보여지는 이 같은 모습은 은혜의 복음을 만난 자로서의 감격을 강조한 것에서 비롯된 오해일 뿐이다. 즉 율법 없이 복음은 없다.

우리에게 율법을 주신 것이 하나님의 은혜이다. 이 율법 위에 복음을 주신 것은 "은혜 위에 은혜"(恩上加恩)이다. 모세를 주신 것이 은혜이다. 이 모세 위에 새 모세인 예수를 주신 것은 "은혜 위에 은혜"이다. 그러기에 본문 15절에서는 이렇게 말한다. "우리가 다 그의 충만한 데서 받으니 은혜 위에 은혜러라."[20]

모세와 예수를 대비시키는 본문 1절은 본문 18절과 상응한다. 하나님 아버지 품속에서 하나님과 얼굴을 맞대고 교제하던 하나님의 아들 예수 그리스도의 하나님 대면에 비하면 모세는 하나님의 얼굴을 보았다거나 하나님과 대면하여 말을 했다고 볼 수 없다는 것이다. 아무도 하나님을 본 사람이 없다는 18절의 선언은 모세의 하나님 영광 대면 경험을 상대화시키거나 무효화하는 말처럼 들린다(신 34:10).[21] 이 같은 진술은 모세(유대교)에 대한 예수(기독교)의 비교우위와 질적 차이를 드러내려는 요한의 신학적 의도에서 비롯된 것이라고 말할 수 있다.

지금까지의 논의를 통해 우리는 서곡의 첫 문장이 모세오경과 관련되어 있으며, 그리고 1절의 첫 단어가 창세기와 관련되고 서곡의 끝인 18절이 신명기의 모세와 관련되면서 서곡 전체가 모세오경과 관련되어 있다는 사실을 엿볼 수 있다. 17절의 "율법은 모

---

20) 이에 대한 보다 자세한 내용은 박호용, 《출애굽기 강의》, 251-287을 참조하라.

21) 김회권, 《모세오경 2: 하나님 나라 신학의 관점에서 읽는》, 374.

세로 말미암아"라는 말이 이 같은 사실을 잘 대변해 주는 말이라고 볼 수 있다.

여기서 주목해야 할 사실은 서곡의 첫 절의 "말씀"과 끝 절의 "독생하신 하나님"이라는 표현을 통해 예수의 정체성, 곧 그가 "하나님"이라는 사실을 나타내고 있다는 점이다. 이는 여호와 이외에는 다른 신이 없다는 유일신교(Monotheism)를 신봉하는 유대인들에게는 전례없는 물의를 일으키는 혁명적 발상이자 계시적 사건이 아닐 수 없다.

그런데 이미 언급했듯이 요한복음은 구조상 구약의 신명기와 상응하는 책이다. "말씀"의 중요성을 강조하는 신명기는 요한복음의 원형(archetype)이다. 신명기의 초두에서 모세는 이렇게 설교한다. "네 하나님 여호와께서 이 사십 년 동안에 네게 광야 길을 걷게 하신 것을 기억하라 이는…사람이 떡으로만 사는 것이 아니요 여호와의 입에서 나오는 모든 말씀으로 사는 줄을 네가 알게 하려 하심이니라"(신 8:2-3). 그리고 신명기의 끝부분에서 모세는 온 이스라엘 백성에게 마지막 권고의 말씀을 한다. "내가 오늘 너희에게 증언한 모든 말을 너희의 마음에 두고 너희의 자녀에게 명령하여 이 율법의 모든 말씀을 지켜 행하게 하라 / 이는 너희에게 헛된 일이 아니라 너희의 생명이니 이 일로 말미암아 너희가 요단을 건너가 차지할 그 땅에서 너희의 날이 장구하리라"(신 32:46-47).

모세가 들려주는 하나님의 말씀(율법의 모든 말씀)은 '백성의 생명'이라고 말한다. 즉 하나님의 말씀인 율법을 준수하는 일은 헛된 일(빈 말씀)이 아니라 가나안 땅을 차지하는 일(능력있는 말씀)이라는 것이다. 이와 비교할 때 예수가 들려주는 하나님의 말씀(복음의 모든 말씀)은 '사람들의 생명'(영원한 생명)[22]이자 '사람들의 빛'(영원한

22) '생명'이라는 단어는 신약성경 전체에 135회 나오는데, 그 중에서 요한문서에 66회(복음서에 36회) 나올 정도로 요한이 즐겨 사용하는 용어이다.

빛)[23]이 되는 말씀이다(4절).

그래서 하나님의 말씀인 복음(예수)을 받아들이는(믿는) 자에게는 하나님의 자녀가 되는 권세(12절)[24]가 주어질 뿐 아니라 하나님의 나라(천국)에 들어가는(영생을 얻는) 구원이 주어진다(3:16-17). 그런데 이러한 사람들은 아래(인간)로부터, 즉 혈통이나 육정이나 사람의 뜻으로 난 자들이 아니라 오직 위(하나님)로부터 거듭난 자들이다(13절, 3:3-5 참조).[25]

한편, 로고스인 예수는 태초에 하나님과 함께 계셨고(2절) 만물 창조시에 아버지 하나님과 함께 하셨다(3절)고 한다.[26] 여기서 "말미암아"(*δια*)라는 전치사를 통해서 볼 때 창조 사역에 있어서 예수는 창조자라기보다는 창조주인 아버지 하나님과 함께 한 창조의 동반자요 창조의 중재자라고 말할 수 있다.[27] 창조의 중재자요 만물의 생명이 되시는 예수는 빛으로 이 세상에 오셨다.

그런데 "빛이 어둠에 비치되 어둠이 깨닫지 못하더라"(5절).[28] 이 구절은 "빛"이 인간에게 비치었으나 인간은 그 빛을 받아들이지 않았다는 결정적인 거부를 시사하고 있다. 즉 어둠에 속한 세상 사람들은 태초에 하나님과 함께 하셨고(2절), 세상 만물을 창조하

---

23) '빛'이라는 단어는 신약성경 전체에 73회 나오는데, 그 중에서 요한문서에 33회(복음서에 23회) 나올 정도로 요한이 즐겨 사용하는 용어이다.

24) 야웨를 믿는 이스라엘은 '하나님의 백성'이 되고, 예수를 믿는 새 이스라엘은 '하나님의 자녀'가 된다.

25) 구약의 예언자들은 '메신저 양식'("여호와께서 이같이 말씀하신다")을 사용하여 자신들의 권위가 하나님으로부터 나온다는 사실을 보여주었듯이, 신약의 하나님의 자녀들 또한 그들의 권세가 인간적인 것들(혈통, 육정, 사람의 뜻)이 아닌 하나님으로부터 나온다는 사실을 말해주고 있다.

26) 예수에 의해 창조되었다는 진술은 요한복음 외에 몇 차례 나타난다(고전 8:6; 골 1:16; 히 1:2).

27) 모세는 여호와 하나님과 이스라엘 백성 간의 중재자였다.

28) "깨닫다"를 의미하는 '카텔라벤'(*κατέλαβεν*)은 '안다' 외에 '이긴다'라는 의미가 있다.

셨으며(3절), 사람들에게 생명과 빛이 되시는(4절) 예수가 이 세상에 오셨건만 그를 알아보지 못했다(10절).[29] 특히 선택받았다고 하는 이스라엘 땅, 유대인들에게 왔건만 오히려 그들은 예수를 배척했다는 것이다(11절). 빛보다 어둠을 사랑하고 빛을 미워하여 생명의 빛으로 오신 예수를 영접하기를 거부한 자들에게는 심판과 멸망이 기다리고 있을 뿐이다(3:18-21).

한편, '모세와 예수 그리스도'와의 관계는 '세례 요한과 예수 그리스도'와의 관계에 그대로 적용된다. 이미 언급했듯이 모세와 세례 요한은 운명을 같이 하는 존재들이다. 즉 둘 다 율법시대에 속한 자들이요, 복음시대를 열 예수의 선구자[30]로서의 기능을 하는 존재들이다. 서곡에 나타나는 두 차례의 세례 요한에 관한 기사(6-8, 15절)[31]는 이미 언급한 모세에 관한 기사와 동일한 기능을 한

29) 10절에는 "세상"이라는 말이 세 번 언급되는데, 두 번째 언급된 "세상"은 "말씀"으로 말미암아 창조된 모든 것을 가리키는 총체적인 의미로서의 세상(3절)을 가리킨다. 첫 번째로 언급된 "세상"은 시공적인 인간세계로서의 세상(9절)를 가리킨다. 그리고 세 번째로 언급된 "세상"은 "말씀"을 알아보지 못한 인간들을 가리키는 구체적인 의미로서의 세상을 가리킨다. 그러므로 요한복음서에서 언급된 "세상"은 영지주의적인 사고에 따른 이원론적 개념(상호 대립적, 부정적, 존재적)과는 거리가 멀다. 이영헌, 67.

30) 불트만은 요한복음에서 세례 요한은 선구자로 부각되고 있지도 않다(1:7-8, 19-34)고 말하면서 그는 '선구자'가 아니라 다만 '증거자'일 뿐이라고 말한다. R. Bultmann, *The Gospel of John*, 50.

31) 서곡의 세례 요한 기사(6-8, 15절)는 일반적으로 후대의 삽입구절들로 알려져 있다. 이 점은 다른 구절들이 시적(poetic)인데 비해서 산문적(prosaic)이라는 사실에서도 그 비본래성이 드러난다(R. Bultmann, *The Gospel of John*, 4-6). 키는 이 구절들을 빼면 서곡은 부드럽게 대칭구조를 형성한다고 말한다. 하나님의 로고스(1, 2, 3절), 로고스와 빛(4, 5, 9절), 로고스와 세계(10, 11, 12절), 로고스와 하나님(14b, 16, 17절), 로고스와 계시(14a, 18절)(H. C. Kee, *Jesus in History*, 2nd. ed. 248). 그런데 여기서 중요한 것은 후대의 삽입 여부가 아니라 모세를 예수와 대비시키듯, 세례 요한 또한 예수와 대비시키고자 한데 있다. 같은 운명공동체인 모세와 세례 요한은 서곡에서 교차대구구조로 나타난다. A 모세(1절), B 세례 요한(6-9절), B'세례 요한(15절), A' 모세(17-18절).

다고 말할 수 있다.

모세가 "참 말씀"이 아니듯이, 세례 요한은 "참 빛"이 아니다(9절). 그는 단지 모든 사람들이 자기로 말미암아 "참 말씀"이자 "참 빛"인 예수 그리스도를 믿도록 하기 위해 하나님으로부터 보내심을 받은 사람(증언자)에 불과할 뿐이다(6-8절).

이어서 세례 요한은 이같이 증언한다. "내 뒤에 오시는 이가 나보다 앞선 것은 나보다 먼저 계심이라 한 것이 이 사람을 가리킴이라"(15절).[32] 연대기적으로 세례 요한은 예수보다 앞서 왔지만 세례 요한은 예수가 선재하신 분[33]으로서 자신보다 앞선 분이라고 증언한다.[34] 세례 요한의 정체성은 바로 이 같은 증언자의 사명에 있으며, 그의 위대성 또한 자신에게 주어진 사명에 충실했다는 바로 여기에 있다. "그는 흥하여야 하겠고 나는 쇠하여야 하리라"(3:30).

끝으로, 서곡의 절정이라고 할 수 있는 성육신(Incarnation)에 대해 살펴보자. "말씀이 육신이 되어 우리 가운데 거하시매 우리가 그의 영광을 보니 아버지의 독생자의 영광이요 은혜와 진리가 충만하더라"(14절). 기독론의 핵심이라고 할 수 있는 성육신 교리의

---

32) 구약성경에는 장자보다 차자를 중시하는 원리('차자 중시의 원리')가 나타난다. 가인보다 아벨을, 이스마엘보다 이삭을, 에서보다 야곱을, 요셉의 형보다 요셉을, 므낫세보다 에브라임을, 아론보다 모세를, 다윗의 형보다 다윗을 중시하는 원리가 나타난다(마 20:16; 롬 5:12-21; 히 10:9 참조).

33) 예수는 자신이 "아브라함이 나기 전부터 내가 있느니라"(8:58)라는 말씀을 하셨다.

34) 요한은 세례 요한에 대한 예수의 우위성(pre-eminence) 또는 우선성(priority)을 여러 형태로 강조하고 있다. 이는 예수 당시나 초대교회 당시 예수 종파(운동)와 세례 요한 종파(운동)가 대립적이고 경쟁적인 관계에 있었음을 시사한다. 따라서 요한은 다른 어떤 복음서 기자보다 세례 요한을 격하시키고 예수를 격상시키는 데 관심이 컸던 것으로 보인다. 요한복음에서 세례 요한을 다루고 있는 네 개의 본문(1:1-18; 1:19-42; 3:22-30; 5:31-37) 모두가 반(反)세례 요한적 관점에서 기록되어 있다는 공통점과 특징이 있다. 예수와 세례 요한 종파와의 관계에 대해서는 김득중, 《요한의 신학》, 208-229을 참조하라.

중요성은 많은 설명이 필요치 않다.

먼저, "말씀이 육신이 되어 우리 가운데 거하시매"라는 표현과 "우리가 그의 영광을 보니 아버지의 독생자의 영광이요"라는 표현은 그 근저에 구약적 배경이 깔려 있음을 주목할 필요가 있다. "거하시매"로 번역된 '에스케노센'(*ἐσκήνωσεν*)은 '천막을 치다'를 뜻하는 '스케노오'(*σκηνόω*)의 부정과거이다. 여기서 "천막을 치다"라는 말은 이스라엘 백성이 광야생활 할 때 하나님의 임재의 상징으로 세운 성막(tabernacle)을 반영하는 언어이다. 지상 성전인 성막은 하나님의 보좌인 천상 성전의 대응물이다. 따라서 천상의 말씀이 지상의 육신이 되었다는 것은 천상 성전(말씀)이 지상 성전(육신)이 되었다는 의미로 해석할 수 있다.[35)]

또한 "그의 영광[36)]을 보니 아버지의 독생자[37)]의 영광이요"라는 표현은 광야에서 성막이 건립된 이후 여호와의 영광의 상징인 구름이 성막에 충만한 모습을 상징한다(출 40:34-35). 여호와의 영광이 충만한 그 자리는 "은혜와 진리"가 충만한 자리이다. 따라서

---

35) 성막(출 26:1; 40:1)은 세계의 모사이며 거룩한 성전이 존재하기 이전의 보편적 성전이었다. 성막이 시나이 위에서 모세가 보았던 모형이듯이, 성전은 다윗이 받은 하늘의 환상을 따라 지어졌다(대상 28:19). 성막이 창조의 축도(microcosm)이듯이 성전 또한 창조의 축도이다. M. Barker, "Beyond the Veil of the Temple: The high Priestly Origins of the Apocalypses," *SJT* 51(1998), 1-21.

36) '영광'(독사, *δόξα*)이라는 단어는 공관복음서에 23회(마태 7회, 마가 3회, 누가 13회)나오는데, 요한복음서에는 19회가 나올 정도로 요한이 즐겨 사용하는 단어이다. '영광'에 해당하는 히브리어는 '케보드'(כָּבוֹד)로 신현현에 뒤따르는 눈에 보이는 현시를 의미한다.

37) '독생자'(모노게네스, *μονογενής*)는 요한복음(1:14,18; 3:16,18)에서 오직 예수를 지칭하는 데만 사용하는 예수 칭호로서 단지 하나만 있는 아들이라는 뜻이 아니라 유래가 없는 아들이라는 의미를 지닌다. 그리스도의 신분에 관하여 바울서신, 히브리서, 요한계시록 등에서는 '프로토토코스'(*πρωτότοκος*)를 사용하여, '맏아들'(눅 2:7; 롬 8:29; 히 1:6), '먼저 나신 자'(골 1:15,18; 계 1:5), '장자'(히 11:28; 12:23)로 번역했다. 나채운, "요한복음 서론의 문학적 구조와 신학적 의미(IV)", 218.

성육신 본문인 14절은 예수가 구약의 성막(성전)을 대신하여 오신 분이라는 사실을 말해주고 있다.

이 구절은 생각해 볼수록 기막힌 역설이 아닐 수 없다. 성육신 사건을 보도하는 이 구절이야말로 십자가 사건처럼 역설적 진리를 보여주는 또 하나의 중요한 실례가 아닐 수 없다.[38] "말씀이 육신이 되었다." 여기서 "말씀" 즉 로고스(λόγος)는 영원하고 무한하고 거룩하고 성스러운 하나님 또는 하늘에 속한 것을 의미한다. 이에 반해 "육신" 즉 사륵스(σάρξ)는 찰나적이고 유한하고 세속적이고 죄적인 인간 세상 또는 땅에 속한 것을 의미한다. 그러니까 말씀이 육신이 되었다는 말씀의 육화, 즉 성육신 사건은 하나님이 인간으로, 하늘이 땅으로, 위에서 아래로, 영원한 시간이 찰나적 시간 속으로, 무한이 유한으로, 거룩이 세속으로, 초역사가 역사로, 초자연이 자연 속으로 왔다는 그런 뜻이다.

그런데 이것이 "영광", 즉 아버지의 독생자(예수 그리스도)의 영광이라는 것이다. 세상에 이런 영광은 없다. 인간 세상의 모든 영광은 높은 곳으로 올라가는 상승의 영광이다. 즉 왕의 영광이다. 아래로 내려가는 하강의 영광, 즉 종의 영광이란 없다. 그런데 우리 주님의 영광, 하나님 나라의 영광은 역설적이게도 저 낮은 곳을 향하여 끝없이 내려가는 하강의 영광, 종의 영광을 보여주고 있다. 사도 바울은 이같이 겸비한 그리스도 예수의 모습을 초대교회의 그리스도 찬가를 인용하여 잘 표현해 주고 있다(빌 2:5-11).

---

38) 사도 바울은 부활하신 예수를 만나기 전 구약적 의미에서 십자가를 수치, 고난, 실패, 무능, 어리석음, 멸망의 상징으로 생각했다(신 21:23). 그런 바울이 다메섹 도상에서 부활하신 예수를 만난 후 십자가의 역설적 진리를 깨달았다. 즉 십자가는 자랑, 영광, 승리, 능력, 지혜, 구원의 상징이라는 것이다(고전 1:18). 기독교가 위대하면서도 위험한 까닭은 그 사상의 근저에 세상적 논리와는 상반되는 역설의 논리를 내포하고 있기 때문이다. 기독교의 역설적 진리에 대해서는 박호용, 《감악산의 두 돌판》, 47-50을 참조하라.

서곡은 끝없이 낮아진 바로 그 자리(성육신의 자리)가 "은혜와 진리"가 충만한 자리라고 말씀한다. 왜냐하면 거기에 우리를 사랑하시는 '하나님의 내리사랑'이 잘 드러나 있기 때문이다. 하나님의 내리사랑의 절정이 예수의 십자가의 죽음이다. 서곡에서 보여준 성육신적 내리사랑[39]은 이미 언급했듯이 요한복음 전체 구조가 유대(예루살렘)에서 시작하여 갈릴리(사마리아)로 내려가는 "갈릴리 지향적 복음서"의 원형이 된다는 점에서 대단히 중요한 의미를 지닌다.

끝으로, 본문에는 "빛"이라는 단어가 일곱 번 나타난다(4, 5, 7, 8[2회], 9[2회]절). 일곱이라는 숫자는 완전을 뜻하는 상징수이다. 요한은 의도적으로 "빛"이라는 단어를 일곱 번 사용하여 "말씀의 빛", 곧 "부활의 빛"은 죽음과 어둠에 처한 인간들에게 영원한 생명과 구원을 주기에 부족함이 없다는 것을 보여주고자 했다.

또한 요한은 이 서곡을 통해 모세의 영광, 로마의 영광이 판을 치는 상황에서 예수의 영광, 하나님의 영광을 드러내고자 하였으며, 유대교로부터 출교를 당하고 생존의 위협을 당하고 있는 유대 그리스도인들(요한공동체)에게 예수의 부활이라는 승리의 기쁜 소식(부활의 신학)을 통해 죽어도 영원히 산다는 영생의 소망을 심어 주었다.

2. 증인 본문(19-51절)

1) 첫째 단락(19-28절)

서곡에서와 마찬가지로 이 단락은 예수의 정체성과 세례 요한의

39) 노자(老子)는 "최고의 선은 물과 같다"(上善若水)라고 했다. 물의 특성이 끝없이 아래로만 내려가듯이, 요한은 하나님의 사랑의 특성을 물처럼 성육신적 내리사랑으로 그리고 있다.

정체성을 다시 한번 반복해서 보여준다. 먼저 세례 요한의 정체성에 대해 살펴보자.

예루살렘에 있는 유대인들이 제사장들과 레위인들을 세례 요한에게 보낸다(19절). 요한은 이들을 보낸 사람들이 당시의 주류였던 바리새파 사람들이라고 그들의 신분을 밝힌다(24절). 이는 앞으로 전개될 예수와 바리새인들과의 논쟁을 예고하려는 의도가 있는 것으로 여겨진다.

첫 번째 질문, "네가 누구냐?" 당시 논쟁의 초점은 "예수와 세례 요한 가운데 누가 메시아인가?"라는 데 있었다. 이 물음에 대해 세례 요한은 "나는 그리스도(메시아)가 아니다"(20절)라고 잘라 말한다. 이 대답은 요한복음에서 세례 요한이 처음으로 하는 말이다. 요한은 이 같은 세례 요한의 첫 대답을 통해 그의 정체성을 극적으로 잘 보여주고자 했다. 이미 서곡에서 밝혔듯이 세례 요한은 여기서 자신이 빛이 아니라 빛에 대해 증언하러 온 자(8절), 즉 궁극적 구원자로서의 그리스도의 선구자일 뿐임을 고백한 것이다.

두 번째 질문, "네가 엘리아(Elijah)냐?" 세례 요한은 엘리야의 모습을 닮았다. 그는 엘리야처럼 낙타 털옷을 입고 허리에 가죽띠를 띠었으며, 메뚜기와 석청을 먹었다(왕하 1:8; 막 1:6). 그는 "엘리야의 심령과 능력으로 주 앞에 먼저 와서"(눅 1:17)라는 말씀처럼 메시아의 선구자인 엘리야로 왔다. 그럼에도 불구하고 본문에서 세례 요한은 "나는 (엘리야가) 아니다"(21a절)라고 대답한 까닭은 무엇일까? 그것은 당시 유대인들이 엘리야는 죽지 않고 승천한 자였기에(왕하 2:11) 말라기 3:1-2과 4:5-6의 예언에 근거하여 종말에 엘리야가 문자적 또는 육체적으로 재림할 것이라는 잘못된 엘리야관을 가지고 있었기 때문이었다.

세 번째 질문, "네가 그 선지자(the Prophet)냐?" 당시의 유대인들은 "그 선지자"는 모세가 예언한 오시기로 약속된 "그 선지자"(신

18:15, 18; 막 6:15; 8:28)로서 구원의 시대에 등장할 메시아로 생각하고서 기다리고 있었다. 이에 대해 세례 요한은 자신은 "(그 선지자가) 아니다"(21b절)라고 분명하게 말했다.

삼 세 번은 '더 이상은 없다', 즉 '끝이다'라는 의미를 갖는다. 세례 요한은 세 번에 걸쳐 자신이 그리스도도, 엘리야도, 그 선지자도 아니라고 분명하게 밝혔다. 그러면 이제 질문을 끝 낼만 했다. 그러나 그들은 집요하게 다시 한번 이렇게 물었다. "(너는) 누구냐 우리를 보낸 이들에게 대답하게 하라 너는 네게 대하여 무엇이라 하느냐?"(22절). 이 질문에 세례 요한은 바벨론 포로기의 선지자 제2이사야[40]의 말씀(사 40:3)을 인용하여 이렇게 대답한다. "나는 선지자 이사야의 말과 같이 주의 길을 곧게 하라고 광야에서 외치는 자의 소리로라."

세례 요한은 자신이 인격이 아니라 "소리"라고 했는데, 이는 자기를 낮추고 그리스도를 부각시키고자 의도적으로 취한 어휘로 보인다. 그는 "나는 아무 것도 아니며 다만 왕이 오실 길을 예비하라고 말하는 소리일 뿐"이라고 자신을 비하시킨 것이다. 이러한 표현은 자기를 전혀 드러내지 않고 오직 사명에만 충실하고자 했던 그의 강직한 성품과 인격을 잘 반영해 준다.[41]

여기서 우리가 한발 더 밀고 나아가 세례 요한이 인용한 말씀의

---

40) 바벨론 포로민에게 해방의 기쁜 소식을 전하고자 한 제2이사야의 열여섯 장(사 40-55장)은 히브리 예언문학의 최고봉으로, 최초의 복음서인 마가복음이나 바울신학의 요체라 할 수 있는 로마서의 열여섯 장과 비견된다. 제2이사야는 창조신학(40:26, 28; 42:5; 43:7; 45:7, 18; 51:13-16), 새 출애굽(43:18-19; 48:20-21; 49:8-9; 51:9-11; 52:11-12; 55:12-13), 유일신 신앙(40:18; 43:8-13; 44:6-8, 9-20; 45:5-21), 계약신학(51:2; 54:9-10; 55:3), 수난의 종(사 42:1-9; 49:1-7; 50:4-9; 52:13-53:12), 역사의 주로서의 하나님(40:21-31; 45:9-13; 48:12-16) 등 신학적 깊이와 넓이에 있어서 예언자 전승의 마지막 거인이었다.

41) 《옥스퍼드원어성경대전》(요한복음 제1-6장), 106.

의미를 보다 깊게 하기 위해 뒤이어 나오는 이사야 40:8의 말씀에 귀를 기울여 보자. “풀은 마르고 꽃은 시드나 우리 하나님의 말씀은 영원히 서리라.” 이 말씀을 통해 우리는 광야에서 외치는 자의 소리인 세례 요한은 잠시 있다가 사라질 풀이나 꽃과 같은 ‘하나님 말씀의 대언자’(예언자)일 뿐이고, 뒤에 오실 메시아 예수는 영원히 남을 ‘하나님의 말씀 자체’(요 1:1 참조)라는 사실을 엿볼 수 있다.

다섯 번째 질문, “네가 만일 그리스도도 아니요 엘리야도 아니요 그 선지자도 아닐진대 어찌하여 세례를 베푸느냐?”(25절). 그는 이렇게 대답한다. “나는 물로 세례를 베풀거니와”(26a절). 자신의 세례는 메시아적인 의미의 세례가 아니라는 것이다. 즉 자신의 세례는 성령으로 세례를 베푸시는 분을 다만 알려주기 위해서 수행하는 “물 세례”일 뿐이라는 것이다(31, 33절).

계속해서 세례 요한은 이렇게 대답한다. “너희 가운데 너희가 알지 못하는 한 사람이 섰으니 / 곧 내 뒤에 오시는 그이라 나는 그의 신발끈을 풀기도 감당하지 못하겠노라”(26b-27절). 세례 요한은 지금 유대인들에게 알려지지 않은 그 신비스러운 인물은 “내 뒤에 오시는 분”이라고 말한다. 사실상 선구자인 그는 예수보다 먼저 왔다. 그럼에도 불구하고 그는 자신이 “그분의 신발끈을 풀어드리기에도 합당치 못하다”고 고백한다. 신발끈을 푸는 행위는 노예들이 하는 일이어서 유대인 종들에게도 시킬 수 없는 일이었다. 그만큼 지금 세례 요한은 자신을 낮추고 있다.[42]

요한은 “이 일은 요한이 세례 베풀던 곳 요단강 건너편 베다니에서 일어난 일이니라”(28절)라는 말로 1장의 두 번째 단락(19-28절)을 마감한다. 이미 언급했듯이 세례 요한(=모세)의 별명은 “요단강 건너편”이다. 그들은 약속된 땅인 가나안 땅, 즉 요단강 서편(구원의

42) 최안나, 《나오너라》, 87.

땅)에 들어갈 수 없는 존재들이다. 그래서 요한은 그들을 언제나 요단 강 건너편(동편), 즉 미완성의 땅이요 죽음의 땅에 머무르는 존재로 진술하였다. 그리고 생명과 구원의 땅은 오직 예수로만 들어갈 수 있는 것으로 묘사한 것이다.

여기서 한 가지 짚고 넘어갈 문제는 유대인들이 세례 요한에게 행한 다섯 번의 질문이다. 왜 하필 다섯 번의 질문인가? 여기에는 요한의 신학적 의도가 깔려 있다고 보아야 할 것이다. 즉 유대인들의 다섯 번의 질문은 모세오경을 상징하며, 모세를 대신할 새 모세 예수의 출현을 위한 예비적 성격의 질문이라는 것이 필자의 생각이다.

2) 둘째 단락(29-34절)

이 단락은 예수의 등장에 대한 세례 요한의 증언으로 시작한다. "보라 세상 죄를 지고 가는 하나님의 어린 양이로다"(29절). 이 대목은 앞에서 인용한 제2이사야와 관련되어 있다. "하나님의 어린 양"이라는 칭호는 증인 본문에 나타나는 첫 메시아 칭호로서 아래 36절에서 반복해서 언급하고 있다.

우선, 이 대목은 네 개의 "야웨의 고난받는 종의 노래"(42:1-9; 49:1-7; 50:4-9; 52:13-53:12) 중 네 번째 노래와 관련되어 있다. 여기서 예수는 우리의 죄를 짊어지고(사 53:4-6) 우리의 죄 때문에 도수장으로 끌려가는 어린 양(53:7-8)으로 비유된다.

그런데 "하나님의 어린 양"이라는 예수상에는 '하나님의 종'으로서의 예수상만이 아니라 '유월절 어린 양'(출 12:3; 레 4:32)으로서의 예수상이 함께 들어 있다.[43] 요한복음에서 예수는 세상 죄를 없애

---

43) 초대교회는 일찍부터 예수를 이사야가 예언했던 '야웨의 고난받는 종'으로 이해했으며(마 8:17; 행 8:32; 벧전 2:22-25), 또한 '유월절 희생양'으로 이해했다(막 14:22-25; 롬 3:25; 고전 5:7; 벧전 1:18-19; 계 5:6).

기 위해 십자가에서 속죄적인 죽음을 당한 유월절 양이기에 예수는 유월절 양 잡는 날에 십자가에 달린 것으로 묘사되고 있다(19:14; 1:29, 36).

이어서 "내가 전에 말하기를…"(30절)의 말씀은 1:15과 똑같은 내용으로 이 대목이 서곡과 관계있음을 보여준다. 이 대목은 그리스도의 선재성을 다시 한번 강조하는 대목으로 볼 수 있다. 계속해서 세례 요한은 자신의 사명은 세례 사역을 통해 예수를 이스라엘[44] 에게 나타내는 것이라고 밝히고 있다(31절).

이어지는 32-34절은 세례 요한의 성령 체험 사건을 증언하고 있다.[45] "나도 그를 알지 못하였으나"(31,33절)라는 말씀의 반복을 통해 세례 요한은 본시 예수가 "하나님의 어린 양"(29절)이요 "성령으로 세례를 베푸는 이"[46](33절)요 "하나님의 아들"(34절)임을 알지 못했다는 것을 알 수 있다. 그런데 예수가 이 같은 분임을 알 수 있었던 것은 "성령 사건"을 통해서 알 수 있었다는 것이다. 즉 성령이 비둘기 같이 하늘로부터 내려와서 예수 위에 머무는 것을 보았고(32절), 또한 자기를 보내어 물로 세례를 베풀라 하신 분의 말씀, 즉 "성령이 내려서 누구 위에든지 머무는 것을 보거든 그가 곧 성령으로 세례를 베푸는 이인 줄 알라"(33절)는 하나님의 말씀을 기억하고 알았다는 것이다.

---

44) 요한복음에서 "이스라엘"은 부정적인 의미로 사용되는 "유대인"과 달리 항상 긍정적인 의미를 지닌다(1:47; 3:10; 12:13). "유대인들"은 주로 예수의 적대자들로 언급된다(2:18; 5:10; 7:13; 8:22; 9:22; 19:38; 20:19).

45) 공관복음서는 예수의 성령체험사건을 증언하고 있다(마 3:13-17; 막 1:9-11; 눅 3:21-22).

46) 메시아를 가리킨다. 물 세례가 예비적이고 선구적인 의미를 지닌 것이라면(레 13-15장; 출 40:12), 성령 세례는 종말론적인 의미를 지닌다. 물은 인간의 도덕적 회개를 촉구함에 그치나, 성령은 인간의 본성을 변화시켜 신령한 사람으로 중생케 한다. 이러한 성령 세례는 메시아 시대에 있을 것으로 예언되었고(욜 2:28-29), 제2의 출애굽을 하는 하나님의 백성들이 광야에서 경험할 하나의 선물이었다(사 32:15; 44:3). 박수암, 65.

여기서 우리가 주목해야 할 사실은 요한은 서곡에서 "말씀 사건"을 다루고, 증인 본문인 이 대목에서 "성령 사건"을 다루고 있다는 사실이다. 요한은 본서의 목적인 "예수께서 하나님의 아들 그리스도이심을 믿게 하려"(20:31)면 이 두 사건이 함께 작동해야 함을 일깨워 주고 있다. 이를 통해 우리가 교훈 받는 것은 건전하고 균형잡힌 신앙은 "말씀 사건"과 "성령 사건"이 함께 작동해야 한다는 사실이다.

3) 셋째 단락(35-42절)

이 단락은 예수가 처음 제자들을 부르시는 내용을 담고 있다. "또 이튿날 요한이 자기 제자 중 두 사람과 함께 섰다가"(35절). 여기서 "이튿날"은 각 단락의 이야기를 연결시켜 주기 위해 요한이 관용적으로 쓰는 표현인데(29, 43절), 이 날은 셋째 날에 해당한다. 이 날 세례 요한은 자기의 두 제자와 함께 섰다가 예수께서 지나가시는 것을 보면서 "보라 하나님의 어린 양"(36절)이라고 말한다.

세례 요한의 두 제자[47] 가 스승의 계시적 증언을 듣고 예수를 따라갔다(37절). "따라가다"(아콜루데인, *ἀκολούθηιν*)라는 단어는 공관복음 전승에서 '제자됨'(막 1:16-20; 마 4:18-22; 눅 5:9-11)을 가리키는 전형적인 동사이다. 제자들이란 스승을 따르는 이들이다. 예수를 따른다는 것은 일차적으로 그의 제자가 된다는 것이다. 그것이 요구하는 것은 갈보리까지 자기의 십자가를 지면서 스승을 닮는 것이다.[48]

자기를 따르는 두 제사를 향해 예수가 던진 첫 질문은 이것이다. "무엇을 구하느냐?"[49] 이 질문은 요한복음에서 예수의 입에서 나

---

47) 한 사람은 베드로의 형제인 안드레이다(40절), 그러면 익명의 다른 한 제자는 누구일까? "예수가 사랑한 제자"(13:23; 19:26; 20:2; 21:7, 20), "또 다른 제자"(18:15; 20:2-4,8), 곧 세베대의 아들인 사도 요한으로 추정된다.

48) 최안나, 《나오너라》, 101.

49) 禪宗의 宗祖인 달마대사가 2조가 될 혜가에게 한 질문도 "무엇을 구하느냐?"

온 첫 말씀이라는 점에서 대단히 중요한 의미를 지닌다. 요한복음에서 예수의 마지막 질문은 "…네가 나를 사랑하느냐"(21:15-17)라는 질문이다. 이 두 질문은 "존재의 의미에 관한 질문"으로서 "인간의 궁극적 관심과 궁극적 행위에 관한 질문"이다. 따라서 이 두 질문이야말로 예수가 "온 인류에게 던지는 질문"이 아닐 수 없다.

목마른 사슴이 시냇물을 찾듯 궁극적인 그 무엇을 갈급하게 찾는 존재가 인간(求道의 人生)이다 그렇다면 인간이 구해야 할 가장 중요한 것은 무엇일까? 요한은 "우리가 메시아를 만났다!"(41절)는 말씀을 통해 '메시아를 구하는(만나는) 일만큼 중요한 일은 없다'는 것을 증언하고 있다. 이것이 요한복음 첫 장이 우리에게 도전해 오는 가장 중요한 질문이다. 그 다음의 중요한 문제는 당신이 메시아를 만났다면 '그 메시아는 당신에게 어떤 메시아냐', 즉 '그 메시아를 어떻게 사랑할 것인가' 하는 문제이다. 이것이 요한복음 마지막 장이 우리에게 도전해 오는 또 하나의 중요한 질문이다.

"무엇을 찾고 있느냐?"는 예수의 질문에 두 제자는 "랍비여 어디 계시오니이까?"(38절) 즉 선생님이 묵고 계신 곳을 찾는다고 대답한다. 유대인들의 스승 랍비는 보통 제자들을 모아 자기 집에서 가르쳤다. 제자들이 아직 유대교의 틀에 갇혀 있었으므로 가르침을 받기 위해 예수가 묵고 계신 곳을 찾았던 것이다. 두 제자는 예수 계신 곳에서 그날 함께 거하였다(39절). 그 시각이 열 시쯤 되었다고 했다. 이 시각은 우리 시각으로 오후 4시경으로, 이 시각은 곧 새로운 날이 시작될 저녁이 가까운 시각이다.

그들의 인생을 완전히 바꾸어 놓은 너무나도 뜻 깊은 스승과의 첫 만남의 시각을 상세히 보도하고 있는데, 여기에는 무슨 상징적인 뜻이 있는 것은 아닐까? '10'이라는 숫자는 '완전'이나 '성취'를

였다(백성호 기자, "달마에서 혜능까지: 중국 선종 6대 선사를 만나다, 중앙일보 2007. 3. 15); 이선민, 《신앙의 고향을 찾아서》, 107.

뜻하기 때문에 이 두 제자는 그 날 예수와 하룻밤을 함께 지내면서 예수가 어떤 분임을 확실히 알게 되었다는 것을 뜻하는 것이 아닐까.

예수와 함께 하룻밤을 지낸 그 다음날(넷째 날) "예수" 안에서 이 세상을 구원할 메시아(그리스도)[50]를 만난 안드레는 그 감격과 충격을 주체할 수가 없었다. 그는 곧장 자신의 가장 가까운 골육인 형제 시몬을 찾아 "우리가 메시아를 만났다"[51]라고 말하면서 그를 예수께로 데려왔다(41-42a절). 이 대목에서 베드로는 안드레를 통해서 예수의 제자가 된 사람이기에 부정적 베드로 상(像)의 근거로 삼으려는 시각은 잘못된 것이다.

이 대목은 뒤에 오신 예수가 세례 요한보다 앞선 분이듯이, 뒤에 제자가 된 베드로가 앞선 제자가 된다는 것을 보여주는 "차자 중시의 원리"[52]를 보여주고 있다. 그러한 사실은 안드레가 시몬 베드로의 형제로 불리워지고 있다는 점(40절), 그리고 베드로를 눈여겨 본 예수는 베드로가 장차 교회의 중요한 지도자가 될 것임을 예언하신 말씀("네가 요한의 아들 시몬이니 장차 게바라 하리라"[42b절])[53]에

---

50) '메시아'는 히브리어이며, 헬라어로는 '그리스도'(기름부음을 받은 자)이다. 메시아라는 단어는 신약에서 오직 본서의 두 곳(본절과 4:25)에서만 나온다. 구약에서 기름 부음을 받은 세 직분(그리스도의 삼중직)은 왕, 선지자, 제사장이다. 히브리서는 그리스도의 (대)제사장 직분에 치중하고 있는데 반해, 요한복음은 그리스도의 삼중직을 균형있게 다루고 있다.

51) 안드레는 예수를 처음에는 "랍비"라고 부르다가 이제는 "메시아"라고 신앙고백을 하고 있다.

52) 공관복음에서 첫 제자를 부르는 장면과는 달리 시몬 베드로가 안드레보다 뒤늦게 부름을 받은 것은 역사적 사실 여부를 떠나 이미 언급한 구약성서의 "차자 중시의 원리"(나중 된 자 먼저 된다)에 따른 것으로 볼 수 있다(요 21:2 참조).

53) 시몬에게 한 예수의 이 말은 마태 16:17-19의 보도와는 큰 차이가 있다. 우선 시몬의 아버지 이름이 다르다. 본문에서는 "요한"이라고 언급하고 있으나(요 21:15 참조) 마태 16:17에는 "요나"로 언급되어 있다. 시몬의 별명도 본서에서는 아람어로 "게바"(바위)로 나타나는데, 마태 16:18에서는 헬라말로 "베드

서 찾아볼 수 있다(마 16:18-19 참조). 이 같은 예언은 베드로의 지도권과 우위권을 보여주는 21장(2절)에서 성취되고 있는 것을 볼 수 있다.

4) 넷째 단락(43-51절)

이 단락은 예수께서 나다나엘을 만나는 장면을 다루고 있다. "이튿날 예수께서 갈릴리로 나가려 하시다가"(43a절). 여기서 "이튿날"은 다섯째 날을 가리킨다. "갈릴리"라는 말이 처음 나타나는 이 대목은 주목할 필요가 있는 중요한 대목이다. 서곡에서는 말씀이 육신이 되어 하늘에서 땅으로 내려오신 예수를 그리고 있다면, 증인 본문은 유대 광야에서 갈릴리로 내려가시는 예수를 그리고 있다. 요한복음 첫 장이 그리고 있는 '내려가시는 예수상'은 요한복음서가 '갈릴리 지향적 복음서'임을 시사한다.

예수의 제자가 된 빌립은 고향(벳새다) 친구인 나다나엘[54]을 찾아가 이렇게 말한다. "모세가 율법에 기록하였고 여러 선지자가 기록한 그이를 우리가 만났으니 요셉의 아들 나사렛 예수니라"(45절). 이 대목에서 "율법"(모세가 대표)과 "선지자"(엘리야가 대표)는 구약성경을 공식적으로 총괄하는 표현으로(마 5:17; 17:3; 눅 24:27, 44), 예수가 구약을 성취하러 오신 메시아임을 암시하는 표현이다.

빌립의 초청에 나다나엘은 "나사렛에서 무슨 선한 것이 날 수 있느냐?"(46a절)면서 회의적인 태도를 보였다. "나사렛"(45-46절)은 구약성서나 랍비들의 문헌에도 전혀 언급될 일이 없는 하찮은 곳이다. 나사렛은 정치적으로나 종교적으로 결코 드러나지 않은 촌

로"(바위)로 칭해진다.

54) "하나님이 주셨다", "하나님의 선물"이라는 뜻을 가진 그의 이름은 요한복음에만 나오고 공관복음에는 나오지 않는 제자이다. 공관복음에 나오는 열두 제자 명단에는 언제나 빌립 다음에 바돌로매의 이름(마 10:3; 막 3:18; 눅 6:14)이 나오는 관계로 바돌로매와 동일 인물로 보기도 한다.

락에 불과했다. 따라서 예수가 그 같은 나사렛 출신이라면 그는 메시아일 리가 없다는 것이다(7:52 참조). 빌립은 긴 말하지 않고 "와서 보라"고 하면서, 안드레가 베드로를 예수께로 인도하였듯이 그를 예수께로 데려갔다(46b절).

나다나엘이 자기에게 오는 것을 본 예수는 그를 가리켜 이렇게 말한다. "보라 이는 참으로 이스라엘 사람이라 그 속에 간사한 것이 없도다"(47절). 이스라엘 12지파의 조상이 된 야곱은 본래 간사한 사람이었다. 그는 아버지와 형을 속이고 인간적인 방법으로 복을 차지하였다. 그러나 얍복강에서 '브니엘의 아침'을 경험한 이후 그는 변하여 새사람이 되었다. 이 일로 그의 이름은 야곱('넘어뜨리는 자', '속이는 자')에서 이스라엘('하나님과 겨루어 이긴 사람')로 불리게 되었다(창 32:24-32). "참된 이스라엘 사람"이라는 말은 하나의 명예로운 호칭으로서 하나님의 백성 이스라엘을 대표할만한 사람이란 뜻이다. 나다나엘 속에서 참 이스라엘 사람임을 보았던 예수는 사람의 마음 속까지 꿰뚫어볼 줄 아시는 신적 통찰력을 갖춘 분(2:25; 5:42)으로, 이는 예수의 메시아성을 시사하는 표현이다.

예수의 이 말을 듣고 깜짝 놀라 당황한 나머지 "어떻게 나를 아시나이까?"라고 묻는 나다나엘의 질문에 예수는 이렇게 대답한다. "빌립이 너를 부르기 전에 네가 무화과나무 아래에 있을 때에 보았노라"(48절). "무화과나무 아래 있다"라는 말은 서기관들이 흔히 올리브나무와 포도나무 그리고 무화과나무 아래 앉아서 율법서를 공부한 데서 연유된 랍비들의 은유적 표현이다. 따라서 나다나엘에게 대답한 예수의 말은 나다나엘이 율법서를 공부하면서 특히 메시아 대망에 열중하고 있었다는 것을 드러낸 셈이다. 여기서도 신적 통찰력을 갖춘 예수의 모습이 더욱 심도있게 시사되었다.

신적 통찰력을 갖춘 예수에게 압도된 나다나엘은 놀라운 한 마디를 토해 낸다. "랍비여 당신은 하나님의 아들이시요 당신은 이스라엘의 임금이로소이다"(49절). 이 신앙고백은 마르다의 신앙고백(11:27), 도마의 신앙고백(20:28)과 더불어 요한복음에 나타난 삼대 신앙고백 중의 하나이다. 예수가 "하나님의 아들"이란 칭호는 하나님과 밀접하게 결속된 관계를 가진 (천상 영역의) 메시아적 칭호이고(11:27), "이스라엘의 임금"이란 칭호는 하나님의 왕권을 이스라엘에게 재건할 메시아임을 뜻하는 (지상 영역의) 메시아적 칭호이다(6:15 참조). 따라서 "유대인의 왕"(18:33, 39; 19:3, 19, 21)이란 칭호와는 다른 의미를 지닌다(12:13 참조).[55]

나다나엘의 고백에 예수는 이렇게 대답한다. "내가 너를 무화과나무 아래에서 보았다 하므로 믿느냐 이보다 더 큰 일을 보리라"(50절). "이보다 더 큰 일"이란 아래 2장에서부터 계속해서 행해질 표적들을 의미한다고 볼 수 있다. 지금까지는 예수의 신적 통찰력을 보고 믿었지만 앞으로는 예수의 영광이 잘 드러나는 표적들을 보고 믿게 될 것임을 시사한다.[56]

이어지는 예수의 말씀은 첫 장의 마지막 구절이다(51절). "진실로 진실로 너희에게 이르노니"(*Ἀμὴν ἀμὴν λέγω ὑμῖν*)에서 "진실로 진실로"(아멘 아멘)[57]는 히브리어 '아민'(אמן)에서 유래한 말로, 이 말은 기도를 마친 후 그 기도의 진정성을 고백하는 의미로 사용되었다. 이 말은 다음에 하는 말이 아주 중요하다는 것을 시사하는

55) 이영헌, 81-82.

56) 또한 다음 구절과 관련하여 "하늘이 열리고 하나님의 사자들이 인자 위에 오르락 내리락 하는 것을 보리라"(51절)는 것을 언급하는 것으로도 볼 수 있다.

57) "아멘"(진실로)이라는 말은 공관복음에서 50여 회나 사용될 정도로 예수께서 즐겨 사용하는 어법이다. 그러나 "아멘"이란 말을 두 번 거듭해서 사용한 것은 요한복음에만 나온다(25회, 1:51; 3:3, 5, 11; 5:19, 24, 25; 6:26, 32, 47, 53; 8:34, 51, 58; 10:1, 7; 12:24; 13:16, 20, 21, 38; 14:12; 16:20, 23; 21:18). 이는 요한복음이 예수의 하나님의 아들되심을 강조하는 성격을 지닌 것과 관련된다고 볼 수 있다. 즉 요한은 '아멘'이란 표현 속에 포함된 신적 권위를 더욱 극대화시키기 위하여 두 번 거듭 사용하는 방식을 취했다고 볼 수 있다. 《옥스퍼드원어성경대전》(요한복음 제1-6장), 157.

요한복음의 전형적인 표현방식이다.

"하늘이 열리고 하나님의 사자들이 인자 위에 오르락내리락 하는 것을 보리라"는 예수의 약속의 말씀은 요한복음 첫 장의 절정을 이룬다. 이 말씀은 창세기 28:12에 근거하고 있다. 옛날 야곱은 형의 눈을 피하여 밧단 아람으로 갈 때에 루스에서 밤에 꿈을 꾸는데 사다리의 꼭대기가 하늘에 닿았고 하나님의 사자들이 그 위에서 오르락내리락 하는 장면을 보았다. 이 꿈을 꾼 야곱은 그 계시의 장소를 "하나님의 집이요 이는 하늘의 문이로다"하면서(28:17) 루스였던 그 곳 이름을 벧엘('하나님의 집'이라는 뜻)이라고 새롭게 불렀다(창 28:19).

예수는 이 같은 옛 야곱의 이야기를 통해 무엇을 말하고자 한 것인가? 이 대목은 2장부터 나오는 요한복음의 대치동기(replacement motif)를 보여준다고 말할 수 있다. 즉 옛 야곱(이스라엘)이 옛 이스라엘을 시작했듯이, 새 야곱(이스라엘)인 인자[58]는 새 이스라엘을 시작하신다는 것이다. 즉 예수는 제2의 야곱, 제2의 이스라엘이 되신다. 실로 옛 은혜를 대치하는 새 은혜요, 옛 유대교를 대치하는 새 기독교인 것이다. 이로써 이 구절은 서론인 1장의 결어이면서 2장부터 전개될 구원의 성취에 대한 예고이다.[59]

1장의 마지막을 장식하는 "하늘과 땅을 오르락내리락 한다"는 말은 무엇을 의미하는가? 예수는 하늘과 땅을 연결하는 사다리로서 오직 예수를 통해서만 하나님께 갈 수 있음을 의미한다. 그리고 이 말은 시공간의 초월 내지 통합을 내포하는데, 이 말 속에서 우리는 부활 사건(오르락)과 성육신 사건(내리락)을 동시에 보게 된다. 시간이 영원과, 땅이 하늘과 통합된 것이 부활 사건이요, 영원이 시간과, 하늘이 땅과 통합된 것이 성육신 사건이다.[60] 여기에 부활

---

58) '인자 기독론'에 관해서는 김달수, 270-294을 참조하라.
59) 박수암, 74-75.

사건과 성육신 사건의 논리적 상응성이 있다. 따라서 요한복음을 단순도식적 이원론으로 보려는 사고는 수정되어야 한다.[61]

예수는 구약적이고 바리새적인 분리와 차별의 속성을 지닌 '거룩의 이원론'을 철저히 거부하고[62] 연합과 하나됨의 속성을 지닌 '사랑의 일원론'으로 일관했다. 예수께서 이원론적 장벽을 허물기 위해 오셨다는 사실을 요한복음만큼 분명하게 보여주는 책도 없다.

이원론이란 서로 대립되는 두 개의 원리(사물)가 통일되는 일 없이 그 자체로서 그 원리(존재)를 설명하려는 분리되고 닫혀진 체계를 말한다. 일원론은 서로 대립되는 것으로 보이는 두 개의 원리(사물)를 근본적인 것으로 보지 않고 이들을 어떤 하나의 원리로 통일시키려는 개방된 체계를 말한다. 이원론을 한방에 날려버리는 결정적 근거가 첫 장 마지막 구절(1:51)에 나오는 '인자의 오르내림'이라는 한 마디이다.

묵시문학은 종말 개념과 관련하여 두 시대 개념을 가지고 있다. 이 시대와 앞으로 올 새 시대이다. 이 두 시대 개념을 중심으로 이원론이 나온다. 요한은 묵시문학적 이원론을 성육신적 일원론으로 극복하였다. 그리고 요한복음의 일원론을 잘 보여주는 것이 '사랑'에 대한 강조이다.[63] 그리고 성육신(1:14), 예수의 선교(4장), 예

---

60) "왜 하나님은 인간이 되었을까"(Cur Deus homo?)라는 12세기의 안셀름(Anselm)의 질문은 이미 4세기의 어거스틴에게서 예견된 것이다. 어거스틴은 시간의 문제는 결국 인간의 실존문제라고 하면서 시간과 영원과의 관계를 성육신 사건과 관련하여 풀이하고 있다. 선한용, 《성 어거스틴에 있어서 시간과 영원》, 89-98을 참조하라.

61) "요한으로부터 나온 영지주의적 열광과 복음서 자체 사이의 차이점들은 우선 기억되어야 한다. 후에 기독교 이단은 이 복음서에서 폭넓은 이원론-물질과 영, 인성과 신성, 땅과 하늘-을 발견하게 될 것이다. 요한은 그러한 이원론을 제시하지 않는다"(G. Sloyan, 101). "요한복음의 이원론"에 대해서는 박수암, 57-59을 참조하라.

62) M. J. Borg, 《예수 새로보기》, 217-231,

수의 기도(17장), 십자가(18-19장), 부활(20장), 베드로공동체(교회)와 요한공동체(교회)의 연합(21장)도 모두 일원론에 기초하고 있다. 따라서 요한복음에서 헬라적 사고구조에 따른 단순도식적 이원론은 포기되어야 마땅하다.[64)]

요한복음은 "하늘에 있는 것이나 땅에 있는 것이 다 그리스도 안에서 통일되게 하려 하심이라"(엡 1:10)는 말씀처럼, 하늘(위)과 땅(아래), 영원과 시간, 하나님과 인간, 빛과 어둠, 영과 육, 참과 거짓, 생명과 사망, 유대인과 이방인, 예루살렘과 갈릴리, 하나님 나라와 세상 나라가 하나님의 사랑 안에서 하나가 되는 "일원론 지향적 복음서"라고 보아야 할 것이다.

한편, 성육신은 예수의 오심이다. 하늘이 땅으로, 우주가 역사 속에, 영원이 시간 속에 오심으로 새 시대, 새 세상, 새 창조가 일어난 사건이다. 그래서 예수의 오심은 옛 것이 새 것으로 바뀌는 사건이 된다(고후 5:17). 그리고 "태초에"로 시작하는 1:1과 창세기 1:1이 상응하고, 하늘이 열리고 인자가 오르락내리락 하는 마지막 1:51이 창세기 28:12과 상응한다는 점에서 요한복음 1장은 창세기

---

63) 사랑하다(ἀγαπάω, 마 8회, 막 5회, 눅 13회, 요 37회), 사랑하다(φιλέω, 마 5회, 막 1회, 눅 2회, 요 13회), 사랑(ἀγαπη, 마 1회, 막 없음, 눅 1회, 요 7회, 요일 18회). 요한복음은 '사랑의 복음서'라고 할 만큼 사랑을 강조하고 있다.

64) 라이트는 우선 "이원론"(dualism)과 "이원성"(duality)을 구분하고 이원론은 몇몇 특정한 이원성에만 적용되는 용어로 사용할 것을 제안하면서 이원성의 유형을 열 가지로 제시한다. 통상적으로 받아들여진 것들(1-4번) 1. 신학적/존재론적 이원성 2. 신학적/우주론적 이원성 3. 도덕적 이원성 4. 종말론적 이원성 / 주변적인 것들(5-7번) 5. 신학적/도덕적 이원성 6. 우주론적 이원성 7. 인간론적 이원성 / 가능한 것들(8-10번) 8. 인식론적 이원성 9. 분파적 이원성 10. 심리학적 이원성. 이 가운데서 주변적인 것들(5-7번)만이 "이원론"이라고 불릴 자격이 있다고 말한다. 즉 5. 신학적/도덕적 이원성은 선한 신과 악한 신의 투쟁을 말하는 조로아스터교와 영지주의의 몇몇 형태들. 6. 우주론적 이원성은 현실(질료)과 이데아(형상)의 세계를 말하는 플라톤의 고전적 입장. 7. 인간론적 이원성은 인간은 육신과 영혼의 두 부분으로 이루어진 피조물. N. T. Wright, 《신약성서와 하나님의 백성》, 418-424.

에서 시작해서 창세기로 마치는 구조로 되어 있다. 이는 앞으로 전개될 일곱 표적이 창세기의 7일간 창조구조와 구조상 일치한다는 점에서 중요한 의미를 시사한다.

증인 본문(19-51절)에는 일곱 개의 기독론적 칭호[65]가 나타난다.[66] 이는 서곡에서 "빛"이라는 단어가 일곱 번 나타나는 것과 상응한다. 이는 요한이 본서의 목적인 "예수께서 하나님의 아들 그리스도이심을 믿게 하려"는 데 조금도 부족함이 없이 완전하다는 것을 나타내려는 신학적 의도라고 말할 수 있다.

정리하면, 1장 전체에는 다섯 가지 측면에서 모세 오경과 관련된 사항이 나타난다. 1장 전체가 다섯 단락으로 되어 있고, 서곡이 모세 오경과 관련되어 있으며, 증인 본문에는 '다섯 번의 질문'과 '다섯 날'과 '첫 다섯 제자'[67]가 나타나고 있다. 이러한 사실에서 우리는 요한이 분명한 신학적 의도를 가지고 이 같은 장치를 마련했다고 말하지 않을 수 없다. 요한은 논쟁의 대상인 유대인들이 잘 알고 있는 책과 언어를 사용하고, 이를 토대로 기독교의 유대교에 대한 비교우위와 질적 차이를 논하고자 했던 것이다. 이것은 앞으로 전개되는 예수의 이야기 또한 구약적(히브리적) 방법으로 해석해 줄 것을 암시하는 사인이 아닐까.

---

65) 1. 하나님의 어린 양(29, 36절). 2. 하나님의 아들(34,49절), 3. 메시야(그리스도, 41절), 4. 모세의 율법과 예언자들이 기록한 그이(45절), 5. 요셉의 아들 나사렛 예수(45절), 6. 이스라엘의 임금(49), 7. 인자(51절).

66) 기독론은 요한복음서의 저술 동기 및 목적(20:30-31)에서도 시사하듯이 가장 기본적이고 핵심적인 신학사상이다. 요한복음의 기독론에 대해서는 박수암, 79-85을 참조하라.

67) 안드레와 또 다른 제자, 베드로, 빌립과 나다나엘. 공관복음에서는 예수의 첫 제자가 넷(베드로와 그의 형제 안드레, 야고보와 그의 형제 요한)으로 나타난다(마 4:18-21; 막 1:16-20).

제2장

2장은 요한복음의 본론(2-20장)의 첫 장이라는 점에서 중요하다. 우리가 주목해야 할 사실은 본론의 첫 장인 2장이 부활장인 20장과 상응하면서 기독교가 '부활의 종교'라는 사실을 말해주고 있다는 사실이다. 요한복음 본론의 첫 장(2장)과 마지막 장(20장)은 유대교와 기독교의 결정적 차이가 부활에 있다는 것을 극명하게 보여주는 한 짝이다. 2장의 가나의 혼인잔치와 성전정화사건은 '예수의 부활'이라는 관점에서 읽고 해석해야 그 의미를 제대로 파악할 수 있다.[1)]

2장은 예수는 누구인가(예수의 정체성)를 잘 드러내 주고 있다. 예수는 옛 시대를 새 시대로, 다시 말하면 유대교를 기독교로(가나의 표적을 통해), 더 구체적으로는 옛 성전을 새 성전으로(성전정화를 통해) 대치하신 하나님의 아들이요 그리스도이심을 보여주고 있다.

2-4장은 본론(예수의 공적 사역)의 첫 부분을 형성하는데, 갈릴리 가나에서 행하신 첫 표적(물로 포도주를 만든 사건)으로 시작하여 갈릴리 가나에서 행하신 두 번째 표적(왕의 신하의 아들 치유사건)으로

---

1) D. M. Smith, 《요한복음 신학》, 50.

끝난다. 요한은 이 부분에서 예수를 유대교의 불완전한 제도들을 온전케 하시는 분으로 그리고 있다. 그리하여 "결례"(2:6), "성전"(2:19), "이스라엘"(3:10), "예배"(4:24)의 문제와 관련된 기사들을 다루고 있다.

2장의 가나의 표적과 성전정화사건을 통해 예수는 자신이 구약의 예언들을 성취(fulfillment)하여 유대교를 능가(supersession)했으며, 자신이 유대교(구약)를 기독교(신약)로 대치(replacement)했다는 것을 보여주었다. 여기서 발견할 수 있는 성취(완성)-능가-대치 구도는 요한복음뿐 아니라 신약 전체의 중심 주제이다.[2)]

1. 가나의 혼인잔치(1-12절)[3)]

이미 언급했듯이 요한복음의 '표적'은 신적인 능력을 나타내는 공관복음의 '이적'(*δύναμις*)과는 달리 '세미이온'(*σημείον*), 즉 사건 자체의 물리적인 현상적 의미를 넘어서 어떤 실체적인 상징적 의미를 띠고 있다. 요한은 예수가 행한 많은 이적 가운데 일곱 개만 선별하여 보도하고 있다. 그 가운데서도 '가나의 혼인잔치'를 첫 표적으로 선택했다면[4)] 이 표적의 중요성은 물론 여기에는 무언가 깊은 신학적인 의도가 깔려 있으리라는 것을 쉽게 짐작할 수 있다.

그러면 7대 표적의 본보기인 첫 표적의 중요성과 요한의 신학적

---

2) 김세윤, 69.

3) 가나의 혼인잔치 기사는 교차대구구조로 되어 있다. a. 서언(1-2절), b. 문제의 발생(3-4절), c. 순종(5-8절), b′. 문제의 해결(9-10절), a′. 결어(11절). 《옥스퍼드원어성경대전》(요한복음 제1-6장), 172.

4) 마태는 베드로의 장모의 열병을 치유하는 사건(마 8:14-15)을, 마가와 누가는 귀신들린 자를 고치는 사건(막 1:21-28; 눅 4:31-37)을 첫 이적으로 보도하고 있다.

의도는 무엇일까? 그것은 한 마디로 하나님이 창조의 첫날에 빛을 창조했듯이, 예수의 첫 표적은 부활의 빛에서 해석해야 한다는 것을 암시(sign)하는 것이리라. 구체적으로 말한다면 유대인의 결혼식이 저녁(밤)에서 시작하여 아침(새벽)으로 가듯이 어두운 저녁(밤)의 종교인 유대교를 밝은 새 아침(새벽)의 종교인 기독교로의 대치를 보여주고자 한 데 이 표적의 중요성과 신학적 의도가 있다 하겠다.

"사흘째 되던 날 갈릴리 가나에 혼례가 있어 예수의 어머니도 거기 계시고"(1절). 이미 언급했듯이 유대인들은 처음을 중요시 여기는 관습이 있는데, 마찬가지로 요한복음 본론의 첫 장 첫 절인 이 구절은 대단히 중요하다. 그러기에 이 구절에 관심을 집중할 필요가 있다. 첫 표적은 언제, 어디서 있었으며 그리고 그 주된 내용은 무엇인가?

첫째, "사흘째 되던 날"이다. 예수께서 빌립과 나다나엘을 만나 제자삼은 후에(1:43-51) 그들을 데리고 사흘째(만 이틀) 되던 날 갈릴리 가나에 혼인 잔치에 참석했다는 것이다. '역사에 대한 해체와 재구성'에서 이미 언급했듯이 이 사건의 사실성 여부는 알 수 없다. 요한이 "사흘째 되던 날"이라는 말을 2장의 첫 자리에 언급한 것은 사건의 사실성을 보여주기 위해서 언급했다기보다는 이를 통해 독자들에게 자신이 들려주고 싶은 중요한 메시지가 있어서이다.

"사흘째 되던 날"이란 20장의 첫 대목인 "안식 후 첫날"과 상응하는 것으로 죽으셨다가 살아나신 예수 부활의 신비를 암시(sign)하는 것이라고 할 수 있다. 이 어구는 여호와 하나님이 셋째 날 아침에 시나이 산 위에 장엄하게 현현한 것을 연상시킨다(출 19:6).

초대교회 성도들에게 있어서 제삼일은 예수께서 십자가에 달려 죽으셨다가 부활하신 날을 가리키는 관용적 표현이다(마 16:21;

17:23; 20:19; 눅 9:22; 18:33; 24:7, 46; 행 10:40; 고전 15:4).[5] 이는 물이 포도주가 되었듯이 그리스도 안에 있으면 무엇이든지 새로운 피조물이 되는 것(고후 5:17)[6]과 같은 새 창조의 역사가 결정적으로 예수께서 죽으셨다가 다시 살아나신 부활 사건을 통하여 이루어진다는 사실을 암시한다.

"사흘째 되던 날"은 1장의 다섯 날과 합하면 제8일이 된다. 예수께서 예루살렘에 입성하던 날(일요일)부터 안식 후 첫날(20:1)인 부활 주일까지가 제8일이다. 팔 일째 되는 날 예수께서 부활하심으로 기독교라는 새 시대가 열렸다. 이렇듯 제8일은 새로운 한 주간이 시작되는 날로서 새로운 국면의 도래를 의미한다.

또한 제8일은 부활하신 예수께서 도마에게 나타난 날이기도 하다(20:26). 제8일은 출생한 아이에게 할례를 행하는 중요한 날로서 부활하신 예수께서 도마에게 제8일에 다시 나타났다는 것은 믿음의 할례를 받고 새 사람으로 출발하라는 의미가 있다. 따라서 이 어구는 예수의 오심으로 인해 유대교의 옛 시대를 닫고 기독교의 새 시대를 여는 새로운 날이 도래했음을 상징적으로 보여주는 중요한 의미를 지닌다.

둘째, "갈릴리 가나"이다. 갈릴리 가나는 예수의 고향인 나사렛에서 북쪽으로 13km 떨어진 가난한 동네이다. 11절에 보면 "예수께서 첫 표적을 갈릴리 가나에서 행하여 그의 영광을 나타내시매"라고 보도하고 있다. 자신이 하나님의 아들 그리스도라는 사실을 드러내기 위해서라면 기왕이면 많은 사람이 모인 크고 부유한 도시 예루살렘에서 행하는 것이 바람직하지 않은가! 굳이 유대 땅으

---

5) 최안나, 《나오너라》, 116.

6) 구약과 신약의 차이는 예수 그리스도로 말미암아 "새"(新) 字가 들어가는 데 있다. 옛 언약-새 언약, 모세-새 모세, 출애굽-새 출애굽, 예루살렘-새 예루살렘, 옛 일-새 일, 하늘과 땅-새 하늘과 새 땅, 옛 계명-새 계명, 옛 부대-새 부대, 옛 사람-새 사람 등등.

로부터 서둘러서 와서 소외와 멸시를 당하는 이방인의 땅 갈릴리, 그것도 작고 보잘 것 없는 가난한 동네 가나에서 행할 것이 무엇이란 말인가!

이 어구는 이방의 갈릴리를 영화롭게 하시고 흑암에 앉은 백성이 큰 빛을 보고 사망의 그늘진 땅에 거하는 자에게 빛이 비추인다(사 9:1-2; 마 4:12-16)는 메시아의 탄생과 통치를 알리는 예언의 성취를 의미한다. 더욱이 이 어구야말로 성육신적 내리사랑을 극명하게 보여주는 대목이 아닐 수 없다. 높고 높은 하늘 보좌를 버리시고 낮고 천한 이 땅, 그것도 척박한 땅 팔레스타인, 그 가운데서도 작고 보잘 것 없는 베들레헴, 그 가운데서도 더럽고 추한 마구간 말구유에 오신 그분이 작고 가난한 동네 갈릴리 가나에 친히 찾아 오셨으니 이 은혜, 이 사랑을 무엇이라 말하면 좋으랴!

셋째, "혼례가 있어"이다. 요한이 선별한 일곱 표적 가운데 혼인잔치 표적을 첫 표적으로 삼은 중요한 이유는 혼인잔치의 상징성 때문이다. 구약에서는 하나님의 구원을 잔치(시 23:5)로, 특히 메시아 시대의 구원을 시온에서 베푼 아주 큰 잔치로 비유했다(사 25:6; 55:1-2). 공관복음을 보면 예수는 하나님 나라의 구원을 잔치로 즐겨 비유한다(마 11:19; 막 2:15-17; 눅 14:15-24; 15:11-32). 신약성경은 하나님 나라의 구원을 혼인잔치로 자주 비유한다(마 8:11; 22:1-14; 눅 22:16-18; 요 3:39; 계 19:7-9).

구약에서 여호와 하나님과 이스라엘의 관계를 '남편과 아내'의 부부관계로 표현하고 있듯이(호 2:16-25; 사 62:4-5), 요한은 본론의 첫 시작을 예수가 새 이스라엘의 관계를 '신랑과 신부'의 부부관계로 시작하고 있다. 신랑과 신부가 결혼함으로써 새 가정을 이루듯, 신랑되신 예수가 새 신자(교회)를 신부로 맞아 새 시대, 새 종교를 이룩하였다는 것이다. 즉 새 종교인 기독교는 옛 종교인 유대교를 대치한 것이다.

넷째, "예수의 어머니도 거기 계시고"이다. 요한복음 본론이 시작되는 첫 대목에 예수의 어머니 마리아가 나오고, 전반부가 끝나는 11장과 후반부가 시작되는 12장에 나사로의 누이 마리아가 나오고, 본론이 끝나는 20장에 막달라 마리아가 나오고 있다. 이는 복음서 전체가 여성의 이야기로 시작해서 여성의 이야기로 끝나는 모습을 보여주고 있다. 이 세 곳 모두에서 '마리아'라는 이름의 여성들은 부활과 관련된 중요한 역할을 담당하고 있다.

그런데 요한이 이 같은 배치를 통해 하고자 하는 이야기는 무엇일까? 그것은 요한복음을 성육신적 내리사랑의 하강구조인 '부활-십자가' 구도로 엮으려고 하는 데 있다는 것이 필자의 생각이다. 부활(2장)과 십자가(3장), 부활(11장)과 십자가(12장), 부활(20장)-십자가(순교, 21장)라는 구도이다. 이를 통해 말하고자 하는 메시지는 유대교의 박해가 다가오는 상황에서 요한공동체는 '부활의 감격 안고 십자가의 길로'를 모토로 삼는 공동체이기를 바란 것이 아닐까.

"예수와 그 제자들도 혼례에 청함을 받았더니"(2절). 혼인잔치에 예수의 어머니와 예수, 그리고 제자들이 초청받은 것을 보면 이 잔치는 예수의 가까운 친척집에서 있었던 모양이다. 그런데 잔치 중에 포도주가 떨어진 것이다(3절). 한창 흥겨워야 할 잔치 자리에 포도주가 떨어졌으니 잔치 분위기는 파장이 되었을 것이다. 이때 주인은 얼마나 난처했겠는가. 예수의 어머니가 아들 예수에게 이 사실을 알린다. 이에 예수는 이렇게 말한다. "여자여 나와 무슨 상관이 있나이까 내 때가 아직 이르지 아니하였나이다"(4절).

여기서 먼저 "여자여"라는 호칭은 어떤 책망의 말이나, 무례한 말투, 또는 사랑의 결핍에서 나온 것이 아니라 다만 예수가 여인들을 부르는 일상적인 호칭이다(마 15:28; 눅 13:12; 요 4:21; 8:10; 19:26; 20:13). 다음으로, "나와 무슨 상관이 있나이까?"라는 말에는 두 사람 사이에 관점의 차이나 어떤 거리감을 두는 표현임에 틀림없다.

"내 때가 아직 이르지 아니하였나이다." 이 말은 예수 생애 전체와 관련된 복선(伏線)이 깔린 심오한 의미가 담겨 있다. 요한복음에서 예수의 "때"란 보통 그의 죽음과 영광스럽게 되심을 나타낸다(7:30; 8:20; 13:1; 17:1). 예수는 구속사적 경륜을 이루기 위한 자신의 사명과 그 시기를 정확하게 인식하고 있었다. 그런데 그 "때"는 예수가 마음대로 할 수 있는 것이 아니라 아버지 하나님에 의해서만 결정된다. 따라서 이 말 속에는 가장 가까운 혈육인 인간 어머니조차도 성부의 영역을 침범할 수 없다는 뜻이 내포되어 있다.

아들 예수의 말은 사실상 거부의 의사를 밝힌 것이다. 그럼에도 불구하고 그녀는 포기하지 아니하고 하인들에게 이렇게 명령했다. "너희에게 무슨 말을 하시든지 그대로 하라." 그녀는 인간적인 조급함보다는 하나님의 때를 기다리는 심정으로 모든 것을 아들 예수에게 맡기고 자신과 하인들을 예수의 뜻에 순종케 하려는 자세를 취했다. 마침내 아들 예수는 어머니의 요청을 수락하게 되었고, 그녀는 끝내 아들 예수의 행동을 이끌어내는 개가를 올렸다. 예수는 "항아리에 물을 채우라"고 명령했고 하인들은 예수의 명령에 철저히 순종했다(7절). 기적은 이렇게 해서 일어나게 된다.

"거기에 유대인의 정결 예식을 따라 두세 통 드는 돌항아리 여섯이 놓였는지라"(6절). "정결 예식"(결례)이란 유대인들이 식사 전후 혹은 외출하고 돌아왔을 때 손을 씻는 풍습을 말한다(막 7:3-4). 이는 단순히 위생적인 차원이 아니라 종교적인 의식의 의미를 지닌다. 유대인들은 사람들이 많이 모이는 시장이나 거리에서 돌아왔을 때 이방인, 유대 죄인들, 또는 부정한 물건과 접촉하지나 않았는지 해서 종교 의식적 차원에서 손을 씻거나 전신목욕을 하였다.

"두세 통 드는 돌항아리 여섯." 물이 귀한 팔레스타인 지역에서는 물을 오래 보관할 목적으로 돌항아리를 사용하였다. 한통이 현대 계량 단위로 약 40리터이니까 한 항아리는 약 80~120리터 정도이다. 따라서 여섯 항아리의 물은 대략 420~720리터에 달하는 많은 양이다. 이런 엄청난 물이 포도주로 만들어졌다는 것은 물로 상징되는 유대교가 포도주로 상징되는 새 종교인 기독교로 대치되었다는 것을 의미한다.[7)]

구약에서 포도주는 하나님이 인생에게 내리시는 구원의 풍성한 은혜를 나타내는 상징으로써 메시아 시대가 도래하면 포도주가 넘치는 시대가 되리라는 것을 일찍이 선지자들이 예언하였다(창 49:11-12; 암 9:13-14; 호 14:7; 에녹 1서 10:19; 바룩 2서 29:5).[8)]

한편, 요한은 돌항아리의 수가 여섯이라고 밝혔는데, 이는 충만함을 상징하는 완전수 7에 하나가 모자라는 불완전함을 상징한다(계 13:18의 666 참조).[9)] 하나님이 인간을 여섯째 날에 창조한 것은 하나가 부족한 상태, 즉 한 분 하나님이 있어야 온전해진다는 것을 말하려는 의도가 담겨 있다. 마찬가지로 여섯으로 상징되는 유대교는 하나가 부족한 상태, 즉 한 분 예수가 있어야 온전해진다는 것을 말하려는 의도가 깔려 있다.

여기서 주목할 점은 이 구절이 사건 전개에 있어서 꼭 필요한 구절은 아니라는 점이다. 그럼에도 불구하고 요한이 이 구절을 보도한 까닭은 무엇일까? 그것은 결례 제도의 불완전함을 상징적으로 나타냄으로써 유대교의 시대는 지나갔음을 암시하려는 의도로

---

7) 가나 혼인잔치에 나오는 물과 포도주는 십자가에 달리신 예수의 심장으로부터 마지막으로 흘러나온 예수의 물과 피를 가리키는 것으로 볼 수도 있다(19:34).

8) 맛도 향기도 없는 물은 옛 시대를, 맛과 향기가 나는 포도주는 새 시대를 상징한다. 새 시대인 메시아 시대는 포도주가 물을 대치한다. 포도주는 구약성경에서 육신적이고 정신적인 기쁨(창 27:28)과 미래적인 희망(사 25:6; 욜 2:19), 및 풍요로움(욜 2:24; 3:18; 암 9:13)을 상징한다. 그리고 피와 관련된 포도주의 붉은 색은 고난과 죽음을 상징한다. R. A. Culpepper, *The Gospel and Letter of John*, 131.

9) 이미 언급한 '숫자상징주의'를 잘 보여주는 대목이다.

보인다.

물로 된 포도주를 맛본 연회장은 그의 놀라움을 이렇게 표시한다. "사람마다 먼저 좋은 포도주를 내고 취한 후에 낮은 것을 내거늘 그대는 지금까지 좋은 포도주를 두었도다"(10절). 여기서 '나중 나온 포도주'가 '먼저 나온 포도주'보다 훨씬 맛이 좋다는 것은 앞선 종교인 유대교보다 나중 종교인 기독교가 훨씬 우월하다는 것을 암시한다고 볼 수 있다. 신앙의 세계는 언제나 처음보다 나중이 창대한 법이다(욥 8:7).

첫 절이 중요하듯 마지막 절 또한 중요하다. 11절은 첫 표적이 예수의 영광을 나타냈으며, 제자들이 그를 믿었다고 보도한다. 요한은 가나의 혼인잔치 이야기를 마무리하면서 표적(첫 표적)과 실체(예수의 영광)를 연결한다. 첫 표적은 예수께서 하나님의 아들로서의 권능을 나타냄으로써 예수의 영광이 드러난 표적이었다. 요한은 처음으로 제자들의 믿음을 언급한다. 여기서 제자들의 믿음과 예수의 어머니의 믿음이 대조된다. 표적을 보고 믿게 된 제자들의 믿음은 아직 온전한 믿음이 아니다.[10) 이에 비해 아들 예수의 말씀을 무조건 신뢰한 예수의 어머니의 믿음은 온전하다는 것이다.

"그 후에 예수께서 그 어머니와 형제들과 제자들과 함께 가버나움으로 내려가셨으나 거기에 여러 날 계시지 아니하시니라"(12절). 이 구절은 가나의 혼인잔치와 성전정화사건을 연결하는 고리 역할을 한다. 가버나움은 벳새다에서 그리 멀지 않은, 갈릴리 호수 북서쪽에 있는 도시이다. 이곳은 예수께서 빵의 기적을 행하신 후에

---

10) 예수의 이적을 놓고 공관복음은 "놀랐다", 또는 "기이히 여겼다"라는 표현으로 이적의 결과를 보도하고 있는데 반해, 요한복음은 사람들이 "예수를 믿었다"라는 말로 보도하고 있다. 그런 점에서 공관복음은 이적 자체를 기술하는 데 목적이 있는데 반해, 요한복음은 이적을 사람들이 예수를 믿도록 인도하는 수단으로 사용하고 있다.

회당에서 담화한 장소로 유명한 곳이다(6:59). 이 구절에서 처음으로 예수의 형제들에 대한 말이 나타난다. 그들은 가나의 표적이 드러난 자리에 함께 있었다 할지라도 예수를 믿지 않았다(7:5). 이 대목은 예수께서 왜 그곳에 오래 머물지 않았는지를 말해준다. 그 까닭은 그들의 불신앙 때문이다. 요한은 가난한 동네 가나의 신앙과 부유한 도시 가버나움의 불신앙을 대조시키고 있는 것이다.

여기서 주목해야 할 사실은 요한이 '혼인잔치'라는 표적 자료를 첫 표적 자료로 사용한 까닭은 무엇인가 하는 점이다. '혼인잔치'에 대해 다시 한번 생각해 보자. 결혼은 독일어로 '호흐자이트'(Hochzeit)라고 한다. 그 단어를 풀어보면 '최고의 시간' 즉 '절정'이라는 의미이다. 결혼은 인생의 절정이요 최고의 순간이라는 것이다. 참으로 의미심장한 단어가 아닐 수 없다. 땅에서의 최고의 기쁨과 영광의 순간이 결혼의 순간이라면 하늘에서의 최고의 영광과 기쁨의 순간이 부활의 순간이다. 이 같은 관점에서 결혼의 기쁨과 영광(2장)이 부활의 기쁨과 영광(20장)과 상응한다.

결혼은 신랑과 신부의 사랑을 전제로 한다. 결혼을 통해 새 가정을 이루며, 아기라는 생명을 얻는다. 결혼은 신랑과 신부가 많은 이들로부터 축하를 받는 영광과 기쁨의 순간이다. 그 기쁨을 모두가 함께 나누는 것이 혼인잔치이다. 혼인잔치하면 풍요로움이라는 그림이 연상된다. 거기에는 배부름이 있고 배불리 먹고 마신 뒤에는 만족과 평안이 있다. 요한은 예수로 말미암아 시작된 기독교라는 새 종교야말로 이러한 혼인잔치와 같다고 본 것이다. 그러기에 기독교는 사랑, 생명, 기쁨, 영광, 풍성함과 만족과 평안의 종교이다.

당시 결혼은 보통 해가 진후에 진행되었다. 저녁 시간은 이스라엘의 하루가 시작되는 시간으로, 결혼이라는 인생의 새 출발을 하루가 시작되는 시간으로 삼고자 해서 저녁 시간에 진행된다. 결혼식은 신랑이 신부의 집으로 장가들러 오는 것으로부터 시작된다. 저녁에서 시작하여 밤이 깊어가면서 진행되는 혼인예식은 하객들의 즐거운 혼인잔치가 함께 동반된다. 이때 흥을 돋우기 위해 꼭 필요한 것이 포도주이다. 포도주가 없는 혼인잔치가 있는가. 그런데 잔치 중에 포도주가 떨어진 것이다. 잔치의 기쁨은 순식간에 사라지고 혼인잔치는 파장을 맞게 되었다. 밤은 깊고 혼인잔치는 슬픔의 시간으로 바뀌었다.

이때 예수가 나타나 물로 새 포도주를 만듦으로서 파장이 된 혼인잔치는 다시 시작되었고 잔치의 기쁨을 되찾게 된 것이다. 새벽이 되고 아침이 될 때까지 흥겹게 마시고 취함으로써 모두가 다 충만한 기쁨을 누리게 되었다. 저녁에서 시작된 혼인예식은 바야흐로 밤을 지나 새벽과 아침을 맞이하게 되었다. "저녁이 되고 아침이 되니"(창 1:5) 바로 그 말씀을 이루신 것이다. 하나님이 저녁을 아침 되게 하셨듯이. 저녁(밤)의 유대교를 새 아침(새벽)의 기독교가 되게 하신 분이 예수님이다. "저녁에서 아침으로 가는 종교" 이것이 유대교를 대치한 기독교이다.[11)]

2. 성전정화사건(13-22절)

성전정화사건을 다룸에 있어서 먼저 고려해야 할 두 가지 사항

---

11) "저녁이 되고 아침이 되니"(창 1:5, 8, 13, 19, 23, 31). 창세기 첫 장은 하나님으로 말미암아 저녁이 아침이 되는 새 날을 맞게 되었음을 반복해서 말씀하고 있다. 여기에는 기독교 복음의 진수, 참 소망의 메시지가 담겨 있다. 즉 기독교는 어둠에서 빛으로, 슬픔에서 기쁨으로, 절망에서 희망으로, 죽음에서 생명으로, 고난에서 영광으로, 십자가에서 부활로, 율법에서 복음으로, 죄인에서 의인으로, 심판에서 구원으로, 옛사람에서 새사람으로 가는 종교(시 30:5,11; 욥 8:7; 롬 8:18)이다. 박호용, "저녁이 되며 아침이 되니", 《너와 나는 약혼한 사이》, 16-29.

이 있다. 하나는 성전정화사건이 놓인 위치가 공관복음과 요한복음이 서로 다르다는 문제이다. 또 하나는 왜 예수는 성전을 정화하려고 했는가 하는 동기문제이다.

먼저, 첫 번째 문제부터 살펴보자. 이 사건은 공관복음에서는 공생애 말기에 일어난 사건[12]으로 되어 있는데, 요한복음에는 공생애 초기에 있었던 사건으로 기술하고 있다. 이 차이를 어떻게 설명할 것인가? 필자의 결론부터 얘기하면 이 사건이야말로 이미 언급한 '역사의 해체와 재구성'을 잘 말해주는 가장 구체적인 실례라고 말할 수 있다.

사복음서를 조화시킨다는 의미에서 이 사건이 공생애의 초기와 말기, 이렇게 두 번 일어난 사건으로 볼 수도 있다. 그런데 과연 공생애를 시작하자마자 이 엄청난 사건을 저지르고 나서 사역을 계속할 수 있겠는가? 성전 체제의 중요성에 비추어 볼 때 유대 당국과 로마 당국이 과연 예수를 그냥 놔둘 수 있겠는가? 상식적으로 생각할 때 일단 어렵다는 결론이 나온다.

공관복음서에 의하면 예수께서 예루살렘에 입성하여 제일 먼저 하신 일이 성전정화였다. 그리고 이때부터 유대 당국은 예수를 죽이고자 혈안이 되어 있었다. 성전의 권위에 도전한 이 사건이 도화선이 되어 예수는 곧 체포되어 심문 받고 처형된다.[13] 이것이 자연스러운 이야기의 흐름이다.[14]

---

12) 마 21:12-17; 막 11:15-19; 눅 19:45-48.

13) 스데반은 유대교의 두 기둥인 '성전과 율법'에 도전한 일로 인해 순교를 당했다(행 6:13; 7장 참조).

14) 이 문제에 관해 현재 상당히 광범위한 의견의 일치를 보이는 점들은 다음과 같다. 1) 이 사건은 두 번이 아니라 단지 한번 일어났다. 2) 그것은 예수의 생애의 마지막 주에 일어났다. 3) 제4복음서 기자는 그 사건의 시점을 수정하려는 어떠한 의도도 지니고 있지 않았지만, 예수의 사역의 과정을 이해하는 일에 있어 그 기사의 중요성을 부각시키기 위해 그것을 시작부에 배치했다. 그 기사는 우리 주님의 사역, 곧 그의 말씀들과 행동들, 그의 죽음과 부

요한이 성전정화사건을 본론이 시작되는 첫 장에 배치한 것은 이 사건이 예수의 전 생애와 사역의 모범이라 믿었기 때문이다. 따라서 이 사건은 요한복음 해석의 열쇠를 제공한다는 점에서 대단히 중요한 문제가 아닐 수 없다. 그렇다면 이 문제에 대해 요한이 갖고 있는 신학적 의도는 무엇인가? 그것은 가나의 혼인잔치와 마찬가지로 성전정화사건 또한 "부활"의 관점에서 다루고 있다는 것을 보여주고자 한 것이다. 이 같은 관점은 이 사건에 대한 요한의 해설을 담고 있는 본문 21-22절이 잘 밝혀주고 있다. 이 같은 의미에서 2장은 부활장인 20장과 상응한다는 것이 필자의 생각이다.

다음으로, 왜 예수는 성전을 정화하려고 했는가 하는 동기문제이다. 예수 당시 예루살렘 성전은 종교적인 기능뿐만 아니라 정치적, 경제적 기능에서도 절대적인 영향력을 행사하였다. 정치적 측면에서 성전은 예부터 지배 세력과의 야합을 통해 그 존립 근거를 확보해왔다. 예수 시대에 대제사장직은 로마 총독에 의해 임명되었는데, 그 기준은 로마 제국에 대한 충성이었다. 성전은 로마 제국주의 세력의 충실한 시녀였고 산헤드린 의회와는 동전의 양면처럼 결합되어 있었다.

경제적 측면에서 성전은 모든 돈이 집중되는 은행의 역할을 하였다. 성전은 십일조와 성전세 및 성전 영지를 통해 수입을 올렸다. 그밖에도 성전 세겔이라는 특별화폐에 의한 환전 프리미엄으로 돈을 축적했고, 제의용 희생동물의 전매특허로 엄청난 착취를

활의 본질과 과정, 그리고 하나님에 대한 새로운 예배 안에서 나타나는 그 모든 것의 결과를 파악할 수 있는 극히 중대한 단서를 제공한다. 예수의 생애에 있어 유명한 사건을 보다 초기로 옮겨 배치하는 복음서 기자의 유사한 행동에 대해서는, 누가가 예수의 나사렛 방문에 대한 보고를 갈릴리 사역의 시작부, 곧 눅 4:16-30에 배치시킨 것을 실례로 들 수 있다. G. R. Beasley-Murray, 176.

하였다. 따라서 성전은 착취와 부패의 온상이었고, 그런 성전은 저주받은 무화과나무처럼 없어져야 한다는 것이 예수의 입장이었다(막 11:12-25).[15]

예수께서 제물에 쓰일 짐승들을 내쫓고 환전상의 상을 뒤엎은 것은 이 사실들을 극적으로 표현한 선지자적 행위였다.[16] 하나님과의 교제를 회복하는 것이 바로 성전 제사인데 예루살렘 성전은 부패와 타락으로 더 이상 성전 기능을 상실했다. 즉 성전 제사를 중심으로 한 유대교는 하나님과 교제하는 역할을 수행할 수 없었다.[17] 이런 상황에서 예수의 죽음은 성전 기능(속죄 제사)의 종말론적 완성으로서, 모든 피조물이 죄 용서를 받고 하나님과 올바른 관계를 회복하는 것이 되었다.[18]

성전은 지상에 있는 하나님의 거주 장소이다. 성전은 그의 백성들이 하나님을 만나는 장소이다. 그러나 요한은 예수의 오심으로 이 장소가 물리적인 예루살렘 성전이 아니라 한 인간인 예수 자신에게 옮기워졌다고 주장한다. 이는 부활시에야 비로소 명백하게 될 것이나 요한은 여기서 벌써 이 메시지를 암시해 주고 있다.[19]

"유대인의 유월절이 가까운지라 예수께서 예루살렘으로 올라가셨더니"(13절). 이미 언급했듯이 여기서도 첫 대목은 대단히 중요하다. 요한이 "유대인의 유월절"[20]이라고 언급한 것은 끝절(23절)

---

15) 박호용, "1세기 팔레스틴 상황에서의 예수의 길", 《부르다가 내가 죽을 노래》, 363. 이 문제에 대한 보다 자세한 논의는 안병무, "예루살렘 성전체제와 예수의 대결", 《신학사상》(1987년 가을호), 511-530을 참조하라.

16) 성전을 정화하는 예수의 모습은 구약의 예언자의 모습을 연상케 한다. 그런데 이 둘의 차이는 구약의 예언자들이 단지 성전을 비판한 것과는 달리 예수는 성전을 자신으로 대치하려고 했다는 점이다.

17) 성전정화사건은 성전제의에 대한 비판으로서 '성전훼파사건'으로 보아야 하며, 이것은 궁극적으로 '유대교 훼파'라는 견해에 대해서는 J. Gnilka, 《마르코 복음(2)》, 171-179을 참조하라.

18) 김세윤, 73-74.

19) R. Kysar, 《요한의 예수이야기》, 27.

에 비추어 볼 때 죽은 자 가운데서 살아난 예수로 말미암아 "유대교의 유월절"은 "기독교의 부활절"로 대치되었다는 것을 말하고자 그 같은 표현을 썼다고 볼 수 있다. 그리고 "예수께서 예루살렘으로 올라가셨더니"라는 대목은 요한복음에서 다섯 번의 하강구조 가운데 세 번째 하강구조가 시작됨을 보여주고 있다.[21]

14-16절[22]에 나오는 예수의 성전정화는 공관복음서에 비해 예수가 매우 사려 깊게 행동한 것으로 나타나고 있다.[23] 여기서 주목할 대목은 "내 아버지의 집으로 장사하는 집을 만들지 말라"(16절)는 대목이다.[24] 이 대목에서 예수는 하나님을 "내 아버지"[25]라고 함으로써 자신이 하나님의 아들임을 간접적으로 들어내고자 하였다(눅 2:49 참조). 그리고 "내 아버지의 집"과 "장사하는 집"이 대

---

20) "유월절"(토 파스카, *τὸ πάσχα*)은 엄밀하게 니산월 14-15일 밤에 거행되는 유월절 축제를 말한다. 그런데 그것은 니산월 15-21일의 무교절기로 이어졌다. 나중에 유대교에서 두 절기가 하나의 용어로 결합되어 유월절이라고 불리웠다. 한편, 요한이 "유대인의 정결 예식"(2:6), "유대인의 유월절"(2:13), "유대인의 명절인 유월절"(6:4), "유대인의 명절인 초막절"(7:2)이라는 표현을 사용한 것은 기독교, 특히 요한공동체를 유대인과 구분하려는 의도에서 나온 것으로 이해된다.

21) 첫 번째 하강구조(1:1-18), 두 번째 하강구조(1:19-2:12)에 이어 세 번째 하강구조는 2:13에서 시작하여 4:54에서 끝난다.

22) 14절의 "성전"('토 히에론', *τὸ ἱερόν*)은 전체 성전 복합체로서, 성소(sanctuary), 부속 건물들, 성전 뜰로 구성되어 있는데, 엄격한 의미에서 19-20절에 나오는 "성전"('토 나오스', *ὁ ναός*), 즉 성소와 구별된다. 또한 15절에서 환전상의 돈을 쏟았다고 되어 있는데, 이는 당시에 환전해 주는 사람들이 필요했음을 말해준다. 그 이유는 유대인들은 자체적으로 동전을 주조할 수 있도록 허락되지 않았고, 로마 주화에는 신성모독을 상징하는 로마통치자들의 화상이 새겨져 있었기 때문이다.

23) 최홍진, 《요한복음》, 101-102을 참조하라.

24) 공관복음에서는 구약을 인용하여 "내 집은 만민이 기도하는 집이라(사 56:7)…너희는 강도의 굴혈로 만들었도다(렘 7:11)"(막 11:17; 마 21:13; 눅 19:46)라고 되어 있다.

25) 이 어휘는 본서에 자주 나오는 독특한 용어로서, 마가에는 없고, 마태에 16회, 누가에 4회 사용되었으나 본서에서는 27회가 나타난다.

조되고 있다. 성전은 하나님이 임재하시고 하나님께 예배가 드려지는 거룩한 장소인데,[26] 사람들이 세속적 이익을 위해 장사하는 곳으로 변질시켰다. 이는 신성 모독에 해당하는 행위였다. 예수의 성전 숙정은 잘못된 관행에 경종을 울리고 하나님에 대한 참된 예배를 되찾고자 한 데서 비롯된 의분이었다.

"주의 전을 사모하는 열심히 나를 삼키리라"(17절). 이 대목은 시편 69:9의 전반절을 인용한 것으로 문맥상의 원뜻은 하나님에 대한 다윗의 열정이 너무도 강렬하여 하나님을 대적하는 악인들로 말미암아 고통을 받게 되었다는 뜻이다. "삼키리라"는 어구는 주의 전을 깨끗케 하고자 하는 열정에 사로잡힌 당시의 예수를 가리킨다고 볼 수 있으나 그 시제가 미래인 것으로 보아 예수께서 앞으로 당하실 고난과 죽음을 예시한 표현이라고 볼 수 있다. 아무튼 이 대목은 예수의 하나님을 향한 열정을 잘 보여준다.

"유대인들이…네가 이런 일을 행하니 무슨 표적을 우리에게 보이겠느냐?"(18절). 여기서 "유대인들"[27]에 해당하는 '이우다이오이'(*Ἰουδαῖοί*, 원형은 *Ἰουδαῖος*)는 본서에서 대부분 예수에 대한 적대세력을 가리키는 문맥에서 사용된다. 유대인들은 참 선지자와 거짓 선지자를 구분할 때 표적을 통하여 하는 것이 전통적 방법이었다(신 18:22). 따라서 유대인들은 만일 하나님께서 이 일을 하도록 예수를 보냈다면 초자연적 표적을 보여 자신의 정당성을 입증하라고

---

26) 성전정화는 '하나님의 거룩성의 회복'(거룩은 하나님의 내적 본질, 영광은 하나님의 외적 현시)이다. 포로기 이전 예루살렘 성전은 혼합주의(syncretism), 즉 야웨만을 위한 것이 아니라 여러 이방 신상으로 채워짐으로써 야웨의 거룩한 이름이 더럽혀졌다. 야웨가 성전을 멸망시키고 자기 백성을 포로가 되게 하신 것은 더럽혀진 야웨의 거룩한 이름을 정결케 하기 위함이었다(겔 36:22-23). 이에 대한 자세한 논의는 박호용, 《야웨인지공식》, 196-206, 238-239을 참조하라.

27) 이 용어가 신약 전체에 193회 나오는데, 마태 5회, 마가 7회, 누가 5회 나오는데 반해, 본서에는 약 70회가 나온다.

요구하였던 것이다.

표적을 보이라는 유대인의 요구에 예수는 다음과 같은 말로 응수하였다. “너희가 이 성전을 헐라 내가 사흘 동안에 일으키리라”(19절). 이 구절은 요한복음에서 이중의미 또는 오해기법을 잘 드러내주는 대표적인 실례이다. 보통 요한복음에 나온 오해들(3:4-12에서와 같이)은 요한에 의한 부연 설명으로 바로잡아진다. 이 구절에서는 “예수는 성전 된 자기 육체를 가리켜 말씀하신 것이라”(21절)는 해설에 의해 그렇게 한다.

예수께서 성전 된 자신의 육신을 가리켜 헐라고 말씀하신 것은 앞으로 유대 교권주의자들에게 의해 자신이 십자가의 죽음을 당하게 될 것을 예언한 것이다. 그러나 아무도, 심지어는 제자들까지도 이 말씀의 참 의미를 깨닫지 못했다(22절). 성전을 헐라고 말씀하신 것이 바로 자신의 죽음을 의미했듯이, “사흘 동안에 일으키리라”는 예언은 바로 예수의 삼일만에 부활하여 다시 사심을 가리킨다.[28)]

이 대목은 예수 자신에게 부여된 죽고 부활할 수 있는 자유나 권능도 시사한다(10:18). 그뿐 아니라 예수의 “몸”이 “성전” 곧 하나님께 예배드리는 장소이기에 “영과 진리 안에서” 하나님께 예배드리는 시간이 예수와 함께 시작되었다고 말할 수 있다(4:23). 부활한 그리스도의 몸은 영과 진리 안에서 하나님께 예배드리는 중심이요(4:21-22), 하나님 현존의 장소이며(1:14), 생명수가 넘쳐흐르는 영적 성전이 된다(7:37-39; 19:34).[29)]

이러한 사실은 “일으키리라”란 표현 가운데 잘 드러난다. 이에 해당하는 ‘에게로’(*ἐγερῶ*)는 ‘에게이로’(*ἐγείρω*)의 미래시제로서 잠자는 사람을 깨운다는 것이 기본적인 의미이나 비유적으로 죽은

---

28) 《그랜드종합주석》(누가복음-요한복음), 615.
29) 이영헌, 89.

사람을 다시 살리는 것을 나타나는 데 종종 쓰인다(마 10:8; 요 5:21; 행 5:30). 이는 당시 유대 종교 지도자들에 의해 죽었던 예수께서 스스로 부활하실 것임을 예언한 말씀이다. 그러나 이들은 이러한 비유적 표현을 전혀 이해하지 못했다. 오히려 그들은 예수의 이 말씀을 신성 모독죄로 삼아 예수를 정죄하고 사형을 언도하는 근거로 사용하였다(마 26:61).[30]

예수의 말씀과 사역은 구약에 대한 성취이자 자기 자신의 약속에 대한 성취이다. 이 구절은 다음과 같은 예언의 성취 방식을 보여준다. 즉 성전의 '파괴'는 예수의 육체의 파괴 안에서 성취되었으며, 새로운 성전의 건축은 예수의 부활로 말미암아 이루어진다. 유대인들은 전자를, 예수는 후자를 성취한 것이다. 이것이 '부활절'에 비추어서 이해되어지는 두 번째 국면에 대한 해석이다.

부활하신 주님은 하나님의 영광이 드러나며, 그의 용서와 갱신이 경험되고, 하나님과의 교제가 영원히 유지되는 '처소'이다. 새 시대의 성전은 교회가 아니라 그리스도라는 사실을 주목하라. 새 성전되신 부활하신 주님이라는 동일한 개념은 에스겔 47: 1-12로 소급되는 것과 더불어 요한복음 7:37-38에서 입증된다(계 21:22; 22:1-3 참조).[31]

"사흘 동안에 일으키리라'는 예수의 말에 유대인들은 "이 성전은 사십육 년 동안에 지었거늘 네가 삼일 동안에 일으키겠느냐" (20절)라는 반문으로 응수한다. 예수께서는 상징적, 암시적으로 말씀하셨는데, 그들은 문자적, 표면적으로 이해한 것이다. 당시까지의 성전의 역사는 이러하다. 제1성전인 솔로몬 성전은 주전 957년 예루살렘에 지어졌다. 이 성전은 587년에 바벨론 군대에 진멸되었다.

---

30) 《옥스퍼드원어성경대전》(요한복음 제1-6장), 212.

31) G. R. Beasley-Murray, 179-180.

그 후 바벨론 포로에서 귀환한 유대인들은 515년경 제2성전인 스룹바벨 성전을 지었다. 그러다가 대헤롯(Herod The Great)에 의해 제3성전인 헤롯 성전이 지어졌다. 이 성전공사는 주전 19년에 시작되었으니 주후 27년경에는 건축을 시작한지 46년이 된 셈이다. 이 성전건축은 그 후에도 계속되어 63년에 이르러 완공되었다. 그러나 이 성전은 70년 로마의 티투스(Titus) 장군에 의해 철저히 파괴되고 말았다.

이렇듯 46년 동안 많은 사람이 동원되어 건축했어도 아직 미완료된 성전을 어떻게 사흘 동안에 짓겠다는 것인가. "그러나 예수는 성전된 자기 육체를 가리켜 말씀하신 것이라"(21절)고 요한은 해설을 붙인다. 요한복음이 기록된 시기가 주후 90년 이후라고 본다면 이미 성전이 파괴된 지 20년이 지난 후였다. 유대인들의 삶의 중심이었던 예루살렘 성전의 파괴는 그들에게 엄청난 충격을 안겨주었다. 이런 상황에서 요한은 성전을 새롭게 해석해 줄 필요가 있었다.

성전은 하나님이 임재하시는 장소요 예배를 통해 하나님을 만나는 장소이다. 이제 성전이 없는 상황에서 어디서 예배를 드릴 것이며 하나님을 만날 수 있을 것인가? 돌로 만든 성전이 아니라 성육신 하신 예수가 바로 성전이라는 것이다. 그리고 몸 성전인 예수를 통해서만 하나님께 나아갈 수 있으며, 부활하신 주님을 예배함으로 하나님을 만나고 구원을 얻을 수 있다는 것이다(요 3:16; 행 16:31). 실로 예수는 성전의 주이시며 성전보다 더 크신 분이다(마 12:6).

"죽은 자 가운데서 살아나신 후에야 제자들이 이 말씀하신 것을 기억하고 성경과 예수께서 하신 말씀을 믿었더라"(22절). 처음이 중요하듯 또한 마지막이 중요하다. 첫 기사와 두 번째 기사가 모두 제자들이 예수(의 말씀)를 믿었다는 것으로 끝나고 있다(11절과 22

절). 성전정화사건을 마무리 지으면서 요한이 결론적으로 한 이 해설은 전후 문맥(1-11절과 23-25절)과 관련하여 대단히 중요한 의미를 갖는다.

제자들이 성전과 관련된 예수의 말씀을 전혀 이해하지 못했다는 것이다. 그러다가 예수의 부활 이후, 곧 성령을 받고 난 후에(14:46) 비로소 예수의 계시 말씀을 상기하고(19절) 구약 성경과 예수의 말씀을 믿게 되었다는 것이다(12:16; 눅 24:45). 즉 보이는 '표적신앙'에서 보이지 않는 '부활신앙'을 갖게 된 것이다. 제자들이 첫 표적을 보고 믿게 된 신앙은 초보신앙인 표적신앙이었다(11절). 이제 부활 승천 이후 성령 강림을 통해 제자들은 보이지 않는 분을 믿는 부활신앙(22절)을 갖게 된 것이다.

그러면 표적신앙과 부활신앙의 차이는 무엇인가? 보지 않고 믿는 부활신앙은 죽음(수치)을 이긴 생명(영광)의 신앙이다. 영생과 영광을 담지한 부활신앙은 자기 몸에 태인 십자가를 능히 질 수 있는 십자가신앙(순교신앙)을 가능케 한다. 그러나 보고 믿는 표적신앙은 죽음(수치)을 이긴 생명(영광)의 신앙에 이르지 못했다. 그러기에 표적신앙은 신앙의 고난이 닥쳐올 때 이를 감당할 수 없어 고난(십자가)을 피해 달아나게 되어 있다. 당신의 신앙은 십자가 앞에서 무서워 도망가는 표적신앙인가 아니면 십자가를 담대히 지고 가는 부활신앙인가? "너는 나를 본 고로 믿느냐 보지 않고 믿는 자들은 복되도다"(20:29).

3. 사람을 꿰뚫어 보심(23-25절)

이 단락은 앞선 단락과 3장의 니고데모 기사를 연결하는 고리 역할을 한다. 이 단락은 외견상으로는 중요하지 않은 첨가물 정도로 보이나 니고데모 기사에 대한 배경과 이해의 중요한 실마리를 제공한다. 뿐만 아니라 표적신앙과 부활신앙의 차이를 말해주는 요한복음의 목적을 서술한 20:30-31과 관련된다는 점에서 대단히 중요한 단락이 아닐 수 없다.

유대인들의 최대 명절인 유월절에는 유월절을 지키려는 순례자들로 인해 예루살렘에는 많은 사람들이 모인다. 이들 가운데 많은 이들이 예수가 행한 표적을 보고 예수를 믿었다(표적신앙, 23절). 그러나 "예수는 그의 몸을 그들에게 의탁하지 아니하셨으니 이는 친히 모든 사람을 아심"(24절) 때문이라는 것이다. 무슨 뜻인가?

여기서 "의탁하다"(피스튜오, *πιστεύω*)는 '믿다', '맡기다', '신뢰를 가지고 의지하다'(마 8:13; 눅 1:45)란 의미이다. 부활신앙(십자가신앙)에 이르지 못한 표적신앙은 언제 변할지 모르는 불완전한 신앙이기에 믿을만한 신앙이 못된다. 그러기에 예수는 표적신앙을 가진 자들에게 자신을 맡기지 아니했던 것이다.

표적신앙은 예수의 능력을 이용하여 물질적 이득이나 정치적 야망을 이루려는 세속적 동기가 크게 작용할 수 있다. 우리는 요한복음 6장에서 표적을 맛본 많은 이들이 예수를 억지로 자신들의 왕으로 삼으려고 했고, 그것이 안 되자 예수를 떠나는 장면을 보게 된다. 신적 통찰력을 지니신 예수는 이 같은 사실을 누구보다도 잘 알았다. 그래서 24절에 이어 "이는 친히 사람의 속에 있는 것을 아셨음이니라"(25절)라는 말로 예수의 전지성을 다시 한번 강조하였던 것이다.

정리하면, 2장은 부활의 신학의 관점에서 "가나의 표적사건"과 "성전정화사건"을 다루고 있다. 그런 의미에서 2장은 부활장인 20장과 상응한다. 하나님의 아들로 오신 예수가 첫 표적의 영광을 유서깊은 유대 땅 예루살렘에서가 아니라 작은 시골 마을에 불과한 갈릴리 가나에서 베풀었다는 것은 성육신적 내리사랑을 잘 보여주는 사건이 아닐 수 없다. 그리고 요한은 성전정화사건을 공생애 말기에 두지 아니하고 공생애 첫 시작에 놓음으로써 부활의 관점, 즉 부활하신 주님이 유대교의 성전을 대치하는 분이자 예배를 받으실 대상임을 보여주었다.

제3장

요한복음을 읽을 때마다 오랫동안 의아하게 생각한 것이 하나 있다. 왜 요한복음은 공관복음에 그렇게도 많이 나타나는 "하나님 나라"[1]가 거의 나타나지 않는가 하는 점이다. 요한복음에서 '하나님 나라'는 니고데모와의 대화(3장)에서 두 번(3, 5절), 그리고 빌라도와의 대화(18장)에서 "내 나라"라는 변형된 형태로 세 번(36절[3회]) 등장할 뿐이다. '하나님 나라'가 이 두 곳에서만 나타나고 다른 곳에서는 전혀 나타나지 않는다는 이 자체가 이상하지 않은가. 여기에는 요한의 고도의 신학적 전략이 깔려 있다는 것이 필자의 생각이다.

우선 말하고 싶은 것은 3장과 18-19장은 〈구원론〉(십자가 신학)이라는 관점에서 상응한다. 요한복음 3:16(복음의 요약)을 확대한 것이 요한복음 18-19장(십자가 신학)이고, 요한복음 18-19장을 한 구절로 요약한 것이 요한복음 3:16이라고 말할 수 있다. 좀 더 구체적으로 말하면 '하나님 나라'와 '십자가 신학'이라는 주제와 관련하여 3장(니고데모)과 18-19장(빌라도)이 상응한다는 사실이다. 그리

1) 마태 55회, 마가 20회, 누가 46회, 총 121회가 나타남.

고 공관복음서 이해의 열쇠가 '하나님 나라'에 있다면, 요한복음서 이해의 결정적 열쇠도 '하나님 나라'가 단 두 곳밖에 나타나지 않는 여기에 있다고 말할 수 있다. 요한은 세상 나라에서 최고의 지도자에 속하는 두 인물, 즉 니고데모(3장)와 빌라도(18-19장)를 대조시켜 진술함으로써 '하나님 나라'에 대한 논의는 이것으로 족하다는 것을 말하고자 했을 것이다.

1. 니고데모와의 대화(1-15절)

"그런데 바리새인 중에 니고데모라 하는 사람이 있으니 유대인의 지도자라"(1절). "그런데"라는 접속사는 이 단락이 유월절에 예루살렘에서 있었던 예수의 표적과 연결되어 있음을 보여준다. 이 단락의 정확한 이해를 위해 먼저 니고데모가 어떤 사람인가를 자세히 검토할 필요가 있다.

니고데모라는 사람은 공관복음에는 나오지 않고 오직 본서에서만 세 차례(3:1-5; 7:51; 19:38-42) 등장한다. '니고데모'(니코데모스, *Νικόδημος*)라는 이름의 뜻은 '승리한 백성' 또는 '백성의 정복자'라는 뜻을 가진다. 유대인이었던 그가 헬라식 이름을 가졌다는 것은 헬라 교육을 받았던 지성인이라는 것을 암시한다.

그리고 그는 종교적으로 바리새파에 속하는 사람이라고 했다. 요즘은 바리새인이라고 하면 외식주의자라는 부정적인 이미지가 먼저 떠오른다. 그러나 예수 당시에는 6천명이 넘지 않은 소수 엘리트 집단으로서 모세의 율법을 엄격히 지키며 사는 윤리적이고 도덕적으로 뛰어난 사람을 가리켰다.

또한 그는 정치적으로 유대인의 관원(지도자), 즉 산헤드린 공회의 일원이다. 당시 산헤드린 공회는 대제사장을 포함하여 72명으로 구성되어 있었다. 그 중의 한 사람이니까 그는 상류층에 속하는 성공한 사람이다. 한 마디로 그는 유대 사회를 대표하는 상류층 인사이자 세상적으로 부족할 것이 없는 사람이다.

이 같은 사람이 밤에 예수를 찾아온 것이다. 왜 찾아왔을까? 부정적으로 말한다면 예수를 넘어뜨리려고 왔을 것이다. 그러나 긍정적으로 말한다면 영혼의 갈급함 때문이리라. 왜 당당하게 밝은 대낮에 찾아오지 않고 어두운 밤에 찾아왔을까? 니고데모와 같은 상류층 인사가 예수를 만난다는 사실이 알려지게 되면 그는 유대 사회에서 매장되기 십상이다. 그래서 사람의 이목이 두려워 밤에 찾아왔을 것이다(19:38 참조).

또는 율법 공부가 주로 밤에 이루어지기 때문에 바리새인 랍비로서 예수와 진지한 신학적 토론을 하기 위해 밤에 찾아왔을 수도 있다. 본서에서 어두움과 밤은 죄악, 거짓, 무지 및 사탄의 세력을 상징한다(9:4; 11:10; 13:30)고 할 때 그는 어둠의 세계에서 빛 되신 예수에게로 나아온 것이다.

"랍비여 우리가 당신은 하나님께로부터 오신 선생인 줄 아나이다 하나님이 함께 하시지 아니하면 당신이 행하시는 이 표적을 아무도 할 수 없음이니이다"(2절). 그는 예수를 선생님에 해당하는 "랍비"라고 불렀다. 그리고는 "하나님으로부터 오신 선생(디다스칼로스, *διδάσκαλος*)"이라고 말했는데, 이는 '하나님께로부터 보냄을 받은 참 선지자'라는 뜻을 지닌다. 그는 예수께서 행하신 표적을 이야기의 화두로 들고 나왔다.

그러자 예수는 이렇게 대답했다. "진실로 진실로 네게 이르노니 사람이 거듭나지 아니하면 하나님의 나라를 볼 수 없느니라"(3절). 이 구절은 이 대화의 핵심에 속하는 거듭남(중생)과 하나님 나라와의 관계를 말하고 있기에 자세히 검토할 필요가 있다.

여기서 "거듭"이라고 번역된 '아노텐'(*ἄνωθεν*)은 '위로부터' 또는

'새로'('다시')라는 이중의미를 갖는다. '위로부터'란 '하나님으로부터'라는 의미이다. 그러니까 "거듭나다(겐네데 아노텐, *γεννηθη ἄνωθεν*)라는 말은 '위로부터 새로 태어나다' 또는 '하나님으로부터 태어나다'라는 뜻을 갖는다. 이 말은 사람이 하나님으로부터 '새로 태어나서' 하나님과 새로운 관계를 갖는 중생(重生)을 의미한다.

한편, "하나님의 나라"(바실레이아 투 데우, *βασιλεία τοῦ θεου*)[2]라는 말은 "하나님의 통치(지배, 주권, 다스림)"를 의미하는 것으로, 공관복음에서는 예수의 선포의 주제인데, 본서에서는 3:3, 5에서만 나타난다. 본서에서는 이 말이 "생명"(영생)이라는 말로 대치되어 있다. 본서에서의 "생명"(영생)은 하나님 나라의 생명(영생), 곧 神的 생명, 靈的 생명, 天的 생명을 말한다.

그런데 본래 하늘에 속한 분인 예수는 하나님이 다스리는 나라의 왕이며, 하나님 나라를 안고 이 세상에 오신 분이다. 그러기에 하나님의 나라는 '예수 나라'이다(18:36 참조). 따라서 하나님 나라의 왕이신 예수를 믿고 영접한(거듭난) 사람은 하나님 나라를 본 사람이 된다. 그러니까 거듭나지 않은 사람은 하나님의 나라를 볼(맛볼) 수 없다. 이 말을 쉽게 풀어보면 이렇다.

한 사람이 거듭난다(중생한다)라는 말은 지금까지의 삶, 즉 내 지식, 내 경험, 내 의지, 그리고 세상적인 것들을 내 마음의 왕으로 모시고 사는 삶에서 돌이켜 하나님(예수 그리스도)을 내 마음의 왕으로 모시고 그분에게 나를 맡기고 그분의 주권과 인도하심에 따라 사는 삶을 말한다. 다시 말하면 내가 내 주인이 아니라 하나님을 내 주인으로 모시고 사는 삶을 말한다(마 6:24).

그러니까 내 것(세상 것)을 내려놓고(바울의 말에 따르면 '십자가에

---

2) 하나님 나라에 대한 자세한 논의는 N. T. Wright, 《예수와 하나님의 승리》, 314-566; D. Wenham, 《바울: 예수의 추종자인가 기독교의 창시자인가?》 64-155을 참조하라

못박고') 그 대신 십자가에 달리신 예수 그리스도를 내 마음의 왕으로 모시고 사는 삶, 이것을 가리켜 중생하여 하나님 나라를 사는(보는, 또는 들어가는) 것이라고 말하는 것이다.

니고데모는 혈통적으로 아브라함의 후손이요 사회적으로 조금도 부족함이 없는 성공한 상류층의 한 사람이었지만 이 말의 의미를 이해할 수 없었다. 그래서 그는 이렇게 엉뚱한 말을 늘어놓았다. "사람이 늙으면 다시 날 수 있사옵나이까 두 번째 모태에 들어갔다가 날 수 있사옵나이까"(4절). 이 말에서 우리는 예수의 말씀을 육적인 차원에서 이해한 니고데모의 영적 무지를 엿보게 된다.

이에 예수는 다시 이렇게 대답했다. "사람이 물과 성령으로 나지 아니하면 하나님의 나라에 들어갈 수 없느니라"(5절). 여기서 "물과 성령"(*ὕδατος καὶ πνεύματος*)은 무엇을 말하는가? 물과 성령의 연결은 유대인의 의식 속에 깊이 뿌리박혀 있다(겔 36:25-27; 사 44:3; 요 7:37-39).

"물"은 구약 의식법상 어떤 대상에게 물을 뿌려서 정결케 하는 것으로 사용되었다(레 11:32; 민 19:12, 19; 31:23).[3] 이것이 신약시대에 와서 죄사함을 받아 깨끗케 되었음을 상징하는 물세례의 예표가 되었다(행 19:3). 물로 다시 난다는 것은 세례를 통해 다시 난다는 것을 암시한다. 기독교 전통에서 세례의 물은 정화시키는 씻김(엡 5:26), 구원을 얻기 위한 방법(벧전 3:20-21), 나아가 중생의 씻김(딛 3:5)이라는 것을 표현하는 용어이다.

여기서 물이 무엇을 의미하던 간에 강조점은 "성령으로 거듭난다"는 사실에 있다. "위로부터 다시 난다"는 말은 "성령으로 난다", 즉 성령 가운데 임재한 하나님의 능력에 의해 사람이 영적으로 다시 태어난다는 말이다. 사람이 하나님 나라에 들어가려면 자연

---

3) 《그랜드종합주석》(예레미야-에스겔), 1134.

적 출생 외의 또 다른 출생, 즉 성령으로부터의 출생이 있어야 한다. 즉 요한복음의 구원론에서 중요한 것은 크리스천 공동체에 참여하기 위한 어떤 예식(성례전)보다도 내적인 변화, 거듭남이라는 것을 알 수 있다.[4)]

"육으로 난 것은 육이요 영으로 난 것은 영이니"(6절). 바울은 "육에 속한 사람"(자연인)와 "영에 속한 사람"(신앙인)를 대조시켜 언급한 바 있다(롬 8:3-9). 인간이 자기 스스로 "하나님의 나라"에 들어갈 수 없다는 것을 "육"(*σάρξ*)과 "영"(*πνεῦμά*)의 반대되는 두 실재를 가지고 대조하여 설명하고 있다. "육"(*σάρξ*)은 하나님의 은혜를 떠나 있는 부패한 인간의 본성을 가리킨다. 중생은 오직 "성령"의 역사에 의해서만 되어질 수 있다. 따라서 "영"(성령)으로 난 자만이 하나님의 나라에 들어가기에 태어날 때부터 "육"의 영역에 속한 모든 인간은 반드시 "영", 곧 "위로부터" 새로 나야만 한다.

중생의 진리는 자연인으로서는 도저히 이해할 수도, 믿을 수도 없는 영적 신비에 속하는 진리이다. 따라서 예수는 니고데모에게 영으로 다시 나는 것에 놀라지 말라고 하시면서 이에 대한 설명을 계속한다. "바람이 임의로 불매 네가 그 소리는 들어도 어디서 와서 어디로 가는지 알지 못하나니 성령으로 난 사람도 다 그러하니라"(8절). 히브리어 '루아흐'(רוּחַ)와 헬라어 '프뉴마'(*πνεῦμα*)는 "바람"과 "영"을 뜻하는 이중의미를 지닌다. 따라서 여기서 '프뉴마'라는 말의 사용은 언어의 유희이다. 유대인이면서 헬라적 사고에 익숙해 있는 니고데모에게 바람과 성령을 관련시켜 거듭남의 의미를 설명하는 것은 적절한 방법이라 볼 수 있다.

바람이 어떻게 생겨나며, 어디로부터 와서 어디로 가느냐 하는 것은 고대 세계의 사람들에게는 이성적으로 설명하기 어려운 하나

---

4) 김동수, 《요한신학 렌즈로 본 요한복음》, 83.

의 수수께끼이자 신비였다. 인간이 바람을 조종하지 못하고 그 기원과 방향을 알 수 없듯이, 성령 또한 인간의 의지로 조종하지 못할 뿐만 아니라 그 기원과 방향을 알 수 없다. 성령으로 거듭남은 오직 하나님의 주권에 의한 것이다.

아브라함의 후손이라는 선민사상으로 가득 차 있던 니고데모는 이 같은 예수의 가르침을 이해할 수가 없었다. 그래서 이렇게 반문했다. "어찌 그러한 일이 있을 수 있나이까"(9절). 니고데모의 오해나 몰이해를 잘 보여주는 대목이다. 그러자 예수는 니고데모를 질책했다. "너는 이스라엘의 선생으로서 이러한 것들을 알지 못하느냐"(10절).

니고데모는 예수가 인정할 정도로 율법에 정통한 이스라엘의 선생(율법학자)이었다. 그러나 그는 영적인 일에 대해서는 전혀 무지한 상태였다. 그는 영적 소경으로 또 다른 소경을 인도하는 자에 지나지 않았다. 그래서 그는 예수로부터 책망을 받게 된 것이다. 아이러니하게도 가장 경건하다고 자부하던 바리새인(유대 종교 지도자)이 중생의 진리에 대해 아무 것도 몰랐다는 사실은 그 당시 이스라엘의 영적 상태의 한 단면을 보여준다.

"우리는 아는 것을 말하고 본 것을 증언하노라 그러나 너희가 우리의 증언을 받지 아니하는도다"(11절) 여기서 예수는 두 부류의 사람을 대립시키고 있다. 한 부류는 "우리" 속에 포함된 성령의 역사를 깨닫고 거듭난(중생한) 사람들이고, 다른 한 부류는 성령의 역사에 의해 거듭난 사람들을 보고도 이를 믿지 않는 "너희" 속에 포함된 사람들이다. 여기서 "우리"는 예수와 그의 제자들(교회)을 가리키고, "너희"는 니고데모와 그를 따르는 유대인들(유대교)을 가리킨다고 볼 수 있다.

예수는 계속해서 이렇게 말했다. "내가 땅의 일을 말하여도 너희가 믿지 아니하거든 하물며 하늘의 일을 말하면 어떻게 믿겠느냐"(12절). 여기서 "땅의 일"이란 중생과 같은 지상에서 이루어지는 일로서, 관찰(감각이나 경험)을 통해서 누구나 다 알 수 있는 일을 가리킨다. 그리고 "하늘의 일"이란 성부의 속죄 계획이나 성자의 성육신, 십자가의 죽음과 부활, 승천, 및 성령에 의한 궁극적인 구원의 성취 같은 계시를 통해서만 알 수 있는 일을 가리킨다.[5] 그러니까 이 구절은 땅에서 관찰을 통해서 알 수 있는 자연적인 이치를 가지고 거듭남(중생)의 진리를 설명해도 믿지 못한다면, 계시를 통해서만 알 수 있는 하늘에서 되어지는 일을 어떻게 믿을 수 있겠느냐고 책망하는 말씀이다.

"하늘에서 내려온 자 곧 인자 외에는 하늘에 올라간 자가 없느니라"(13절). 이 구절은 예수의 정체를 잘 보여주는 대목이다. 여기서 예수는 하늘에서 내려온 자로서 이스라엘 조상 중에서 모세를 비롯한 하늘에 올라간 자(에녹, 엘리야)와 대비시켜 자신을 소개하고 있다. 이 구절에서 주목해야 할 것은 미래형이 아니라 현재완료형으로서의 "올라간"(아나베베켄, *ἀναβέβηκεν*)이다. 이 구절은 부활의 관점에서 성육신과 십자가를 말하고 있는 것으로 부활의 신학을 잘 보여준다.

부활하여 하늘로 올라간(승천한) 예수는 본래 하늘에 속한 분이셨다. 그러기에 성육신 하신 분, 즉 인자(사람의 아들)는 땅에서 나지 않고 하늘에서 내려오신 분으로 묘사한 것이다. 이분이 십자가에서 죽었다가 다시 살아나 하늘로 올라갈 것이다. 그러니까 부활(승천)-성육신-십자가-부활(승천)의 순환과정으로 예수 그리스도를 그리고 있는 것이다.

"모세가 광야에서 뱀을 든 것 같이 인자도 들려야 하리니"(14절). 이스라엘 백성을 애굽에서 인도하여 낸 지도자 모세는 광야에서

5) J. M. Boice, 《요한복음 강해 I》, 338-339.

여호와를 원망하다가 범죄한 이스라엘 백성을 구하고자 놋뱀을 만들어 장대 위에 달고 그것을 쳐다보는 자들을 살게 했다(민 21:4-9). 이 사건은 후일 인류를 구원하기 위해 친히 자기 몸을 내어준 예수 그리스도의 십자가 사건의 좋은 그림자(prototype)였다.

이 구절에서 요한은 일시적 생명을 주는 것으로 끝나는 모세의 놋뱀과 영원한 생명을 주는 새 모세 예수의 십자가를 대조 비교시키고 있다. 이는 유대교에 대한 기독교의 우위 및 대치를 말함으로써 모세(율법)의 제자인 니고데모로 하여금 예수(복음)의 제자가 되게 하려는 신학적 의도가 깔려 있다.

요한복음에서 "들려야 한다"는 말은 십자가의 죽음과 부활, 그리고 승천을 말하는 다의적인 표현이다. 그런데 이 대목은 특히 십자가를 강조하는 대목이다. 요한은 일관되게 "들어올리다"라는 말을 인자의 죽음에 적용한다(8:28; 12:32-33).[6] "들리다"(휩순, *ὑψοῦν*)는 십자가에 예수를 매다는 행동과 하나님의 영광으로 높이는 행동이라는 이중의미를 지니고 있다(12:23; 13:31 이하). 이 대목은 야웨의 고난받는 종의 마지막 노래의 첫문장(사 52:13)을 염두에 둔 것으로 보인다.

"이는 그를 믿는 자마다 영생을 얻게 하려 하심이니라"(15절). 모세는 이스라엘 백성으로 하여금 일시적인 죽음을 면케 하기 위해 놋뱀을 들었다. 그러나 새 모세되시는 예수는 전 인류로 하여금 영생을 얻게 하기 위해 자신이 십자가에 달렸던 것이다. 구속 사건이란 다름 아니라 바로 성육신 하신 예수께서 십자가에 달리시고 부활하신 사건을 가리킨다. 따라서 십자가에 달리셨다가 부활하신 주님 안에서 신자는 영생(하나님 나라의 삶을 사는 것을 일컬음)을 소유하게 된다.

---

6) G. R. Beasley-Murray, 193-194.

이 시점에서 예수와 니고데모와의 대화는 더 이상 진전될 수 없었다. 니고데모는 인간의 공로, 곧 율법의 준수를 통해 구원을 얻는다고 믿었던 바리새파 유대교를 대표하는 인물이었다. 예수와 니고데모와의 대화가 말해주는 진리는 사람을 구원하는 것은 인간의 의와 노력이 아니라 영혼을 거듭나게 하는 하나님의 능력이라는 것이다.[7)]

2. 복음의 핵심: 구원과 심판(16-21절)

이 단락은 니고데모와의 대화에 대한 요한의 해설로서 우리가 잘 아는 그 유명한 구절이 나오는 단락이다. "하나님이 세상을 이처럼 사랑하사 독생자를 주셨으니 이는 그를 믿는 자마다 멸망하지 않고 영생을 얻게 하려 하심이라"(16절). 이 구절을 가리켜 성경 전체를 요약한 "복음 중의 복음"이라고 한다. 이 세상에서 단 한권의 책을 선택하라면 성경책이고, 성경 66권 중 단 한권을 선택하라면 요한복음이고, 그 가운데 한 장을 선택하라면 3장이고, 그 가운데 한 절을 선택하라면 16절이 될 것이다.

영원히 죽을 수밖에 없는 나 같은 죄인을 사랑하사 영원한 생명을 주시기 위해 하나밖에 없는 외아들을 낮고 천한 이 세상에 보내셔서 온갖 고초를 겪게 하시고 끝내는 십자가에 피 흘려 죽게 하신 그 크신 하나님의 은혜와 사랑을 어찌 필설로 다 말할 수 있으랴.

먼저, 이 유명한 구절의 의미를 말한다면 이렇다. 본래 하늘에 계셨던 하나님(부활주), 그 하나님이 왜 사람이 되셨는가(성육신)? 그리고 왜 그토록 참혹한 죽음을 당하셔야 했는가(십자가)? 그리고

---

7) 《오픈성경》(신약), 145-146.

왜 다시 사셔서 하늘로 올라가셔야 했는가(부활주)? 그 답은 이렇다. "우리를 사랑하는 까닭에", 더 구체적으로 말한다면 우리로 하여금 하나님 나라의 생명(곧 영생=부활)에 참여하도록 하기 위해서이다. 부활주-성육신-십자가-부활주로의 순환적-원형적 과정, 이것이 예수(요한복음)의 시간관이다.

이 구절은 성자의 성육신, 십자가, 부활을 통한 성부의 인류 구원 계획이 잘 요약되어 있다. 그리고 예수의 유일성(唯一性), 예수 그리스도라는 문 외에는 그 어떤 구원의 문도 없으며, 예수 그리스도라는 이름 외에는 어떤 구원을 주실 만한 이름이 없다(행 4:12)는 것을 잘 말해주고 있다. 이는 예수 그리스도를 믿음으로 구원을 얻는다는 바울의 이신칭의(以信稱義)와 그 맥을 같이 한다.

이 구절을 원문으로 살펴보면 "하나님이 세상을 이처럼 사랑하사"(에가페센 호 데오스 톤 코스몬, *ἠγάπησεν ὁ θεὸς τὸν κόσμον*)에서 "사랑한다"는 말이 앞에 강세를 받는 자리에 있어서 '하나님의 사랑'을 강조하고 있다. "독생자를 주셨다"는 말씀은 성육신을 말할 뿐 아니라 하나님이 우리를 사랑하사 구원하기 위해 성육신적 내리사랑의 극치인 십자가에 아들을 내어주셨다(대속적 죽음)는 의미를 담고 있다.

이 구절에서 우리는 요한의 일원론적 지향을 선명하게 볼 수 있다. 즉 하나님은 유대인과 이방인, 하나님 나라와 세상 나라를 분리하지 아니하시고 자신의 하나밖에 없으신 아들을 세상에 보내시고 그를 십자가에 내어 주면서까지 세상을 사랑하셨다. 그리하여 아들을 믿는 자는 차별 없이 누구나 영생(하나님 나라)으로 이끄시는 사랑 많으신 하나님이다. 따라서 요한복음이 '이원론적 복음서'라는 주장은 근본적으로 요한복음의 사상과 배치된다.

또한 이 구절에는 인간을 구원하기 위한 하나님의 의지(동기, 방법, 목적)가 잘 드러나 있다. "하나님이 세상을 이처럼 사랑하사"(동기), "독생자를 주셨으니"(방법), "그를 믿는 자마다 멸망하지 않고 영생을 얻게 하려 하심이라"(목적). 여기서 구원(영생)과 심판(멸망)은 하나님이 보내신 예수 그리스도를 믿느냐의 여부에 달려 있다.

17절은 16절의 방법과 목적을 다른 말로 설명하고 있다. "하나님께서 그 아들을 세상에 보내신 것은"(파견이라는 방법), "세상을 심판하려 하심이 아니요 그로 말미암아 세상이 구원을 받게 하려 하심이라"(파견의 목적). 아버지 하나님께서 아들을 이 세상에 보내어 십자가에 화목제물로 내어준 것은 우리를 구원하기 위한 사랑의 발로였다(롬 5:8-11).

그러기에 하나님으로부터 보냄을 받고 십자가에 달려 죽으신 예수 그리스도를 믿는 자는 구원을 받지만 그 이름을 믿지 아니하는 자는 벌써 심판을 받은 것이다(18절). 여기에는 종말의 구원이나 심판이 이 땅에서 이미 이루어졌다는 소위 요한신학의 '현재적 종말론' 사상이 나타나 있다(5:24; 11:25-26; 12:31 참조).

하나님은 구원의 문을 열어놓고 누구나 오라고 초청하셨다. 그런데 마음문을 닫고 기를 쓰고 오지 않겠다고 버티는 자를 어떻게 하겠는가. 하나님도 어쩔 수 없다. 스스로 멸망의 길을 선택한 것이지 하나님이 그를 차별한 것이 아니다. 그러니까 십자가는 하나님의 구원과 심판이다. 하나님은 '사랑의 하나님'이자 '공의의 하나님'이다. 믿는 자에게는 영생이 주어지지만, 믿지 않는 자는 스스로 심판을 자초하는 것이다. 예수의 십자가는 진리와 거짓, 빛과 어둠, 구원과 심판을 나누는 하나님의 심판 잣대이다.

이어지는 19-21절은 빛과 어둠(19절), 악을 행하는 자(20절)와 진리를 따르는 자(21절)에 대해 말하고 있다. 요한이 니고데모와의 대화 이후에 구원과 심판을 비롯한 이 같이 대조되는 말을 하고 있는 까닭은 무엇일까? 그것은 앞으로 전개될 대조되는 두 사람의 길, 즉 진리를 따르는 자로서 빛 되신 예수에게로 나온 니고데모와 빛 되신 예수를 미워하여 어둠 속에 거하면서 악을 행하는 빌라도의 모습을 대조시키기 위한 전략적 의도에서였다는 것이 필자의 생각이다.

요한은 니고데모가 예수와의 만남이 있은 후에 새 사람으로 변한 중생의 과정을 보여주기 위해 본서 중간에 그의 관한 기사를 취급하였다(7:50-52). 니고데모는 예수를 왕으로 모시고 하나님의 자녀로, 천국 백성으로 살기로 결단한 것이다. 마침내 그는 십자가에 달려 죽으신 예수의 장례를 돕는 일에 뛰어들었다(19:39-40). 이는 그가 유대 사회에서 인정받고 평탄하게 사는 넓은 길을 버리고 주님의 고난에 동참하면서 험난한 좁은 길을 걸어갔음을 보여준다. 즉 그는 세상 나라를 포기하고 하나님 나라를 선택한 것이다.

이와는 달리 로마 총독이었던 빌라도는 하나님 나라를 안고 오신 예수와 만나는 행운을 얻었다. 그러나 그는 하나님 나라에는 관심이 없었고 오직 세상 나라의 권세와 그 권세가 가져다주는 세상적인 것들에 빠져 있었다. 영적인 눈이 먼 그에게는 이 세상이 전부였다. 그는 중생하기 이전의 영적인 눈이 열리지 않은 니고데모의 모습이었다. 그러기에 하나님 나라를 말하는 예수를 어이가 없다는 듯이 비웃고 조롱하였다. 그는 하나님의 자녀가 되는 권세, 하나님 나라를 얻을 천재일우의 기회를 스스로 포기하였다. 결국 하나님 나라의 진리(왕) 되신 예수를 십자가에 못 박는 멸망의 길을 걸어간 것이다. 그리하여 그는 〈사도신경〉을 통해 영원히 저주받는 이름으로 남게 되었다.

3. 세례 요한의 최후 증언(22-30절)[8]

이 단락과 이어지는 단락(31-36절)이 이곳에 들어간 것이 어색하다고 말하는 이들이 있다. 그러나 그것은 모르고 하는 소리이다. 사람이 죽으면서 마지막으로 하는 유언의 말은 귀담아 들을 필요가 있듯이 이 대목은 세례 요한의 최후 증언이라는 점에서 대단히 중요한 의미를 지닌다. 앞 단락(니고데모와의 대화)이 모세와 예수를 대비시켜 예수의 우월성과 유일성을 강조했다면, 이 대목(22-36절)은 요한의 세례 사역과 예수의 세례 사역을 대비시켜 예수의 우월성과 유일성을 다시 한번 강조하고 있는 것이다.

"이 후에 예수께서 제자들과 유대 땅으로 가서"(22절). 니고데모와의 대화의 지리적 배경은 예루살렘인데, 여기서 "유대 땅으로 갔다"는 표현은 무엇을 말하고자함인가? 그것은 26절에 나와 있는 "요단강 저편"(요단 동편)에 대한 암시(사인)라고 말할 수 있다. 이미 언급했듯이 요한은 세례 요한을 요단 동편(사망의 땅을 상징)에서 사역하는 존재로 그리고 있다. 그 반면에 예수의 사역은 기본적으로 요단 동편에서 요단 서편으로, 즉 사망의 땅에서 생명의 땅으로 옮겨가는 것으로 그리고 있다. 아래 4장에서 예수는 생명을 주시기 위해 다시 요단 서편 땅인 사마리아 지역으로 옮겨가는 모습을 볼 수 있다.

정확한 위치를 알 수 없는 한 곳에서 예수는 세례를 베풀었고, 세례 요한도 정확한 위치는 알 수 없지만 예수가 사역하던 근처인 살렘 가까운 애논에서 세례를 베풀었다(22-23절). 그런데 갑자기 "요한이 아직 옥에 갇히지 아니하였더라"(24절)라는 말이 나온다.

---

8) 세례 요한의 최후 증언은 두 개의 요한의 해설 사이에 샌드위치 되어 있다. 이 단락의 '신랑과 신부'('그리스도와 교회'를 상징) 언급은 4장의 〈교회론〉를 준비하기 위한 사전포석의 의미를 갖는다.

이것은 요한복음이 기록될 당시 이미 요한은 투옥 후 처형되었다는 것이 널리 알려졌으므로 이 사역은 그가 옥에 갇히기 전에 있었던 사건임을 독자들에게 알려주기 위함에서였다. 또한 공관복음(막 1:14-15)과는 달리 요한복음에서는 세례 요한이 감옥에 갇히기 전부터 예수께서 사역을 시작한 것으로 그리고 있다.

이때 요한의 제자와 한 유대인이 정결예식, 아마도 세례에 관해 변론이 있었던 모양이다. 그러면서 유대인들이 요한에게 가서 하는 말이 "선생님이 증언하시던 이가 세례를 베풀매 사람이 다 그에게 가더이다"(26절)라고 말하였다. 요한의 제자들은 예수를 과대칭찬하여 스승 요한에게 경쟁심을 불러일으키려고 했던 모양이다. 이에 요한은 이렇게 잘라 말했다. "하늘에서 주신 바가 아니면 아무 것도 받을 수 없느니라"(27절). 그것은 아버지 하나님께서 사람들을 아들 예수에게 주신 결과라는 것이다(6:65; 19:11 참조).

그러면서 앞서 행한(1:20 이하) 증언자로서의 자신의 사명을 제자들에게 일깨우기 위해 이렇게 말한다. "신부를 취하는 자는 신랑이나 서서 신랑의 음성을 듣는 친구가 크게 기뻐하나니 나는 이러한 기쁨이 충만하였노라"(29절). 세례 요한은 지금 당시의 결혼 풍습에 따른 신랑과 신랑의 친구관계를 비유로 들어 예수는 신랑이고 자신은 신랑의 친구(들러리)라고 말하고 있다.

신랑의 친구는 신부를 신랑에게 데리고 가는 두 사람 가운데 하나다. 그는 신랑과 신부의 첫날밤을 신부 대기실에서 지켜보다가 신랑이 신부의 처녀성을 인정하고 기쁨의 환호성과 함께 신부를 아내로 맞이하면 신랑의 친구도 그 신랑과 함께 기쁨을 나누게 된다.[9] 이와 마찬가지로 세례 요한은 신랑 되신 예수의 들러리에 불과하지만 신랑의 기쁨에 동참하는 것만으로도 기쁨이 충만하다

---

9) 이영헌, 101.

고 고백하였다. 그러면서 그는 마지막 한 마디를 멋진 말로 장식하였다. "그는 흥하여야 하겠고 나는 쇠하여야 하리라"(30절).

여기서 우리는 세례 요한의 최후 증언에 담긴 깊은 뜻을 자세히 살펴볼 필요성이 있다. 구약에서는 이스라엘을 '하나님의 신부'로 불렀다(사 54:5; 62:4-5; 호 2:19-20). 신약에서는 교회를 '그리스도의 신부'로 불렀다(엡 5:25-27; 고후 11:2; 계 19:7; 21:2; 22:17). 그리스도와 교회와의 관계는 큰 사랑의 비밀을 가지고 있다(엡 5:32). 신부인 교회는 그의 신랑 되신 그리스도만을 유일하게 사랑해야 할 구주로 삼아야 한다. 그 까닭은 신랑 되신 그리스도 예수가 그의 사랑하는 신부(교회)를 위해 먼저 십자가에 자신을 내어주기까지 사랑하였기 때문이다.

세례 요한의 최후 증언에서 우리는 두 가지를 살펴보려고 한다. 첫째, 세례에 관한 문제이다. 여기서의 세례는 물속에 들어갔다가 나오는 침례로서 이는 죽었다가 다시 산다는 의미이다. 즉 우리의 옛 사람이 예수와 함께 십자가에 못 박혀 죽었다가 그와 함께 다시 살아나 새 생명을 얻는 것을 의미한다(롬 6:3-11 참조). 세례 요한의 세례는 신랑 되신 예수 그리스도를 맞이하기 위해 신부가 몸단장을 하는 것과 같은 예비적 성격을 갖는다. 참 세례는 예수 그리스도가 주는 세례로서 십자가에서 죽었다가 부활하여 다시 사는 세례, 구원을 가져다주는 세례이다. 예수의 세례만이 옛 사람이 죽고 새 사람으로 거듭나게 하는 중생의 세례가 되는 것이다.

둘째, 이 단락은 2장의 가나의 혼인잔치를 연상케 한다. 저녁(밤)에서 시작된 결혼식이 아침(새벽)으로 가듯이 율법시대(구약시대)인 유대교는 쇠해야 하고 복음시대(신약시대)인 기독교는 흥해야 한다. 이미 언급했듯이 요한복음에서 모세와 세례 요한은 예수의 선구자 역할을 한다는 점에서 같은 운명을 지닌 존재이다. 율법과 선지자의 시대는 모세와 세례 요한까지이다(눅 16:16). 신랑의 들러리인 세례 요한의 옛 시대(율법시대)는 이제 끝나고, 신랑 되신 예수의 새 시대(복음시대)가 시작된 것이다. 그래서 그는 이 같은 멋진 한 마디를 남기고 역사의 무대에서 조용히 사라진 것이다. "그는 흥하여야 하겠고 나는 쇠하여야 하리라."

4. 예수의 유일성(31-36절)

이 단락은 세례 요한의 최후 증언에 대한 요한의 해설이다. 이 단락은 요한복음 1-3장까지의 내용을 요약 정리한 것이다. 그 구조는 위(부활)에 계신 아들이 아래(성육신)로 내려와 아버지께 순종(십자가)했다는 내용이다. 결국 세례 요한의 메시지는 예수의 유일성, 즉 예수만이 구원을 가져다주는 유일한 존재라는 것이다.

신랑 되신 예수 이전의 자신을 포함한 모든 성인들은 다 "신랑을 위한 들러리"이다. 즉 그들은 모두 참 진리(구원)라는 최종 목표를 위한 과정에 있는 사람들에 불과한 존재들이다. 율법(인간의 행위)으로는 인간이 구원을 얻을 수 없다. 복음(십자가와 부활)만이 인간을 구원한다. 여기에 예수의 유일성, 즉 "왜 예수이어야만 하는가?"라는 질문에 대한 답변이 있다.

하나님께서는 신랑 예수가 오시기 전 5-6백년 전부터 신랑의 들러리로서 이 세상에 성인들을 보내주셨다. 석가, 공자, 노자, 소크라테스, 그리고 바벨론 포로기의 삼총사인 예레미야, 에스겔, 제2이사야 등 위대한 선지자들을 이 시기에 집중적으로 보내 주신 것이다. 율법시대에 속한 이들은 모두 신랑 예수의 오심을 준비하기 위해 예비 된 사람들이다.

모세의 출애굽 사건이 있기까지 400-430년 동안의 고난의 기간이 있었다. 마찬가지로 새 모세의 새 출애굽사건이 있기까지 400

-430년 동안의 예언자가 없는 긴 침묵의 암흑시대가 있었다. 드디어 침묵을 깨고 하나님께서는 율법시대의 마지막 주자인 세례 요한을 보내어 예수를 증언하도록 하셨다.

3장의 마지막 넷째 부분인 31-36절은 이에 대해 잘 말씀해 주고 있다. "위로부터 오시는 이는 만물 위에 계시고 땅에서 난 이는 땅에 속하여 땅에 속한 것을 말하느니라 하늘로부터 오시는 이는 만물 위에 계시나니 / 그가 친히 보고 들은 것을 증언하되 그의 증언을 받을 자가 없도다"(31-32절). 여기서 우리는 "위(하늘)로부터 오시는 이"와 "땅에서 난 이"가 대조되는 것을 볼 수 있다.

예수는 바로 "위로부터 오시는 이"(하늘에 속한 자)이다. 이에 반해 예수 이외의 다른 모든 인간은 다 "땅에서 난 이"(땅에 속한 자)이다. 땅에 속한 자는 땅에 속한 것을 말할 수밖에 없다. 이에 반해 하늘에 속한 자는 하늘에 속한 것을 말할 수밖에 없다. 예수는 바로 하늘에서 친히 보고 들은 것을 증언하러 이 땅, 이 세상에 왔다. 그러나 이 세상은 하늘의 말씀을 처음 듣는 소리인지라 예수의 증언을 받을만한 사람이 없었다. 그러기에 33절에서는 그의 증언을 받는 자는 하나님이 참되시다 인쳤던 것이다.

또한 34절은 이를 더욱 잘 설명해준다. "하나님이 보내신 이는 하나님의 말씀을 하나니 이는 하나님이 성령을 한량없이 주심이니라." 이 구절에서 "하나님이 보내신 이는 하나님의 말씀을 한다"고 했다. 예수 외에는 하나님이 보내신 분이 없으며 예수 외에는 하나님의 말씀을 하실 분이 없다. 오직 예수만이 하나님이 보내신 분이요 따라서 하나님의 말씀을 하실 수 있는 유일한 분이다. 이는 하나님이 성령을 한량없이 그에게 부어주셨기 때문이다. 예수는 하나님이 한량없이 부어주신 성령의 능력으로 하나님의 말씀과 표적을 행하였다.

이어서 35-36절은 이렇게 말씀하고 있다. "아버지께서 아들을 사랑하사 만물을 다 그의 손에 주셨으니 / 아들을 믿는 자에게는 영생이 있고 아들에게 순종하지 아니하는 자는 영생(생명)을 보지 못하고 도리어 하나님의 진노가 그 위에 머물러 있느니라." 이 말씀을 쉽게 풀이하면 이렇다.

예수의 아버지 되시는 하나님은 온 우주 만물을 창조하시고, 구원과 심판을 주관하시는 분이다. 아버지 하나님은 아들 예수를 지극히 사랑하셨다. 또한 당신께서 창조하신 이 세상을 지극히 사랑하셨다. 그래서 당신이 가장 사랑하는 아들 예수를 이 세상에 보내셨고 십자가에 내어주셨다가 살리셨다. 부활하신 예수는 본래의 고향인 하늘로 다시 올라가셔서 하나님 우편에 앉아 계신 분이다. 이 같은 아들은 아버지와 함께 만물을 다스리는 전권을 갖고 계신 분이다. 따라서 아버지를 대신해서 아들이 구원과 심판의 전권을 맡고 계신 것이다.

따라서 아들이 아버지께 순종하여 십자가를 스스로 지심으로 영원한 생명에 들어간 것처럼 아버지 하나님이 보낸 아들 예수를 믿는 자는 영생을 얻게 될 것이다. 이것이 바로 하나님의 구원이다. 그러나 아들 예수를 믿지 않는, 즉 아들 예수의 말씀에 순종하지 않는 자는 영생을 받지 못하고 아버지 하나님의 진노가 그에게 머물게 될 것이다. 이것이 바로 하나님의 심판이다. 그 유명한 요한복음 3:16이 바로 이것을 말씀하고 있는 것이다.[10]

신명기(28-30장)에서 생명과 복, 사망과 화가 하나님의 말씀인 토라의 순종 여부에 달려 있듯이, 요한복음은 영생과 심판이 하나님의 말씀이요 하나님 나라를 안고 오신 예수 그리스도에 대한 믿음의 여부에 달려 있다고 말한다. 모세의 율법(유대교)으로는 구원을 얻을 수 없고, 오직 하나님의 사랑의 징표인 십자가와 부활의 복음

10) 박호용, 《감악산의 두 돌판》, 64-67.

(예수 그리스도)만이 구원을 준다는 것이다. 요한복음 3장은 바로 이 같은 '예수의 유일성'을 말하는 성경의 핵심장이다. 이 장을 통해 예수는 우리에게 이렇게 도전해 온다. "당신은 참으로 예수의 유일성을 믿습니까?"

정리하면, 3장은 구원론(십자가 신학)을 말하고 있다는 점에서 18-19장과 상응한다. 그런데 상응하는 이 두 부분은 요한복음에서 유일하게 이 두 곳에서만 나오는 중생과 '하나님 나라'에 대한 니고데모와 빌라도의 입장 차이로 인해 두 사람이 전혀 다른 길을 갔음을 보여준다. 하늘로부터 내려오신 예수의 길은 십자가(18-19장)에서 부활(20장)로 가는 길이라면, 땅에서 난 제자의 길은 부활(2장)에서 십자가(3장)로 가는 길이다. 니고데모와 빌라도는 어떤 길은 갔는가? 둘 다 진리 되신 예수를 만나는 은혜를 입었는데, 니고데모는 하나님 나라의 비밀(신비)을 아는 은총을 입었고, 빌라도는 그 은총을 스스로 포기하였다.

결국 니고데모는 중생하여 세상 나라의 넓은 길(長生)을 포기하고 하나님 나라의 좁은 길(永生)을 선택하여 구원의 길로 갔다. 이에 반해 빌라도는 그 반대의 넓은 길을 선택하여 멸망의 길로 갔다(마 7:13-14; 요 5:29). 이상적인 제자의 두 모델, 즉 21장이 애제자 이야기로 끝나고, 20장이 도마 이야기로 끝나듯이, 19장은 또 하나의 제자, 참 신앙인의 모델인 니고데모 이야기로 끝나고 있다. 요한복음에서 니고데모 이야기(3장, 7장, 19장)는 한 불신앙의 사람이 어떻게 참 신앙인의 모습으로 변해가는가를 보여주는 좋은 실례를 제공한다.

제4장

4장은 요한공동체의 〈교회론〉을 다루고 있다는 점에서 17장과 상응한다. 교회의 두 본질적 사역은 예배(모이는 교회)와 선교(흩어지는 교회)인데, 4장과 17장은 이 같은 교회의 두 본질적인 사역을 잘 보여주고 있다. 3장의 니고데모와 4장의 사마리아 여인은 여러 가지 면에서 대조를 이루고 있다.[1] 3장에서 한 사회의 최상류층에 속하는 유대인 남자인 니고데모를 통해 〈구원론〉을 전개한 요한은 4장에서는 한 사회의 최하류층에 속하는 사마리아 여인을 통해 〈교회론〉을 전개하고 있다. 이는 구원에 있어서, 교회 구성원에 있어서 차별이 없다는 3장 16절의 "누구든지"에 대한 구체적 실례를 보여준다.

---

1) 니고데모와의 대화(3장)와 사마리아 여인과의 대화(4장)의 차이점을 대조하면 다음과 같다. 1. 때(시간): 밤중 / 대낮(정오), 2. 곳(장소): 유대(예루살렘) / 사마리아, 3. 대화의 발단: 계획적인 방문 / 우연히, 4. 접근한 사람: 니고데모 / 예수님, 5. 인종: 유대인 / 사마리아인(혼혈인), 6. 사회적 신분: 바리새인이자 산헤드린 공회원 / 부정한 과거를 가진 여자, 7. 대화의 주제: 거듭남 / 참된 예배, 8. 대화의 결과: 처음에는 예수의 말씀을 잘 깨닫지 못했으나 나중에 거듭나 예수의 장사를 도움 / 예수가 메시아임을 깨닫고 이웃에게 전도함.

1. 사마리아 여인과의 대화(1-42절)[2)]

예수와 사마리아 여인과의 대화는 복음서들 가운데 유일하게 요한복음에서만 나타난다. 마태(제자파송설교[10:1-42])는 사마리아 전도에 부정적이다. 누가(사마리아 사람의 비유[10:25-37], 사마리아인의 감사[17:11-19])는 사마리아인에 관심을 보이기는 하나 전체적으로 볼 때 사마리아 선교에 소극적이다. 이에 반해 요한은 사마리아 전도에 적극적이다.[3)]

2장에서 "옛 성전과 예수의 몸인 새 성전"이 대조되고, 3장에서 "이스라엘의 선생 니고데모와 하늘에서 오신 선생 예수"가 대조되듯이, 4장에서는 "야곱의 우물에서 나온 물과 예수가 주는 물", "유대인의 예루살렘 성전 예배와 사마리아인의 그리심산 예배", "성전 예배와 영적 예배"가 대조되고 있다.

이 단락은 "물"[4)]이라는 소재를 가지고 대화를 시작해서 참된 예배와 사마리아 선교(이방인 선교)라는 주제로 끝을 맺고 있다. 그리고 이를 통해 요한공동체의 교회론을 보여주고 있다. 특히 이 단락은 사마리아 여인을 통한 기독론적 인식이 점차 발전되어 가는

---

2) 이 본문이 과연 실제로 있었던 역사적 사실에 근거하고 있는가 하는 문제가 오래 전부터 제기되어 왔다. "복음서 기자 자신의 의도가 실제의 사건을 정확히 기록하여 전해주는 데 있는 것이 아니기 때문에 우리로서는 이 본문을 실제의 역사적 사건에 대한 보도로 이해하기보다는 오히려 신학적 의도와 메시지가 담긴 요한의 기록으로 보는 것이 더 좋을 것으로 보인다"(김득중, 《요한의 신학》, 238). 이 같은 김득중 교수의 견해는 필자가 말하고자 하는 '역사의 해체와 재구성'과 맥을 같이 하는 대목이다.

3) 요한복음의 "친(親) 사마리아적 경향"(the pro-Samaritan bias)에 대해서는 김득중, 《요한의 신학》, 230-236을 참조하라.

4) 요한복음 초반부는 온통 "물"이라는 소재로 꾸며져 있다. 1장은 세례 요한의 물세례를 언급(1:26, 31, 33), 2장은 물이 변하여 포도주가 되는 언급(2:1-11), 3장은 거듭남에 대한 물과 성령에 대한 언급, 4장에서는 물과 생수에 대한 언급, 5장에서는 베데스다 연못가의 물을 언급하고 있다.

모습을 보여주고 있다.[5)]

1) 물과 생수에 관한 대화(1-15절)

1절은 왜 예수께서 유대를 떠나 갈릴리로 향하게 되었는가를 말해주고 있다. 바리새인들은 제자 삼는 문제와 세례 베푸는 문제를 가지고 예수와 세례 요한을 경쟁상대로 몰아 갈등을 조장하고자 했다. 예수는 바리새인들과의 충돌을 피하기 위해 갈릴리로 향했다. 괄호로 묶은 "예수께서 친히 세례를 베푸신 것이 아니요 제자들이 베푸신 것이라"(2절)는 말씀은 3:22의 말씀을 정정하기 위한 후대의 첨가로 보여진다(공관복음에서는 예수가 세례를 베풀었다는 보도가 없다).

"유대를 떠나서 다시 갈릴리로 가실새 / 사마리아를 통과하여야 하겠는지라"(3-4절). 유대에서 갈릴리로 가는 가장 빠른 길은 사마리아를 통과하는 길이다. 사마리아를 경유해서 가면 사흘길인데, 당시에 유대인들은 배나 걸리는 요단 강 건너편 베뢰아 지방으로 우회해서 갔다. 그 까닭은 수백년 동안 유대인과 사마리아인 간의 알력 때문이었다. 그런데 4절의 "하겠는지라"의 원어 '에데이'(ἔδει)는 사마리아로 가야겠다는 강한 의지(must)를 나타내는 말이다. 예수는 갈 길이 바빠서 사마리아로 통과하지 않을 수 없었던 것이 아니라[6)] 하나님의 뜻 가운데 의도적으로 사마리아를 통과하고자 했던 것이다.

그러니까 유대인이었던 예수는 사마리아를 통과함으로써 유대와 사마리아 사이에 가로놓인 지역적 장벽을 허물고자 한 것이다.

---

5) 처음에는 예수가 "유대인"(9절)으로, 다음에는 "주"(11, 15절)로, 다시 "우리 조상 야곱보다 큰 이"(12절)로, 또 다시 "선지자"(19절)로, "메시아"(=그리스도, 26, 29절)로, "세상의 구주"(42절)로 불리고 있다.

6) 예수 일행은 사마리아에서 이틀을 머물렀다(4:40)는 보도가 그것을 잘 말해준다.

횡선(橫線)으로 잘린 두 지역을 종선(縱線)으로 걸었던 예수의 발걸음은 곧 십자가의 발걸음이요 자신을 화목제물로 드리고자 했던 십자가의 길이었음을 보여준다. 이러한 예수의 발걸음은 빌립 집사(행 8:4-40) 이전에 이미 예수에 의한 사마리아 선교가 이루어지는 계기가 되었다. 나아가 유대인(니고데모)이 복음을 받아들이지 않자 이방인들에게로 발걸음을 돌리는 계기가 되기도 하였다(행 13:46).

예수는 수가[7]라는 동네에 들어갔는데, 그곳에는 야곱이 그의 아들 요셉에게 준 땅이 있었다(5절). "거기 또 야곱의 우물이 있더라 예수께서 길 가시다가 피곤하여 우물 곁에 그대로 앉으시니 때가 여섯 시쯤 되었더라"(6절). 오랜 행로에 피곤했던 예수는 우물가에 앉았다.

유대인들은 해 돋을 때부터 해질 때까지를 12시로 나누었다. 제 6시란 우리 시각으로 정오를 가리킨다.[8] 보통 여인들은 저녁 때에 우물가에 나오는 것이 상례인데 뜨거운 대낮에 그 먼 곳에서 물을 길러 온다는 것은 이 여인에게 말 못할 사정이 있음(부정한 여자)을 암시한다. 니고데모가 사람들의 시선을 피해 밤중에 예수를 찾아왔던 것처럼, 이 여인은 사람들의 시선을 피해 대낮에 우물가에 나온 것이다.

"사마리아 여자 한 사람이 물을 길으러 왔으매 예수께서 물을 좀 달라[9] 하시니"(7절). 예부터 우물가는 여인들이 모여서 얘기를 나누며 정보를 얻는 곳이다. 특히 구약성경에 보면 믿음의 선조들이 우물가에서 만나는 이야기가 자주 나온다.[10] 당시에 유대인들

---

7) 수가라는 동네의 정확한 위치는 알 수 없고 현재의 아스칼(Askal)일 가능성이 높다. 이곳에서 동북쪽으로 1.5km 가량 떨어진 곳에 "야곱의 우물"이 있다.
8) 예수께서 빌라도에게 십자가 처형 선고를 받던 시각도 정오였다(19:14).
9) 여기서 예수는 물을 좀 달라고 요구하는데, 19:28에서는 "내가 목마르다"라고 외쳤다.

은 길가에서 여인들, 심지어 자기 아내를 만나도 모른 척 해야 하는 시절이었다. 이러한 상황에서 유대인 남자인 예수가 사마리아 여자에게 말을 건 것은 성적 장벽, 인종적 장벽, 종교적 장벽을 깨드리는 파격적 행동이 아닐 수 없다.

"사마리아 여자가 이르되 당신은 유대인으로서 어찌하여 사마리아 여자인 나에게 물을 달라 하나이까 하니 이는 유대인이 사마리아인과 상종하지 아니함이러라"(9절). 물을 좀 달라는 유대인 남자 예수의 말에 사마리아 여자가 이와 같이 반응한 것은 당연한 것이었다. 요한은 그 이유를 유대인이 사마리아인과 상종하지 않는다는 말로 설명했다. 여기에는 유대인과 사마리아인간의 기나긴 반목의 역사가 깔려 있다.

솔로몬 사후 922년 이스라엘 나라는 북왕국 이스라엘과 남왕국 유다로 나누어졌다. 북왕국 이스라엘은 722년 앗시리아에 망하였다. 앗시리아는 북왕국의 사람들을 포로로 잡아갔고, 그 대신 북왕국의 수도 사마리아에 앗시리아 사람들을 데리고 와서 피를 섞음으로써 사마리아인들은 혼혈인이 되었다(왕하 17:24-41). 남왕국 유다 역시 587년에 바벨론에 망한 뒤 포로로 잡혀갔다가 538년에 페르샤 고레스 왕의 칙령에 의해 고토로 귀환하였다.

귀환한 유다 백성들은 선지자 학개와 스가랴의 종용에 따라 515년경에 제2성전(스룹바벨 성전)을 지었다. 이 과정에서 사마리아인들이 성전 건축에 자기들도 참여케 해달라고 요청하였다. 그러나 유대인들은 거룩한 성전을 짓는데 이방인의 피가 섞인 사마리아인의 동참을 원치 않으므로 그들의 요청을 단호히 거부하였다. 그러자 사마리아인들은 성전 건축에 방해를 놓았다(스 4:1-4). 온갖 방해공작 속에서도 결국 성전은 완공되었다(스 6:13-18).

---

10) 리브가와 아브라함의 종의 만남(창 24:10 이하), 야곱과 라헬의 만남(창 29:1 이하), 모세와 이드로의 딸의 만남(출 2:15 이하).

그러자 주전 4백년경 사마리아인들은 그리심 산에 따로 성전을 짓고 예배를 드렸다. 유대인들이 볼 때 예루살렘 이외의 장소에 성전을 건축하는 일은 율법을 범하는 일이었다(신 12:1-14). 그래서 유대 지도자 요한 힐카누스(주전 135-104)는 사마리아를 침공하여 그리심 성전을 파괴해 버렸다. 이 일로 인해 유대인과 사마리아인 간의 적대감은 돌이킬 수 없는 지경에 이르게 되었다.

주후 1세기에 이르러 로마의 폼페이가 사마리아를 재건하자 사마리아는 더욱 친로마적이 되었다. 유대인들이 볼 때 사마리아는 이방지역이나 다름이 없었다. 이런 가운데 주후 6~9년 사이 유월절 한밤중에 사마리아인들이 죽은 사람의 뼈를 예루살렘 성전 뜰에 뿌림으로써 성전을 모독하는 일을 자행하였다. 이는 유대인들의 분노를 가중시켰고 사마리아인들에 대한 미움을 더욱 심화시키는 계기가 되었다. 이러한 갈등과 반목, 적개심의 역사가 길게는 7백년 이상, 짧게는 4백년 이상이나 계속되었으니 이들 사이가 얼마나 불편한 관계에 있었는가를 가히 짐작하고도 남는다.

오랜 역사를 가진 두 민족 간의 해묵은 감정과 남녀유별 하는 당시의 관습으로 인해 퉁명스럽게 반응하는 사마리아 여자의 대답에 예수는 이렇게 응수하였다. "네가 만일 하나님의 선물과 또 네게 물 좀 달라 하는 이가 누구인 줄 알았더라면 네가 그에게 구하였을 것이요 그가 생수를 네게 주었으리라"(10절). 여기서 "하나님의 선물"[11]이 무엇을 가리키는가 하는 것에 대해 많은 이론(異論)이 있으나 예수가 언급한 '생수'(living water)와 동일한 것으로 보는 게 적절할 것 같다.

'생수'(휘도르 존, *ὕδωρ ζῶν*)[12]는 '살아있는 물'이라는 뜻으로 고여

---

11) 초대교회에서 '하나님의 선물'은 성령을 의미했다(행 2:38; 8:20; 10:45; 11:17; 히 6:4). 성령의 선물은 메시아 시대의 표지였다.

12) 구약에서 물은 하나님께서 주시는 선물이다(슥 14:8; 렘 2:13; 17:13; 겔

있는 우물물과 대조되는 것으로 흐르는 시냇물이나 솟아나는 샘물을 가리킨다. 예수는 '하나님의 선물' 곧 '생수'를 선물로 주는 자로서 계시되었다. '생수'는 지상적, 자연적 선물이 아니라 하나님의 천상적 선물을 가리킨다(렘 2:13). 예수는 물에 관한 이야기에서 성령에 관한 이야기로 옮겨간다(23-24절).

"여자가 이르되 주여 (당신은) 물 길을 그릇도 없고 이 우물은 깊은데 어디서 당신이 그 생수를 얻겠사옵나이까"(11절). 여인은 예수의 호칭을 "당신"에서 존경의 뜻을 가진 "주"로 바꾸어 부른다. "주"라는 호칭은 갈수록 더 존경의 뜻을 지닌다(15, 19절). 예수는 영적 차원의 생수를 말씀하고 있는데, 여인은 육적 차원의 마실 물을 말하는 것으로 오해하고 있다. 니고데모가 위로부터 거듭남에 대한 예수의 말씀의 의미를 이해하지 못한 것처럼, 이 여인은 생수를 주겠다는 예수의 말씀의 의미를 이해하지 못했다.

"우리 조상 야곱이 이 우물을 우리에게 주었고…당신이 야곱보다 더 크니이까"(12절). 여기서 우리는 "야곱의 우물" 곧 '이스라엘의 우물'을 '새 이스라엘의 우물'인 "예수의 우물"과 대조시켜, 이스라엘 민족의 조상이 되는 야곱보다 새 이스라엘로 상징되는 예수가 우월하다는 것을 나타내려는 요한의 의도를 엿볼 수 있다.

여인의 오해에 예수는 이렇게 대답한다. "이 물을 마시는 자마다 다시 목마르려니와 / 내가 주는 물을 마시는 자는 영원히 목마르지 아니하리니 내가 주는 물은 그 속에서 영생하도록 솟아나는 샘물이 되리라"(13-14절). 야곱의 우물 곧 이스라엘의 우물(유대교)은 육

47:1-2). 랍비들은 물을 성령이나 토라를 상징하는 것으로 해석한다. 제1에녹서(48:1; 49:1)에서 물은 지혜를 가리킨다. 생명을 주는 물은 요한복음의 여러 구절에서 나타난다(3:5; 4:10-15; 7:38; 19:34). 물은 생명을 제공하는 성령을 말한다(6:63). 성령은 기독교인들의 시대의 대행자이다. 그리고 그것은 영원히 기독교인들 가운데 샘솟아서 그들의 영적인 삶을 유지시켜 주는 생명샘을 형성한다. C. K. Barrett, 《요한복음(1)》, 372-373.

적 갈증은 잠시 해결할 수 있을지 모르나 인간의 근원적인 목마름인 영적 갈증은 해결할 수 없다. 그것은 오로지 새 이스라엘의 우물(기독교)되시는 예수로 말미암아 주어지는 것임을 말씀하고 있는 것이다. "영생하도록 솟아나는 샘물"은 예수가 주는 성령이요 영원한 생명이다.

예수의 말에 몸이 달은 여인은 이렇게 말한다. "주여 그런 물을 내게 주사 목마르지도 않고 또 여기 물 길으러 오지도 않게 하옵소서"(15절). 이 여인은 아직도 예수의 말씀을 깨닫지 못한 오해나 몰이해 상태에 있다. 그녀는 마치 예수가 마술적인 물을 가지고 있는 듯 그런 물을 달라고 예수께 요청한다. 이 사마리아 여자에게는 인간적인 삼중적 굴레가 씌여져 있었다. 사마리아인이라는 굴레,[13] 여자라는 굴레,[14] 행실이 부도덕한 이혼녀라는 굴레[15]가 그것이다. 그러기에 진실로 목마른 자는 예수가 아니라 이 여인이며, 이제 상황은 역전되어 이 여인은 근원적 목마름을 해소시켜 줄 수 있는 생명수를 예수에게 요청한다.

---

13) 그 당시 '사마리아인' 하면 이방인 노예보다 한 단계 낮은 계층으로 취급되었다. 그들은 유대인들에게 개처럼 취급되었다. 유대인들은 자식이 사마리아인과 결혼하게 되면 결혼식 대신 장례식을 올려서 그 자식을 죽은 자식으로 여길 정도였다.

14) 그 당시 여자의 지위란 사람 축에도 끼지 못하는 존재였다. 여자는 족보에도 올라가지 못했고, 사람수에도 포함되지 않았다. 그 당시 바리새인 남자들은 이런 기도를 드렸다. "전능하신 하나님이시여, 저를 이방인으로 태어나지 않게 하셔서 감사드리나이다. 또한 저를 죄인으로 태어나지 않게 하셔서 감사드리나이다. 오, 전능하신 하나님이시여, 저를 여자로 태어나지 않게 하셔서 더욱 감사드리나이다."

15) 그 당시 이혼 때문에 여자들이 당하는 상처는 엄청났다. 이혼에 해당하는 용어는 정확하게 문자적 의미로는 "내어버리다"라는 뜻이다. 예수께서 이혼을 반대한 것은(마 19:4-6) 가부장적 사회에서 여자를 값싼 소모품 정도로 생각하여 쉽게 버리는 악습 때문이었다. 1세기의 문화적 상황에서 이혼 당한 여자는 "중고품 여인"(used property)으로 여겨졌다. 그래서 그녀를 소유하기 위해서 다시 결혼할 필요가 없었다.

2) 참 예배에 관한 대화(16-26절)

여기서 대화의 방향은 급선회한다. 예수(또는 요한)는 전혀 예상치 못한 말을 함으로써 다른 차원에서 이 여인과의 대화를 이어나간다. "가서 네 남편을 불러 오라"(16절). "여자가 대답하여 이르되 나는 남편이 없나이다 예수께서 이르시되 네가 남편이 없다 하는 말이 옳도다 / 너에게 남편 다섯이 있었고 지금 있는 자도 네 남편이 아니니 네 말이 참되도다"(17-18절). 유대 교사들은 여인이 세 번 이상 결혼하는 것을 금지했다. 그런데 이 여인이 다섯 남편을 가졌다는 것은 당시의 관습에 어긋나는 비정상적 결혼행위를 했다는 것을 나타낸다.

그런데 이 여인은 지금 자기에게는 "남편이 없다"고 말한다. 이 말을 두고 이 여인이 자신의 치부를 감추기 위한 일종의 방어기제(defence mechanism)를 발동한 것이거나 진실을 감추기 위한 임기응변식 대답이라고 보는 견해가 있다.[16] 그런데 예수가 여인의 말이 옳다고 한 것으로 보아 일단 여인의 말이 옳다고 보아야 한다. 또한 성서해석의 초기부터 남편의 수인 '다섯'이 무엇을 의미하는지에 대해 여러 견해들이 있었다.[17]

그런데 여기서 주목해야 할 것은 과거의 남편 다섯에다가 지금 동거하고 있는 남자까지 합하면 여섯 남자가 되는데, 이것이 무엇을 말하는가 하는 점이다. 여기서 '여섯'이란 숫자는 완전수인 일곱에서 하나가 부족한 불완전한 것을 의미한다. 그러니까 예수(요한)가 말하고자 하는 것은 여섯 남자가 있다 하더라도 참 신랑(남편)되는 예수가 없으면 남편이 없는 것과 마찬가지라는 그런 의미이

16) 김동수, 《요한신학 렌즈로 본 요한복음》, 92-93.

17) 오리겐(Origen)은 사마리아인이 모세오경만을 정경으로 간주한 것을 들어 남편의 수 다섯을 '모세오경'을 의미하는 것이라고 주장하였다. 사마리아 여인은 사마리아 사람을 대표하고 다섯 남편은 사마리아인들이 섬기는 다섯 신을 가리킨다는 견해도 있다.

다.[18)]

이 대목은 요한의 교회론에 있어서 중요한 암시를 하고 있는 대목이다. 3:29에서 이미 암시하고 있듯이 신랑 되신 그리스도의 몸인 교회에서 예수가 빠지면 그 교회는 참 교회가 아님을 말하고 있다. 나아가 그 무엇보다도 신랑 되신 예수만을 섬기는 예배가 참 예배임을 말하고 있는 것이다. 그러니까 여기서 요한은 예수의 예언자적 상상력(또는 초월적인 신적 지식)에 관심을 갖고자 이런 말을 하고 있는 것이라기보다는 유대교 또는 사마리아 종교(성전 예배)를 넘어선 예수와 더불어 시작되는 기독교(몸 성전인 예수 예배)로의 대치를 말하고 있는 것이다.

이 여인은 자신의 과거를 알고 있는 예수의 말에 놀라 "주여 내가 보니 선지자로소이다"(19절)라고 하면서 예배 장소의 문제를 들고 나왔다(20절). 즉 예배할 곳이 유대인들이 주장하는 예루살렘 성전이냐 사마리아인들이 주장하는 그리심 성전이냐 하는 것이다. 예배 장소의 문제는 두 민족간에 너무나도 첨예하게 대립된 문제이기에 서로 건드리기를 원치 않는 '뜨거운 감자'였다.

이 문제로 두 사람간에 대화가 단절될 수 있는 상황에서 예수는 이렇게 말한다. "여자여 내 말을 믿으라 이 산에서도 말고 예루살렘에서도 말고 너희가 아버지께 예배할 때가 이르리라"(21절). 유대인들은 신명기의 말씀 "하나님 여호와께서 자기 이름을 두시려고 택하신 곳"(12:5, 11, 14, 18, 21)을 예루살렘으로 보았다. 특히 예루살렘 제의를 집중시킨 요시야 왕의 개혁(주전 621년) 이래로 유대인들의 유일한 성전은 예루살렘 성전이라고 주장하였다. 반면에 사마리아인들은 아브라함이 처음 단을 쌓았던 세겜(창 12:6 이하) 근처에 있는 그리심 산을 하나님이 정해주신 예배 장소라고 주장

---

18) 돌항아리 여섯(2:6)이 불완전한 유대교를 상징하듯이, 여섯 남자는 사마리아 종교(또는 유대교)의 불완전함을 상징한다.

하였다.

이렇듯 두 민족간에 첨예하게 대립된 예배 장소 문제에 대해 예수는 예배 장소(localism)를 타파하는 말씀을 한 것이다. 그러면서 다시 대화가 단절될 수 있는 말을 하였다. "너희는 알지 못하는 것을 예배하고 우리는 아는 것을 예배하노니 이는 구원이 유대인에게서 남이라"(22절). 여기서 "너희"는 사마리아인을 말하고, "우리"는 혈통적 유대인을 말한다. 예수는 메시아(구세주)가 유대인 가운데서 나온다고 말하고 있다(창 49:10; 사 2:3; 눅 1:69; 롬 1:3). 여기서 "유대인"이 부정적인 의미로 언급되지 않은 점이 특이하다.[19]

예수는 예배 장소가 아니라 영과 진리가 문제라는 것을 말함으로써 대화가 지속될 수 있었다. "아버지께 참되게 예배하는 자들은 영과 진리로 예배할 때가 있나니 곧 이때라 아버지께서는 자기에게 이렇게 예배하는 자들을 찾으시느니라"(23절). 예수는 지금이 아버지의 아들인 자신(메시아)을 통한 예배의 혁신을 가져올 때라고 역설하고 있다. 따라서 "곧 이때라"는 새 성전되시는 예수로 말미암는 참 예배를 통해 아버지와 아들이 영광(영화)을 받을 때(17:1-5)이다.

"하나님은 영이시니[20] 예배하는 자가 영과 진리로 예배할지니라"(24절). 이 구절은 이 대화의 절정인 동시에 예배와 관련된 혁명적 발언이 아닐 수 없다. "하나님은 영이시다"(프뉴마 호 데오스, *πνεῦμα ὁ θεός*)라는 말은 하나님의 존재 양식을 가리키는 것으로, 이 대목에서 영(프뉴마)을 강조하고자 맨 앞에 두고 있다. 영(프뉴마)은 바람처럼 어디에도 매이지 않고 자유자재로서 어디에나 편

---

19) 요한복음에서 "유대인들"은 예수를 믿지 않는 지도자들 또는 예수의 적대자들을 가리키는 경우가 대부분이다(1:19; 5:15; 9:22 등).

20) 이 진술은 "하나님은 빛이시라"(요일 1:5), "하나님은 사랑이심이라"(요일 4:8)처럼 하나님의 존재 양식을 묘사한다.

만하다는 것을 말하고 있다.

따라서 이 말의 깊은 뜻은 하나님은 아무 것에도 매이지 않으며 예배를 받는 데 있어서 아무런 차별(장벽)[21]을 두지 않는다는 말씀이다. 중요한 것은 '어디에서'(장소의 문제)가 아니라 '어떻게'('예배하는 자의 자세')에 있다는 것이다. 즉 "영과 진리로"(엔 프뉴마티 카이 알레테이아, *ἐν πνεύματι καὶ ἀληθείᾳ*) 예배드리는 것이 중요하다고 말씀하고 있다. 여기서 "영과 진리로"라는 표현에서 하나의 전치사(*ἐν*)만을 사용하고 있으므로 각각 독립된 뜻이 아닌 동의어적 의미를 갖는 것으로 볼 수 있다. '성령 즉 진리' 곧 '진리의 성령'(15:26)이라고 말할 수 있다.

그러니까 예수가 온 이후로 진리의 성령으로 예배할 때가 이르렀다는 말씀이다. 하나님께서 기뻐하시는 예배는 성전에서 제물을 가지고 와서 마음에도 없는 형식적인 예배[22]가 아닌 마음 깊은 곳에서부터 우러나오는 진리의 성령으로 예배하는 것이 참 예배라는 말씀이다. 이 말씀은 장소적 개념인 성전 예배를 중심으로 하는 전통적 예배관을 뒤집어엎는 혁파(breakthrough)가 아닐 수 없다. 이 말씀은 기독교는 성령과 진리(말씀, 기도, 은혜, 마음, 인격)의 종교임을 선언하는 혁명적 말씀이 아닐 수 없다.

이 말에 이 여인은 마지막 카드를 내민다. "메시아 곧 그리스도라 하는 이가 오실 줄을 내가 아노니 그가 오시면 모든 것을 우리에게 알려 주시리이다"(25절). 이 여인의 예수에 대한 호칭이 여기서 절정에 이른다(당신→주→선지자→메시아). 사마리아인들은 다

---

21) 인간 사회의 5대 차별을 말한다면 인종차별, 성차별, 지역차별, 빈부차별, 계급차별을 들 수 있다. 이 세상의 모든 차별적인 장벽을 철폐하러 오신 예수, 사실 이 때문에 십자가를 지셔야만 했던 예수, 이 얼마나 멋지고 위대한 모습인가! 우리 주님, 만세! 만세! 만만세!

22) 형식적 예배에 대해 질타하는 성경 구절(창 4:4-5[히 11:4]; 사 1:11-17; 호 6:6; 8:11-13; 암 5:21-24; 미 6:6-8; 마 5:22-23).

윗적인 메시아상이 아닌 모세적인 메시아를 기대하였다. 그리하여 메시아를 '타헤브'(Taheb, '돌아오는 자' 또는 '진리의 회복자'), 곧 '또 하나의 모세'로 이해하였다(신 18:15). 메시아가 오면 하나님에 대한 참된 믿음과 참된 예배가 회복될 것이라고 믿었다. 이 대목은 이 같은 사마리아인들의 메시아적 기대가 담겨 있다.

이에 예수는 이 대화의 피날레를 장식하는 말을 하였다. "네게 말하는 내가 그라"(26절). 요한복음에 나오는 유명한 '에고 에이미' 말씀 가운데 하나이다. "내가 그라"(Ἐγώ εἰμι)를 문장의 서두에 놓아 강조하고 있는 것을 볼 수 있다. 여기서 주목할 것은 유대인 예수는 지금까지 아무에게도 밝히지 않았던 메시아로서의 자신의 정체성을 사마리아 여인에게 처음으로 밝힌 것이다. 이 대목의 메시아 발언은 타인이 아닌 본인이 직접 처음으로, 그것도 부정한 사마리아 여인에게 밝혔다는 점에서 대단히 중요한 의미를 갖는다.

3) 제자들과의 대화(27-38절)

예수와 사마리아 여인이 대화하는 동안 먹을 것을 사러 동네에 갔던 제자들이 돌아왔다. 그들은 스승 예수가 통념을 깨고 사마리아 여인과 대화하는 것을 보고 매우 놀랐으나 이를 놓고 무슨 일인지를 묻는 제자는 없었다(27절). 메시아를 만난 놀람에 이 여인은 물동이를 버려둔 채 동네로 들어갔다(28절). 그리고는 자신의 부끄러운 과거와 사람들의 따가운 시선도 잊은 채 "와서 보라 이는 그리스도가 아니냐"(29절)고 하면서 메시아를 만난 감격을 전했다.[23] 그러자 동네 사람들이 예수께로 나아왔다(30절).

---

23) '복음'을 만난 자는 그 자신 '복음'이 되어 세상으로 흐르게 되어 있다. 그러기에 전도(傳道)는 교회의 사명 가운데 하나가 아니라 "교회 곧 전도"다. 이현주, 57.

그 사이에 제자들이 예수께 나아와 "랍비여 잡수소서"(31절)라고 하면서 음식을 권하였다. 그러자 예수는 이렇게 말했다. "내게는 너희가 알지 못하는 먹을 양식이 있느니라"(32절). 여기서 "너희가 알지 못하는 먹을 양식"이란 육의 양식이 아닌 영의 양식, 곧 하늘 양식(6:27, 32, 51)을 말한다(마 4:4 참조).

그런데 제자들은 예수의 말씀을 알아듣지 못하고 이렇게 말한다. "누가 잡수실 것을 갖다 드렸는가"(33절). 이 구절은 요한복음에서 자주 나타나는 오해(몰이해) 모티프를 보여준다. 니고데모가 '위로부터 난다'는 말을 오해했고, 사마리아 여인이 '생명수'를 이해하지 못했듯이, 제자들은 '영의 양식'을 알아듣지 못했다.

"예수께서 이르시되 나의 양식은 나를 보내신 이의 뜻을 행하며 그의 일을 온전히 이루는 이것이니라"(34절). "나를 보내신 이의 뜻을 행하며"는 5:30, 6:38에 나오고, "그의 일을 온전히 이루는" 것은 5:36, 9:4, 17:4, 19:30에 나타난다. 예수는 자신을 언제나 아버지께서 보내신(파견하신)[24] 자로 생각하였다. 예수의 "양식"은 한마디로 "아버지의 뜻"이다. 요한복음에서 하나님 아버지의 뜻은 아버지께서 주신 자 중에 하나도 잃지 않는 것이며(6:39), 그의 일을 온전히 이루는 것은 예수께서 십자가에서 죽으심으로 하나님의 구속 사업을 완성하는 것이다(17:4).

"너희가 넉 달이 지나야 추수할 때가 이르겠다 하지 아니하느냐 그러나 나는 너희에게 이르노니 너희 눈을 들어 밭을 보라 희어져 추수하게 되었도다"(35절). 제자들의 오해를 지적하기 위해 예수는 추수와 관련된 한 속담을 제시한다. "너희가 넉 달이 지나야 추수

24) 신약에서 '보내다'라는 의미로 사용된 대표적인 두 단어는 3:17에서 처음 사용된 '아포스텔로'(ἀποστέλλω)와 여기서 처음 사용된 '펨포'(πέμπω)이다. '아포스텔로'(주로 공적 임무를 띠고 파견됨)는 20회 이상, '펨포'(주로 일반적인 보냄)는 29회 사용되고 있다. 요한복음에서 예수의 일을 '파견받으신 사명'으로 규정하는 대목이 무려 50회 가량 나온다. C. M. Martini, 91.

할 때가 이르겠다"는 말은 당시 흔히 회자하는 한 속담으로 여겨진다. 이 속담이 예수의 현재 상황과 관련이 있다면 사마리아 지역의 추수는 유월절 절기가 끝난 후인 4월경에 이루어진다. 이로부터 4개월 전이라면 양력으로 12월 중순경에 해당한다.

그런데 문맥으로 보아 이 속담은 예수께서 사마리아 들녘을 보시면서 영적인 추수의 시기가 임박했음을 경고하는 종말론적 의미를 지닌 상징으로 보아야 할 것이다. 그럴 경우 예수는 자기를 향해 달려오는 사마리아인들을 보시고 영혼의 추수를 말씀하신 것이다. 세상 농사에서는 파종과 추수 사이가 시간이 걸리나 영적인 추수에는 그런 간격이 필요 없다. 파종 즉시 추수가 가능한 것은 메시아 시대의 풍요를 나타내는 한 특징이다(암 9:13). 이는 예수가 메시아로 오신 이후 영적인 세계에서 그대로 이루어지고 있다.

여인의 말을 들은(파종) 사마리아인들은 실로 4개월의 기다림도 없이 당장 예수께로 나왔다(추수). 사마리아인들은 흰 옷을 즐겨 입었다. 예수는 아마도 추수의 들녘을 통해 자신에게로 모여든 사마리아인들(30, 39-40절)을 가리켜 말했으리라 여겨진다. "추수"는 '선교'를 상징적으로 가리키는 표현이기도 하다(마 9:37-38). 따라서 이 추수의 들녘은 사마리아 선교의 상징으로 볼 수 있다.[25]

"거두는 자가 이미 삯도 받고 영생에 이르는 열매를 모으나니 이는 뿌리는 자와 거두는 자가 함께 즐거워하게 하려 함이라"(36절). 여기서 '거두는 자'는 제자들을 가리키며 '뿌리는 자'와 필연적으로 긴밀하게 관계된다. 뿌린 것이 없으면 거둘 것도 없듯이 선교의 결과 또한 뿌려진 것에 기초한다. 거두는 자들은 이미 품삯(보상)을 받았는데, 그 보상은 영생에 이르는 열매인 영혼의 구원이며, 구원받은 사람으로 인한 영적 기쁨이 그것이다.

---

25) 이영헌, 113.

그런데 예수는 뿌리는 자인 동시에 거두는 자로서 제자들과 함께 열매를 모으는 기쁨에 동참하게 되었다. '열매'는 일종의 선교 용어이다(12:24). "영원한 생명을 위한 열매"는 사마리아인들 가운데 예수를 믿는 자들을 가리킨다. 예수는 그들에게 영원한 생명을 주고(3:16, 36; 5:24), 영원한 생명으로 그들을 이끈다(12:25).

"내가 너희로 노력하지 아니한 것을 거두러 보내었노니 다른 사람들은 노력하였고 너희는 그들이 노력한 것에 참여하였느니라"(38절). 이 구절에서 문제가 되는 것은 부정과거형으로 쓰인 "보내었노니"(아페스테일라, *ἀπέστειλα*)이다. 예수께서 제자들을 선교를 위해 파송하셨다는 아무런 언급이 없었다. 사실상 제자들의 선교 활동은 부활한 주님으로부터 파견되고(20:21), 성령의 도우심으로 이루어진다(15:26-27; 16:7-11). 따라서 이 말은 미래 상황을 설정해 놓고서 언급한 일종의 예언이다(17:18 참조). 그러니까 예수와 사마리아 여인은 씨뿌리는 자로 노력하였고, 제자들은 그 노력한 것에 참여한 거두는 자가 된 것이다.

4) 사마리아인들의 회심(39-42절)

사마리아 여인의 증언에 힘입어 동네 중에 많은 사람들이 예수를 믿게 되었다(39절). "사마리아인들이 예수께 와서 자기들과 함께 유하시기를 청하니 거기서 이틀을 유하시매"(40절). 유대인인 예수가 이방인보다 못한 사마리아인들과 함께 유한다는 것은 유대인의 전통을 깨뜨리는 파격적 행동이다. 그럼에도 불구하고 예수께서 거기서 이틀을 머물며 말씀을 전하자 믿는 자가 더욱 많아졌다(41절).

그러면서 그들은 이렇게 말했다. "이제 우리가 믿는 것은 네 말로 인함이 아니니 이는 우리가 친히 듣고 그가 참으로 세상의 구주신 줄을 앎이라 하였더라"(42절). 지금까지 사마리아인들은 여자의 간증만 듣고 예수를 믿었다. 이제 그들의 믿음은 처음 그리스도를 그들에게 가르쳐 준 여인의 믿음을 능가하게 되었다.

그런데 예수와 이틀을 지내면서(1:39 참조) 그들은 직접 예수의 말씀을 들었다. 예수는 이틀(제삼일)을 머물며 무슨 말씀을 하셨을까(행 28:30-31 참조). 영원히 목마르지 않는 생수(영생과 부활)에 관한 말씀을 하셨으리라. 마르다가 예수를 "그리스도시요 세상에 오시는 하나님의 아들"(11:27)이라고 고백한 것처럼, 그들은 예수를 "세상의 구주"(Savior of the world)로 고백하였다(요일 4:14; 딛 3:6). 이 고백은 이 이야기의 절정을 이룬다. 요한복음에서 단 한 번 사용된 이 칭호는 사마리아 여인에게 처음으로 직접 자신을 메시아로 밝힌 것과 아울러 대단히 중요한 의미를 갖는다.

2. 왕의 신하의 믿음(43-54절)[26]

이 단락은 2-4장의 마지막 단락이라는 점에서 대단히 중요한 의미를 갖는다. 특히 43-45절은 두 번째 표적(46-54절)과 관련하여 2:23-25과 비슷하게 부활신앙과 표적신앙을 암시하는 하나의 전환 단락의 역할을 한다는 점에서 주목할 필요가 있다.

"이틀이 지나매 예수께서 거기를 떠나 갈릴리로 가시며"(43절). 서두의 "이틀이 지나매"는 가나의 표적 서두에 나오는 "사흘째 되던 날"(2:1)과 같다.[27] 아래 단락과 관련된 부활신앙을 암시하는

---

26) 이 부분은 5장의 베데스다 치유 표적와 연관된 단락으로 보아 '생명과 심판의 중재자되신 예수'(4:43-5:47)라는 주제를 가진 한 개의 강화로 이루어진 통일체로 볼 수도 있다. G. R. Beasley-Murray, 218-241. 그러나 중요한 것은 유대(예루살렘)에서 시작된 사역이(사마리아를 거쳐) 갈릴리에서 종결된다는 요한복음 전체 구조와 관련해 볼 때 4장으로 매듭짓고 5장부터 새로운 부분이 시작되는 것으로 보는 것이 더 적절하다는 것이 필자의 생각이다.

대목이다. 또한 요한복음의 구조가 유대(예루살렘)에서 시작해서 갈릴리로 마친다고 할 때 '거기(사마리아)를 떠나 갈릴리로 가신다'는 이 대목은 2-4장의 사역의 종언을 암시한다.

"친히 증언하시기를 선지자가 고향에서는 높임을 받지 못한다 하시고"(44절). 이 구절은 다음 절(45절)의 말씀("갈릴리인들이 그를 영접하니")과 관련하여 그 의미가 불확실하다고 주장하는 학자[28]가 있는가 하면 예수의 고향이 유대라고 주장하는 학자[29]도 있다. 그러나 이런 주장과는 달리 여기서 이 구절의 의미는 분명할 뿐만 아니라 대단히 중요한 의미를 갖는다. 갈릴리로 가시면서 하신 이 말씀은 예수의 고향이 갈릴리라는 것을 분명하게 말씀하고 있다(마 13:57; 막 6:4; 눅 4:24).

그런데 45절에서는 갈릴리인들이 예수를 영접했다고 한다. 그들은 명절(유월절)에 예루살렘에 갔다가 예수가 행한 모든 표적을 본 사람들이다. 그러니까 갈릴리인들 모두가 예수를 영접한 것이 아니라 표적신앙을 가진 일부 사람들이 예수를 환영했음을 말한 것뿐이다. 따라서 여기서 예수의 선지자 발언은 예수의 고향 갈릴리, 특히 갈릴리 사역의 주요활동무대인 아래 단락의 가버나움(46절)을 두고 한 발언임이 분명하다.

"예수께서 다시 갈릴리 가나에 이르시니 전에 물로 포도주를 만드신 곳이라 왕의 신하가 있어 그의 아들이 가버나움에서 병들었

---

27) 정태헌, 《거룩한 독서(1)》, 277.

28) G. R. Beasley-Murray, 229.

29) 페인터는 예수의 고향은 사마리아인들이 예수를 영접한 것으로 보아 사마리아인이 아니고, 갈릴리 사람들이 그를 영접한 것으로 진술하고 있기 때문에(4:45) 갈릴리 사람도 아니라고 주장하면서 유대(예루살렘)가 될 수 있다는 주장을 폈다. 이것은 4:9,22의 예수를 유대인이라고 선언한 것과 관계가 있다고 보았다(J. Painter, *The Quest for the Messiah*, 207-208). 서중석 교수도 예수의 고향이 갈릴리가 아니라 유대임이 분명하다고 주장하고 있다. 서중석, 《복음서해석》, 250-251.

더니"(46절). 이 구절에서 요한은 갈릴리 가나와 갈릴리 가버나움을 대조시키고자 하는 의도(지리적 상징주의)를 가지고 있음을 엿볼 수 있다. 요한복음에서 작고 가난한 동네인 갈릴리 가나는 첫 표적을 행한 곳이며(2:1-11), 아래에서 두 번째 표적을 행할 곳으로 예수가 머물기를 원하는 긍정적인 곳으로 묘사되고 있다. 그러나 크고 부유한 도시인 가버나움은 오래 머물기를 원치 않았고(2:12), 표적신앙을 넘지 못하는 부정적인 곳으로 묘사되고 있다(6:22-66 참조).

이 구절의 "왕의 신하"에서 왕은 누구인가? 당시 갈릴리 지방을 다스렸던 분봉왕 헤롯 안티파스(주전 4년-주후 39년 재위)로 추정된다(마 14:1; 눅 3:1). 왕의 신하(티스 바실리코스, *τις βασιλικὸς*)는 요세푸스에 의하면 헤롯 왕가의 모든 친척들과 신하들, 그리고 그들의 군대를 묘사하는 데 사용된 용어라고 하였다.

그런데 이 기사는 이방인 로마 백부장 기사(마 8:5-13; 눅 7:1-10)와 평행하는 자료일 가능성이 높다. 요한복음에는 '이방인'이라는 말을 쓰지 않는다. 그 까닭은 모든 이가 복음 앞에서 동등하다는 의미에서일 것이다.[30] 그럴 경우 '가버나움의 왕의 신하'는 '가버나움의 로마 백부장'으로 볼 수 있다.

가버나움에 있는 왕의 신하의 아들이 병이 들었다. 그가 예수께서 유대로부터 갈릴리로 오셨다는 말을 듣고 예수께서 계신 가나까지 찾아와 아들의 병을 고쳐달라고 청한 것이다. 가버나움에서 가나까지는 약 34km나 떨어진 먼 곳인데, 이 같은 수고를 아끼지 않은 것은 사정이 매우 다급했음을 말해준다.

그러자 예수는 이렇게 말했다. "너희는 표적과 기사[31]를 보지

30) 이는 요한복음이 얼마나 '일원론 지향적 복음서'인가를 잘 보여주는 중요한 단초를 제공한다.

31) "표적과 기사"라는 표현은 요한복음에서 오직 이곳에서만 나온다. 성경의 다

못하면 도무지 믿지 아니하리라"(48절). 이 구절은 눈에 보이는 이적만을 원하는 자들에 대해 예수의 실망을 표현하고 있다. 예루살렘 유대인들의 표적신앙(2:23)처럼 갈릴리 사람들도 표적신앙에 매여 있음을 지적해준다.

"신하가 이르되 주여 내 아이가 죽기 전에 내려오소서"(49절). 이 간청은 가버나움의 한 로마 백부장이 "주여 내 집에 들어오심을 나는 감당하지 못하겠사오니 다만 말씀으로만 하옵소서 그러면 내 하인이 낫게 사옵나이다"(마 8:8) 했던 것과는 믿음의 차이를 보여주고 있다. 표적에 의존하는 이 믿음은 말씀을 믿는 믿음에 비하면 낮은 단계의 믿음이다.

예수는 그에게 말했다. "가라 네 아들이 살아 있다"(50절). 그 사람이 예수의 말씀을 믿고 내려가다가 길에서 종들을 만나 아이가 살아 있다는 소식을 접하게 되었다(51절). 그래서 그 나은 때를 물으니 어제 일곱 시, 우리 시각으로는 오후 1시에 열기가 떨어졌다고 말하였다. 이 말을 들은 그 사람이 이 시각이 "네 아들이 살아 있다"고 예수께서 말씀하신 그 때인 줄 알고 온 집안이 다 예수를 믿게 되었다(행 16:31 참조).

가버나움의 왕의 신하는 표적을 믿는 믿음에서 말씀을 믿는 믿음으로 한 단계 더 나아간 신앙의 모델을 보여주고 있다(50절). 여기서 주목해 보아야 할 대목은 세 번씩(50, 51, 53절)이나 반복해서 말하고 있는 "네 아들이 살아 있다"라는 대목이다. 여기서 우리는 표적신앙을 넘어 부활이요 생명이신 예수를 믿는 부활신앙을 갖도록 하려는 요한의 의도를 엿볼 수 있다.

"이것은 예수께서 유대에서 갈릴리로 오신 후에 행하신 두 번째 표적이니라"(51절). 가나의 이 두 번째 표적은 요한복음의 첫 부분

른 곳에서는 이 같은 표현이 많이 사용된다(행 2:22,43; 4:30; 5:12 등).

(2-4장)을 마무리한다. 이 마지막 구절에서 요한은 두 가지 중요한 말을 하고 있다. 하나는 "유대에서 갈릴리로"이다. 이는 요한복음의 성육신적 하강구조를 잘 나타내 주는 대목이다. 또 하나는 "두 번째"라는 서수이다. 굳이 이 표현을 쓴 까닭은 두 번의 표적이 다른 곳이 아닌 둘 다 작고 가난한 동네인 가나에서 있었다는 사실을 통해 가난하고 소외된 자를 멸시치 아니하시는 하나님의 참사랑(성육신적 내리사랑)을 보여주고자 하는 표현이리라.

4장의 두 이야기는 믿음에 있어서 먼저 된 유대인들은 나중 되고 나중 된 이방인들은 먼저 된다는 것을 잘 보여주고 있다(행 13:46 참조). 즉 하나님의 선민이라고 자처하는 유대인들은 메시아로 오신 예수를 잘 받아들이지 않고 표적만을 구하면서(고전 1:22) 배척을 일삼는데 반해 이방인으로 멸시와 천대를 받는 사마리아인들과 이방인으로 여겨지는 왕의 신하는 오히려 예수를 받아들여 교회공동체의 일원이 되었다. 따라서 4장은 이방인 선교의 필요성과 중요성을 잘 말해주고 있다.

또한 요한복음의 첫 부분인 2-4장은 요한의 교회(공동체)가 어떤 교회(공동체)인가를 잘 대변해 준다. 요한의 교회는 교회의 두 본질인 '예배와 선교'에 관해 중요한 메시지를 던져주고 있다. 예배공동체로서의 요한의 교회는 교회의 본질이 건물이나 직분이나 제도에 있는 것이 아니며, 또한 참 예배는 장소나 제물에 있는 것이 아니라 성령과 진리로 아버지와 아들을 예배하는 데 있음을 보여주고 있다.

또한 선교공동체로서의 요한의 교회는 누구나 차별없이 교회 안에 들어올 수 있도록 문을 활짝 열어놓고 만민에게 복음을 전하는 일, 곧 선교가 교회의 본질임을 잘 보여주고 있다(시 67:2-3). 그리하여 교회의 궁극적 목적은 하나님이 가장 기뻐하시는 것, 곧 만민이 구원을 받아 만민으로부터 예배(경배와 찬양)를 통해 아버지와 아들을 영화롭게 하는 데 있음을 말하고 있다.

정리하면, 3장이 구원론(구원의 문제)과 관련하여 '예수의 유일성'을 잘 말해주는 장이라면, 4장은 교회론(예배와 선교)과 관련하여 '예수의 포용성'을 잘 말해주는 장이라고 할 수 있다. 오늘날 포스트모던 시대의 특징인 종교다원주의를 이기는 길은 '예수의 유일성'을 확고히 하는 데 있다. 나아가 배타주의에 빠져 위기에 처한 기독교회를 살리는 길은 '예수의 포용성'에 있음을 잊지 말아야 할 것이다.

제5장

요한복음 5-8장은 '유대인을 향한 긴 강화'이고, 13-16장은 '제자들을 위한 긴 강화'라는 점에서 상응한다. 5장의 신학적 핵심 주제는 아버지와 아들의 관계를 다룬 '아들 기독론'이고, 16장은 아들과 성령의 관계를 다룬 '아들의 영-성령론'이다. 따라서 5장과 16장은 함께 묶여져 〈삼위일체론〉을 취급하고 있다. 바울서신에서도 예수가 높이 고양되어 있지만 요한복음처럼 예수가 곧 하나님이라는 언명에는 이르지 못한다. 예수는 우리가 믿는 완전한 하나님으로서의 성자요, 삼위일체 하나님의 한 위격이다.

5장은 요한복음의 기독론적 특징인 '아들 기독론'이 펼쳐져 있다. 아들 기독론은 삼위일체 교리의 기초가 된다. 유일신교(Monotheism)에 머물러 있는 유대인들은 삼위일체 교리를 깨닫지 못했다. 삼위일체 교리는 신약성경 도처에 나타나 있지만(마 28:19; 고전 12:4-6; 고후 13:13) 가장 명확하게 나타난 곳은 요한복음, 그 중에서도 예수의 직접적인 자기계시가 본격적으로 시작되어 유대인들과 대충돌을 일으키는 5장이다.[1)]

---

1) 김동수, 《요한신학 렌즈로 본 요한복음》, 112-113.

유대인들에 의한 예수의 박해가 본격적으로 시작되는 5장은 아버지에 의한 아들의 위로를 말씀하고 있고, 유대 회당에 의한 제자들의 출교가 본격화되는 16장은 보혜사 성령에 의한 제자들의 위로를 말씀하고 있다.

한편, 5-10장은 유대인의 절기에 생명을 불어넣은 예수, 유대인의 절기를 온전케 하신 예수를 보여주고 있다. 5장은 안식일과, 6장은 유월절과, 7-9장은 초막절과, 10장은 수전절과 관련된 예수의 사역과 가르침을 다루고 있다. 나아가 5:1-7:9은 예루살렘에서 갈릴리로의 네 번째 하강구조를 보여주고 있다.

5장부터는 본론의 두 번째 부분이 시작된다. 5장의 내용은 세 번째 표적인 안식일에 38년 된 병자를 치유하는 것으로 시작하여, 유대인들과의 안식일 논쟁으로 이어지고, 아버지와 아들이 하나[2]라는 기독론적 변증으로 끝나는 것으로 구성되어 있다.

1. 안식일에 병자를 치유하심(1-18절)

"그 후에 유대인의 명절이 되어 예수께서 예루살렘에 올라가시니라"(1절). 여기서 "유대인의 명절"이 무슨 절기냐에 대해 여러 추측이 있으나 오순절이 아닐까 생각된다.[3] 유대인들은 유월절(무교

---

2) 요한복음에서 '아버지와 아들이 하나'라는 것은 다음과 같은 의미를 포함한다. 1) 아들의 기능은 아버지의 기능과 하나이다(5:17-18, 43; 14:9-10). 2) 아들을 섬기는 것과 아버지를 섬기는 것은 하나이다(5:23; 8:19; 14:7, 21). 3) 아버지의 영광은 아들에게 나타난다(1:14; 2:11, 18; 4:48, 53; 5:36; 6:32, 43; 8:21; 21:19). 4) 아버지와 아들은 친밀하다(1:14; 10:15, 38; 17:20-23). 5) 아버지와 마찬가지로 아들도 신적인 존재다(1:1, 18). 김동수 《요한신학 렌즈로 본 요한복음》, 113.

3) 첫째, 유대인들이 예루살렘을 방문하는 절기는 유월절, 오순절, 초막절인데, 다른 명절에 대해서는 언급이 있으나(2장 유월절, 7장 초막절, 10장 수전절, 11장

절), 오순절(맥추절), 초막절(수장절), 이렇게 1년에 세 차례 절기를 지키러 예루살렘에 올라가야만 했다(출 23:14-17).

"예루살렘에 있는 양문 곁에 히브리 말로 베데스다라 하는 못이 있는데 거기 행각 다섯이 있고"(2절). 양문(sheep gate)은 예루살렘 성전의 북쪽에 위치한 성문(느 3:1; 12:39)으로 이 문을 통해 제물로 쓰일 양들이 성전 구내로 들어갔다. 양문 곁에 "베데스다"('자비의 집'이란 뜻) 연못이 있었고, 거기에 다섯 개의 행각이 있었다. 이 행각 안에는 많은 병자들이 모여 있었는데, 그 이유는 가끔 천사가 못에 내려와 물을 휘저어놓을 때 가장 먼저 들어간 사람은 무슨 병에 걸렸든지 낫는다는 민간 전설 때문이었다.

"거기 서른여덟 해 된 병자가 있더라"(5절). 이 구절에서 말하는 38년은 오랜 동안의 실제 질병 기간을 나타낼 수 있겠지만 상징적인 의미를 담고 있다고 보아야 할 것이다. 38년 기간은 이스라엘 백성이 광야에서 방황하던 연수와 같은데(신 2:14), 이를 통해 요한은 38년이나 오랫동안 병든 환자처럼 유대교야말로 가나안 땅에 들어가지 못한 채 방황하는 종교임을 암시하려는 의도를 갖고 있지 않았나 생각해 볼 수 있다.

예수는 그 환자를 주목해 보면서 "네가 낫고자 하느냐"(6절)고 물었다. 이 환자는 "내가 낫고자 합니다"라고 대답하기 보다는 남을 탓하고 자신의 처지를 원망하면서 변명을 늘어놓았다. 이에 예수께서 "일어나 네 자리를 들고 걸어가라"(8절) 하시니 그 사람이 곧 나아서 자리를 들고 걸어갔다(9a절).

그러고 나서 요한은 이렇게 말한다. "이 날이 안식일이니"(9b절).

유월절) 오순절에 대해서는 언급하지 않고 있기 때문이다. 둘째, 2장의 유월절(1월 14-21일)과 7장의 초막절(7월 15-21일) 사이에 있는 오순절(3월 6일)이 가장 개연성이 많다. 셋째, 오순절은 모세가 시내산에서 율법을 받은 사실을 축하하는 명절인데, 5장이 안식일 율법과 관련되어 있고, 모세가 언급된 점(5:31-32, 46-47)으로 보아 오순절일 가능성이 가장 짙다.

이 대목은 안식일[4] 율법이 큰 문제가 될 것임을 암시한다. 요한이 이 사건을 치유 사역 끝에 언급함으로써 자연스럽게 또 다른 사건으로 연결되고 있다. 요한은 치유사건 자체보다는 그 사건 다음에 나오는 기독론적 논쟁에 더 관심이 있다. 그래서 표적 자체는 간단히 서술하고 이 표적의 상징적 의미에 많은 지면을 할애하고 있다.

안식일은 유대인의 절기 가운데 하나로서(레 23:2), 이 날은 일체의 노동이 금지되었다. 그런데 예수가 안식일에 환자에게 네 침상을 들고 걸어가라고 한 것은 안식일의 금지조항(39가지) 가운데 하나를 어긴 것으로 본 것이다. 그래서 유대인들은 병 나은 사람에게 "안식일인데 네가 자리를 들고 가는 것이 옳지 아니하니라"(10절)고 말하였다. 그들은 수십 년 동안 깊은 좌절 속에 빠져 있던 병자가 고침받고 새로움 삶을 시작할 수 있게 된 이 놀라운 사실에는 관심이 없었다. 그들의 유일한 관심사는 오직 전통에 규정된 안식일 규례 파기에 있었다.

그래서 그들은 병 나은 사람을 불러다가 "너에게 자리를 들고 걸어가라 한 사람이 누구냐"(12절)며 다그쳤다. 그런데 예수는 병자를 고치자마자 그 자리를 피했기 때문에 고침을 받은 사람은 그가 누구인지 몰랐다. 그 후에 예수는 이 사람을 성전에서 만나 이같이 말했다. "네가 나았으니 더 심한 것이 생기지 않게 다시는 죄를 범하지 말라"(14절).[5] 예수는 질병이 반드시 죄 때문에 기원하는 것은 아니라고 가르쳤지만(9:2-3), 여기서는 질병의 기원이 근

---

4) 십계명의 제4계명은 안식일 계명인데 출애굽기의 안식일 계명(출 20:8-11)과 신명기의 안식일 계명(신 5:12-15)에 차이가 있다. 안식일의 근거를 전자는 창조신앙, 즉 하나님이 천지 만물을 창조하신 후 일곱째 날에 쉬신 것을 기념한 것에 둔 반면, 후자는 구속신앙, 즉 하나님이 이스라엘 백성을 출애굽시킨 것(인도주의적 관점)을 기념한 것에 두고 있다.

5) 구약성경과 초기 유대교의 견해에 따르면 질병은 죄의 결과이며, 따라서 죄의 용서 없이는 건강도 가능하지 않다(시 103:3; 사 33:24).

본적으로 인류의 범죄에 기인한다는 점에서 이 같이 말했다고 볼 수 있다.

"그 사람이 유대인들에게 가서 자기를 고친 이는 예수라 하니라"(15절). 왕의 신하가 자기 아들이 치유 받은 후 가진 믿음과는 달리 이 사람은 예수를 밀고하기까지 하였다. 이 행위로 인해 예수와 유대인들의 논쟁(16절 이하)이 야기되었다.[6] 여기서 주목할 점은 이 사람은 예수로 인해 고침을 받았지만 예수가 누구인지 깨닫지 못했다는 사실이다. 그리하여 그냥 "예수라 하는 이"라고 대답하였다. 이 같은 태도는 4장의 사마리아 여인이나 9장의 소경으로 태어나 눈을 뜨게 된 사람과는 대조를 이룬다.

안식일에 행한 일로 인해 유대인들이 예수를 박해하기 시작하였다. 이에 예수는 그들에게 이렇게 말했다. "내 아버지께서 일하시니 나도 일한다"(17절). 이 구절은 기존의 모든 관념을 뒤집어엎는 폭탄선언이 아닐 수 없다. 그 까닭을 간단히 정리하면 이렇다.

예수 당시 가난하고 억눌린 일반 백성들은 "땅의 백성", 히브리어로 "암 하아레츠"(עם הארץ)라고 불렀다. 이들은 먹고 살기에도 바빠 안식일법을 지킬 수 있는 여유가 없는 사람들이었다. 그러다 보니 이들은 자연히 안식일법을 어긴 죄인으로 취급받으며 살아야 했다. 그리고 그것을 당연한 것으로 받아들이며 살아야 했던 불쌍한 사람들이었다. 더구나 질병에 걸린 자들은 하나님으로부터 징벌을 받은 자로 취급받으면서 죄인처럼 살아야 했다.

그런데 안식일법을 지키며 살 수 있는 사람들은 서기관이나 바리새인들처럼 먹고 살만한 여유가 있는 지배계층의 사람들뿐이었다. 그러니까 안식일법을 통해 이득을 보는 집단은 그것을 지킬 수 있는 여유 있는 지배계층의 사람들이었다. 그들은 안식일법을

6) 예수가 안식일에 행한 사역으로 인해 유대인들과의 논쟁이 야기된 것은 사복음서 모두에서 흔히 볼 수 있다(막 3:1-6; 마 12:9-14; 눅 6:6-11; 요 9:13-17).

통해 자신들의 기득권을 유지하면서 그것으로 일반 백성들을 죄인으로 몰아 억압하고 지배하는 도구로 삼았던 것이다. 이러한 상황에서 주님은 안식일임에도 불구하고 죄인으로 취급당하는 병자를 고쳐주시고 오랜 질병으로부터 자유케 해 주었다.

여기서 주님이 하고자 하시는 말씀은 이것이다. "내 아버지 하나님도 일하시고 나도 일하고 일반 백성들도 열심히 일하는데, 일하지 않고 놀고먹으면서 열심히 일하는 일반 백성들을 죄인으로 정죄하는 너희들은 도대체 어떤 놈들이냐 이 나쁜 놈들아!"라고 일갈하고 있는 것이다. 주님은 지금 안식일에도 불구하고 열심히 일하는 일반 백성들이 죄인이 아니라 일하지 않고 놀고먹으면서 그들을 정죄하는 유대 종교 지도자들이야말로 진짜 죄인들이고 진짜 나쁜 놈들이라고 호통을 치고 있는 것이다.

이는 서기관들이나 바리새인들의 위선과 허세를 날카롭게 폭로한 것이다. 예수는 그들의 위선과 허세에 메스를 가함으로써 그들의 비뚤어진 정체성을 여지없이 드러내었다. 그들은 자기들의 비뚤어진 정체성이 들통나자 더 이상 주님을 그냥 가만히 놓아둘 수가 없었다. 그리하여 그들은 하나님을 친아버지로, 그러니까 자신을 하나님의 아들이라고 말하는 예수를 신성모독을 했다는 죄목으로, 그리고 지배 이데올로기의 마지막 보루였던 안식일법을 범한 중죄인으로 몰아 예수를 죽이고자 했던 것이다(18절).

2. 아버지와 아들의 관계에 관한 강화(19-30절)

이 단락은 안식일에 행하신 일에 대한 변론으로 전체가 예수의 독백으로 구성되어 있다. 여기에는 요한의 깊은 신학 사상이 반영되어 있다. 19-23절에서는 아버지와 아들의 상호관계가 객관적인

3인칭 문체로 언급되어 있다. 아들은 아버지께서 하시는 일을 보지 않고는 아무 것도 스스로 할 수 없다(19절). 아들은 마음대로 행하지 않고 아버지를 따라 행한다.

아버지께서 아들을 사랑하사 자기의 모든 것을 아들에게 보이시고 '그보다 더 큰 일'(20절)을 보이사 사람들로 하여금 놀라게 하신다. 여기서 '그보다 더 큰 일'(1:50; 14:12 참조)이란 병자 치유보다 더 큰 일, 즉 죽은 이들을 일으키어 살게 하거나(21절) 심판하는 것(22절)으로 설명되어 있다. 그런데 요한복음 전체 맥락에서 보면 "태생소경 치유"(9장)나 "나사로의 소생"(11장)과 관련되어 있다고 볼 수 있다.

아버지께서 아들에게 모든 것을 맡긴 이유는 모든 사람으로 아버지를 공경하듯이 아들을 공경하게 하려는 데 그 목적이 있다. 아들을 공경하지 아니하는 자는 그를 보내신 아버지를 공경하지 않는 것이다(23절). 바리새인들은 하나님을 공경한다고 하면서 그가 보내신 아들을 공경하지 아니하기에 실제로는 아버지를 공경하지 않는 자들이다. 성자를 모신 사람은 성부를 모신 자이고, 성자를 모시지 못한 사람은 성부도 모시지 못한 자이다.

아들의 말을 듣고 또 아들을 보내신 자를 믿는 자는 영생을 얻었고 심판에 이르지 아니한다. 그 까닭은 사망에서 생명으로 옮겨졌기 때문이다(24절). 이 구절에는 요한의 "실현된(현재적) 종말론" 사상이 잘 들어나 있다. 아들을 믿는 사람은 영생을 앞으로 얻을 것(미래형)이 아니라 영생을 이미 얻었고(현재형), 죽음에서 생명으로 옮겨졌다(6:47; 8:51; 11:26; 요일 3:14). 그러나 아들을 믿지 아니하는 자는 이미 심판을 받았다(3:18, 36).

죽은 자들이 하나님의 아들의 음성을 들을 때가 오는데 바로 지금이다(25절). 죽은 자들의 부활은 하나님의 약속인데, 그때가 이미 왔다("바로 지금")는 것은 약속의 성취를 가리킨다. 아들의 약속의 말씀을 듣고 믿는 자는 살아날 것이다. 아버지께서 자신 안에 가지고 계신 생명을 아들에게 주어 아들 속에 생명이 있게 하셨다(26절). 말씀이신 아들 안에 생명이 있기에(1:4), 아들은 믿는 자들에게 생명의 원천이 된다(7:37-38; 11:25; 14:6).

아버지께서는 사람의 아들에게 심판하는 권한을 주셨다(27절). "하나님의 아들"(25절)이 여기서는 "사람의 아들"(인자)[7]로 표현되었다. 세상을 구원하러 온 예수가 "사람의 아들"로서 심판을 하게 된다는 사실에 놀라지 말아야 한다. 무덤 속에 있는 자들이 모두 인자의 음성을 들을 때가 올 것이다(28절). "때가 이미 왔다" 대신에 "때가 올 것이다"는 말로써 '미래적 종말론'을 보여주고 있다.

선한 일을 한 사람은 생명의 부활을 얻고, 악한 일은 한 사람은 심판의 부활을 얻는다(29절). 이는 마지막 날에 있을 신자의 부활과 불신자의 부활을 가리킨다(단 12:2-3; 사 26:19; 호 13:14). 결국 모든 사람은 종말에 부활주인 예수 앞에 설 것인데, 어떤 사람은 생명의 부활로, 어떤 사람은 심판의 부활로 종말을 맞게 될 것이다.

아들은 아무 것도 스스로 하지 않고 아버지로부터 들을 대로 심판한다. 아들은 그를 보내신 아버지의 뜻대로 행하기에 아들의 심판은 의롭다(30절). 이 단락의 종말론적 발언은 시작부, 곧 19절로 되돌아감으로 종결된다. 아들의 아버지에 대한 의존은 그의 아버지를 위한 사역에서 정점에 이른다. 아들의 심판은 자의적인 아닌 공의의 하나님이신 아버지의 뜻에 따라 행하기에 항상 공평하다.

---

7) "사람의 아들"은 요한복음에서 더러 언급되지만(3:13; 6:62; 12:23, 34; 13:31), 심판자로서는 거의 언급되지 않는다. 심판자로서의 "사람의 아들"은 오히려 초대 그리스도교 전승 자료, 특히 공관복음서(막 8:38; 눅 12:8-9; 막 14:62; 눅 17:26-27, 30; 마 24:30)나 사도행전(7:56)에서 기인된 것으로 볼 수 있다. 이영헌, 128-129.

3. 예수에 대한 증인들(31-40절)

이 단락은 아들 예수를 위한 여러 증인들(31-40절)을 다루고 있다. 이 단락은 구약의 제2이사야에 나타나는 이스라엘의 하나님과 이방신들 간의 재판 장면을 연상시킨다(사 43:8-13; 44:6-11). 소송을 성사시키려면 두 사람 이상의 증인이 필요하다(신 19:15). 첫째 증인은 세례 요한(33-35절), 둘째 증인은 아버지 하나님(36-38절), 셋째 증인은 구약성경(39-40절)이다. 세 증인[8]이 예수의 아들됨(신성)을 증언하고 있다.

예수의 증언은 참인데, 그 까닭은 성부 하나님께서 대신 증언하시기 때문이다(31-32절). 세례 요한은 이미 진리에 대하여 증언하였다(33절; 1:19-34; 3:27-30). 예수도 진리에 대하여 증언하러 이 세상에 왔다(18:37). 그러나 예수는 사람에게서 증거를 취하지 않는다(34절). 이 점에서 세례 요한의 증언은 예수에 비해 상대적인 가치를 지닐 뿐이다. 예수는 빛(1:5)이 되시지만 세례 요한은 단지 빛을 증언하는 등불(35절)에 지나지 않는다(1:7-8).

예수에게는 요한의 증거보다 더 큰 증거가 있는데 그것은 아버지로부터 부여받아 행한 표적들이다(5:17, 19). 이 "일들"은 특히 예수가 아버지로부터 파견되었다는 사실을 증언해준다(8:28-29; 9:30-33; 10:25, 32, 37-38; 12:37; 15:24).

"너희가 성경에서 영생을 얻는 줄 생각하고 성경을 연구하거니와 이 성경이 곧 내게 대하여 증언하는 것이니라"(39절). 필자는 이 구절이야말로 요한복음 연구방법론-구약적(히브리적) 방법론-을 암시하는 구절이라는 의미에서 대단히 중요한 구절이라고 생각한다. 예수는 유대인들이 영생을 얻기 위해 연구하는 구약성경이 바

8) 여기서 "셋"은 '더 이상은 없다', '끝이다'라는 '숫자상징주의'의 의미를 갖는다.

로 자신에 대한 증언이라고 말하고 있다.

요한복음에서 성경의 각 "말씀"은 예수에게서 이루어진다(12:38; 13:18; 15:25; 17:12; 19:24, 36). 예수는 성경의 핵심이요 목적이다(1:45; 2:22; 5:39, 46; 12:16, 41; 19:28; 20:9). 따라서 이 구절은 구약에 대한 초대교회의 기독론적 성경 해석의 절정을 이르는 구절이라는 점에서 결정적인 중요성을 갖는다. 그런데 유대인들은 생명을 얻기 위해 열심히 구약성경을 연구하지만 구약성경이 예수에 관한 책이며, 예수 안에 생명이 있다는 사실을 모르기 때문에 예수께로 오기를 원치 않았다(40절).

4. 유대인들의 불신앙을 질책하심(41-47절)

이 단락에서 예수는 유대인의 불신앙을 노골적으로 질책하고 있다. "나는 사람에게서 영광을 취하지 아니하노라"(41절). 예수는 사람의 증언을 필요로 하지 않듯이(34절), 사람들로부터 영광을 받고자 하지 않는다. 예수는 "오직 하나님의 영광만을 위해서"(Soli Deo Gloria) 산다는 것을 시사하고 있다.

"다만 하나님을 사랑하는 것이 너희 속에 없음을 알았노라"(42절). 하나님이 고대근동 지방을 떠돌아다니던 노예 히브리들을 사랑하여 출애굽 해방과 가나안 땅을 선물로 주셨다(신 7:6-9; 26:5-9). 이스라엘이 이 같은 하나님의 은혜와 사랑에 대한 보답으로 하나님을 사랑하는 것은 지극히 당연한 일이었다(신 6:4-9).

그러나 이스라엘 백성은 배은망덕하게도 하나님이 가장 싫어하시는 우상숭배와 이방 신을 좇으며 반역을 일삼았다(겔 20장). 유대인들 또한 하나님을 안다고 하였지만 그들에게는 하나님께 대한 사랑이 없었다. 그리하여 하나님과 하나가 되신 아들 예수를 거절하였다. 오히려 유대인들은 '자칭 메시아'[9]라고 자처하는 거짓 예언자들[10]을 좇아가는 어리석음을 행했다(43절).

유대인들은 자기들의 영광을 취하면서 유일하신 하나님께 돌려야할 영광을 구하지 않았다. 이는 하나님을 믿지 못하는 행위이며, 따라서 하나님이 보내신 아들을 믿지 못하는 것과 같다(44절). 그러기에 "내가 너희를 아버지께 고발할까 생각하지 말라 너희를 고발하는 이가 있으니 곧 너희가 바라는 자 모세니라"(45절).[11] 모세의 율법은 하나님의 영광을 선포하고(출 40:34-35) 하나님을 사랑할 것을 가르쳤건만, 그들은 하나님의 영광을 가로채고 하나님을 사랑하지 않기에(사 29:13; 겔 33:31) 모세의 율법은 그들을 정죄할 것이다.

"모세를 믿었더라면 또 나를 믿었으리니 이는 그가 내게 대하여 기록하였음이라"(46절). 모세는 오경(토라)을 통해 예수의 증인 역할을 하였다(신 18:15-18; 눅 24:44; 요 6:14). "그러나 그의 글도 믿지 아니하거든 어찌 내 말을 믿겠느냐"(47절). 모세의 글(모세오경)은 예수의 말에 대한 증언의 역할을 한다. 모세오경을 통해서 예수가 "약속된 메시아"라는 증거들[12]을 믿지 않고는, 하나님의 아들에 대한 믿음은 불가능하다(1:45).

정리하면, 5장을 통해 주목해야 할 것은 "아버지" 용어가 1-4장에서는 한 구절씩만 나오는 데 반해 5장에서는 무려 12구절에 걸쳐 나온다는 사실이다.[13] 요한이 5장에서 "아버지"를 강조함으로

---

9) 가령, 제2유대인 반란(주후 132-135년) 때에 '자칭 메시아'라고 했던 시몬 바 코흐바를 추종했다.

10) "자신의 이름으로 온다"는 말은 "아버지의 이름으로 온다"는 말과 대조되는 표현으로 거짓 예언자들을 지칭한다(신 18:20; 렘 14:14-15; 29:9; 겔 13:2, 19).

11) 요한복음은 공관복음에서처럼 바리새인이나 서기관에 대한 저주가 나타나 있지 않고 그 대신 이런 묘사로 당시의 유대교를 공격한다.

12) 여자의 후손(창 3:15), 출애굽과 유월절(출 12장), 성막의 기구들(출 25-31장, 35-40장), 여러 제사들(레위기의 제사법전) 등.

써 다음과 같은 효과를 기대할 수 있게 되었다. 첫째, 예수가 하는 모든 말과 일은 하나님 아버지와의 관계 속에서 이루어진 것이라는 사실을 통해 하나님의 아들로서의 정체성이 분명해졌다. 둘째, 유대인들의 박해가 본격적으로 시작되자 아버지께서 함께 하신다는 임마누엘 신앙을 통해 예수와 제자들은 위로와 격려를 얻고 박해를 이길 힘을 얻게 되었다. 셋째, 유대인들이 예수를 박해하고 죽이고자 한 것은 아버지와 아들(의 관계)을 알지 못해서였다는 것을 드러내준다.

---

13) 요 1:18; 2:16; 3:36; 4:23; 5장(17, 18, 19, 20, 21, 22, 23, 26, 36, 37, 43, 45절).

제6장

6장은 〈기독론〉을 바탕으로 '성만찬'[1]과 '제자도'를 핵심 주제로 다루고 있다. 그런 면에서 15장과 상응한다. 3장과 18-19장이 두 곳에서만 유일하게 등장하는 "하나님 나라"라는 개념을 통해 서로 상응관계에 있듯이, 6장과 15장은 두 곳에서만 유일하게 등장하는 성만찬이 갖는 새 언약관계로서의 "상호 거주"(이중적 거함)[2]라는

---

1) 요한복음의 성례전 문제는 요한복음 해석에 있어서 가장 논란이 많이 된 문제 중의 하나이다. 대표적인 세 가지 입장을 들면 다음과 같다. 1) 무성례전(non-sacramentalism)이나 반성례전(anti-sacramentalism)의 입장이다. 요한공동체는 성례전에 대해 알지 못했거나(대표자는 R. Kysar), 또는 성례전을 알았지만 잘못된 관습에 대한 적극적인 반대의사를 갖고 있었다(대표자는 R. Bulmann)는 입장이다. 2) 친성례전(ultra-sacramentalism)의 견해이다. 요한은 성례전에 지대한 관심을 갖고 있기에 요한복음 여기 저기에 성례전에 대한 암시와 상징이 강하게 드러난다는 입장이다(대표자는 O. Cullmann). 3) 성례전을 영적으로 해석하는 입장이다(대표자는 Kikuo Matsunaga). 이에 대한 자세한 논의는 김득중, 《요한의 신학》, 279-293을 참조하라. 위의 세 입장에 대한 필자의 견해는 세 입장 모두에 반대한다. 첫 번째 입장에 대해서는 '모자랐고', 두 번째 입장에 대해서는 '지나쳤으며', 세 번째 입장에 대해서는 영적보다는 '실제적(구체적)'이라는 점에서 세 입장 모두에 반대한다.

2) 요한복음에서 "거하다"라는 구절은 14회 등장한다(1:14, 39; 5:38; 6:56; 8:31, 35; 10:40; 12:46; 14:17; 15:4, 6, 7, 9, 10). 이 중에서 상호 거주(이중적 거함)는 6장과 15장에서만 나타난다(6:56; 15:4, 7, 10).

개념을 통해 서로 상응관계를 이루고 있다. 6장과 15장은 성만찬에 참여함이 갖는 참 제자의 의미(6:60-71; 15:8-25)가 무엇인지를 밝혀주고 있다. 한편, 요한복음에 비유적 용법으로 일곱 번 나타나는 예수의 자기계시 말씀인 '에고 에이미' 문구는 6장("나는 생명의 떡이다")에서 처음 나타나 상응관계에 있는 15장("나는 포도나무다")에서 마치고 있다.

6장은 '요한복음 이해의 분수령'이라고 할 만큼 6장은 대단히 중요한 장이라는 것이 필자의 생각이다. 6장은 시간적 순서에 따른 연대기적 배열로서 이곳에 위치하고 있는 것이 아니다.[3] '역사에 대한 해체와 재구성'[4]이라는 요한신학의 특성에 따라 15장과 상응하는 요한 판 최후의 만찬[5]을 다루고 있다는 것이 필자의 생각이다.[6]

요한 판 최후의 만찬을 다루는 데 있어서 6장은 다음과 같은 독특한 전략을 구사하고 있다. 즉 앞 장(5:39-47)에서 미리 암시한 구약(모세오경)에 대한 기독론적 변형 및 공관복음과의 신학적 차별화를 구사하고 있다.[7] 6장에서 그리고 있는 예수는 한 마디로

---

3) 요한복음 연구에 있어서 많은 학자들이 6장은 적절한 위치에 있지 않다고 보고 있는데, 이 같은 생각은 요한의 글쓰기(신학적 의도)를 제대로 파악하지 못한 데서 비롯되었다는 것이 필자의 생각이다.

4) '역사에 대한 해체와 재구성'이라는 요한의 관점에서 보면 성전정화사건이 마지막 유월절 기간에 있을 필요가 없듯이, 최후의 만찬도 반드시 수난사화 바로 앞에 있어야 할 필요는 없다.

5) 최후의 만찬에 대한 말씀은 네 전승 모두에 있는데, 크게 두 갈래로 나누어진다. 마태 판(26:26-29)과 마가 판(14:22-25)은 거의 같고, 누가 판(22:14-20)과 바울 판(고전 11:22-26)은 유사하다. 요한복음에서 떡과 잔의 말씀에 대한 신학적 해설은 몇 군데에 나타나는데(13장, 15장 참조), 요한 판 최후의 만찬은 6:51-59에서 가장 현저하게 나타난다. 김세윤, 113-114.

6) "요 6:51-58에서 우리는 복음서에서 가장 분명한 성례전적인 언어를 발견하게 된다"(R. Kysar, 《설교자를 위한 요한복음 해석》, 211).

7) 첫째, 오병이어 표적사건을 다루면서 공관복음에 없는 '유월절'(4절) 절기를 배경에 삽입함으로써 유월절/출애굽 유형론을 구사하고 있다. 둘째, 바다 위를

새 출애굽을 이루고 새 땅을 주시는 새 모세이자, 성만찬에 나타난 자신의 대속적 죽음을 통해 새 언약을 이루신 새 창조와 새 구원의 하나님이다. 6장은 크게 둘로 나누면 두 표적 사건(1-21절)[8]과 이에 대한 해설로서의 긴 강화(22-71절)로 되어 있다.

1. 오병이어로 오천 명을 먹이심(1-15절)[9]

"그 후에 예수께서 디베랴의 갈릴리 바다 건너편으로 가시매"(1절). "디베랴"라는 이름은 헤롯 안티파스가 로마 황제 티베리우스를 기념하기 위해 주후 25년경에 갈릴리 호수 남서쪽에 세운 도시로서 갈릴리의 수도였다. 요한복음에서만 볼 수 있는 이 명칭(6:23; 21:1)은 이 사건의 첫 절(1절)에 나오는데, 특히 마지막 절(15절)과 관련하여 중요한 의미를 갖는다. 요한이 이 자리에서 이 명칭을 사용한 것은 우연이라기보다는 신학적 의도, 즉 황제의 도시인 디베랴 바다에서 누가 진정한 왕인가 하는 것을 문제 삼고자 한 것이라고 생각해 볼 수 있다.

이 구절에서 주목해야 할 것은 "갈릴리 바다 건너편"이라는 대목

걷는 표적사건을 다루면서 요단 동편 땅에서 요단 서편 땅(21절)으로 옮겨가는 것을 공관복음과는 전혀 의미가 다른 '지리적 상징주의'를 구사하고 있다. 셋째, 생명의 떡에 관한 긴 강화를 예수에 적대적인 예루살렘이 아닌 갈릴리(가버나움)에서 구사하고 있다.

8) 요한복음에서 유일하게 연이어 나오는 이 두 표적사건의 중요성은 이어지는 긴 강화(길게는 50절[22-71절], 짧게는 38절[22-59절])가 잘 말해주고 있다.

9) 오병이어 이적사건은 사복음서에 유일하게 다 나오고 있다(막 6:32-44; 마 14:13-21; 눅 9:10-17; 요 6:1-15). 그런데 이적사건의 내용을 자세히 분석해 보면 공관복음과 요한복음에는 분명한 차이가 나타난다. 이에 대한 설명은 다양하지만 필자는 궁극적으로 동일한 전승으로부터 유래했으나(C. H. Dodd, 199), 다만 요한이 자신의 신학적 의도를 가지고 전승 자료를 재구성했다는 입장을 취하고자 한다.

이다. 이곳은 "요단 동편"지역으로 누가복음(9:10)에 의하면 벳새다 지역일 것으로 짐작된다. 이 대목을 주목해야 하는 이유는 오병이어 표적사건은 요단 동편에서 있었고, 물 위를 걸으신 표적에 이은 긴 강화가 요단 서편에서 있었다는 데 있다. 요단 동편에서 요단 서편으로의 옮겨짐은 "사망의 자리에서 생명의 자리로의 전환"(5:24)을 의미한다.

앞 장에서 병자가 치유되는 표적을 본 큰 무리들이 예수를 따랐다(2절). 예수는 산에 올라 제자들과 함께 거기 앉았다(3절). 광야에서 행해진 표적 사건에 굳이 "산"(3, 15절)에 올랐다는 어구를 사용한 것은 모세 유형론(모형론), 즉 모세가 시내산에서 율법(계명)을 주었듯이, 산상수훈과 같은 새 율법(새 계명)을 주는 새 모세 예수를 말하려고 했다고 볼 수 있다.

"마침 유대인의 명절인 유월절이 가까운지라"(4절). 이 구절은 다른 세 복음서에는 나타나지 않는 대목이기에 특히 주목해야 한다. 여기서 "유월절"[10]이라는 언급은 요한이 이 사건을 새롭게 재구성하고자 하는 의도가 있음이 분명하다. 이 구절은 6장 전체가 "유월절"이라는 문맥에서 해석되어야 한다는 것을 강력하게 암시한다는 점에서 대단히 중요하다.

유월절은 이스라엘 백성들이 애굽의 노예상태로부터 해방된 것을 기념하여 지키는 절기이다. 유대인들은 이 명절이 다가오게 되면 왠지 모르게 마음이 들뜨게 된다. 지금 로마제국에 지배를 당하고 있는 식민지 상황에서 유대인들은 이 유월절 절기가 다가오자 모세나 다윗 왕 같은 자기 백성을 억압과 질곡으로부터 해방시켜

10) '유월절'(פסח, 페사흐)은 문자적으로 '넘어갔다'(pass over)고 하여 '파스카'(pasḥâ)라 불렀다. 본래 유월절 예식(니산월 14일)은 봄철에 치르던 유목민들의 의식(유목사회)에서 나온 것이다. 그리고 무교절(니산월 15-21일)은 첫 추수와 관련이 있는 농업적인 축제(농경사회)에 뿌리를 두고 있다. J. I. Durham, 《출애굽기》, 278-286.

줄 메시아를 더욱 간절히 고대하게 되었다.

예수는 큰 무리가 자기에게 다가오는 것을 보고 벳새다 출신인 빌립을 시험하고자 이렇게 물었다. "우리가 어디서 떡을 사서 이 사람들을 먹이겠느냐"(5절).[11] 그러자 빌립은 예수의 물음이 믿음에 관한 것인지를 미처 깨닫지 못하고 이렇게 대답했다. "각 사람으로 조금씩 받게 할지라도 이백 데나리온의 떡이 부족하리이다"(7절). 한 데나리온이 노동자의 하루 품삯이라면 200데나리온은 200일의 노동량에 해당하는 엄청난 금액이다.

빌립에 이어 한 동네 사람인 안드레(1:44)가 예수의 말씀의 의미를 깨닫지 못하고 이렇게 예수께 여쭈었다. "여기 한 아이가 있어 보리떡 다섯 개와 물고기 두 마리를 가지고 있나이다 그러나 그것이 이 많은 사람에게 얼마나 되겠사옵나이까"(9절). 보리떡은 밀떡보다 못한 빵으로 주로 가난한 사람들이 먹던 빵이었다. 요한은 한 아이가 가져온 떡이 보리떡이라고 진술함으로써 무리를 먹인 표적을 성만찬과 관련시키려는 의도를 보여준다.[12]

예수는 5천명(10절) 쯤 되는 사람들을 앉게 한 후에 떡을 가져 축사한 후에 손수 떡과 물고기를 나눠주었다(11절). 공관복음에서는 먹은 숫자가 이적을 행한 후에 맨 끝에 기록하고 있으나 요한은 이 사건 맨 끝에 다른 중요한 문제를 다루려고 숫자를 중간에 간단히 처리해 버렸다. 공관복음과는 달리 여기서도 5절처럼 예수가 주도권을 가지고 행하는 모습을 보게 된다.

무리들이 먹고 배부르자 예수는 제자들에게 "남은 조각을 거두

11) 표적을 행하는 동기가 공관복음은 "무리를 불쌍히 여김"에서 나온 것으로 보도하고 있는 반면에 요한은 하나님이 그의 백성에게 허락한 특별한 양식과 연결시킨다.

12) 주후 2세기 후반경 히에라폴리스에서 발견된 아베르키우스(Abercius)의 한 비문에는 물고기(익투스)가 그리스도를 상징하는 것으로, 빵과 포도주는 성만찬을 상징하는 것으로 말하고 있다. R. E. Brown, *John*, Vol.1: XII, 247.

고 버리는 것이 없게 하라”(12절)고 명령하였다. 이 대목에는 아버지께서 주신 자 중에 하나도 잃어버리지 아니하리라는 전형적인 요한의 주제(6:39; 10:28; 17:12; 18:9)가 반영되어 있다. 보리떡 다섯 개로 먹고 남은 조각을 거두니 열두 바구니가 되었다(13절). “열두 바구니”는 “열두 제자”(6:67, 70-71)를 시사한다. 각 제자마다 바구니 하나씩 빵조각들을 거두어들였던 것으로 볼 수 있다.

“그 사람들이 예수께서 행하신 이 표적을 보고 말하되 이는 참으로 세상에 오실 그 선지자라 하더라”(14절). 예수를 모세와 같은 ‘종말론적 예언자’(신 18:15-18)로 고백한 이 대목은 공관복음에서는 볼 수 없는 내용이다. “세상에 오실”(1:9; 3:19; 9:39; 11:27; 12:46; 16:28; 18:37)이라는 표현과 “그 선지자”(1:21, 25; 7:40, 52)란 칭호는 요한의 주된 관심사로서 예수가 메시아로 이해되어져야 한다는 것을 의미한다. 이 표적은 결국 예수가 누구인가라는 〈기독론〉의 문제를 다루고 있다.

“그러므로 예수께서 그들이 와서 자기를 억지로 붙들어 임금으로 삼으려는 줄 아시고 다시 혼자 산으로 떠나가시니라”(15절). 여기에 언급된 “임금”은 “유대인의 왕”(18:33, 39; 19:19, 21)이란 말과 동일한 의미로서 요한복음에서는 항상 부정적으로 사용된 용어이다. 지금 이 엄청난 표적을 경험한 유대인들은 이분이야말로 자신들이 그토록 고대하던 바로 “그 선지자” 곧 메시아라고 생각했다.

그래서 이 기회에 예수를 억지로라도 붙들어다가 자기들의 임금으로 삼고자 했다. 그들의 이 같은 생각을 안 예수는 그 자리를 급히 피해 산으로 도망쳤다. 여기서 우리는 유대인들의 메시아관과 예수의 메시아관에는 커다란 시각차가 있음을 간파할 수 있다.

유대신학은 ‘종말’을 태초의 회복으로 보았다. ‘종말’은 항상 구원의 시대를 말한다. 출애굽은 이스라엘 민족의 구원 사건이었다. 유대인들은 출애굽 사건을 종말론적으로, 동시에 태초론적을 해석하였다.

그래서 다가올 메시아 시대의 종말의 구원을 제2의 출애굽 구원으로 보았다. 유대인들은 이런 관점에서 예수의 표적을 해석했다.

첫 출애굽 때 시내 광야에서 하나님이 만나를 먹이셨듯이, 예수께서 첫 출애굽 구원을 기념하는 유월절에 광야에서 오천 명을 먹였다는 것이다. 따라서 유대인들은 당연히 자기들의 신학적 관점에서 예수가 바로 신명기(18:15)에 약속된 모세와 같은 선지자인 '제2의 모세'라고 생각하고 모세가 이루었던 첫 출애굽을 재현한다고 생각했던 것이다. 더욱이 예수께서 갈릴리 호수 위를 걸어 건너간 사건(16-21절)은 유대인들에게 이러한 해석을 더욱 강화시켜 주었던 것이다.[13]

한 마디로 유대인들은 땅의 메시아, 세상(땅) 나라의 메시아를 꿈꾸었다. 당시에 유대인들은 자신들의 배를 채워주는 경제적 메시야, 로마의 억압으로부터 자신들을 해방시켜줄 정치적 메시아를 기대했다. 그리하여 그들은 예수를 통해 자신들이 꿈꾸던 메시아 왕국을 건설하고자 했다. 이에 반해 예수는 하늘의 메시아, 하나님(하늘) 나라의 메시아관을 갖고 있었다. 예수가 갖고 있던 메시아관과는 너무나도 동떨어진 이 같은 정치적이고 세속적인 메시아 사상이 결국에는 그들의 메시아를 십자가에 못 박는 비극적 결과를 가져온 것이다.

2. 바다 위를 걸으심(16-21절)[14]

이 표적 사건은 길이도 짧고 요한복음의 특징도 많이 발견되지

13) 김세윤, 109-111.

14) 이 이적은 누가복음을 제외한 다른 세 복음서에 나오고 있는데(막 6:45-52; 마 14:22-33; 요 6:16-21), 많은 무리를 먹이신 이적과 연결되어 나타난다.

않는[15] 별로 중요하지 않은 표적으로 생각하기 쉬우나 결코 그렇지 않다. 이 표적 사건은 요한복음을 이해하는 핵심적 열쇠를 쥐고 있는 아주 중요한 표적 사건이다. 요한이 여기서만 예외적으로 두 표적을 연속적으로 보도하고 있는 까닭은 무엇인가?[16] 단지 공관복음의 보도를 따른 결과라고만 볼 수 없는, 여기에는 요한의 신학적 의도가 깔려 있다는 것이 필자의 생각이다.

예수보다 앞서 제자들은 먼저 배를 타고 요단 서편 땅인 가버나움으로 가다가 큰 바람과 파도를 만나 어려움에 빠졌다(16-18절). 제자들이 노를 저어 십여 리쯤[17] 가다가 예수께서 바다 위를 걸어오는 것을 보고 제자들은 두려움에 빠졌다(19절). 이때 예수는 "내니 두려워 말라"(20절)고 하였다. 여기서 "내니"란 예수의 신적 자기 계시를 표현하는 요한의 전형적인 문구 "에고 에이미"(서술적 용법)로서, 구약(사 41:4; 43:10, 13)에서 그 근거를 찾을 수 있다.

물(바다)은 혼돈과 죽음의 상징이다.[18] 다섯 번째 표적인 이 사건은 혼돈과 죽음을 주관하시는 메시아로서의 예수를 그리고 있다는 점에서 두 번째 표적 사건(왕의 신하의 아들 치유 표적)과 상응한다.

"이에 기뻐서 배로 영접하니 배는 곧 그들이 가려던 땅에 이르렀더라"(21절). 생명의 주님이 되신 예수가 탄 배는 요단 동편에서 서편 땅에 이르게 되었다. 이 구절을 통해 요한은 출애굽 때의 홍해 도하 사건에 이은 가나안 땅 정착이라는 상징적 의미를 이 사건에 부여함으로써 예수가 제2의 출애굽과 가나안 땅을 선물로 주신

---

15) 김동수, 《요한신학 렌즈로 본 요한복음》, 109.

16) 카이저는 이 두 이적이 하나로 결합된 이유를 독자들에게 출애굽 사건을 기억하기 위한 것이라고 말한다. R. Kysar, 《요한의 예수이야기》, 45.

17) 갈릴리 바다의 폭이 약 6마일쯤 됨으로, 십여 리는 약 3,4마일에 해당한다. 그러니까 이때 제자들은 바다 한가운데에 있었다고 볼 수 있다.

18) 강성열, 《기독교 신앙과 카오스 이론》, 87.

'새 모세'임을 의도하고자 한 것이 분명하다. 나아가 이 표적 사건은 사망의 땅으로 상징되는 요단 동편에서 먹은 떡은 잠시 배부르다가 다시 허기가 지는 '썩을 양식'이고, 생명의 땅으로 상징되는 요단 서편에서 행해진 예수의 말씀은 '영생하도록 있는 양식'이라는 것을 예시한다(27절 참조).

3. 생명의 떡 강화(22-59절)[19]

이미 언급했듯이 이 강화는 유월절에, 요단 서편 땅, 그것도 갈릴리 가버나움 회당(59절)에서 행해졌다는 사실을 먼저 염두에 둘 필요가 있다. 이 강화의 주제인 '생명의 떡'은 주로 22-50절에서는 계시적 의미로, 51-59절은 성례전적 의미로 사용되고 있다고 볼 수 있다.

요단 동편에서 예수의 표적을 본 무리들은 다음 날 예수와 제자들이 안 보이자 배를 타고 가버나움에 가서 만나 "랍비여 언제 여기 오셨나이까"(25절)라고 물었다. 예수가 행한 두 표적을 보고도 무리들이 예수를 '선생'(랍비)이라고 칭한 것을 보면 아직도 그들은 예수가 누구인지를 깨닫지 못하고 있음을 볼 수 있다.

이에 예수는 이렇게 대답했다. "너희가 나를 찾는 것은 표적을 본 까닭이 아니요 떡을 먹고 배부른 까닭이로다"(26절). 이 구절은 무리들이 예수의 이적이 '표적'하는 바를 제대로 깨닫지 못했다는 것을 지적하고 있다. 유대인들은 예수의 '표적'을 또 다시 아래(땅)

19) "생명의 떡 강화"에 사용된 사회어(표적과 봄, 인자, 에고 에이미, 살 등)는 기독교의 정체성을 강화시키고 이데올로기적 기능을 수행한다. 이에 대한 자세한 논의는 김덕기, "요한복음 6장의 '텍스트사회학'적 분석과 해석: 독자의 이야기 재창조를 위해서", 241-272을 참조하라.

의 세상적, 물질적 관점에서 해석하고 있다. 여기서 요한은 유대교의 정치적 메시아관, 물질주의적 구원관을 은밀히 배격하고 있다. 구원은 단순히 출애굽 구원의 문자적 재현이 아니다. 정치적 자유, 경제적 풍요, 사회적 정의의 실현이 아니다. 왜냐하면 이는 영생을 주지 못하기 때문이다.[20]

"썩을 양식을 위하여 일하지 말고 영생하도록 있을 양식을 위하여 하라 이 양식은 인자가 너희에게 주리니 인자는 아버지 하나님께서 인치신 자니라"(27절). 여기서 "썩을 양식"과 "영생하도록 있는 양식"이 대조되고 있다. "썩을 양식"이란 죽음의 땅인 요단 동편에서 먹은 떡으로, 모세가 준 만나를 비롯하여 예수가 오병이어 표적을 통해서 준 떡을 포함한다. 이와는 달리 "영생하도록 있는 양식"은 생명의 땅인 요단 서편에서 예수가 주는 "영생의 말씀"(68절)의 떡을 의미한다.[21] 이 양식은 아버지 하나님이 하나님의 아들로 인치신 자, 곧 하늘에서 내려와 다시 하늘로 올라가는 사람의 아들(인자)이 주는 것이라고 말하고 있다.

그들이 "우리가 어떻게 하여야 하나님의 일(들)을 하오리까"(28절)라고 묻자 예수는 "하나님께서 보내신 이를 믿는 것이 하나님의 일이니라"(29절)라고 대답한다. 무리들이 묻는 28절에서는 복수인 "일들"로 되어 있는데, 예수의 대답인 29절에서는 단수인 "일"로 되어 있다. 즉 하나님이 요구하시는 "일"은 당신이 세상에 파견한 아들을 믿는 단 한 가지뿐이다.

무리들은 성경을 인용하면서 조상들이 광야에서 먹었던 만나와 같은 확실하게 믿을만한 표적을 다시 예수에게 요구했다(30-31절). 그러자 예수는 이렇게 대답했다. "모세가 너희에게 하늘로부터 떡

20) 김세윤, 111.
21) 구약에서 양식(떡)은 하나님(여호와)의 말씀을 가리킨다(신 8:3; 느 9:20; 암 8:11-12; 사 55:1-2, 10-11).

을 준 것이 아니라 내 아버지께서 너희에게 하늘로부터 참 떡을 주시나니"(32절). 이 구절에서 예수는 무리들의 잘못된 성경 해석을 바로잡고 있다. 첫째, 만나는 모세가 아니라 자신의 아버지께서 주신 것이라고 말함으로써 자신이 모세를 능가하는 자임을 시사하였다. 둘째, 과거형 "주었다"를 현재형 "주다"로 설명함으로써 그 시대가 지금 와 있다는 것을 시사하였다(4:23 참조). 셋째, 하늘로부터 주시는 떡은 참된 떡으로 만나보다 뛰어난 떡임을 시사하였다.[22)]

"하나님의 떡은 하늘에서 내려 세상에 생명을 주는 것이니라"(33절). 32절에서 하늘에서 내린 참 떡은 이 구절에서 "하늘에서 내려 세상에 생명을 주는 것" 곧 "하나님의 떡"으로 묘사되고 있다. 무리들은 "주여 이 떡을 항상 우리에게 주소서"(34절)라고 요청한다. 이는 사마리아 여인의 요청(4:15)처럼 전형적인 요한복음의 오해 모티프를 보여준다. 그들은 아직도 배를 채우기 위한 떡을 생각하고 있다.

그러자 예수는 이렇게 대답했다. "나는 생명의 떡이니 내게 오는 자는 결코 주리지 아니할 터이요 나를 믿는 자는 영원히 목마르지 아니하리라"(35절). "나는 생명의 떡이니"라는 대목은 비유적 용법으로 사용된 일곱 개의 '에고 에이미' 언사들 중 첫 번째 것이다. 여기서 예수는 자신을 "생명의 떡"으로 비유함으로써 하늘에서 내린 참 떡과 하늘에서 내려온 자신을 일치시키고 있다. 목마른 사마리아 여인에게 영원한 생명의 물이 되신 예수는 여기서 그를 믿는 자에게 결코 주리지 않는 영원한 생명의 떡이 되신다. 여기서 예수는 믿음(35, 36, 40, 47절) 또는 믿음의 다른 표현인 "그에게 옴"(35, 37, 44, 45절)을 강조하고 있다.

---

22) 이영헌, 146-147.

"내가 하늘에서 내려온 것은 내 뜻을 행하려 함이 아니요 나를 보내신 이의 뜻을 행하려 함이니라"(38절). 이 구절은 부활하신 주님의 본향은 하늘이며, 그분이 하늘에서 내려온 이유, 즉 성육신의 이유는 자신의 뜻을 행하려 함이 아니고 자신을 보내신 아버지의 뜻을 행하려고 함이라고 말한다. 그 아버지의 뜻은 아들에게 주신 자를 하나도 잃지 않고 마지막 날에 다시 살리는 것이다. 또한 아버지의 뜻은 "아들을 보고 믿는 자마다 영생을 얻는 것"(40, 47절)이라고 말씀하고 있다.

여기에는 요한의 종말론, 즉 예수를 믿는 자는 지금 여기서 영원한 생명을 체험하는 실현된 종말론(5:24; 6:35-51)과 마지막 날이라는 재림 때에 부활할 것이라는 미래적 종말론(39, 40, 44, 54절)이 동시에 나타난다. 하나님 나라에의 현재적 참여와 미래적 참여라는 이중성은 사복음서 모두에 기록된 예수의 선포의 기본적인 성격이다.

예수가 "하늘에서 내려 온 떡"이라는 말에 유대인들은 "이는 요셉의 아들 예수가 아니냐 그 부모를 우리가 아는데 자기가 지금 어찌하여 하늘에서 내려왔다 하느냐"(42절)고 하면서 예수에 대해 수군거렸다. 여기서 "수군거리다"라는 표현은 예수에 대한 불신을 가리킨다(43, 61절 참조). "수군거림"(불평과 원망)은 유대인들의 광야 방랑의 특징이었다. 그들은 마실 물과 먹을 양식의 부족, 약속의 땅을 정복하는데 있어서의 어려움, 심지어는 만나 외에 먹을 것이 없다며 불평하였다.[23] 예수는 무리들에게 "수군거리지 말라"(43절)고 하시면서 조상들은 광야에서 만나를 먹었어도 죽었거니와 하늘에서 내려온 살아 있는 떡인 자신을 먹으면 죽지 않고 영생하리라고 말했다(47-51a절).

---

23) 광야에서의 원망과 불평을 나타내는 구절들(출 16:7-9, 12; 17:3; 민 11:1; 14:27, 29; 16:41; 17:5; 시 59:5; 106:25).

"내가 줄 떡은 곧 세상의 생명을 위한 내 살이니라"(51b절). 여기서부터 성만찬적인 떡을 말씀하고 있다. "몸"(소마, *σῶμα*)이라고 하지 않고 "살"(사륵스, *σάρξ*)을 사용한 것은 요한이 성육신의 실제성(1:14), 특히 19:34에서와 같이 성육신 하신 자의 죽음의 실제성을 강조하고 있음을 반영한다.[24] '휘페르'(*ὑπέρ*, "…위한")라는 어휘는 타인을 위한 예수의 희생적 죽음을 표현할 때 사용된다.[25] "세상의 생명을 위한 내 살"이라는 표현은 "많은 사람을 위하여 흘리는 피"(막 14:24; 마 26:28)와 비교될 수 있는 말이다.

이스라엘 백성들은 출애굽한 후 광야에서 어려움을 당하자 하나님과 모세를 원망했을 뿐만 아니라 모세와 다투었다고 보도하고 있다(출 17:2; 민 20:3). 마찬가지로 그들의 계승자인 유대인들은 예수에게 투덜대다가 그의 말씀에 대해 서로 격렬한 다툼을 하였다. "이 사람이 어찌 능히 자기 살을 우리에게 주어 먹게 하겠느냐"(52절). 이 대목은 예수의 계시 말씀을 문자적으로만 듣고 오해 내지 불신하는 유대인들의 모습을 잘 드러내 주고 있다. 그러자 예수는 본격적으로 성찬의 의미를 피력하였다.

"진실로 진실로 너희에게 이르노니 인자의 살을 먹지 아니하고 인자의 피를 먹지 아니하면 너희 속에 생명이 없느니라"(52절). "진실로 진실로"(아멘 아멘)라는 표현은 "생명의 떡" 강화에서 네 차례(26, 32, 47, 51절)에 걸쳐 중요한 대목마다 반복해서 언급되고 있다. 이 구절에서 먼저 주목해야 할 대목은 "인자의 살"과 "인자의 피"이다. 이 같은 표현은 다른 어떤 최후의 만찬 기사에서도 볼 수 없는 구체성(실제성)을 띠는 표현이다.[26] 요한은 27절에서 사용한 "인

24) G. R. Beasley-Murray, 262-263.

25) 10:11,15에서는 양 떼, 11:50-51; 18:14에서는 유대 백성, 11:52에서는 전 인류, 15:13; 17:19에서는 제자들.

26) 공관복음은 "살" 대신에 "몸"으로, "피" 대신에 "잔"이라는 표현을 쓰면서, "잔"을 "언약의 피"(막 14:24; 26:28; 눅 22:20; 고전 11:25)로 보도하고 있다. 요한

자" 칭호를 여기서 다시 사용하고 있는데, 이 칭호는 예수의 희생적 죽음을 의미한다. 지금 예수는 유월절에 제자들과 최후의 만찬을 나누면서 자신의 임박한 죽음을 "인자"(사람의 아들)로서의 죽음으로 말하고 있다.

"내 살을 먹고 내 피를 마시는 자는 영생을 가졌고 마지막 날에 내가 그를 다시 살리리니 / 내 살은 참된 양식이요 내 피는 참된 음료로다"(54-55절). 최후의 만찬에 나오는 모든 것은 상징성을 띤다. 그 죽음의 의미를 떡(인자의 살)을 부수어 나누어줌으로, 빨간 포도주(인자의 피)를 부어 마시게 함으로 극화(劇化)하여 설명하고 있다. 다가오는 자신의 죽음을 새 유월절 죽음, 곧 출애굽 구원의 종말론적 성취로 설명하고 있다.

예수는 자신의 임박한 죽음을 두 개의 범주로 해석했다. 하나는 '대속의 제사'(사 53:10-12)이고 다른 하나는 '새 언약의 제사'(출 24:8; 사 42:6; 49:8; 렘 31:31-34)이다. '대속의 제사'를 통해 백성의 죄를 씻어 의롭게 해서 그들을 하나님과의 올바른 관계로 회복한다. '새 언약의 제사'를 통해 하나님의 새 백성을 창조한다. 시내 언약이 이스라엘의 자녀들을 하나님의 언약백성[27])으로 삼았다면, 십자가의 새 언약의 제사를 통해 새 이스라엘의 자녀들을 하나님의 새 언약백성이 되게 한다. 따라서 인자(예수)의 피는 옛 언약 곧 구약(舊約)을 대신할, 새 언약 곧 신약(新約)의 피(눅 22:20; 고전 11:25)가 된다.[28])

"내 살을 먹고 내 피를 마시는 자는 내 안에 거하고 나도 그의

은 "내(인자) 살"과 "내 피"라는 어구를 각각 4회씩 사용하여 성만찬의 실제성(구체성)을 표현하고 있다.

27) 구약에서는 하나님과 이스라엘의 관계를 '언약관계'로 보고 이를 여러 가지 비유로 표현하고 있다. 아버지와 아들, 왕과 백성, 남편과 아내, 신랑과 신부, 목자와 양 떼, 농부와 포도원 등등.

28) 김세윤, 115-118.

안에 거하나니"(56절). 이 구절은 이 강화의 절정에 해당하는 구절이라고 말할 수 있다.[29] 성찬은 예수의 살(떡)과 피(포도주)를 먹고 마시면서 예수와 신자가 인격적 일치로서의 '상호 거주'를 이루는 거룩한 행위이다. 이것은 바울의 코이노니아(*κοινωνία*, 교제) 개념과 매우 흡사한 신앙의 개인적 관계성을 가리킨다(갈 2:19-20). 먹고 마시는 그 자체가 중요한 것이 아니라 먹고 마심으로써 그리스도와의 인격적인 일치를 이루는 결속관계(15장의 포도나무와 가지와의 관계)가 중요하다.

"살아 계신 아버지께서 나를 보내시매 내가 아버지로 말미암아 사는 것 같이 나를 먹는 그 사람도 나로 말미암아 살리라"(57절). 여기서 아버지[30]와 아들[31]의 관계는 아들과 신자의 관계와 연결된다. 아들이 아버지로 인해 사는 것 같이 신자들은 예수와의 일치를 통해 산다. 아버지는 당신 안에 "생명"을 가지고 계시기에 "살아 계신" 분이고, 아버지는 아들을 파견하여 그 안에 "생명"을 가지도록 하셨기 때문에 아들은 "아버지로 말미암아 산다." 또한 아들은 이제 성찬을 통해 자기를 먹는 신자, 곧 자신을 믿고 받아들이는 자에게 바로 그 생명을 주어 "자기로 말미암아" 살도록 해준다.

---

29) 이 구절에서 사용된 '거주하다'(메노, *μένω*)라는 단어는 중요한 의미를 지닌다. 이 단어는 아버지와 아들과 성령의 관계(1:32, 33; 14:10; 15:10) 뿐만 아니라 예수와 신자 간의 인격적 관계(5:38; 8:31; 15:4, 7, 9, 10)를 규정한다. 예수와 제자들의 서로 거함은 포도나무 비유(15장)에서 자세히 설명되고 있다.

30) 요한은 '하나님'에 해당하는 '데오스'(*θέος*)라는 용어를 사용하기보다는 '아버지'라는 용어를 사용하기를 즐겨한다. '데오스'(*θέος*)를 누가는 122회(복음서), 166회(사도행전), 바울은 548회(로마서에 153회) 이상 사용하는 데 반해, 요한은 83회 사용하고 있다. 한편, 하나님에 해당하는 '아버지'(파테르, *πατὴρ*)는 바울은 롬(4회), 고전(3회), 고후(5회), 갈(4회), 엡(8회), 요한은 122회(전체 137회) 이상 사용하고 있다. 요한과 비견할만한 마태는 45회(전체 64회) 사용하고 있다. L. Morris, 171, 177.

31) 요한은 '그리스도'(메시아) 호칭은 17회, '주' 호칭은 14회 사용되는 데 반해, '아들' 호칭은 39회 사용되고 있다.

"이 말씀은 예수께서 가버나움 회당에서 가르치실 때에 하셨느니라"(59절). 예수는 성찬의 말씀을 담고 있는 이 긴 '생명의 떡' 강화를 요단 서편 갈릴리 땅, 그 가운데서도 "가버나움"에 있는 유대교 "회당"에서 하셨다는 것으로 이 긴 강화를 마치고 있다. 이 구절에 담긴 요한의 의도는 무엇인가? 상반된 두 가지 의미를 고려해 볼 수 있다.

첫째, 약속과 구원의 땅인 요단 서편 갈릴리 땅에서 행한 예수의 생명의 떡 강화는 부활이요 생명이신 예수와 신자 간의 인격적 일치를 통한 새 언약관계에 들어감을 보여주고 있다. 이를 통해 모세 및 유대교의 옛 언약을 대치하는 새 모세 예수의 새 언약을 말씀하고 있다. 둘째, 요한복음에서 가버나움[32)]은 가나와, 유대교 회당은 요한공동체(기독교회)와 대조되는 부정적 의미를 갖는 곳이다. 이 같은 곳에서 행한 예수의 생명의 떡 강화를 가버나움과 유대교 회당에 속한 유대인들은 받아들이지 못했고 결국 그들은 예수의 제자가 될 수 없었음을 말씀하고 있다. 실로 안타까운 일이 아닐 수 없다. 이 같은 사실은 이어지는 무리들의 반응에서 엿볼 수 있다.

4. 무리들과 제자들의 반응(60-71절)

"제자 중 여럿이 듣고 말하되 이 말씀은 어렵도다 누가 들을 수 있느냐 한대"(60절). 여기서 제자들이란 유대인 무리와는 다른 초대 기독교인들로서 예수를 따르는 모든 신앙인들을 가리킨다. 기

32) 요한복음에서 가버나움은 다섯 차례 나온다(2:12; 4:46; 6:17, 24, 59). 따라서 59절은 마지막 가버나움 구절인 셈이다. 가버나움 회당에서의 성만찬(최후의 만찬)의 말씀을 마치고 예수는 십자가의 길로 나아갔다.

독교인들도 유대인들처럼(41, 52절) 생명의 떡 강화와 성만찬의 가르침을 어렵다고 하여 믿음으로 받아들이려 하지 않았다. 그렇다면 예수의 말씀이 어려운 진짜 이유는 무엇인가? 그것은 한 마디로 예수의 관심사와 제자들의 관심사가 전혀 달랐기 때문이라고 말할 수 있다.

예수는 온통 땅에만 관심이 있던 유대인들에게 땅만 있는 것이 아니라 하늘도 있다는 것을 말씀하기 위해 그 땅에 왔다. 하늘 이야기를 들려주고자 이 세상에 온 것이다. 땅의 나라(地國), 세상 나라만이 아니라 하늘 나라(天國), 하나님 나라도 있다는 것을 말씀하고자 이 세상에 친히 육신을 입고 왔다.

그런데 예수를 3년씩이나 따라다녔던 제자들도 이러한 사실을 잘 이해하지 못했다. 그들 또한 예수를 통해 이스라엘 나라의 회복을 기대하며 예수를 따라다닌 것이다(행 1:6 참조). 제자들의 관심사는 온통 이스라엘 나라의 회복, 곧 땅의 나라에 있었다. 이에 반해 예수의 관심사는 새 이스라엘 나라의 회복, 곧 천국인 하나님 나라에 있었다. 온통 땅에 속한 생각으로 가득 찬 제자들에게 하늘에 속한 예수의 말씀이 어려운 것은 당연하다고 하겠다.[33]

예수는 제자들이 자신의 말씀에 대해 수군거리는 줄 알고 이 말이 너희에게 걸림이 되느냐(61절)고 하면서 "그러면 너희는 인자가 이전에 있던 곳으로 올라가는 것을 본다면 어떻게 하겠느냐"(62절)고 말씀하였다. "이전에 있던 곳"은 사람의 아들(인자)의 고향인 "하늘"을 가리킨다. 이전 있던 곳(하늘)으로 올라간다는 말은 예수의 부활(승천)을 의미한다(3:14; 12:34). 문맥상으로 이 구절은 "하늘에서 내려오다"(33, 38, 41, 50, 51, 58절)에 상응하는 표현이다. 땅에 속한 제자들은 하늘에 속한 예수의 이 같은 말씀을 이해하지 못했

---

33) 이에 대한 자세한 내용은 박호용, 《감악산의 두 돌판》, 102-111을 참조하라.

다.

"살리는 것은 영이니 육은 무익하니라 내가 너희에게 이른 말은 영이요 생명이라"(63절). 이 구절에서 "육(사륵스)은 무익하니라"라는 말은 육은 아무런 소용이 없다는 것을 뜻하지 않는다. 예수 자신이 "육"으로 오셔서(1:14) 십자가에 죽기까지 헌신(6:51)함으로 세상에 생명을 가져다주었다는 점에서 "육"은 중요한 의미를 지닌다. 다만 여기서 "영"과 "육"의 대조(3:6 참조)는 천상적(신적) 영역과 지상적(인간적) 영역의 대조를 비교 언급한 것이다. 예수의 말씀은 영적(하늘) 차원에서 한 것이며 육적(땅) 차원에서 한 것이 아니다. 즉 육(땅)에 속한 사람(생각)은 사망, 즉 구원을 가져다주지 못하고 영(하늘)에 속한 예수(생각)만이 생명, 즉 구원을 가져다준다는 말씀이다(롬 8:6 참조).

"그러나 너희 중에 믿지 아니하는 자들이 있느니라 하시니 이는 예수께서 믿지 아니하는 자들이 누구이며 자기를 팔 자가 누구인지 처음부터 아심이러라"(64절). 이 구절은 "영이며 생명"인 예수의 말씀을 믿음으로 받아들이지 못하는 제자들, 곧 예수의 말씀이 걸림돌이 되는 제자들이 있음을 증언한 것이다. 예수는 땅에 속한 생각으로 가득 찬 나머지 영과 생명의 말씀인 자신의 말씀을 받지 못하고 제자 중에 결국 자기를 팔 자가 누구인지를 이미 알고 계셨다(70-71절).

"그 때부터 그의 제자 중 많은 사람이 떠나가고 다시 그와 함께 다니지 아니하더라"(66절). 예수로부터 땅에 속한 이야기, 즉 이스라엘 나라의 회복이나 물질적 축복을 기대했던 사람들은 더 이상 기대할 것이 없다고 판단하고는 예수를 떠나버렸다.[34] 여기서 우

34) 공자는 《논어》에서 이렇게 말했다. "군자유어의(君子喩於義)요 소인유어리(小人喩於利)라." 군자는 의(義) 곧 의리에 따라 살지만, 소인배들은 이(利) 곧 이해관계에 따라 산다는 말이다.

리는 예수의 고독을 본다.

이런 상황에서 예수는 열두 제자[35]에게 물었다. "너희도 가려느냐"(67절). 그러자 제자들의 대표격인 시몬 베드로가 이렇게 말했다. "주여 영생의 말씀이 주께 있사오니 우리가 누구에게 가오리이까 / 우리가 주는 하나님의 거룩한 자이신 줄 믿고 알았사옵나이다"(68-69절). 이 단락에서 "열두 제자"와 "영생의 말씀"은 대단히 중요한 의미를 지닌다. "생명의 떡"은 성전 안의 "떡상"에 해당하는데, 떡상에는 열두 개의 진설병이 있다. 열두 개의 진설병은 신약의 '열두 명의 제자'요 진설병(떡)은 바로 '예수 그리스도의 말씀' 곧 '영생의 말씀'을 상징한다.

여기서 베드로의 고백은 제자도라는 관점에서 볼 때 아래의 가룟 유다와 대조된다. 마태복음(16:16-17)에 의하면 이러한 고백을 할 수 있었던 것이 자신에게서 나온 것이 아니라 하늘에 계신 아버지께서 알게 해 주신 것으로 되어 있다. "영생의 말씀"을 갖고 계신 분, 성부에 의해 성별되고 세상에 보내진 "하나님의 거룩한 자"[36]인 예수가 가야할 길은 십자가 고난의 길이었다. 그런데 베드로는 이러한 훌륭한 신앙고백을 하고서 곧 예수를 부인했다는 점에서 이 신앙고백이 갖는 의미가 무엇인지도 제대로 알지 못했다. 그러기에 예수는 이 같은 베드로의 훌륭한 신앙고백에 대해 칭찬을

---

35) 요한복음에서 "열두 제자"의 명단은 나오지 않고 6장에서만 그 단어가 세 번(67, 70, 71절) 나올 뿐이다. 요한이 열두 제자의 명단을 소개하지 않은 까닭은 무엇일까? 필자는 열두 제자가 고정된 것이 아니고 누구나 열두 제자 속에 들어올 수 있다는 개방성(열어 놓음) 때문이라고 생각한다.

36) "하나님의 거룩한 자"라는 이 신앙고백은 메시아적 칭호로 이해되어야 한다(마 16:16; 막 8:29 참조). 여기서 베드로는 예수를 메시아로도, 인자로도, "아들"로도, "신이 보낸 자"로도, "구세주"로도 고백하지 않고 "하나님의 거룩한 자"로 고백했다. 그렇다면 이 문맥에서 베드로의 신앙고백이 주는 의미는 무엇인가? 그것은 예수가 이 세상에 대해 철저히 피안적 존재로서, 하나님께 속한 자로서, 즉 유일한 자로서 하나님의 거룩한 자라는 것을 명시한다(10:36 참조). R. Bultmann, 《요한복음서연구》, 494-495.

하지 않았다.

그 대신에 예수는 이렇게 말했다. "내가 너희 열 둘을 택하지 아니하였느냐 그러나 너희 중에 한 사람은 마귀니라 / 이 말씀은 가룟 시몬의 아들 유다를 가리키심이라 그는 열 둘 중의 하나로 예수를 팔 자러라"(70-71절). 여기서 마귀, 곧 예수를 "넘겨줄 자"는 다름 아닌 열두 제자 중의 하나인 가룟 유다(12:4; 13:2, 11; 18:2, 5; 21:20)라고 밝히고 있다. 유다는 노예 한 사람의 몸값인 은 삼십(마 26:15)이라는 헐값에 스승 예수를 팔아버린 자이다.

왜 유다는 그런 일을 했는가? 그것은 자신의 전 존재를 바쳐 예수에게 걸었던 큰 기대가 허망하게 무너졌기 때문이다. 땅에 속한 그는 하늘에 속한 예수의 말씀(천국 진리)을 이해할 수 없었다. 유다는 성만찬(영생의 말씀)을 통해 예수와의 일치를 이루지 못했다. 모든 비극은 이에서 비롯되었다. 결국 그는 스승 예수를 배신하고 자신도 죽는 결과를 자초하였다.

마귀가 누구인가? 하나님(하늘)의 일을 생각지 아니하고 사람(땅)의 일을 먼저 생각하는 사람이다(마 16:23). 하나님의 일이란 예수에 의한 구원과 영생을 가져오는 일이다. 이 일을 이루기 위해 예수는 자신을 보내신 아버지의 뜻을 따라 십자가조차 마다하지 않고 그 고난의 길을 당당하게 걸어 갔던 것이다.

정리하면, 6장을 마치면서 주목해야 할 두 가지 사실이 있다.

첫째, 생명의 떡(성만찬) 강화에서 "영생"(40, 47, 51, 54절)과 "마지막 날"(39, 40, 44, 54절)이 평행한다는 사실이다. 이 두 용어는 부활의 언어로서 6장에 보도된 예수의 죽음을 기리는 성만찬(최후의 만찬) 보도는 부활을 전제하고 있다. 부활장인 11장에도 이 두 용어(24-26절)가 함께 나온다는 점에서 6장과 11장은 상응하는 면이 있다.

둘째, 요한복음의 본론에서 부활장인 2장(처음), 11장(정가운데),

20장(끝)이 세 마리아와 관련되어 나타나듯이, 전반부의 일곱 표적 가운데 세 표적(2장의 첫 표적[처음], 6장의 넷째 표적[정가운데], 11장의 일곱째 표적[끝])이 "유월절"이 가까이 다가온 상황(2:13; 6:4; 11:55)에서 일어났다는 사실이다. 이는 요한복음이 기본적으로 부활의 신학으로 구조화되어 있으며, 예수는 유월절을 온전케 하신(새 유월절 =부활절) 분임을 시사한다.

제7장

7장은 〈종말론〉과 〈성령론〉을 핵심 주제로 다루고 있다. 7장은 초막절에 있었던 예수와 유대인들과의 충돌을 언급하면서 종말론적 표현인 "때"(6, 8, 30절) 주제가 본격적으로 나타나기 시작함과 동시에 "왔던 곳으로의 귀환"(33-34절) 주제가 처음으로 나타나기 시작한다. 그러면서 예수는 초막절의 의미를 신자들이 '앞으로 받을 성령'(38-39절)과 관련지어 말씀하고 있다. 7장은 예수에 대한 사람들의 판단(24절)에 따라 예수가 초래시킬 심판과 구원의 종말론적 특성을 띤다는 것을 보여준다.

한편, 14장은 고별설교가 본격적으로 시작되면서 "왔던 곳으로의 귀환" 주제(4-5, 28절)와 아울러 예수의 종말론적 사역을 대신할 또 다른 보혜사인 성령의 도래를 처음으로 언급하고 있다. 이 같은 〈종말론〉과 〈성령론〉을 핵심 주제로 다루고 있다는 점에서 7장과 14장은 상응한다.

5-6장의 예수와 유대인들간의 첫 충돌에 이어 7-8장은 초막절에 있었던 두 번째 충돌을 다루고 있다. 7장에서는 이러한 충돌이 더 깊어가다가 8장에서는 최고조에 달한다. 7장 10절에서 20장까지

긴 이야기가 예수의 예루살렘(유대) 활동을 다루고 있는데, 그 첫 시작인 7장부터 예수의 종말론적 죽음(영광)의 때가 본격적으로 언급되고 있다.

1. 초막절에 갈릴리에 머무심(1-9절)

유대인의 3대 명절 중 하나인 초막절이 다가왔지만 예수는 유대 지방으로 가려고 하지 않고 계속 갈릴리에 머물렀다. 그 까닭은 안식일에 병자를 고친 사건(5장) 이후 유대인들이 예수를 죽이고자 함을 예수가 알았기 때문이다(1절).

"유대인의 명절인 초막절이 가까운지라"(2절). 초막절은 제2성전 재건 이후 히브리 민족에게 중요한 축제였으나 신약에서는 여기서만 언급되었다. 이 구절은 7-8장의 배경이 초막절에 있었던 사건임을 말해준다. 그러면서 이 장들을 통해 예수는 초막절을 온전케 하신 분이라는 사실을 보여주고 있다. 초막절은 이스라엘 백성들이 광야생활 40년 동안 초막에서 지낸 것을 기념하는 명절로서 '장막절'(帳幕節)이라고도 하고, 한 해의 추수한 곡식을 하나님께 드리는 감사절로서 '수장절'(收藏節)이라고도 한다.

초막절은 7월(티쉬리 월, 오늘날의 9월 말-10월 초순) 15일의 안식일 집회로 시작하여 제 팔일이 되는 또 한 번의 성회로 끝나는 방식으로 7일 동안 거행되었다(레 23:34-44; 신 16:13-15; 겔 45:25). 이 절기는 본래 포도, 올리브, 과일 추수에 대한 감사와 기쁨의 대축제였다. 그런데 나중에 종말 구원에 대한 희망 내지는 대망과 연결되었고, 나뭇잎으로 만든 움막, 즉 초막은 종말론적 구원에 대한 상징이 되었다.

초막절을 맞아 예수의 형제들은 예수가 하나님의 아들 메시아라면 갈릴리와 같은 시골구석에 쳐 박혀 메시아 주장을 할 것이 아니라 초막 명절에 많은 사람들이 몰려드는 예루살렘에 올라가서 한 번 멋지게 메시아적 능력을 보여 줄 것을 주문하였다. 이를 두고 요한은 "이는 그 형제들까지도 예수를 믿지 아니함이러라"(5절)고 묘사하고 있다.[1] 예수의 형제들은 예수의 능력을 믿었고 예수가 성공적인 인물이 되기를 바라는 마음에서 그 같은 주문을 하였다. 그러나 이 같은 그들의 생각은 더 높은 하나님의 뜻과 생각을 모르는 무지와 불신의 소치였다. 하나님의 뜻과 생각은 그들의 뜻과 생각과 다르며 더 높고 깊었다(사 55:8-9).

형제들의 예루살렘 방문 충고에 예수는 결정적으로 중요한 말씀을 토해낸다. "내 때는 아직 이르지 아니하였거니와 너희 때는 늘 준비되어 있느니라 / 세상이 너희를 미워하지 아니하되 나를 미워하나니 이는 내가 세상이 일들을 악하다고 증언함이라 / 너희는 명절에 올라가라 내 때가 아직 차지 못하였으니 나는 이 명절에 아직 올라가지 아니하노라 / 이 말씀을 하시고 갈릴리에 머물러 계시니라"(6-9절).

이 대목에서 세 번 나타나는 "때"는 원어로 "카이로스"(*καιρος*)로서 이는 요한복음에서 이곳에서만 유일하게 나타난다. 요한복음은 예수의 죽음과 영광을 나타내는 결정적인 순간과 관련하여 "카이로스"와 의미상 별 차이가 없는 "호라"(*ὥρα*)를 병행하여 사용한다. 그런데 "카이로스"의 때는 "호라"의 때에 비해서 하나님의 부르심

---

1) 요한복음에는 공관복음(마 4:1-11; 막 1:12-13; 눅 4; 4:1-13)에 나오는 세 가지 시험을 받는 기사는 없다. 그러나 다른 방식으로 세 가지 시험을 보여주고 있다. 6:15은 무리들이 예수를 임금 삼으려 했는데, 이는 마귀가 천하 만국과 그 영광을 보여주겠다는 시험과 같다. 6:31은 무리들이 예수께 기적적인 떡을 구했는데, 이는 마귀가 돌로 떡을 만들 것을 요구하는 시험과 같다. 7:3은 예수의 형제들이 예수께 예루살렘에 올라가 많은 이들 앞에서 능력을 보여줄 것을 요구했는데, 이는 마귀가 예수를 성전 꼭대기에 세우고 뛰어내려 능력을 보여달라는 시험과 같다.

에 따라 결단을 해야 할 종말론적 (결정적) 순간의 뜻이 더욱 강조된다고 말할 수 있다.[2)]

이 대목에서 주목해야 할 사실은 "호라"가 아닌 "카이로스"라는 단어를 바로 이 7장에서만, 세 차례(끝이다, 더 이상은 없다는 뜻)나, 그것도 예루살렘이 아닌 갈릴리 땅[3)]과 관련해서 사용하고 있다는 점이다. 이에 대한 요한의 의도는 무엇일까. 그것은 "하나님 나라가 가까이 왔다"는 종말론적인 기쁜 소식(복음)의 선포(막 1:14-15 참조)[4)]가 예루살렘이 아닌 소외와 멸시를 당하는 땅, 그러나 메시아의 고향인 갈릴리(7:41, 52)에서 시작되었다(지리적 상징주의)는 것을 말하려고 했다는 것이 필자의 생각이다.

헬라적 사고에 따른 "결정적 순간"(카이로스)은 운명에 의해 결정된다고 한다면, 성경적 계시에 따른 "결정적 순간"(카이로스)은 하나님에 의해 결정된다. 예수의 형제들의 "때"(카이로스)는 스스로의 판단에 따라 움직이지만 예수의 "때"(카이로스)는 하나님의 뜻을 헤아리고 그 뜻에 따라 움직인다. 하나님의 뜻을 이루는 예수의 죽음(영광)의 때는 아직 이르지 않았다. 왜냐하면 예수는 "세상 죄를 지고 가는 유월절 어린 양"(1:29)이기에 초막절이 아닌 유월절에 죽어야 하기 때문이다.

세상에 속해 있는 예수의 형제들은 세상으로부터 미움을 받지 않는다. 그러나 세상으로부터 구별된 예수는 세상의 미움을 받을 수밖에 없다(15:18-19). 더욱이 예수는 하나님 나라의 진리를 말하

---

2) 이영헌, 163.

3) 예루살렘에서는 모두 "호라"(7:30; 8:20; 12:23, 27; 13:1; 16:2, 32; 17:1)를 사용한다.

4) 예수가 갈릴리에서 하나님의 복음을 전파하기 시작하면서 터트린 제일성이 바로 이 구절이다. 여기서 "때"는 천시(天時), 즉 하늘(하나님)의 시간, 실존적인 결단의 시간, 질적 시간을 말하는 카이로스(*καιρὸς*)의 때로서, 세월처럼 흐르는 물리적 시간, 즉 양적 시간인 크로노스(*κρόνος*)의 때와는 다르다.

면서(8:26, 40; 18:37) 세상(유대 지도자들)에 대하여 그 행사가 악하다(7절)고 증언하였다. 그러다 보니 세상(유대 지도자들)은 자신들의 기득권을 위협하는 예수를 가만히 둘 수가 없었다. 그러니까 하나님 나라를 선포하기 시작한 바로 그 시점부터 예수의 길은 미움과 박해와 죽음의 길, 곧 십자가의 좁은 길이 되었다.

2. 초막절에 성전에서 가르치심(10-24절)

예수의 형제들이 명절에 올라간 후에 예수는 공적으로 드러나지 않게 은밀히 예루살렘으로 올라갔다(10절). 예루살렘에 올라가 보니 무리들이 예수에 대해 말하는데, 어떤 사람은 좋은 사람이라고 하고 어떤 사람은 무리를 미혹하는 나쁜 사람이라고 하면서 수군거림이 많았다(12절). 그러나 위협과 보복을 일삼는 유대인들(유대 지도자들)에 대한 두려움(9:22; 12:42; 19:38) 때문에 드러내놓고 예수에 대해 말하지 못했다(13절).

예수는 명절의 중간쯤에 예루살렘에 올라가서 성전에서 가르치기를 시작하였다(14절). 예수의 가르침은 서기관과는 달리 권위와 은혜가 있었다(막 1:22; 눅 4:22 참조). 예수의 가르침에 놀란 유대인들은 "이 사람은 배우지 아니하였거늘 어떻게 글을 아느냐"(15절)며 반문하였다.[5] 예수는 정규적인 교육을 받았다는 기록이 없다(막 1:22; 6:2). 그는 사람들이 보기에 베드로나 요한처럼 "학문 없는 범인"(행 4:13)이었다. 그러나 예수에게는 선생들 중에서도 가장 뛰

---

5) 유대인들의 교육제도는 6세부터 회당에서 율법을 배우는 것으로 시작한다. 더 높은 교육은 예루살렘에서 시행되었다, 거기에는 초등(Beth Hassepel, 서책의 집), 고등(Beth Hattalmud, 설명의 집), 전문(Beth Hammidrash, 연구의 집) 교육기관이 있었다. 박수암, 205-206.

어난 스승을 모시고 있으니, 그분은 하나님 자신이다(8:28).

예수는 "내 교훈은 내 것이 아니요 나를 보내신 이의 것이니라"(16절)고 응수한다. 그러면서 하나님의 뜻을 따르는 사람이라면 자신의 교훈이 하나님으로부터 왔는지 아니면 스스로 말함인지는 알 것이라고 말한다(17절). 그런데 바리새인들은 하나님의 뜻을 행하려는 열망이 없기에 예수의 교훈이 하나님께로부터 온 것인지 예수 스스로 하는 말인지를 알지 못했다. 예수의 가르침은 율법을 능가한다. 그래서 유대인들은 예수의 가르침에 놀란다.

예수는 자기 자신의 영광을 구하는 것이 아니라 자기를 보내신 아버지의 영광을 구하는 것이기에(5:41-44) 참될 뿐만 아니라 불의가 없다(18절). 그러나 유대인들 중에는 모세가 그들에게 준 율법을 지키는 자가 없기에 의로운 예수를 죽이고자 했다(19절; 5:18). 이 말을 들은 무리들은 "당신은 귀신이 들렸도다 누가 당신을 죽이려 하나이까"라고 묻는다. 여기서 "귀신이 들렸다"는 표현은 "귀신에 사로잡혔다"(막 3:22; 요 8:48-49, 52)라기보다는 "미쳤다"(10:20)에 가까운 표현이다. 무리들은 유대 지도자들이 예수를 죽이려는 음모를 아직 모르고 있었기에 이 같은 질문을 한 것이다.

예수는 안식일에 38년 된 병자를 고친 표적(5:1-18)에 대해 다음과 같은 해석을 하였다. 유대인들은 남자 아이가 태어나면 팔 일째 되는 날 그 아이에게 모세가 준 계명(사실은 모세 이전부터 있었던 관습)에 따라 할례를 행했다. 유대인들은 할례는 하나님의 뜻을 따르는 행위이므로 비록 안식일에 행하더라도 안식일법을 위반하는 것이 아니라고 여겼다. 안식일임에도 불구하고 할례(몸의 작은 일부)가 허용된다면 하물며 사람의 전신을 치유하는 행위는 어떠해야 하겠느냐는 것이 예수의 논리였다(23절).

그러면서 "외모로 판단하지 말고 공의롭게 판단하라"(24절)고 다그쳤다. 이 구절은 유대 지도자들의 치부를 찌르는 말씀이다. 하나님은 사람을 외모로 판단하지 않는데(롬 2:11), 하나님의 백성의 지도자라고 하는 자들이 오히려 사람을 외모로 판단하는 일을 서슴지 않고 행하는 것을 질타하는 말씀이다. 이 구절은 외모로 사람을 판단하는 이들에 대한 종말론적 심판을 언급한 말씀이다.

"판단"에 해당하는 '크리네테'(κρίνετε, 현재 명령)의 원형 '크리노'(κρίνω)는 '비판하거나 정죄하다'라는 의미 외에 '심판하다'라는 의미를 지닌다. 외모로 예수를 판단(심판)하려던 자들이 공의에 의해 예수의 판단(심판)을 받고 있는 것이다. 사실상 예수의 치유 행위는 안식일의 참 의미를 실천한, 즉 하나님의 뜻을 온전히 이행한 행위였다. 따라서 예수의 행위를 다만 형식적인 율법의 잣대로만 판단하지 말고, 하나님의 공의, 즉 하나님의 뜻에 부합하는지의 여부에 따라 판단해야 한다는 것이다. 이 구절은 예수의 기원 문제가 제기되는 다음 논쟁을 준비하고 있다.

3. 무리들의 반응(25-36절)

예루살렘 사람 중 몇 사람이 예수의 기원에 대해 말한다. "우리는 이 사람이 어디서 왔는지 아노라 그리스도께서 오실 때에는 어디서 오시는지 아는 자가 없으리라"(27절). 메시아가 기원을 모르는 데서 온다는 말은 메시아가 하나님으로부터, 즉 역사를 초월하여 초역사적으로 온다는 말이다(1:1). 그런데 유대인들은 예수가 갈릴리 나사렛 출신이요 그 부모도 잘 알고 있기에(6:42), 예수는 메시아일 수 없다는 논리를 폈다. 당시 유대인들은 일반적으로 그리스도가 다윗의 자손으로 베들레헴에서 나리라고 생각하고 있었다(7:42; 마 2:5). 예수는 역사적 기원으로 볼 때 베들레헴에서 탄생하였으나(마 2:1), 갈릴리 나사렛에서 성장하였기에 '나사렛 사람'

(마 2:23; 눅 2:39)으로 불렸다.

그러나 예수의 기원은 역사적인 기원을 넘어 초역사적인 하나님에게서 났으며 하나님에 의해 이 세상에 보내졌다는 사실이다. 하나님에 의한 선지자의 파송(세례 요한을 포함, 1:6)과 예수의 파송의 궁극적 차이는 예수는 땅에서 난 이(3:31)가 아닌 "위(하늘)에서" 났다는 점이다. 성육신의 신비는 바로 그 나사렛인이 하늘로부터 왔다는 사실에 있다.[6] 유대인들은 이 사실을 깨닫지 못하고 현상적으로만 보고 예수를 판단했기에 예수에 대해 부정적으로 판단한 것이다(7:24).

예수는 자신의 기원에 대해 이렇게 말한다. "너희가 나를 알고 내가 어디서 온 것도 알거니와 내가 스스로 온 것이 아니니라 나를 보내신 이는 참되시니 너희는 그를 알지 못하나 / 나는 아노니 이는 내가 그에게서 났고 그가 나를 보내셨음이라"(28-29절). 유대인들은 예수의 인간적인 면만을 알고 있었다. 그들은 예수가 나사렛 목수인 요셉의 아들이며 갈릴리 출신이라는 것도 알고 있었다. 그러나 예수의 신적인 면, 즉 예수가 하나님으로부터 보냄을 받아 왔다(8:55)는 사실을 알지 못했다. 예수는 자신이 하나님으로부터 왔기 때문에 그분을 잘 안다고 말한다. "나는 아버지로부터 왔고 아버지는 나를 보내셨다"는 말로써 예수는 하나님과의 상호일치와 결속관계를 시사하였다(10:15, 38; 14:10-11; 17:21).

"그들이 예수를 잡고자 하나 손을 대는 자가 없으니 이는 그의 때가 아직 이르지 아니하였음이러라"(30절). 예수의 때는 성부에 의해 이루어지는 수난과 죽음의 때를 가리킨다. 성부가 허락하는 그 종말론적 시간이 예수에게 아직 오지 않았다(7:44; 8:20, 59; 10:39). 따라서 유대인들이 예수를 잡아 죽이려고 음모를 꾸미나 그들

6) G. R. Beasley-Murray, 290.

의 손에 넘겨질 때가 아직 이르지 않았기에 그 음모는 이루어지지 않았다.

무리 중에 많은 사람들이 그들이 기대하는 메시아보다 예수가 더 많은 표적을 행한다고 보고 예수를 믿기 시작했으나 대제사장들과 바리새인들은 오히려 예수를 체포하고자 아랫사람들을 보냈다(31-32절). 이에 예수는 "내가 너희와 함께 조금 더 있다가 나를 보내신 이에게로 돌아가겠노라 / 너희가 나를 찾아도 만나지 못할 터이요 나 있는 곳에 오지도 못하리라"(33-34절)고 말했다.

예수는 초막절을 지내고(10월경) 다음 해 유월절에 십자가에 죽으신 후에는(4월경) 본향인 하늘로 돌아갈 것이다. 그때에는 예수를 찾아도 만나지 못할 것이고 예수가 가는 곳에 오지도 못할 것이며, 그들은 죄 가운데서 죽을 것이다(8:21). 예수가 가는 길의 목적지가 요한복음에서 자주 보도된다.[7] 예수의 목적지는 그가 왔던 곳으로의 귀환(13:3; 16:28)이고, 그 길은 영광의 길이다(13:31-32; 17:1). 그리고 예수를 믿고 따르는 자들에게는 천상적 영광에 이르는 길이 약속(보장)된다.

유대인들은 이 말씀의 참 뜻을 깨닫지 못했다. 그래서 그들 가운데서 서로 논쟁이 일어났다. "이 사람이 어디로 가기에 우리가 그를 만나지 못하리요 헬라인 중에 흩어져 사는 자들에게로 가서 헬라인을 가르칠 터인가"(35절). 이 구절은 유대인들의 영적 무지와 더불어 예수를 경멸하는 태도를 잘 보여준다. 유대인들의 말은 예수가 유대 땅에서 실패한 후에 이방인 지역에 흩어져 사는 디아스포라(*διασπορά*)에게로 가서, 그곳에서도 유대인들의 환영을 받지 못하고 결국 이방인(헬라인)이나 상대하게 될 것이라는 조롱의 의미로 하는 말이다.

---

7) 요 8:14, 21-22; 13:3, 33, 36; 14:4-5, 28; 16:5, 10, 17, 28.

그런데 산헤드린에서 예수의 죽음을 주장한 가야바와 같이(11:49-50), 아이러니하게도 그들은 부지중에 전 인류 가운데 예수의 미래 사역에 대한 한 예언을 발설한 것이다. 유대교 당국자들이 자신들의 목적을 달성하여 그를 죽게 한 일로 말미암아 놀라운 일이 발생했다. 예수는 하늘로 떠나면서 선교의 영인 성령을 보냈다. 성령을 받은 제자들에 의해 예수의 복음은 전 로마 제국에 퍼졌고, 결국 헬라인들도 가르치게 되는 결과를 가져왔던 것이다.

4. 초막절 끝날에 있었던 사건의 의미(37-44절)

"명절 끝날 곧 큰 날에 예수께서 서서 외쳐 가라사대 누구든지 목마르거든 내게로 와서 마시라 / 나를 믿는 자는 성경에 이름과 같이 그 배에서 생수의 강이 흘러나리라 하시니 / 이는 그를 믿는 자의 받을 성령을 가리켜 말씀하신 것이라(예수께서 아직 영광을 받지 못하신 고로 성령이 아직 저희에게 계시지 아니하시더라)"(37-39절). 초막절을 성취하신 예수를 말하는 이 대목은 요한에 의해 종말론과 성령론이 결합된 대단히 중요한 대목이다.

"명절 끝날 곧 큰 날"은 제7일인지 제8일인지 분명치 않으나 제8일은 휴식의 날이므로 명절 행사가 계속되는 제7일로 보는 것이 좋을 것이다. 이 날을 "큰 날"이라고 하는 것은 이 날에 마지막 중요한 초막절 행사가 행해지기 때문이다. 이 날 아침에 제사장들은 실로암(9:7) 못에 가서 물을 길어다가 무리들이 환호하는 가운데 제단에 일곱 번 물을 붓는 예식을 거행한다. 이 예식은 출애굽 당시 므리바의 바위에서 샘물이 터져 나온 기적(출 17:1-7)을 기념하며, 오는 한 해도 하나님께서 물을 넉넉히 공급해 주셔서 목축과 농업을 풍성케 해 달라고 하는 일종의 기우제이다. 초막절을 포함한 모든 유대 축제는 출애굽 때의 구원을 기념하면서 동시에 종말에 출애굽 구원의 재현을 바라는 것이다. 초막절은 종말론적 실체를 가져오는 메시아를 모형론적으로 그려준다.[8)]

그래서 선지자들은 메시아 시대에 누리게 될 성령의 축복을 강(또는 샘물)으로 상징하여 예언했다(사 12:3; 44:3; 겔 47:1-12; 욜 3:18; 슥 14:8). 실로암에서 물을 길어다가 성전 제단에 뿌리는 의식은 종말에 하나님께서 성령 부어주심(욜 2:28-29)을 고대하는 의미가 있었다. 이런 초막절 행사가 행해지는 순간에 예수는 자신이 바로 그 물을 공급하는 자(고전 10:4)라고 선언하였던 것이다.

"성경에 이름과 같이 그 배에서 생수의 강이 흘러나리라"에서 "그 배"는 누구의 배인가에 대해 동방교회는 주로 "신자의 배"를 주장하는 반면, 서방교회는 주로 "그리스도의 배"를 주장한다. 예수가 성령을 주신다(20:22)는 요한 사상에 따라, 그리고 "생수의 강"이 "성령"을 가리킨다(39절)는 요한의 해설에 의거할 때 일단 '그리스도의 배'로 볼 수 있다. 그런데 문제는 "나를 믿는 자는"이라는 어구가 문장 앞에 붙음으로써 문제는 단순하지 않게 되었다.[9)] 필자는 두 주장을 결합해서 이 구절을 "나(예수)를 믿는 자는 예수께서 주실 성령을 받아 누리게 될 것이다"라는 종말론적 약속의 말씀으로 해석하고자 한다.

요한은 이것을 가리켜 예수가 영광 받으신 후에 우리에게 주실 성령을 가리키는 것으로 해석하였다. 성령은 이미 구약시대부터 활동하셨지만(창 41:38; 민 27:18; 삿 3:10; 삼상 16:13 등) 그때에는 특별한 사람에게만 제한되었다. 그러나 신약시대에는 요엘의 예언처럼(욜 2:28) 믿는 모든 이들에게 허락되었는데, 그 시기는 부활절(오순절) 이후이다(요 20:22). 요한에 의하면 성령은 예수 대신 오는 분

---

8) 김세윤, 132-133.
9) 이 문제에 대한 자세한 논의는 G. R. Beasley-Murray, 295-296을 참조하라.

이기 때문에(16:7) 이때에는 아직 저희에게 오지 않았다는 것이다.

초막절 끝날에 있었던 예수의 발언을 두고 의견이 첨예하게 갈리었다. 긍정적인 한 부류의 사람들은 예수가 "그 선지자"(40절), 또는 "그리스도"(41절)라고 말하는가 하면, 부정적인 다른 부류의 사람들은 "그리스도가 어찌 갈릴리에서 나오겠느냐 / 성경에 이르기를 그리스도는 다윗의 씨[10]로 또 다윗이 살던 마을 베들레헴에서 나오리라 하지 아니하였느냐"(41-42절)라고 말하였다. 예수로 말미암아 무리 중에서 쟁론이 있었고(43절) 그 중에서 예수를 체포하고자 하는 자들도 있었다. 그러나 예수의 권위에 압도되어 예수께 손을 대는 자는 없었다(44절).

5. 예수에 대한 유대인들간의 논쟁(45-52절)

대제사장들과 바리새인들이 보낸 아랫사람들이 돌아오자 "어찌하여 잡아오지 아니하였느냐"(46절)며 물었고, 그들은 "그 사람이 말하는 것처럼 말한 사람은 이 때까지 없었나이다"(47절)라고 대답하였다. 아랫사람들이 예수를 체포하지 못한 이유는 예수를 따르는 군중들이 두려웠기 때문이었다. 그러나 그들 또한 예수의 말씀에 깊이 감동되어 그 사실을 숨기지 않고 말했다. 아이러니하게도 이 말은 역사적 사실이 되었다. 역사상 예수처럼 말한 사람은 아무도 없었다.

바리새인들은 아랫사람들의 말을 듣고는 "너희도 미혹되었느냐"(47절)하면서 "당국자들이나 바리새인 중에 그를 믿는 자가 있느냐"(48절)고 다그쳤다. 이 질문은 "없습니다"라는 대답을 기대하

---

10) 이 어구와 자구적으로 동일한 표현은 구약성경에 없으나 이와 흡사한 표현들은 상당히 많다(삼하 7:12-16; 시 18:50; 89:4-5, 36-37; 사 11:1, 10; 렘 23:5).

면서 던진 질문이다. 이는 요한의 또 다른 아이러니를 보여주는 사례이다. 왜냐하면 바로 이어지는 대목에서 산헤드린 의원이자 바리새인이었던 니고데모가 등장하기 때문이다.

"율법을 알지 못하는 이 무리는 저주를 받을 자로다"(49절). 이 구절은 일반 백성에 대한 바리새인들의 태도를 반영한다. "율법을 알지 못하는 무리"라는 말은 랍비들의 표현에 의하면 "암 하아레츠"(עם הארץ)[11] 곧 "이 땅의 백성"을 의미한다. 바리새인들은 이들은 율법을 모르고 지키지도 않기 때문에 저주받은 자들(신 27:14-26)이라고 욕했다.

그러자 전에 예수께 왔던 니고데모가 저희에게 말하였다(50절). "우리 율법은 사람의 말을 듣고 그 행한 것을 알기 전에 심판하느냐"(51절). 성령의 부어주심과 관계된 초막절 절기를 다루고 있는 7장의 마지막을 니고데모로 장식하는 것은 요한의 고도의 신학적 의도에 깔려 있는 것으로 볼 수밖에 없다. 유대 당국자들의 바람(48절)과는 달리 아이러니하게도 당국자들 가운데 전에 예수를 찾아온 니고데모는 그 후 중생하여 은밀히 예수를 믿는 '숨은 그리스도인'이 되어 있었다. 나중에 그는 예수의 장례에 동참하는 참 제자로 나타나는데(19:39-40), 그에 앞서 그가 거듭나 변화된 사실을 언급할 필요가 있었던 것이다.

니고데모의 이의 제기에 일격을 당한 바리새인들은 "너도 갈릴리에서 왔느냐 찾아보라 갈릴리에서는 선지자가 나지 못하느니라"(52절)로 응수하였다. 이 구절에 나타난 바리새인들의 말은 갈릴리 지역에 대한 경멸의 의도가 담겨 있다. 그런데 과연 갈릴리에서 선지자가 나지 못했는가? 사실상 갈릴리에도 요나(또는 호세아나

---

11) 이 말은 첫째, 이스라엘 전 민족(겔 22:39), 둘째, 지배자들과 구분되는 백성(렘 1:18), 셋째, 바벨론 포로 이후에는 귀환한 유대 포로민들과 구분되는 그 땅에 남아 있던 혼혈 주민(스 10:2, 11)을 나타내는 말로 사용되었다.

나훔)와 같은 예언자가 있었다(왕하 14:25). 그런 의미에서 이 같은 바리새인들의 말은 예수에 대한 시기와 질투로 인해 이성을 잃은 모습을 극명하게 보여준다.

정리하면, 7장은 초막절의 의미를 온전케 한 예수를 다루고 있다. 5장에서부터 계속된 유대인들과의 충돌은 7장에 와서 더욱 고조된다. 그리하여 7장은 예수의 사로잡힘과 관련된 종말론적인 '카이로스'의 때가 다가오고 있음을 본격적으로 다루고 있다. 이 같은 〈종말론〉 주제를 초막절이 갖는 의미를 통해 〈성령론〉과 관련시키고 있다.

제8장

8장은 간음녀라는 〈죄론〉의 문제와 죄로부터 구원을 주시는 "예수는 누구인가"라는 〈기독론〉의 문제를 유대인들과의 논쟁을 통해서 잘 보여주고 있다. 간음하다 현장에서 잡힌 여인에 대한 기사(7:53- 8:11)는 원래 요한복음의 일부가 아니었다는 것이 본문 비평 학자들에 의해 보편적으로 받아들여지고 있다.[1] 여기서 주목할 것

---

1) 가장 오래된 대문자 사본들(א B N T W)엔 이 부분이 빠져 있다. 동방에서 시리아어 번역판, 사히딕(Sahidic)과 하부 아크미믹(sub-Achmimic), 가장 오래된 보하이릭(Bohairic) 사본들, 일부 아르메니아어 사본들, 그리고 보다 오래된 그루지아어 판에서 발견되지 않는다. 서방에서는 일부 고대 라틴어 사본들과 고트어 판에 나오지 않는다. 주후 5세기경의 사본인 서방원문의 원조가 되는 베자 사본(D), 다수의 후기 코이네 사본들, 일부 고대 라틴어 사본들, 라틴 역본인 벌게이트(Vulgate), 에디오피아어 역과 암브로시우스와 어거스틴의 저술들에서 발견된다. 또한 이 본문을 포함하고 있는 다수의 사본(225번 소문자 사본)이 현재 위치에 놓인 반면에, 일부 사본들은 이 부분이 7:36 다음에 있으며, 어떤 사본들(1번 소문자 사본과 그 외 10사본들)엔 이 부분이 요한복음 끝에 놓여 있으며, 어떤 사본(69번 소문자 사본과 그 외 3사본)에는 누가복음 21장 끝에 붙어 있는가 하면, 어떤 사본들(아르메니아어 사본을 포함한 많은 사본들)에는 요한복음 21:25 뒤에 배치되어 있다. 이 기사가 원래 복음서에서 빠진 까닭은 일찍부터 초대교회에 전해졌으나 예수께서 이 같은 음행의 죄를 용서하신 것이 초대교회의 신자 훈련에 도움이 되지 않기 때문일 것이다. 후대의 사본가가 이 기사를 이곳에 배치한 이유는 아마도 7:24과 8:15-16의 예증으로 간

은 왜 이 기사가 이곳에 배치되었는가 하는 점이다. 그것은 〈죄론〉, 즉 예수의 제자들의 발 씻김과 유다의 배반을 말하고 있는 13장과의 상응을 이루기 위해서라는 것이 필자의 생각이다.

13장은 예수의 세족식을 통한 〈죄론〉과 그 상징 행위가 갖는 구원론적 의미를 윤리적 모범("서로 사랑하라"는 새 계명 수여)과 연결시켜 다루고 있다. 13장이 예수의 세족 행위를 유다의 배신과 거듭 관련시킨 까닭이 여기에 있다. 여기서 죄란 빛 되시고 진리 되신 예수를 모르는(떠나는) 것이며, 하나님이 보낸 예수를 아는(믿는) 것이 죄에서 자유함을 얻는 길임을 말씀하고 있다. 나아가 예수의 제자는 스승 예수가 명한 사랑의 새 계명을 지키는 것임을 말씀하고 있다.

8장은 예수와 유대인들 간의 논쟁이 최고조로 달한 모습을 보여준다. 8장에는 기독론적 자기계시라는 예수의 목소리 뿐만 아니라 예수의 증언을 반대하는 유대인들의 목소리도 한층 강화되고 있다. 5장에서 시작된 '생명' 주제는 8장까지 이어지고 있다.[2] 간음하다 현장에서 잡힌 여인에 대한 기사(7:53-8:11)의 문체와 언어는 요한복음보다는 공관복음("감람산", "서기관", "정죄" 등)에 더 유사하다. 8장은 간음녀에 대한 용서의 기사에 이은 유대인들과의 긴 논쟁을 다루고 있다.

1. 간음하다 잡힌 여인(1-11절)

감람산으로 갔던 예수가 아침에 다시 성전으로 돌아오자 백성들

주되었기 때문일 것이다. G. R. Beasley-Murray, 306-308.

2) 5장은 '생명의 주님'(14절), 6장은 '생명의 떡'(35, 48절), 7장은 '생수의 강'(38절), 8장은 '생명의 빛'(12절)을 말씀하고 있다.

이 예수께 나아왔다. 예수는 자리에 앉아서 그들을 가르치기 시작하였다(2절).[3] "서기관들과 바리새인들이 음행 중에 잡힌 여자를 끌고 와서 가운데 세우고"(3절). "서기관들"은 율법학자들로서 요한복음에서는 유일하게 이 대목에서만 볼 수 있다.[4] 여기서 "음행 중에 잡힌 여자"는 기혼자였을 가능성이 크다.[5]

서기관들과 바리새인들은 간음하다가 현장에서 잡힌 여자를 예수 앞에 세우고는 "모세는 율법[6]에 이러한 여자를 돌로 치라 명하였거니와 선생은 어떻게 말하겠나이까?"라고 물었다. 이를 두고 요한은 이렇게 해설을 붙였다. "그들이 이렇게 말함은 고발할 조건을 얻고자 하여 예수를 시험함이러라"(6a절). 그들의 질문은 예수를 진퇴양난(올무)에 빠뜨리고자 한 질문이었다. 만일 예수가 '돌로 치라'고 하면 그들은 예수를 로마법 위반자로 고소할 것이다. 당시 유대인들은 산헤드린 공회에서 사형을 구형할 수는 있으나 집행에는 로마 총독의 허락이 있어야 했다(18:31). 뿐만 아니라 평소 사랑과 자비를 선포한 예수 자신의 가르침과 모순되어 대중들로부터 반감을 사게 되는 결과를 초래할 것이다. 반대로 예수가 이 여자를 '용서해 주라'고 말한다면 모세의 율법을 거슬린 죄목으로 산헤드

---

3) 예수가 낮에는 성전에서 가르치고 밤에는 감람산에서 지냈다는 이 같은 진술은 누가복음 21:37을 연상케 한다. 앉아서 가르치는 자세는 랍비들이 취하는 자세로서 요한복음에서는 볼 수 없고 공관복음에서 볼 수 있는 묘사이다(막 4:1; 마 5:1; 눅 5:3).

4) "서기관과 바리새인"이란 표현은 특히 마태의 전형적인 표현이다. 12:38; 15:1; 23:2, 13, 15, 23, 27, 29.

5) 그 까닭은 두 가지 면에서이다. 첫째는 70인역과 헬라어 저작들에서 배타적으로 기혼인 사람들에게만 사용되었던 '모이큐에인'(μοιχεύειν, "간음하다")이라는 용어와 그 파생어들이다. 둘째는 부도덕한 성적 행위의 처벌에 대한 미쉬나에 있는 규정들은 주님 시대에는 적용되지 않았다는 명백한 사실이다. 따라서 재판 받기 위해 예수에게 끌려온 여인은 기혼자였다. G. R. Beasley-Murray, 311.

6) 신 22:22-24; 레 20:10 참조.

린 공회에 의해 고발당하게 될 것이다.

"예수께서 몸을 굽히사 손가락으로 땅에 쓰시니"(6b절). 예수의 이 같은 행동은 구약 예언자의 상징적 행동을 연상케 한다. 예언자들은 말로만이 아닌 '상징적 행동'(symbolic action)으로도 하나님의 말씀을 전달하였다.7) 예언자들의 상징적 행동은 메시지를 효과적으로 전하기 위한 극적인 전달 방법이었다. 예수는 왜 이 같은 행동을 했을까? 그것은 바리새인들의 분노를 가라앉히기 위해서 또는 생각할 시간을 벌기 위해서 그랬을 것이라고 짐작할 수 있다.

그렇다면 예수는 땅에 무엇을 썼을까? 단지 낙서를 했을 것이라고 생각할 수도 있다. 고대로부터 이 사건을 예레미야 17:13("여호와를 떠나는 자는 흙에 기록이 되오리니 이는 생수의 근원이신 여호와를 버림이니이다")과 연관시켜 설명하는 것이 지배적이다. 여기서 중요한 것은 예수가 무슨 말씀을 썼느냐 하는 것보다는 그 행동 자체만으로도 충분한 메시지가 되었을 것이라는 점이다.

"그들이 묻기를 마지 아니하는지라 이에 일어나 이르시되 너희 중에 죄 없는 자가 먼저 돌로 치라"(7절). 예수의 대답을 빨리 듣고 싶었던 그들은 초조한 나머지 계속해서 예수에게 물었던 것이다. 그러자 예수는 말없는 행동에서 말로 자신의 의사를 표현하였다. "너희 중에 죄 없는 자가 먼저 돌로 치라"고 명령했다. 먼저 돌로 치는 자는 증인이 된다(신 17:7). 예수의 언사는 하나님 앞에 죄인인 주제에 다른 사람을 죄인으로 정죄하지 말라는 메시지를 선포

---

7) 이사야는 3년 동안 맨발과 거의 벌거벗은 몸으로 지냈다(사 20장). 호세아는 음란한 여인 고멜과 결혼생활을 계속하였다(호 1-3장). 예레미야는 베띠를 새로 사서 이것을 바위틈 사이에 묻어버린다(렘 13장). 또한 질그릇을 하나 사서 그것을 많은 사람들이 보는 앞에서 산산이 부숴버린다(렘 19장). 에스겔은 예리한 칼로 자신의 머리카락과 수염을 잘라 그것을 셋으로 나누어 불로 태우고, 칼로 치고, 바람에 날려버린다(겔 5장). 또한 390일 동안은 왼편으로 누워 자고, 40일 동안은 오른편으로 누워 자는 괴팍한 행동을 한다(겔 4장).

한 것이다(마 7:1; 눅 6:37).

예수는 다시 몸을 굽혀 손가락으로 뭔가를 땅에 쓰고 있었다(8절). 그러자 "그들이 이 말씀을 듣고 양심에 가책을 느껴 어른으로 시작하여 젊은이까지 하나씩 하나씩 나가고 오직 예수와 그 가운데 섰는 여자만 남았더라"(9절). "너희 중에 죄 없는 자가 먼저 돌로 치라"는 예수의 비수와 같은 한 마디가 그들의 가슴에 내리꽂힌 것이다. 말씀의 칼을 받은 그들은 양심에 가책을 느껴 어른부터 젊은이까지 차례로 그 자리를 떴다.

왜 그랬을까? 그들은 모세의 율법에 비추어볼 때 자신들도 결코 의롭지 못하다는 사실을 그들의 양심이 말하고 있었기 때문이다. 그들은 그 똘똘 뭉친 죄성을 꼭꼭 숨기고 싶었다. 그리고 남에게, 즉 연약한 여자에게 돌을 던짐으로써 자신들의 죄로부터 자위하고자 했다. 그런데 예수가 그 꼭꼭 숨어있는 죄성을 밝은 대낮에 온 세상에 밝히 드러낸 것이다.

그들이 떠난 후에 예수는 용서받은 여인을 향해 "너를 정죄한 자가 없느냐"(10절) 물었다. "주여 없나이다"라고 그 여인이 대답하자 "나도 너를 정죄하지 아니하노니 다시는 죄를 범하지 말라"(11절)는 말로 이 기사는 끝난다. "정죄함"(카타크리노, *κατάκριυω*)은 공관복음적 용어[8]로서 "심판함"보다 더 무서운 말씀이다.

2. 세상의 빛이신 예수(12-20절)

간음하다 잡힌 여자 기사가 있은 후에 터져 나온 예수의 제일성은 이것이다. "예수께서 또 말씀하여 이르시되 나는 세상의 빛이니

8) 공관복음에 9회 나타난다(마 12:41, 42; 20:18; 27:3; 막 10:33; 14:64; 16:16; 눅 11:31, 32).

나를 따르는 자는 어둠에 다니지 아니하고 생명의 빛을 얻으리라"(12절). 부활의 주님은 "세상의 빛"이시며, "생명의 빛"이시다. 이 구절에는 빛과 어둠, 생명과 죽음이 대조를 이루고 있다. 세상의 빛과 생명 되신 예수를 따르는 자들(제자들)은 하나님과의 올바른 관계를 이루는 자(義人)로서 빛과 생명을 얻을 것이다. 반면에 세상의 빛과 생명 되신 예수를 멀리하는 자들(바리새인들)은 하나님과의 관계가 단절된 자(罪人)로서 어둠과 죽음에 처하게 될 것임을 말씀한다.

이 구절에 나오는 "나는 세상의 빛이다"는 '에고 에이미'의 비유적 용법 가운데 두 번째 말씀이다. "나는 세상의 빛이다"라는 예수의 자기계시 말씀은 성전의 "등잔대"(menorah)에 해당한다. 하나님은 이스라엘이 "이방의 빛"(사 49:6)이 되기를 원하셨다. 그러나 이스라엘은 이방의 빛으로서의 사명을 망각함으로써 하나님의 뜻을 온전히 이루지 못했다. 그리하여 하나님은 예수를 이 세상에 보내 "이방의 빛"(눅 2:32)의 사명을 감당하게 하셨다. 그리고 우리로 하여금 "너희는 세상의 빛이라"(마 5:14)고 말씀하셨다.

"나는 세상의 빛이다"라는 예수의 자기계시 말씀은 초막절과 관련된 또 하나의 놀라운 선언이다. 초막절은 출애굽 당시 불기둥과 구름기둥으로 이스라엘을 인도하시고 시내산에서 그의 영광의 광채 가운데 율법을 계시하셨음을 기념하는 축제이다. 유대인들은 이것을 기념하여 초막절 마지막 밤에 여인들이 뜰에서 '횃불 밝힘 행사'가 있었다. 이것은 시내산에서 주신 하나님의 율법 계시(시내 계시)를 기념한다. 그러면서 종말에 하나님의 계시가 시온에 이루어지고 그 계시가 온 세상을 비추어 암흑과 혼돈의 세계에 하나님을 아는 지식이 가득 차도록 기원하는 행사이다.[9)]

---

9) 김세윤, 133-134.

초막절에 "생수의 원천"(7:37)이라고 선언한 예수는 여기서 여인들의 뜰에 밝혀 놓은 거대한 횃불들을 보면서 자신을 "세상의 빛"이라고 선언한다. 예수는 온 세상을 밝게 비추는 하나님의 빛이다. 예수는 온 인류에게 빛과 생명을 주기 위해서 종말론적 빛으로 이 세상에 왔다(1:4, 9; 3:19-21; 9:4-5; 11:9-10; 12:35-36, 46). 여인들의 뜰로부터 나온 빛은 예루살렘을 밝히지만, 세상의 빛이신 예수는 예루살렘을 넘어 온 세상을 비춘다. 이로써 예수는 초막절을 온전케 하신 분이다.

바리새인들은 예수가 자신을 위해 증언하기에 예수의 증언은 참되지 않다고 하자 예수는 이렇게 응수하였다. "내가 나를 위하여 증언하여도 내 증언이 참되니 나는 내가 어디서 오며 어디로 가는 것을 알거니와 너희는 내가 어디서 오며 어디로 가는 것을 알지 못하느니라"(14절). 자기 자신을 위한 증언은 신뢰할 수도, 유효하지도 않다는 것이 유대인들의 입장이다(신 17:6; 19:15). 그런데 예수는 자기 자신에 대한 증언임에도 불구하고 "참된" 증언이라는 이유를 제시한다. 그 까닭은 예수 자신과 그를 보내신 아버지가 두 증인이 된다는 것이다(16-18절). 예수는 하나님으로부터 파견된 자로서 스스로가 증인이 되기에 자신은 그 누구의 증언도 받을 필요가 없다는 것이다.

바리새인들은 "네 아버지가 어디 있느냐?"고 묻자 예수는 이렇게 응수한다. "너희는 나를 알지 못하고 내 아버지도 알지 못하는도다 나를 알았더라면 내 아버지도 알았으리라"(19절). 바리새인들은 예수의 영적 차원의 말씀을 육적인 차원(15절 참조)에서 이해했다. 아버지로부터 파견된 아들을 참으로 알았다면 아버지도 알게 된다는 기독론적 신관이 반영된 말씀이다(14:6, 9).

"이 말씀은 성전에서 가르치실 때에 헌금함 앞에서 하셨으나 잡는 사람이 없으니 이는 그의 때가 아직 이르지 아니하였음이러라"(20절). 헌금함은 성전의 바깥 뜰(여자들의 뜰)에 13개가 놓여 있었다. 예수는 그곳에서 공개적으로 말씀하였으나 아무도 예수를 잡지 못했다. 이를 두고 요한은 아직 하나님의 정하신 때가 이르지 않았기 때문이라고 해설한다(20절; 7:30 참조).

3. 위로부터 오신 예수(21-30절)

"다시 이르시되 내가 가리니 너희가 나를 찾다가 너희 죄 가운데 죽겠고 내가 가는 곳에는 너희가 오지 못하리라"(21절). "내가 가리니"라는 어구는 앞의 구절들(7:33-34)과 뒤의 고별강화의 구절들(13:1; 14:2, 19; 16:5, 16; 17:13)을 연상시킨다. 예수는 아버지가 계신 하늘로부터 왔기에 다시 하늘로 돌아갈 것이다. 예수가 부활 승천하여 하늘로 돌아가게 되면 그곳에는 아무도 올 수 없고 그때 가서 예수를 아무리 찾아도 그를 만나지 못할 것이다. 그럴 경우 예수를 믿지 않은 불신자들은 죄 사함을 받지 못한 채 영원한 죽음에 처하게 될 것이다(16:8-9).

죄는 생명의 빛이신 예수에 대해 마음의 문을 닫고 예수를 믿지 않는 것이다. 따라서 빛을 등지면 어둡이듯이 생명의 빛이신 예수를 등지면 어둠(죄와 죽음)에 빠질 수밖에 없다(롬 5:12; 6:23). 예수의 제자들은 빛 가운데로 걷기에 영원한 생명을 얻지만(3:16-21; 12:35-36), 불신자들은 어두움 가운데 걷기에 결국 하나님의 진노 위에서 죽게 될 것이고(3:36), 하나님 나라에 들어가지 못하게 될 것이다.

예수의 말을 알아듣지 못한 유대인들은 이렇게 말한다. "그가 말하기를 내가 가는 곳에는 너희가 오지 못하리라 하니 그가 자결하려는가"(22절). 유대적 사고에서 자살은 사람이 찾을 수 있는 범위를 넘어서는 곳에 그를 둔다는 것을 의미한다. 따라서 자살은 하나님 나라에 들어갈 수 없는 무거운 죄로 인정되었다. 유대인들의 말은 자살은 지옥행이기에 지옥으로 가겠다는 것인가라고 말하는 일종의 조롱이다. 생명의 빛을 약속한 예수의 말을 이렇게 조롱함으로써 그들은 여전히 "죄 가운데" 머물러 있음을 드러낸 셈이다.

"예수께서 이르시되 너희는 아래에서 났고 나는 위에서 났으며 너희는 이 세상에 속하였고 나는 이 세상에 속하지 아니하였느니라"(23절). 이 구절에서 예수는 "아래에서"(지상적 세계)와 "위에서"(천상적 세계)라는 대립적 용어를 사용하여 자신과 유대인들을 구별하고 있다. 예수의 기원을 이보다 더 잘 표현해 주는 말은 없을 것이다(3:31-34). 예수의 유일성, 곧 오직 예수로만 구원이 가능하다는 것 또한 이에서 비롯된다. 인간 세상(아래 땅)으로부터 난 자는 인간을 구원할 수 없고 하나님(위 하늘)으로부터 오신 자만이 인간을 구원할 수 있음을 말해준다.

"그러므로 내가 너희에게 말하기를 너희가 너희 죄 가운데서 죽으리라 하였노라 너희가 만일 내가 그인줄 믿지 아니하면 너희 죄 가운데서 죽으리라"(24절). "내가 그 인줄"은 '에고 에이미'의 절대적 용법으로 "나는 하나님이다"(사 41:4; 43:10; 48:12)라는 의미를 지닌다. 예수가 하나님이면 인간의 죄를 사할 능력을 가진 분이며, 따라서 그를 믿지 않는 자들은 죄 가운데서 죽을 수밖에 없다. 예수의 제자들은 죄 사함을 받고 "이 세상"에 속하지 않은 거룩하게 성별된 자들이다(15:19; 17:14, 16). 그러나 유대인들은 "이 세상"에 속한 자들로서 그들은 "죄 가운데서" 죽도록 내버려져 있다.

유대인들은 "네가 누구냐"고 예수의 기원에 대해 묻자 예수는 "나는 처음부터 너희에게 말하여 온 자니라"(25절)라고 응수한다. 그러면서 "나를 보내신 이가 참되시매 내가 그에게 들은 그것을 세상에 말하노라"(26절)라는 말씀을 덧붙였다. 그러나 유대인들은 예수가 말한 "나를 보내신 이"가 아버지(하나님)를 가리켜 말씀하신 줄을 깨닫지 못하였다(27절).

"이에 예수께서 이르시되 너희가 인자를 든 후에 내가 그인 줄을 알고 또 내가 스스로 아무 것도 하지 아니하고 오직 아버지께서 가르치신 대로 이런 것을 말하는 줄도 알리라"(28절).

"들어올려지다"(3:14; 12:32, 34)라는 표현은 하나님의 계획에 의해 이루어진 예수의 죽음을 가리킨다. 따라서 "너희가 인자를 든 후에"라는 말은 '유대인들이 예수를 십자가에 못 박은 후에'라는 의미이다(19:11, 16). 그런 일이 있은 후에야 유대인들은 "내가 그인 줄", 즉 예수가 하나님이 보내신 메시아(하나님의 아들)인 줄을 알게 될 것이라는 말씀이다.

구약 예언자들은 '천상(天上) 하나님이 보낸 지상(地上) 특사'(ambassador)이다. 그들은 자기의 말을 하는 자들이 아니라 하나님이 그들에게 들려준 말씀을 단지 전달하는 '하나님 말씀의 심부름꾼'이었다. 그들의 권위는 자기로부터 나온 것이 아니라 자신을 보낸 하나님으로부터 나왔다. 따라서 그들은 하나님의 권위를 가지고 말씀을 전했기에 담대히 증언할 수 있었다. 예수 또한 구약 예언자들처럼 아버지께로부터 보냄을 받아 아버지께서 주신 말씀을 전하는 메시아적 예언자였다.

"나를 보내신 이가 나와 함께 하시도다 나는 항상 그가 기뻐하시는 일을 행하므로 나를 혼자 두지 아니하셨느니라"(29절). 이 구절은 보내신 아버지와 보냄받은 아들의 일치(하나됨)를 말하고 있다(10:30). 그러기에 예수는 항상 자신을 보낸 아버지가 기뻐하시는 일, 곧 십자가에 달리는 일까지도 기쁨으로 순종하는 아들이다. 아버지에게조차 외면당한 것 같은 십자가 사건에서도 아버지는 아들을 홀로 두지 아니하고 함께 하셨다. "이 말씀을 하시매 많은 사람이 믿더라"(30절). 당시 상황에 대한 요한의 해설이다. 예수의 계시의 말씀에 많은 유대인들이 예수를 믿었지만 그 믿음은 "이적에 바탕을 둔 믿음"(2:23; 7:31)과 별 차이가 없는 믿음임을 아래 대목은 보여주고 있다.

4. 아브라함의 참된 후손(31-59절)

"그러므로 예수께서 자기를 믿은 유대인들에게 이르시되 너희가 내 말에 거하면 참으로 내 제자가 되고"(31절). 이 구절에 나오는 "내 말"은 '예수의 말'로서 이 단락에서 여러 차례 강조되고 있다(37, 43, 51절). '예수의 말'은 '하나님의 말씀'(47절)이며 '진리'라는 말로 여러 차례 강조되고 있다(32, 40, 44, 45, 46절). 여기서 "내 제자"란 곧 예수의 제자를 말한다. 그 동안 유대인들은 모세의 율법에 거한 '모세의 제자'였다. 그런데 예수의 말에 거하게 되면 '예수의 제자'가 된다고 말하고 있다. 그러기에 "내 말에 거하라"(15:7)는 것은 예수의 참 제자가 되는 표지이다.

"진리를 알지니 진리가 너희를 자유롭게 하리라"(32절). 14:6에 근거하여 예수가 '진리'라면 이 구절은 "예수를 알지니 예수가 너희를 자유롭게 하리라"는 말씀이 된다. 구약의 출애굽 당시에는 모세가 이스라엘 백성을 애굽의 노예 상태로부터 자유롭게 함으로써 첫 번째 구원자의 역할을 담당했다. 그런데 이제는 예수가 제2의 출애굽, 곧 모세의 율법과 로마의 식민지 상태라는 노예 상태로부터 자유롭게 할 두 번째 구원자가 된 것이다.

"그들이 대답하되 우리가 아브라함[10]의 자손이라 남의 종이 된 적이 없거늘 어찌하여 우리가 자유롭게 되리라 하느냐"(33절). 이

10) 이 단락(30-59절)에는 "아브라함"이라는 말이 무려 11번이나 나타난다(33, 37, 39[3회], 40, 52, 53, 56, 57, 58절).

에 예수는 이렇게 응수한다. "진실로 진실로 너희에게 이르노니 죄를 범하는 자마다 죄의 종이라"(34절). 이 두 구절에서 우선 직면하는 어려운 문제는 33절의 유대인들의 질문과 34절의 예수의 답변이 전혀 연결이 안 되는, 즉 동문서답을 하고 있는 것처럼 보인다는 점이다. 그러나 유대인들의 질문에 대한 예수의 답변은 정말 심오한 내용을 담은 정곡을 찌르는 말씀이다. 그 까닭은 이렇다.

예수는 유대인들이 아브라함의 자손이라는 것을 인정한다(37절). 그러나 문제의 핵심은 '아브라함' 또는 '아브라함의 자손'에 대한 유대인들의 이해와 예수의 이해가 전혀 다르다는 데 있다. 유대인들은 아브라함을 육적인 의미로, 즉 지연이나 혈연 같은 혈통적인 의미로 이해하고 있다. 이에 반해 예수는 아브라함을 영적인 의미로, 즉 신앙적인 의미로 이해하고 있다는 점이다.

유대인들은 그들의 말(33절)과는 달리 정치적으로 볼 때 남의 종이 된 적이 많았다. 애굽, 앗수르, 바벨론, 페르샤, 헬라, 로마 등 그들은 참으로 오랫동안 남의 지배를 당한 역사가 있다. 그럼에도 불구하고 유대인들이 남의 종이 된 적이 없다고 말한다. 이 말의 뜻은 이렇다.

유대인들은 자기네들이 아브라함의 여종이었던 하갈에게서 난 이스마엘의 후손이 아니라 정실인 사라에게서 난 이삭의 후손이라고 생각하였다. 그러므로 우리는 종의 자손이 아니라 자유하는 여자의 후손이라는 그런 주장이다(갈 4:22-23). 이렇듯 유대인들은 아브라함, 또는 아브라함의 후손을 육적으로, 즉 혈통적으로 이해했다.

그런데 아브라함을 육적으로 이해하게 되면 그것이 바로 죄를 범하는 것이요, 따라서 죄의 종이 된다는 것이 예수의 주장이다. 그 까닭은 아브라함의 육적 자리가 바로 죄의 자리이기 때문이다. 즉 아브라함은 본래 이방인으로서 그의 고향인 갈대아 우르는 우상승배로 가득 찬 죄의 자리였다. 그러므로 아브라함은 육적, 혈통적으로 보면 죄의 종자가 된다.

그런데 아브라함이 하나님의 말씀에 순종하여 갈대아 우르를 떠났을 때 죄의 자리에서 의의 자리로 옮겨지게 된 것이다. 그가 자유하는 여자를 통해 이삭을 낳아 후손을 이어갔다고 해서 그것이 의가 되는 것은 아니다. 왜냐하면 육적 아브라함과 그의 후손은 하나님의 말씀을 떠난 죄적 존재이기 때문이다. 다만 영적 아브라함, 즉 그가 하나님의 말씀을 믿고 순종했을 때 그것이 의요 거기에 자유함이 있었다. 따라서 예수는 육적 아브라함의 자리를 버리고 영적 아브라함의 자리로 나아갈 때만이 죄의 종에서 벗어나 자유롭게 될 것임을 말하고 있는 것이다.

그런데 유대인들은 육적 아브라함의 후손에 집착한 나머지 예수의 말을 이해하지 못했다. 더 정확하게 말하면 이 말을 받아들이고 싶지 않았다. 왜냐하면 육적 아브라함을 포기하면 자기네들의 기득권, 선택된 백성이라는 우월감이 없어지고 마는 결과를 가져오기 때문이다. 자기네들만이 아브라함의 후손이 되어야 한다는 이기성, 자기중심성이 바로 죄를 범하는 것이요 죄의 종이 되게 하는 것이다. 죄란 다름 아닌 '이기성', '자기중심성'이다. 죄의 기원, 즉 원죄를 말하는 창세기 3장이 이것을 잘 보여준다. 하나님께서 아담에게 동산 각종 나무의 실과는 다 따먹어도 좋지만 선악과만은 따먹지 말라고 명령했다. 그러나 선악과마저도 내 것으로 하려는 이기성, 자기중심성이 결국 하나님의 명령을 거역하는 죄를 범하게 된 것이다. 그리고 죄를 범하게 됨으로써 그는 죄의 종이 되었고(34절). 결국 자유함을 잃게 되었다.

"종은 영원히 집에 거하지 못하되 아들은 영원히 거하나니"(35절). 종은 언제든지 팔리게 되면 집을 떠나게 되어 있음으로 집에 영원히 거할 수 없지만, 상속권을 가지고 있는 집 주인의 아들은 집에 계속 머물 수 있다(롬 8:14-17). 따라서 종이 집에 영원히 머무르려면 구원자가 필요하다. "그러므로 아들이 너희를 자유롭게 하면 너희가 참으로 자유로우리라"(36절). 집 주인의 아들이 종을 자유롭게 머물게 할 때에만 종은 자유로울 수 있다.

예수는 유대인들이 자신의 말을 깨닫지 못하고 죽이려고 하는 몇 가지 이유를 개진한다. 그것은 그들 안에 예수의 말이 있을 곳이 없거나(37b절), 그들이 진정으로 아브라함의 자손이 아니거나(39절), 예수가 하나님께로부터 나와서 왔음을 알지 못하거나(42절), 예수의 말을 들을 줄 알지 못하기 때문(43절)이라고 말한다.

그러면서 예수는 "지금 하나님께 들은 진리를 너희에게 말한 사람인 나를 죽이려 하는도다 아브라함은 이렇게 하지 아니하였느니라"(40절)고 일갈하였다. 그러자 유대인들은 "우리가 음란한 데서 나지 아니하였고 아버지는 한 분뿐이시니 곧 하나님이시로다"(41절)고 응수하였다. 여기서 "우리가 음란한 데서 나지 아니하였고"라는 말은 자신들이 아브라함의 첩 하갈에게서 난 자식들이 아니라는 말이고, "아버지는 한 분뿐이시니"라는 말은 자신들은 오직 여호와 한 분만을 유일한 하나님으로 섬겨 왔다는 것을 말한다.

그러자 예수는 "하나님이 너희 아버지였으면 너희가 나를 사랑하였으리니 이는 내가 하나님께로 나와서 왔음이라 나는 스스로 온 것이 아니요 아버지께서 나를 보내신 것이니라"(42절)라는 말로 응수하였다. 그러면서 예수는 하나님께 들은 진리를 말하는 자신을 죽이고자 한 유대인들을 향해 독설을 퍼부었다. "너희는 너희 아비 마귀에게서 났으니 너희 아비의 욕심대로 너희도 행하고자 하느니라 그는 처음부터 살인한 자요 진리가 그 속에 없음으로 진리에 서지 못하고 거짓을 말할 때마다 제 것으로 말하나니 이는 그가 거짓말쟁이요 거짓의 아비가 되었음이라"(44절).

여기서 예수는 자신은 하나님께로부터 난 '하나님의 아들'(42절)

인 반면, 유대인들은 마귀로부터 난 '마귀의 자식'(44절)이라고 규정한다. 마귀는 인류의 첫 인간인 아담을 거짓과 간교로서 범죄케 하였다(창 3장). 마귀는 인간으로 하여금 영원한 생명을 빼앗아갔고 결국은 죽음에 이르게 한 장본인이다. 그러기에 마귀는 인류의 처음부터 살인자요 거짓말쟁이이다. 예수는 진리를 말하는(45절) 진리의 왕(18:37)인데 반해, 마귀는 거짓의 왕인데, 그 까닭은 그 속에 진리가 없기 때문이다.

"하나님께 속한 자는 하나님의 말씀을 듣나니 너희가 듣지 아니함은 하나님께 속하지 아니하였음이로다"(47절). "하나님께 속한 자"는 하나님의 자녀로서 마귀의 자녀들과는 달리 하나님으로부터 파송된 아들의 목소리를 알아 듣지만(10:4), 마귀의 자식들인 유대인들은 예수의 말에 귀를 막고 듣지 아니하는데, 그 까닭은 하나님께 속하지 않고 마귀에 속해 있기 때문이다(요일 4:5-6).

예수의 말에 유대인들은 "우리가 너를 사마리아 사람이라 또는 귀신이 들렸다 하는 말이 옳지 아니하냐"(48절)고 대답하였다. 유대인들은 예수가 자기네들을 아브라함의 후손이 아닌 마귀의 자식이라는 발언을 하자 예수야말로 그들이 가장 적대시하는 사마리아인[11]에 속한 자이거나 귀신이 들려 그 같은 말을 하는 것이 아니냐며 적나라하게 비난을 퍼부었다.

그러자 예수는 이렇게 응수하였다. "나는 귀신 들린 것이 아니라 오직 내 아버지를 공경함이거늘 너희가 나를 무시하는도다"(49절). 예수는 온전한 정신을 가지고 자신을 보내신 아버지를 공경하는 뜻에서 아버지가 주신 진리의 말씀을 전하는 사명을 다하였는데,

---

11) 유대인들의 이 같은 발언은 요한공동체를 사마리아적 요소를 지닌 공동체로 간주했음을 뜻한다고 브라운은 보고 있다. 즉 요한복음에 이 같은 이야기가 나타난 것은 부활 후의 기독교 운동의 역사가 투사된 것으로 보고 있다. R. E. Brown, 《요한공동체의 역사와 신학》, 44-46.

유대인들은 진리를 거절함으로써 예수의 명예를 손상시켰던 것이다. 그러면서 예수는 자신의 영광이 아닌 아버지의 영광을 구했다는 사실을 판단하실 분은 재판장이신 하나님이라고 말했다(50절).

그러면서 예수는 "사람이 내 말을 지키면 영원히 죽음을 보지 아니하리라"(51절)고 하자 유대인들은 이렇게 말했다. "지금 네가 귀신이 들린 줄을 아노라 아브라함과 선지자들도 죽었거늘 네 말은 사람이 내 말을 지키면 영원히 죽음을 맛보지 아니하리라 하니 / 너는 이미 죽은 우리 조상 아브라함보다 크냐 또 선지자들도 죽었거늘 너는 너를 누구라 하느냐"(52-53절).

"내 말을 지킨다"는 것은 예수의 말을 하나님의 말씀으로 듣고 그 말씀을 믿어 그 말씀에 순종하는 것을 의미한다. 그런 자에게는 부활이요 생명이신 예수로 말미암아 죽음을 넘어선 영원한 생명이 주어진다. 유대인들은 이 같은 예수의 말을 문자적으로만 이해하였다. 그리하여 아브라함과 선지자들도 모두 죽었거늘 어찌 그런 일이 있을 수 있느냐고 하면서 예수의 정체에 대해 물었다. "너는 너를 누구라 하느냐?"

그러자 예수는 이렇게 대답했다. "내가 내게 영광을 돌리면 내 영광이 아무 것도 아니거니와 내게 영광을 돌리시는 이는 내 아버지시니 곧 너희가 너희 하나님이라 칭하는 그이시라 / 너희는 그를 알지 못하되 나는 아노니 만일 내가 알지 못한다 하면 나도 너희 같이 거짓말쟁이가 되리라 나는 그를 알고 또 그의 말씀을 지키노라"(54-55절).

이 구절은 예수가 아버지께 영광을 돌리듯이, 그 반대로 아버지가 아들에게 영광을 주심으로써 아버지와 아들의 하나됨에 예수의 정체가 있음을 시사한다. 그러면서 만일 아들 예수가 아버지 하나님을 모른다고 하면 그것이야말로 유대인들처럼 거짓말하는 자가 될 것이다. 그럴 정도로 예수는 아버지를 잘 알고 또한 그분의 말씀을 철저히 지키는 거기에 자신의 정체가 있음을 역설한다.

"너희 조상 아브라함은 나의 때 볼 것을 즐거워하다가 보고 기뻐하였느니라"(56절). 일찍이 아브라함은 약속의 씨인 이삭('웃음'이라는 뜻)의 출생에서 그리스도의 오심을 내다보며(갈 3:16) 기뻐하였다. 이 구절은 아브라함이 미래를 내다볼 수 있다는 유대인들의 통념에 바탕을 둔 기독론적 해석으로 볼 수 있다. 아브라함이 내다본 희망(창 17:17-19)은 예수에게 와서 완전히 성취되었다(눅 10:24; 히 1:13; 벧전 1:10-12).

그러자 유대인들은 이 같이 응수하였다. "네가 아직 오십 세도 못 되었는데 아브라함을 보았느냐"(57절). "오십 세"는 단순히 남성의 노동 연한의 마지막 시기를 가리킬 수도 있으나(민 4:2-3, 39; 8:24-25), 이 나이는 남자의 원숙한 연배를 가리키는 지천명(知天命)의 나이와 같은 상징적 의미를 나타낸다고 볼 수 있다. 유대인들의 통념에 따르면 의인은 나이 들어 죽기 직전에 천상계를 내다본다. 이런 사고를 바탕으로 표현된 말로서 "예수는 아직 그런 연배도 아닌데 천상계를 내다보았단 말이냐?"고 빈정대는 말이다.[12]

예수의 정체에 대한 유대인들의 몰이해에 대해 예수는 결정적인 한 마디로 마지막 일격을 가한다. "아브라함이 나기 전부터 내가 있느니라"(58절). 이 구절은 예수의 신적인 선재를 시사한다(1:1-2). 아브라함은 한정된 시공 속에서 태어난 한낱 인간에 불과하지만 예수는 본질적으로 시공을 초월하여 하나님의 영원 속에 계신 분이었기에 아브라함보다 먼저 계셨다. 이 구절의 "내가 있느니라"('에고 에이미') 언사는 아무런 술어가 없다는 점에서 24절과 28절의 그것과는 약간 다르다. 하지만 그 언사에는 구약의 하나님의 자기 계시 말씀(출 3:14)이 그리스도 안에서 성취되었다는 것을 시사해

12) 이영헌, 199.

준다.

자신이 아브라함보다 먼저 있었다는 예수의 말을 듣고 하나님을 모독했다고 여긴 유대인들은 돌을 들어 예수를 치려고 하였다. 이에 예수는 몸을 숨긴 채 몰래 성전을 빠져 나갔다(59절). 간음하다가 현장에서 붙잡힌 여자에게 던지려다 내려놓은 돌을 이번에는 예수를 향해 던지려고 다시 들었다. 유대인들은 진리의 말씀을 듣고 회개하고 생명과 자유함을 얻는 길을 선택하기보다 꼭꼭 숨기고 싶은 자신들의 죄성을 밝은 세상에 드러나게 한 예수를 돌로 쳐서 없애려는 길을 선택하였다. 여기에 그들의 불행이 있다. 그리고 새 성전 되신 예수는 생명과 빛을 상실한 낡은 성전을 떠나 숨어버렸다.

정리하면, 8장은 간음녀에 대한 〈죄론〉의 문제로부터 시작하여 죄로부터 구원을 주시는 "예수는 누구인가"라는 〈기독론〉의 문제로 끝나고 있다. 8장은 예수의 정체성에 관한 그 동안의 모든 논쟁에 종지부를 짓는 장이라고 해도 과언이 아닐 정도로 예수의 정체성을 극명하게 보여주는 장이다. 예수의 정체에 대해 묻는 유대인들의 질문(25, 53절)이나 세 차례에 걸쳐 반복되는 '에고 에이미' 말씀(24, 28, 58절)이 그것을 잘 반영해 준다. 8장은 예수가 본래 영원에 속한 선재하신 분이요 위로부터 오신 하나님의 아들 되시기에 인간의 죄를 사할 수 있는 분임을 잘 보여준다.

제9장

9-12장은 본론의 세 번째 부분으로 9-10장과 12장이 정점인 11장을 둘러싸고 있는 형국(Inclusio)으로 되어 있다. 9-10장은 바로 앞에 있는 7-8장과 내용상 직접적인 연관성을 찾기 어렵다는 점에서 9장은 새로운 부분의 시작으로 볼 수 있다. 하지만 예수와 유대 당국자간의 기독론과 연관된 대충돌이라는 점에서 9-10장은 앞 장과 주제상 깊이 연관되어 있다. 9-10장은 12장과 상응관계에 있는데, 구원론(십자가 신학)을 말하고 있는 10장은 12:1-36과, 신앙론(죄론)을 말하고 있는 9장은 12:37-50과 교차대구구조를 이루고 있다는 것이 필자의 생각이다.

9장의 핵심 주제는 〈신앙론〉인데, 이를 〈죄론〉에 기초하여 서술하고 있다. 9장은 죄에 관한 제자들의 물음으로 시작하여(2절) 죄에 관한 예수의 대답으로 끝나고 있다(41절). 그런데 요한에게 있어서 죄란 다름 아닌 불신앙이란 점에서 신앙론과 직결되는 주제이다. 이미 언급했듯이 여섯 번째 표적인 태생소경 치유사건은 5장의 세 번째 표적인 38년 된 병자를 고치는 사건과 많은 면에서 평행을 이룬다. 이 같은 평행은 다분히 요한의 신학적 의도에 따른 것이다.

9장(태생소경 치유기사)은 8:12("나는 세상의 빛이니 나를 따르는 자는 어둠에 다니지 아니하고 생명의 빛을 얻으리라")에 대한 주석의 성격을 갖고 있다. 역사적 배경은 8장과 관련하여 초막절 직후에 속하는 것처럼 보이나 시간이나 장소에 대한 어떠한 언급도 주어지지 않았다(요한의 특징인 '시간의 해체와 재구성'을 보여줌). 요한은 초막절이라는 시점(정확한 시간은 모름)에 태생소경 표적기사를 둠으로써 소경의 눈을 열어준 예수는 세상의 빛이며, 그런 의미에서 유대교의 초막절을 온전케 한 메시아임을 보여주려고 했다. 9장은 잘 짜여진 한편의 드라마라 할 수 있는데, 크게 둘로 나누면 태생소경 치유사건(1-7절)과 표적에 따른 후속 사건들(8-41절)로 구분할 수 있고, 세분하면 일곱 장면(scenes)으로 구성되어 있다.

1. 태생소경 치유사건(1-7절)

예수가 길을 가다가 날 때부터 맹인인 한 사람을 보았다. 제자들이 이렇게 물었다. "랍비여 이 사람이 맹인으로 난 것이 누구의 죄로 인함이니이까 자기니이까 그의 부모니이까"(2절). 이 구절에서 우리는 태생소경 표적기사가 죄론이라는 신학적 주제를 깔고 이야기를 시작하고 있음을 엿볼 수 있다. 유대인들은 질병과 고난의 원인을 인과론적으로 봄으로써 모두 죄의 결과로 생각했다(5:14, 17).[1] 그래서 본래 유대인이었던 제자들은 모세의 율법에 따라 태어날 때부터 맹인 된 사람을 죄인으로 규정지으며 물었다.

1) 욥의 세 친구는 인과론의 대표자들이다. 하나님이 욥에게 준 대답은 인과론을 초월한 하나님의 자유로운 주권이었다(욥 38-41장).

여기서 문제가 되는 것은 그 죄가 누구의 책임이냐 하는 것이다. 부모(조상)에게 그 책임을 돌리는 견해(출 20:5; 34:7; 민 14:18; 시 79:8; 109:14; 사 65:6, 7)와 본인에게 그 책임을 돌리는 견해(렘 31:29; 겔 18:20)가 있다. 이러한 사고방식 때문에 질병을 치유해 주는 일과 죄를 용서해 주는 일이 같은 의미로 사용되기도 한다(시 103:3).

이러한 견해에 대해 예수는 이렇게 말한다. "이 사람이나 부모의 죄로 인한 것이 아니라 그에게서 하나님이 하시는 일을 나타내고자 하심이라"(3절). 예수는 태경소경 안에서 "하나님이 하시는 일", 곧 그 속에는 하나님의 깊은 경륜이 있다고 대답하였다. 즉 하나님의 영광을 드러내기 위한 도구로 이 사람을 맹인되게 했다는 것이다. 여기서 우리는 불쌍한 사람에 대한 예수의 연민과 따스한 시선을 엿보게 된다.

"때가 아직 낮이매 나를 보내신 이의 일을 우리가 하여야 하리라 밤이 오리니 그 때는 아무도 일할 수 없느니라 / 내가 세상에 있는 동안에는 세상의 빛이로다"(4-5절). 낮은 일하기에 적당한 시간으로, 예수의 지상활동을 뜻한다(5:17; 눅 13:32). 이와는 달리 밤은 일하기에 적합지 않은 시간으로, 예수의 지상활동이 끝나는 시간을 가리킨다(13:30). "내가 세상에 있는 동안에는"이라는 말은 예수가 세상에 있는 시간이 얼마 남지 않은 절박한 상황을 암시한다. "나"라는 단수가 "우리"라는 복수로 바뀐 것에는 하나님의 일을 예수만이 아닌 제자들도 동참해야 할 특권과 책임이 있음을 말하고자 함이다.

"이 말씀을 하시고 땅에 침을 뱉어 진흙을 이겨 그의 눈에 바르시고 / 실로암 못에 가서 씻으라 하시니(실로암은 번역하면 보냄을 받았다는 뜻이라) 이에 가서 씻고 밝은 눈으로 왔더라"(6-7절). 진흙을 이겨 맹인의 눈에 바른 예수의 이 같은 행동은 침이 치료에 효과가 있다고 믿는 당시의 민간 치유요법에 따른 것이다(막 7:33;

8:23). 실로암 못은 예루살렘 성벽 동남쪽 바로 안에 있는 못으로 히스기야 왕이 성벽 밖에 있는 기혼 샘(오늘날 '처녀의 샘')의 물을 지하로를 통해 성안으로 끌어들여 만들었다. 초막절에 제사장은 이곳에서 물을 길었다.

예수는 소경된 자를 실로암 못에서 씻도록 보냈는데, 이것은 엘리사가 나아만을 그의 문둥병의 치료를 위해 요단강에서 씻도록 보낸 것을 생각나게 한다(왕하 5:10-14). 실로암은 '보냄을 받았다'는 뜻으로, 요한은 예수를 "영적인 실로암"으로서 하나님으로부터 보냄받은 자로 간주한다. 이 표적기사는 태생소경이 예수의 말에 순종함으로써 치유되었다는 것으로 끝나고 있다(4:50-53 참조).

2. 표적에 따른 후속 사건들(8-41절)

1) 소경과 그의 이웃(8-12절)

치유된 소경을 두고 이 사람이 앉아서 구걸하던 그 사람이다 혹은 아니다 그와 비슷하다 하며 이웃 사람들 간에 쟁론이 벌어졌다. 치유된 소경은 내가 그 사람이다(9절)라고 말하자 그들은 "네 눈이 어떻게 떠졌느냐"(10절)고 물었다. 이에 치유된 소경은 "예수라 하는 그 사람이 진흙을 이겨 내 눈에 바르고 나더러 실로암에 가서 씻으라 하기에 가서 씻었더니 보게 되었노라"(11절)고 대답했다. 그들이 다시 "그가 어디 있느냐"라고 묻자 치유된 소경은 "알지 못하노라"(12절)고 대답했다.

태어날 때부터 맹인이었던 사람은 그 동안 죄인 취급을 당하면서 구걸하며 힘들게 살아왔다. 그런 맹인이 눈을 떴다면 그 기적을 보며 말할 수 없이 기뻐하며 축하해 주는 것이 인간의 마땅한 도리이다. 그런데 이웃사람들의 반응은 덤덤했다. 그러면서 오직 그들의 관심은 네 눈이 어떻게 떠졌으며 눈을 뜨게 한 그 사람은 어디 있느냐는 식의 호기심으로 이 사건을 바라보는 것으로 나타난다. 또한 예수로부터 치유받은 소경은 예수를 "그 사람"(호 안드로포스, Ὁ ἄνθρωπος), 즉 아직 예수가 누구인지 잘 모르는 상태에 있었다.

2) 소경과 바리새인들(13-17절)

이웃 사람들은 치유된 소경을 데리고 바리새인에게 데리고 갔다. 요한은 "예수께서 진흙을 이겨 눈을 뜨게 하신 날은 안식일이라"(14절)고 보도한다. 5장의 병자 치유사건도 안식일에 있었는데, 공교롭게도 소경 치유사건도 안식일에 있었다는 것이다. 어쩌면 예수는 의도적으로 안식일을 택해서 치유를 행했는지도 모를 일이다.

"바리새인 중에 어떤 사람은 말하되 이 사람이 안식일을 지키지 아니하니 하나님께로부터 온 자가 아니라 하며 어떤 사람은 말하되 죄인으로서 어떻게 이러한 표적을 행하겠느냐 하여 그들 중에 분쟁이 있었더니"(16절). 바리새인들은 치유된 소경의 변화된 신분과 새로운 삶에는 관심이 없고 오로지 예수가 안식일 금지 규정을 지켰느냐 안 지켰느냐에 관심이 있을 뿐이었다. 안식일에 금지된 39가지 일 중에는 반죽에 관한 규정이 있는데, 예수가 안식일에 진흙을 이겨 맹인의 눈에 바른 것은 이 규정을 위반했다는 것이다. 더구나 안식일에 위급하지도 않은 환자를 치유했다는 것은 명백히 안식일 규정을 위반한 것에 해당한다는 것이다.

여기서 문제는 예수가 안식일에 행한 표적이 단순히 일로 보아야 하느냐 아니면 사람을 살리는 하나님의 자비로운 행위냐 하는 것이다. 그것이 단순히 일이면 예수는 안식일 율법을 범한 것이 된다. 반면 그것이 사람을 살리는 하나님의 자비로운 행위라면 이는 안식일 율법을 초월한 거룩한 사건이 된다. 전자의 관점에서 보면 예수는 죄인인 반면, 후자의 관점에서 보면 예수는 하나님께로부터 온 자이다. 그래서 그들 사이에 분열이 일어났다(6:66-69; 7:12-13, 31-32, 43; 10:19).

바리새인들은 치유된 소경을 다시 불러 물었다. "그 사람이 네 눈을 뜨게 하였으니 너는 그를 어떠한 사람이라 하느냐." 이에 그는 "선지자니이다"(17절)라고 대답하였다. 기독교 박해자들이 기독교인을 심문할 때 항상 묻는 질문은 "예수를 누구라고 생각하느냐"라는 예수의 신분에 관한 질문이었다. 치유된 소경은 예수를 "선지자"로 생각한 것이다. 이 대답은 구약의 예언에 근거한 대답이다(사 29:18-19; 35:5-6; 61:1-2). 이 예언 중 하나가 맹인이 눈을 뜨는 것이다. 예수가 나사렛 회당에서 처음 설교할 때 이사야 61:1-2을 인용하면서 자신이 그 예언을 성취하러 왔다고 하였다.

3) 바리새인들과 소경의 부모(18-23절)

유대인들은 맹인으로 있다가 보게 된 것을 믿지 아니하고 치유된 소경의 부모를 불러다가 물었다. "이는 너희 말에 맹인으로 났다 하는 너희 아들이냐 그러면 어떻게 해서 보느냐"(19절). 그 부모가 대답하였다. "이 사람이 우리 아들인 것과 맹인으로 난 것을 아나이다 / 그러나 지금 어떻게 해서 보는지 또는 누가 그 눈을 뜨게 하였는지 우리는 알지 못하나이다 그에게 물어보소서 그가 장성하였으니 자기 일을 말하리이다"(20-21절). "그가 장성하였으니"라는 말은 그가 열세 번째 생일을 지났으므로 법적 책임을 질 나이에 도달했음을 의미한다.

그 부모의 말을 두고 요한은 이렇게 해설을 붙였다. "그 부모가 이렇게 말한 것은 이미 유대인들이 누구든지 예수를 그리스도로 시인하는 자는 출교하기로 결의하였으므로 그들을 무서워함이러라 / 이러므로 그 부모가 말하기를 그가 장성하였으니 그에게 물어 보소서 하였더라"(22-23절). 이 대목은 요한공동체 시대의 상황을 반영하는 중요한 대목이다. "출교"는 신약에서 세 구절(9:22; 12:42; 16:2)에만 나오는 어휘로서 유대교 회당에서 추방당함을 의미한다.

주후 70년 예루살렘 성전파괴 이후 시작된 유대교와 기독교 간의 갈등으로 인해 예수를 믿는 유대인들은 회당에서 추방되었고, 급기야 주후 90년 얌니아 회의 이후 그것이 더욱 본격화되었다. 따라서 이 대목은 예수 당시의 상황이라기보다는 1세기 말경의 요한공동체 상황을 반영한 대목으로 보아야 할 것이다. 치유된 소경의 부모가 예수를 메시아로 고백하는 것을 꺼려한 것은 요한공동체 내의 숨은 기독교인의 상황을 반영하는 것으로 볼 수 있다.

4) 바리새인들과 소경(24-34절)

바리새인들은 다시 치유된 소경을 불러 이렇게 말했다. "너는 하나님께 영광을 돌리라 우리는 이 사람이 죄인인 줄 아노라"(24절). 구약성경에는 하나님께 자기의 죄를 고백함으로써 하나님께 영광을 돌리는 것으로 언급된 구절이 많다(수 7:19; 삼상 6:5; 대하 30:8; 렘 13:16). 이 구절에서 바리새인들은 외견상으로는 하나님의 영광을 생각하는 것 같으나 실은 자신들의 영광만을 생각하는 자들이다(5:44; 7:18; 12:43). 바리새인들은 치유된 소경으로 하여금 예수가 안식일법을 위반한 죄인으로 말하도록 압력을 가하는 모습을 보게 된다.

이에 치유된 소경은 이렇게 말한다. "그가 죄인인지 내가 알지 못하나 한 가지 아는 것은 내가 맹인으로 있다가 지금 보는 그것이니이다"(25절). 치유된 소경은 바리새인들의 회유에 넘어가지 않고 소신있게 말한다. 예수 덕분에 자신이 눈을 떴다는 사실만큼은 부인할 수 없다는 것이다. 그러자 그들은 다시 물었다. "그 사람이 네게 무엇을 하였느냐 어떻게 네 눈을 뜨게 하였느냐"(26절). 앞에서 이미 물었던 질문(10, 15절)을 유대인들이 다시 물었다.

그러자 치유된 소경은 이렇게 말했다. "내가 이미 일렀어도 듣지 아니하고 어찌하여 다시 듣고자 하나이까 당신들도 그의 제자가 되려 하나이까"(27절). 보다 많은 것을 알기 위해 예수의 제자가 되기 원하느냐는 치유된 소경의 말은 역설의 극치를 이룬다. 이 말을 들은 유대인들은 욕을 하면서 그에게 이렇게 말한다. "너는 그의 제자이나 우리는 모세의 제자라 / 하나님이 모세에게는 말씀하신 줄을 우리가 알거니와 이 사람은 어디서 왔는지 알지 못하노라"(28-29절). 이 대목은 유대인과 기독교인 간의 대립된 당시 상황을 시사한다. 유대인들은 모세의 제자인 반면 기독교인들은 예수의 제자이다. 따라서 유대인들은 자신들이 모세의 제자인 것을 자랑스럽게 생각하면서 예수의 제자가 되는 것을 모욕으로 생각했다. 그들은 예수가 하나님께로부터 왔다는 사실을 인정하기를 거부하였다.

치유된 소경은 유대인들의 태도를 이해할 수 없다는 듯이 "이상하다"라고 말하면서 이 같이 덧붙인다. "하나님이 죄인의 말을 듣지 아니하시고 경건하여 그의 뜻대로 행하는 자의 말은 들으시는 줄을 우리가 아나이다… / 이 사람이 하나님께로부터 오지 아니하였으면 아무 일도 할 수 없으리이다"(31-33절). 여기서 사용된 "우리"라는 표현은 주후 1세기 말경의 기독교인들을 대변하고, 바리새인들은 요한복음이 기록될 당시의 회당의 유대인들을 대변한다고 볼 수 있다. 그래서 이 기사에서는 바리새인들과 유대인들이 상호 교환적으로 사용되고 있다(13, 15, 16, 18, 40절).

하나님은 죄인의 말은 듣지 아니하시나 하나님의 뜻을 행한 예수의 말은 듣는 것을 보니 예수는 죄인이 아니라 하나님께로부터 온 자라는 결론이 나온다. 그러면서 치유된 소경은 만일 예수가 하나님께로부터 온 자가 아니라면 맹인의 눈을 뜨게 하지 못했을 것이며 아무 일도 하지 못했을 것이라는 논증을 폈다.

그러자 유대인들은 최후의 대책을 강구하였다. "네가 온전히 죄 가운데서 나서 우리를 가르치느냐 하고 이에 쫓아내어 보내니라"(34절). 이 구절에서 우리는 치유된 소경을 보면서도 조금도 변화된 모습을 보이지 않는 돌 같이 굳은 그들의 강퍅한 마음을 읽을 수 있다. 그들은 치유된 소경을 죄인으로 바라보는 차가운 시선을 거두지 못했다. 그들은 결국 치유된 소경을 회당에서 추방하였다.

5) 예수와 소경(35-38절)

예수는 유대인들이 그 사람을 쫓아냈다는 말을 듣고는 회당에서 쫓겨난 그 사람을 만나 "네가 인자를 믿느냐"(35절)고 물었다. 요한은 예수의 죽음을 "인자의 들림받음"으로 누차 표현하였다(3:14; 8:28; 12:32, 34). 그것은 공관복음이 "인자의 넘겨짐(버려짐)"으로 표현하는 것과 같다(막 8:31; 9:9, 12, 31; 10:33, 45; 14:21). 예수는 자신의 죽음을 예고할 때 항상 "인자"라는 주어를 쓴다(막 10:45). 치유된 소경은 예수가 "인자"로서 십자가에서 죽임당하는 메시아임을 믿음으로 온전한 신앙에 이를 것이다.

그가 대답한다. "주여 그가 누구시오니이까 내가 믿고자 하나이다"(36절). 그러자 예수는 "네가 그를 보았거니와 지금 너와 말하는 자가 그이니라"(37절). 이 말에 그는 "주여 내가 믿나이다"(38절) 하고 예수 앞에서 절하였다. 치유된 소경은 사마리아 여인처럼 믿음이 한 단계씩 발전해가는 모습을 보여준다. 처음에 예수로부터 치유 받았을 때 "예수라 하는 그 사람"(11절)이라고 하였다. 그후 "선지자"(17절), 그 다음에는 "하나님으로부터 오신 분"(33절), 그리고 마지막으로 "주님"(38절)으로 고백한다.

6) 예수와 바리새인들(39-41절)

예수는 바리새인들을 향해 말한다. "내가 심판하러 세상에 왔으니 보지 못하는 자들은 보게 하고 보는 자들은 맹인이 되게 하려 함이라"(39절). "내가 심판하러 세상에 왔으니"라는 말은 예수가 세상을 심판하러 오지 않았다는 말(3:17; 8:15; 12:47)과 모순되는 것처럼 보인다. 그러나 하나님으로부터 보냄받은 자를 거부하는 자는 자신의 불신으로 이미 심판을 자초한 것이 된다(3:18-21; 12:48). 예수의 심판은 맹인을 보게 하고 눈 뜬 자를 맹인 되게 하는 것이다. 이것이 요한복음의 역설(아이러니)이다. 유대인들은 자기들의 성경인 구약(모세의 율법)이 예수를 증언하고 있다는 사실을 모른다(5:39, 45-46).

바리새인들이 예수의 말을 듣고 "우리도 맹인인가"라고 묻자 예수는 마지막으로 결정적인 펀치를 날렸다. "너희가 맹인이었다면 죄가 없으려니와 본다고 하니 너희 죄가 그대로 있느니라"(41절). 태생소경을 죄인으로 취급하고 눈뜬 자신들은 죄가 없는 의인으로 생각한 바리새인들은 예수의 말로 인해 역전된다. 차라리 눈먼 맹인이라면 애초부터 몰랐기에 죄가 없겠지만은 치유된 소경을 통해 예수가 행한 표적을 분명히 눈을 뜨고 보았음에도 불구하고 예수를 강력히 거부하는 바리새인들이야말로 정말로 맹인이자 죄인이 아닐 수 없다. 예수는 육적인 맹인만이 아닌 영적인 맹인이 있음을 말하고 있다.

9장에서 요한은 치유된 소경이 단지 육체적인 시력이 열리는 것만이 아니라 그의 영적인 신앙의 눈이 점차로 밝아져 가는 모습을 말하고 있다. 반면에 율법 지식을 갖고 있다고 자만하는 유대인들, 특히 바리새인들은 육적으로는 눈을 떴다고 하지만 영적으로는 눈이 먼 나머지 예수를 메시아로 보지 못하여 어둠 속에 머무는 영적 소경에 대해 말하고 있다(계 3:17).

정리하면, 9장은 태생소경 치유사건을 대하는 세 가지 유형의 사람을 보여주고 있다. 첫째로, 유대인들(바리새인들)처럼 모세의 율법에 매여 예수를 믿기를 거부하는 불신앙의 죄인들, 둘째로, 치유된 소경의 부모처럼 회당으로부터의 출교를 두려워한 나머지 예수를 메시아로 공개적으로 고백하지 못하는 숨은 기독교인들, 셋째로, 치유된 소경처럼 출교를 당하는 고난을 감수하면서도 예수를 메시아(주님)로 담대히 고백하는 신앙인들이 그것이다.

한편, 9장 이야기는 요한 당시의 유대 회당과 기독교회 사이에 일어난 논쟁을 반영하고 있다. 논쟁의 초점은 누가 참 메시아인가이다. 나아가 9장의 이야기는 무엇이 죄이며, 누가 참 죄인인가를 말하고 있다. 육적 소경이 참 죄인이 아니라 예수를 메시아로 받아들이기를 거부하는 영적 소경이 참 죄인이라는 것이다. 즉 빛을 거부하고 어둠 속에 거하고자 하는 불신앙이 죄라는 것이다(8:12; 11:9-10; 12:35-36, 46). 따라서 이 이야기는 "신앙과 불신앙"이라는 〈신앙론〉의 문제를 〈죄론〉에 기초하여 개진하고 있다.

제10장

10장의 핵심 주제는 〈구원론〉으로, 구원을 이루기 위한 예수의 죽음이라는 '십자가 신학'이 그 배경에 깔려 있다는 점에서 12:1-36과 상응한다. 10장의 전반부(1-21절)는 예수의 자기계시 말씀인 '에고 에이미'의 비유적 용법이 두 개("나는 양의 문이다"와 "나는 선한 목자다")가 동시에 사용되고 있는데, 그것들이 구원론과 관련되어 있다. 10장의 후반부(22-42절)는 구원론의 기초가 되는 기독론 논쟁이 다시 등장한다.

10장과 상응하는 12:1-36은 요한복음의 제2부가 시작되는 장으로써 마지막 유월절 한 주간의 사건을 시작하는 장이다. 이 장은 예수의 죽음을 준비하는 나사로의 누이 마리아가 예수의 발에 향유를 붓는 사건과 예루살렘 입성 및 한 알의 밀알로서의 예수의 죽음이 갖는 의미를 보도하고 있다. 이 모든 보도는 인간을 구원하기 위한 예수의 십자가 수난의 길을 보여주고 있다.

10장의 본문은 순서가 혼란스럽기 때문에 재배치해야 한다는 주장이 많은 학자들에 의해 제기되었다. 그래서 10:19-29이 1-18절 앞으로 이동해야 한다는 제안, 즉 19-21절은 소경의 치유에 대하여 언급하고 있기에 9:39-41 직후에 후속되어야 하며, 22-29절이 19-21절에 바로 후속되어야 한다는 제안이 있다. 그럴 경우 10장 전체는 수전절 배경 아래 놓이게 될 것이다.[1] 현재의 본문을 있는 그대로 읽어야 한다는 것이 필자의 일관된 생각인데, 왜 요한은 현재의 순서로 자료를 배치했을까? 그것은 "구원론적 관점" 때문이라는 것이 필자의 생각이다.

10장의 전반부(1-21절)는 주로 목자와 그의 양떼에 관한 강화를 다루고 있는데, 이 강화는 초막절과 수전절 사이에 위치하고 있다. 여기서 목자 강화에 나타난 선한 목자는 양들이 드나드는 단 하나의 유일한 문으로 비유되어 구원의 유일성을 말하고 있다. 그는 양들에게 구원과 생명을 주기 위해 스스로 목숨을 버리는 자로 나타난다. 10장의 후반부(22-42절)는 성전을 재봉헌하는 절기인 수전절에 있었던 유대인들과의 논쟁을 보도하고 있다. 여기서 예수는 아버지와 아들이 하나라는 기독론을 펼치면서 수전절을 온전케 하신 자로 나타난다.

1. 선한 목자이신 예수(1-21절)

1) 목자와 양떼 및 강도에 관한 비유(1-6절)

10장은 배경적 말도 없이 갑자기 시작되기 때문에 9장과의 연관성이 문제가 되어 왔다. 그런데 10장 전반부의 마지막 구절인 21절에 근거하여 볼 때 10장은 9장에 나오는 유대인들과의 논쟁의 연속으로 볼 수 있다. 따라서 10장은 9장과 연관하여 해석되어야 할 것이다.

---

1) 10장의 순서에 대한 자세한 논의는 G. R. Beasley-Murray, 374-375를 참조하라.

10장은 요한의 특징적인 표현인 "진실로 진실로"("아멘 아멘") 말씀으로 시작한다. "내가 진실로 진실로 너희에게 이르노니 문을 통하여 양의 우리에 들어가지 아니하고 다른 데로 넘어가는 자는 절도며 강도요 / 문으로 들어가는 이는 양의 목자라"(1-2절). 10장을 시작하는 이 대목은 '구원론'을 말하고 있다는 점에서 이 장을 이해하는 결정적 열쇠가 된다. 여기서 중요한 것은 "문", 즉 양의 문이다. "나는 양의 문이라"라는 7절에 근거하여 이 "문"은 '예수 그리스도'를 가리킨다.

예수 그리스도라는 문으로 들어가는 자가 양의 목자이고, 예수 그리스도라는 문으로 들어가지 않고 다른 데로 넘어가는 자는 절도요 강도다. 양을 지키고 살리는 이가 목자라면, 양을 훔치고 죽이는 자가 절도요 강도다. 그런 의미에서 양의 목자인 예수 그리스도만이 구원의 유일한 문이다. 이것이 10장이 말하고자 하는 핵심 메시지이다.

"문지기는 그를 위하여 문을 열고 양은 그의 음성을 듣나니 그가 자기 양의 이름을 각각 불러 인도하여 내느니라 / 자기 양을 다 내놓은 후에 앞서 가면 양들이 그의 음성을 아는 고로 따라오되"(3-4절). 문지기는 문 앞에서 밤새워 양을 지키다가 목자가 나타나면 양 우리의 문을 열어준다. 이때 목자가 각각의 양들의 이름을 부르면 양들은 자기 목자의 음성을 알아듣고 따라 나온다. 그러면 목자는 양들을 푸른 초장과 쉴만한 물가로 인도한다.

"타인의 음성은 알지 못하는 고로 타인을 따르지 아니하고 도리어 도망하느니라"(5절). 여기서 말하는 "타인"은 누구인가? 자기 양을 지키는 목자가 아닌 양을 훔치러 온 강도일 것이다. 본문의 상황 아래서 해석할 경우 양의 목자인 예수와 논쟁을 벌이며 예수를 거부하고 죽이고자 하는 유대 지도자들(바리새인들)이라고 말할 수 있을 것이다.

양들은 자기 주인의 음성을 안다. 그래서 주인의 음성을 듣고 양들은 주인을 따른다. 예수의 우리 안에 있는 양들, 즉 신자들은 예수의 음성을 듣고 그가 자기 주인인 줄 알고 그를 따른다. 그런데 자기 주인이 아닌 유대 지도자들(바리새인들)이 따라오라고 부를 때 그 음성이 자기 주인의 음성이 아니므로 오히려 도망가게 된다.

"예수께서 이 비유로 그들에게 말씀하셨으나 그들은 그가 하신 말씀이 무엇인지 알지 못하니라"(6절). 이 구절은 이 단락이 "비유"[2]라고 말하고 있다. 예수가 한 이 비유의 말씀을 유대인들(바리새인들)이 알아듣지 못했다고 말하고 있다. 그렇다면 이 단락은 단순히 목자와 양의 관계를 말하기보다는 그 이면에 감추인 은유적(상징적) 의미가 있다는 얘기가 된다. 그것이 무엇일까? 전후 문맥과 관련지어 볼 때 이 비유는 예수가 그를 믿는 이들의 메시아, 곧 구주가 되지만 모세의 율법에 빠져 있는 유대인들(바리새인들)은 예수를 그들의 메시아, 곧 구주로 받아들이기를 거부했음을 말하는 비유라고 말할 수 있다.

2) 비유에 대한 해석(7-18절)

"그러므로 예수께서 다시 이르시되 내가 진실로 진실로 너희에게 말하노니 나는 양의 문이라"(7절). 이 구절은 앞에서 예수가 한 말에 대한 해석으로 예수는 "나는 양의 문이라"라고 말하고 있다. 예수의 자기계시 말씀인 '에고 에이미'에 해당하는 이 표현(7, 9절)

---

2) "비유"는 원어로 "파로이미아"(*παροιμία*)로서 여기와 16:25, 29 그리고 벧후 2:22에만 나타난다. 이 어휘는 70인역에서는 히브리어 '마샬'(משל)에 해당하는 단어로 격언, 비유 혹은 풍유, 수수께끼를 의미한다. 공관복음에서 비유는 항상 '파라볼레'(*παραβολή*)로 나타나며, 요한복음에서는 '파라볼레'로 나타나지 않고 항상 '파로이미아'로 나타난다. 요한에게 있어서 이 어휘는 "분명하게 알려주다"(16:25) 또는 "분명하게 말하다"(16:29)와 대조되는 대목에서 나타나는데, '수수께끼와 같은 말' 혹은 우의적 비유(알레고리)라고 말할 수 있다.

은 “나는 선한 목자라”(11, 14절)는 표현과 더불어 이 장에서 각각 두 번씩 반복해서 나타난다. 이 같은 사실은 이 표현이 이 단락에서 중요한 의미를 지니고 있음을 시사한다.

“나는 양의 문이라”는 말씀은 성막(성전)의 일곱기구 중 문(입구)에 해당한다. 이 문은 오직 하나밖에 없다는 의미에서 유일한 문이다. 이 문으로 들어가야만 성막(성전) 안으로 들어갈 수 있다. 따라서 이 말씀은 다른 문이나 다른 곳으로가 아닌 성막의 문 되시는 예수 그리스도만이 구원으로 가는 유일한 문임을 말하고 있다(3:16; 행 4:12).

“나보다 먼저 온 자는 다 절도요 강도니 양들이 듣지 아니 하였느니라”(8절). 이 말씀은 비유의 수사적 표현일 뿐이지 구약의 신앙의 인물들 가령, 아브라함, 모세, 예언자, 세례 요한이 절도요 강도라고 말하는 것은 아니다. 예수 이전의 어느 누구도 하나님 나라에 들어가는 구원의 문이 될 수 없다는 것을 말하고자 함이다. 하나님의 아들 예수 이외에 자신이 구원의 문이라고 주장하는 자가 있다면 그 사람은 바로 양들을 죽음으로 인도하는 절도요 강도이다.

“내가 문이니 누구든지 나로 말미암아 들어가면 구원을 받고 또는 들어가며 나오며 꼴을 얻으리라”(9절). 예수는 하나님 나라로 가는 문이요 길이다(14:6). 따라서 예수 그리스도의 문을 통해 들어가고 나오는 자만이 구원(영생)을 얻고 그가 주시는 하늘 양식을 풍성히 얻게 된다.

“도둑이 오는 것은 도둑질하고 죽이고 멸망시키려는 것뿐이요 내가 온 것은 양으로 생명을 얻게 하고 더 풍성히 얻게 하려는 것이라”(10절). 이 구절은 예수의 오심을 잘 말해주고 있는데, 그 기본 사상은 요한복음의 요절이라고 할 수 있는 3:16과 같다. 여기서 “도둑”은 하늘로부터 온 자들이 아닌 거짓 선지자나 거짓 메시아로서 이들은 양들을 도둑질하고 죽이고 멸망으로 이끄는 자들이다. 오직 하늘로부터 온 하나님의 아들 예수 그리스도만이 양들의 목자가 되어 그들에게 꼴을 먹여 주고 더욱 풍성한 하늘 양식(영원한 생명)을 제공해 주는 구주가 된다.

"나는 선한 목자라 선한 목자는 양들을 위하여 목숨을 버리거니와 / 삯꾼은 목자가 아니요 양도 제 양이 아니라 이리가 오는 것을 보면 양을 버리고 달아나나니 이리가 양을 물어 가고 또 헤치느니라"(11-12절). 구약에서 하나님과 이스라엘 백성간의 언약 관계를 말할 때 목자와 양의 관계로 표현하기도 하였다. 특히 이 대목에 나오는 "선한 목자"(호 포이멘 호 칼로스, *ὁ ποιμὴν ὁ καλός*)와 "삯꾼"(호 미스도토스, *ὁ μισθωτὸς*)의 대조는 에스겔 34장에서 그 단초를 엿볼 수 있다.[3]

"나는 선한 목자라"라는 예수의 자기계시 말씀은 일곱 개의 "에고 에이미"의 비유적 용법 중 네 번째, 즉 한 가운데 자리하고 있다는 점에서 중요한 의미를 갖는다. 성막(성전)의 일곱 기구와 관련해서 볼 때 이 말씀은 "번제단"에 해당하는 말씀이다. 선한 목자는 자신의 양들을 위하여 자신의 목숨을 내놓는다. 우리의 선한 목자 되시는 예수 그리스도는 우리를 위해 십자가를 지므로 자신의 목숨을 내놓았다. 이러한 모습이 선한 목자와 악한 목자, 참 목자와 거짓 목자를 구분하는 기준이다.

이와는 달리 삯꾼은 삯을 받고 고용된 일꾼이기에 양을 위해

---

3) 구약성경이나 고대근동 문헌에 보면 '목자 칭호'는 왕이나 이스라엘의 지도자들(제사장, 선지자)을 가리키는 용어로 사용되었다. 또한 '목자 칭호'는 야웨 하나님을 언급하는 데 사용되기도 했다(창 49:24; 시 23편; 77:21; 80:2; 사 40:11; 렘 31:10). 그런데 에스겔 34장은 백성을 이용하여 자기의 배를 채우는 악한 목자들과 다윗 왕과 같은 선한(이상적인) 목자를 대조하여 말하고 있다(W. Zimmerli, *Ezekiel*, Vol.2: 213-214). 신약성경에서는 목자 칭호가 많이 나타나는데, 주로 예수와 관련되어 21회가 사용되었다(마 2:6; 9:36; 25:32; 26:31; 막 6:34; 14:27; 눅 2:8, 15, 18, 20; 요 10:11, 12, 14, 16; 벧전 2:25; 5:4; 엡 4:11; 히 13:20; 유 1:12; 계 7:17).

희생을 감수할 마음이 없다. 따라서 이리가 오는 것과 같은 위험한 상황이 닥치게 되면 양을 버리고 도망쳐 버린다. 이때 아무런 보호를 받지 못한 양들은 이리의 밥이 되고 만다. 양들을 보호해야 할 결정적인 순간에 도망가는 삯꾼은 악한 강도(목자가 아님)일 뿐이다. 양들(백성들)에게 생명을 가져다주지 못하고 모세의 율법으로 양들을 억압하고 자신들의 기득권을 지키면서 예수와 그를 믿는 공동체를 헤치는데 열중하는 유대 지도자들(바리새인들)이야말로 삯꾼과 같은 악한 강도들(이리떼)이다.

"나는 선한 목자라 나는 내 양을 알고 양도 나를 아는 것이 / 아버지께서 나를 아시고 내가 아버지를 아는 것 같으니 나는 양을 위하여 목숨을 버리노라"(14-15절).[4] 이 대목은 아버지 하나님과 아들 예수와의 관계가 예수와 양들(예수에게 속한 자들)의 관계의 원형이 됨을 말하고 있다. 아버지가 아들을 잘 알고 아들이 아버지를 잘 알듯이 목자는 자기 양을 알고 양들은 자기 목자를 안다.

여기서 "안다"는 것은 머리로 아는 이성적이고 합리적인 앎이 아니라 상호간의 인격적이고 체험적인 앎을 말한다. 목자는 양을 위해 자기의 목숨을 버릴 만큼 이들의 관계는 깊고 친밀하다(암 3:2; 신 7:6-11). 이 단락에는 "나는…목숨을 버리노라"는 말이 네 번(11, 15, 17, 18절)이나 나타난다. 이것은 구원이 저절로 이루어지는 것이 아니라 예수의 십자가 죽음이라는 값비싼 대가가 있어야 이루어진다는 것을 시사한다. 예수의 죽음과 관련된 "위하여"의 원어 '휘페르'(*ὑπέρ*) 전치사는 양들을 대신하여 죽는 목자의 대속적 죽음의 의미를 갖는다.[5]

---

4) 이 대목은 서언(P)과 결어(E)를 갖춘 교차대구구조를 이루고 있다. P 나는 선한 목자라(14a) A 나는 내 양을 알고(14b) B 양도 나를 아는 것이(14c) B′(A′) 아버지께서 나를 아시고(15a) A′(B′) 내가 아버지를 아는 것 같으니(15b) E 나는 양을 위하여 목숨을 버리노라(15c). 《옥스퍼드원어성경대전》(요한복음 제7-12장), 362.

"또 이 우리에 들지 아니한 다른 양들이 내게 있어 내가 인도하여야 할 터이니 그들도 내 음성을 듣고 한 무리가 되어 한 목자에게 있으리라"(16절). "우리에 들지 아니한 다른 양들"이 누구냐에 대해 "이방인들"(브라운, 바레트, 쉬낙켄버그)이라는 주장과 "유대 기독교인들"(마틴)이라는 주장이 있다. 이미 우리 안에 부분적으로 연합되어 있는 양들 중 현저한 그룹은 유대 기독교인들과 이방인들이라는 점에서 그 둘 모두라고 할 수 있다.[6)]

"다른 양들"(모든 민족)을 불러모으는 목적은 한 목자 아래 두기 위함이다(11:50-52; 17:20-24). 하나의 새로운 공동체인 '한 목자 아래 한 양떼'는 예수와 제자들에 의한 이스라엘의 선교(마 10:5-6)와 이방인 선교(20:21; 마 28:18-20)를 통해 이루어질 것이다.[7)]

"내가 내 목숨을 버리는 것은 그것을 내가 다시 얻기 위함이니 이로 말미암아 아버지께서 나를 사랑하시느니라 / 이를 내게서 빼앗는 자가 있는 것이 아니라 내가 스스로 버리노라 나는 버릴 권세도 있고 다시 얻을 권세도 있으니 이 계명은 내 아버지에게서 받았노라"(17-18절). 아버지께서 아들을 사랑하시는 것은 아들이 자신의 목숨을 내놓는데, 자발적으로 내놓기 때문이다. 요한은 예수의 자발적 순종을 특히 강조한다(5:30; 7:28; 8:28, 42; 14:10).

예수가 자발적으로 목숨을 버리는 것은 목숨을 다시 얻는 부활이 뒤따르기 때문이다. 여기서 요한복음의 특징인 '죽음과 부활' 양자의 결합을 보게 된다(2:19-21; 3:14-15; 8:28; 12:31-32).[8)] 예수의

---

5) H. Conzelmann, *I Corinthians,* 255. 이영헌 신부는 이 대목에서 양들을 위해서 끝까지 헌신하는 "목자"의 희생과 사랑(15:13)이 강조되었을 뿐 양들을 대신하여 죽는 목자의 대속적인 죽음의 의미는 없다고 말한다. 이영헌, 215.

6) 서중석, 《복음서해석》, 256-257.

7) 요한공동체를 폐쇄공동체인 하나의 분파(소종파)로 보려는 학자들의 주장과는 달리 이 대목은 요한공동체가 실제적으로 하나의 분파가 아님을 보여준다. R. E. Brown, 《요한공동체의 역사와 신학》, 105-107.

8) 수난에 관한 마가복음의 예언에서도 인자의 죽음은 그의 부활과 결합되는 것을

죽음은 그의 아버지께로의 복귀를 의미하며, 예수의 부활은 아버지에 의해 그가 영화롭게 되는 일이다(17:1, 5, 11).

자신의 목숨을 버릴 권세도 있고 다시 얻을 권세도 있다는 말은 아버지께로부터 위임받은 예수의 절대적인 주도권이나 신적 권한을 표현하는 말이다(3:35; 13:3; 17:2). 그리하여 요한복음에 나타난 예수는 수난사화에서 보듯이 힘이 없어서 체포되고 끌려가서 죽는 나약한 모습이 아니라 주도적으로 수난을 향해 나아가고 당당하게 죽는 왕자다운 늠름한 모습으로 그려진다(18-19장).

3) 무리들의 반응(19-21절)

지금까지 행한 예수의 말씀으로 인해 유대인들 사이에서 분쟁이 일어났다(19절; 7:43; 9:36; 10:19). 그들 가운데 많은 이들이 "그가 귀신 들려 미쳤거늘 어찌하여 그 말을 듣느냐"(20절)고 하는가 하면 어떤 사람은 "이 말은 귀신 들린 자의 말이 아니라 귀신이 맹인의 눈을 뜨게 할 수 있느냐"(21절)고 말했다.

이 대목에서 소경 치유 언급이 있다고 해서 이 대목을 9:41에 직결된 것으로 볼 수는 없다(11:37 참조). 예수의 행위를 귀신들려 미쳤다고 보는 것은 앞에서도 여러 차례 있었다(7:20; 8:48, 52). 예수의 행위를 귀신 들린 것으로 볼 수 없다는 의견은 소경의 눈을 뜨게 하는 일을 메시아적 사역으로 보기 때문이다(사 29:18-19; 35:5-6; 마 11:1-6; 눅 7:18-23).

볼 수 있다(막 8:31; 9:31; 10:34).

2. 수전절에 유대인들과의 논쟁(22-42절)

이 단락은 수전절(修殿節)에 있었던 예수와 유대인들간의 논쟁을 다루고 있다. 이 단락에 나타난 기독론적 주제는 앞 단락의 구원론이 기독론에 근거하고 있음을 말하는 동시에 5장에서 시작된 기독론 논쟁의 피날레를 장식하는 의미를 지닌다. 특히 24-36절의 많은 표현들이 공관복음서의 평행구절과 비슷하다는 점에서 이 단락은 공생애 말기의 예수재판의 성격을 강하게 암시한다.[9]

1) 메시아(그리스도)로서의 예수(22-31절)

"예루살렘에 수전절이 이르니 때는 겨울이라"(22절). 수전절(엥카이니아, *ἐγκαίνια*)의 역사적 배경은 이러하다. 수리아 왕 안티오커스 에피파네스(Antiochus Epiphanes, 175-164 BC)는 강력한 헬라화 정책을 추진하면서 유대인들을 억압하였다. 이 과정에서 주전 167년 12월 25일 예루살렘 성전에 제우스 상을 세우고 유대인들로 하여금 거기에 절하게 하였고 돼지를 잡아 그 피를 번제단에 바르는 등 성전을 모독했다.

이에 분개한 유대의 제사장 맛다디아(Mattathias)는 그의 다섯 아들과 더불어 예루살렘 서북쪽 모데인(Modein)에서 저항운동을 시작하였다. 맛다디아가 죽은 후 셋째 아들 유다 마카비(Judas Maccabaeus)가 지휘권을 이어받아 헬라군과 전쟁을 벌였다. 마침내 수리아군을 격파하고 성전을 수리하고 새롭게 한 뒤 주전 164년 12월 25일 하나님께 성전을 다시 봉헌(히브리어로 하누카 חנכה)하였다. 성전을 다시 봉헌한 사건을 기념하여 지키는 수전절은 해마다 12월 25일에서 시작하여 8일 동안 계속된다.

---

9) 최안나, 《나오너라》, 358-359.

이 절기는 초막절처럼 성전과 관련된 절기라고 하여 '기슬레(Kislev) 월의 초막절'이라 불리기도 한다(1마카 4:59; 2마카 1:9). 또한 '하누카'(Hanukkah), 즉 '빛의 절기'라고도 불리우는 수전절은 절기 동안 성전을 8개의 등불로 장식한다. 요한은 수전절에 예수께서 행한 강화를 통해 예수야말로 수전절을 온전케 하신 분으로, 참 성전되시고 참 목자되심을 교훈하려고 했다.

수전절에 예수는 성전 안 솔로몬 행각을 거닐었다. 이 행각은 성전의 이방인의 뜰 동편에 위치한 기둥으로 초기 기독교인들의 회합 장소였고, 유대교 지도자들과 기독교인들간의 갈등의 무대였다(행 3:11; 5:12). 이때 유대인들이 예수를 에워싸고는 이렇게 물었다. "당신이 언제까지나 우리 마음을 의혹하게 하려 하나이까 그리스도이면 밝히 말씀하소서"(24절).

지금까지 예수는 공개적으로 자신을 메시아(그리스도)라고 말한 적이 없다(4:26의 사마리아 여인에게 한 것은 사적인 것). 이는 예수가 메시아에 대한 유대인들의 생각과 거리를 두려는 생각에서 일지도 모른다(6:15). 그런데 유대인들의 입에서 예수의 정체를 묻는 이 같은 질문이 나온 것이다. 이 질문은 공관복음서(막 14:61-65; 눅 22:66-71)에서 묘사하는 대제사장의 질문과 유사하다.

예수는 그 질문에 간접적인 방식으로 대답하였다. "내가 너희에게 말하였으되 믿지 아니하는도다 내가 내 아버지의 이름으로 행하는 일들이 나를 증거하는 것이거늘 / 너희가 내 양이 아니므로 믿지 아니하는도다"(25-26절). "내가 너희에게 말하였으되"라는 말씀은 들을 수 있는 귀와 볼 수 있는 눈을 가진 자라면 그 동안에 예수가 아버지의 이름으로 행한 말과 행위로 예수가 메시아임을 충분히 알 수 있었으리라는 뜻이다. 그러나 유대인들은 예수를 믿지 않았다. 그 까닭은 그들은 예수에게 속한 양들이 아니기 때문이다. 예수에게 속한 양들은 아버지께서 아들에게 맡겨준 자들을 일

컫는다(6:37, 44, 65; 10:29)

예수는 계속해서 말한다. "내 양은 내 음성을 들으며 나는 그들을 알고 그들은 나를 따르느니라 / 내가 그들에게 영생을 주노니 영원히 멸망하지 아니할 것이요 또 그들을 내 손에서 빼앗을 자가 없느니라"(27-28절). 14-15절의 견해를 반복하는 27절은 목자의 부름과 양들의 응답이라는 친밀한 관계를 표현한 것이다.

선한 목자 예수는 자신의 목숨을 양들을 위해 버릴 권세도 있고 다시 얻을 권세도 지닌 분이기에 양들에게 영원한 생명을 줄 수 있는 분이다. 그리고 삯꾼은 양이 자기 양이 아니기에 이리가 오면 양들을 놓고 도망가기에 양들을 빼앗기지만 선한 목자는 목숨을 걸고 양들을 지키기에 이리에게 양들을 빼앗기는 법이 없다.

"그들을 주신 내 아버지는 만물보다 크시매 아무도 아버지 손에서 빼앗을 수 없느니라"(29절). 양들을 지키고 보호할 수 있는 예수의 힘은 만유보다 크신 아버지로부터 오는 것이기에 아무도 양들을 빼앗을 수 없다. 예수는 아버지께서 주신 양들을 구원(영생)으로 이끌 수 있는 확실성을 아버지에게 두었다(6:37, 39; 17:6, 9-10).

여기서 예수는 촌철살인(寸鐵殺人)의 한 마디를 토해낸다. "나와 아버지는 하나이니라"(30절). 이 말은 그 동안 유대인들과 벌인 기독론 논쟁의 종지부를 찍는 결정구이다. 이 문장은 기독론과 삼위일체 교리에 대한 초대교회의 논쟁들에서 중요한 역할을 했다. 5:17-18에서 간접적으로 밝힌 아버지와 아들의 일체성이 이 구절에서 명시적으로 언급되고 있다.

여기서 "하나"로 번역된 '헨'(ἕν)은 중성으로, 이는 구별이 없는 존재의 동일성(oneness)을 나타낸다. 즉 성부와 성자의 동일본질을 밝힌 것으로 아버지와 아들은 협력자의 관계 이상이며 본질상 본래 하나이다. 유일신 신앙(Monotheism)을 철저히 신봉하는 유대인들의 입장에서 볼 때 예수의 이 선언은 신성모독의 극치였다. 그러나 실로 예수만이 우리의 유일한 구원자가 될 수 있는 근거는 그가 하나님의 아들이자 하나님과 동일한 분이라는 바로 여기에 있다.[10)]

2) 하나님의 아들로서의 예수(31-39절)

"나와 아버지는 하나이니라"는 예수의 발언에 유대인들은 돌을 들어 예수를 치려고 하였다(레 24:16). 이에 예수는 "내가 아버지로 말미암아 여러 선한 일을 너희에게 보였거늘 그 중에 어떤 일로 나를 돌로 치려 하느냐"(32절)고 묻자 유대인들은 선한 일로 인함이 아니라 사람으로서 자칭 하나님이라고 말한 신성모독 때문(33절)이라고 대답하였다. 여기서 예수는 자신이 하나님의 아들임을 성경 및 아버지의 이름으로 행한 놀라운 일들로 인한 것이라는 이중논리를 편다.

"너희 율법에 기록된 바 내가 너희를 신이라 하였노라 하지 아니하였느냐 / 성경은 폐하지 못하나니 하나님의 말씀을 받은 사람들을 신이라 하였거든 / 하물며 아버지께서 거룩하게 하사 세상에 보내신 자가 나는 하나님의 아들이라 하는 것으로 너희가 어찌 신성모독이라 하느냐"(34-36절). 34절의 "율법"이란 구약 전체를 가리키는 것으로, 시편 82:6을 인용하고 있다. 하나님을 대신하는 사람들을 가리켜 '신'이라 칭한 사례를 구약성경의 여러 대목에서 볼 수 있다(출 4:16; 7:1; 시 45:7; 슥 12:8). 예수는 여기서 '작은 것으로부터 큰 것으로'(a minori ad maius)의 논증을 통해 자신이 하나님의 아들임을 역설한다.

"하나님의 말씀을 받은(에게네토, *ἐγένετο*) 사람들"이란 '하나님의 말씀이 임한 사람들'이란 뜻으로 '하나님의 말씀의 대언자들'인 예

---

10) 《옥스퍼드원어성경대전》(요한복음 제7-12장), 399-400.

레미야나 에스겔 같은 예언자를 두고 하는 말이다. 이들을 신이라고 칭한다면 하물며 종말론적 예언자로서 아버지께서 성별하여 거룩한 사명을 띠고 세상에 파견된 '하나님의 말씀 자체'인 예수가 자신을 하나님의 아들이라고 말하는 것은 당연하지 않느냐는 것이다.[11]

마카비 형제들이 성전을 거룩케 한 것처럼 하나님께서 아들을 거룩케 하셨다. 아들은 진정으로 하나님의 참 성전이다(1:14; 2:21). 그리하여 5장에서 10장까지 이스라엘의 절기를 대치(代置)하신 분이다. 예수는 안식일에 안식일을 진정한 안식일로(5장), 유월절에 출애굽 시대의 만나를 생명의 떡으로(6장), 초막절에 성전의 물과 빛을 생수와 세상의 빛으로(7-9장), 수전절에 성전을 참 성전으로 대치하신 분이다(10장).[12]

"만일 내가 내 아버지의 일을 행하지 아니 하거든 나를 믿지 말려니와 / 내가 행하거든 나를 믿지 아니할지라도 그 일은 믿으라 그러면 너희가 아버지께서 내 안에 계시고 내가 아버지 안에 있음을 깨달아 알리라"(37-38절). 이 대목에서 예수는 설령 자신이 그들에게 믿을 만한 사람으로 보이지 않더라도 자신이 행한 "일들"만이라도 진지하게 보고 믿을 것을 역설한다. 그렇게 되면 아버지 하나님과 아들 예수가 상호 내주하는 친밀한 관계(14:10-11; 17:21)에 있음을 분명하게 알게 된다고 말하고 있다.

이 말을 들은 유대인들이 다시 예수를 잡고자 했으나 예수는 그들을 피해 성전을 떠나셨다(39절). 예수는 이중의 근거(성서의 권위와 행적의 증거)를 토대로 유대인들에게 설득력있는 논증을 폈음에도 불구하고 불신앙에 빠진 그들은 예수를 완강히 거부했다. "다시"라는 표현을 통해 더욱 강조되고 있는 예수에 대한 그들의 완고

---

11) 최안나, 《나오너라》, 363-364.
12) 박수암, 262.

한 불신은 예수를 붙잡거나(7:30, 32, 44; 8:20; 10:39), 죽이려 하거나(5:18; 7:1; 8:37, 40), 돌로 치려고 하였다(8:59; 10:31).

3) 요단강 건너편으로 물러가심(40-42절)

10장을 마감하는 이 세 구절은 대단히 중요한 의미를 갖는다. 이 대목은 1장의 증인 본문(1:19-51)을 돌아보게 한다. 이 대목은 예수의 부활을 상징하는 최후의 그리고 최고의 표적을 준비하는데, 그 장소는 요단강 건너편 세례 요한이 처음 세례를 주던 베다니이다(40절; 1:28). 예수는 자신을 잡으려고 하는 유대인들을 피해 예루살렘에서 요단강 동편으로 자리를 옮겼다. 여기서 우리는 또다시 요한의 '지리적 상징주의'를 엿보게 된다.

이미 언급했듯이 모세와 운명을 같이 하는 세례 요한에 대한 보도는 더 이상 나타나지 않는다. 예수에게 속하는 부활(11장)을 앞두고 그들의 사역은 요단 동편에서 종지부를 찍은 것이다. 선구자(증언자) 세례 요한은 요단강 동편(베다니)이 상징하는 미완성의 땅이자 죽음의 땅에서 그의 사역을 마치는 것으로 그려진다. 부활이라는 결정적 사건은 요단강 서편(베다니)이 상징하는 완성의 땅이자 생명의 땅에서 예수에 의해 이루어져야 한다. 그래서 요한은 부활을 앞두고 예수를 요단강 건너편에 머물도록 의도했다는 것이 필자의 생각이다.

더욱이 요한은 세례 요한이 아무 표적도 행하지 아니하였으며 그가 예수에 대해 말한 것은 다 참이었다라고 보도하고 있다(41절). 이는 많은 표적을 행한 예수가 세례 요한보다 우월한 분이자 참 메시아임을 암시한다. 그리고 세례 요한이 예수를 두고 행한 증언으로 인해 많은 사람들이 예수를 믿는 결과를 가져왔다.

정리하면, 10장은 목자 강화를 통해 예수가 선한 목자로서 양들에게 생명을 가져다주는 화목제물로서의 구원주임을 보여주고 있다. 구원은 쉽게 얻어지는 것이 아니라 양들을 위하여 목자가 자신의 목숨을 버리는 죽음이라는 값비싼 대가를 치르고 나서야 얻어지는 것이다. 그런데 구원을 가져다주는 대속적 죽음은 땅에서 난 인간으로는 안 되고 하늘로부터 온 하나님의 아들이어야 가능하다. 즉 10장은 구원론과 십자가 신학의 근저에 기독론이 자리하고 있다는 것을 잘 보여준다. 그리고 구원론(십자가 신학)을 말하고 있는 10장은 마지막 유월절에 우리를 위한 대속물로서의 어린 양이 되고자 예루살렘에 입성하는 12장의 첫 부분과 상응한다.

제11장

나사로의 소생표적을 다루고 있는 11장은 요한복음 제1부의 절정이자, 부활의 구조(2장-11장-20장)로 된 본론의 중심에 해당하는 장이다. 인생에 있어서 가장 중요한 두 문제는 죄와 죽음의 문제일 것이다. 10장이 '십자가를 통한 죄의 정복'을 말하고 있다면, 11장은 '부활을 통한 죽음의 정복'을 말하고 있다는 점에서 가장 중요한 장이 아닐 수 없다.

11장의 양식과 구조는 선행하는 장들과 차이가 난다고 많은 학자들이 주장해 왔다. 그러면서 나사로를 살리신 이 기사의 최초 형태와 편집자인 요한에 의한 첨가 구절을 구분하려는 여러 시도들이 있었다.[1] 이 같은 시도들이 본문을 이해하는데 일부 도움을 주는 것이 사실이지만 현재의 본문이 갖고 있는 의미를 대신할 수는 없다.

제1부의 일곱 표적 가운데 마지막 표적인 죽은 나사로를 살리는 표적은 예수의 죽음을 초래하는 직접적인 원인이 되며, 남은 살리고 자신은 죽어야 하는 아이러니를 보여준다. 11장의 나사로 소생표적

---

1) 학자들 간의 약간의 차이는 있지만 불트만의 견해를 소개하면 다음과 같다. 편집자인 요한의 첨가 구절인 4, 7-10, 16, 20-32, 40-42절을 제외하고 남은 구절(원 이야기)은 1, 3, 5-6, 11-12, 14-15, 17-19, 33-39, 43-44절이다. R. Bultmann, 《요한복음서연구》, 435.

사건은 9장의 태생소경 치유사건과 밀접한 관계를 보여주고 있는데, 9장의 사건이 '세상에 빛을 주는 예수'를 말하고 있다면, 11장의 사건은 '세상에 생명을 주는 예수'를 말하고 있다(1:4; 4:46-54; 5:1-9).

이 사건의 핵심은 예수의 자기계시 말씀인 "나는 부활이요 생명이니"(25절)에 있다. 이 말씀은 성막(성전)의 일곱 기구 중에서 가장 중요한 '법궤'를 상징한다. '법궤'는 하나님이 임재해 계신 지성소에 있다. 따라서 "나는 부활이요 생명이다"라는 예수의 자기계시 말씀은 예수가 성막(성전)을 대치한 참 성전임을 말해준다.

주목할만한 사실은 일곱 번째 마지막 표적인 이 사건이 첫 표적(물로 포도주를 만든 표적)과 평행을 이룬다는 점이다. 둘 다 가정에서 일어난 일이고, 둘 다 제자들에게 믿음을 갖게 하였고(2:11; 11:15), 둘 다 하나님의 영광을 드러냈으며(2:11; 11:4, 40), 마리아(예수의 어머니와 나사로의 누이)가 등장한다는 사실이다(2:1; 11:1).

1. 나사로의 질병과 죽음(1-16절)

"어떤 병자가 있으니 이는 마리아와 그 자매 마르다의 마을 베다니에 사는 나사로라"(1절). 이 기사는 선행하는 사건들과 관계없이 시작하고 있다. 이 기사가 보여주는 역사적(연대기적) 시간의 불확정성은 제1부 전체에 해당하는 특징적 모습으로, 그런 점에서 분명한 시점을 제공하는 제2부가 시작되는 12장과 구분된다. 다만 요한은 나사로의 소생표적을 마지막 가장 중요한 표적으로, 그리고 유월절이 가까운 시점에 둠으로써 유월절을 온전케 하신 예수, 제2의 출애굽을 이룬 예수로 그리고자 했다.

이 기사에서 마리아의 이름이 먼저 언급된 것은 요한이 본서를 기록하던 당시 이미 마리아의 이름이 요한공동체에 널리 알려졌음

(12:1-8의 향유 부은 여인)을 보여준다. 베다니는 예루살렘 동쪽 3km 떨어진 감람산 기슭에 위치한 마을로 세례 요한이 세례를 베풀던 요단강 건너편 베다니(1:28; 10:40)와는 다른 장소이다. "나사로"라는 이름은 "하나님이 도와주신다"는 뜻을 가진 '엘 아자르'의 준말 '라자르'가 헬라어로 발음된 것으로, 당시 흔한 이름 가운데 하나였다(눅 16:20).

"이 마리아는 향유를 주께 붓고 머리털로 주의 발을 닦던 자요 병든 나사로는 그의 오라버니더라"(2절). 이 구절은 12장에 나오는 마리아가 예수의 발에 향유 부은 이야기를 미리 언급한 선취적 보도로서 이 이야기가 요한공동체에 잘 알려졌음을 암시한다. 그리고 "주"라는 칭호는 기독론적 존칭(4:2; 6:23; 13:13-14)으로 이 해설이 요한의 것임을 암시한다.

"이에 그 누이들이 예수께 사람을 보내어 이르되 주여 보시옵소서 사랑하는 자가 병들었나이다"(3절). 두 자매가 보낸 사람들의 입술을 통해 나사로는 예수가 "사랑하는 자"로 소개되고 있다. 요한복음에서 나사로는 예수로부터 "사랑하는 자"로 소개된 유일한 남자이다. 그래서 나사로를 본서에 등장하는 "그 사랑하는 제자"(애제자)가 아닌가 하는 추측을 낳았다.

"예수께서 들으시고 이르시되 이 병은 죽을 병이 아니라 하나님의 영광을 위함이요 하나님의 아들이 이로 말미암아 영광을 받게 하려 함이라"(4절). 이 구절은 이 기사가 어디를 향하고 있는가를 잘 보여준다. 그것은 "오직 하나님의 영광을 위하여"(Soli Deo Gloria)이다. 예수는 나사로의 질병에서 인간적인 어두운 절망을 본 것이 아니라 믿음의 눈으로 밝은 희망을 보았다. 그 희망은 아들의 사역으로 말미암아 아버지가 영광을 얻는 것이요, 또한 이로 말미암아 아들이 영광을 받게 된다는 것이다. "하나님의 영광"(독사 투 데우, *δόξα τοῦ θεοῦ*)은 하나님의 권능을 통해 드러나는 하나님의 임재(현존)를 가리키는 구약성경의 용어 '케보드 야웨'(כְּבוֹד יְהוָה)와 동의어다.

예수는 사랑하는 나사로가 병들었다는 소식을 듣고도 그 머물던 곳에서 이틀을 더 유했다(6절). 나사로를 사랑하는 예수라면 하루라도 빨리 그에게로 갔어야 하는 것이 상식이다. 그러나 예수는 의도적으로 시간을 지체하는 것처럼 보인다(14-15절에 근거할 때 실은 나사로가 죽기를 기다린 것이다!). 이는 오직 아버지의 뜻을 따라 행동하는 예수의 모습을 보여준다(2:4).

그 후에 예수는 제자들에게 "유대로 다시 가자"(7절)고 하니 제자들은 "랍비여 방금도 유대인들이 돌로 치려 하였는데 또 그리로 가시려 하나이까"(8절)라고 반문했다. 여기서 "유대"는 예수를 죽이려고 한 지역으로 예루살렘을 암시한다. 얼마 전 수전절에 유대 적대자들로부터 돌을 맞을 뻔한 곳으로 다시 가자는 예수의 말에 제자들은 적이 놀라 이같이 반문한 것이다.

이에 예수는 이렇게 대답했다. "낮이 열두 시간이 아니냐 사람이 낮에 다니면 이 세상의 빛을 보므로 실족하지 아니하고 / 밤에 다니면 빛이 그 사람 안에 없는 고로 실족하느니라"(9-10절). 이 구절은 선행하는 장들의 빛과 어둠의 주제를 상기시킨다(8:12; 9:4-5). 유대인들은 낮과 밤을 각각 12시간으로 나누어 이해하였다. 낮에 다니는 것은 빛 되신 예수와 함께 걷는 것과 같으므로 실족할 염려가 없지만 밤에 다니는 것은 그 반대이기에 실족할 수밖에 없다는 것이다.

"이 말씀을 하신 후에 또 이르시되 우리 친구 나사로가 잠들었도다 그러나 내가 깨우러 가노라 / 제자들이 이르되 주여 잠들었으면 낫겠나이다"(11-12절). 이 대목은 본서의 특징인 오해가 다시 한번 나타나는 대목이다(2:20; 3:4; 4:11). 예수는 나사로의 죽음을 말한 것인데, 제자들은 나사로가 병들었다가 잠시 쉬는 것으로 오해한 것이다(13절). 그러자 예수는 "나사로가 죽었느니라"(14절)고 밝히 말했다.[2)]

"내가 거기 있지 아니한 것을 너희를 위하여 기뻐하노니 이는 너희로 믿게 하려 함이라 그러나 그에게로 가자"(15절). 예수는 나사로가 병들어 죽어감에도 불구하고 일찍 서두르지 않은 까닭은 그에 대한 애정의 결핍 때문이 아니라 나사로의 소생표적을 통해 제자들이 부활신앙을 갖게 하는 데 있었다.

"디두모라고도 하는 도마가 다른 제자들에게 말하되 우리도 주와 함께 죽으러 가자 하니라"(16절). 이미 언급했듯이 제1부의 절정인 이 장에서 처음으로 도마가 등장한다는 사실에 주목할 필요가 있다. 나아가 "우리도 주와 함께 죽으러 가자"라는 도마의 발언을 그 자신도 그 의미를 잘 알지 못한 채 무심코 던진 맹목적인 충동적 발언으로 볼 수도 있다.

하지만 아이러니 기법을 즐겨 쓰는 요한의 글쓰기를 고려할 때 이 발언은 요한공동체의 구호라는 성격, 즉 유대교로부터 박해를 당하고 있는 상황에서 요한공동체 독자들을 향한 신앙적 독려라는 것이 필자의 생각이다. 예수와 함께 유대로 가는 길은 그와 함께 죽으러 가는 길이다(막 8:34-35). 스승 예수와 운명을 함께 하겠다는 제자 도마의 의리가 참으로 아름답고 멋지다!

2. 부활이요 생명이신 예수(17-27절)

"예수께서 와서 보시니 나사로가 무덤에 있은 지 이미 나흘이라"(17절). 나사로가 무덤에 있은 지 이미 나흘이라는 기사는 이스라

---

2) "죽음"을 "잠들었다"는 말로 표현하는 것은 신약성경에서 여러 차례 나타나며 (막 5:39; 고전 15:6; 살전 4:14), 구약성경에서는 열왕기와 역대기에서 왕들의 '죽음공식'의 상투적 문구에서 쉽게 볼 수 있다. "므낫세가 그의 조상들과 함께 자매 그의 궁궐 동산 곧 웃사의 동산에 장사되고 그의 아들 아몬이 대신하여 왕이 되니라"(왕하 21:18). 보다 자세한 것은 김지찬, 《요단강에서 바벨론 물가까지》, 403-404를 참조하라.

엘의 관례대로 그가 죽은 날에 장사지냈다는 것을 가리킨다. 유대인들은 사람이 죽으면 영혼이 무덤 근처에서 삼일 동안 떠돌아다니다가 떠나버린다고 믿었다. 따라서 여기서 죽은 지 나흘이라는 언급은 다시 살아날 가망이 없는 완전히 죽었다는 것을 나타낸다.

많은 유대인들이 두 자매를 위로하러 왔다. "마르다는 예수께서 오신다는 말을 듣고 곧 나가 맞이하되 마리아는 집에 앉았더라"(20절). 누가복음(10:38-42)에 있는 두 자매의 모습처럼, 마르다는 활동적이고, 마리아는 사색적인 모습을 보여주고 있다. 예수를 만나자 마르다는 이렇게 말했다. "주께서 여기 계셨더라면 내 오라버니가 죽지 아니하였겠나이다"(21절). 32절에서 마리아도 똑같은 말을 하고 있다. 이 말은 예수에 대한 원망이라기보다는 단순히 그녀의 비통함을 표현한 말로 보아야 할 것이다.

"그러나 나는 이제라도 주께서 무엇이든지 하나님께 구하는 것을 하나님이 주실 줄을 아나이다"(22절). 이 구절은 오라비의 죽음이 마르다의 믿음을 무너뜨린 것은 아님을 보여준다. 그렇다고 그녀가 오라비의 소생을 확신한 것도 아님을 39절의 겁에 질린 반응에서 엿볼 수 있다. 다만 예수가 하나님께 구하면 하나님이 모든 것을 선하게 인도하시리라는 예수의 중재 능력을 믿었다는 것을 말한다고 보아야 할 것이다.

예수가 "네 오라비가 다시 살아나리라"(23절) 말하자 마르다는 "마지막 날 부활 때에는 다시 살아날 줄을 내가 아나이다"(24절)라고 대답한다. 이 구절은 종말 부활에 대한 당시 유대인들(바리새 유대교)의 확고한 관념을 나타낸다(단 12:2; 막 12:18-27; 살전 4:13-18).[3] "내 오라비가 살아나리라"는 예수의 말을 마르다는 지금 현재가 아닌 미래의 마지막 날에 부활할 것으로만 이해했다. 신약성

3) C. K. Barrett, 《요한복음(2)》, 173.

경에서 요한만이 "마지막 날"(6:39, 40, 44, 54; 12:48)이라는 표현을 사용한다.[4] 보다 흔한 문구인 "말세"(행 2:17; 딤후 3:1; 약 5:3)는 마지막 날에 선행하는 때를 가리킨다.

"예수께서 이르시되 나는 부활이요 생명이니 나를 믿는 자는 죽어도 살겠고"(25절). "나는 부활이요 생명이니"라는 이 대목은 예수의 자기계시 말씀의 절정으로, 성전의 법궤를 상징한다. 법궤에는 만나를 담은 금 항아리(생명 상징)와 아론의 싹난 지팡이(부활 상징)와 언약의 돌판들(진리=예수=부활과 생명 상징)이 들어 있다(히 9:4).

'부활과 생명'[5]은 '영광과 거룩'처럼 동전의 양면이다. 부활은 생명의 외적 현시요 생명은 부활의 내적 본질이라고 말할 수 있다. "나는 부활이요 생명이니." 이 땅에서 잠시 사는 우리네 유한한 인생에서 예수를 믿는 자에게 죽지 않고 영원히 사는 영생의 인생이 있다니, 이 감동을 무엇이라고 말하랴! 예수는 자신이 부활을 보여주심으로 이 말씀을 확증하였다.

"무릇 살아서 나를 믿는 자는 영원히 죽지 아니하리니 이것을 네가 믿느냐"(27절)는 예수의 말에 마르다는 이렇게 고백한다. "주여 그러하외다 주는 그리스도시요 세상에 오시는 하나님의 아들이신 줄 내가 믿나이다"(27절). 마르다의 이 신앙고백은 예수가 하나님의 아들 그리스도라는 본서의 저작 목적을 나타내는 20:31과 맥

4) 그리스도가 계신 곳에 부활이 있다. 부활은 마지막 날을 위해 약속된 것이나 그리스도는 '마지막 날'을 이루셨다. 그리스도는 '마지막 날'을 가져오신다. 그런 의미에서 6장과 11장은 서로 연결지어 읽는 것이 타당하다. R. Kysar, 《설교자를 위한 요한복음 해석》, 135.

5) '부활이요 생명'은 히브리 문장법에 의하면 부활과 생명이 동의적 평행법에 속하는 동의어로 볼 수 있다. 그런데 본서에서 "부활"(아나시타시스, *ἀνάστασις*)과 "부활하다"(아나스타나이, *ἀνάσταναι*)는 자주 나오지 않는다(5:29; 6:39, 40, 44, 54; 20:9). 그 대신 "일으키다"(에게이레인, *ἐγειρειν*)가 하나님 또는 그리스도가 사람들을 죽음 가운데서 일으키는 것으로 사용된다(2:19,20,22; 21:14; 또한 5:21; 12:9,17). 한편, "영원한"이라는 형용사가 붙거나 붙지 않는 "생명"(조에, *Ζωή*)이라는 말은 자주 나온다.

락을 같이 한다. 나아가 가이사랴 빌립보에서 행한 베드로의 신앙 고백과 흡사하다(마 16:16).[6] 이 같은 마르다의 사도적 신앙고백은 당시 교회의 세례시의 신앙고백을 반영하는 것으로 생각된다.[7]

3. 죽은 자에 대한 예수의 연민(28–37절)

마르다에 이어 마리아가 유대인들과 함께 동구 밖에 있는 예수를 맞이하러 나갔다. 마리아는 예수를 만나 그 발 앞에 엎드려 "주께서 여기 계셨더라면 내 오라버니가 죽지 아니하였겠나이다"(32절)라고 앞서 마르다가 한 말과 같은 말을 하였다. "그 발 앞에 엎드려"라는 표현은 마리아의 특징적인 모습이다(12:3; 눅 10:33).

"예수께서 그가 우는 것과 또 함께 온 유대인들이 우는 것을 보시고 심령에 비통히 여기시고 불쌍히 여기사"(33절). 이 구절에서 "심령에 비통히 여기시고"(에네브리메사토 토 프뉴마티, *ἐνεβριμήσατο τῷ πνεύματι*)와 "불쌍히 여기사"(에타락센, *ἐτάραξεν*)를 어떻게 해석해야 하느냐를 두고 많은 논쟁이 있었다. 즉 그것은 나사로의 죽음 앞에서 느끼는 비탄이나 고통 또는 동정심 등에 의해 야기된 내적 혼란인가? 아니면 부활이요 생명이신 예수를 믿지 못하는 유대인들과 마리아의 불신앙, 그리고 인간에게 깊은 슬픔을 가져다주는 사망의 권세에 대한 내적인 분노를 표현한 것인가?[8] 이 모든 것이 복합된 것으로 보아야 할 것이다.

예수가 "그를 어디 두었느냐"고 묻자 마리아는 "주여 와서 보옵

---

6) 요한복음에는 일곱 개의 신앙고백이 있다. 나다나엘(1:49), 사마리아인들(4: 42), 오병이어 표적을 경험한 군중들(6:14), 베드로(6:68-69), 치유된 소경(9: 38), 마르다(11:27), 도마(20:28). 이 중에서 마르다는 유일하게 여성이라는 점에서 획기적이다.

7) G. R. Beasley-Murray, 412.

8) 이 문제에 대한 자세한 논의는 G. R. Beasley-Murray, 412-414을 참조하라.

소서"(34절)라고 대답했다. 그러자 "예수께서 눈물을 흘리시더라"(35절). 이 구절은 신구약성경에서 가장 짧은 절로서[9] 그 의미가 아주 깊다. 사랑하는 자의 죽음 앞에서 무슨 긴 말이 필요하겠는가. 그래서 눈물로 말했다. 마르다와의 만남에서는 예수의 신성이 강조되어 나타났다면, 마리아와의 만남에서는 예수의 인성이 부각되어 나타난다.[10]

예수의 슬픔을 본 유대인들은 예수가 나사로를 얼마나 사랑했는지에 대해서는 감동을 했지만(36절), 소경의 눈을 뜨게 한 예수가 나사로를 살릴 수는 없었는가(37절) 하며 중얼거렸다(9:1-7,32; 10:21). 그들은 예수가 죽은 자를 살릴 것이라는 믿음이 없었다. 그러나 아이러니하게도 그들이 내뱉은 말 그대로 예수는 나사로를 곧 살려내었다.

4. 나사로를 살리심(38-44절)

사람들의 눈물 앞에서 비통해 하신 예수는 나사로의 무덤으로 가면서 다시 비통해 하셨다. 나사로의 무덤은 바위를 파서 만든 예수의 무덤과는 좀 다르게(막 15:46) 큰 바위돌로 막은 동굴로 되어 있었다. 예수가 "돌을 옮겨 놓으라"고 말하자 마르다는 "주여 죽은 지가 나흘이 되었으매 벌써 냄새가 나나이다"(39절)라고 대답했다. 죽은 지가 나흘[11]이 된 나사로의 시체에서는 이미 썩은 냄새가 나고 있었다. 이것은 그가 확실히 죽었다는 것을 말해준다(17절).

---

9) 영어로는 "Jesus wept."인데, 우리말로 가장 짧게 번역하면 "예수는 울었다"가 될 것이다.

10) 예수의 인성을 보여주는 구절들: 목마름(4:7; 19:28), 피곤함(4:6), 사랑함(20:2), 주림(마 4:2), 기쁨(눅 10:21), 탄식(막 3:5), 노여움(막 3:5).

11) 나흘(예수께 오는데 걸린 하루, 그가 계셨던 곳에 머무른 이틀, 베다니로 가는데 걸린 하루).

마르다의 말에 예수는 이렇게 대답했다. "내 말이 네가 믿으면 하나님의 영광을 보리라 하지 아니하였느냐"(40절). 이 구절은 나사로의 질병과 죽음이 하나님의 영광을 위한 것이고, 이로 말미암아 하나님의 아들이 영광스럽게 된다는 예수의 예언적인 말(4절)과 맥락을 같이한다. 이제 그 예언적 말이 성취를 앞두고 있는 것이다. 본서에 의하면 예수의 모든 표적은 하나님과 예수의 영광을 드러내고 나아가 믿는 자들이 그 영광을 보기 위함이다(2:11).

"돌을 옮겨 놓으니 예수께서 눈을 들어 우러러 보시고 이르시되 아버지여 내 말을 들으신 것을 감사하나이다"(41절). 예수는 눈을 들어 하늘을 우러러 기도한다(17:1). 그런데 여기서의 기도는 특이하다. 아버지께 무엇인가를 청원하는 것이 아니라 기도의 응답에 감사하고 있는 것처럼 기도하고 있다는 점이다. 이로 판단하건대 예수는 이미 나사로의 소생을 위해 기도했다는 것을 짐작할 수 있다(시 118:21).

"항상 내 말을 들으시는 줄을 내가 알았나이다 그러나 이 말씀을 하옵는 것은 둘러선 무리를 위함이니 곧 아버지께서 나를 보내신 것을 그들로 믿게 하려 함이니이다"(42절). 예수는 항상 아버지께서 기뻐하시는 일을 행했기 때문에 아버지께서 자신의 청원을 들어주실 것을 확신했다. 단지 이 같은 감사 기도를 드리는 것은 무덤 주위에 둘러서 있는 무리들로 하여금 자신이 아버지로부터 보냄을 받은 자라는 사실을 믿도록 하기 위해서라는 것이다.

"이 말씀을 하시고 큰 소리로 나사로야 나오라 부르시니 / 죽은 자가 수족을 베로 동인 채로 나오는데 그 얼굴은 수건에 싸였더라 예수께서 이르시되 풀어 놓아 다니게 하라 하시니라"(43-44절). 드디어 죽었던 나사로가 소생하는 극적인 순간이다. "나사로야 나오라"는 예수의 명령은 무덤 속에 있는 자가 다 인자의 음성을 들을 것이라는 말씀(5:28)에 대한 선취적 의미를 지닌다.

이 대목에서 '나사로의 소생'과 '예수의 부활'의 차이를 엿보게 된다. 나사로는 얼굴을 수건으로 싸인 채 무덤에서 나온다. 이러한 모습은 그가 아직도 죽음의 권세에 매여 있음을 보여준다. 그는 소생하였지만 다시 죽었다. 이와는 달리 예수는 부활할 때 수건을 그 얼굴에서 제거하였다(20:7). 그는 사망을 스스로 이겼고 결코 다시 죽지 않았다. 그 개켜진 수건은 이사야(25:7-8)의 예언("사망을 영원히 멸하실 것이다")이 성취되었음을 말해준다. 결국 이 마지막 표적에서 최후의 적(죽음)은 결국 거꾸러졌다.

5. 공회의 예수살해 모의(45-53절)

나사로를 살리신 표적을 두고 상반된 반응이 일어났다. 한 부류의 유대인들은 예수가 한 일을 보고 그를 믿게 된 것이고(45절), 다른 한 부류의 유대인들은 예수가 한 일을 보고 바리새인들에게 가서 보고하였다(46절; 9:13).

"이에 대제사장들과 바리새인들이 공회를 모으고 이르되 이 사람이 많은 표적을 행하니 우리가 어떻게 하겠느냐 / 만일 그를 이대로 두면 모든 사람이 그를 믿을 것이요 그리고 로마인들이 와서 우리 땅과 민족을 빼앗아 가리라"(48-49절). 산헤드린 공회[12]는 "많은 표적"[13]을 행한 예수를 두고 어떻게 하면 좋겠느냐고 대책을 논의하였다.

예수의 활동(메시아 운동)을 저지하지 않으면 민중운동이 발생하

12) '산헤드린'(Sanhedrin)은 유대의 최고회의 기관으로 사두개파에 속하는 대제사장들(전 · 현직 대제사장)과 바리새파에 속하는 서기관들과 장로들 등 모두 72인으로 구성되었다(7:32, 45; 11:47; 18:3).

13) "많은 표적"이라는 표현은 예수의 표적에 대한 요한의 관용적 표현이다(12:37; 20:30).

게 되고, 그것이 로마의 지배에 대항하는 것이 되면 로마 군대가 와서 예수의 메시아 운동을 진압할 것이다. 그렇게 되면 그 메시아 운동에 참여한 사람들은 많이 다치게 될 것이고, 성전("땅")은 파괴되고 유대 민족은 완전히 지배를 당하게 될 것이다. 유대 지도자들은 예수를 종교적으로도, 정치적으로도 위험한 인물로 여긴 것이다(19:12).[14] 그들의 우려는 전혀 터무니없는 것은 아니다. 그러나 그들의 진정한 관심은 성전이나 백성에게 있는 것이 아니라 주로 그들 자신의 지위(기득권)였다.

"그 중의 한 사람 그 해의 대제사장인 가야바가 그들에게 말하되 너희가 아무 것도 알지 못하는도다 / 한 사람이 백성을 위하여 죽어서 온 민족이 망하지 않게 되는 것이 너희에게 유익한 줄을 생각하지 아니하는도다"(48-49절). "그 해의 대제사장인 가야바"는 이전 대제사장 안나스(주후 6-15년 재위)의 사위로서 주후 18-36년까지 대제사장으로 있었다. 그는 당시 대제사장이었기에 산헤드린의 의장이기도 했다.

대제사장은 백성을 위해 하나님께 묻고, 그 뜻을 알아 백성에게 전달해 주어야할 책임이 있었다. 대제사장 가야바는 거짓 예언자처럼 다음과 같은 예언을 했다. "한 사람이 백성을 위하여 죽어서 온 민족이 망하지 않게 되는 것이 너희에게 유익하다." 이 말은 요한의 전형적인 아이러니가 아닐 수 없다.

요한은 가야바의 말을 확대해서 다음과 같은 해석을 내렸다. "이 말은 스스로 함이 아니요 그 해의 대제사장이므로 예수께서 그 민족을 위하시고 / 또 그 민족만 위할 뿐 아니라 흩어진 하나님의 자녀를 모아 하나가 되게 하기 위하여 죽으실 것을 미리 말함이러라"(51-52절). 예수는 "그 백성을 위하여"(휘페르 투 라우, *ὑπὲρ τοῦ λα-*

14) 이영헌, 238.

οὗ) 죽어야만 했다. 전치사 '휘페르'(ὑπὲρ, "위하여")는 예수의 죽음이 구원론적이고 속죄론적인 의미를 갖는다는 것을 말해준다.15)

예수는 "(유대) 민족을 위하여"(휘페르 투 에드누스, ὑπὲρ τοῦ ἔθνους) 죽었지만, 그것은 단지 그 민족만을 위해서가 아니라 "흩어진 하나님의 자녀들"을 위한 것이다. "흩어진 하나님의 자녀들"(타 테크나 투 데우 타 디에스코르피스메나, τὰ τέκνα τοῦ θεοῦ τὰ διεσκορπισμένα)은 본래 구약에서는 이스라엘 밖에 살면서 메시아 시대에 모여들 백성들을 말한다(사 11:12; 43:5, 6; 미 2:12; 렘 23:3; 겔 34:16; 37:21). 그런데 요한은 이것을 유대인과 이방인의 구별없이 신자를 가리키는데 사용한다.16)

예수의 죽음은 흩어진 하나님의 백성이 모여 하나가 되게 하기 위한 것이다(요 17:24; 막 13:27; 살전 4:17; 살후 2:1; 계 21:2-4). 요한은 예수의 죽음이 유대인들의 정치적 음모에 의해 것이 아니라 하나님의 계획에 따라 이루어진 것임을 분명히 하고 있다. 산헤드린 공회는 그 날 예수를 죽일 것을 결의하였다(53절).

이제 남은 것은 다만 그들의 목적을 달성할 방법을 찾는 일이다. 예수를 체포하여 죽이고자 했던 직접적인 원인이 공관복음에서는 성전정화사건이지만 요한복음에서는 나사로의 소생 사건에 있다. 이는 요한복음이 '부활의 신학'에 기초하여 구성되었음을 보여주는 좋은 실례이다.

6. 종결어(1): 예루살렘 입성 준비(54-57절).

이 대목은 본서의 첫 종결어에 해당한다. 예수는 몸을 피해 에브라임이라는 동네에 들어가 그곳에서 제자들과 함께 머물렀다(54

15) 김지철, 《고린도전서》, 569.
16) 김동수, 《요한신학 렌즈로 본 요한복음》, 154.

절). "에브라임"은 그 위치가 확실치 않으나 예루살렘 북동쪽 20km 쯤 떨어진 산악지역으로 알려져 있다. 예루살렘에서의 마지막 한 주를 빼면 그의 공사역은 끝났다. 예수는 "유월절 어린양"으로서 자신의 죽음의 때(유월절)가 가까이 오고 있음을 직감하였다. 예수는 깊은 산 속에서 은둔하며 제2의 출애굽을 위한 예루살렘 입성을 치밀하게 준비하였다. 그것은 모든 민족을 "예수 나라"라는 신세계("새 약속의 땅")로 인도하기 위한 준비였다.

"유대인들의 유월절이 가까우매 많은 사람이 자기를 성결하게 하기 위하여 유월절 전에 시골에서 예루살렘으로 올라갔더니"(55절). 드디어 최후의 일전이 벌어질 유월절이 가까이 왔다. 유월절 절기에 참여하기 위해서는 제의적 성결이 요구되었다(민 9:6-13; 19장; 대하 30:15-19; 요 18:28).

대제사장들과 바리새인으로 대표되는 공회원들은 예수가 유월절에 예루살렘으로 올라올 것으로 예상하였다. 그리하여 "누구든지 예수 있는 곳을 알거든 신고하여 잡게 하라"(57절)고 명령하였다. 전국적으로 예수 체포령이 내려진 것이다. 이는 예수에 대한 유대인들의 적대감을 반영한다(7:25, 32; 8:59; 10:31, 39; 11:47-53, 57).

정리하면, 죽은 나사로의 소생표적을 말하는 11장은 앞으로 있을 예수의 부활을 예견하는 장이다. 요한복음의 전체 구조가 부활의 신학에 근거하고 있다는 필자의 주장에 따르면 11장은 요한복음의 절정이자 제1부를 마감하는 장이다. 예수의 자기계시 말씀("에고 에이미") 중에서 "나는 부활이요 생명이다"라는 말씀은 "나는 길이요 진리요 생명이다"(14:6)라는 말씀과 더불어 예수 말씀의 압권(壓卷)이다. 부활(復活)이라는 말, 그것은 듣기만 하여도 가슴 떨리는 희망의 언어가 아닌가! 부활신앙을 가진 자가 갈 길은 십자가의 길이다. 또한 십자가의 길을 가는 것이 결국 부활로 가는 길이다. 이제 예수는 십자가의 길로 향한다.

제2부

십자가와 부활을 통한 영광

(12-21장)

제12장(1-36절)

이미 언급했듯이 12장은 요한복음의 제2부가 시작되는 장이면서 본론의 세 번째 부분(9-12장)을 마감하는 전환장이기도 하다. 요한은 "때"의 관점, 즉 예수의 죽음과 부활의 "때가 왔다"(23절)는 것으로 12장을 "때가 이르지 않았다"는 선행하는 장들과 분명히 구분짓고 있다. 또한 "유월절 엿새 전"(1절)이라는 표현으로 이전과는 다른 분명한 역사적 시점을 제시하고 있다.

이 장은 인류 구원을 위한 예수의 수난과 죽음이 시작되는 장으로, 이 부분의 핵심 주제는 '십자가 신학'에 기초한 〈구원론〉이다. 그런 의미에서 〈구원론〉(십자가 신학)을 말하는 10장과 상응한다. 12장을 시작하는 마리아가 예수의 발에 향유를 부는 사건과 13장을 시작하는 예수가 제자들의 발을 씻기는 사건은 예수의 죽음(장례)을 상징하는 표징적 행위라는 점에서 12장과 13장은 연속성을 갖는다.[1)]

순전한 나드 한 근을 예수의 발에 부은 마리아의 희생적 행위는

1) 이 같은 의미에서도 제2부는 13장이 아닌 12장부터 시작된다는 것이 필자의 주장이다. 제2부가 13장부터 시작될 경우 이 두 사건은 분리되어 연속성을 상실하고 만다.

자신의 목숨을 양을 위해 희생하는 선한 목자 예수와 상응하는 모습이다. 반면에 마리아의 희생적 행위를 비난하는 유다는 돈을 훔쳐가는 도둑으로 이리가 오면 양들을 버리고 달아나는 삯꾼의 모습이다. 이런 모습은 이 단락이 10장과 상응함을 말해준다. 예수의 예루살렘 입성은 한 알의 밀이 되고자 걷는 십자가의 길이다.

1. 예수의 발에 향유를 부은 마리아(1-8절)

한 여인이 예수의 몸에 향유를 부은 이야기는 네 복음서(마 26:6-13; 막 14:3-9; 누 7:36-50; 요 12:1-8)에 모두 나오고 있다. 이 사화들은 문체와 내용에 있어서 많은 부분이 유사하지만 차이도 두드러지게 나타난다. 이를 두고 여러 견해가 있다.[2] 마태-마가 전승과 누가 전승을 잘 알고 있는 요한은 자신의 신학적 의도에 따라 전승을 철저히 변형시켰다는 것이 필자의 생각이다.[3]

---

2) 요한복음은 공관복음서와 공통된 전승 자료를 가진 것이 아니라 하나의 독립된 전승 자료라는 주장이 있다(이영헌, 241). 전승상 두 개의 사건이 전해졌을 가능성이 있다. 하나는 예수의 발에 눈물을 흘리고 머리털로 그 발을 씻은 죄인인 한 여인에 대한 전승(누가 전승)과 또 하나는 값비싼 나드 향유를 가져와서 그것을 예수의 머리에 부은 한 여인에 대한 전승(마태와 마가 전승)이다. 이 두 전승이 전달 과정에서 혼합되었다고 볼 수 있다. G. R. Beasley-Murray, 434.

3) 예수의 몸에 향유를 부은 사건을 다룬 공관복음서와 요한복음서의 비교

	마 태 - 마 가	누 가	요 한
1. 시기	유월절 이틀 전 (마 26:2 / 막 14:1)	예수의 갈릴리 사역 중 (7:36)	유월절 엿새 전 (12:1)
2. 장소	베다니 나병환자 시몬의 집 (마 26:6 / 막 14:3)	바리새인 시몬의 집 (7:36)	베다니 나사로의 집 (12:1)
3. 인명	한 여자 (마 26:7 / 막 14:3)	죄를 지은 한 여자 (7:37)	나사로의 누이 마리아 (12:1-3)
4. 시행	예루살렘 입성 후	예수의 갈릴리 사역 중	예루살렘 입성 전
5. 향유 부은 곳	예수의 머리 (마 26:7 / 막 14:3)	예수의 발에 붓고 자기 머리털로 닦음(7:38)	예수의 발에 붓고 자기 머리털로 닦음(12:3)

"유월절 엿새 전에 예수께서 베다니에 이르시니 이곳은 예수께서 죽은 자 가운데서 살리신 나사로가 있는 곳이라"(1절). 12장의 첫 절에 나오는 "유월절 엿새 전"은 대단히 중요한 의미를 지닌다.[4] 이 사건 이전까지의 예수의 사역은 그것이 역사적으로 정확히 언제 일어난 사건인지 알 수 없었다. 그런데 이 사건에서부터 예수의 부활까지는 팔 일이 된다. 요한복음서의 절반이 마지막 유월절 팔일 동안 일어난 사건으로 구성되어 있다는 점에서 이 사건은 요한복음서의 제2부를 시작하는 기준점이 된다.

"유월절 엿새 전"은 토요일에 해당하는 날로서 이 날은 유대인들에게는 안식일에 해당하는 날이자 예수에게는 일주일 후에 십자가에 달리신 후 무덤에 머무르는 시간이다. 따라서 이 날짜가 의미하는 바는 유대교의 안식일은 예수의 죽음과 더불어 장사되고 예수의 부활로 인해 기독교의 주일로 대치되었다는 것을 말한다.

요한이 이 사건을 예루살렘 입성 후의 사건으로 다룬 공관복음과는 달리 예루살렘 입성 전의 사건으로 다룬 것은 대단히 중요한 신학적 의미를 갖는다. 요한은 이 사건을 예수를 죽인 예루살렘이 아닌 나사로의 소생이 있었던 베다니에 위치시킴으로써 예수의 죽음을 준비하는 이 사건을 부활과 연관시키고자 했다. 아울러 예수의 죽음을 예수의 부활이 갖는 의미, 즉 죽음을 이긴 승리자요 사망 권세를 쥔 이 세상 임금 사탄을 정복한 왕으로서의 왕적 죽음을

6. 의미	예수의 장사 준비 (마 26:12 / 막 14:8)	예수에 대한 선행 (7:47)	예수의 장사 준비 (12:7)

이 비교를 통해 요한은 누가보다는 대체로 마태-마가 전승과 유사한 데, 향유 부은 곳에서는 누가와 유사하다는 것을 알 수 있다.

4) "요한이 이 사건이 일어난 시간을 유월절과 연관하여(유월절 엿새 전) 기술하고, 이 사건을 기준으로 다음의 날짜를 계산한 것(12:12)은 우연이 아니다. 요한복음에 있어서 마리아의 향유 부음 사건은 그 이전까지의 예수의 구속 사역에 대한 요약이고, 구속 사역을 완성할 예수의 수난과 죽음에 대한 시작으로서 자리매김하고 있는 것이다"(김동수, 《요한신학 렌즈로 본 요한복음》, 157).

예시하는 것으로 그리려고 했다.

나사로가 살아난 것을 감사하면서 예수에 대한 지극한 사랑과 보은의 표시로 나사로의 집에서 잔치가 벌어졌다. 이때에도 마르다는 잔치 준비를 하고 있었고(눅 10:40) 나사로는 예수와 함께 잔치 자리에 앉아 있었다(2절). 이때 나사로의 누이 마리아가 등장한다. "마리아는 지극히 비싼 향유 곧 순전한 나드 한 근을 가져다가 예수의 발에 붓고 자기 머리털로 그의 발을 닦으니 향유 냄새가 집에 가득하더라"(3절).

나드 향유는 인도의 북쪽 지역에서 자라는 나드 식물의 뿌리에서 채취한 것으로 왕들이 사용하는 고급 향유였다. "순전한 나드"는 다른 물질이 섞이지 않은 100% 나드임을 나타낸다. 나드 한 근은 300데나리온에 해당하는 비싼 것으로 한 데나리온이 당시 노동자들의 보통 일일 임금이라고 할 때 1주 노동 시간이 안식일을 뺀 6일임을 감안하면 1년치의 임금에 해당한다. 마리아가 간직한 이 향유는 가난한 집 딸이 결혼하기 위해 모은 그의 전 재산에 해당하는 것이다.

마리아는 이 같이 귀하고 값비싼 향유를 예수의 발에 부었다. 그리고는 자기의 머리털로 예수의 발을 닦았다. 여인이 공공석상에서 머리를 푸는 것은 치욕스러운 행위였다. 그런데 마리아는 그토록 소중한 머리털을 풀어 예수의 발을 씻어 줌으로써 예수를 높이고 자신을 낮추는 행위를 한 것이다.

여기서 중요한 것은 왜 향유를 마태와 마가 전승처럼 예수의 머리에 붓지 않고, 누가 전승처럼 예수의 발에 부었는가 하는 점이다.[5] 신체 중에서 발은 가장 낮은 곳에 있는 동시에 가장 더럽고 천한 것으로 여겨진다. 발은 온갖 수고를 다하지만 상은 손이 대신

---

5) 구약시대에 왕의 즉위식에는 기름을 붓는 전통이 있는데, 제사장이 기름을 왕의 머리에 붓는다(삼상 10:1).

받는 희생과 순종의 상징이다. 따라서 가장 낮고 천한 발에 향유를 부었다는 것은 예수가 제2이사야의 수난의 종처럼 '기름부음을 받은 종'(사 52:13-53:12)이라는 의미를 지닌다.

부활의 주님, 왕 되신 예수는 자기를 비워 '종'(둘로스, *δοῦλος*)의 형체를 입어 이 세상에 성육신 하시고 끝내는 자기를 십자가에 내어주기까지 낮아졌다. 그런데 하나님은 예수를 지극히 높여 모든 존재가 예수에게 무릎을 꿇고 예수를 '주'(퀴리오스, *κύριος*)로 고백하게 하셨다(빌 2:6-11). 따라서 예수의 죽음이란 발이 갖는 이 같은 상징과 상응한다는 점에서 머리가 아닌 발에 향유를 부은 것은 더욱 깊은 신학적 의미를 지닌다.

하나님께 제물을 드릴 때 흠 없는 것으로 드려야 했던 것처럼(레 3:1; 겔 43:22-25), 마리아는 예수의 장사를 준비하면서 불순물이 섞이지 않은 순결한 것으로 드렸고, 여인의 소중한 머리털로 예수의 발을 씻음으로써 몸과 마음 다 바쳐 예수께 최고의 헌신을 보여주었다. 향유 냄새가 온 집안에 가득 하듯 마리아의 아름다운 헌신은 복음이 전파되는 곳이면 어디서나 그녀의 아름다운 향기가 전해질 것이다(마 26:13; 막 14:9).

이 같은 마리아의 행동에 대해 제자 중의 하나로서 앞으로 예수를 팔아 넘길 가룟 유다(6:71; 13:2, 21, 26; 18:3)는 불만이 가득하여 이 같이 말했다. "이 향유를 어찌하여 삼백 데나리온에 팔아 가난한 자들에게 주지 아니하였느냐"(5절). 이를 두고 요한은 다음과 같은 해설을 붙였다. "이렇게 말함은 가난한 자들을 생각함이 아니요 그는 도둑이라 돈궤를 맡고 거기 넣은 것을 훔쳐 감이러라"(6절).

여기서 유다에게 사용한 "도둑"(클렙테스, *κλέπτης*)은 목자 강화에 나오는 도둑(10:1, 10)과 같은 어휘로 유다는 선한 목자와 대조되는 도둑이자 삯꾼임을 말하고 있다. 이 대목은 예수와 제자들이 가난한 자들을 위한 구제비용을 마련하기 위해 헌금을 했음을 짐작할 수 있다. 요한은 돈궤를 맡은 유다가 가난한 자들을 생각하는 척 하면서 구제비용을 횡령했다고 말하고 있다.

예수는 유다를 향해 이렇게 말했다. "그를 가만 두어 나의 장례할 날을 위하여 그것을 간직하게 하라 / 가난한 자들은 항상 너희와 함께 있거니와 나는 항상 있지 아니하리라"(7-8절). 여기서 예수는 마리아의 행동이 자신의 장례를 준비하기 위한 행동으로 간주하였다. 마리아가 귀하고 값비싼 순전한 나드를 예수에게 부은 것은 '거룩한 낭비'로서 예수를 왕으로 섬기는 행위이자 예수의 장례를 왕적 죽음으로 치른 행위였다.

가난한 자는 이 세상이 존속하는 한 항상 있다(신 15:11). 그러기에 그들을 위한 구제는 기회만 있으면 언제든지 할 수 있다. 그러나 예수는 육체적으로 이 세상에 항상 있지 않고 잠시 후면 하늘로 갈 것이다. 그러기에 예수는 마리아가 자신의 장례를 단 일회적으로 왕의 등극식처럼 치르게 해준 숭고한 헌신을 귀하게 본 것이다.

요한은 이 사건을 통해 예수의 죽음을 직감하고 예수에게 향유를 부은 마리아의 행위야말로 영적 통찰력을 가진 자로 묘사하고 있다. 나아가 예수에게 넉넉했던 마리아와 예수에게 인색했던 유다를 대조시킴으로써 마리아야말로 예수의 가르침을 실천한 참 제자임을 보여주고자 했다. 요한은 12장의 '마리아의 발 씻김의 행위'를 13장의 '예수의 발 씻김의 행위'의 선취적 사건으로 그리고 있다. 이 여인은 예수와 함께 놀라운 계시자의 직무를 담당하며 참 제자가 되려면 다른 사람의 발을 씻어 주라는 예수의 명령을 몸소 실천한 참 제자임을 알려준다.[6)]

---

6) 최영실, "기름 부은 여인, 그녀는 누구인가", 69.

2. 나사로를 죽이기로 모의함(9-11절)

이 대목은 나사로의 소생과 마리아의 향유 부은 사건에 대한 유대 군중들과 대제사장들의 반응을 보도하고 있다. 유대인들은 나사로가 베푼 잔치자리에 왔는데, 이는 예수를 보기 위해서 뿐만 아니라 죽었다가 살아난 나사로를 보기 위해서였다(9절). 많은 유대인들이 나사로를 인해 예수를 믿게 되자 시기심과 두려움이 생긴 대제사장들(안나스와 가야바)은 예수만이 아니라 나사로까지 죽이려고 모의하였다(10절). 이 대목을 통해 요한은 우리에게 예수는 사람을 살리기 위해 '죽음의 길'을 선택하려는데 반해, 대제사장들은 자기들이 살기 위해 예수뿐만 아니라 나사로까지 없애버리려는 '죽임의 길'을 선택하려고 함을 보여주고 있다.

3. 예루살렘 입성(12-19절)

이 기사는 사복음서에 모두 보도되고 있는데(마 21:1-11; 막 11:1-11; 눅 19:28-40; 요 12:12-19), 핵심 보도를 제외한 다른 세세한 내용들은 많은 차이를 보여준다.[7] 그 차이는 요한복음 전승이 공관복음 전승과 다르다는 데 기인하기보다는 요한이 공관복음 전승을 자신의 신학적 의도에 따라 재구성했다는 것이 필자의 생각이다.

"그 이튿날에는 명절에 온 큰 무리가 예수께서 예루살렘으로 오신다는 것을 듣고"(12절). 공관복음은 이 사건이 정확히 언제인지 밝히지 않고 있으나 요한은 "그 이튿날"이라는 말로 그 시점을 정

---

7) 가장 큰 차이점은 공관복음에서는 제자들을 보내 나귀를 끌고 오는 장면을 상세하게 보도하고 있는데 반해, 요한복음에는 이 같은 보도가 생략되어 있다는 점이다.

확히 밝히고 있다. 즉 그날은 유월절 닷새 전인 일요일에 해당한다. 그러니까 예루살렘 입성일은 한 주 후에 있을 부활절과 상응한다. 예수는 이미 사망 권세 이긴 부활한 왕이요 승리자로 예루살렘에 입성하는 것이다.

"종려나무 가지를 가지고 맞으러 나가 외치되 호산나 찬송하리로다 주의 이름으로 오시는 이 곧 이스라엘의 왕이시여 하더라"(13절). "종려나무 가지를 가지고"라는 말은 요한복음에만 나오는 말이다. 종려나무는 존경과 희열을 표시하는 식물로서(레 23:40) 승리의 상징이다(계 7:9). 마카비 혁명 때 지도자 시몬이 예루살렘에 입성할 때 백성들이 종려나무 가지를 들고 그를 환영했다고 한다(1마카 13:51). 요한은 이 표현을 사용함으로써 예수의 예루살렘 입성이 죽음을 이긴 승리의 입성임을 나타내려고 했다.

"호산나"라는 외침은 "호쉬아나"(הוֹשַׁע־נָא), 즉 "구원하소서!"("제발 구원하소서!")라는 명령형의 강조형태이다. "호산나 찬송하리로다 주의 이름으로 오시는 이"라는 외침은 시편 118:25-26의 인용으로 초막절 때 성전 성가대에 의해 불려진 '할렐 시편'(시편 113-118)에서 발견된다. 지금 군중들은 예수를 이스라엘을 회복할 다윗 왕과 같은 메시아, 즉 "이스라엘의 왕"으로 열광적으로 환호하고 있다(6:14-15).

"예수는 한 어린 나귀를 보고 타시니"(14절). 예수는 그들의 잘못된 메시아적 기대를 수정하려는 듯이 한 어린 나귀를 탔다고 보도하고 있다. 예수가 군중들이 기대하는 그 같은 메시아라면 왕이나 전쟁 시에 기마병이 타는 건장한 말을 타고 입성해야 했을 것이다(사 31:1-3; 왕상 4:26). 그런데 예수가 건장한 말 대신에 초라한 나귀를 타고 입성했다는 것은 예수의 사명이 평화와 구원에 있음을 시사한다.

"이는 기록된 바 시온 딸아 두려워하지 말라 보라 너의 왕이 나귀 새끼를 타고 오신다 함과 같더라"(15절). 메시아를 '평화의 왕'으로 묘사한 이 구절은 스가랴 9:9을 주로 인용하고 있다. 여기서 "두려워하지 말라"라는 대목은 스가랴에는 없는 말로써 스바냐 3:16에서 온 것으로 보여진다(스바냐 3:14-20은 스가랴 예언과 가까운 평행을 보여준다). 예수가 왕 또는 기마병들처럼 위풍당당한 모습으로 왔다면 예수를 두려워했을 것이나 보잘것없는 어린 나귀 새끼를 탄 겸손한 모습으로 왔기에 그를 두려워할 필요가 없다. 그는 평화의 왕으로 우리에게 오신 메시아이다.

"제자들은 처음에 이 일을 깨닫지 못하였다가 예수께서 영광을 얻으신 후에야 이것이 예수께 대하여 기록된 것임과 사람들이 예수께 이같이 한 것임이 생각났더라"(16절). 이 구절은 요한의 해설이다. 여기서 "영광을 받으신 후"라는 말은 예수가 부활한 이후를 가리킨다. 제자들은 예수가 나귀 새끼를 타고 입성한 이유를 그때에는 깨닫지 못했다가 부활절(=오순절) 이후 성령이 오셔서 가르쳐 주신 후에야 그 의미를 깨닫게 되었다(2:22; 7:39; 20:9).

나사로를 살릴 때 현장에 있었던 무리들이 예수를 증언하였고, 명절을 지키러 온 무리들이 예수의 예루살렘 입성을 맞이하자 바리새인들이 서로 이렇게 말했다. "너희 하는 일이 쓸 데 없다 보라 온 세상이 그를 따르는도다"(19절). 이 구절에 나타난 바리새인의 하소연은 요한적 아이러니의 최고의 실례이다. 하나님이 하시는 일에 인간의 온갖 방해는 무력하다. 이 구절은 예수를 따르는 군중들을 막아보려는 바리새인들의 방해공작이 한계에 이르렀음을 스스로 인정한 발언이다. "보라 온 세상이 그를 따르는도다"는 말은 다소 과장된 표현이지만 미래적인 전망을 시사한 것으로 볼 수 있다.

4. 한 알의 밀이 되신 예수(20-26절)

"명절에 예배하러 올라온 사람 중에 헬라인 몇이 있는데 / 그들이 갈릴리 벳새다 사람 빌립에게 가서 청하여 이르되 선생이여 우리가 예수를 뵈옵고자 하나이다"(20-21절). 예수의 예루살렘 입성과 이 대목 사이에는 예수의 성전정화사건이 있었다고 보여진다. 여기서 "헬라인들"은 단순히 헬라인들이거나 유월절 명절에 예배하러 올라왔다는 표현으로 볼 때 이들은 헬라어를 쓰는 유대인들로 볼 수도 있으나 유대인 예수께 직접 말을 걸지 못하는 것을 볼 때 태생 헬라인들로서 유대교로 전향한 이방인들을 가리키는 것으로 보여진다.[8)]

그들은 예수의 예루살렘 입성과 성전정화사건을 접하면서 예수를 만나보고 싶었던 것이다. 그들이 제자들과 먼저 접촉한 사실은 유대인 예수가 이방인들을 받아들일지에 대해 확신하지 못했기 때문일 것이다. 그들은 예수를 만나기 위해 헬라식 이름을 가진 빌립에게 청을 넣었고 빌립은 자신의 단짝(1:44; 6:7-8)인 동향(갈릴리 벳새다) 사람 안드레에게 이것을 말하고, 그들의 면담요청을 예수께 전한다(22절).

이때 예수는 이렇게 대답했다. "인자가 영광을 얻을 때가 왔도다"(23절). 이 구절에서 헬라인들(이방인들)의 등장은 예수의 죽음으로 인해 이루어질 보편적인 구원의 때가 이르렀음을 말하고자 하는 요한의 신학적 의도가 시사된 것으로 볼 수 있다. 헬라인들의 면담요청을 전해들은 예수는 이것이 바로 자신이 죽어 하나님께 영광을 돌릴 시간이 도래했음을 직감했다.

여기서 처음으로 "때가 이르렀음"이 말해짐으로써 12장은 "아직

---

8) 이영헌, 247; 박수암, 287.

때가 이르지 않았음"(2:4; 7:30; 8:20)을 말하는 선행하는 장들과 구별되고 있다. "영광의 때"는 예수의 죽음의 때로서 "인자의 들어올려짐"(3:14; 8:28; 12:32)을 의미한다. 예수의 죽음이 "영광"인 것은 예수가 단지 아버지께로 돌아가기 때문만이 아니라 들어올려짐(십자가에 달리심)으로 인간에게 구원과 생명을 가져다주기 때문이다.

"내가 진실로 진실로 너희에게 이르노니 한 알의 밀이 땅에 떨어져 죽지 아니하면 한 알 그대로 있고 죽으면 많은 열매를 맺느니라"(24절). 이 밀알 비유는 죽음을 통한 생명의 법칙을 말하는데, 하나님 나라의 법칙은 자연의 법칙과 같이 생명을 얻기 위해서는 필히 죽음이 뒤따른다는 것을 암시한다. 선교의 풍요로운 결실을 얻기 위해서는 예수의 죽음은 필연적이다(32절).[9]

"자기의 생명을 사랑하는 자는 잃어버릴 것이요 이 세상에서 자기의 생명을 미워하는 자는 영생하도록 보전하리라"(25절). 이 구절은 앞의 밀알 비유를 제자도(자기 생명에 대한 사랑과 미움)에 적용한 것으로 공관복음에서도 그 전승을 추적해 볼 수 있다(마 10:39; 막 8:35; 눅 9:24; 17:33).

"사람이 나를 섬기려면 나를 따르라 나 있는 곳에 나를 섬기는 자도 거기 있으리니 사람이 나를 섬기면 내 아버지께서 그를 귀히 여기시리라"(26절). 앞 절에 이은 제자도를 말하는 이 구절은 "십자가를 지고 나를 따르라"(마 16:24; 막 8:34; 눅 9:23)는 말씀과 상응한다. 아들이 아버지의 뜻을 따라 십자가를 짐으로써 아버지의 영광에 참여했듯이 제자들도 예수를 따라 십자가를 질 때 아버지께서 아들 예수의 영광에 참여케 해주시리라는 약속의 말씀이다(17:24-26).

9) 바울은 썩어지는 밀알 비유를 예수의 부활에 적용하였다(고전 15:36).

5. 겟세마네 기도 및 빛이신 예수(27-36절)

이 단락은 성전정화사건과 더불어 요한의 글쓰기를 이해하는 데 있어서 결정적으로 중요한 단서를 제공한다는 점에서 대단히 중요한 대목이다.

먼저, 요한복음에는 공관복음의 '겟세마네 기도'가 생략되어 있다는 일반적 주장에 대해 27-33절이 바로 '겟세마네 기도'와 그에 대한 요한의 해석을 말하고 있다는 것이 필자의 생각이다.[10] 다만 공관복음과 비교할 때 그 위치와 내용에서 상당히 다를 뿐이다. 그 차이는 요한이 신학적 의도를 가지고 '겟세마네 기도'를 이곳에 배치했으며, 예수의 십자가(수난과 죽음)를 예수의 부활('영광'과 '승리')의 관점에서 해석한 데 기인한다.

다음으로, 34-36절은 요한이 깊은 신학적 의도를 가지고 이곳에 배치했다는 것이 필자의 생각이다. 즉 이 대목은 유대인들의 불신앙과 빛 되신 예수를 말하는 아래 단락(37-50절)과의 전이 역할을 할 뿐만 아니라 11장(나사로의 소생장)을 준비하는 10:40-42과 상응하는 역할을 하고 있다.

---

10) "요한복음 기자가 겟세마네 장면을 예수의 영광과 그것이 수반하는 승리라는 주제의 예시라는 견지에서 이 지점으로 단순히 옮겼을 수 있다(참조. 성전정화사건을 예수의 임무에 대한 청사진적인 묘사 부분으로서 예수의 사역의 초기로 이동시킨 점)"(G. R. Beasley-Murray, 435). 필자는 자리를 이동시켰다는 점에서는 비슬리-머리와 견해가 같으나 그 이유에 대해서는 다른 생각을 가지고 있다. 요한은 근본적으로 '부활의 신학'의 관점에서 전체 구조를 짰기 때문에 '성전정화사건'이라는 중요한 사건을 20장(부활장)과 상응하는 본론의 맨 앞(2장)에 두어 부활의 관점에서 읽기를 의도했다는 점이다('역사의 해체와 재구성' 참조). '겟세마네 기도'도 같은 경우이다. 전체 구조의 절정인 11장(부활의 신학)을 중심으로 전후에 상응하는 두 장, 즉 10장과 12장(십자가 신학)을 둔 것이다. 따라서 외견상으로는 적절치 않은 곳에 위치해 있는 것으로 보이나 '역사의 해체와 재구성'의 관점에서 보면 적절한 곳에 위치해 있는 셈이 된다.

"지금 내 마음이 괴로우니 무슨 말을 하리요 아버지여 나를 구원하여 이 때를 면하게 하여 주옵소서 그러나 내가 이를 위하여 이 때에 왔나이다"(27절). "지금 내 마음이 괴로우니"라는 대목은 요한복음에서 세 차례 나타난다(11:33; 12:27; 13:21).[11] "괴로우니"에 해당하는 원어 '테타락타이'(*τετάρακται*)는 '타랏소'(*ταράσσω*)의 완료시제 수동태로서 그 의미는 '뒤흔들다', '불안하게 하다', '혼란케 하다' 등이다. 예수의 고통(타라케, *ταραχή*)은 심령의 흥분, 공포, 충격을 의미한다. 예수의 이 같은 모습은 성육신 하신 인간으로서 우리와 동일한 고통과 시험을 받았음을 보여준다(히 4:15).

필자는 요한복음에 나타난 예수를 아무런 인간적 감정도 없는 부동의 신처럼 다루려는 견해에 강력히 반대한다. 천하보다 귀한 목숨을 내놓아야 하는 상황에서 고민하지 않는 사람이 있겠는가? 그런 사람이 있다면 그는 자신(의 생명)을 진정으로 사랑하지 않는 사람이다. 문제는 죽음 앞에서 어떤 자세를 갖느냐이다.

"아버지여 나를 구원하여 이 때를 면하게 하여 주옵소서"라는 대목을 기원문으로 번역하기도 하고 의문문으로 번역하기도 한다.[12] 이 대목은 예수가 실제로 기도하기를 원했던 바를 표현한 기원문으로 읽는 것이 바람직하다. 예수는 수난과 죽음을 앞 둔 상황에서 마음이 혼란하여 아버지께 그것으로부터의 모면을 간구한다.

여기서 중요한 것은 공관복음은 "이 잔을 내게서 옮기시옵소서"(마 26:39; 막 14:36; 눅 22:42)라는 인간적 측면이 강조된 반면, 요한

---

11) 여기서 요한의 '숫자상징주의'를 고려할 때 '더 이상은 없다'는 의미의 세 차례는 예수의 인간적인 면을 완벽히 드러냈음을 암시한다.

12) 한글개역성경과 KJV은 표준 원문(Textus Receptus)의 마침표에 따라 기원문으로 번역하였다. 그러나 UBS^3판은 본문을 의문부호(;)로 마친다. 이럴 경우 "아버지여, 이때로부터 나를 구원하여 주시겠습니까?"로 번역된다. 대부분의 영역본들이 이 입장을 취하였다(RSV, JB, NASB, GNB, NIV 등).

복음은 "이 때를 면하게 하여 주옵소서"라는 시간적 측면이 강조되고 있다는 사실이다. 여기서 요한은 예수가 수난과 죽음이 없기를 바라기보다는 그것을 기꺼이 받아들이되 그때가 지금인지에 대해 아버지의 뜻을 묻고 있는 것으로 묘사하고 있다. 다음 대목이 이러한 사실을 잘 말해준다.

"그러나 내가 이를 위하여 이 때에 왔나이다." 예수는 자신이 이 세상에 온 목적과 사명을 분명히 자각했다. 이 고백은 아버지가 원하시는 때가 지금이라면 기꺼이 받아들이겠다는 결연한 의지를 반영한다. 예수의 고뇌에 찬 기도에 이은 이 같은 고백은 아버지의 뜻을 확인하고 그 뜻을 겸허히 받아들이겠다는 절대 순종의 자세이다.

"아버지여, 아버지의 이름을 영광스럽게 하옵소서 하시니 이에 하늘에서 소리가 나서 이르되 내가 이미 영광스럽게 하였고 또다시 영광스럽게 하리라"(28절). 이 구절은 겟세마네 기도를 영광의 관점에서 해석한 요한의 신학적 의도를 잘 보여주고 있다. '거룩'은 하나님의 내적 본질이고 '영광'은 하나님의 외적 현시로서, '아버지의 이름'은 주기도(마 6:9; 눅 11:2)의 첫 자리를 차지하는 가장 중요한 간구이다. 예수는 자신의 수난과 죽음이 아버지를 영화롭게 하는 것이 되기를 기원했다.

그러자 하늘에서 소리가 났다. 이 소리는 요한복음에서 하늘로부터 들려온 유일한 소리이다. 세례 받을 때(마 3:17; 막 1:11; 눅 3:22)와 변화산의 변모 때(마 17:5; 막 9:7; 눅 9:35)에 하늘로부터 들려온 소리는 모두 예수가 하나님의 아들이라는 소리였다. 공관복음과는 달리 예수의 죽음과 부활을 강조하는 요한은 바로 이 수난과 죽음의 상황에다가 하늘의 음성을 둠으로써 예수가 하나님의 아들이며 영광의 메시아임을 분명하게 드러내려는 의도를 가지고 있었음을 엿보게 한다.

"내가 이미 영광스럽게 하였고"(에독사사, ἐδόξασα)는 과거형으로, 이전의 예수의 공생애 활동이 아버지를 영광스럽게 한 행동이었음을 말하고, "또다시 영광스럽게 하리라"(독사소, δοξάσω)는 미래형으로 앞으로 있을 예수의 십자가상의 죽음과 부활과 승천을 통해 아버지와 아들이 받을 영광을 의미한다(13:31; 17:5). 이 대목은 요한의 '영광의 신학' 사상을 잘 보여준다.

하늘로부터 온 소리를 두고 무리들은 천둥이 울었다고도 하고 또 어떤 이들은 천사가 그에게 말하였다고도 하였다(29절). 여기서 '천둥과 천사'[13]는 신현(theophany)을 나타내는 묵시문학적 표현으로 무리들의 몰이해와 오해를 보여주고 있다. 예수가 하나님의 아들되심을 확인시켜 준 하늘의 음성은 예수의 십자가 사역이라는 구속사의 절정의 순간에 있었던 것으로 시의적절한 것이었다. 그런데 예수는 "이 소리가 난 것은 나를 위한 것이 아니라 너희를 위한 것이니라"고 대답한다. 즉 하늘의 소리가 무리들을 깨우치기 위한 것이었음을 강조하는 말이다(11:42).

"이제 이 세상에 대한 심판이 이르렀으니 이 세상의 임금이 쫓겨나리라"(31절). "이제"에 해당하는 원어 '눈'(νῦν)이 27절에 이어 거듭 사용된 것은 결정적인 종말적 심판이 이르렀음을 시사한다. "이 세상"은 어둠과 거짓과 죽음의 영역으로, 불신앙의 세계를 가리킨다(8:23-24; 15:18-19; 16:8-11). "이 세상 임금"은 사탄(악마)을 가리키는 어휘로, 요한복음에서 세 차례(12:31; 14:30; 16:11) 나타나는데, '숫자상징주의'에 의하면 예수 그리스도에 의한 사탄의 완벽한 패배를 암시한다고 볼 수 있다.

"내가 땅에서 들리면 모든 사람을 내게로 이끌겠노라 / 이렇게 말씀하심은 자기가 어떠한 죽음으로 죽을 것을 보이심이러라"

13) 천둥(출 19:16; 삼상 12:17-18; 시편 29:3-9; 욥 37:2-5; 겔 1:13), 천사(창 21:17; 왕상 13:18; 단 10:9; 14:33).

(32-33절). 요한복음에서 "들어올려지다"(3:14; 8:28; 12:32, 34)라는 표현은 예수의 죽음 뿐만 아니라 부활과 승천을 모두 포함한다. 특히 이 구절에서는 3:14처럼 십자가에 달리는 예수의 죽음과 관련해서 사용되고 있다. "모든 사람(판타스, πάντας)을 내게로 이끌겠노라"라는 표현은 종말론적 구원의 보편적 범위를 말하지만, 거기에는 '믿음'이라는 하나의 조건이 내포되어 있다.

"이에 무리가 대답하되 우리는 율법에서 그리스도가 영원히 계신다 함을 들었거늘 너는 어찌하여 인자가 들려야 하리라 하느냐 이 인자는 누구냐"(34절). 여기서 "율법"은 구약성경을 일컫는다(10:34; 15:25). 시편 89:37(한글개역은 36절)에 근거하여 하나님 나라의 영존처럼 메시아도 영원히 존속하리라는 생각을 갖고 있던 무리들은 메시아라고 주장하는 예수가 자신의 죽음을 언급한 것을 이해할 수 없었다. 그래서 이 인자는 어떠한 부류의 인자냐라고 물었던 것이다.

이에 대해 예수는 직접적인 언급을 피하면서 이렇게 말했다. "아직 잠시 동안 빛이 너희 중에 있으니 빛이 있을 동안에 다녀 어둠에 붙잡히지 않게 하라 어둠에 다니는 자는 그 가는 곳을 알지 못하리라 / 너희에게 아직 빛이 있을 동안에 빛을 믿으라 그리하면 빛의 아들이 되리라"(35-36a절). 이미 언급했듯이 이 구절은 유대인들의 불신앙과 빛 되신 예수를 언급하는 그 아래 대목(37-50절)을 준비하는 성격을 갖고 있는 동시에, 44-50절과 상응하는 9장(치유된 소경), 그리고 8장(세상의 빛), 나아가 11장(9-10절)과도 사상적 맥이 닿아 있다.

빛으로 오신 예수가 이 지상에 머물 시간은 얼마 남지 않았다. 그래서 빛이 있을 동안에 빛을 믿어 빛의 자녀가 되기를 마지막으로 당부하고 있는 것이다. 예수가 죽었다가 부활하여 이 지상을 떠나 하늘로 가게 되면 다시는 예수를 믿을 수 있는 기회가 없기 때문이다.

“예수께서 이 말씀을 하시고 그들을 떠나가서 숨으시니라”(36b절). 수전절에 유대인들과 기독론 논쟁을 끝내고 예루살렘을 떠나 요단 강 건너편에 숨어서 11장의 나사로의 부활을 준비하였던 것처럼(10:40-42), 바로 그 대목과 상응하는 이 대목 또한 그 같은 역할을 수행한다. 예수는 이제 유대인들과의 논쟁을 접고 수난과 부활을 준비하기 위해 깊숙이 숨었다.

정리하면, 12:1-36은 목자 강화인 10장과 상응하는 단락으로 〈구원론〉의 기초가 되는 ‘십자가 신학’을 보여주고 있다. 먼저 마리아의 향유 붓는 행동을 통해 예수의 장사를 준비하였다. 이어서 예루살렘 입성 보도와 밀알 비유를 통해 예수의 죽음의 때가 임박했음을 암시하였다. 마지막으로 겟세마네 기도 장면을 통해 인류의 구원을 위해 십자가를 지심으로 아버지의 뜻에 순종하는 아들의 모습을 보여주었다. 그리고 인자의 들리우심(십자가의 죽음)이 아버지와 아들이 영광을 얻는 것이라는 것과 예수가 지상에 머무를 시간이 얼마 남지 않았기에 빛 되신 예수를 믿을 것을 촉구하는 것으로 십자가 신학의 대미를 장식하고 있다.

제12장(37-50절)

이 단락의 핵심 주제는 9장과 마찬가지로 〈신앙론〉을 불신앙의 〈죄론〉에 기초하여 다루고 있다. 이 단락은 9-12장, 더욱 넓게는 2-12장까지의 모든 것을 요약하는 말씀으로 볼 수도 있지만, 좁게는 9장에 상응하는 단락으로 볼 수 있으며 이것이 더욱 어울린다는 것이 필자의 생각이다. '봄과 보지 못함'(44-48절)이라는 은유(신앙과 불신앙)가 갖는 일반적인 상응만이 아니라 요한복음 연구의 중요한 어휘인 출교(9:22; 12:40)의 상응, 그리고 이사야(사 6:10) 인용구절(요 12:40)에서의 '귀먹음에 대한 언급'의 삭제는 이 단락이 9장과 상응관계에 있음을 잘 보여주고 있다.

1. 유대인들의 불신앙(37-43절)

이 부분은 앞 단락의 예수의 말씀에 대한 요한의 해설로서, 요한은 유대인들의 불신앙을 선지자 이사야의 글 중 두 구절을 인용하는 것으로 자신의 논지를 개진하고 있다. "이렇게 많은 표적을 그들 앞에서 행하셨으나 그를 믿지 아니하니"(37절). "많은 표적"은 단지 2장부터 시작된 일곱 표적만을 말하는 것이 아니라 예수의 활동에 대한 관용적 표현이라고 말할 수 있다.[1)] 예언자들의 말씀을 듣기를 거부한 이스라엘 백성들처럼(겔 3:7-8; 사 1:2-3; 5:7) 예수의 사역에 대한 유대인들의 반응은 완고한 불신앙이었다. 이 구절은 지금까지의 예수의 사역이 실패한 것으로 보도하고 있는 듯 보이나 이어지는 구절들은 예수의 사역에 일부 작은 결실이 있었음을 보여주고 있다.

"이는 선지자 이사야의 말씀을 이루려 하심이라 이르되 주여 우리에게서 들은 바를 누가 믿었으며 주의 팔이 누구에게 나타났나이까 하였더라"(38절). 요한은 유대인들의 불신앙을 구약성경의 예언의 성취로 이해하고 있다. "그들이 능히 믿지 못한 것은 이 때문이니 곧 이사야가 다시 일렀으되 / 그들의 눈을 멀게 하시고 그들의 마음을 완고하게 하셨으니 이는 그들로 하여금 눈으로 보고 마음으로 깨닫고 돌이켜 내게 고침을 받지 못하게 하려 함이라 하였음이더라 / 이사야가 이렇게 말한 것은 주의 영광을 보고 주를 가리켜 말한 것이라"(39-41절).

38절은 이사야 53:1의 70인역을 정확하게 인용하고 있는 데 반해 40절은 이사야 6:10의 70인역을 정확하게 인용하지 않고 있다. 따라서 두 인용문은 한 사람에 의해 기록된 것으로 볼 수 없다는 주장이 있다.[2)] 필자는 40절이 이사야 6:10의 말씀을 정확하게 인용하지 않고 귀먹음에 대한 언급을 생략하고 백성들의 눈멂을 맨 앞에 놓은 것은 9장과의 상응을 위한 요한의 신학적 의도에 기인한다고 생각한다. 즉 요한은 이사야를 인용할 때 9장에서 소경이

---

1) 요한에게 있어서 "표적"과 "말들"(*ῥηματα, λόγοι*)은 동의어적 개념이다. R. Bultmann, 《요한복음서연구》, 497

2) R. Bultmann, 《요한복음서연구》, 497.

눈을 뜨는 것과 관련하여 육안(눈)과 영안(마음)에 해당하는 것만 인용하고 귀먹음에 대한 대목은 의도적으로 생략했다는 것이 필자의 생각이다.

이 대목에서 유대인들의 완고한 마음은 하나님이 바로의 마음을 완악하게 했다는 표현이나 바로가 자신의 마음을 강퍅하게 했다는 출애굽기의 보도를 생각나게 한다.[3] 이사야 6:9-13은 하나님께서 이사야로 하여금 선포한 메시지를 그 백성들이 깨닫고 회개하지 못하도록 귀와 눈과 마음을 멀게 했다고 진술하고 있다. 이 같은 이스라엘 백성에 대한 심판의 선언은 선지자의 경험을 반영한다고 볼 수 있다. 그러나 이스라엘 백성 가운데 "그루터기"(사 6:13)에 해당하는 "거룩한 씨"(남은 자)는 하나님께 돌아오리라는 희망 섞인 전망을 내놓고 있다.

40절의 인용문에서 그 백성의 눈멂을 맨 앞에 놓은 것은 아마도 소경된 자를 치유하심에 대한 반영과 세상의 빛으로서의 예수에 대한 강조 때문일 것이다(소경됨과 봄이라는 말로 표현된 9:39-41의 진술). 더욱이 선행하는 문단은 빛 가운데 다니라는 호소로 종결되고(35-36절), 후속하는 문단은 빛으로 세상에 온 예수를 믿으라는 명료한 호소를 하고 있다(46절). 이를 통해 요한은 유대인들로 하여금 불신앙에 대한 심판의 상황에서 뛰쳐나와 그들을 치유하는 예수께로 돌이킬 것을 요구한다.[4]

41절의 "주의 영광"은 이사야가 성전에서 본 하나님의 영광의 환상을 말하는데(사 6:3), 요한은 이사야의 환상을 그리스도의 영광

3) 바로의 마음의 강퍅해짐에 대한 모티프는 출 4-14장 사이에서 20회 나타난다. 흥미롭게도 그 사용 빈도는 둘로 균등하게 나누어진다. 열 번은 바로가 자신의 마음을 강퍅하게 한 경우이고(출 7:13, 14, 22; 8:11, 15, 28; 9:7, 34, 35; 13:15), 열 번은 하나님이 바로의 마음을 완악하게 한 경우이다(출 4:21; 7:3; 9:12; 10:1, 20, 27; 11:10; 14:4, 8, 17). 박호용, 《출애굽기 강의》, 111-112.

4) G. R. Beasley-Murray, 448-449.

에 대한 환상을 예견하는 것으로 보고 있다(요 1:14). 이사야로부터 인용된 두 구절은 완고 모티프에 의해 연결될 뿐만 아니라 들리워짐(사 6:1; 52:13)과 영광(사 6:3; 52:13 LXX) 및 죄(사 6:7; 53:12)의 주제에 의해서도 연결되고 있다. 특히 들리워짐과 영광 주제는 요한 기독론과 적절한 조화를 이룬다. 죄의 용서(사 6:7) 혹은 죄를 지고 가심(사 53:12)은 1:29, 36과 상응한다. 그리고 이사야가 하나님의 영광을 보았다는 진술은 고양된 수난의 종(사 52:13-53:12)을 생각나게 한다. 요한은 12장을 구성할 때 마음속에 종의 노래(Servant Song)를 그렸을 것이다.[5)]

"그러나 관리 중에도 그를 믿는 자가 많되 바리새인들 때문에 드러나게 말하지 못하니 이는 출교를 당할까 두려워함이라 / 그들은 사람의 영광을 하나님의 영광보다 더 사랑하였더라(42-43절). 출교와 관련된 이 구절은 9장과 12:37-50이 상응관계에 있음을 보여주는 결정적 단서를 제공한다. 관리 중에 예수를 믿은 사람을 우리는 니고데모(7:48)와 아리마대 요셉에 대해 들을 수 있다(19:38). 관리 중에 믿는 자가 많다는 진술은 보다 많은 일반인들이 예수를 믿었다는 것을 쉽게 알 수 있다.

그런데 이들이 출교가 두려워 공개적으로 예수를 메시아로 고백하지 못하고 있다고 말하고 있다. 이 같은 진술은 "회당 안에 머무른 기독교 유대인들", 곧 "숨은 기독교인들"(Crypto-Christian)이라는 요한 시대의 상황을 반영하고 있다. 요한은 이들을 경멸했다. 그 이유는 그들이 하나님의 영광보다 사람들의 칭찬을 좋아했기 때문이다(행 4:19; 5:29). 그러면서 9장의 치유된 소경 이야기를 통해 출교당하기를 기꺼이 감수한 한 사람을 소개하고 있다. 요한은 예수를 공공연히 고백하지 못함은 그들 역시 실제로 예수를 믿지 않는

---

5) D. A. Carson, 450.

것으로 판단했다. 유대인들처럼 "숨은 기독교인들"은 예수를 따르는 제자들로서보다 모세의 제자들로 알려지기를 원했다. 따라서 요한의 진술은 예수를 메시아로 고백하도록 결단을 촉구하는 무언의 호소이자 숨은 기독교인들에게 회당을 떠나도록 설득하기 위한 시도로 볼 수 있다.[6]

2. 심판과 구원(영생)에 대한 말씀(44-50절)[7]

앞 단락(37-43절)이 요한의 해설로 되어 있는 데 반해, 이 단락은 예수의 말씀을 보도하고 있다. "예수께서 외쳐 이르시되 나를 믿는 자는 나를 믿는 것이 아니요 나를 보내신 이를 믿는 것이며 / 나를 보는 자는 나를 보내신 이를 보는 것이니라"(44-45절). 동의어적 평행어법인 이 구절은 "보내진 자는 그를 보낸 자와 같다"라는 잘 알려진 유대 격언을 연상케 한다(13:20; 마 10:40; 눅 10:16). 이 대표성의 원리는 예수가 성부의 이름으로 권위있게 말하고 행동하도록 위임받은 하나님의 보냄을 받은 자라고 언급하는 반복되는 진술에서 쉽게 찾아볼 수 있다(3:31-36; 5:19-23; 6:36-40; 7:27-29, 33-34; 8:14-17, 28-29, 42-43; 10:34-36). "보는 자"(45절)라는 표현은 "믿는 자"라

6) R. E. Brown, 《요한공동체의 역사와 신학》, 85-86.

7) "예수의 자기계시 말씀으로서 문맥상 매끄럽지 못하게 연결된 대목이다. 왜냐하면 예수의 공적인 계시활동에 관한 보도는 이미 마무리되었고(36절), 예수의 활동에 대한 성과도 앞서 요약 보도되었기 때문이다(37-43절). 따라서 상황이 결여된 예수의 자기계시 말씀이 현 문맥에 잘못 연결된 것으로 보기도 한다. 원래 8장 12절이나 12장 36절 또는 12장 37절에 연결되었을 것으로 추정하기도 한다"(이영헌, 257). 이러한 주장은 제1부가 여기서 끝나는 것으로 보는 견해가 적절치 않다는 것을 반증해 준다. 여기서 주목해야 할 것은 잘 어울리지 않는 이 대목을 요한은 왜 이곳에 배치했느냐 하는 것이다. 요한은 9장과 교차대구를 이루게 하려는 의도로 이 대목을 이곳에 배치했다는 것이 필자의 생각이다.

는 말과 평행하며, '믿음으로 보는 자'를 의미한다. 요한은 예수를 믿는 일에 대해 다양한 표현을 사용하기를 좋아한다(6:40, 44, 45, 47, 51 등에서 "보기", "오기", "듣기", "믿기", "먹기" 등은 신앙이라는 하나의 실체에 대한 다양한 묘사들이다). 믿음으로 보는 일은 신자로 하여금 예수 안에서 성부를 볼 수 있게 해 준다(1:9).[8]

"나는 빛으로 세상에 왔나니 무릇 나를 믿는 자로 어둠에 거하지 않게 하려 함이로라"(46절). 이 구절은 "세상의 빛"되신 예수를 언급하는 것(8:12; 1:4, 5, 9; 3:19-21), 특히 태생소경 치유사건에 대한 전체 삽화로 되돌아간다(9:5, 39-41). 예수의 빛이 세상에 비칠 때 구원과 심판의 두 가지 특성이 나란히 나타난다. 세상에 구원을 가져오는 바로 그 빛은 세상에 심판을 야기한다.

"사람이 내 말을 듣고 지키지 아니할지라도 내가 그를 심판하지 아니하노라 내가 온 것은 세상을 심판하려 함이 아니요 세상을 구원하려 함이로라 / 나를 저버리고 내 말을 받지 아니하는 자를 심판할 이가 있으니 곧 내가 한 그 말이 마지막 날에 그를 심판하리라"(47-48절). 예수의 말씀을 듣고 지키는 일은 그 말씀에 따라 살아가는 것을 의미한다. 예수는 심판하러 오지 않았지만 예수의 활동은 심판적 의미를 띤다. 왜냐하면 예수는 하나님의 대리자로서 예수에 대한 거절은 곧 하나님에 대한 거절이기 때문이다. 따라서 예수의 말을 믿지 아니하는 자는 종말론적 의미에서 이미 하나님의 심판을 받은 것이다(3:17-18). 9:35의 인자라는 이름의 사용은 인자의 오심으로 종말 심판이 시작되었다는 의미에서 48절의 마지막 날에 심판하리라는 종말 심판의 말씀과 상응한다.

"내가 내 자의로 말한 것이 아니요 나를 보내신 아버지께서 내가 말할 것과 이를 것을 친히 명령하여 주셨으니 / 나는 그의 명령이

8) G. R. Beasley-Murray, 450.

영생인 줄 아노라 그러므로 내가 이르는 것은 내 아버지께서 내게 말씀하신 그대로니라 하시니라"(49-50절). 이 대목은 예수가 하나님으로부터 파송되었으며, 그의 메시지가 하나님으로부터 기원한다는 것을 말하고 있다. 이는 요한복음의 서론에서부터 계속된 주제이다(1:14-18; 3:31-36; 7:14-17; 8:26-29). 또한 하나님의 명령이 "영생"이라는 말씀은 그가 보낸 예수의 말을 믿는 자에게 "영원한 생명"을 준다는 것을 뜻한다(3:16; 5:19-29, 39-40; 6:38-40, 68).

예수는 자신의 말이 자의로 하는 것이 아니라 자기를 보낸 아버지께서 그에게 주신 말씀을 대언하는 것(7:16; 8:18, 28, 40)이라는 말로 자신의 가르침을 마감하고 있다. 여기서 아버지에 대한 예수의 절대적인 순종을 보게 된다. 이제 육신이 된 말씀이신 예수(1:14)는 세상 죄를 지고 가는 하나님의 어린 양으로써 절대적인 순종 속에서 십자가 죽음의 길을 걸어가게 된다.

정리하면, 12:37-40은 본론의 세 번째 단락(9-12장)을 마감하는 단락으로 심판과 구원(영생)이라는 신앙론(죄론)을 다루고 있다. 불신앙은 어둠에 거하는 죄로 이미 심판을 받은 것이며, 신앙은 빛에 거하는 생활로 구원(영생)을 가져다준다. 특히 이 단락의 중요성은 태생소경 치유사건을 보도하는 9장과 상응한다는 점에 있다.

제13장

죄로부터의 구원을 다루는 데 있어서 8장이 그 죄를 사하는 "예수는 누구인가"라는 수직적 차원의 〈기독론〉을 강조하고 있다면, 13장은 "구원받은 제자들은 어떻게 행하여야 하는가"라는 수평적 차원의 〈기독교 윤리학〉을 강조하고 있다. 고별설교[1)]가 시작되는 13장은 본론의 네 번째 단락(13-16[17]장)의 첫 장이다.

1. 세족 행위와 그 의미(1-20절)

이 단락은 고별강화, 즉 다락방 강화의 서문(1-3절), 세족 행위

1) 고별설교는 흔히 세 부분으로 나누어(13:1-14:31; 15:1-16:4a; 16:4b-33) 세 층의 설교가 있다고 생각한다. 각각에서 보혜사 본문 등 반복되는 것이 많음을 볼 때 예수의 고별설교는 여러 층이 합쳐졌다고 볼 수 있다. 하지만 최종 형태의 본문을 편집자가 그대로 남겨 놓은 것은 그것이 문학적으로 통일성이 있다고 생각했기 때문이다. 요한은 같은 내용을 반복적으로 이야기하는 것으로 잘 알려져 있다. 그래서 고별설교는 여러 층으로 되어 있다는 것도 가능하지만 현재의 본문 자체가 요한의 본래 의도였다고 보는 것이 보다 설득력이 있는 주장이다. 김동수, 《요한신학 렌즈로 본 요한복음》, 171-172.

(4-11절) 및 그 행위의 의미에 대한 해석(12-20절)으로 구성되어 있다.[2] 서문(1-3절)을 제2부 "영광의 책"(13-20장) 전체에 대한 서론으로 보는 견해도 있으나[3] 이 서문은 이어지는 다섯 장(13-17장)을 한 묶음으로 하는 다락방 강화의 서론으로 보는 것이 보다 나을 것이다.

"유월절 전에 예수께서 자기가 세상을 떠나 아버지께로 돌아가실 때가 이른 줄 아시고 세상에 있는 자기 사람들을 사랑하시되 끝까지 사랑하시니라"(1절). "유월절 전에"라는 대목은 유월절 식사를 하는 전날, 즉 유월절 양을 잡는 니산월 13일 저녁을 가리킨다. 예수의 최후의 만찬을 예수가 유월절 양 잡는 날로 삼은 것은 요한의 신학적 의도에 따른 결과이다. 아사셀 염소가 백성의 죄를 지고 광야로 내보내진 것처럼(레 16:10) 예수는 세상 죄를 지고 가는 유월절 양으로 죽었다(1:29; 19:33-36)는 것을 말하고자 하는 것과 맥을 같이 한다.

하늘로부터 땅에 온 예수는 본래 고향인 하늘로 다시 돌아갈 때(수난과 부활과 승천의 때)가 가까이 왔음을 알았다(9:4; 11:9; 12:7, 23-24, 27, 32-33, 35). 그리하여 이 세상에 온 자신의 목적, 즉 자기와 함께 한 사람들(제자들)을 사랑하되 끝까지 사랑하였다. '끝까지 사랑함'은 고별강화(13-17장)의 주제이기도 하다. 그 사랑의 범주에는 자신을 팔게 될 가룟 유다도 포함된다. 예수는 제자들의 발을 씻겨 줌으로써 제자들에 대한 예수의 마지막 헌신적인 사랑을 보여주었

---

2) 불트만은 요한이 4-5절의 간략한 기사와 12-20절의 해석으로 구성되는 하나의 자료에 6-11절의 해석을 나중에 첨가했다고 주장한다(R. Bultmann, 《요한복음서연구》, 505-507). 필자가 계속 주장하듯이 인위적인 첨삭이 아닌 현재의 본문 그대로를 가지고 요한의 의도를 생각할 때 세족 행위는 13장 전체에 흐르는 두 가지 의미, 즉 구원론적 의미와 기독교 윤리학적 의미(윤리적 모범)를 드러내려고 했다고 보아야 할 것이다.

3) R. E. Brown, *John*, Vol.2: 563.

다(15:13).

“마귀가 벌써 시몬의 아들 가룟 유다의 마음에 예수를 팔려는 생각을 넣었더라”(2절). 6장에서 유다를 마귀(70절)라고 말한 요한은 8장에서 유대인들을 가리켜 마귀의 자식(44절)이라고 하였고, 13장에서 유다의 마음속에 마귀(2절)와 사단(27절)이 들어갔다고 표현하고 있다. 육에 속한 이스라엘이 마귀의 자식이듯이 육에 속한 유다는 마귀의 자식이 되었다. 유다의 마음에 마귀가 들어가자 예수를 팔려고 하는 배신이 일어났다. 예수를 죽이기 위해 마귀는 유다를 자신의 도구로 삼았다. 예수가 제자들에게 지극한 사랑을 보여주고 있을 때 마귀는 예수와 정반대되는 배신의 활동을 은밀히 진행하고 있었다.

“저녁 먹는 중 예수는 아버지께서 모든 것을 자기 손에 맡기신 것과 또 자기가 하나님께로부터 오셨다가 하나님께로 돌아가실 것을 아시고”(3절). 이 저녁식사는 예수의 최후의 만찬이 된다. 아버지 하나님께서 심판과 구원의 모든 것을 아들 예수에게 위임하셨기에 세상이나 마귀조차도 하나님의 주권적 의지를 막을 수 없다. 1절에서 말한 하늘로의 귀향을 다시 언급한 것은 곧 다가올 예수의 죽음이 외압에 의한 것이 아니라 스스로 택한 자발성에 근거한 것임을 말하고 있다.

“저녁 잡수시던 자리에서 일어나 겉옷을 벗고 수건을 가져다가 허리에 두르시고 / 이에 대야에 물을 떠서 제자들의 발을 씻으시고 그 두르신 수건으로 닦기를 시작하여”(4-5절). 유대인들은 샌들을 신고 다녔기에 밖에 나갔다 들어오면 반드시 발을 씻어야 할 정도로 더러웠다. 베다니로부터 예루살렘까지의 먼 여행으로 인해 제자들의 발은 먼지투성이가 되어 있었을 것이다. 식사를 하기 전에 먼저 발을 씻는 것이 일반화된 관습이었다(눅 7:44). 종이 그런 일을 도맡아 했다(삼상 25:41). 그런데 본문에서는 예수가 식사 중에 일어나 제자들의 발을 씻기는 것으로 되어 있다. 이는 예수의 세족 행위가 단순히 발의 먼지를 씻기 위한 것이 아님을 시사한다.

상전의 발을 씻기는 것은 유대인 노예에게조차도 요구할 수 없는, 이방인 노예나 아내와 아이의 몫으로 남겨질 정도로 천한 일이었다. 그런데 선생인 예수가 제자들의 발을 씻긴 행위는 일반적 관례를 크게 벗어난 행위가 아닐 수 없다. 겉옷을 벗고 수건을 가져다가 허리에 두르는 예수의 행위는 그의 행위의 굴욕성을 강조한다(빌 2:7).[4] 예수가 제자들 앞에서 그런 비천한 자세를 취함으로써 끝까지 사랑하는 겸손과 봉사의 모습을 보여주었다.[5]

"시몬 베드로에게 이르시니 베드로가 이르되 주여 주께서 내 발을 씻으시나이까"(6절). 6장에 이어 시몬 베드로가 제자들의 대표자로 다시 등장한다. 여기서 "주"(퀴리오스)라는 호칭은 부활하신 그리스도를 가리키는 '주님'(Lord, 20:2-28; 21:7, 12)이라는 극존칭보다는 낮은 단순한 존칭의 '주'(lord, 9:36-38; 12:21; 20:15) 정도가 될 것이다. 이 구절은 예수의 세족 행위에 대한 시몬 베드로의 몰이해를 보여주고 있다. 감히 스승이신 예수에게 자기의 발을 씻게 할 수는 없다는 것이다.

이에 예수는 이렇게 말한다. "내가 하는 것을 네가 지금은 알지 못하나 이후에는 알리라"(7절). "이후에는"은 어느 시점인가? 요한

---

4) 세족 사건은 주님의 카타바시스(*katabasis*) 곧 '비하'를 의미하는 것으로 보여진다. 주님의 카타바시스는 십자가상에서 죽기까지 하는 비하로서, 죄와 그것에 의한 더럽힘, 그리고 속박으로부터 해방되어 하나님 나라의 생명을 얻도록 하기 위한 의도를 지닌다. 예수의 사명에 대한 이 생생한 진술은 예수의 죽음을 (영광이라는 표현과 대조되게) 비하로 본다. 여기서 아나바시스(*anabasis*, '승귀')가 직접적으로 이야기되지는 않았지만, 하나님 나라에서 그 제자들이 예수와 '상관'을 지닌다는 언급에서 그것이 가정된다. 이러한 측면에서 세족 기사는 분명히 빌립보서 2:1-11과 평행한다. G. R. Beasley-Murray, 479-480.

5) 불트만은 예수의 발 씻김 행위를 단순한 봉사가 아니라 하나님의 모습을 알리는 '계시사건'으로 보고 있다. R. Bultmann, 《요한복음서연구》, 510.

에게는 부활과 더불어 시작되는 성령강림 이후가 될 것이다. 베드로를 비롯한 제자들은 예수의 세족 행위가 갖는 희생적 죽음의 의미를 지금은 알지 못하지만(몰이해 상태) 예수께서 죽음에서 부활하신 이후에는 그 의미를 깨닫게 될 것을 시사한다(2:22; 12:16). 그 때에 성령은 제자들에게 예수의 말과 행위의 의미를 일깨워줄 것이다(14:26; 16:12-13, 25, 29-32).

"베드로가 이르되 내 발을 절대로 씻지 못하시리이다 예수께서 대답하시되 내가 너를 씻어 주지 아니하면 네가 나와 상관이 없느니라"(8절). 이 구절은 예수의 말을 아직도 이해하지 못한 베드로의 몰이해를 보여준다(막 8:32-33; 14:29). "상관"(메로스, μέρος)이라는 말은 유대인들에게는 기업, 특히 약속의 땅, 또한 종말론적으로는 하나님 나라를 분깃으로 소유하는 것과 관련되는 말이다(눅 15:12; 22:29-30; 마 24:51; 계 20:6). 여기서 예수의 이 말은 예수가 죽고 난 후에 제자들이 받게 될 몫(구원)과 관련된 말이다(14:3; 17:24). 예수와의 상관이라는 선물은 하나님 나라에서 나눌 예수와의 코이노니아(koinonia, '교제')를 의미한다.

"시몬 베드로가 이르되 주여 내 발뿐 아니라 손과 머리도 씻어 주옵소서"(9절). 나와 상관이 없다는 예수의 말에 놀란 베드로는 어린 아이처럼 손과 머리도 씻어 달라고 요청한다. 이 구절은 지나친 열정과 충동에 빠져 또 다시 예수의 말을 오해(몰이해)한 베드로의 모습을 보여주고 있다(13:37; 21:7).

그러자 예수는 이렇게 말한다. "이미 목욕한 자는 발밖에 씻을 필요가 없느니라 온 몸이 깨끗하니라 너희가 깨끗하나 다는 아니니라"(10절). 이 구절은 오랫동안 논쟁이 되어온 구절이다. 먼저 "발밖에"라는 대목이 원문에 포함되어 있는지 생략되어 있는지가 오랫동안 문제가 되어 왔다. 그리고 "씻는다"는 것에 성례전(세례와 성만찬)적 의미가 들어있는지에 대해서도 논란이 되어 왔다.[6]

먼저, "발밖에"라는 대목이 일부 고대 사본에는 생략되어 있고, 그래서 이 대목은 편집자에 의한 후대의 첨가로 보는 이들이 많다.[7] 이 주장을 택할 경우 이 대목의 의미는 이미 목욕한 자는 씻을 필요가 없는데, 그 까닭은 온 몸이 깨끗하기 때문이라는 것이다. 그러므로 손과 발을 씻는 일은 전혀 불필요하다. 예수가 발을 씻기는 행동은 예수의 대속의 죽음을 상징한다. 그것에 의해 제자들과 그들을 통해 믿게 될 모든 사람(17:20)이 죄의 용서뿐만 아니라 영원한 나라에서 예수와의 상관됨을 누리게 될 것이다.

그런데 현재의 본문을 그대로 읽어야 한다는 것이 필자의 입장이다. "발밖에"가 갖는 요한의 의도는 무엇인가를 깊이 생각해 보아야 한다. "목욕"은 전신적 씻음, 곧 예수를 믿고 중생함을 의미하고, "발씻음"은 부분적인 깨끗함, 곧 일생생활에서의 성화를 가리킨다고 볼 수 있다(딛 3:5; 엡 5:26; 히 10:22). 전자는 단회적인 것이고 후자는 반복적인 것이다. 베드로는 예수를 믿고 이미 거듭난 자이기에 발밖에 씻을 필요가 없는 것이다.[8]

"너희가 깨끗하나 다는 아니니라"라는 말은 가룟 유다에게 해당하는 말로써, 그는 예수로부터 발은 씻었지만 온 몸을 목욕한 깨끗한 자가 되지 못했다. 즉 그는 예수를 믿고 거듭난 자가 되지 못했고 결국 예수를 파는 자가 되고 말았다. 그래서 이를 두고 요한은 "이는 자기를 팔 자가 누구인지를 아심이라 그러므로 다는 깨끗하지 아니하다"(11절)라고 말했던 것이다.

한편, 이 구절에서 "씻는다"는 것에 성례전적 의미가 들어 있느냐에 대해서는 부정적인 견해가 우세하다. 우선 세족식이 성례전

---

6) 이에 대한 자세한 논의는 G. R. Beasley-Murray, 465-466, 472-474을 참조하라.
7) 이영헌, 265; 최홍진, 《요한복음》, 210; 김동수, 《요한신학 렌즈로 본 요한복음》, 176.
8) 박수암, 298.

으로 사용되었다는 증거가 신약성경에는 없고 후대의 증거도 빈약하기 때문이다. 예수가 세족식을 행한 것은 죽음에 앞서 자신의 갈 길을 제자들에게 보여준 것이며, 제자들로서는 그것을 받아들여야만 믿음이 성립하는 것이다.[9)]

1-11절까지의 세족 행위 사건은 구원론적 의미를 갖는다. 예수가 제자들의 발을 씻기는 세족 행위는 종처럼 가장 낮은 자리에까지 내려간 극단적 섬김, 즉 예수의 죽음을 통한 인간의 구원을 극적으로 보여준 상징적 행위였다. 예수의 죽음은 종으로 자기 백성을 섬기는 것이며, 그 섬김의 내용은 그들의 죄를 씻는 속죄의 제사라는 성격과 함께 하나님의 새 백성을 창조하는 새 언약의 제사라는 뜻을 갖는다.

새롭게 탄생한 하나님의 백성은 하나님과의 올바른 관계에 들어가고 이웃과도 올바른 관계에 들어간다. 이 관계를 정의하는 것이 사랑이다. 그래서 예수가 제자들의 발을 씻긴 후에 "서로 사랑하라"는 새 계명을 준 것도 그 같은 의미를 암시한다. 따라서 세족 행위의 구원론적 의미가 12절 이하에서는 기독교 윤리학적 의미로 새롭게 해석되는 것을 볼 수 있다.[10)]

제자들의 발을 씻긴 후에 예수는 그들에게 세족 행위의 의미를 이렇게 말한다. "내가 주와 또는 선생이 되어 너희 발을 씻었으니 너희도 서로 발을 씻어 주는 것이 옳으니라"(14절). 제자들은 예수를 존경하는 뜻으로 "선생님"(랍비, 1:38; 3:2; 11:28; 20:16), 또는 "주님"(6:68; 13:6, 9, 36-37)이라고 불렀다. 주와 선생이 되신 예수가 먼저 제자들의 발을 씻겨주는 모범을 보여주었다. 그렇다면 예수의 제자들 또한 예수를 본받아 서로 발을 씻어주는 섬김의 도를 다해야 할 것이다.

---

9) 김동수, 《요한신학 렌즈로 본 요한복음》, 175-176.
10) 김세윤, 169-170.

그런데 세족 행위를 통해 보여준 이 같은 예수의 모범의 배경은 공관복음에 의하면 제자들 간에 서로 누구 크냐 하는 다툼에서 비롯되었다고 말할 수 있다(마 20:20-28; 막 10:35-45; 눅 22:24-26). "내가 너희에게 행한 것 같이 너희도 행하게 하려 하여 본을 보였노라"(15절). "내가…같이 너희도"(카도스 에고…카이 휘메이스, *καθὼς ἐγὼ··καὶ ὑμεῖς*)라는 어구는 13:34의 용법("내가 너희를 사랑한 것 같이)을 상기시킨다. 요한은 예수의 세족 행위를 통해 보여준 겸손과 섬김의 정신을 기독교인들이 실천해야 모범으로 제시하고 있다.

"내가 진실로 진실로 너희에게 이르노니 종이 주인보다 크지 못하고 보냄을 받은 자가 보낸 자보다 크지 못하나니 / 너희가 이것을 알고 행하면 복이 있으리라"(16-17절). 세상 나라의 질서와는 달리 하나님 나라의 질서는 크고 귀한 자가 작고 천한 자를 섬기는, 즉 선생이 제자를, 상전이 종을, 보낸 자가 보냄을 받은 자를 섬기는 새로운 사랑의 질서에 기초한 나라이다. 이 사실을 알고 행하는 자는 복되다고 말하고 있다. 요한복음에서 "복"이란 단어는 20:29("보지 못하고 믿는 자들은 복되도다") 외에 여기에서만 나타나는데, 세족 사건이 보여주는 깊은 뜻을 알고 행하는 자는 복되다는 예수의 언명은 이 복이 얼마나 귀한 복인가를 간접적으로 시사한다.

"내가 너희 모두를 가리켜 말하는 것이 아니니라 나는 내가 택한 자들이 누구인지 앎이라 그러나 내 떡을 먹는 자가 내게 발꿈치를 들었다 한 성경을 응하게 하려는 것이니라"(18절). 이 구절은 10절의 말씀을 상기시킨다. 예수는 자기가 택한 자들이 누구며 자기를 팔 자가 누구인지를 알았다. 예수는 유다가 자기를 팔 것이라는 사실을 알았지만 그를 제자로 택한 것은 구약의 말씀(시 49:9)을 응하게 하기 위함이었다. "발꿈치를 들었다"라는 말은 말이 발꿈치를 들고 뒤로 차는 것을 가리키는 것으로 경멸이나 배신을 나타내는 말이다.

"지금부터 일이 일어나기 전에 미리 너희에게 일러둠은 일이 일어날 때에 내가 그인줄 너희가 믿게 하려 함이로라"(19절). 우리는 이와 유사한 말을 첫 번째 고별강화 끝부분(14:29)에서도 볼 수 있다. 유다의 배신행위로 인해 제자들의 믿음이 흔들리지 않도록 하기 위해 지금 미리 일러둔다는 것이다. "내가 그인줄"이라는 어구는 이미 언급했듯이(8:28) 예수가 메시아라는 기독론적 언명이다. 유다의 배신행위는 제자들의 믿음을 해치기보다는 오히려 하나님의 섭리에 따라 예수가 메시아라는 예수의 정체를 드러내고 제자들로 하여금 예수를 믿게 하는 계기가 된다는 것이다.

"내가 진실로 진실로 너희에게 이르노니 내가 보낸 자를 영접하는 자는 나를 영접하는 것이요 나를 영접하는 것은 나를 보내신 이를 영접하는 것이니라"(20절). 예수가 보낸 자(제자들)를 영접하는 자는 곧 예수를 영접하는 것이요 예수를 영접하는 것은 그를 보내신 아버지 하나님을 영접하는 것이 된다(마 10:40). 이 구절은 성부와 성자와 제자들간의 사랑의 일치를 시사한다. 따라서 제자들에 대한 미움은 예수에 대한 미움이요, 예수에 대한 배신은 곧 성부 하나님에 대한 배신행위가 된다.

2. 가룟 유다의 배신을 예고하심(21-30절)

앞 단락의 세족 행위에서 가룟 유다가 자신을 팔 것을 말했는데(11, 18절), 예수는 이로 인해 심령이 괴로웠다. 예수의 괴로움은 유다에 대한 인간적인 배신감과 연민의 정이 동시에 반영된 것으로 볼 수 있다. 이런 상황에서 예수는 이전보다 유다의 배신을 더욱 분명하게 말한다. "내가 진실로 진실로 너희에게 이르노니 너희 중 하나가 나를 팔리라"(21절). 이 말에 제자들은 서로 쳐다 보며 그가 누구인지 의심하면서 몹시 당황한다(22절).

"예수의 제자 중 하나 곧 그가 사랑하시는 자가 예수의 품에 의지하여 누웠는지라"(23절). 이러한 혼란스러운 상황에서 "사랑하는 제자"(애제자)가 처음으로 등장한다. 애제자가 누구인가에 대해서는 많은 이론(異論)이 있다. 이미 언급했지만 필자는 이상적인 제자의 모델로서의 '이상화한 사도 요한'이라고 보고자 한다. 중요한 것은 그가 여기서 처음으로 등장하는 이유는 무엇일까 하는 점이다. 전후 문맥과 관련해서 볼 때 예수를 배신하는 유다(21-30절)와 예수를 부인하는 베드로(36-38절)에 대한 참 제자상을 보여주고자 한 것이라고 것이 필자의 생각이다.[11)]

이 구절에 나오는 "품"(콜포, *κόλπῳ*)이라는 단어는 요한복음에서 아버지와 아들의 독특한 관계를 나타낼 때 사용된다(1:18). 요한은 예수와 애제자의 관계가 아버지와 아들의 관계 모델에 근거한 것을 나타내려는 의도로 이 단어를 사용했다고 볼 수 있다. 애제자가 예수의 품에 의지하여 누웠다는 표현으로 볼 때 그는 예수와 가장 친밀한 관계에 있었다는 것을 쉽게 짐작할 수 있다.

이 구절은 당시 식사 자리가 어떠했는가를 그려주고 있다. 식사 시에 유대인들은 옆으로 누워 왼팔은 몸을 받치고 오른손으로 음식을 먹었다. 세 사람이 손님일 경우 중간석이 상석이고, 그의 왼쪽(머리쪽)이 둘째 손님이, 그의 오른쪽(발쪽)이 셋째 손님이 앉는다. 이때 애제자는 예수의 발쪽에, 베드로는 머리쪽에 앉았을 것이다. 베드로가 볼 때 애제자는 예수의 품에 의지하여 누워 있는 모습으로 보였을 것이다.[12)]

"시몬 베드로가 머릿짓을 하여 말하되 말씀하신 자가 누구인지

---

11) 제자들 가운데 오로지 그 제자만이 십자가 곁에 서 있으며(19:26), 주님의 부활을 목격한 이상적 제자로 묘사되고 있다(20:8).

12) 박수암, 303.

말하라 하니 / 그가 예수의 가슴에 그대로 의지하여 말하되 주여 누구니이까"(24-25절). 베드로가 직접 묻지 않고 머릿짓을 하여 애제자에게 부탁했다는 표현을 두고 애제자가 베드로보다 더 우월하다는 것을 나타내려고 하였다는 주장을 하는 이들이 많다. 그러한 주장도 상당한 일리를 가지지만 요한복음 전체에서 볼 때 베드로의 지도권(대표자)은 변함이 없다는 것이 필자의 생각이다. 애제자가 "주여 누구니이까"라고 묻는 질문은 공관복음에서는 제자들이 직접 "주여 내니이까"라고 묻는 것으로 되어 있다(마 26:22; 막 14:19).

"예수께서 대답하시되 내가 떡 한 조각을 적셔다 주는 자가 그니라 하시고 곧 한 조각을 적셔서 가룟 시몬의 아들 유다에게 주시니"(26절). 유다는 예수가 떡 한 조각을 팔을 뻗어 건네 줄 수 있을 만한 자리에 앉아 있었다. 유다가 예수가 건네 준 떡 조각을 받자 곧 사탄이 유다의 마음속에 들어갔다(27a절)고 요한은 보도한다(막 5:12; 눅 8:30).

이에 예수는 유다를 향해 "네가 하는 일을 속히 하라"(27b절)고 하였다. 이 말은 유다가 사탄의 지시에 따라 예수를 배신했지만 이 사건의 주도권은 사탄이 아닌 예수가 쥐고 있다는 것을 시사한다(10:18; 14:30). 예수는 유다의 결단을 강요하였다. 이 말을 들은 유다는 상당히 고민했을 것이다. 회개하고 예수께 돌아올 것인지 아니면 사탄의 지시에 따라 예수를 떠날는지 이제 그의 결단만이 남았다. 사탄에 완전히 장악된 유다는 회개할 수 있는 힘을 잃고 제 길로 갔다(행 1:25).

예수의 말이 무엇을 말하는지 몰랐던 제자들은 유다가 돈궤를 맡았으므로 명절에 쓸 물건을 사라고 하신 말씀으로, 또는 가난한 자들에게 무엇을 주라는 말씀으로 생각하였다(28-29절). 여기에도 제자들의 몰이해가 나타난다. "유다가 그 조각을 받고 곧 나가니 밤이러라"(30절). 이 구절은 단순히 시간적인 서술 이상의 상징적 의미를 갖는다(눅 22:53). 유다는 어둠의 세력이 시키는 일을 하러 갔다. 빛 되신 예수를 떠난 유다의 영혼은 캄캄한 밤이었다(9:4; 11:10; 12:35). 빛이 없는 밤에 속한 그는 실족하여 넘어지고 말았다. 이 보도는 요한공동체의 독자들로 하여금 "선 줄로 생각하는 자는 넘어질까 조심하라"(고전 10:12)는 바울의 격언을 생각나게 했을 것이다.

3. 이별 예고와 새 계명 수여(31-35절)

유다가 나간 후에 예수는 참 제자들에게 다음과 같은 계시의 말씀을 하였다. "지금 인자가 영광을 받았고 하나님도 인자로 말미암아 영광을 받으셨도다 / 만일 하나님이 그로 말미암아 영광을 받으셨다면 하나님도 자기로 말미암아 그에게 영광을 주시리라"(31-32절). 헬라인들이 예수를 찾아왔을 때 하신 말씀도 인자의 영광 얻음에 관한 것이었다(12:23). 유다의 배신도 인자의 영광을 위한 것이다. 예수는 이미 영광을 얻었다고 말한다. 이 영광은 다음에 올 십자가와 부활과 승천을 가리킨다. 예수가 십자가를 지심으로 성부가 영광을 얻었다면 성부는 예수의 부활을 통해 성자에게 영광을 주신다. 성부와 성자가 서로를 영광스럽게 한다.

"작은 자들아 내가 아직 잠시 너희와 함께 있겠노라 너희가 나를 찾을 것이나 일찍이 내가 유대인들에게 너희는 내가 가는 곳에 올 수 없다고 말한 것과 같이 지금 너희에게도 이르노라"(33절). "작은 자들아"(테크니아, *τεκνία*)라는 어구는 선생이 제자들을 귀엽게 여겨 부르는 애칭으로 요한일서에 자주 나타난다(요일 2:1,12,28; 3:7, 18; 4:4; 5:21). 이미 예수는 유대인들에게 내가 가는 곳에 너희는 올 수 없다(7:34)는 말을 했는데, 이 같은 말을 지금 제자들에게 하고 있다. 그러나 그 의미는 사뭇 다르다. 그 말이 유대인들에게는 영원한 이별이 되겠지만(8:21), 제자들에게는 일시적인 이별로서 잠시 떠났다가 다시 올 것을 약속하는 말이다(14:2-3).

"새 계명을 너희에게 주노니 서로 사랑하라 내가 너희를 사랑한 것 같이 너희도 서로 사랑하라 / 너희가 서로 사랑하면 이로써 모든 사람이 너희가 내 제자인 줄 알리라"(34-35절). 이 대목은 요한복음에만 있는 말씀으로 15:12-17에서 부연되고 있다. 흔히 사도 요한을 가리켜 "사랑의 사도"라고 부르는 것은 새 계명, 곧 "서로 사랑하라"는 이 말씀에서 연유한다.

시내 언약에 따라 모세의 옛 계명(십계명)이 주어졌듯이, 새 모세인 예수는 새 언약을 따라 새 계명("서로 사랑하라")을 주었다. 이웃 사랑에 관한 계명(레 19:18)이 이미 있는데, 예수가 제자들에게 준 계명을 "새 계명"이라고 한 까닭은 무엇인가? 예수의 사랑 계명이 "새롭다"는 것은 예수의 사랑이 세족 행위(13:4-17)에서 보여주었듯이 자기 비하의 사랑, 즉 윗사람이 아랫사람을 섬기는 겸손과 십자가 죽음으로 보여준 헌신적 사랑 때문이다.

예수는 모든 계명을 두 마디로 요약하였다. 전심을 다해 하나님을 사랑할 것과 이웃을 내 몸과 같이 사랑하라는 것이다(막 12:28-31; 마 22:34-40). 세족 행위를 통해 참 사랑의 모범을 실천으로 보여준 예수는 제자들간의 '서로 사랑'을 강조했는데, 그 속에는 이웃 사랑뿐만 아니라 하나님 사랑도 전제되어 있다.[13)]

---

13) 박수암 교수는 요한 문서 가운데는 "하나님 사랑", "이웃 사랑", "원수 사랑"에 대한 언급이 없으며, 그 대신 "서로 사랑", "형제 사랑", "친구 사랑"이 강조되고 있는데, 그 까닭은 요한공동체가 배타적인 종파적 의식을 지닌 공동체였으며, 자신들을 박해하는 유대교에 대한 공동체의 굳은 결속을 촉구하려 했기 때문이라고 보고 있다(박수암, 308). 그러나 요한공동체는 폐쇄된 종파공동체라기보다는 이방인(사마리아인)을 포함한 다양한 그룹의 사람들로 형성된 공

"내가 너희를 사랑한 것 같이"의 원모델은 "아버지께서 나를 사랑하신 것 같이"에 있다. 아버지로부터 사랑을 받은 아들 예수는 그 사랑으로 제자들을 사랑하였다. 예수로부터 사랑을 받은 제자들은 이제 서로를 사랑해야 한다. 그것이 예수를 사랑하는 것이요 아버지를 사랑하는 것이다. 예수의 사랑을 가지고 제자들이 서로 사랑할 때 세상은 우리가 진정 예수의 제자인 것을 알게 될 것이다.

4. 베드로의 부인을 예고하심(36-38절)

"시몬 베드로가 이르되 주여 어디로 가시나이까 예수께서 대답하시되 내가 가는 곳에 네가 지금은 따라올 수 없으나 후에는 따라오리라"(36절). 이 구절에 나오는 "주여 어디로 가시나이까"는 센키비츠의 소설 "쿼바디스"에 의해 잘 알려진 대목이다. 네로의 박해를 피해 압비아 가도를 통해 로마를 떠나 도망가려고 한 베드로는 압비아 가도에서 십자가를 지시고 로마로 가시는 주님의 모습을 보면서 "주여 어디로 가시나이까?"(Quo Vadis, Domine?)라고 물었다고 한다.

이 구절은 33절과 연결되어 있다. 여기서 예수의 답변은 12:26의 말씀("사람이 나를 섬기려면 나를 따르라 나 있는 곳에 나를 섬기는 자도 거기 있으리니")을 상기시킨다. 이미 언급했듯이 "따르다"는 말은 제자도를 가리키는 말로서 "따름"과 "순교"는 서로 연관되어 있다(21:18-19). 얼마 안 있어("지금은") 베드로는 예수와 아무런 관계가

동체였다. 따라서 내부 결속과 외부 박해를 이기기 위해서는 "서로 사랑"이 더욱 강조되었던 것이다. 형제간의 서로 사랑이 이루어지면 그것이 곧 이웃 사랑이자 하나님 사랑이 되는 것이다(요일 4:16-21).

없다고 예수를 부인함으로써 예수를 따라 올 수가 없다(18:15-18, 25-27). 그러나 언젠가("후에는") 자신의 목숨을 버리면서까지 예수를 따를 것이다(21:15-17, 18-19).

"베드로가 이르되 주여 내가 지금은 어찌하여 따라갈 수 없나이까 주를 위하여 내 목숨을 버리겠나이다"(37절). 이 구절에서 우리는 베드로의 참 모습, 즉 예수의 말을 이해하지 못하는 그의 통찰력의 부족, 자제하지 못하는 성급한 모습, 나아가 예수에 대한 베드로의 열정적인 충성을 엿볼 수 있다. 베드로의 이 같은 장담은 공관복음에도 그대로 나타난다(마 26:31-35; 막 14:27-31; 눅 22:31-34).

베드로의 장담에 예수는 이렇게 대답했다. "네가 나를 위하여 네 목숨을 버리겠느냐 내가 진실로 진실로 네게 이르노니 닭 울기 전에 네가 나를 세 번 부인하리라"(38절). 예수는 베드로가 자기를 부인할 것을 분명하게 예고하였다. "닭이 운다"는 표현은 새벽이 왔음을 가리킨다. 안나스가 예수를 심문하는 새벽녘에 베드로는 예수를 세 번이나 모른다고 부인하였다(18:12-27). 고별설교의 서론에 해당하는 13장은 베드로의 부인 예고로 끝나고 14장부터 예수의 본격적인 고별강화가 시작된다.

정리하면, 13장은 예수가 제자들의 발을 씻기는 세족 행위를 유다의 배신과 결합시켜 〈죄론〉의 문제를 거론하는 것으로 이 장을 시작한다. 그리고 세족 행위는 예수의 대속의 죽음을 상징하는 것으로써, 이로 인한 죄로부터의 구원을 보도하고 있다. 나아가 예수의 참제자의 표징으로 "서로 사랑하라"는 새 계명을 유언처럼 제시함으로써 〈기독교 윤리학〉의 문제를 거론하고 있다.

제14장

엄밀히 말해 '고별설교'는 14장부터 시작된다.[1] 고별설교는 구약성경(또는 유대 묵시문서)에도 여러 곳에서 등장한다.[2] 예수의 고별설교와 구약의 모든 고별설교 사이에는 근본적인 차이가 있다. 후자의 경우에는 유언한 자가 모두 죽었지만 전자의 경우에는 죽었다가 다시 살아났다. 그러기에 예수의 고별설교는 부활의 빛 아래에서, 그리고 성령의 오심을 통해 재해석된, 요한의 교회를 향한 그리스도의 설교라고 말할 수 있다. 14장은 예수의 떠남과 관련된 〈종말론〉과 보혜사 성령의 사역과 관련된 〈성령론〉을 핵심 주제

---

1) 고별강화('고별설교')는 예수가 잡히던 날 밤에 마가의 다락방에서 있었다고 해서 '다락방 강화'라고도 불리운다. 고별강화의 범위에 대해 여러 견해가 있다. 넓게는 13-17장(R. E. Brown, G. R. Beasley-Murray)으로, 좁게는 14-16장(이상근)으로 본다. 13장은 강화만 있지 않고 사역에 관한 기술도 있으며, 17장은 전체가 예수의 기도문으로 되어 있다. 필자는 13장은 '고별강화의 서언'으로, 14-16장을 '고별강화의 본론'으로, 17장을 '고별강화의 결어'로 보고자 한다. 고별설교가 다섯 장으로, 그 안에 보혜사 성령 대목이 다섯인 것은 요한이 모세(모세 오경)를 염두에 두고 '다섯'이라는 '숫자상징주의'를 사용했다고 것이 필자의 생각이다.

2) 야곱(창 49장), 모세(신명기), 여호수아(수 22-24장), 다윗(대상 28-29장). 유대묵시문서("12족장의 유언서").

로 한다는 점에서 7장과 상응한다.

1. 예수의 떠나심과 다시 오심(1-14절)

"너희는 마음에 근심하지 말라 하나님을 믿으니 또 나를 믿으라"(1절). 제자들은 13장에 나오는 유다의 배신 예고(21-30절), 스승 예수의 이별 예고(31-35절), 그리고 베드로의 부인예고(36-38절)로 인해 마음에 근심이 가득했고 믿음까지 저버릴 위기에 처했다. 이 때 예수는 하나님을 믿는다면 또 자신을 믿어 달라고 하면서 동요하지 말 것을 부탁하였다. 그러면서 마음의 근심을 덜어줄 이 같은 약속의 말씀을 하였다.

"내 아버지 집에 거할 곳이 많도다 그렇지 않으면 너희에게 일렀으리라 내가 너희를 위하여 거처를 예비하러 가노니 / 가서 너희를 위하여 거처를 예비하면 내가 다시 와서 너희를 내게로 영접하여 나 있는 곳에 너희도 있게 하리라"(2-3절). 여기서 "내 아버지 집"은 무엇을 가리키는가? 하나님의 임재 장소인 예루살렘 '성전'(2:16; 눅 2:49)[3]을 가리킨다는 주장과 하나님이 계신 하늘의 도성(고후 5:1-2; 히 11:15-16; 12:22; 계 21:9-22:5)[4]을 가리킨다는 주장이 있다. 필자는 "내 아버지 집"을 이중의미를 가진, 즉 지상 성전(예루살렘 성전)과 천상 성전(하늘의 도성)으로 보고자 한다.

"내 아버지 집에 거할 곳이 많도다"는 성전에 여러 부속 건물들이 많듯이 하늘의 도성에는 제자와 신자들이 거처할 곳이 많다. 예수의 떠나심은 그 '집' 안에 제자들의 몫의 거처를 준비하기 위함

---

3) 최안나, 《예수님의 사랑》, 59; R. H. Gundry, *ZNW* (58), 68-72; C. K. Barrett, 《요한복음(2)》, 284.

4) 박수암, 313; G. R. Beasley-Murray, 496.

이다. 그러기에 이 대목에는 스승 예수의 떠남에 대해 너무 근심하지 말라는 격려가 담겨 있다.

"내가 다시 와서"에서 "예수의 다시 오심"은 무엇을 가리키는가? 요한의 이중적(다중적) 의미를 고려할 때 부활하신 주님의 나타나심, 보혜사 성령의 오심, 재림을 종합적으로 지칭하는 종말론적 표현으로 볼 수 있다.[5] 예수가 있는 곳에 제자들도 있게 하리라는 말은 제자들이 예수와 함께 사랑의 일치를 이루는 것을 뜻하는 비유적 표현이다(12:26; 17:24).

"내가 어디로 가는지 그 길을 너희가 아느니라 / 도마가 이르되 주여 주께서 어디로 가시는지 우리가 알지 못하거늘 그 길을 어찌 알겠사옵나이까 / 예수께서 이르시되 내가 곧 길이요 진리요 생명이니 나로 말미암지 않고는 아버지께로 올 자가 없느니라"(4-6절). 6절은 예수가 직접 한 말로서 이 세상에 그 어떤 말과도 비교가 되지 않는 인류 최고의 말이 아닐 수 없다.[6] 여기서 문제가 되는 것은 이 대목에 나오는 도마의 질문이 오해에 근거한 엉뚱한 질문인가 하는 점이다. 대부분 일반적인 생각은 그렇다.

하지만 필자는 이 같은 일반적인 생각과는 조금 생각이 다른데, 그것은 이 질문에는 요한의 신학적 의도가 깔려 있다는 것이다. 4절에 의하면 예수는 자신이 가는 길을 제자들이 안다(제자들도 알지 않느냐)고 분명히 말하고 있다. 도마를 비롯한 유대인들은 하나님을 만나러 가는 길은 성전의 지성소라는 것을 알고 있다는 뜻에서 예수는 그렇게 말했을 것이다. 그런 정황에서 최후의 만찬 자리라

---

5) 예수의 다시 오심을 린다스는 주님의 부활로 간주한다(B. Lindars, *Behind the Fourth Gospel,* 471). 군드리는 보혜사의 오심(14:16, 26)으로 간주한다(R. H. Gundry, *ZNW* [58], 68-72). 다드는 그리스도의 재림으로 간주한다(C. H. Dodd, *Interpretation*, 404-405).

6) "이 구절은 3:16과 더불어 요한복음의 으뜸가는 구절이다"(G. R. Beasley-Murray, 499).

는 이 중요한 순간에 도마가 스승 예수의 가는 길을 모른다고 한 발언의 진의는 무엇일까? 그것은 예수의 입에서 6절과 같은 최고의 계시의 말씀을 발설해 내게 하려는 전략적 의도에 있다고 볼 수 있다. 그러니까 도마의 발언은 아이러니(역설)라는 요한의 특유의 반어법에서 나온 것이라는 것이 필자의 생각이다.

6절에 나오는 "내가 곧 길(道)이요 진리요 생명이니…"에서 접속사 '카이'(καί)를 어떻게 볼 것이냐에 따라 해석이 달라진다. "그리고"로 번역하면 각각 "길이요 진리요 생명이다"라고 해석된다. 그런데 "길"을 강조하는 의미로 본다면 "길 곧 진리와 생명이다"라고 해석된다. 4-6절의 문맥에서 볼 때 후자의 해석이 더 어울린다. 그렇다면 예수가 가는 길은 어떤 길인가? 지상 성전으로 보면 그것은 하나님이 임재(현존)하시는 장소, 곧 '성전의 지성소'라고 말할 수 있다.

이미 언급했듯이 일곱 개의 '에고 에이미'의 비유적 용법에서 이 구절의 "길"은 성전 안의 '분향단'에 해당한다. 분향단은 '기도'를 상징하며, 기도는 구약시대에 하나님께 가는 유일한 길이다. 그리고 "진리와 생명"에서 "진리"는 부활(11:25) 또는 말씀(17:17)으로써 "진리와 생명"은 지성소의 '법궤'(언약궤)에 해당한다. 그런데 분향단이 있는 성소와 법궤가 있는 지성소 사이에는 휘장이 가로놓여 있었고 아무나 들어갈 수 없었다. 하나님의 임재 장소인 지성소에는 오직 대제사장이 홀로 일년에 한 차례 대속죄일에 짐승의 피를 가지고 들어갈 수 있었다. 그런데 예수는 분향단과 법궤 사이에 가로놓인 휘장을 십자가 보혈의 피로 여시므로 영원한 새 대제사장이 되사 우리의 '새로운 살 길'이 된 것이다(히 9:7; 10:20).

지상 성전은 천상 성전의 모형이요 그림자이다(히 8:5). 예수로 말미암아 지상 성전에서 하나님께로 가는 수평적 길이 열렸다는 것은, 그 동안 아담의 죄로 인해 하나님(하늘)께로 가는 길이 막혔는데, 이제 예수로 인해 수직적 길이 열렸다는 것을 의미한다. 예수로 인해 신자들은 누구나 천상 성전에서 하나님과 더불어 영원한 생명을 누리게 된 것이다.

모세는 참 길이 아니다. 새 모세인 예수만이 참 길이다. 오직 예수만이 하나님께로 가는 유일한 길, 곧 하늘로 가는 길이요, 진리와 생명의 길이요, 구원의 길이다. 따라서 구원으로 가는 다른 길은 없다(행 4:12). 이 구절은 예수의 자기계시에 근거한 요한의 기독론과 구원론의 최고봉이요 요약이다.[7]

여기서 한 가지 주목할 사실은 "아버지께로 '갈' 자가 없다"가 아니라 "아버지께로 '올' 자가 없다"이다. "오라"는 말은 말하는 자의 자리가 목적지일 때 비로소 가능하다. 예수는 시방 아버지를 길 저쪽 어디에 모셔 두고 그 곳을 향해 서서 말하는 게 아니라 아버지와 한 자리에 서서 이쪽을 향해 말하고 있는 것이다. 이 말은 이런 말이다. "나로 말미암지 않고는 나한테로 올 자가 없다."[8]

6절의 말씀을 통해 예수는 아버지와 한 자리에 서서 우리를 오라고 부르시는 분이요, 아버지께로 가는 길 되시는 분임을 분명히 밝혔다. 그래서 예수는 "너희가 나를 알았더라면 내 아버지도 알았으리로다 이제부터는 너희가 그를 알았고 또 보았느니라"고 말씀한 것이다. 그럼에도 불구하고 빌립은 이렇게 요청했다. "주여 아버지를 우리에게 보여 주옵소서 그리하면 족하겠나이다"(8절).

빌립의 이 같은 요청은 모든 종교의 신비가들(유대교 신비가, 기독교 영지주의자, 직접적인 하나님 체험을 갈망하는 자들)이 궁극적으로 열망하는 것이다. 모세는 시내산에서 "주의 영광을 내게 보이소서"(출 33:18)라고 요청하였다. 그러자 하나님은 "네가 내 얼굴을 보지 못하리니 나를 보고 살 자가 없음이니라"(출 33:20)라고 대답한다.

---

7) 이영헌, 276.
8) 이현주, 264.

그럼에도 불구하고 모세는 여호와의 영광이 그를 지나갈 때 하나님의 등을 힐끗 보도록 허용되었다(출 33:23). 영안이 어두웠던 빌립은 예수 안에서 하나님의 영광, 은혜, 진리를 보지 못했다(1:18).

예수의 답변은 이러하다. "나를 본 자는 아버지를 보았거늘 어찌하여 아버지를 보이라 하느냐"(9절). 이 말은 예수를 본 것이 곧 하나님을 본 것이다, 그러니까 더 이상 하나님을 딴 곳에서 찾지 말고 나를 통해서 하나님을 만나라는 말이다. 이어서 말한다. "내가 아버지 안에 거하고 아버지는 내 안에 계신 것을 네가 믿지 아니하느냐 내가 너희에게 이르는 말은 스스로 하는 것이 아니라 아버지께서 내 안에 계셔서 그의 일을 하시는 것이라"(10절).

"내가 아버지 안에 거하고 아버지는 내 안에 계신 것"이라는 말은 15장 포도나무 강화가 잘 말해주듯 아버지와 아들 간의 상호 거주를 통한 완전한 일치를 표현한 말이다(11절에서 반복). 예수가 하는 말들은 자기 자신에게서 나온 것이 아니라 아버지로부터 들은 것들이며(8:26), 아버지께로부터 위임받은 것들(12:49-50)이다. 만일 아버지와 아들의 상호 거주를 믿지 못하겠거든 예수가 행한 여러 일들, 즉 표적들을 보고서라도 아들을 믿으라는 것이다.

그러면서 예수는 "나를 믿는 자는 내가 하는 일을 그도 할 것이요 또한 그보다 큰 일을 하리니 이는 내가 아버지께로 감이라"(12절). 아들 예수가 행한 일은 그 무엇과도 비교가 되지 않는 유일한 일이다. 예수의 죽음과 부활을 능가할 일은 아무 것도 없다. 그러나 "그보다 큰 일"이란 육신의 제한성을 지닌 예수가 공생애 때 행한 것을 능가하는 일, 곧 그가 떠난 후 보혜사 성령의 충만을 입은 제자들에 의한 복음의 세계적인 전파와 능력의 역사들은 말한다.

"너희가 내 이름으로 무엇을 구하든지 내가 행하리니 이는 아버지로 하여금 아들로 말미암아 영광을 받으시게 하려 함이라 / 내 이름으로 무엇이든지 내게 구하면 내가 행하리라"(13-14절). '에고 에이미' 말씀인 "내가 곧 길이다"는 성전 내의 분향단을 상징하며, 분향단은 기도를 의미한다고 이미 언급했다. "내 이름으로 무엇이든지 구하라"는 언급은 분향단(기도)과 관련된 말씀으로 고별설교인 여기서 처음으로 등장한다는 점에서 대단히 중요한 의미를 지닌다. "예수의 이름으로 하는" 기도에 나타난 예수의 역할은 하나님과 그의 백성을 중재하는 대제사장적 중보자로서의 역할이다.

여기서 예수는 이 세상을 떠나 부활, 승천, 승귀를 통하여 믿는 자들의 기도의 대상이 되었다. 선포자(the proclaimer)가 선포되신 자(the proclaimed)가 된 것이다. 지금까지는 아버지께 구하였으나 이제부터는 아들의 이름으로 구하면 그 기도를 들어주겠다는 것이다. 예수는 자신이 기도를 받고 자신이 응답을 행하겠다고 한다. 이제 부활의 주님은 하늘에서 제자들의 기도를 들으시고 과거보다 더 큰 일을 행함으로 아버지로 하여금 영광을 받도록 한다(17:4). 부활을 통하여 하늘과 땅의 모든 권세를 쥔 부활의 주님은 무엇이든지, 어디에서나, 어느 때나 자신의 이름으로 구하면 들어주겠다는 약속의 말씀을 하고 있다.

2. 보혜사 성령과 부활하신 주님의 사역(15-26절)

"너희가 나를 사랑하면 나의 계명을 지키리라"(15절). 이 구절은 앞 장에서(13:34-35) 예수가 제자들에게 준 새 계명, 곧 "서로 사랑하라"는 계명을 지키는 것이 예수를 사랑하는 것이라는 말씀이다. 제자들 간의 서로 사랑이 예수의 제자의 징표이기 때문이다. 사랑은 순종하게 하고, 순종은 사랑하게 한다. 예수를 사랑한다면 예수가 가르쳐 준 새 계명의 말씀을 지켜야 한다.

이어서 갑자기 새로운 주제로 넘어간다. 새 주제는 보혜사(파라클레토스)를 보내주겠다는 예수의 약속이다. "내가 아버지께 구하겠으니 그가 또 다른 보혜사를 너희에게 주사 영원토록 너희와 함께 있게 하리니 / 그는 진리의 영이라 세상은 능히 그를 받지 못하나니 이는 그를 보지도 못하고 알지도 못함이라 그러나 너희는 그를 아나니 그는 너희와 함께 거하심이요 또 너희 속에 계시겠음이라"(16-17절). 요한복음에 나오는 다섯 개의 보혜사 말씀(14:16-17, 26; 15:26; 16:7-11, 13-15) 중에 이 대목은 첫 번째에 해당한다.

"보혜사"로 번역된 '파라클레토스'(*παράκλητος*)는 "곁으로"(*παρα*), "불리운 자"(*κλητός*)란 뜻으로, 헬라 사회에서, 특히 재판 시에 피고인을 돕기 위해 부름 받은 자, 즉 변호인, 법률 자문자, 또는 조력자를 뜻했다. 요한복음에서는 제자들을 위로하거나 제자들의 임무 수행을 돕는다는 뜻에서 '위로자' 또는 '협조자'로 번역할 수 있다. 보혜사 성령이 "또 다른 보혜사"로 소개되고 있다는 점에서 예수 자신이 또한 보혜사임을 암시한다. 예수가 제자들에게 보혜사로 역할을 했듯이(요일 2:1, 한글개역성경은 '대언자'로 번역) 보혜사 성령은 예수를 대신해서 제자들에게 또 한분의 보혜사(제2의 보혜사)가 될 것이다.

또한 보혜사가 17절에서 "진리의 영(*πνεῦμα*)"으로 표시되는데, 26절에서는 더욱 분명하게 "성령"으로 표시되고 있다. 보혜사는 진리를 증언하고(요일 5:6) 제자들을 진리로 인도하는(16:13) 역할을 한다. "진리"는 계시의 총체적 개념으로 예수 자신이 "진리"(14:6)로 표시된다. 예수는 "진리의 영" 안에서 함께 하며 다시 오신다.[9]

세상이 아들을 영접하기를 거부했듯이(1:10-11), 세상은 성령을 받아들일 수 없다(8:44; 요일 4:3-4). 당시 유대교는 성령의 역사를

---

9) "영"과 "진리"의 결속관계에 관한 언급은 4:24; 15:26; 16:13; 요일 4:6; 5:6에서 볼 수 있다.

믿지 않았다. 그들은 성령의 존재는 인정하고 그것이 하나님의 영이라는 것을 알고 있었으나 그러한 영은 이미 에스라와 말라기 시대 이후 끊어졌다고 생각했다. 세례 요한의 제자들은 성령이 있음도 듣지 못했고(행 19:2), 바리새인들은 성령을 훼방하고 있었다(막 3:29).

그러나 세상에 속하지 않은 제자들은 성령을 받았기 때문에 그 성령을 알 수 있는 능력을 가지고 있다(요일 3:24; 4:13). 여기서 주목할 것은 전치사 "함께"(*παρα*)와 "속에"(*ἐν*)이다. "함께"는 성령의 인격적 임재를 가리키고(8:38; 14:23; 17:5), "속에"는 성령의 내주를 가리킨다. 고별강화에 나오는 보혜사의 여러 기능은 '제자들과 함께 거함'이라는 기본적인 기능에서 근원한다. 보혜사는 제자들과 인격적 관계를 맺고(14:16-17), 제자들에게 예수의 말씀을 가르치고 생각나게 하고(14:25-26), 예수를 증언하고(15:26), 세상을 책망하고(16:8-11), 모든 진리 가운데로 인도한다(16:13).

"내가 너희를 고아와 같이 버려두지 아니하고 너희에게로 오리라"(18절). 이 구절은 예수의 재림보다는 다음 절과 관련해 볼 때 예수의 죽음과 부활을 시사한 약속의 말이다. "조금 있으면 세상은 다시 나를 보지 못할 것이로되 너희는 나를 보리니 이는 내가 살아 있고 너희도 살아 있겠음이라"(19절). "조금 있으면"은 예수의 죽음과 관련된 표현이다(13:33). 그러나 이 표현은 예수의 죽음만이 아니라 다음 대목과 관련해 볼 때 부활한 주님과의 만남을 말하고 있다. 17절의 내용처럼 믿음의 눈을 갖지 못한 세상은 부활의 주님을 보지 못하지만 성령에 의해 믿음의 눈을 갖게 된 제자들은 부활의 주님을 선물로 받게 될 것이다.

"그 날에는 내가 아버지 안에, 너희는 내 안에, 내가 너희 안에 있는 것을 너희가 알리라"(20절). "그 날에는"이란 말은 원래 그리스도의 재림과 관련된 최후의 날을 가리키지만(막 13:32), 현 문맥에서는 예수의 부활과 그 이후 시간을 가리키는 종말론적 표현이다(16:23, 26). 예수의 부활은 불가분의 관계에 있는 죽음과 더불어 그 나라의 "표적들"을 세상에 드러내는 종말론적 사건이다. 예수는 제자들과 재회하시며(18절) 그들과의 관계를 새롭게 하기 위해 부활절에 오신다.[10)]

앞의 10-11절에서는 아버지와 아들의 상호 내주를 말했는데, 이 구절에서는 아버지와 아들과 제자들이라는 삼중의 상호 내주(함께 거함)를 말하고 있다. 아들을 중보자로 해서 아버지와 그의 백성인 제자들(교회)이 상호 내주하는 것을 말하고 있다. '서로에게 거한다'(메네인, *μένειν*)는 말은 고별강화에서 계속되는 주요 주제로서 가장 친밀한 관계를 언급하는 표현이다.

"나의 계명을 지키는 자라야 나를 사랑하는 자니 나를 사랑하는 자는 내 아버지의 사랑을 받을 것이요 나도 그를 사랑하여 그에게 나를 나타내리라"(21절). 부활 이후 제자공동체는 사랑을 바탕으로 하는 공동체요 사랑 안에서 성장되어 가는 공동체이다. 이 공동체의 유지와 성장을 위해서는 예수가 가르쳐 준 새 계명("서로 사랑하라")을 지키는 것이 전제되어 있다. 15절에서처럼 예수를 사랑한다면 그의 계명을 지켜야 한다. 아버지는 예수를 사랑하고 그에게 순종하는 자 안에 거하신다. 그리고 예수는 자기가 준 새 계명을 지키고 자기를 더욱 믿고 사랑하는 자에게 자신을 더욱 구체적으로 열어 보여준다.

"가룟인 아닌 유다가 이르되 주여 어찌하여 자기를 우리에게는 나타내시고 세상에는 아니하려 하시나이까"(22절). "가룟인 아닌 유다"라는 말은 "가룟 시몬의 아들 유다"(6:71)가 아니라는 것을 가리킨다. 여기서의 "유다"는 "야고보의 아들"(눅 6:16; 행 1:13) 또는

---

10) G. R. Beasley-Murray, 508-509.

"다대오"(막 3:18; 마 10:3)라 불리는 사도와 동일 인물로 추정되기도 한다. 유다의 질문은 예수께 당신이 메시아라면[11] 세상 나라들을 심판하고 하나님 나라의 영광을 드러내는, 세상을 놀라게 하는 그러한 사건을 왜 일으키지 않느냐는 것이다.

이에 예수는 21절의 말씀(아버지의 사랑을 받으려면 아들의 계명을 지켜야 한다)을 다시 반복하면서 "우리가 그에게 가서 거처를 그와 함께 하리라"(23절)고 대답한다. 여기서 "거처"(모네, *μονή*)는 "거할 곳"(모나이, *μοναί*)를 생각나게 한다(14:2-3). 성부와 성자가 함께 거하심은 재림을 통해 이루어지는 종말론적 구원의 최종목표이다(겔 37:26-27; 슥 2:10; 계 21:3). 따라서 이 말씀은 제자를 포함한 모든 성도들이 이 세상에서의 성령의 영적 임재뿐만 아니라 앞으로 있을 재림을 통한 하나님 나라에서의 영원한 동거를 뜻한다.

"나를 사랑하지 아니하는 자는 내 말을 지키지 아니하나니 너희가 듣는 말은 내 말이 아니요 나를 보내신 아버지의 말씀이니라"(24절). 이미 언급한 말(15, 21절)을 여기서 또 다시 반복 강조하고 있다. 예수를 사랑하는 제자라면 가까이 있는 제자들끼리 "서로 사랑하라"는 새 계명을 지켜야 한다는 것이다. 예수가 준 이 같은 새 계명의 말은 자신에게서 나온 말이 아니라 자기를 보낸 아버지께서 주신 말씀을 대신 전하는 것이라고 말하고 있다. 여기서 또 다시 아버지와 아들의 일체(하나됨)를 엿보게 된다.

"내가 아직 너희와 함께 있어서 이 말을 너희에게 하였거니와"(25절). 이 구절은 14-16장의 최후의 강화에서 자주(7회) 나타나는 문구이다(15:11, 17; 16:1, 4, 25, 33). 이 구절은 세상에서의 예수의 가르침의 사역이 종결되고 이제 이별의 시점에 이르렀음을 시사한다.

"보혜사 곧 아버지께서 내 이름으로 보내실 성령 그가 너희에게

---

11) 메시아의 출현에 대해서는 사 9장, 11장, 슥 9장, 합 3:3-15을 참조하라.

모든 것을 가르치고 내가 너희에게 말한 모든 것을 생각나게 하리라"(26절). 이 구절은 요한복음의 성령에 관한 다섯 개의 대목 중 두 번째 대목이다. 여기서 "성령"은 예수의 "이름으로" 아버지께서 보내주신다고 함으로써 성령의 파견이 아들의 파견에 연관됨을 시사하고 있다(갈 4:4-6).

보혜사 성령의 중요한 사역은 예수가 가르치는(7:16-17, 28; 8:28) 사역을 하셨듯이 성령도 제자들을 가르치실 것이고, 예수가 가르친 모든 것을 "생각나게 하는"(휘포밈네스코, *ὑπομιμνήσκω*) 일이다. "생각나게 한다"라는 말의 보다 단순한 형태인 '밈네스코'(*μιμνήσκω*)는 '기억하다'는 의미를 가진 수동태로 사용된다. 이 용어는 요한복음에서 중요한 두 구절에서 발견된다(2:19; 12:16), 제자들은 예수께서 부활하신 후에야 예수께서 하신 말씀을 기억하고 생각할 수 있었다.[12] 그것은 예수의 부활을 통해 성령이 그들에게 임했기 때문이다.

3. 평안의 약속(27-31절)

"평안을 너희에게 끼치노니 곧 나의 평안을 너희에게 주노라 내가 너희에게 주는 것은 세상이 주는 것과 같지 아니하니라 너희는 마음에 근심하지도 말고 두려워하지도 말라"(27절). 평안을 언급하는 이 구절은 14장의 시작부(14:1)와 관련되며, 15-16장의 고별강화의 결론(16:33)과도 관련된다. "평안"(에이레네, *εἰρήνη*)은 히브리어의 샬롬(שלום)의 번역어이다. "샬롬"(20:19)은 유대인들이 만날 때

12) 구약에서 "기억하다"라는 단어는 139구절이 나오는 데, 특히 신명기에서 출애굽("너는 기억하라 네가 애굽 땅에서 종이 되었더니…")과 관련해서 15구절이나 나타날 만큼 중요하게 다루어지는 단어이다.

나 헤어질 때 하는 인사말이다(삼상 1:17; 20:42; 29:7). 그런데 여기서 예수가 하는 "평안"의 말은 종말론적 구원 개념으로써 예수는 이것이 있게 하기 위해 세상에 왔고, 떠났다가, 다시 올 것이다.[13]

로마의 첫 번째 황제였던 아우구스투스는 '로마의 평화'(Pax Romana)를 외치면서 '아라 파시스'(Ara Pacis), 곧 '평화의 제단'을 세웠다. 그러나 거기에는 평화의 구호만 있었을 뿐 진정한 평화는 없었다. 예수가 오심으로 이 땅에 진정한 평화가 임했던 것이다(눅 2:14). 세상이 주는 평안은 재물, 지위, 권력과 같은 환경에서 오는 일시적이고 피상적인 평안일 뿐이다. 예수가 주는 평안은 하나님과의 화목에서 오는 진정한 평안(롬 5:1)이자 성령이 주는 하나님 나라에 속한 항구적인 평안이다(14:17).

"내가 갔다가 너희에게로 온다 하는 말을 너희가 들었나니 나를 사랑하였더라면 내가 아버지께로 감을 기뻐하였으리라 아버지는 나보다 크심이라"(28절). 이 구절에서 예수가 제자들을 떠나 아버지께 가는 것을 기뻐할 일이라고 한 것은 그것이 예수가 존귀와 영광을 얻는 길이자 성령의 오심으로 복음이 온 세상에 전파되는 일이기 때문이다.

"아버지는 나보다 크심이라"는 진술은 교회사에서 줄곧 논쟁이 되어 왔던 대목이다. 이 진술은 아들이 아버지보다 지위가 낮거나 못하다는 뜻이 아니다(1:1; 5:26; 10:30; 17:5). 이 진술은 성자의 성부에 대한 순종(4:34; 8:29), 그리고 성부 안에 있는 것으로서의 성자의 계시와 구속에 있어 중개 역할의 기원과 결말(1:14, 18; 5:21-27) 및 그의 사역(5:19; 12:48-49)의 모든 측면에서 성자가 성부께 의존한다고 말하는 제4복음서의 수많은 표현들과 일치한다.[14]

---

13) 메시아가 '평화를 가져오는 자'로 여기는 관념에 대해서는 사 9:6-7; 52:7; 57:19; 겔 37:26; 학 2:9; 행 10:36; 롬 14:17을 참조하라.

14) G. R. Beasley-Murray, 514; "아버지는 아들의 존재의 근원이 되는 '신성의 원

"이제 일이 일어나기 전에 너희에게 말한 것은 일이 일어날 때에 너희로 믿게 하려 함이라"(29절). 이 구절은 13:19과 관련해서 볼 때 한 제자의 배신으로 인한 예수의 임박한 죽음을 반영하고 있다. 즉 이 강화가 예수가 장차 당할 일을 미리 예언한 고별설교에 속하는 강화임을 암시한다. 그리하여 예언이 성취되었을 때 예언의 진실성을 믿게 될 것이다.

"이 후에는 내가 너희와 말을 많이 하지 아니하리니 이 세상의 임금이 오겠음이라 그러나 그는 내게 관계할 것이 없으니"(30절). 14장의 강화를 끝내면서 예수는 "이 세상 임금"인 마귀에 대해 말한다(12:31; 요일 5:19). 가룟 유다는 마귀의 하수인일 뿐이다(막 14:41). 마귀의 하수인인 가룟 유다는 예수를 넘기기 위해 올 것이다. "그러나 그는 내게 관계할 것이 없으니"라는 말은 예수의 체포와 수난과 죽음이 마귀나 그 누구에 의해 일어나는 것이 아니라 오직 아버지의 뜻에 따른 예수의 자발적인 선택에 의한 결과임을 말한다(10:18).

"오직 내가 아버지를 사랑하는 것과 아버지께서 명하신 대로 행하는 것을 세상이 알게 하려 함이로라 일어나라 여기를 떠나자"(31절). 이 마지막 구절에서 예수는 고별강화의 목적을 밝히고 있다. 그것은 자신이 아버지를 사랑했다는 것, 그리고 아버지의 뜻에 순종했다는 것(8:28; 10:18; 12:49)을 세상이 알게 하려는 데 있다는 것이다.

마지막 대목인 "일어나라 여기를 떠나자"라는 진술은 마가 14:42을 반영하며, 일반적으로 수난설화가 시작되는 18:1과 자연스럽게 연결된다고 보고 있다.[15] 이러한 주장은 현재의 장들의 배열 순서

천'(fons divinitatis)이다. 아버지는 보내시고 명령하는 하나님이시고 아들은 보내심을 받고 복종하는 하나님이다"(C. K. Barrett, 《요한복음(2)》, 305).

15) 14:31이 18:1에 연결된다면 15-17장은 어떻게 보아야 할 것인가? 이에 대해

를 바꾸어야 한다는 생각을 갖게 하거나, 복음서가 연대기적 순서로 되어 있어야 한다는 고정관념으로 인해 이중 편집의 문제를 거론하게 되는 결과를 빚었다. 그런데 필자는 이와 생각이 다르다. 요한은 왜 현재와 같은 배열을 했을까를 먼저 생각해 보아야 한다는 것이 필자의 생각이다.

분명히 논리적으로 볼 때 현재의 배열은 어색하다. 그러나 이것은 요한의 특성, 곧 역사의 해체, 특히 장소(공간)의 해체를 보여주는 좋은 실례이다. 예수께서 14장의 강화를 끝내고 18장의 수난으로 나아갔는지, 아니면 그 장소에서 강화를 계속했는지, 아니면 장소를 옮겨 강화를 계속했는지는 모를 일이다. 요한은 우리가 생각하는 합리적인 생각을 가지고 고별설교를 연대기적 순서로 배열(편집)하지 않았고, 그런 것에는 거의 관심이 없었다. 그는 단지 들려주고 싶은 메시지를 위해 신학적 주제에 따라 자기 앞에 놓인 전승들을 배열하고 편집했을 뿐이라는 것이 필자의 생각이다.

정리하면, 14장은 예수의 떠나심과 다시 오심이라는 〈종말론〉과 예수의 사역을 대신할 보혜사 성령의 도래라는 〈성령론〉을 다루고 있다. 제자들은 스승 예수의 떠나심에 대해 근심하고 두려워하나 예수는 평안을 선포하면서 자신의 떠나심이 갖는 두 가지 의미를 설명하고 있다. 하나는 예수의 떠나심은 그들을 위한 하늘의 거처를 마련하는 일이요 또 하나는 예수의 떠나심은 자신의 사역을 대신할 성령의 도래를 의미한다는 것이다.

브라운은 이러한 제안을 내놓았다. 현재의 요한복음은 두 단계의 출판이 있었다. 첫 출판은 14장만을 다락방 강화(제1고별설교)로 가지고 있는 형태였고, 두 번째 출판은 현재의 15-17장이 첨가된 형태의 것이었다는 것이다. 요한복음의 두 번째 출판자는 유대교의 기독교 박해라는 당시의 상황과 교회의 필요성에 의해 14장에 없는 예수의 다락방 강화 말씀을 수집하여 첨가했다는 것이다. 15-17장이 역사적 예수의 다락방 전승에서 온 것이라는 것은 이 부분이 14장과 많은 평행을 가진 점에서 확인되고 있다는 것이다. R. E. Brown, *John*, Vol.2: 589-591.

제15장

고별설교로 일컬어지는 13-16장은 서언(13:1-30)과 제1고별설교(13:31-14:31), 그리고 요한에 의해 남겨진 자료로 작성되고 원 설교에 대한 부연인 제2고별설교(15-16장)로 이루어져 있다.[1] 두 개의 고별설교가 하나의 설교로 통합되지 않고 요한복음 안에서 나란히 배치된 일이 어떻게 발생했는가에 대해 많은 질문들이 제기되었다.[2] 필자는 요한이 전승 자료를 연대기적 순서로 배치하기보다는 신학적 주제에 따라 장들을 전반부(2-11장)와 후반부(12-20장)가 상응하게 배열하다보니 현재와 같은 순서로 배치되었다고 생각한다.

---

1) 이에 대한 자세한 논의는 G. R. Beasley-Murray, 456-458을 참조하라.

2) 버나드는 15-16장, 13:31-38, 14장과 17장의 순서를 제안했다(J. H. Bernard, *A Critical and Exegetical Commentary on the Gospel According to St. John*, Vol.1: xx). 불트만은 17장, 13:31-35, 15-16장, 13:36-38, 14장 순서를 제안했다(R. Bultmann, 《요한복음서연구》, 501-699). 박수암은 15-17장은 14장보다 후기에 기록된 것이라고 보면서 이렇게 주장한다. "14장 강화만 가진 요한복음이 출판된 후 요한공동체는 얌니아 회의의 결과로 인한 유대교의 박해를 경험했고, 이런 박해 속에서 요한공동체의 한 지도자는 그 상황에 맞는 예수의 다락방 강화 말씀들을 더 수집 첨가하여 현재와 같은 긴 다락방 강화가 이루어졌을 것이다"(박수암, 328).

15장의 포도나무 강화는 좁게는 성례전, 넓게는 〈교회론〉이라는 틀 안에서 보아야 그 의미를 제대로 파악할 수 있다. 15장은 포도나무 강화를 통한 예수와 제자 간의 일치, 그리고 이어지는 제자와 세상과의 관계를 말하고 있다는 점에서, 성만찬이 갖는 예수와 제자 간의 일치, 그리고 이어지는 떡 강화 말씀에 대한 제자들의 반응을 말하는 6장과 상응한다. 6장은 성만찬을 통해 새 언약의 말씀을 하고 있고, 15장은 포도나무 강화를 통해 새 언약의 말씀을 하고 있다는 점에서 6장과 15장은 상응한다.[3)]

1. 포도나무 강화(1-17절)

이 단락은 포도나무 강화(1-8절)와 그 강화에 대한 적용(9-17절)으로 나누어진다. 이 두 부분은 아버지(1절과 9절), 거하다(4-8절과 9-10절), 기도 모티프(7절과 16절) 등으로 서로 연결되어 있다. 이 단락에는 "안에 거하다"(메노 엔, *μένω ἐν*)와 "열매를 맺다"(카르폰 페로, *καρπὸν φέρω*)라는 두 핵심 어구가 강화 전체에 나타난다.

"나는 참 포도나무요 내 아버지는 농부라"(1절). 이 구절에 나오는 '에고 에이미' 말씀은 일곱 개의 비유적 용법 중 마지막 것이다. 그리고 부가적인 보어("내 아버지는 농부라")가 결합된 유일한 구절이다.

---

3) 포도나무와 가지라는 형상은 자연스럽게 "포도나무에서 난 것"에 관한 관례의 말씀들을 회상시키는데, 예수는 그것을 자신의 제자들에게 주었지만, 아마도 자신은 다시는 그것을 마시지 않았을 것이다(막 14:25). 그리스도의 살과 피를 나눈다는 견해(고전 10:16-17)는 당연히 죽으시고 살아나신 그리스도와의 하나됨이라는 개념을 수반하는데, 그것은 포도나무 비유의 중심 주제이다. 그 비유와 최후의 만찬과의 유사성은 요한의 후계자와 그의 교회들이 그 비유와 성만찬의 내적 관계를 인식하고 있었음을 시사한다. G. R. Beasley-Murray, 526-527.

“포도나무” 또는 “포도원”은 구약에서 흔히 이스라엘을 가리키는 은유로 자주 사용되었다(호 10:1-2; 사 5:1-7; 렘 2:21; 겔 15:1-5; 17:1-21; 19:10-15; 시 80:8-18). 하나님의 백성에 대한 은유로서 포도나무가 사용된 것은 유대교 문헌(제2바룩서 39:7; 집회서 24:17)과 공관복음(막 12:1-11; 마 20:1-16; 눅 13:6-9)에서 계속된다. 요한의 포도나무 비유는 예수와 제자들의 관계에 대한 묘사로서, 우선적으로 구약과 유대교 배경에서 이해되어야 한다.

구약에서 역사상의 이스라엘이 포도나무 혹은 포도원으로 묘사되는 모든 경우에, 그 나라가 부패, 또는 좋은 열매를 맺는 일에 실패했기 때문에 하나님의 심판 아래 놓이게 되었다(사 5:1-7; 렘 2:21). 그러므로 예수를 참 포도나무로 묘사하는 것은 주로 포도나무인 이스라엘이 하나님을 위해 열매를 많이 맺는 소명을 달성하는 일에 있어 실패한 일과 대조된다.

예수를 “참 포도나무”라고 말하는 것은 “참 이스라엘”이라는 말로서, 이는 옛 이스라엘에 대조되는 “새 이스라엘”을 시사한다. “내 아버지는 농부라”는 말은 농부되신 성부께서 이 비유의 배경이 된다는 것을 암시한다(2, 6, 8, 9, 10절). 이 비유에서 성자와 신자의 관계는 성부와 성자의 관계에 대한 모형이 되는 동시에 신자를 성부와 관계시키는 매개가 된다(14:10; 17:21-23).

“무릇 내게 붙어 있어 열매를 맺지 아니하는 가지는 아버지께서 그것을 제거해 버리시고 무릇 열매를 맺는 가지는 더 열매를 맺게 하려 하여 그것을 깨끗하게 하시느니라”(2절). 이 구절에는 ‘아이레이’(αἴρει)와 ‘카타이레이’(καθαίρει)라는 단어 유희가 담겨 있다. ‘아이레이’는 죽은 가지를 제거하는 것을 의미한다. ‘카타이레이’는 살아있는 가지로부터 쓸모없는 가지를 떼어내는 것을 나타낸다. 무릇 포도나무 가지는 열매를 맺기 위해 존재한다. 그런데 열매를 맺는 못하는 가지는 아버지에 의해 제거를 당한다. 이와는 달리 열매를 맺는 가지는 더 열매를 맺게 하기 위해 살아있는 가지의 쓸모없는 부분을 베어내어 깨끗하게 한다.

"너희는 내가 일러준 말로 깨끗하게 되었으니"(3절). 여기서 "깨끗하여졌다"에 해당하는 '카타로이'(*καθαροί*)는 2절의 "깨끗하다"에 해당하는 '카타이로'(*καθαίρω*)와 어원이 같다. 이 말은 종교적 의미에서 "정결케 하다"를 의미한다. 예수의 말로 말미암아 제자들이 이미 깨끗하게 된 것은 예수의 계시 말씀이 영과 생명이기 때문이다(6:63). 이 대목은 당시에 세례와 관련된 것으로 추정된다(히 10:22; 벧전 1:23).

여기서 한 가지 주목할 사실은 "나는 포도나무요 너희는 가지니"라는 '에고 에이미' 말씀과 성전 안의 기구와의 관계이다. 포도나무에서 난 포도주는 예수 그리스도의 피를 상징한다. 그 피가 우리의 죄를 사함으로 우리가 깨끗하여졌다. 따라서 이 말씀은 성전 안의 기구 가운데 죄를 씻는 성결의 의미에서 '물두멍'을 상징한다.

"내 안에 거하라 나도 너희 안에 거하리라"(4a절). 요한복음에서 예수와 신자들 간의 깊은 유대관계는 "거하다"라는 어구로 설명된다. 이 어구는 본문 4-10절에서 무려 10회나 나타난다. 예수와 신자간의 상호 거주는 이 비유의 핵심 주제이다. 이는 성만찬에서 예수의 살과 피를 먹고 마시면서 인격적 일치를 이루는 것에 비유된다. "내 안에 거하라 나도 너희 안에 거하리라"라는 이 대목은 구약의 '언약공식'[4]과 관련된 예수와 신자간의 '새 언약공식'이라는 점에서 대단히 중요한 어구가 아닐 수 없다.

"가지가 포도나무에 붙어 있지 아니하면 스스로 열매를 맺을

---

4) 야웨 하나님과 이스라엘 백성간에 맺어진 "나는 너희의 하나님이 되고 너희는 내 백성이 되리라"는 언약공식은 구약신앙의 핵심이다(출 6:7; 레 26:12; 렘 7:23; 11:4; 13:11; 24:7; 30:22; 31:1; 32:38; 겔 11:20; 14:11; 36:28; 37:23, 27; 호 2:23; 슥 8:8; 13:9).

수 없음 같이 너희도 내 안에 있지 아니하면 그러하리라"(4b절). 가지들은 스스로 열매를 맺을 수 없다. 가지들은 반드시 포도나무에 붙어 있어야 생존할 수 있고, 포도나무로부터 영양을 공급받아야 열매를 맺을 수 있다. 이와 마찬가지로 가지인 신자들도 반드시 포도나무인 예수 안에 머물러야만 열매를 맺을 수 있다.

"나는 포도나무요 너희는 가지라"(5a절). 요한복음 내에서 포도나무 강화보다 예수와 신자들 간의 친밀성을 더 분명하게 표현한 곳은 없다. 포도나무라는 한 몸에는 많은 가지들이 붙어 있다. 이는 한 몸에 붙은 많은 지체들로 비유된다(롬 12장; 고전 12장; 엡 4장). 여기서 포도나무와 가지의 관계는 머리되신 그리스도와 그의 몸된 교회의 관계와 같다.

"그가 내 안에, 내가 그 안에 거하면 사람이 열매를 많이 맺나니 나를 떠나서는 너희가 아무 것도 할 수 없음이라"(5b절). "열매"를 맺는다는 것은 예수와의 깊은 유대를 통해 믿음과 사랑으로 충만한 공동체적인 삶, 또는 제자들의 선교활동의 결실을 가리킨다고 볼 수 있다(4:36-38). 가지가 포도나무를 떠나면 수액을 공급받지 못하므로 아무런 과실을 얻을 수 없듯이 신자가 생명의 원천인 예수를 떠나서는 생명이 없기에 무능력에 빠지고 아무 것도 할 수 없게 된다.

"사람이 내 안에 거하지 아니하면 가지처럼 밖에 버려져 마르나니 사람들이 그것을 모아다가 불에 던져 사르느니라"(6절). "버려져"에 해당하는 원어 '에블레데'(*ἐβλήθη*)는 '던지다'라는 의미의 '발로'(*βάλλω*)의 부정과거 수동태이다. "마르나니"에 해당하는 원어 '엑세란데'(*ἐξηράνθη*)는 '말라버리다'라는 의미의 '크세라이노'(*ξηραίνω*)의 부정과거 수동태이다. 이 표현은 사람이 예수 안에 거하지 않으면 이미 심판을 받은 것으로 보는 종말론적 표현이다. "불"은 심판과 징벌에 대한 상징적 표현이다(마 13:40-42). 이 구절은 요한이 예수 안에 거하지 아니하고 예수를 떠난 가룟 유다나 초대교회 이단들을 형성한 다수의 적그리스도(요일 2:18; 4:1-6)를 염두에 두고 표현한 것으로 볼 수 있다.

"너희가 내 안에 거하고 내 말이 너희 안에 거하면 무엇이든지 원하는 대로 구하라 그리하면 이루리라"(7절). "내 말" 곧 예수의 말씀이 제자들 안에 거할 때 말씀의 능력이 생기고(히 4:12), 그 능력에 힘입어 확신을 가지고 기도할 때 구하는 것을 얻을 수 있다는 용기를 주는 약속의 말씀이다.

"너희가 열매를 많이 맺으면 내 아버지께서 영광을 받으실 것이요 너희는 내 제자가 되리라"(8절). 예수의 제자는 열매를 많이 맺어야 할 의무와 책임이 있다. 아들 예수가 그의 사역을 통해 아버지 하나님께 영광을 돌렸던 것처럼(12:23, 28, 31-32; 13:31-32; 17:1), 제자들이 열매를 많이 맺어야만 아버지 하나님께 영광을 돌릴 수 있게 되는 것이다. 포도나무 강화는 결국 제자도로 끝을 맺고 있다는 사실을 주목해야 한다. 따라서 이 후의 보도는 제자도와 관련된 내용임을 기억할 필요가 있다.

"아버지께서 나를 사랑하신 것 같이 나도 너희를 사랑하였으니 나의 사랑 안에 거하라"(9절). 여기서부터 17절까지는 포도나무 강화에 대한 해설로서 '사랑'이 중심 주제를 이룬다. 성자가 성부의 사랑 안에 거하였고, 스승 예수가 제자들을 사랑하였던 것처럼, 제자들은 예수의 사랑 안에 거하여야 한다.

10절은 예수의 사랑 안에 거하는 구체적인 방법을 알려준다. 그것은 "내 계명" 곧 예수가 가르쳐주신 계명을 지키는 것이다. 예수의 사랑은 아버지의 사랑에 근거하고 예수가 아버지의 계명을 지킨 것은 동시에 제자들도 그렇게 할 수 있도록 해주는 동기가 된다. 예수가 가르쳐 준 새 계명은 "내가 너희를 사랑한 것 같이 너희도 서로 사랑하라"(12, 17절)는 계명(13:34-35)이다.[5] 새 계명은 상호 내주에 의한 '서로 사랑'을 통해 하나님의 새 백성이 된 제자들에게 주어진 사랑의 계명이다(요일 4:7-21).

"내가 이것을 너희에게 이름은 내 기쁨이 너희 안에 있어 너희 기쁨을 충만하게 하려 함이라"(11절). 예수가 강화의 말씀을 통해 주려고 한 것은 하나님 아버지의 사랑 안에 있는 자신의 기쁨을 제자들에게 주어 제자들도 기쁨이 충만하게 하려는 데 있다. 이 기쁨은 그리스도의 현존과 더불어 주어지고 체험된 기쁨이기에 그 누구도 그 충만한 기쁨을 빼앗지 못한다(16:22, 24). 그리스도와의 일치, 제자들간의 서로 사랑의 일치를 통한 충만한 기쁨의 힘이 없이는 곧 닥칠 박해에 대항할 힘을 가질 수 없고 세상에 나가서 선교의 열매를 맺을 수 없다.

"사람이 친구를 위하여 자기 목숨을 버리면 이보다 더 큰 사랑이 없나니 / 너희는 내가 명하는 대로 행하면 곧 나의 친구라 / 이제부터는 너희를 종이라 하지 아니하리니 종은 주인이 하는 것을 알지 못함이라 너희를 친구라 하였노니 내가 내 아버지께 들은 것을 다 너희에게 알게 하였음이라"(13-15절). 여기서 예수는 "친구"라는 말을 세 번 사용하면서, 자신과 제자의 관계를 주인과 종, 또는 스승과 제자라는 수직적 관계가 아닌 서로 친구 사이라는 수평적 관계로 말씀하고 있다.

지금까지 "서로 사랑하라"는 새 계명을 주신 예수는 여기서 더 큰 사랑을 말한다. 그것은 '친구 사랑'이다. 부모와 자식, 형제 관계는 혈육 관계이기 때문에 종종 목숨을 버리면서까지 사랑하는 일이 있다. 그러나 피 한 방울 섞이지 않은 친구를 위해 목숨을 버리는 일은 쉽지 않다. 그러기에 주님께서는 이보다 더 큰 사랑이 없

---

5) 예수는 구약의 율법 중 가장 큰 계명은 하나님 사랑(신 6:4-5)과 이웃 사랑(레 19:18)이라고 하였는데(마 22:37-40), 요한복음에서 예수는 새 계명으로 "서로 사랑"이라는 보다 가까운 사랑(제자들 간의 사랑)에 대해 말하고 있다.

다고 말한 것이다.

역사상 위대한 성인들은 그 수하의 문도들을 상하 관계, 즉 스승과 제자 관계로 대했다. 제자를 수평적인 친구 관계로 대한 성인은 없다. 그런데 예수는 높고 높은 하늘 보좌를 버리고 이 세상에 와서 "세리와 죄인의 친구"(눅 7:34), 제자들의 진실한 친구가 되었다.

주인과 종의 수직적 관계에서는 서로 깊은 인격적 관계를 가질 수 없다. 명령과 복종의 관계가 있을 뿐이다. 거기서는 참된 인격적 대화가 어렵다. 수평적 친구 관계가 될 때만이 진정한 인격적 대화가 가능하다. 예수는 자신이 아버지께 들은 것을 친구인 제자에게 모두 알려 주는 참 좋은 친구이다.

"너희가 나를 택한 것이 아니요 내가 너희를 택하여 세웠나니 이는 너희로 가서 열매를 맺게 하고 또 너희 열매가 항상 있게 하여 내 이름으로 아버지께 무엇을 구하든지 다 받게 하려 함이라"(16절). 야웨 하나님께서 고대 근동 지방을 떠돌아다니던 히브리 백성을 선택하여 하나님의 백성인 이스라엘 백성, 곧 선민(選民)이요 성민(聖民)이요 언약민(言約民)으로 삼은 것은 하나님의 전적인 사랑과 은총이었다(신 7:6-10; 시 118:22-23). 이것은 하나님이 주도권(이니시어티브)을 쥐고 행한 것이다.

마찬가지로 예수는 주로 천하디 천한 갈릴리 어부였던 제자들을 선택하여 하나님의 새 백성, 곧 새 이스라엘 백성 삼은 것은 주님의 전적인 은혜와 사랑이었다(고전 1:26-31). 제자들이 예수를 선택한 것이 아니라 예수가 친히 먼저 찾아와 그들을 만나 주시고 친구 삼아 주셨다. 이것이 주님의 은혜요 사랑이다. "주 예수 내가 알기 전 날 먼저 사랑했네 저 포도비유 같으니 참 좋은 나의 친구"(찬 98장). 주님께서 그들을 제자 삼으신 까닭은 세상에 나아가 많은 열매를 맺도록 하기 위함 때문이다. 그리고 친구 예수는 자기 이름으로 무엇을 구하든지 다 받을 수 있도록 중보적 역할을 해 주는 정말 좋은 친구이다.

2. 제자들에 대한 세상의 미움(18-27절)

이 단락을 포함한 15:18-16:4a은 긴밀하게 통합된 부분으로 앞 단락(15:1-17)의 예수 안에서의 사랑공동체와는 대조되는 제자에 대한 세상의 미움을 다루고 있다. 15:26-27의 보혜사 언사는 사고의 흐름을 단절시킨다. 그럼에도 불구하고 15:18-25과 16:1 -4a 사이의 관련성은 매우 확실하다.

"세상이 너희를 미워하면 너희보다 먼저 나를 미워한 줄을 알라"(18절). 제자들은 세상으로부터 미움을 받을 터인데, 그 같은 미움과 박해를 받을 때 예수가 먼저 그 같은 미움과 박해를 받았다는 사실을 기억하라는 것이다. 제자들이 세상으로부터 미움을 받는 까닭은 두 가지 때문이다. 하나는 제자들이 세상에 속하였으면 미움을 받지 않을 터이나 세상(세상 나라)에 속하지 않고 예수로부터 택함을 받아 다른 세상(하나님 나라)[6]에 속했기 때문에 미움을 받는 것이다(19절).

예수는 "종이 주인보다 크지 못하다 한 말을 기억하라"(20절;

6) 영지주의적(헬라적, 존재론적) 이원론은 위 세상과 아래 세상이라는 '공간적 이원론'이다. 묵시적(유대적, 역사적) 이원론은 현 세대(세상)와 오는 세대(세상)라는 '시간적 이원론'이다(바울의 로마서의 경우). 이에 대한 자세한 논의는 P. J. Achtemeier, 《로마서》, 36-45을 참조하라. 요한복음에서 '세상' 개념은 양면성을 지닌다. 구원의 대상인 동시에 심판의 대상이다. 여기서 중요한 것은 세상과 다른 세상(하나님 나라)이라고 할 때 이 구별은 '공간적 이원론'이나 '시간적 이원론'이라기보다는 예수(=하나님 나라)와 함께 한 세상이냐 예수와 함께 하지 않은 세상이냐라는 '영적 구별'을 말한다. 따라서 다른 세상(하나님 나라)이라고 할 때의 세상은 이 세상을 떠난 또 다른 세상이 있는 것이 아니라 이 세상에 있지만(in the world) 이 세상에 속하지 않은 세상(out of the world), 즉 예수와 함께 한 세상을 의미한다.

13:16 참조)고 말한다. 종과 주인은 같은 운명공동체로서 같은 길을 가야 한다. 따라서 더 큰 주인이 박해를 받는데 더 작은 종이 박해를 받지 않을 수 없듯이 예수가 박해를 받은즉 제자들이 박해를 받는 것은 너무도 당연하다는 말씀이다.

또 하나는 세상이 예수를 보내신 하나님을 알지 못하기 때문이다(21절). 여기서 "알지 못하다"는 말은 '믿지 않는다'는 뜻이다. 하나님으로부터 파견받아 이 세상에 온 예수는 세상(유대인들)을 향해 끊임없이 말했지만 세상은 예수의 말을 믿지 않음으로 하나님을 알지 못했고 아들(예수)과 아버지(하나님)를 동시에 미워하였다.[7] 그래서 그들은 더 이상 죄가 없다고 핑계할 수 없게 되었다(22-23절).

요한은 이러한 세상의 태도가 성경 말씀(시 35:19; 69:4)을 이루려 함이라고 설명하고 있다. "기록된 바 그들이 이유 없이 나를 미워하였다 한 말을 응하게 하려 함이라"(25절). 예수의 운명은 성경 말씀을 성취시키기 위한 것이다. 도저히 이해할 수 없는 예수에 대한 세상의 미움과 박해는 하나님의 구원계획과 관련해서만 이해될 수 있다. 예수에 대한 유대인들의 이유 없는 미움과 박해는 배신자 유다의 경우처럼(13:18; 17:12) 성경에 이미 예언되었다. 이 같은 언급은 당시의 유대교와 기독교의 논쟁적 상황을 반영한다.

"내가 아버지께로부터 너희에게 보낼 보혜사 곧 아버지께로부터 나오시는 진리의 성령이 오실 때에 그가 나를 증언하실 것이요 / 너희도 처음부터 나와 함께 있었으므로 증언하느니라"(26-27절). 이 두 구절에서 예수는 자신을 증언할 자로 보혜사(파라클레토스)와 제자들을 언급하고 있다.

세 번째 보혜사 구절인 26절[8]에서 보혜사 곧 아버지께로부터

---

7) 모세에 대한 원망은 그를 세운 하나님에 대한 원망이듯이(출 16:2-3, 7-8), 새 모세 예수에 대한 미움은 그를 보낸 하나님에 대한 미움이다.

나오시는 진리의 성령은 예수가 세상에서 증언활동을 했듯이 증언하는 분으로 소개된다. 성령의 증언은 제자들의 증언과 직결된다. 성령은 직접적으로 증언하는 것이 아니라 제자들을 통해 증언하고 제자들은 성령의 도움으로 증언한다는 점에서 이 둘은 하나의 증언을 이룬다. 제자들은 처음부터 마지막까지 예수와 동행했기 때문에 예수를 증언할 수 있게 되었다(행 1:22-23).

정리하면, 15장은 농부인 아버지와 포도나무인 아들과 가지인 제자의 관계로 시작해서, 보혜사 성령의 도우심을 통한 제자의 증언으로 끝나고 있다. 요한이 포도나무 강화를 통해 들려주고자 하는 메시지는 예수와 제자가 새 언약 관계를 맺음으로써 교회 내적으로는 '사랑의 열매'를, 교회 외적으로는 '선교의 열매'를 많이 맺도록 하는 데 있다. 성령과 제자들은 이 일에 증인이 될 것이다.

---

8) 성부, 성자, 성령, 성삼위 하나님이 모두 언급되어 있는 이 구절은 동방교회와 서방교회가 분열(1054년)하는 결정적 계기가 된 필리오케(filioque) 논쟁 구절로 유명하다. 동방교회는 성령은 성부로부터 나와서 성자를 통하여 인간에게 거처한다고 주장한다. 서방교회는 성령은 성부와 성자(이중발출)로부터 나온다고 주장한다(이에 대한 보다 자세한 논의는 이형기, 《세계교회사(1)》, 288-292, 433을 참조하라). 여기서 중요한 것은 성령이 어디로부터 나오느냐가 아니라 성자가 성부에 의해 파송되었듯이, 성령은 예수의 부활(승천) 이후 성자에 의해 파송된다는 사실이다(16:7; 20:22).

제16장

5장이 아버지에 대한 아들의 관계(아들 기독론)를 말하고 있다면, 16장은 아들에 대한 성령의 관계(아들의 영-성령론)를 말하고 있다. 5장은 예수시대에 세상(유대인들)과 예수간의 대립(예수에 대한 박해)이고, 16장은 교회시대에 세상(유대인들)과 제자들간의 대립(제자에 대한 출교)을 묘사하고 있다는 점에서 5장과 16장은 서로 상응한다.

1. 제자들이 당할 박해에 대한 예수의 권면(1-4절)

"내가 이것을 너희에게 이름은[1] 너희로 실족하지 않게 하려 함이니"(1절). 여기서 "이것"은 앞장(15:18-27)에서 말한 박해에 관한 말씀이다. "실족하다"에 해당하는 '스칸달론'(*σκάνδαλον*)은 원래 '돌에 걸려 넘어지다'는 뜻을 가진 말로써 죄를 짓거나 신앙을 저버리

---

1) "내가…이름은"이라는 어구는 매우 특징적인 요한의 어투로 14-16장(고별설교)에서 7회 나타난다(14:25; 15:11; 16:1, 4, 6, 25, 33).

는 의미로 많이 사용된다(6:61). 이 구절에서 예수는 앞으로 임할 박해로 인해 제자들이 믿음에서 벗어나 배교하거나 배신하지 않도록 대비하고자 이 말씀을 하고 있다.

"사람들이 너희를 출교할 뿐 아니라 때가 이르면 무릇 너희를 죽이는 자가 생각하기를 이것이 하나님을 섬기는 일이라 하리라"(2절). 이 구절에 나타난 "출교"(아포쉬나고게, ἀποσυναγώγη)는 당시에 유대교와 기독교의 갈등 상황을 반영하고 있다. 90년경부터 유대인들은 회당으로부터 유대 그리스도인들을 추방하는 조치를 취했다. 이런 추방에는 사형에 처하는 박해까지 수반되었다. 유대교 당국자들 가운데는 기독교인들을 신성모독자들로 여겨 그들을 죽이는 것이 하나님께 봉사하는 것으로 생각한 광신적 열광주의자들이 있었다(행 9:1; 빌 3:6). 그들이 이런 일을 하는 까닭은 아버지와 아들을 알지 못했기 때문이다(3절; 15:18-25; 계 2:9; 3:9).

예수가 지금 이 말을 하는 것은 다가올 박해의 때를 예견하면서 제자들로 하여금 그때에 예수가 지금 한 말을 기억할 것을 주문하고 있는 것이다. "처음부터[2] 이 말을 하지 아니한 것은 내가 너희와 함께 있었음이라"(4절). 제자들이 예수와 함께 있을 때에는 박해가 없어 걱정할 것 없이 안전했지만 이제 예수가 떠난 후에는 박해가 있게 될 것이기에 이런 말을 한다는 것이다.

2. 성령이 하시는 일(5-15절)

이 단락은 요한복음에 나오는 다섯 묶음의 보혜사 본문 가운데 마지막에 해당하는 부분으로 보혜사 본문의 절정을 이룬다. "지금

2) "처음부터"라는 어구는 15:27과 연결되는 역할을 한다.

내가 나를 보내신 이에게로 가는데 너희 중에서 나더러 어디로 가는지 묻는 자가 없고"(5절). 이 구절은 베드로의 질문(13:36)과 도마의 질문(14:5)과 맞지 않는다는 이유로 여러 가지 설명이 있어 왔다.[3] 여기서는 예수의 떠나가심과 세상(유대인들)의 박해가 있을 것이라는 말이 제자들을 근심케 하여 말문을 막아버렸다고 볼 수 있다(6절 참조).

"그러나 내가 너희에게 실상을 말하노니 내가 떠나가는 것이 너희에게 유익이라 내가 떠나가지 아니하면 보혜사가 너희에게로 오시지 아니할 것이요 가면 내가 그를 너희에게로 보내리니"(7절). 여기서 "떠나간다"는 말은 죽음과 부활과 승천을 통해 예수가 아버지께로 가는 것을 의미한다. 그러나 제자들은 스승 예수가 떠나가면 자기들만 홀로 남게 될 것이라고 생각하여 근심하면서 그것이 자기들에게 유익이 될 것이라는 생각을 전혀 하지 못했다.

예수는 자신이 떠나는 것이 제자들에게 유익이 될 것인데, 그 까닭은 그래야만 보혜사가 오기 때문이라고 설명한다. 예수가 가면 보혜사가 와서 예수를 대신하기에 걱정하지 않아도 된다고 말하고 있는 것이다. 지상의 예수는 성육신하신 예수로서, 시공간의 제약을 받는 인성을 가진 분이다. 따라서 모든 사람들의 마음에 내주하고 역사하는 일은 예수가 아닌 성령이 해야 할 일이다.

"그가 와서 죄에 대하여, 의에 대하여, 심판에 대하여 세상을 책망하시리라"(8절). "책망한다"의 원어 '엘렝크세이'(ἐλεγξει)는 '폭

---

3) 1) 현재의 본문은 위치가 잘못되어 있다. 15-16장은 원래 13:31 앞에 와야 한다(Bernard, Bultmann), 2) 예수가 어디로 가는지를 설명하기 때문에 더 이상 물을 필요가 없다(Lagrange, Dodd), 3) "나더러 어디로 가느냐 묻지 않기 때문에 마음에 근심이 가득하다"는 말이다(Hoskyns), 4) 요한복음서 형성에 여러 번의 편집이 있었기 때문이다(Brown, Schackenburg), 5) 베드로나 도마가 예수께 가는 곳을 물었지만 저들은 예수께서 기대하셨던 그런 차원의 질문을 던지지 않았다. 즉 그들은 육적인 차원에서만 질문했고, 예수의 가심의 참 의미를 생각하고 질문치 않았다(Beasley-Murray). 박수암, 343.

로하다'(NEV, 3:20; 8:46)와 동의적이다. 보혜사가 오면 제자들의 증언을 통해서(15:26-27) 죄와 의와 심판에 대하여 세상의 잘못된 생각을 폭로할 것이다. 이는 세상에 대한 예수와 제자들의 승리를 시사한다(16:33; 요일 5:4). 그가 폭로하는 세 가지 대상은 죄와 의와 심판이다(9-11절).

"죄에 대하여라 함은 그들이 나를 믿지 아니함이요"(9절). 예수를 믿지 않는 그 자체가 바로 죄(하마르티아, *ἁμαρτία*)라는 사실을 보혜사가 와서 폭로할 것이다(8:21-24; 15:22-24).

"의에 대하여라 함은 내가 아버지께로 가니 너희가 다시 나를 보지 못함이요"(10절). 여기서 "의"(디카이오쉬네, *δικαιοσύνης*)는 '하나님의 의', 곧 그리스도 안에서 인간을 구원하는 하나님의 의(마 5:6,20; 6:33; 롬 3:21 참조)이다. 예수가 십자가에 달렸을 때에는 세상이 이긴 것 같았으나 예수가 죽음의 권세를 이기고 부활하심으로 인해 하나님의 구원계획이 옳았고 세상의 생각은 그릇되었다는 것이 드러났다. 이제 예수는 부활 승천하여 아버지께로 가심으로 다시 보이지 않게 되었고 보혜사가 이 같은 사실을 폭로할 것이다.

"심판에 대하여라 함은 이 세상 임금이 심판을 받았음이라"(11절). 여기서 "이 세상 임금"은 사탄의 세력(12:31; 14:30; 엡 2:2; 6:12)을 의미한다. 사실상 '심판'(크리시스, *κρίσις*)은 예수가 이 세상에 옴으로써 이미 이루어졌다. 그리고 예수가 "땅에서 들어올려짐"(죽음과 부활과 승천)으로써 사탄을 결정적으로 패배시켰다(12:31-32). 그럼에도 불구하고 세상은 아직도 사탄이 왕인 줄 알고 그를 섬기고 있다. 보혜사가 와서 이 같은 세상의 잘못된 생각을 폭로할 것이다.

예수는 제자들에게 들려주어야 할 많은 것들이 있으나 제자들은 예수의 계시 말씀을 이해하기에는 아직 영적으로 성숙하지 못했다. "그러나 진리의 성령이 오시면 그가 너희를 모든 진리 가운데로 인도하시리니 그가 스스로 말하지 않고 오직 들은 것을 말하며 장래 일을 너희에게 알리시리라"(13절). 요한은 예수 자신을 '진리'로 묘사한다(14:6). 진리는 계시의 총체적인 개념으로, 예수가 이 세상에 계시한 진리, 곧 생명을 보장하고 약속한 계시 내용이다. 이 구절에서 보혜사는 "진리의 영"(성령)으로 말해지고 있다(14:17, 26). 진리의 영은 제자들을 모든 진리로 인도하는 영이다. 진리의 영인 보혜사의 임무는 제자들이 아직 깨닫지 못한 그 계시의 깊이와 높이를 이해할 수 있도록 그들을 인도하는 일이다.

그런데 성령은 임의로 말하지 않고 예수로부터 들은 것을 말한다. 이는 예수와 성령의 연속성을 보여주는 것으로, 예수가 계시를 아버지께로부터 받은 것처럼, 성령은 예수로부터 계시를 전달받아 제자들에게 전하는 역할을 한다. "장래 일을 너희에게 알리시리라"는 진술은 적지 않은 논쟁을 불러일으켰다. 이 대목은 성령의 예언자적 사역을 표현하는 말로 해석할 수 있다(사 41:21-24). 즉 성령은 예수의 계시 말씀을 종말론적 의미에 비추어서 제자들에게 알려준다는 의미로 해석할 수 있다.

"그가 내 영광을 나타내리니 내 것을 가지고 너희에게 알리겠음이라"(14절). 요한에게 있어서 "영광을 나타내다"라는 어구는 예수의 '죽음과 부활'(구속 사역)과 관련되어 있는데, 성령의 계시 사역은 예수의 구속 사역과 밀접한 관계가 있음을 시사한다. 성령은 예수의 구속 사역을 계속 수행함으로써 예수의 영광에 기여한다. 그리고 성부의 것은 모두 성자에게 위탁되었는데(17:10), 성령은 성부의 것(=성자의 것)을 제자들에게 알려주는 역할을 할 것이다(15절).

3. 이별의 슬픔과 재회의 기쁨(16–24절)

"조금 있으면 너희가 나를 보지 못하겠고 또 조금 있으면 나를 보리라"(16절). "조금 있으면"은 요한이 즐겨 사용하는 표현으로(14:19) 예수의 죽음의 시간을 가리킨다. "조금 있으면"이란 말은 구약에서 하나님의 종말론적인 구원의 기대와 관련된 어구이다(사 10:25; 29:17; 렘 51:53; 호 1:4). "너희가 나를 보지 못하겠고"라는 말은 예수가 아버지께로 간다는 것을 말한다(7:33; 13:33; 14:19). "또 조금 있으면"은 예수의 부활을 가리킨다(14:19-20). 즉 제자들은 부활하신 주님을 다시 보게 될 것이다.

제자들은 예수의 이 말을 이해하지 못해 "무엇을 말씀하시는지 알지 못하노라"(18절)하자 예수는 이렇게 말한다. "너희는 곡하고 애통하겠으나 세상은 기뻐하리라 너희는 근심하겠으나 너희 근심이 도리어 기쁨이 되리라"(20절). 여기서 "애통하다"(드레네인, *θρηνεῖν*)는 장송곡을 부르는 것을 가리키는 말로써(마 11:17=눅 7:32; 눅 23:27), 제자들은 예수의 죽음에 대해 곡하고 애통해 할 것이다. 제자들과는 대조적으로 "세상"은 자신의 적으로 여겨지던 예수의 죽음을 기뻐할 것이다. 그러나 제자들의 상황은 곧 예수의 부활로 급변할 것이며, 이로 인해 그들의 근심은 기쁨으로 바뀔 것이다.[4]

이어서 예수는 제자들이 경험하게 될 이 같은 근심(죽음)과 기쁨(부활)을 '해산하는 여인'의 비유를 들어 설명한다. 여자가 해산할 때가 이르면 해산의 고통으로 근심하겠으나 아이가 태어나면 세상에 사람 난 기쁨으로 말미암아 그 고통을 기억하지 않게 된다(21절).[5]

---

4) G. R. Beasley-Murray, 547.

5) 구약에서 해산하는 여자 비유는 흔히 하나님의 심판을 선포하도록 소명받았을 때의 선지자의 고뇌, 하나님의 심판 자체의 고난, 시온의 새로운 자녀의 탄생,

마찬가지로 지금은 제자들이 예수와 이별하여 스승의 죽음을 보아야 하는 슬픔과 고통을 당하지만 부활하신 주님을 다시 보게 될 터인데, 그때의 기쁨은 그 무엇과도 바꿀 수 없는 영원한 기쁨이 될 것이고 하늘이 준 그 기쁨을 아무도 빼앗지 못할 것이다(22절). 이런 기쁨은 이 세상이 예수를 이겼다고 좋아하는 삼일 동안의 기쁨(삼일천하)과는 좋은 대조가 된다.

"그 날에는 너희가 아무 것도 내게 묻지 아니하리라"(23a절). "그 날"은 예수의 부활과 성령강림을 가리킨다(14:20; 20:19-20). 예수의 부활과 성령강림 이후 제자들은 예수의 대속적 죽음과 부활의 의미와 자신들의 사명을 깨달아 복음을 전하는 일에 매진하게 될 것이다.

"지금까지는 너희가 내 이름으로 아무 것도 구하지 아니하였으나 구하라 그리하면 받으리니 너희 기쁨이 충만하리라"(24절). 제자들이 지금까지 "예수의 이름으로" 기도하지 못했던 것은 예수가 아직 영광스럽게(죽음과 부활) 되지 않았기 때문이다. 예수가 영광을 얻은 이후부터 제자들은 "예수의 이름으로" 아버지께 기도할 수 있게 되었고(26절에서 반복), 그 기도를 아버지께서 들어주심으로 그들은 충만한 기쁨을 누리게 될 것이다.

4. 환난을 이긴 승리(25-33절)

"이것을 비유로 너희에게 일렀거니와 때가 이르면 다시는 비유

메시아 왕국을 가져오기 위한 재앙을 가리킬 때 사용되었다(사 21:3; 26:17; 37:3; 66:7-14; 렘 13:21; 30:6; 호 13:13; 미 4:9,10; 막 13:8; 살전 5:3). 예수의 죽음의 고통은 하나님 나라를 탄생케 하기 위한 여인의 해산의 고통과 같다(계 12:2). 박수암, 349.

로 너희에게 이르지 않고 아버지에 대한 것을 밝히 이르리라"(25절). 여기서 "비유"는 원어로 "파로이미아"(*παροιμία*)로 일반적으로 속담을 가리킨다. 요한에서는 이 용어가 "분명하게 알려주다" (25절) 또는 "분명하게 말하다"(29절)와 대조된다. 즉 은닉된(애매한) 말투를 가리키는 "수수께끼 같은 비유(말)"로 의역할 수 있다. 이 구절은 수수께끼로 말씀하는 예수의 현재적인 말과 분명하게 알려주는 예수의 미래적인 말이 대조되어 있다.

"내가 아버지에게서 나와 세상에 왔고 다시 세상을 떠나 아버지께로 가노라"(28절). 이 구절은 요한의 기독론에 따른 예수의 길 전체를 요약한 구절이다. 예수는 아버지를 떠나 이 세상에 왔고, 영광스러운 죽음과 부활로 아버지께로 돌아가게 되었다(6:46; 7:29; 13:3; 17:8). 제자들은 예수가 비유가 아니라 분명하게 말씀하자 이제야 예수가 하나님께로부터 나온 분임을 믿게 되었다(29-30절). 그러자 예수는 "이제는 너희가 믿느냐"(31절)라고 물었다. 이 물음은 제자들의 통찰의 빈곤과 몰이해를 간접적으로 지적한 말이다.

"보라 너희가 다 각각 제 곳으로 흩어지고 나를 혼자 둘 때가 오나니 벌써 왔도다"(32a절). 스가랴 13:7을 배경으로 한 말씀이다(막 14:27; 마 26:31). 예수가 수난을 당할 때 제자들은 예수를 버리고 흩어져 각기 제 길로 갔다. "그러나 내가 혼자 있는 것이 아니라 아버지께서 나와 함께 계시느니라"(32b절). 예수가 수난을 당할 때 제자들은 예수를 홀로 남겨두고 떠날지라도(막 14:50) 아버지는 아들 예수와 언제나 함께 하신다(8:29).

"이것을 너희에게 이르는 것은 너희로 내 안에서 평안을 누리게 하려 함이라"(33a절). 여기서의 평안은 세상의 안락이 주는 편안함이 아니라(14:27) '임마누엘 신앙'과 '부활신앙'으로 영생을 소유한 자로서의 죽음을 이기고 세상을 이긴 데서 나오는 평안이다. 수난과 죽음을 앞두고도 승리자처럼 혼자서 당당하게 적진을 향해 나아간 예수의 멋진 모습, 이것을 가능하게 했던 그 비밀(비결)은 바로 아버지께서 함께 하신다는 '임마누엘 신앙'과 죽음을 능히 이기고 부활하심으로 이 세상 임금인 사탄의 세력을 이긴(11절 참조) '부활신앙' 때문이다.

그러기에 예수는 "세상에서는 너희가 환난을 당하나 담대하라 내가 세상을 이기었노라"(33b절)고 소리 높여 외치면서 당당하게 왕 같은 모습으로 십자가의 길로 나아갔던 것이다. "이기었노라"(네니케카, *νενίκηκα*)는 완료형으로, 예수가 세상을 '이길 것'이 아니라 '이미 이겼다'고 말하고 있다. 예수는 부활하심으로 사망 권세를 이기고 세상 임금은 이미 심판을 받았다.

정리하면, 16장은 부활공동체인 요한공동체가 세상(유대인들)에 의한 박해와 순교를 요구당하고 있는 상황에서 예수는 세상에서 어떤 환난을 당한다 할지라도 두려워말고 담대하라고 말하고 있다. 즉 예수가 이미 세상(죽음)을 이긴 것처럼 그리스도 안에서 하나님의 넉넉한 승리(롬 8:31-39)라는 승리에 대한 확신을 갖고 담대하게 살면서 복음을 증거할 것을 주문하고 있다.[6)]

---

6) "요한복음서의 저자에게 있어서 신앙의 반대는 '불신'이라기보다는 '두려움'이라 할 수 있다. 유대인들의 박해는 두려움을 산출시키고, 그 두려움은 예수에 대한 증언을 침묵시킨다. 따라서 '두려움에 대한 승리'가 저자가 겨누고 있는 주요 목적 중의 하나라 할 수 있다(16:33)"(서중석, 《복음서해석》, 261).

제17장

예수의 고별기도(17장)는 고별설교(14-16장)의 대미를 장식하는 끝자락에 위치하고 있다.[1] 고별기도를 고별설교에 포함시킨 것은 구약과 유대문헌에서 흔히 볼 수 있다.[2] 이 기도는 16세기 루터파 신학자인 키트리우스(David Chytraeus) 이래로 "대제사장의 기도"로 불리워 왔다.[3] 예수가 하나님과 제자들 사이에서 중보의 기도를

---

1) 필자는 고별설교의 끝장인 16장은 18장의 수난사화로 이어지는 것으로 본다. 17장(고별기도)은 괄호 속에 넣을 수 있는 전환장(요한공동체의 교회론)으로 생각한다. 이 기도가 표면적으로는 고별설교 자리를 배경으로 하고 있지만 17장은 독특한 성격과 특징을 갖고 있다. 여기에는 고별설교에서 강조되는 보혜사가 한번도 언급되지 않고 있다. 17장은 고별설교보다는 그 이후의 시기를 반영하며 요한공동체의 연합의 주제가 집중적으로 나타난다. 따라서 17장은 후대에 편집된 본문으로 보아야 하며 고별설교와 독립적으로 다루어져야 한다(F. F. Segovia, *Love Relationship in the Johannine Tradition: Agape / Agapan in I John and the Fourth Gospel*, 98 참조).

2) 구약에서는 야곱의 축복기도(창 49:1-33), 모세의 축복기도(신 33장)가 있다. 유대문헌에서는 에스라의 기도(에스라 4서 8:19-36), 바룩의 기도(바룩 2서 48), 모세의 기도(희년서 1:19-21), 노아의 기도(희년서 10:3-6), 아브라함의 기도(희년서 20-22장), 이삭의 기도(희년서 36:17) 등이 있다.

3) 호스킨스는 이 기도를 "성별의 기도"(The Prayer of Consecration)라고 불렀다. 그는 기도의 중심점을 19절로 보고 그 기도를 "죽음에 대한 예수의 성별과 사명에 대한 제자들의 성별"(ad gloriam dei)이라고 말했다(E. C. Hoskyns, *The*

하고 있으며, 예수가 스스로를 거룩케 하고 제자들을 거룩케 해달라(17, 19절)고 기도하는 내용은 예수에게 대제사장적 역할이 부여되고 있다는 점에서 이 명칭을 쓰는 것은 무리가 없다고 본다.[4)]

요한복음의 고별기도는 예수의 수난을 앞두고 행한 기도라는 점에서 공관복음서의 겟세마네 기도와의 관련성에 대한 질문이 제기된다.[5)] 그런데 두 기도를 비교해 보면 상당히 거리가 있다는 것을 쉽게 짐작할 수 있다. 그 까닭은 공관복음의 겟세마네 기도가 수난을 앞두고 아버지의 뜻을 묻는 자신을 위한 기도와는 달리, 요한복음의 고별기도는 기본적으로 자신을 위한 기도라기보다는 제자들을 위한 기도이기 때문이다.

그런데 고별기도의 해석상의 어려움은 과거 예수시대의 다락방에서의 고별기도("그때 거기")라는 시점과 현재 부활공동체인 요한공동체의 기도("지금 여기")라는 두 시점을 동시에 갖고 있다는 데 있다. 이 기도는 주후 90년경의 유대교의 "이단자들에 대한 저주문"(Birkath ha-minim)을 생각나게 한다. 기독교회의 부흥에 위기를 느낀 유대교는 내적 결속을 꾀하는 동시에 기독교회의 발전을 저지하고자 하는 일환으로 이 기도문을 작성하였다.

이러한 상황 속에서 고별기도는 '예수의 기도'라는 형식을 통한 문제 해결, 즉 기독교회의 변호와 발전을 위한 교회론적 관점에서

Fourth Gospel, 494). 한편, 아폴드는 "거룩하게 하오니"(19절)라는 단어에는 희생적인 죽음에 대한 분명한 언급이 없다는 이유로 이 장을 '대제사장의 기도'로 부르는 것에 대해 반대한다. M. L. Appold, *The Oneness Motif in the Fourth Gospel*, 194-195.

4) 구약에는 대제사장의 기도인 '아론의 축도'(민 6:24-26)가 있다.

5) 이 기도는 소위 "요한복음의 겟세마네 기도"(12:27-28)를 닮아 있다. 두 기도는 모두 "아버지여 아버지의 이름을 영화롭게 하옵소서"(12:28과 17:1)라고 하며, 이미 영화롭게 했다(12:28과 17:4)고 말하고 있다. 한편, 요한의 고별기도와 마태의 주기도문과의 관련성에 대해서는 N. Walker, "The Lord's Prayer in Matthew and in John," *NTS* 28: 237-256을 참조하라.

기록되었다. 요한공동체는 두 가지 문제와 씨름해야 했다. 첫째, 예배공동체인 요한의 교회가 어떻게 하면 유대교의 박해로부터 교회를 보존하는냐 하는 절박한 생존의 문제이다. 둘째, 선교동동체인 요한의 교회가 전도를 통해 교회 안에 새로이 들어온 신자들과 기존의 제자들 간의 갈등이 없는 하나됨을 이룰 수 있겠는가 하는 일치의 문제이다.

교회의 두 기둥이 '모이는 교회'(예배공동체)와 '흩어지는 교회'(선교공동체)라고 규정할 때, 고별기도의 핵심 주제는 이 세상으로부터의 "보존"(11, 12, 15절)과 제자와 신자들 사이의 "하나됨"(21, 22, 23절)이다. 즉 예배공동체인 요한의 교회는 외적으로 '거룩공동체'로 "보존"(보호)되어야 하고, 선교공동체인 요한의 교회는 내적으로 '사랑공동체'로 "하나됨"(일치)을 이루어야 한다는 것이 이 기도의 핵심 주제라고 말할 수 있다.

이 같은 교회론적 관점에서 17장의 구조를 분석하면 세 부분으로 나눌 수 있다. 첫 부분(1-5절)은 부활하실 주님 자신을 위한 기도와 부활공동체인 요한공동체의 기도로서 "영광"(영화)이 핵심어이다. 둘째 부분(6-19절)은 제자들을 위한 예수의 기도와 예배공동체인 요한공동체의 기도로서 핵심어는 "보존"(거룩)이다. 셋째 부분(20-26절)은 신자들을 위한 예수의 기도와 선교공동체인 요한공동체의 기도로서 핵심어는 "하나됨"(사랑)이다.

고별기도는 이미 부활하신 주님을 믿는 부활공동체로서의 요한의 교회가 유대교(회당)를 이기는 길이 무엇이며, 어떤 공동체가 되어야 하는가를 제시하고 있다. 그러니까 고별기도는 요한공동체(요한의 교회)가 지향하고자 하는 기독교회의 '선언서'(Manifesto)이자 요한공동체의 〈교회론〉이다. 그런 의미에서 17장은 〈교회론〉을 말하고 있는 4장과 상응한다.

1. 예수 자신을 위한 기도(1-5절)

이 단락은 요한의 교회론이 기독론(신론)에 기초하고 있음을 잘 보여준다. 즉 예수는 아버지(하나님)의 아들이 되시며, 아버지와 아들이 창세 전부터 사랑 안에서 함께 영광 가운데 거하셨음을 보여준다.

고별기도의 첫 절은 예수의 기도자세와 기도를 들으시는 대상을 부르는 부름말로 시작된다. "눈을 들어 하늘을 우러러" 하는 기도는 예수의 기도의 특징이다(마 14:19; 막 6:41; 눅 9:16; 요 11:41). 예수는 하나님을 "아버지여"[6]라고 부르며 기도를 시작한다. 여기서 "아버지"(파테르, *Πάτερ*)는 아람어로 "아바"(*Aββα*)로서 예수가 하나님을 부르는 호칭[7]으로 이 말은 예수 이전 그 어디에도 찾아볼 수 없는 예수의 언어였다.[8]

'아바'는 어린아이가 자신의 아버지를 향해 부를 때의 호칭 "아빠"에 해당하는 말이다. 예수는 기도할 때 하나님을 항상 "아빠 아버지"[9]라고 불렀다. 이 호칭은 아들(예수)과 아버지(하나님)와의 '친밀성'을 잘 보여주는 것으로, 기도의 '은밀성'(마 6:5-6)과 함께 예수 기도의 두 특징이라고 말할 수 있다.

---

6) 사복음서에서 "아버지" 호칭은 마태 37구절, 마가 4구절, 누가 29구절이 나온다. 공관복음 전체에는 70구절이 나온다. 그런데 요한복음에는 무려 116구절에 걸쳐 나온다. 17장의 고별기도에서 '아버지' 호칭(대명사 제외)은 6회(1, 5, 11, 21, 24, 25절) 나타나는 데, 한글 개역개정판에서는 이 호칭이 무려 40회가 나타난다.

7) 예레미아스는 이 '아바' 호칭은 확실히 예수 전승에 기초하고 있다고 말한다. 보다 자세한 내용은 J. Jeremias, 《신약신학》, 102-111을 참조하라.

8) "복음의 핵심이자 가장 혁명적 주제에 대해 어떤 사람은 이렇게 말한다. '성경에 가장 충격적인 메시지는 예수 그리스도를 믿으면 하나님의 자녀가 되는 권세를 갖는다는 것이다.' 하나님을 '아빠'라고 부르는 것은 우리 인생에 있어서 가장 혁명적 사건이다"(김지철, 《영혼의 혁명을 일으키시는 성령》, 61).

9) 이 호칭은 막 14:36, 롬 8:15, 갈 4:6에서 볼 수 있다.

예수 기도의 특징인 '아바' 호칭은 하나님에 대한 이해를 완전히 뒤집어 놓은 혁명적 사건이다. 유대인들은 자신들이 하나님이라고 부른 여호와를 "가까이 하기에는 너무나 먼 당신"과 같은 그런 분으로 생각했다. 하나님은 하늘 위에 높고 높은 곳에 계신 분, 가까이 할 수 없는 거룩하시고 근엄하신 분, 항상 노여워하시고 죄를 가만히 보시지 않으시고 심판하시는 분, 삶의 손에 닿지 않는 멀리 계신 분으로 생각했다.

그러나 예수의 하나님 이해는 유대인들과 달랐다. 하나님을 아버지와 같은 분, 더 정확하게 말하면 "아빠"와 같은 그런 분으로 보았다. 집에 계신 아빠처럼 늘 가까이 계시고 다정다감하시고 아이의 모든 필요를 채워주시는 사랑의 아빠로 본 것이다. 하나님을 '아빠로서의 아버지'로 호칭한 것만큼 하나님의 정체성을 구체적이고도 생생하게 묘사한 말은 다시 없다. 이것이 유대인들이 볼 때는 위험천만한 불경죄가 아닐 수 없었다. 여기서 우리는 요한이 아버지와 아들, 즉 성부 하나님과 성자 하나님의 친밀한 부자관계에 얼마나 깊은 관심을 가지고 있었는가를 쉽게 엿볼 수 있다.

"때가 이르렀사오니." 이 대목은 예수의 전 사역이 집중되는 바로 그 "때"[10]를 일컫는 것으로 십자가와 부활의 때를 가리킨다. "아들을 영화롭게 하사 아들로 아버지를 영화롭게 하게 하옵소서." 기도 중에 말씀하시는 분은 이미 죽었다가 다시 살아난 부활하신 주님으로 아버지 하나님과 영광을 함께 누리는 분이다. 예수의 부활을 믿는 부활공동체로서의 요한공동체의 첫 특징은 영광을 함께 나누고 누리는 〈영광공동체〉이다.

아버지께서 아들에게 주신 모든 사람에게 영생을 주게 하시려고 만민을 다스리는 권세를 아들 예수에게 주셨다(2절). 주님의 부활

10) "때"가 사용된 구절(2:4; 7:6, 8, 30; 8:20; 12:23, 27; 13:1, 31).

을 믿는 부활공동체로서의 요한공동체의 두 번째 특징은 영생을 함께 나누고 누리는 〈영생공동체〉이다. "영생은 곧 유일하신 참 하나님과 그가 보내신 자 예수 그리스도를 아는 것이니이다"(3절). 영생을 정의하고 있는 이 구절은 요한의 삽입구라고 말할 수 있다.[11)]

요한복음에서 영생은 하나님과 그분이 보내신 아들 예수 그리스도를 아는 것이다. "유일하신 참 하나님"은 오직 한분이시고 실체(reality)에 해당하는 하나님이라는 뜻이다. 이 세상의 모든 신은 가짜요 그림자 신이요 모형에 불과한 신임을 암시한다. "그의 보내신 자 예수 그리스도를 아는 것"은 기독교와 유대교를 분리시키는 중요한 대목이다. 유대인들은 유일신 야웨 하나님은 믿지만 하나님이 보내신 예수 그리스도를 믿지 않는다. 예수 그리스도를 통해서 본 하나님만이 성경이 말하는 참된 하나님이다.[12)]

여기서 "아는 것"(기노스코신, *γινώσκωσιν*)은 희랍적 의미에서의 머리로 아는 것, 또는 지적으로 아는 것을 의미하지 않는다. 이 말은 히브리어 '야다'(יָדַע)에 해당하는 말로, 지적으로만 아는 것이 아니라 체험과 경험을 통해 아는 것, 또는 관계와 교제를 통해 아는 것을 말한다.[13)] 하나님의 나라는 하나님과의 인격적인 관계를 통해 사귐을 나누는 세계요 그러한 삶이 바로 영생이다. 그런 의미에서 이 구절을 소위 "요한의 영지주의"(Johannine Gnosticism)라고 말하는 것은 적절치 않다.

"아버지께서 내게 하라고 주신 일을 내가 이루어 아버지를 이

---

11) 요한은 복음서를 기록하면서 종종 자신의 해설을 붙이는 버릇이 있다(2:21; 7:39; 8:27; 11:13; 12:43 등).

12) 박수암, 359-360.

13) 김득중, 《요한의 신학》, 322; 구약은 '야웨를 아는 지식'(겔 36:23; 호 6:6), 신약은 '예수를 아는 지식'(빌 3:8; 벧후 3:18)이라고 말할 만큼 '앎'(인지)은 중요하다. 이에 대해서는 박호용, 《야웨인지공식》(서울: 성지, 1997)을 참조하라.

세상에서 영화롭게 하였사오니”(4절). 이 “일”은 이미 언급하였고 (4:34; 5:36) 앞으로 예수의 죽음(19:30)을 통해 완성될 일이다. 그런데 이런 일을 이미 이루어 아버지를 이 세상에서 영화롭게 하였다고 말하고 있는 것으로 보아 이 구절은 부활 이후 요한의 예수 묵상에서 온 말씀임을 엿볼 수 있다.

“아버지여 창세 전에 내가 아버지와 함께 가졌던 영화로서 지금도 아버지와 함께 나를 영화롭게 하옵소서”(5절). “창세 전에” 선재(先在)했던 아들 예수는 아버지로부터 세상에 보내져 아버지의 일을 다 이루고 이제 다시 아버지 품으로 되돌아 갈 시간이다. 그러기에 선재 시에 아버지와 함께 누렸던 영화로서 아들을 영화롭게 해 달라고 간구하고 있다. 이 간구는 선재 시에 아버지와 아들이 함께 영광을 누린 것처럼 부활공동체인 요한공동체 또한 아버지와 아들이 누린 영광을 함께 누리게 해 달라는 염원을 담은 기도이다.

2. 제자들을 위한 기도(6-19절)

이 단락은 제자들을 위한 기도의 이유(6-11a절), 제자들의 보전을 위한 기도(11b-16절), 제자들의 성별을 위한 기도(17-19절)의 순으로 진행된다. 예수는 하나님께서 자신에게 준 제자들에게 하나님의 이름을 나타내었다(6a절). 하나님의 이름은 그분의 본성과 인격을 의미한다.

주기도문에서 주님은 “(하나님의) 이름이 거룩히 여김을 받으시오며”(마 6:9)라고 기도하셨다. 이렇게 기도한 까닭은 하나님의 이름이 거룩히 여김을 받지 못하고 그 대신 모세의 이름이나 로마 황제의 이름이 높임을 받는 상황이 되어버렸기 때문이다. 모세가 가나안 땅에 못 들어간 것은 하나님의 거룩하심을 나타내지 아니하였기 때문이라고 말하고 있다(민 20:12).

예수는 하나님께서 자신에게 준 제자들이 아버지의 말씀을 지켰다(6b절)고 기도하고 있다. 부활공동체인 요한공동체의 세 번째 특징은 진리되신 하나님의 말씀(17절)을 지키는 〈말씀공동체〉이다. 예수는 하나님이 주신 말씀들을 제자들에게 주어 그들이 이것을 받고 아들이 아버지께로부터 나온 것임을 알고 아버지께서 아들을 보냈다는 것을 믿었다(8절)고 기도하고 있다.

"내가 비옵는 것은 세상을 위함이 아니요 내게 주신 자들을 위함이니이다 그들은 아버지의 것이로소이다"(9절). 요한복음에서 "세상"(코스모스, *κόσμος*)[14]은 주로 불신앙과 죄악을 상징하는 부정적 용어로서, 교회와 대조되는 유대교와 유대인의 세상을 말한다. 예수는, 유대교 회당으로부터 박해를 당하고 있는 제자들은 아버지께 속한 사람으로, 세상으로부터 보호해 달라고 기도한다.

이 기도는 아버지와 아들을 알지 못하는 세상을 위한 기도가 아니라 세상으로부터 구별된 제자들(요한공동체)을 위한 기도이다. 그런데 이 구절은 세상과 제자를 분리하기 위한 이원론적 관점을 말하려는 것이 아니다.[15] 예수는 이 세상 속에(in the world) 사는 제자들을 이 세상으로부터 구별해 내신(out of the world) 후 다시 이 세상을 구원하기 위해 제자들을 세상 속으로(into the world) 보낸다. 비록 세상이 밉지만 세상을 구원하기 위해 세상에 오신 예수처럼 제자들도 세상을 향해 나아가야 한다는 것이다(18절).

"내 것은 다 아버지의 것이요 아버지의 것은 내 것이온데 내가 그들로 말미암아 영광을 받았나이다"(10절). 이 구절은 아버지와

---

14) 요한복음 전체에서 "세상"은 78회 나타나며 그 중에서 17장에 16회가 나타난다(4, 6, 9, 11[2회], 13, 14[2회], 15, 16[2회], 18[2회], 21, 23, 25절).

15) 박수암 교수는 이 구절을 예수의 이원론적 관점에서 이해해야 할 것이라고 말한다(박수암, 364).

아들의 공유(公有)을 나타내고 있다. 제자들은 아버지와 아들의 소유이다. 예수는 제자들로 말미암아 영광을 받았다고 기도하고 있다. 그 까닭은 처음부터 예수와 함께 있던 제자들은 죽었다가 부활하사 영광을 얻은 예수의 이름을 온 세상에 증언함으로 영광을 받기 때문이다(15:27).

"나는 세상에 더 있지 아니하오니 그들은 세상에 있사옵고 나는 아버지께로 가옵나니"(11a절). 예수는 세상을 떠나 아버지가 계신 곳으로 가고 제자들은 이 세상에 남게 된다. 그래서 예수는 이렇게 기도한다. "거룩하신 아버지여 내게 주신 아버지의 이름으로 그들을 보전하사 우리와 같이 그들도 하나가 되게 하옵소서"(11b절). 이 구절에서 하나님을 "거룩하신 아버지여"라고 호칭하고 있는데, 요한복음에서 하나님을 부를 때 "거룩하신"(하기에, *ἅγιε*)이라는 형용사를 사용한 경우는 이곳뿐이다.[16)]

하나님을 거룩한 분으로 호칭한 것은 요한공동체가 세상, 구체적으로 유대교 회당으로부터 아버지의 이름으로 "보전"(11, 12, 15절)되고 구별된 공동체임을 말하고자 그렇게 호칭한 것이다. 예배공동체인 요한공동체의 네 번째 특징은 세상과 구별된 〈거룩공동체〉이다. "우리와 같이 그들도 하나가 되게 하옵소서"라는 아버지와 아들의 일치의 기도는 아래에 있을 제자들과 신자들의 일치의 기초가 된다.

"그 중의 하나도 멸망하지 안고 다만 멸망의 자식뿐이오니 이는 성경을 응하게 하려 함이니이다"(12b절). "멸망의 자식"(호 휘오스 테스 아폴레이아스, *ὁ υἱὸς τῆς ἀπωλείας*)은 신약에 두 번 나오는 어구(본절과 살후 2:3)로서, 가룟 유다는 멸망으로 들어갈 운명의 자식이었다. 여기서 말하고 있는 성경의 기록은 가룟 유다의 배신이

---

16) "거룩"은 '하나님의 내적 본질'이고, "영광"은 '하나님의 외적 현시'이다.

간접적으로 예언된 시편 41:9을 가리킨다(13:18).

"내가 세상에서 이 말을 하옵는 것은 그들로 내 기쁨을 그들 안에 충만히 가지게 하려 함이니이다"(13절). 예수는 지금 비록 십자가 고난이 앞에 놓여 있지만 세상을 이기고(16:33), 죽음을 이긴 승리의 부활을 선취한 자로서의 기쁨을 말씀하고 있다. 마찬가지로 예배공동체인 요한공동체의 다섯 번째 특징은 부활하신 주님이 주신 부활의 기쁨을 서로 나누는 〈기쁨공동체〉이다. 기쁨은 성령이 충만한 사람, 곧 예수와 연합한 사람들의 삶 속에 나타나는 열매들 중의 하나이다(15:11; 갈 5:22).

"내가 아버지의 말씀을 그들에게 주었사오매 세상이 그들을 미워하였사오니"(14a절). 빛 되신 예수가 하나님의 말씀을 듣고 세상에 왔으나 세상이 그를 영접하지 아니하고 미워함같이(1:11; 15:19), 제자들은 예수께서 주신 하나님의 말씀을 듣고 세상에 나아갔으나 빛보다 어둠을 사랑한 세상(1:5; 3:19)은 진리를 거부하고 오히려 제자들을 미워하였다.

"내가 세상에 속하지 아니함 같이 그들도 세상에 속하지 아니함으로 인함이니이다"(14b절). 이 대목은 16절에서 다시 반복하고 있는데 그것은 거룩의 중요성 때문이다. 모세를 믿는 유대교나 예수를 믿지 않는 세상은 예수를 믿는 제자공동체를 미워할 수밖에 없는데, 그 까닭은 거룩한 예수처럼 제자들도 세상에 속하지 아니한 거룩공동체이기 때문이다.

"내가 비옵는 것은 그들을 세상에서 데려가시기를 위함이 아니요 다만 악에 빠지지 않게 보전하시기를 위함이니이다"(15절). 요한공동체는 속세를 떠나 사는 금욕적이고 종말론적인 도피집단인 에세네파(Essene)와는 달리 악한 세상 속에서 악한 자들과 함께 살아가야 하기에 그들이 자기를 지켜 세속에 물들지 않도록(약 1:27) 보호받게 해 달라고 간구하고 있는 것이다.

따라서 요한공동체는 교회를 세상으로부터 분리시킨 이원론적 폐쇄집단이 아니라 세상을 향해 보냄받은(18절) 일원론 지향적 공동체이다. "그들을 진리로 거룩하게 하옵소서 아버지의 말씀은 진리니이다"(17절). "진리"와 "아버지의 말씀"(6, 14절)이 동의적 평행법을 이루고 있다. 예수는 지금 진리인 아버지의 말씀으로 제자들이 거룩하게 되기를 간구하고 있다(19절). 진리, 즉 하나님의 말씀으로 무장되고, 성결, 즉 세속에 물들지 않은 거룩(깨끗함)으로 무장되어야 한다. 그렇지 아니하면 세상에 복음을 들고 나아가더라도 세상을 이길 수 없고 세상을 변화시킬 수 없다.

"아버지께서 나를 세상에 보내신 것 같이 나도 그들을 세상에 보내었고"(18절). 이 구절은 요한공동체가 선교공동체임을 잘 말해주고 있다. 여기서 예수께서 보냄 받으신 것과 제자들이 보냄 받은 것 사이의 평행(선교의 사명)을 주목해야 한다. 예수의 사명이 세상을 위함인 것처럼, 제자들의 사명 또한 동일한 목적으로 방향지워진다. "보내었고"(아페스테이라, *ἀπέστειλα*)는 부정과거동사로서 이는 요한의 부활절 이후의 관점을 반영한다.

"또 그들을 위하여 내가 나를 거룩하게 하오니 이는 그들도 진리로 거룩함을 얻게 하려 함이니이다"(19절). 이 구절은 제자들을 향한 예수의 기도의 정점에 이르게 한다. 본질상 거룩하신 분이 "내가 나를 거룩하게 하오니"(에고 하기아조 에마우톤, *ἐγὼ ἁγιάζω ἐμαυτόν*)라는 예수의 말은 모순처럼 들린다. 여기서 '하기아조' 동사는 '바치다', '봉헌하다'는 뜻으로 예수의 십자가 죽음을 의미한다. 구약성경에서 "성별"은 "희생제사"와 동의어로 쓰인다(신 15:19, 21). 예수께서 그러한 목적을 위해 자신을 거룩하게 하신 것은 대단히 특이한 언어형태이다.[17]

---

17) G. R. Beasley-Murray, 570-571.

죽음으로 자신을 드리는 예수의 헌신은 제자들도 역시 예수와 동일한 정신으로 세상에 구원을 가져오기 위해 헌신해야 한다. 그런 의미에서 선교공동체인 요한공동체의 여섯 번째 특징은 〈순교공동체〉이다. 예수는 우리 죄를 위한 화목 제물이 되사(요일 2:2), 아버지의 뜻을 좇아 자신을 십자가에 내어 주셨다. 이러한 일은 우리로 하여금 거룩함에 이르도록 하기 위함이다. 예수께서 흠없는 제물이 되셨듯이 예배공동체인 요한공동체는 흠없는 제물로 아버지께 드려져야 한다(레 3:1; 4:3; 겔 45:23; 46:6).

3. 신자들을 위한 기도(20-26절)

제자들의 선교로 인해 제2세대 신자들이 생기게 되는데 예수는 이들을 위해 기도한다. 기도의 동기나 관심사가 공동체의 일치에 있음을 역설한다(21-23절). 이 단락은 두 부분(20-23 / 24-26절)으로 나누어진다. 특히 전반부(20-23절)의 구조를 분석해보면 '같이'(카도스, *καθὼς*, 1회)와 접속사 '히나'(*ἵνα*, 3회)를 사용하여 문학적 평행을 이루는 두 문장(20-21 / 22-23절)으로 구성되어 있음을 보게 된다.[18]

"내가 비옵는 것은 이 사람들만 위함이 아니요 또 그들의 말로 말미암아 나를 믿는 사람들도 위함이니"(20절). 예수는 제자들의 말을 통하여 자신을 믿게 될 미래의 신자들을 위한 중보기도를

---

18)

A. 20 중보기도의 대상	A′ 22a 중보기도의 대상
B. 21a 히나(*ἵνα*) I…하나되게 함	B′ 22b 히나(*ἵνα*) I′…하나되게 함
C. 21b 카도스(*καθὼς*)	C′ 22c, 23a 카도스(*καθὼς*) I′
D. 21c 히나(*ἵνα*) II…우리 안에 있게 함	D′ 23b 히나(*ἵνα*) II′…하나로 온전하게 함
E. 21d 히나(*ἵνα*) III … 믿게 함	E′ 23c 히나(*ἵνα*) III′ … 알게 함

《옥스퍼드원어성경대전》(요한복음 제13-21장), 364.

하고 있다. 여기서 "나를 믿는 사람들"에 해당하는 '피스튜온톤'(πιστευόντων)은 현재분사복수형으로 "계속해서 믿게 될 사람들"이라는 미래적인 의미를 포함한다. 미래의 신자들은 현재의 제자들의 증언을 통해서 믿게 된다는 점에서 이 구절은 요한공동체가 선교공동체임을 잘 말해주고 있다.

"아버지여 아버지께서 내 안에, 내가 아버지 안에 있는 것 같이 그들도 다 하나가 되어 우리 안에 있게 하사 세상으로 아버지께서 나를 보내신 것을 믿게 하옵소서"(21절). 아버지와 아들의 일치(14:10-11, 20)는 요한공동체의 일치(하나됨)의 근거이자 모델이 된다. "아버지께서 나를 보내신"(18, 21, 22, 25절)이란 아들 예수는 세상을 구원하기 위한 특별한 사명을 띠고 아버지로부터 이 세상에 파견된 특별한 존재임을 말하는 것이다. 이것을 반복해서 말하는 까닭은 일치의 궁극적 목적이 아버지께서 아들을 세상에 보냈다는 사실을 세상으로 믿게 하려는 데 있다.

또한 예수가 "그들도 다 하나가 되어"를 세 구절(21, 22, 23절)이나 반복하고 있는 것은 미래 교회의 성패는 첫 제자들과 제2세대 신자들, 유대인과 이방인 사이의 연합과 일치에 있음을 강조하기 위해서이다. 선교공동체인 요한공동체의 일곱 번째 특징은 이해와 협력, 나눔과 섬김, 일치와 연합을 통한 〈사랑공동체〉이다.

세대가 다르고 출신이 다른 다양한 사람들이 모인 요한공동체(10:16; 11:52)가 서로 사랑하지 못하고 내적인 갈등과 분열을 일삼는다면 '서로 사랑'을 강조한 예수의 가르침(13:34-35)을 제자들이 스스로 저버리는 것이 된다. 그 뿐만 아니라 기독교회를 무너뜨리려고 하는 유대교를 비롯한 세상의 적대자들의 도전과 공격을 제대로 막을 수가 없다.

"아버지께서 나를 보내신 것과 또 나를 사랑하심 같이 그들도 사랑하신 것을 세상으로 알게 하려 함이로소이다"(23b절). 예수는 아버지께서 자신을 사랑하신 것처럼 요한공동체에 속한 모든 신자들을 사랑하신다는 사실을 세상 사람들이 알도록 기도하신다. 아버지와 아들, 아들과 신자들의 하나됨이야말로 악한 세상을 이기는 비결임을 말씀하고 있다.

마지막으로, 예수는 창세 전인 선재 시에 아버지와 아들이 서로 사랑하고 누렸던 천상 세계의 무궁한 영광을 미래 세대의 모든 신자들이 함께 맛보기를 원한다고 기도하고 있다(24절). 그러면서 "의로우신 아버지여 세상이 아버지를 알지 못하여도 나는 아버지를 알았사옵고 그들도 아버지께서 나를 보내신 줄 알았사옵나이다"(25절). 11절에서 "거룩하신 아버지여"라고 기도한 예수는 여기서 "의로우신 아버지여"라고 기도한다. 이 호칭은 하나님이 '공의의 하나님'이심을 말한다. 선교공동체인 요한공동체의 여덟 번째 특징은 〈정의공동체〉이다.

하나님은 '사랑의 하나님'만이 아닌 '공의의 하나님'도 되시는 분으로, 이는 아들을 믿는 자에게는 구원을, 아들을 믿지 않는 자에게는 심판이 주어진다는 사실을 말하고 있다(3:16-18; 롬 3:19-24). 이 사실을 아들 예수도 알고 제자들도 알고 있으나 세상은 알지 못한다. 그러기에 그들은 아들을 믿지 않고 결국 최후의 심판을 면치 못하게 되는 것이다.

"내가 아버지의 이름을 그들에게 알게 하였고 또 알게 하리니 이는 나를 사랑하신 사랑이 그들 안에 있고 나도 그들 안에 있게 하려 함이니이다"(26절). 고별기도를 마치면서 예수는 현재와 미래의 모든 제자들을 향해 아버지의 이름을 알게 하였고 앞으로 성령을 통해 계속해서 알게 하겠다고 기도하고 있다. 예수의 기쁨과 영광은 아버지의 이름을 나타내는 데 있음(6, 12, 26절)을 보여준다. 이 같이 하는 목적은 아들을 사랑한 아버지의 사랑을 모든 제자들에게 머물게 하여 상호 내주의 기쁨과 영광을 누리게 하려는 데 있다. 이것이 미래 교회의 자랑스러운 모습임을 역설하고 있다.

정리하면, 17장의 예수의 고별기도는 요한공동체의 기도이자 공동체의 염원을 담은 '선언서'(Manifesto)라고 말할 수 있다. 기본적으로 부활공동체, 예배공동체, 선교공동체인 요한공동체는 여덟 가지 특징을 지닌 공동체를 지향하고자 한다: 영광공동체, 영생공동체, 말씀공동체, 거룩공동체, 기쁨공동체, 순교공동체, 사랑공동체, 정의공동체가 그것이다.

제18-19장

수난사화인 18-19장은 '십자가 신학'에 기초한 〈구원론〉을 말하고 있다는 점에서 3장과 상응한다. 네 복음서가 공히 수난사화를 두 장에 걸쳐 다루고 있으나 그 분량을 검토해 보면 상당히 다르다. 요한의 수난사화는 상당히 짧고 그 대신 부활사화는 오히려 길게 서술되어 있다.[1)] 더욱이 요한의 수난사화는 공관복음서와 비교할 때 전체적인 흐름은 비슷한 것 같으나 자세히 드려다 보면 내용적으로 아주 많이 다르다는 것을 알 수 있다.[2)] 특히 주목할

---

1) 수난 이야기: 마태(141절=26장 75절, 27장 66절), 마가(119절=14장 72절, 15장 47절), 누가(127절=22장 71절, 23장 56절), 요한(82절=18장 40절, 19장 42절). 요한이 가장 짧게 다루고 있음을 알 수 있다. 한편, 부활 이야기는 공관복음에서 공히 한 장에 다루어지고 있는데 반해 요한복음은 두 장에 걸쳐 가장 길게 다루어지고 있다. 마태(28장, 20절), 마가(16장, 20절), 누가(24장, 53절), 요한(20-21장, 56절).

2) 요한에 없는 기사: (겟세마네 동산의 고민), 가룟 유다의 입맞춤, 제자들의 도망침, 공회의 야간 심문, 선지자로 희롱함, 새벽의 심문, 판결 후의 조롱, 구레네 시몬의 대역(代役), 관중의 욕설, 예수 운명 후 어두움의 임함, 십자가상의 절규, 휘장의 찢어짐, 백부장의 고백, 헤롯의 심문, 여인들의 애통, 십자가상에서의 세 번 말씀하심, 강도의 회개 등. 요한에만 있는 독특한 기사: 잡히실 때의 권위 있는 말씀(18:4-9), 안나스의 심문(18:13-24), 유대인과 빌라도의 회담(18:28-32), 예수와 빌라도의 대화(18:33-38), 처음 조롱과 "이 사람을 보라"(19:

만하게 차이가 나는 부분은 '빌라도의 예수 심문'에 관한 기사이다.[3)]

더욱 중요한 사실은 요한의 수난사화에 나타난 예수상은 공관복음에 나타난 예수상과는 아주 다른 모습을 보여주고 있다. 요한의 예수상은 힘없이 끌려가 죽임을 당하는 '수난의 예수상'이 아니라 전쟁에서 승리하고 돌아온 개선장군이나 왕처럼 위엄있고 당당하게 죽음을 향해 전진하는 '부활의 예수상'을 보여주고 있다. 역설적이게도 요한의 수난사화에는 예수의 수난이 없다.

이 같은 요한의 특성은 어디서 비롯된 것일까? 그것은 한마디로 요한의 신학적 의도 때문이라고 말할 수 있다. 여기서도 요한은 '역사의 해체와 재구성'을 확실하게 보여주고 있다. 그는 기존의 공관복음서가 다루는 사건들을 다시 언급하려는 목적에서가 아니라 새로운 관점을 가지고 예수의 수난을 새롭게 재해석하고자 했다.[4)] 그는 부활에 대한 깊은 묵상을 통해 십자가에 대한 새로운 시각(부활의 신학)을 갖게 되었다는 것이 필자의 생각이다. 이 같은

2-5), 명패에 대한 빌라도의 고집(19:21 -22), 어머니를 부탁하심(19:25-27), 십자가상에서 세 번 말씀하심(19:26-27, 28-30), 옆구리를 찌름(19:31-37), 니고데모의 장례준비(19:39), 저자의 증거(19:26, 35) 등. 요한은 이렇게 함으로써 예수의 죽음이 왕적인 죽음, 고난 가운데서 구차히 인간들의 동정을 구하지 않고 끝까지 주권적인 존엄성을 유지하시는 그리스도의 모습을 보여주려 했다. 박수암, 370-371, 395.

3) 마태(27:1-2, 11-26, 141절 중 18절, 12.7%), 마가(15:1-15, 119절 중 15절, 12.6%), 누가(23:1-7, 13-25, 127절 중 20절, 15.7%), 요한(18:28-19:16, 82절 중 29절, 35.4%). 공관복음과 비교할 때 요한복음은 2-3배나 길게 다루고 있다.

4) 역대기 역사(대상-느)는 신명기 역사(수-왕하)를 대본으로 정치적 공동체가 무너진 상황에서 종교적 공동체로서의 이스라엘이라는 관점에서 역사를 다시 썼다. 그리하여 이스라엘에게 종교제도를 마련해 준 다윗 왕과 솔로몬 왕을 높이면서 그들에게 누가 되는 부분은 과감히 삭제하였다(이에 대한 자세한 논의는 장일선, 《역대기 사가의 신학》(서울: 한국신학연구소, 1981)을 참조하라. 마찬가지로 요한은 수난사화를 쓰면서 공관복음서의 '수난당하는 예수상'이 아닌 '왕으로서의 예수상'으로 수난사화를 새롭게 썼다.

새로운 관점은 교회(요한공동체)가 박해를 당하는 위기 상황에서 비롯되었다고 보아야 할 것이다.

그렇다면 요한이 수난사화를 통하여 들려주고자 하는 메시지는 무엇인가? 그것을 세 가지로 요약해서 말하면 다음과 같다.

첫째, 예수는 왕이다. 예수는 세상 나라의 (한) 왕을 능가하는 하나님 나라의 왕, 즉 만왕의 왕이라는 것이다. 둘째, 십자가에 달린 예수는 하나님의 말씀(구약의 예언과 예수의 말씀)을 온전히 성취(완성)하신 분이다. 셋째, 참 제자에 관한 문제이다. 십자가 앞에서 스승 예수에 대한 의리와 충성여부에 따라 참 제자냐 아니냐가 결정된다는 것이다.

이 같은 내용을 담은 요한의 수난사화는 크게 세 단락으로 나누어진다. 예수의 체포와 심문 및 베드로의 예수부인(18:1-27), 빌라도의 예수 심문(18:28-19:16). 예수의 죽으심과 장사(19:17-42)가 그것이다. 이렇게 나누어 볼 때 수난사화의 구조는 '빌라도의 예수 심문'을 중심으로 삼등분되어 있음을 볼 수 있다.[5)] 이것은 수난사화의 핵심이 '빌라도의 예수 심문'에 있음을 시사한다.

끝으로, 빌라도의 예수 심문은 '하나님 나라'가 대화의 주제라는 점에서 니고데모와의 대화와 상응한다. 또한 수난사화는 니고데모에 관한 기사로 끝나고 있다. 이 같은 모습은 요한이 3장과 18-19장을 상응시키려는 신학적 의도에서 비롯되었다는 것이 필자의 생각이다.

---

5) 예수의 체포와 심문 및 베드로의 예수부인(27절), 빌라도에 의한 심문(29절). 예수의 죽으심과 장사(26절).

1. 예수의 체포와 심문 및 베드로의 예수 부인(18:1-27)

1) 예수의 체포(1-11절)

요한은 수난사화의 첫 부분부터 공관복음에 나타나는 '수난 당하시는 예수'와는 달리 '왕으로서의 예수'를 그려주고 있다. 따라서 왕다운 예수의 위엄과 품위에 어울리지 않는 모습들은 과감히 생략한다.[6)]

"예수께서 이 말씀을 하시고 제자들과 함께 기드론 시내 건너편으로 나가시니 그 곳에 동산이 있는데 제자들과 함께 들어가시니라"(1절). 항상 얘기지만 첫 절은 중요하다. 첫째, "이 말씀을 하시고"이다. 이 대목이 17장에서 계속된 대목이라면 "이 기도를 마치시고"로 되어야 하지 않을까? 이를 14:31에 직결된 내용으로 보거나[7)] '강론과 기도를 마치시고'로 보는[8)] 이가 있다. 그러나 필자는 16장 끝부분(32-33절)과 연결된 말씀으로 보고자 한다.[9)] 이러한 필자의 생각은 하나님이 함께 하심(임마누엘)으로 세상(죽음)을 이긴 부활의 승리를 안고 개선장군(왕)처럼 십자가의 길을 당당하게 걸어가는 예수상을 그리고 있는 18장의 첫 절이 16장의 끝부분과 어울리기 때문이다.

둘째, "제자들과 함께"이다. 수난사화의 첫 절부터 이 어구가 반복되어 나오고, 수난사화의 끝 부분(19:38-42)이 제자들(아리마대 요

6) 요한의 수난사화에는 공관복음에서 비중있게 다루는 '겟세마네 동산의 기도'(마 26:36-46; 막 14:32-42; 눅 22:39-46)가 상당히 다르게 기술되어 있다(요 12:27-33 참조).

7) 이영헌, 328.

8) G. R. Beasley-Murray, 601.

9) 〈교회론〉을 주제로 서로 상응하는 4장과 17장은 각각 3장과 5장, 16장과 18장 사이에 샌드위치 되어 있다. 4장과 17장은 각각 기독론 대논쟁(5-8장)과 수난과 부활(18-20장)이라는 중요한 문제를 앞두고 숨을 고루기 위한 간주곡의 성격을 갖는다.

셉과 니고데모)로 끝나는 것으로 볼 때 이는 수난사화에서 참 제자[10]의 문제가 중요하다는 것을 암시한다.

셋째, "기드론 시내 건너편으로 나가시니"이다. 이 대목은 일찍이 다윗 왕이 압살롬의 반란을 피해 예루살렘을 떠날 때 기드론 시내를 건너는 장면을 연상케 한다(삼하 15:23). 요한만이 구체적으로 장소를 언급하고 있는데, 그 까닭은 예수의 수난과 관련하여 예수를 왕다운 위엄있는 모습으로 묘사하려는 요한의 신학적 의도 때문일 것이다.

넷째, "그곳에 동산이 있는데"이다. 이 동산은 '겟세마네 동산'임이 분명하다. 그런데 그 장소 이름을 밝히지 않은 것은 겟세마네에서의 수난의 예수상을 보여주는 공관복음과는 달리 하나님의 아들로서의 자발적인 순종과 왕다운 위엄을 강조하고자 하는 요한의 신학적 의도 때문일 것이다.

"유다가 군대와 대제사장들과 바리새인들에게서 얻은 아랫사람들을 데리고 등과 횃불과 무기를 가지고 그리로 오는지라"(3절). 가룟 유다가 예수의 체포를 위해 로마 병사들[11]과 산헤드린 공회의 주된 세력들[12]을 데리고 왔다는 것은 예수를 체포하기 위해 이방세계와 유대민족이 함께 협력했다는 것을 강조하고자 하는 의

---

10) 신약성서에서 '사도'라는 단어가 주로 사도행전(28회)과 바울서신(34회)에서 많이 나타나는 것과 달리, '제자'란 말은 사복음서와 사도행전에만 나오는 단어이다. 마태 72회, 마가 46회, 누가 37회, 요한 78회, 행전 28회. 이 단어는 요한에서 가장 많이 나오는데, 수난설화에서 13회(18장 9회, 19장 4회)나 나온다.

11) 이 구절의 "군대"(스페이라, *σπεῖρα*)는 문자적으로는 '코호르트'(cohort)라 불리우는 600명으로 구성된 로마군 1개 대대(大隊)를 가리킨다. 그런데 하나의 '코호르트'는 200명으로 구성된 1개 중대를 의미할 수도 있다. G. R. Beasley-Murray, 601-602.

12) 요한만이 수난사화에서 바리새인들을 언급하고 있다. 이는 바리새인들이 요한 당시 유대교의 대표적인 종파였기 때문일 것이다. 3장의 바리새인이었던 니고데모도 연상케 한다.

도가 엿보인다. 본서에만 언급되는 "등과 횃불"은 어둠에 빠진 유다를 비롯한 악의 세력들에 대한 상징적인 의미를 지닌다(1:5; 3:20; 12:35; 13:30).

"예수께서 그 당할 일[13]을 다 아시고 나아가 이르시되 너희가 누구를 찾느냐"(4절). 예수가 모든 것을 미리 다 아는 것은 요한의 전형적인 기독론적 표현이다(1:47-48; 2:24-25; 13:1 등). "너희가 누구를 찾느냐"는 예수의 물음은 막달라 마리아에게 부활하신 주님이 "누구를 찾느냐"(20:15)나 첫 제자들에게 "무엇을 원하느냐"(1:38)를 생각나게 한다. 사람들은 예수의 제자가 되기 위해 그를 찾기도 하지만 예수를 잡아 죽이기 위해 그를 찾기도 한다.[14] 여기서 예수는 원치 않게 체포된 것이 아니라 체포의 주도권(initiative)을 쥐고 상황을 당당하게 주도해 나가는 의연한 모습을 보여주고 있다.

그들이 "나사렛 예수"를 찾는다고 하자 예수는 "내가 그니라"(5절)라고 말한다. "내가 그니라"(에고 에이미, *ἐγώ εἰμι*)는 본서에서 예수의 신적 본질을 나타낼 때 흔히 쓰이는 예수의 자기계시 말씀이다(6:20; 18:5, 6, 8). 즉 자신이 하나님이라는 것을 간접적으로 표현한 말이다. 이 문구가 이 단락에서 세 차례(더 이상은 없다는 뜻)나 언급된 것은 예수의 신적 본질을 강조하기 위해서이다.

이 말에 "저희가 물러가서 땅에 엎드러지는지라"(6절). 죄인인 인간이 거룩한 하나님의 임재 앞에서 느끼는 감정은 두려움이다. 이것을 종교학적으로 "누미노제"(numinose) 체험[15]이라고 한다(출

13) 여기서 묘사된 "그 당할 일"(타 에르코메나, *τὰ ἐρχόμενα*)은 예수의 왕적 위엄과 잘 어울리지 않는 표현이다. 예수는 체포를 당한다기보다는 자기 앞에 "전개될 일"을 모두 아셨다고 하는 것이 요한신학에 더 부합된 번역일 것이다. 김동수, 《요한신학 렌즈로 본 요한》, 214.

14) 5:18; 7:1, 11, 19, 25, 30; 8:37, 40; 10:39; 11:8, 56 등.

15) 루돌프 오토(R. Otto)가 그의 저서 *The Idea of the Holy* 에서 사용한 용어이다. 성서에 나타난 '누미노제'에 대해서는 D. E. Gowan, 《출애굽기 신학》, 77-131을 참조하라.

3:6; 19:16; 사 6:5; 눅 5:8-10; 요 6:19-20; 19:8). 예수를 잡으러 온 무리들은 한 불법자인 "나사렛 예수"를 체포하려고 왔다고 말한다.

그런데 예수가 "내가 그다", 즉 "내가 바로 하나님이다"라고 당당하게 말하자 신적 권위에 눌려 그들은 두려워 떨면서 순식간에 뒤로 물러나 땅에 엎드린 것이다. 이것은 예수가 힘이 없어서 고난을 당하는 것이 아니라 하나님의 뜻을 이루기 위해 주도적으로 고난의 길을 택했다는 것을 보여준다.

다시 그들이 나사렛 예수를 찾는다고 하자 예수는 "나를 찾거든 이 사람들이 가는 것을 용납하라"(8절)고 말한다. 예수는 자신이 체포되는 상황에서도 제자들의 안전을 염려해서 이 같이 말했던 것이다. 이는 도적과 이리떼가 올 때 생명을 내걸고 양떼를 지키는 선한 목자의 모습이다(10:11-15). "이는 아버지께서 내게 주신 자 중에서 하나도 잃지 아니 하였사옵나이다 하신 말씀을 응하게 하려 함이라"(9절). 요한이 선한 목자로서의 예수의 모습을 임의대로 인용한 해설이다(6:39; 10:28; 17:12).

"시몬 베드로가 칼을 가졌는데 그것을 빼어 대제사장의 종을 쳐서 오른편 귀를 베어버리니 그 종의 이름은 말고라"(10절). 일부 학자들은 공관복음에서는 칼을 뺀 사람의 이름을 밝히지 않는 이유[16]에 관심을 갖는다. 그러나 그보다는 왜 요한이 그 이름을 굳이 밝혔는가에 관심의 초점을 두어야 있다. 그것은 예수와 베드로를 비교시켜 십자가 앞에서 철저히 다른 길을 걸어간 두 사람을 대조시키기 위해서였다는 것이 필자의 생각이다.

베드로는 대제사장의 종인 말고의 귀를 자름으로써 자신의 분노를 표출한다. 이 같은 베드로의 행동에 대해 예수는 그를 질책하며

---

16) 가령, 브라운은 만일 마가복음이 로마에서 기록되었다면 그곳은 네로에 의한 박해가 있는 곳이기에 베드로에게 불리한 증거를 원치 않았기 때문이라는 것이다. R. E. Brown, *The Death of the Messiah*, Vol.1: 266-267.

이렇게 말한다. “칼을 칼집에 꽂으라 아버지께서 주신 잔을 내가 마시지 아니하겠느냐.”[17] 이 구절은 요한의 특성을 잘 말해준다. 여기에 나오는 “잔”이라는 말은 구약적 배경에서 보면 “고통” 또는 “진노”의 잔을 의미한다(사 51:17, 22; 렘 25:15).

그러니까 예수는 고난을 주도적으로 스스로 선택한 것이지 수동적으로 힘이 없어 당한 것이 아니라는 것이다(10:18; 막 10:45). 그러니까 예수는 자신에게 일어나는 모든 일(고난)이 어떤 인간의 계획, 즉 유다의 배신이나 유대인들의 모략에 의한 것도, 그렇다고 베드로의 칼부림 같은 인간의 노력으로 막을 수 있는 것도 아닌, 전적으로 아버지 하나님의 뜻과 경륜 속에 있다는 것을 말씀하고 있다.

2) 안나스의 심문과 베드로의 예수 부인(12-27절)

이 단락은 공관복음(막 14:53-72 평행구)과 많은 차이점을 보이고 있다. 특히 예수의 수난에 관심이 없는 요한은 재판과 관련된 자세한 내용은 과감히 생략하고 있다. 공회의 소집, 증인들, 직접적인 심문 내용, 단죄 내지 판결 내용, 예수에 대한 경멸 내지 야유 등이 이 단락에서는 전혀 보도되지 않는다.

12-14절에서 요한은 두 명의 대제사장(안나스와 가야바)을 언급한다. 공관복음에는 현직 대제사장인 가야바에게 심문을 받는 것으로 되어 있다(마 26:57; 막 14:53). 그런데 요한복음에는 예수를 결박하여 안나스에게 심문을 받게 한 후 예수를 가야바에게 보냈다는 말만 전한다(24절). 그 후 가야바의 집에서는 아무 것도 하지 않은 채 총독 관정으로 데려갔다라고만 전한다(28절).

이것은 무엇을 말하는 것인가? 현직 대제사장인 사위 가야바를 제치고 안나스에게로 데려갔다는 것은 당시 그가 막후 실세로서

---

17) 마 26:52은 이렇게 되어 있다. “네 칼을 도로 칼집에 꽂으라 칼을 가지는 자는 다 칼로 망하느니라.” 대적자들처럼 무력을 사용하지 말 것을 지시하고 있다.

그의 영향력이 대단했다(눅 3:2; 행 4:6)는 것을 시사한다.[18] 그리고 마땅히 현직 대제사장인 가야바[19]가 예수의 재판을 맡아야 함에도 불구하고 전직 대제사장인 안나스가 맡았다는 것은 이 재판은 공정하지 못한 불법 재판임을 말하고자 하는 요한의 의도가 깔려 있다고 보아야 할 것이다.

15-18절은 베드로의 1차 예수 부인을 보도하고 있다. "시몬 베드로와 또 다른 제자 한 사람이 예수를 따르니 이 제자는 대제사장과 아는 사람이라"(15절). 여기서 "대제사장을 안다는 또 다른 제자"는 누구일까? 이 익명의 제자는 갈릴리 어촌의 어부일 수가 없다는 견해가 있다. 그래서 어떤 이들은 바로 이 구절 때문에 애제자가 세베대의 아들 요한이라고 하는 것에 이의를 제기하고 있다. 그런데 이 익명의 제자가 애제자, 곧 세베대의 아들 사도 요한을 가리킨다고 추정하는 것이 일반적인 견해이다.[20]

"문지키는 여종이 베드로에게 말하되 너도 이 사람의 제자 중 하나가 아니냐 하니 그가 말하되 나는 아니라"(17절). 공관복음과

---

18) 안나스는 주후 6-15년에 대제사장을 지냈고, 가야바는 18-36년에 대제사장을 지냈다. 안나스의 다섯 아들과 손자가 대제사장이었고, 가야바는 그의 사위였다. 결국 그의 가족은 주후 6-41년이라는 기간 동안 대제사장직을 독점하였다. 따라서 안나스는 대제사장 그룹의 좌장의 위치를 차지했을 것이고, 적어도 가야바가 재직하고 있을 때에는 더욱 그러했을 것이다.

19) "가야바는 유대인들에게 한 사람이 백성을 위하여 죽는 것이 유익하다고 권고하던 자러라"(14절)는 말은 예언의 성취를 시사한다(11:45-53 참조).

20) 요한복음에서 베드로와 관련되어 있으면서 이름을 밝히지 않는 제자는 언제나 애제자이기에, 이는 본서의 전승의 전달자인 사도 요한이라 본다. 그는 제자 중 예수의 처형 장면을 처음부터 끝까지 지켜보았던 예수 수난의 유일한 목격자였다(19:25-27, 31-35). 요한의 어머니 살로메는 예수의 어머니 마리아와 자매간이고(19:25; 마 27:56), 마리아는 제사장 계통의 세례 요한의 어머니 엘리사벳의 친족이므로(눅 1:5, 36), 사도 요한은 대제사장과 아는 사람일 수 있다(박수암, 378-379). 여기서의 '다른 제자'의 모습은 '실제의 사도 요한'이라기보다는 요한이 '이상적인 제자상으로서의 사도 요한'을 그렸다는 것이 필자의 생각이다.

는 달리 요한복음은 부정적 대답을 기대하는 '아니다'라는 의미의 메(Μή)를 문장 첫머리에 쓰면서 부정의문문으로 묻고 있다. 이에 베드로는 "나는 아니라"(우크 에이미, Οὐκ εἰμί)라고 대답한다. 이 대답은 앞에서 예수의 "내가 그니라"(ἐγώ εἰμι)와 좋은 대조를 이룬다. 예수는 적대자들 앞에서 용감하게 세 번이나 "내가 그니라"고 자신의 신분을 드러냈지만, 베드로는 비겁하게 세 차례나 "나는 아니라"고 하면서 예수의 제자됨을 감추었다.

19-24절에서는 예수가 안나스에게 심문을 받는 장면을 보도하고 있다. 대제사장 안나스는 예수의 교훈에 대해 묻자(19절) 예수는 이렇게 대답한다. "내가 드러내 놓고 세상에 말하였노라 모든 유대인들이 모이는 회당과 성전에서 항상 가르쳤고 은밀하게는 아무 것도 말하지 아니하였거늘"(20절). 이 구절에서 "드러내 놓고"와 "은밀하게"가 대조를 이루고 있다. 예수는 모든 것을 빛 가운데 드러내놓고 행했지만 적대자들은 어두움 가운데 예수를 죽이고자 은밀하게 음모를 꾸몄다.

"내가 말을 잘못하였으면 그 잘못한 것을 증언하라 바른 말을 하였으면 네가 어찌하여 나를 치느냐"(23절). 예수가 심문 받는 자가 아니라 심문 하는 자처럼 행동하자 대제사장 하속이 예수의 태도가 불손하다고 하면서 손찌검을 하였다(22절). 이에 예수는 자신이 무슨 잘못을 했는지 대라며 오히려 다그쳤다. 대제사장은 이 같은 예수의 위엄있는 행동에 아무 말도 못한 채 예수를 대제사장 가야바에게 보낸다(24절).

25-27절은 베드로의 2차, 3차에 걸친 예수 부인 장면을 보도하고 있다. 공관복음은 베드로의 세 차례의 예수 부인을 한꺼번에 보도하고 있지만, 요한복음은 시차를 두고 두 차례(1차와 2, 3차)에 걸쳐 나누어 보도하고 있다. 요한이 일부러 이렇게 나누어 보도할 이유가 없다고 하면서 요한의 기록이 더 초기 전승임을 보여준다

고 보는 이도 있다.[21]

그러나 안나스 앞에서의 예수의 항변과 베드로의 예수 부인을 동시에 배열시킨 것은 예수와 베드로를 대조시키려는 목적, 즉 예수는 질문자들 앞에서 담대히 맞서 아무 것도 부인하지 않았지만 베드로는 겁을 먹고 모든 것을 부인했다는 것을 극적으로 대조시키려는 목적이 있는 것 같다.[22] 또는 이 같은 샌드위치 방식을 통해 독자들로 하여금 베드로의 예수 부인에 대한 주의를 다시 한번 환기시키려는 목적이 있다고도 볼 수 있다.[23]

2. 빌라도의 예수 심문(18:28-19:16)

이 단락은 요한의 수난설화에 있어서 양적으로도 가장 길고, 내용적으로도 그 핵심을 이룬다. 수난설화에서 가장 두드러지게 눈에 띄는 문학적 특징은 아이러니로서 예수의 적대자들이 하는 조롱의 말이 아이러니하게도 예수의 참된 정체(예수의 왕권)를 드러내 주는 진리의 대변자들이 되고 있다는 점이다.[24]

---

21) 박수암, 381-382.

22) R. E. Brown, *John*, Vol.2: 842.

23) 베드로의 예수 부인에 대해 요한복음이 공관복음(마 26:69-75; 막 14:66-72; 눅 22:54-62)과 다른 점을 다섯 가지로 요약하면 다음과 같다. 첫째, "추운 고로." 빛 되신 예수와 함께 하지 않으니 추울 수밖에. 둘째, "종과 아랫사람과 함께." 예수와 함께 해야 할 시간에 베드로는 하찮은 사람들 무리에 끼어 그들과 함께 하고 있다. 셋째, "서서 쬐더니." 앉아서가 아니라 서서 불을 쬐고 있는 것은 도망치기에 더 적합한 자세이다. 넷째, '문지키는 여종'의 질문에서 '종과 하인들'의 질문으로, 마침내 '귀가 잘린 말고의 친척'의 질문으로 진행되면서 점점 확정적인 단서로 나아가고 있다. 다섯째, "닭이 울더라." 요한은 '그리고 아무 말도 하지 않았다'("밖에 나가서 심히 통곡하니라"가 없다-베드로는 눈물 한 방울 흘리지 않았다). 이는 예언의 말씀의 성취이다(13:38).

24) 김득중, 《마가복음의 부활신학》, 199-206.

특히 주목해야 할 사실은 3장(니고데모 기사)과 18-19장(빌라도 기사)이 구원론의 입장에서 깊은 관련이 있다는 사실이다. 이 두 단락은 진리 되신 예수 앞에서 세상 권력자로 대표되는 두 사람, 즉 니고데모(유대인)와 빌라도(이방인)가 어떻게 반응했는가를 보여준다.

이 단락은 관정 안팎을 오가는 빌라도의 동작에 따라 일곱 장면으로 나누어진다. 1) 관정 밖에서의 빌라도(18:28-32), 2) 관정 안에서의 빌라도(18:33-38a), 3) 관정 밖에서의 빌라도(18:38b-40), 4) 관정 안에서의 빌라도(19:1-3), 5) 관정 밖에서의 빌라도(19:4-8), 6) 관정 안에서의 빌라도(19:9-12), 7) 관정 밖에서의 빌라도(19:13-16). 이 같은 정교한 구조는 요한의 치밀한 신학적 의도에 기인한다.[25] 빌라도의 재판은 겉으로는 예수가 심문 받는 자이지만 실제로는 예수가 심판관으로서 빌라도가 심문을 받고 있다.

1) 관정 밖에서의 빌라도(18:28-32)

안나스의 심문을 받은 예수는 이어서 빌라도[26]의 심문을 받기

25) 일곱 장면을 내용적으로 검토해 보면, 첫째 장면과 일곱째 장면, 둘째 장면과 여섯째 장면, 셋째 장면과 다섯째 장면이 서로 상응하고 넷째 장면은 한 가운데 자리잡고 있다(18-19장의 정중앙에 위치). 첫째 장면과 일곱째 장면은 예수에 대한 배척이 주제이며, 둘째 장면과 여섯째 장면은 예수의 왕국과 왕권이 주제이며, 셋째 장면과 다섯째 장면은 예수의 무죄 증명이 주제이다. 그러니까 재판 과정 전체가 예수를 중심으로 그 주위에서 진행된다. 이 일곱 장면을 '상향식 구조'로 볼 때 일곱째 장면의 "보라 너희 왕이로다"(19:14)에서 절정에 이른다. 그런데 '집중식 구조'로 볼 때 넷째 장면(19:1-3), 즉 예수의 대관식이 제일 현저하게 나타난다. 그러니까 일곱 장면은 왕권이 선명하게 드러나는 순간이 두 번 나오는 셈이다. 이를 통해 수난설화의 핵심은 예수의 왕권임을 깨닫게 된다. C. M. Martini, 186-192.

26) 빌라도는 제5대 총독으로 주후 26-36년까지 유대 지방을 다스렸다. 총독에게는 사형에 처할 권한도 있었다. 요한복음에 그려진 빌라도 상(像)은 다분히 변증적인 성격을 갖고 있다. 유대인의 역사적 자료들 가운데서 다루어지고 있는 빌라도의 모습과는 아주 다르게 제시되어 있다. 필로에 의하면, 갈리굴라

위해 빌라도의 관정으로 끌려 갔다. 그 시각은 "새벽"(프로이, $\pi\rho\omega\hat{\iota}$) 이었다. 유대 시간법으로는 제4경으로 오늘날의 시각으로는 오전 3시에서 6시 사이의 시간대이다. 산헤드린 공의회는 밤에 소집될 수 없었고 설사 소집되어 구형이나 선고가 내려지더라도 그 다음날 재심을 다시 열어야 한다는 공의회 법이 있었다.

이 같은 절차를 완전히 무시한 채 밤에 예수를 체포하여 심문한 후 날이 새기도 전에 빌라도에게 넘긴 것이다. 이는 그들이 자신들의 기득권을 위협하는 예수를 한시 바삐 처형하고자 하는 강한 열망으로 가득 차 있었음을 보여준다. 그러나 그 배후에는 유월절 어린 양으로 예수를 죽게 하려는 하나님의 역사하심이 있었다.[27)]

안나스가 유대인의 대표자라면, 빌라도는 이방인의 대표자이다. 예수는 유대인과 이방인(온 세상)으로부터 동시에 배척을 받았다. 요한은 안나스의 종교적 심문에는 관심이 적은 반면, 빌라도의 정치적 심문에는 큰 관심을 보이고 있다. 요한에게 있어서 진정한 재판은 빌라도의 재판이고, 안나스와 가야바는 고소자에 불과하다.

"그들이 예수를 가야바에게서 관정으로 끌고 가니 새벽이라 그들은 더럽힘을 받지 아니하고 유월절 잔치를 먹고자 하여 관정에 들어가지 아니하더라"(28절). 예수를 대적하는 무리들은 예수를 빌라도가 머물고 있는 로마 총독 궁정으로 끌고 갔다. 이때가 유대인들이 가장 큰 의미를 부여하는 유월절이 시작되기 바로 직전인 그날 새벽이었다. 유대인들은 이방인의 집에 들어가는 것을 부정

에게 보낸 아그립바 1세의 편지 가운데서는 빌라도가 "고지식하고 무자비하고 완고한" 자로 그려지고 있으며, 또한 "부패, 폭력, 강도, 학대, 억압, 불법적인 처형, 그리고 끊임없는 가장 가혹한 잔인성"을 갖고 있는 것으로 나타나고 있다. 빌라도의 이런 모습은 다른 유대인의 자료들(가령, 요세푸스의 《유대고대사》) 가운데서도 확증되고 있다). 김득중, 《마가복음의 부활신학》, 200.

27) 《옥스퍼드원어성경대전》(요한복음 제13-21장), 447.

하게 여긴다(행 10:28).

그러기에 그들은 일년에 단 한번만 시행되는 유월절 식사 잔치에 참여하기 위하여 의식적인 부정을 범하기를 원치 않았다. 여기서 우리는 하나님의 아들이요 의인인 예수 그리스도를 적법한 절차도 밟지 않고 불법 재판으로 죽이려는 도덕적 부정은 안중에도 없고 단지 의식적 부정만을 피하려는 아이러니의 극치를 보게 된다.

빌라도는 고소 죄목도 명확치 않기 때문에 유대 지도자들에게 유대법에 따라 알아서 처리하라고 하자 유대인들은 "우리에게는 사람을 죽이는 권한이 없나이다"(31절)라고 말한다. 주후 20년경 유대 나라가 로마의 직할지가 된 후 유대인들은 사형집행권을 박탈당했다. 그래서 유대 지도자들은 로마 총독 빌라도에게 예수를 넘겨주면서 사형에 처할 것을 요구했던 것이다.

"이는 예수께서 자기가 어떠한 죽음으로 죽을 것을 가리켜 하신 말씀을 응하게 하려 함이러라"(32절). 이는 요한의 해설로서 일찍이 예수는 자신이 십자가에 달려 죽으리라는 것을 예언하였다(3:14; 8:28; 12:32). 유대인들의 처형법은 돌로 쳐죽이는 것이었다(8:59; 10:31). 그런데 유대인들은 로마인들의 손에 예수가 죽기를 원했다. 그 까닭은 십자가에 못 박혀 죽는 처형의 양식은 율법의 저주와 연관되기 때문이었다(신 21:23).

유대 지도자들은 예수를 하나님의 대의를 위한 순교자가 아니라 하나님의 저주를 받아 죽은 사기꾼으로 확신시키기를 원했다. 하지만 아이러니하게도 그들의 십자가 처형의 요구는 예수의 예언을 이루기 위한 방편이 되었다. 예수는 하나님의 택한 백성인 유대인의 종교적 음모와 이방인의 대표격인 로마 제국의 정치적 재판에 의해 죽임을 당하게 되었다. 이것은 예수가 유대인과 이방인, 즉 온 인류의 죄악을 짊어지고 죽임을 당한 것을 시사한다.

2) 관정 안에서의 빌라도(18:33-38a)

이 단락은 그 유명한 예수에 대한 빌라도의 심문이다. "네가 유대인의 왕이냐?"(33절).[28] 이렇게 시작되는 이 단락은 예수의 왕국(왕권)의 문제를 다루고 있다. 유대 지도자들은 예수를 정치적 반란죄, 곧 메시아를 사칭한 죄로 빌라도에게 고소했다. 그러자 예수는 빌라도에게 되묻는다. "이는 네가 스스로 하는 말이냐 다른 사람들이 나에 대하여 네게 한 말이냐"(34절).

예수의 정체에는 관심이 없고 오직 예수가 정치적인 반역자인가 아닌가에만 관심이 있었던 빌라도는 또 엉뚱한 질문을 한다. "내가 유대인이냐 네 나라 사람과 대제사장들이 너를 내게 넘겼으니 네가 무엇을 하였느냐"(35절). 이에 예수는 이렇게 말한다. "내 나라는 이 세상에 속한 것이 아니니라 만일 내 나라가 이 세상에 속한 것이었더라면 내 종들이 싸워 나로 유대인들에게 넘겨지지 않게 하였으리라 이제 내 나라는 여기에 속한 것이 아니니라"(36절).

"내 나라"(바실레이아 헤 에메, *βασιλεία ἡ ἐμή*)[29]는 '예수 나라'를 가리키며, '나라'라는 말은 '왕국' 또는 '왕권'을 말한다. '예수 나라'란 예수가 왕권으로 가지고 통치하는 왕국을 말한다. "내 나라"는 "내 왕국", 곧 예수의 왕국을 말하며 이는 하나님 나라와 같은 의미이다. 그러기에 하나님 나라란 하나님 되신 예수가 왕권을 가지고 통치하는 왕국이라고 말할 수 있다. 결국 "내 나라"(내 왕국)라는 말 속에는 예수 자신이 바로 왕이라는 암시가 들어있다.

그런데 예수의 왕국은 지상과 별개의 천상적인 영역(3:3, 5 참조)을 가리키지 않는다. 예수의 왕국은 세상에 속한 것(세속적인 것)은

---

28) "유대인의 왕"이란 칭호는 비유대인들로부터 유래한 표현이다(18:39; 19:3, 15, 19). 유대인들은 "이스라엘의 왕"이란 표현을 사용했다(마 27:42; 막 15:32).

29) 여기서 세 차례(더 이상은 없다는 뜻) 사용된 "내 나라"는 '숫자상징주의'적 의미를 갖는다.

아니지만, 세상으로부터 떠나버린 영역, 곧 세상 밖의 왕국은 결코 아니다. 즉 완전히 부정적인 뜻으로서의 "세상"(12:31; 16:11)을 가리키는 것이 아니라 초월적인 세상에 대한 지상적인 실존 공간(영적 영역)을 뜻한다(12:25; 13:1).[30] 즉 하나님 나라란 정치적이고 세속적인 영역과 무관하다라는 의미로서의 왕국이 아니라 그것을 넘어선 초월적이고 영적인 의미로서의 왕국을 말한다.

예수는 만일 내 왕국이 이 세상에 속한 정치적이고 세속적인 왕국이었다면 내게 속한 종들이 싸워 그 왕국을 차지했을 것이라고 말하면서 내 왕국은 이 세상에 속한 그 같은 정치적이고 세속적인 왕국이 아니라고 말했다. 그럼에도 불구하고 정치적이고 세속적인 권력으로서의 왕국에만 익숙해 있던 빌라도는 내 왕국은 이 세상에 속한 것이 아니라는 예수의 말을 전혀 이해하지 못했다.

그래서 또 다시 이렇게 물었다. "그러면 네가 왕(바실류스, *βασιλεὺς*)이 아니냐"(37a절). 그러자 예수는 주저하지 않고 말했다. "네 말과 같이 내가 왕이니라"(37b절). 다시 말하면 "내가 왕이라고 네가 말하고 있다." 빌라도는 지금 자신도 알지 못한 채 예수가 왕이라는 것을 증거하고 있다. "내가 이를 위하여 태어났으며 이를 위하여 세상에 왔나니 곧 진리에 대하여 증언하려 함이로라 무릇 진리에 속한 자는 내 음성을 듣느니라"(38c절).

예수의 나라는 진리의 나라이다. 중생의 진리를 알지 못했던 니고데모처럼 빌라도는 예수가 하나님 나라의 진리, 중생과 구원(영생)의 진리를 증언하고자 이 세상에 왔다는 말을 전혀 이해할 수 없었다. 그리고 예수의 진리에 속한 자가 아니었기에 그는 진리의 음성을 따를 수가 없었다. 마침내 이 정치적 동물은 "진리가 무엇이냐"(38a절)라는 냉소적인 말을 남기고는 그 자리를 떴다. 땅(육)

---

30) 이영헌, 339.

의 세계에 속한 자가 어찌 하늘(영)에 속한 세계를 알겠는가.

이상의 대화를 쉽게 풀이하면 이렇다. 로마 총독 빌라도는 로마와 같은 세상 나라만 알았지 예수가 말한 "내 나라", 즉 예수 나라, 하나님 나라가 있다는 것에 대해서는 듣지도 보지도 못했다. 따라서 예수가 "내가 왕이니라"는 말이 로마와 같은 세상 나라의 왕으로만 생각했지 그것이 하나님(예수) 나라의 왕이라는 것을 전혀 이해할 수 없었다.

또한 빌라도는 예수가 말한 진리가 세상 나라의 진리가 아닌 하나님 나라의 진리라는 것을 전혀 이해하지 못했다. 그래서 "진리가 무엇이냐?"라는 뚱딴지같은 말을 하였다. 바로 이 같은 하나님 나라 사상, 즉 하나님 나라의 왕(진리)을 말했기 때문에 이를 이해하지 못하거나 이를 원치 않는 사람들에 의해 예수는 고난을 당하고 십자가에 달려야만 했다.

하나님의 이름, 하나님의 뜻이 사람의 이름, 사람의 뜻과 대립되는 역설이듯이, 하나님 나라는 세상(유대와 로마) 나라와 대립되는 역설이다. 현세주의에 빠진 기득권 세력들에게는 하나님 나라 사상은 유대(로마) 나라의 체제를 뿌리채 흔들어 놓는 위험천만한 혁명 사상이 아닐 수 없었다. 그러니까 하나님 나라가 오는 것을 원치 않는 유대(로마) 나라에 속한 사람들은 하나님 나라를 말하는 예수를 체제반란자 또는 민중선동가로 없애버리려 했다.

3) 관정 밖에서의 빌라도(18:38b-40)

예수와의 심문이 끝난 후 빌라도는 1차 무죄선언을 한다. "나는 그에게서 아무 죄도 찾지 못하겠노라"(38b절). 아무런 죄목도 찾지 못했으나 빌라도는 예수를 "유대인의 왕"이라고 부르고 있다. 옛날이나 지금이나 명절에는 민족의 화합을 위해 죄수들을 사면하는 전례가 있듯이 유월절 명절을 맞아 빌라도는 무죄한 예수를 석방

하려는 타협안을 내놓았다. 그래서 "너희는 내가 유대인의 왕을 너희에게 놓아주기를 원하느냐"고 물었다. 유대 지도자들과 군중들은 예수가 아니라 "바라바"라고 소리를 질렀다. 타협안이 거절당한 것이다. 요한은 바라바를 "강도"(40절)[31]라고 보도하고 있다.

바라바는 로마 정부에 대해 유대의 독립을 꾀하던 열심당원으로 로마에 반항하여 동굴에 은신하다 강도(레스테스, *λῃστής*)가 되었다는 전설이 있다. 무리들은 이런 민란을 꾸미고 살인한 폭력배를 석방키를 원했다. 그렇게 되면 유대인들의 나라에도 유익하고 자신들의 목적도 달성할 수 있어 좋을 것이라고 생각했다. 이런 바라바를 놓아주고 예수를 죽이게 함으로 유대인들의 계략은 성공하고 빌라도의 계략은 실패했다.[32]

4) 관정 안에서의 빌라도(19:1-3)

"이에 빌라도가 예수를 데려다가 채찍질하더라"(19:1). 예수를 태형하는 로마 군인의 손에 든 채찍에는 가죽끈 사이사이에 납덩이가 박혀 있고 채찍 끝에는 뾰족한 뼈가 붙어 있다. 그 채찍에 맞으면 살점이 찢기고 피하출혈이 생긴다. 이런 태형을 맞는 죄수는 그 엄청난 고통에 미쳐버리거나 매맞는 도중에 의식을 잃기도 한다. 예수는 이런 무서운 태형을 맞고 초죽음이 된 상태에서 십자가 가름대를 지고 '비아 돌로로사'(Via dolorosa)의 길을 걸어갔다. 그리고 다른 죄수들보다 먼저 운명하셨다.[33]

"군인들이 가시나무로 관을 엮어 그의 머리에 씌우고 자색 옷을

---

31) 마가는 바라바를 "민란을 꾸미고 그 민란 중에 살인하고 체포된 자"(15:7), 누가는 "성 중에서 일어난 민란과 살인으로 말미암아 옥에 갇힌 자"(23:19)라고 보도하고 있다.

32) 박수암, 388.

33) 십자가 처형에 대한 자세한 논의는 박호용, 《부르다가 내가 죽을 노래》, 88-91을 참조하라.

입히고 / 앞에 가서 이르되 유대인의 왕이여 평안할지어다 하며 손으로 때리더라"(2-3절). 이 대목은 수난사화 전체의 중심에 있는 중요한 대목이다. 이 대목은 역사가의 눈에는 수치와 조롱과 치욕의 장면이다. 그러나 요한은 아이러니와 역설(역전)로 이 장면을 왕의 등극식으로 변형시켜 놓았다.

군인들은 장난스러운 행동으로 그렇게 했지만 그들은 예수께 왕의 옷인 자색옷과 가시로 만든 왕관을 씌우고, "유대인의 왕이여 평안할지어다"라고 조롱하지만 아이러니하게도 그들은 자신들도 모르는 사이에 "예수는 (유대인의) 왕이다"라는 사실을 증언하고 있는 것이다. 군인들은 예수를 조롱한다고 생각했겠지만 예수는 정말 왕으로 등극하고 계시며, 구원 계획을 실제로 성취시키고 있다는 것이 요한의 해석이다. 예수의 왕권에 대한 치욕적인 조롱 속에서 하나님의 사랑, 하나님의 영광이 드러나고 있다.

5) 관정 밖에서의 빌라도(19:4-8)

빌라도가 다시 밖으로 나아가 이렇게 말한다. "내가 그에게서 아무 죄도 찾지 못한 것을 너희로 알게 하려 함이로라"(4절). 빌라도의 제2차 무죄선언이다. 빌라도는 얼굴에는 머리에 쓴 가시관에 찔려 피가 흐르고 온 몸은 무서운 채찍질로 인해 만신창이가 된 참혹한 모습을 하고 있는 예수를 밖으로 데리고 나와 유대인들 앞에 세움으로써 그들의 분노를 잠재우고 이 문제를 끝내려고 했다.

계속해서 빌라도는 이렇게 말했다. "보라 이 사람이로다"(5절). 라틴어로 '에케 호모'(Ecce Homo!)라고 빌라도는 외쳤다. 역사적 측면에서 본다면 이 말에는 예수께 대한 동정심이 들어 있다. "자, 보아라, 너희가 두려워하는 사람이 바로 이 사람이다. 이렇게 불쌍한 사람이다." 요한은 독자들에게 지금 응시하고 있는 이 가련하고 참혹한 모습의 사람(사 53:2-3)이 바로 만인의 죄를 대속하기 위해 하나님으로부터 보내진 진리의 왕임을 역설적으로 보여주고자 했다. 이 모습은 "말씀이 육신이 되다"(성육신)라는 선언의 가장 극단적인 상태를 보여준다.

빌라도는 한편으로는 예수의 무죄를 선언하지만, 다른 한편으로는 무리들에게 그가 예수를 벌주고 그의 왕권을 조롱하는 이중적인 모습을 보여준다. 그러나 이 타협안은 처음 것보다 더 효력이 없어서 이제 무리들은 예수를 "십자가에 못 박으소서"라고 더욱 소리를 지른다. 그러자 빌라도는 이렇게 말한다. "너희가 친히 데려다가 십자가에 못 박으라 나는 그에게서 죄를 찾지 못하겠노라"(6절). 빌라도의 제3차 무죄선언이다.[34] 그러면서 자신은 더 이상 이 문제에 관여하고 싶지 않다는 의미에서 책임을 유대 지도자들(무리들)에게 떠넘긴다(마 27:24).

그러자 유대인들은 이렇게 대답한다. "우리에게 법이 있으니 그 법대로 하면 그가 당연히 죽을 것은 그가 자기를 하나님의 아들이라 함이니이다"(7절). 이제 그들은 정치적인 심문 내용에서 종교적인 심문 내용으로 그 방향을 바꾸었다. 새로운 고소 내용은 예수가 자신을 하나님의 아들이라 주장했기 때문에 죽어야 한다는 것이다. 즉 예수는 율법 규정(레 24:16)에 의하면 사형에 해당하는 신성모독죄를 지었으므로 죽어 마땅하다는 것이다(5:18; 10:33).

"빌라도가 이 말을 듣고 더욱 두려워하여"(8절). 자신이 스스로 왕이라고 주장하는 예수의 말과 예수가 하나님의 아들이라고 자처했다(5:17-18; 10:30-39)는 무리들의 말을 들은 빌라도는 혹시 이분이 하나님이 보낸 사람이 아닐까(행전 14:11) 해서 몹시 두려워하였다. 이 같은 빌라도의 반응은 죄적 인간이 거룩하고 신적인 하나님

34) 여기서도 "더 이상은 없다"는 뜻의 '숫자상징주의'를 엿볼 수 있다.

앞에서 느끼는 '누미노제'의 불안과 공포이다(6:19-20). 빌라도의 두려움은 예수를 학대한 사람에게 임할 하나님의 복수에 대한 생각에 더욱 더 증폭되었을 것이다.

6) 관정 안에서의 빌라도(19:9-12)

관정 안으로 다시 들어온 빌라도는 불안과 공포 가운데서 예수께 이렇게 물었다. "너는 어디로부터냐"(9절). 예수가 어디에서 왔느냐 하는 예수의 기원(정체)의 문제는 대단히 중요한 문제이다. 예수 심문에 대한 빌라도의 첫 질문은 "네가 유대인의 왕이냐"였다. 그런데 두 번째 질문은 "네가 어디서 왔느냐"였다. 이 질문은 믿지 않는 유대인들이 묻는 질문과 그 맥을 같이 한다(7:27-28; 8:14; 9:29-30). 예수의 육적인 기원이 아닌 영적인 기원(정체), 즉 그가 과연 하나님의 아들인지를 물은 것이다.

그러나 예수는 아무런 대답을 하지 않았다. 이 같은 예수의 침묵은 야웨의 고난받는 종의 이미지를 연상시킨다(사 53:7). 왜 예수는 입을 열지 않았을까? 육적 차원에 머물러 있는 자에게 영적 차원의 하늘에 속한 진리를 말한들 이해할 수 있겠는가(3:12; 고전 2:13). 대답을 한들 이해하지도 받아들이지도 못할 것이기에 예수는 침묵했던 것이다(8:25).

예수가 계속 침묵하자 빌라도는 이렇게 말한다. "내게 말하지 아니하느냐 내가 너를 놓을 권한도 있고 십자가에 못 박을 권한도 있는 줄 알지 못하느냐?"(10절). 그러자 예수는 이렇게 대답했다. "위에서 주지 아니하셨더라면 나를 해할 권한이 없었으리니 그러므로 나를 네게 넘겨준 자의 죄는 더 크다 하시니라"(11절). 빌라도는 예수에 대한 십자가 처형의 결정권이 자기의 손에 달려 있다고 생각했다. 그러나 예수는 모든 권세는 위에 계신 하나님으로부터 오며(롬 13:1-2), 그것이 하나님의 주권 안에 있음을 천명하였다.

이제 예수는 자기를 넘겨준 자들에 대한 하나님의 심판을 알리는 재판관의 역할을 한다. 빌라도는 하나님을 알지 못하는 이방인이지만 재판관으로서 그가 저지른 잘못은 피할 수 없다. 다만 예수를 십자가에 넘겨준 유대 지도자들, 특히 대제사장 가야바(11:51-52; 18:14)와 가룟 유다(6:71; 13:2, 11, 21; 18:2, 5)에 비하면 더 작다는 것뿐이다.

빌라도는 그 동안에 있었던 예수의 말에 감동도 받고 충격도 받아 심히 마음에 동요를 일으켰다. 그래서 어떻게 해서든지 예수를 놓아주려고 했다. 그러나 이 사실을 감지한 유대 지도자들은 빌라도를 꼼짝 못하도록 최후의 일격을 가했다. "이 사람을 놓으면 가이사의 충신이 아니니이다 무릇 자기를 왕이라 하는 자는 가이사를 반역하는 것이니이다"(12절). 여기서 "충신"으로 번역된 '필로스'(φίλος)는 직역하면 '친구'이다.

가이사의 친구가 아니라는 말은 정치적 출세를 원하는 사람에게는 급소를 찌르는 치명적인 말이다. 비록 다른 세계라 할지라도 자신의 왕국(왕권)을 주장하는 예수를 놓아준다면 이는 가이사(의 왕국)에 반역하는 일이 된다. 가이사에 대한 반역은 빌라도의 정치생명을 끝나게 하는, 어쩌면 목숨을 잃을지도 모르는 결과를 초래할 것이다.

예수의 석방은 가이사를 배반하는 것이라는 무리들의 말은 그로 하여금 예수를 십자가의 죽음으로 내모는 결정적 계기가 되었다. 그러니까 빌라도는 지금까지 예수를 측은히 본 것이지 자신의 모든 것을 걸면서까지 진리 되신 예수를 변호하고자 한 것이 아님이 드러났다. 빌라도에게는 영생을 주는 하나님 나라보다는 세상 권력이 가져다주는 일시적인 부귀영화와 안녕(안전)이 더 중요했다.

7) 관정 밖에서의 빌라도(19:13-16)

결국 유대인들에게 항복한 빌라도는 예수를 끌고 나가서 돌을 깐 뜰(히브리 말로 '가바다'[*Γαββαθα*])에 있는 재판석에 앉았다. 빌라도는 마지막 선고를 내리기 위해 재판석에 앉았다. "이 날은 유월절의 준비일이요 때는 제육시라 빌라도가 유대인들에게 이르되 보라 너희 왕이로다"(14a절). 예수께서 잡히시고 심문을 받고 처형된 날은 인류 역사상 가장 비극적인 날인 동시에 인간의 모든 불행의 근본 원인인 죄의 문제가 해결되는 너무나 중요한 날이다. 요한은 이때의 중요성을 감안하여 정확한 날짜와 시간을 밝히고 있다.

"유월절의 예비일"(파라스큐에 투 파스카, *παρασκευὴ τοῦ πάσχα*)은 니산월 14일 유월절 식사가 시작되기 바로 직전인 니산월 13일이다. 그리고 유대 시간법으로 "제육시"는 우리 시각으로 12시(정오)를 가리킨다. 이 시각은 유월절 양 잡는 시각이다. 따라서 예수의 십자가 처형은 니산월 13일 정오였다. 이 날은 아직 목요일(우리 날짜로는 금요일)로서 오후 여섯 시부터 시작되는 금요일 유월절을 예비하는 날이다. 이 예비일은 유월절 어린 양을 잡는 날로서, 세상 죄를 지고 가는 유월절 어린 양(1:29; 19:36)으로 오신 예수께서 이 날 체포되어 고난을 당하시고 돌아가신 것은 구약의 예언이 성취되는 큰 의미를 갖는다.[35)]

구약에서 유월절은 하나님의 전능하신 능력으로 애굽의 노예상태에서 이스라엘이 해방을 얻은 출애굽 사건(Exodus)을 기념하는 이스라엘의 최대의 명절이다. 바로 이때에 하나님은 이스라엘의 왕으로 나타나셨고, 이스라엘은 하나님의 백성이 되었다. 이와 상응하게 신약에서 유월절에 예수가 '세상 죄를 지고 가는 하나님의

35) 《옥스퍼드원어성경대전》(요한복음 제13-21장), 493. 공관복음(막 14:12-14 평행구)은 요한복음과는 달리 예수와 제자들이 유월절 음식을 함께 나누는 데에 역점을 둠으로써 예수 처형 날짜가 하루가 다르다.

어린 양'으로 죽은 것은 이스라엘 민족만이 아닌 모든 민족의 해방이 되는 제2의 출애굽 사건(Second Exodus)이다.

"빌라도가 유대인들에게 이르되 보라 너희 왕이로다"(14b절). 요한의 수난사화의 절정은 예수를 메시아적 왕으로 그리고 있는 바로 이 장면이다. 예수는 복음서 중에서 가장 명확하게 자신이 왕임을 선포했고 빌라도는 이것을 인정하고 있다. 요한은 예수를 단순히 고난을 당하는 이로 묘사하기 보다는 고난 자체도 스스로 선택하고 자신의 길을 당당하고 의연하게 가는 영광의 왕으로 묘사하고 있다.[36)]

요한의 수난사화에서 핵심이 되는 주제는 '예수의 왕권'이다. 여기서 근본이 되는 질문은 이것이다. 그리스도의 진정한 왕권은 과연 어떤 것인가? 다시 말하면 그리스도가 정작 메시아로 나타나는 장면은 어디인가? 어디에서 메시아의 승리가 완전하게 실현되는가? 이런 질문에 떠오르는 즉각적인 답변은 〈부활〉이라는 대답이 가장 합당할 것이다. 그러나 요한은 합당한 대답에서 한걸음 더 나아가서 이미 수난 중에도 그리스도는 왕으로 군림하고 계시다고 한다. 따라서 파스카의 신비는 이미 수난 중에 작용하고 있었다고 주장한다.

요한은 하나님의 신비라는 것이 인간적 행위와 비교하면 어느 면에서 역설적임을 포착했다. 모든 것을 역설로 보는 요한의 시선은 예수의 죽음이라는 극히 가증할만한 상황 속에서도 그분의 메시아적 사명 완수를 보고 있다. 예수는 전대미문의 기묘한 방법으로 아버지의 사랑을 드러내시며 그리하여 이 사랑의 힘으로 왕이요 메시아가 되신다. 그분이 당신의 주된 사명, 즉 자기 헌신을 통해 아버지의 사랑을 사람들에게 드러내는 그 순간이 메시아로서

---

36) 김동수, 《요한신학 렌즈로 본 요한복음》, 220.

의 즉위식이 거행되는 순간이다.[37)]

"내가 너희 왕을 십자가에 못 박으랴"라는 빌라도의 조롱 섞인 질문에 대제사장들은 정신 나간 어처구니없는 대답을 한다. "가이사 외에는 우리에게 왕이 없나이다"(15절). 대제사장들의 이 같은 대답은 심히 충격적이다. 유일신 신앙(Monotheism), 즉 여호와 이외에는 신이 없고 왕이 없다고 자처하는 저들의 입에서 로마 황제인 가이사 외에는 왕이 없다는 이런 말이 나왔다. "헤롯과 빌라도가 전에는 원수였으나 당일에 서로 친구가 되니라"(눅 23:12)라는 말씀처럼 예수를 죽이고 자신들의 교권(기득권)을 지키기 위해 대제사장들은 적과의 동침조차 서슴치 않고 자행했던 것이다. 빌라도는 예수를 십자가에 못 박도록 그들에게 넘겨주었다(16절).

빌라도의 재판 기사는 이렇듯 일곱 장면으로 정교하게 구성되어 있다. 여기서 예수와 무리들 사이를 불안한 발걸음으로 왔다갔다 하는 빌라도의 태도와 줄곧 조용하고 흐트러지지 않는 왕다운 품위를 유지하고 있는 예수의 태도가 분명한 대조를 이룬다. 그리고 무리들과 빌라도는 예수의 운명을 자신들이 결정하는 것으로 생각하나 우리는 그 모든 사건의 배후에서 하나님이 역사하신다는 사실을 보게 된다. 나아가 진실과 정의, 양심에 따라 판단하지 못하고 여론과 힘의 논리에 따라 움직이는 빌라도의 우유부단하고 무책임한 모습도 본다. 이로 인해 빌라도는 2천년이 지난 오늘날까지 예수를 십자가에 못 박은 장본인으로 낙인찍히는 불행한 결과를 자초했다.

37) C. M. Martini, 192-197.

3. 예수의 죽음과 장사(19:17-42)

1) 십자가 처형(17-22절)

요한의 수난사화만이 갖는 특징은 예수의 죽음에 관한 이야기를 선별해서 실었다는 사실이다. 요한이 일곱 표적을 선택하고 그것에 많은 의미를 부여했던 것처럼, 그는 그에게 가장 의미있게 나타난 예수의 죽음에 관하여 얻은 전승 중에서 몇 가지 점에 집중한다. 그 가운데 가장 주도적인 주제는 '예수의 왕권'이다. "들어올려진" 예수의 복음 속에서 그 기대가 채워진다. 그러므로 십자가는 예수의 즉위로 간주된다.[38]

"예수께서 자기의 십자가를 지시고 해골(히브리말로 '골고다')이라 하는 곳에 나가시니"(17절). 예수께서 못 박히신 언덕의 이름은 히브리말로 골고다(*Γολγοθα*), 헬라말로 크라니온(*Κρανίον*), 라틴말로 갈보리(Calvaria)였다. 그 산의 모양이 해골처럼 생겼다고 해서 붙여진 이름일 것이다. 당시 로마는 로마법을 어긴 사람은 어떤 죽음을 당하게 될 것인지를 보여주기 위해 높은 언덕 위에서 십자가 처형을 시행했다. 역설적으로 골고다 언덕이야말로 온 세상이 들어올려진 예수를 볼 수 있는 곳이다.

여기서 "자기의 십자가를 지시고"는 정확하게는 "자기 스스로 십자가를 지시고"이다. 요한복음에서 구레네 시몬(마 27:32 평행구)에 대한 언급은 없다. 예수는 남의 도움 없이 자기 홀로 십자가를 지고 간다. 예수가 직접 십자가를 지셨다는 사실을 강조하는 이유는 영지주의적인 견해를 반박하고자 하는 데 있다는 견해도 있다. 그러나 보다 중요한 이유는 자신의 운명을 지배하는 자로서 홀로 십자가를 짊어지는 왕 같은 예수의 모습을 보여주고자 하는 데

---

38) G. R. Beasley-Murray, 632.

있다고 말할 수 있다(사 9:6 참조).

이 모습은 희생을 드리러 스스로 나무를 지고 가는 이삭의 모습을 연상케 한다. 요한이 골고다로 나아가는 예수와 아버지와 함께 산을 향하여 가는 이삭을 병행시키고 있는 것은 놀라운 일이 아니다. 그리스도인들은 골고다로 자신의 십자가를 지고 가는 예수를 십자가를 지고 그를 따르라는 예수의 부르심과 밀접하게 연결시켰다(눅 14:27 참조).[39]

"예수를 십자가에 못 박을새 다른 두 사람도 그와 함께 좌우편에 못 박으니 예수는 가운데 있더라"(18절). 요한은 예수의 십자가가 "가운데" 위치에 있다는 사실을 강조한다. 이 또한 예수의 왕적인 품위를 시사한다. 요한은 십자가상의 예수를 하나님의 계획안에서 "들어올려진" 왕, 곧 메시아로 선포하고자 했다. 나아가 두 죄인들 사이에서 예수가 십자가에 달렸다는 것은 이사야 53:12의 예언의 성취를 암시한다.

"빌라도가 패를 써서 십자가 위에 붙이니 나사렛 예수 유대인의 왕이라 기록되었더라"(19절). 빌라도는 예수의 십자가 위에 붙이는 패에 "나사렛 예수 유대인의 왕"이라고 썼다. 요한은 이 명패를 빌라도의 의도와 관련시키고 있기 때문에 대제사장에 대한 그의 복수심이 시사된 것으로 볼 수 있다(19, 21-22절 참조). 여기서도 빌라도는 자신도 그 의미를 잘 알지 못하는 행동을 하여 예수의 왕되심을 증언하고 있다.

"많은 유대인이 이 패를 읽는데 히브리와 로마와 헬라 말로 기록되었더라"(20절). 그 당시 히브리어(아람어)는 대중언어, 로마어(라틴어)는 공무와 행정언어, 헬라어(그리스어)는 상거래 언어였다. 이 세 언어는 각각 세 개의 분야, 즉 종교, 정치, 문화를 대표하는

39) 헨헨은 이에 주목하여 이렇게 말한다. "예수는 스스로 십자가를 짊어지심으로 제자들의 모델(막 8:34)이 되었다"(E. Haenchen, *John,* Vol.2: 192).

언어였다. 따라서 이 세 가지 언어로 씌어진 십자가 죄패는 누구나 읽을 수 있다는 점에서 예수의 왕권을 온 세상 사람들에게 선포한다는 의미를 지닌다.

요한은 모든 초점을 예수의 왕 됨에 맞추고 있다. 당시 세계를 지배하던 로마 총독 빌라도는 "유대인의 왕"이라는 죄패를 통하여 십자가에 달린 예수가 바로 유대인의 왕임을 선포하는 아이러니를 연출한다. 여기서 요한의 아이러니는 극에 달한다. 결국 예수의 십자가 사건은 예수가 공식적으로 왕으로 등극하는 장면이 된다.

빌라도가 세 가지 언어로 쓴 죄패의 죄목이 마음에 들지 않았던 대제사장들은 빌라도에게 "유대인의 왕이라고 쓰지 말고 자칭 유대인의 왕이라 쓰라"(21절)고 청원한다. 빌라도는 그들의 청을 완강히 거절하면서 이렇게 말한다. "내가 쓸 것을 썼다"(22절). 빌라도는 대제사장에게 당한 화풀이로 의도적으로 그렇게 썼던 것이다. 이로써 빌라도는 그 자신도 의식하지 못한 채 예수가 유대인의 왕, 곧 메시아라는 것을 재천명한 것이다(19:15 참조).

2) 십자가 아래에 있었던 사람들(23-27절)

군인들은 예수를 십자가에 못 박은 후 예수의 옷을 취하여 "네 몫으로" 분배하여 가졌다. 당시 관례에 따르면 처형된 자의 옷은 전리품으로 간주되어 처형한 사람들의 몫이었다. 당시 군인들은 네 명이 한 조였다. "네 몫으로" 분배하였다는 것은 군인들이 네 명이었음을 시사한다.

"속옷도 취하니 이 속옷은 호지 아니하고 위에서부터 통으로 짠 것이라"(23절). 요한은 '속옷'에 상당한 관심을 부여하였다. '속옷'(키톤, χιτών)이란 제일 안에 입는 옷이다. 유대 역사가 요세푸스에 의하면 이렇게 호지 않은(겹쳐서 꿰매지 않은) 긴 속옷은 베를 끊지 않고 길게 짜서 만든 것으로 상당히 값이 나가는 것이었고 제사장들이 흔히 입는 옷이라고 하였다. 요한복음만이 언급하고 있는 이 속옷은 예수의 제사장으로서의 신분을 암시하려는 요한의 의도가 깔려 있다고 볼 수 있다. 예수의 십자가 상에서의 죽음은 더 이상 제사장을 필요로 하지 않는, 예수 자신이 영원한 대제사장이 되시는 제사였다(히 4:14; 5:5). 본절에서 요한은 예수의 복장을 제사장의 복장과 일치시킴으로써 예수의 속죄 사역을 강하게 암시하고 있다.[40]

요한은 이 속옷을 "위에서부터" 통으로 짠 것이라고 자세히 설명하고 있다. 여기서 "위에서부터"(아노텐, *ἄνωθεν*)라는 단어는 요한복음 3장에 세 번 나타난다(3:3, 5, 31). 니고데모는 예수로부터 위로부터 거듭나야 한다는 말씀을 들었다. 빌라도 또한 예수로부터 "위로부터" 주어지는 권한에 대해 듣는다(19:11). 이 단어에서 니고데모와 빌라도가 중생과 관련하여 함께 나타나고 있음을 주목할 필요가 있다. 그리고 이 속옷에 대한 설명은 위로부터 오신 예수의 기원을 시사하고 있다.

"군인들이 서로 말하되 이것을 찢지 말고 누가 얻나 제비 뽑자"(24a절). 군인들은 이 비싼 속옷을 네 등분하면 효용 가치가 떨어지기에 제비를 뽑아 한 사람이 갖기로 결정한다. "이는 성경에…한 것을 응하게 하려 함이러라"(24b절)라는 말씀은 예언의 성취(시 22:18)를 보여준다. 나아가 벌거벗긴 채 십자가에 달린 예수는 자신의 속옷마저도 아낌없이 온전히 헌신한 하나님의 아들이심을 보여주고 있다. 이 같은 예수의 모습은 인간을 향한 하나님의 아낌없이 주는 사랑을 보여주는 최대의 표징이 아닐 수 없다.

"군인들은 이런 일을 하고"(24c절). 이 대목은 그 다음 절의 "예수의 십자가 곁에는 그 어머니와 이모와 글로바의 아내 마리아와

40) 《옥스퍼드원어성경대전》(요한복음 제13-21장), 521-522.

막달라 마리아가 섰는지라"(25절)와 대조를 이룬다. 네 명의 군인들은 예수의 십자가를 감시하면서 예수의 옷을 나누는데 정신이 없는데 반해, 네 명의 여인들은 십자가를 바라보며 예수의 죽음을 슬퍼하면서 헌신을 다짐하며 기도를 하고 있었을 것이다.

대부분의 학자들은 이 구절에 나타난 예수의 어머니 이름을 밝히지 않은 이유라던가 십자가 아래에 몇 명의 여인들이 있었는가 하는 데 관심을 집중한 나머지 정작 중요한 문제인 이름을 거명한 순서의 중요성을 간과하고 있다.[41)]

공관복음에서는 예수의 어머니가 나타나지 않고, 세 명의 여인들 가운데 막달라 마리아가 제일 먼저 보도되고 있다(마 27:55-56; 막 15:40-41). 그런데 요한복음에서는 예수의 어머니 마리아가 제일 먼저 등장하고 막달라 마리아가 제일 마지막에 등장하고 있다. 이 순서는 결코 우연으로 볼 수 없다. 그렇다면 이를 통해 말하고자 하는 요한의 의도는 무엇일까? 필자의 생각은 이렇다.

요한복음에서 예수의 어머니는 부활과 관련된 2장과 십자가 현장인 이곳에서 등장하고, 막달라 마리아는 이곳과 부활장인 20장에서 등장하고 있다. 그러니까 예수의 어머니는 부활로 시작해서 십자가로 마치고, 막달라 마리아는 십자가로 시작해서 부활로 마치고 있다. 이를 하나로 묶으면 부활(2장)-십자가(19장)-부활(20장)의 구조, 즉 부활로 시작해서 십자가를 거쳐 부활로 끝나는 구조를 하고 있다. 이 같은 구조는 3:13의 하늘-땅-하늘의 구조와 상응한다. 상응하는 부활장(2장과 20장)이 상응하는 십자가장(3장과 18-19장)을 감싸고 있는 형국을 보여준다. 따라서 이 구절은 요한이 어

---

41) 요한복음에서 거명 순서는 대단히 중요한 의미를 갖는다. 가령, 1장에서 안드레-베드로의 순서(차자중시의 원리), 빌립-나다나엘의 순서(메시아-하나님의 아들[천상 영역의 메시아], 이스라엘의 임금[지상영역의 메시아]), 21장의 일곱 제자의 순서(베드로, 도마, 나다나엘…의 서열) 등.

떤 식으로 요한복음을 구성했는가를 엿보게 해주는 중요한 단서를 제공한다.

십자가상의 예수는 자기 어머니를 향해 "여자여 보소서 아들이니이다"(26절)라고 말하고는 십자가 아래에 있는 애제자에게 자기 어머니를 부탁한다. "보라 네 어머니라 하신대 그때부터 그 제자가 자기 집에 모시니라"(27절). 십자가상의 예수는 마지막 유언처럼 애제자에게 자신의 모친을 맡긴다. 그리고 애제자를 어머니의 아들로 삼는다. 예수는 옛 유대 가족법의 공식적인 형식에 따라 자신의 모친을 애제자 요한의 보호 아래 둔다. 이로써 십자가 아래에 있는 자들로 이루어진 새로운 예수가족공동체, 즉 믿음공동체요 소망공동체요 사랑공동체인 교회가 형성된 것이다.

3) 예수의 죽음(28-30절)

"예수께서 모든 일이 이미 이루어진 줄 아시고 성경을 응하게 하려 하사 이르시되 내가 목마르다"(28절). 예수의 사명은 성경의 모든 예언을 이루는 것이었다. 이제 자신의 사명을 모두 완성할 시간이 다가온 줄 안 예수는 성경에서 자신에 대해 예언한 모든 일을 이루려고 했다. 사람이 인생의 마지막에 관심을 가져야 할 일은 하나님께서 내게 주신 사명을 다 이루었느냐 하는 것이다.

"내가 목마르다"라는 이 짤막한 말은 시편 69:21을 응하게 하려 함이다. 십자가상에서 겪는 예수의 이 육체적 갈증은 지독한 고통이자 쓰라린 슬픔이다. 이 말씀은 이어지는 "다 이루어졌다"라는 예수의 마지막 말씀과 연결지을 때 더 깊은 의미를 갖는다. 요한복음에 따르면 예수의 "음식"은 자신을 파견하신 아버지의 뜻을 행하고 그분의 일을 다 이루는 것이다(4:34). 또한 예수는 아버지께서 자신에게 주신 "잔"을 마셔야만 한다(18:11). 따라서 배고픔과 갈증은 아버지의 뜻을 끝까지 다 이루고자 하는 예수의 갈망에 대한

형상어에 속한다.[42]

"거기 신 포도주가 가득히 담긴 그릇이 있는지라 사람들이 신 포도주를 적신 해면을 우슬초에 매어 예수의 입에 대니"(29절). 여기 "신 포도주"는 가난한 서민층이 마시는 하등 포도주로서 군인들이 죄수가 운명할 때까지 지키면서 그들도 마시고 동시에 죄수에게도 주었다. 공관복음에서 "갈대"(막 15:36 평행구)라고 되어 있는 "우슬초"는 출애굽 사건이 있던 날 밤 유월절 어린 양의 피를 문설주에 뿌릴 때 사용한 식물이었다.

"예수께서 신 포도주를 받으신 후에 이르시되 다 이루었다 하시고 머리를 숙이니 영혼이 떠나가시니라"(30절). "다 이루었다"의 원어 '테텔레스타이'(*Τετέλεσται*)는 완료수동태 3인칭 단수형으로 '그 일이 이루어졌다'(It is finished, KJV, NASA, NIV)라는 식의 수동태로 번역되어야 한다. 예수는 '자신이' 어떤 일을 성취하셨다는 의미로 말씀하신 것이 아니라 '하나님께서' 자신을 통해서 이루고자 하신 '그 모든 일들이' 온전히 이루어졌다는 의미로 말씀하신 것이다. 예수는 오직 영광을 하나님께만 돌리는 겸손함을 보였다. 이때 예수께서 이룬 것은 창세 전에 계획된 전 인류와 온 우주에 대한 구속 사역이었다.

예수의 죽음으로 이 일은 단번에 완전히 이루어졌다(롬 6:10; 히 7:27).[43] 이는 또한 구약에 나타난 구원에 관한 하나님의 모든 약속과 예언이 성취된 것이기도 하다. 예수의 죽음이 대속과 새 언약의 제사이므로 예루살렘 성전제의의 모든 의미와 기능을 다 성취한 것이기도 하다.[44] 이 짧으면서도 장엄한 한 마디는 십자가상에서의 예수의 죽음이 인간 역사의 절정이요 인류의 모든 희망의 근거

42) 이영헌, 354-355.
43) 《옥스퍼드원어성경대전》(요한복음 제13-21장), 532.
44) 김세윤, 217-218.

라는 사실을 온 세상에 천명한 것이다.

"영혼이 돌아가시니라"(*παρέδωκεν τὸ πνεῦμα*). 정확한 번역은 "숨을 넘겨주시니라"이다. "돌아가시니라"로 번역된 '파라도켄'은 '내놓다', '포기하다'라는 의미로 능동태가 사용되었다는 점에 주의할 필요가 있다. 예수는 자신의 영혼을 아버지에게 능동적으로 내어놓으셨다(눅 23:46). 예수가 죽은 것은 빌라도에 의해서도, 대제사장들에 의해서도 아니고, 스스로 버린 것이다(10:18). 예수의 죽음은 말씀을 성취한 자발적 죽음이었다(사 53:12).[45]

4) 예수의 죽음에 대한 요한의 해설(31-37절)

요한은 이 단락을 통해 예수의 죽음이 실제적이라는 점과 성경 예언의 성취라는 점을 강조한다. "이 날은 준비일이라 유대인들은 그 안식일이 큰 날이므로"(31a절). 여기서의 준비일은 14절의 "유월절의 준비일"과는 달리 "안식일의 준비일", 곧 니산월 14일(금요일)을 가리킨다. 이 날은 어린 양의 고기와 무교병 및 쓴 나물을 먹음으로써 출애굽한 그 날을 기념하는 특별한 식사를 한다. 유월절 기간 중에 있는 안식일은 보다 특별한 안식일로서 '큰 날'로 간주되었다(출 12:16; 레 23:7).

유대인의 율법에 따르면 나무에 달려 죽은 사람은 하나님에 의해 저주를 받았고(신 21:23), 그 땅을 더럽힐 수 있기 때문에 거룩한 안식일에 죄수가 십자가 위에 매달려 있어서는 안 된다는 규정이 있다. 그래서 유대인들은 죄수의 다리를 부러뜨려 속히 죽게 한 후 시체를 치워 달라(31b절)고 빌라도에게 요청한 것이다.

---

45) 이 대목에서 '프뉴마'를 '성령'으로 번역하여 "예수가 십자가상에서 그를 따르는 자들에게 성령을 주셨다"거나 "특별히 두 사람, 그의 어머니와 사랑하는 제자에게 성령이 임했다"로 해석하는 것은 옳지 않다. 왜냐하면 요한신학에서 성령의 시대는 예수의 부활절(오순절) 이후부터 시작되기 때문이다(필자의 20:22 주석을 참조하라).

그래서 군인들이 가서 예수 좌우편에 있는 두 사람의 다리를 꺾었다(32절). 그런데 "예수께 이르러서는 이미 죽으신 것을 보고 다리를 꺾지 아니"(33절)하였다. 예수께서 이같이 일찍 운명한 것(막 15:44)은 심한 고초 때문이거나, 아니면 구차하게 생명을 연장하려고 받침대에 몸을 의지하지 아니하고 생명을 자발적으로 버리셨기(10:18) 때문일 것이다. 그야말로 예수의 죽음은 왕의 위엄을 갖춘 죽음을 보여준다.

"그 중 한 군인이 창으로 옆구리를 찌르니 곧 피와 물이 나오더라"(34절). 한 군인이 예수가 죽었다는 것을 눈으로 보고 다리를 꺾지 않은 대신에 예수의 죽음을 분명히 확인하고자 창으로 옆구리를 찔렀다. 그랬더니 옆구리에서 피와 물이 흘러나왔다. 후에 옆구리의 상처는 부활한 예수의 중요한 표적이 된다(20:20, 27).

예수의 몸에서 피와 물이 흘러나왔다는 것은 독자들로 하여금 예수의 죽음의 실제성과 살과 피를 가진 인간으로서의 그의 인성의 실제성을 인지하기를 원해서였을 것이다(1:14 참조).[46] 당시에 예수의 인성과 실제적인 죽음을 부정하는 자들[47]이 있었던 상황을 고려한다면(요일 4:2-3; 5:6), 이 대목은 그러한 자들의 잘못된 생각을 바로잡는데 매우 중요한 역할을 한다.

"이를 본 자가 증언하였으니 그 증언이 참이라"(35a절). 이 대목은 21:24과 매우 유사하다. 따라서 여기서 목격 증인("이를 본 자")은 애제자일 것이다(19:26-27; 21:20-23). 그가 본 것은 군인이 예수의

46) 이 대목에 나오는 "피와 물"은 '세례와 성찬'이라는 성례전으로 해석하는 견해(대표적으로 O. Cullmann)도 있으나 이 구절을 성례전과 연관짓는 일은 지나친 해석으로 보여진다. 이에 대한 자세한 논의는 G. R. Beasley-Murray, 648-651을 참조하라.

47) 가현설(docetism)을 말함. 가현설은 예수 그리스도의 참된 인성을 부인하고 신성만 주장하는 이론으로, 예수 그리스도는 참으로 인간이 된 것이 아니라 단지 인간의 모습만 취했다고 주장하는 이단이다.

옆구리를 찔렀던 장면과 피와 물이 흘러나왔던 장면이다. 이 같은 장면을 직접 보았기에 애제자의 증언은 믿음을 일깨워주기 위한 참된 증언(35b절)이라고 강조한 점에 유의할 필요가 있다(20:30-31 참조). 애제자는 예수의 죽음을 목격한 마지막 증인이요 부활한 주님을 목격한 첫 증인이다(20:8). 그는 예수의 죽음과 부활을 연속적으로 목격한 증인이다. 따라서 그의 증언은 참되고 믿을만하다는 것이다.

"그 뼈가 하나도 꺾이지 아니하리라 한 성경을 응하게 하려 함이라"(36절). 이 구절은 33절에 대한 예언의 성취를 시사한다(출 12:46; 민 9:12; 시 34:20 참조). 이 구절을 통해 요한은 예수의 죽음을 유월절 어린 양의 죽음과 동일시함(유월절 준비일에 죽음)으로써 유월절의 의미를 성취하셨고(고전 5:7-8) 제2의 출애굽(대속적 죽음을 통한 구원)을 이루었음을 말하고 있다.

"또 다른 성경에 그들이 그 찌른 자를 보리라"(37절). 이 구절은 34절에 대한 예언의 성취를 시사한다. 이 구절에서 인용된 "또 다른 성경"은 예언서에 속하는 스가랴 12:10("그들이 그 찌른 바 그를 바라보고")이다(계 1:7). 십자가상에서 죽은 예수를 바라보리라는 것은, 신앙의 눈으로 바라보는 자에게는 구원을, 불신앙의 눈으로 바라보는 자에게는 심판을 의미한다(3:14-15 참조).

5) 예수를 장사 지냄(38-42절)

수난사화의 마지막을 장식하는 이 단락은 예수의 장사가 왕적 장사임을 보여주는 동시에 제자도의 참 모델을 제시한다. "아리마대 요셉은 예수의 제자이나 유대인이 두려워 그것을 숨기더니"(38a절). "아리마대"(Arimathea)는 요셉의 출신지로서, 예루살렘 서북쪽 10km 쯤에 있는 사무엘의 고향인 라마다임소빔(삼상 1:1)을 가리킨다. 아리마대 출신의 이 요셉은 예수의 숨은 제자였다(12:42; 마

27:57).[48]

사회적 신분이 높았던 그는 그 동안 유대인들이 두려워 자신이 예수의 제자인 것을 숨기고 살아왔다. 그런데 예수께서 십자가에 달려 운명한 것을 알고는 예수의 시신을 거두게 내어달라고 빌라도에게 요청하였다.[49] 사회적 신분이 높았던 공회원으로서 신분의 노출에 따른 위험과 불이익을 감수하면서까지 저주받아 죽임을 당한 예수께 동정을 보인 것은 대단한 용기와 결단이 아닐 수 없다. 그의 요청을 빌라도가 받아들여 그는 예수의 시신을 가져갔다.

로마인들은 십자가에서 부끄러운 죽음을 당한 사람에게 우아한 장례를 치르도록 허락하지 않았다. 일반적으로 십자가에 처형당한 사람은 까마귀밥이 되었다. 따라서 예수의 시신을 달라고 요청하는 일은 쉬운 일이 아니었다. 아마도 존귀한 공회원이었던 요셉의 위치가 빌라도를 만날 수 있는 기회를 가져다주었을 것이다. 그리고 빌라도가 예수의 시신을 가져가도록 쉽게 허락한 것은 예수에 대한 자신의 판결이 잘못된 것이었음을 잘 알고 있었기 때문일 것이다.

"일찍이 예수께 밤에 찾아왔던 니고데모도 몰약과 침향 섞은 것을 백 리트라쯤 가지고 온지라"(39절). 이 구절은 니고데모를 "일찍이 예수께 밤에 찾아왔던 니고데모"라고 표현하고 있다. 이 표현은 현재의 수난사화(18-19장)와 어느 날 밤 중생에 관하여 예수와 대화를 나누었던 3장을 상응시키고자 한 요한의 의도가 엿보인다.

몰약과 침향 섞은 것을 백 근(리트라)을 가져왔다고 한다. 몰약과 침향은 값비싼 향료인데, 이것을 섞은 것은 왕실의 장례에 사용되

48) 공관복음서에 따르면 그는 부자였으며(마 27:57), 존귀한 공회원이었고(막 15:43; 눅 23:50), 선하고 의로웠으며(눅 23:50), 하나님의 나라를 기다리던 자였다(막 15:43; 눅 23:51).

49) 마가복음 15:43에 의하면 "당돌히 빌라도에게 들어가 예수의 시체를 달라"고 요청하였다.

었다(대하 16:14).[50] 그런데 그것을 백 근을 가지고 왔다는 것이다. 백 근은 약 34kg이 되는데, 이는 보통 사람의 장례에서 쓰는 양치고는 엄청나게 많은 양이다. 이는 그가 부자였고 주님에 대한 사랑이 그만큼 컸다는 사실을 시사할 뿐만 아니라 예수의 장례를 왕의 장례로 치르고자 했음을 상징적으로 보여준다.

수난사화 마지막 단락에 나타나는 니고데모의 등장은 대단히 중요한 의미를 지닌다. 공관복음에는 전혀 나타나지 않는 그가 요한복음 중에서도 (가장) 중요한 장에 속하는 3장에 나타날 뿐만 아니라 수난사화의 마지막 사람으로 등장하고 있다. 여기에는 요한의 신학적 의도가 짙게 깔려 있다고 보지 않을 수 없다.

먼저, 니고데모와 수난사화의 첫 부분(18:1-27)에 나타난 요한의 의도를 살펴보자.

첫째, 요한은 공관복음과는 달리 예수를 잡으러 온 사람들 속에 '바리새인'(18:3)이 있다는 사실을 언급함으로써 수난의 책임이 바리새인에게도 있다는 것을 드러내는 동시에 니고데모처럼 바리새인이지만 수난에 동참한 사람도 있었다는 것을 보여주고 있다. 이는 예수를 죽인 책임을 일부 유대 지도자들에게 국한시키지 않고 모든 유대인들에게 책임을 돌리면서 반셈주의(anti-Semitism)를 조장하려는 빗나간 작태를 경계하는 효과를 거두고 있다.

둘째, 요한은 예수의 장사를 치르는 데 있어서 아리마대 요셉 혼자서 했다는 공관복음의 보도와는 달리 니고데모가 여기에 합세했다고 보도함으로써 수난사화의 첫 부분에 나오는 부정적인 두 제자(유다와 베드로)의 모습과 비교되는 긍정적인 두 제자를 그려주는 효과를 거두고 있다.

---

50) 요세푸스에 의하면 헤롯왕이 죽었을 때에 500명의 노예가 향을 들고 군대를 따라 왕의 장례식에 참여했다고 한다. F. Josephus, 《유대전쟁사》1권 33장 9:199.

다음으로, 니고데모와 수난사화 둘째 부분(18:28-19:16)의 빌라도와의 비교를 통해 말하고자 하는 요한의 의도를 살펴보자.

첫째, 요한복음에서 니고데모의 대화(3장)와 빌라도와의 대화(18-19장)에서만 "하나님 나라"(예수의 왕권) 주제가 나타난다는 점에서 이 둘은 서로 상응한다.

둘째, 수난사화의 중심부에 나타나는 빌라도는 로마 총독으로 이방인을 대표하는 세상 권력자이고, 니고데모는 유대 산헤드린 공회원으로 유대인을 대표하는 세상 권력자라는 점에서 서로 상응한다.

셋째, 빌라도는 진리 되신 예수와 만나고도 거듭나지 못하여 세상 나라의 권력을 내려놓지 못해 예수를 십자가에 못 박는 일에 가담하는 악을 행함으로 멸망(심판)의 길을 간 데 반해, 니고데모는 예수와 만난 후 거듭나 새 사람이 된 후 세상 나라의 권력을 내려놓고 십자가에 달린 예수를 장사하고, 진리 되신 예수를 따름으로 영생(구원)의 길을 갔다.

끝으로, 니고데모와 수난사화 셋째 부분(19:17-42)의 아리마대 요셉과의 비교를 통해 말하고자 하는 요한의 의도를 살펴보자.

첫째, 아리마대 요셉은 요한복음에서 이곳에서 처음 그 이름이 등장하지만 니고데모는 세 장(3, 7, 19장)에 걸쳐 언급되고 있다.

둘째, 아리마대 요셉은 마가복음(15:43)에서는 당돌히 빌라도에게 들어가 예수의 시신을 요구하는 모습으로 나타나지만 이 대목에서는 예수의 제자이면서 유대인이 두려워 그것을 숨겼다고 보도되고 있다. 이에 반해 니고데모는 예수의 제자라는 언급이 없음에도 불구하고, 7장에 보면 바리새인들 앞에서 당당하게 예수의 행위를 변호하고 있으며, 이 구절에서도 유대인을 두려워했다는 표현이 없다.

셋째, 아리마대 요셉은 빌라도에게 단지 예수의 시신을 요구하는 자에 불과하지만 니고데모는 수난사화에서 나타나는 왕으로서의 예수에 걸맞는 엄청난 양의 향료를 가지고와서 왕의 장례를 치르는 자로 나타난다.

넷째, 아리마대 요셉은 니고데모와 함께 장례를 치르지만, 니고데모가 장례의 피날레를 장식하고 있으며 부활장인 20장에 가장 가까이 있는 인물로 나타나고 있다.

여기서 우리는 요한이 신학적 의도를 가지고 〈구원론〉(십자가 신학)이라는 관점에서 3장과 18-19장(수난사화)을 구조적으로 상응시켰음을 엿보게 된다.

아리마대 요셉과 니고데모는 예수의 시신을 가져다가 유대인의 장례법대로 장례를 치렀다(40절). 로마의 장례 관습은 화장하는 방식이고, 애굽의 장례 관습은 미라를 만드는 방식인데 반해, 유대의 장례 관습은 시신을 훼손하지 않고 방부처리 하는 방식이었다(11:34, 44). 그들은 예수의 시신을 씻고 향품을 바르고 세마포로 장례를 치렀다.

"예수께서 십자가에 못 박히신 곳에 동산이 있고 동산 안에 아직 사람을 장사한 일이 없는 무덤이 있는지라 / 이 날은 유대인의 준비일이요 또 무덤이 가까운 고로 예수를 거기 두니라"(41-42절). 유대인들은 그들이 처형한 사람들의 장사를 거부하지는 않았지만 가까운 가족묘에 묻히는 것을 허락하지 않았다. 그 까닭은 처형된 사람이 이미 묻힌 사람들을 오염시킨다고 믿었기 때문이다. 그래서 도시에서 멀리 떨어진 공동묘지에 매장하도록 장소를 제공했다.

그런데 안식일이 닥쳐오기에 예수를 속히 매장해야 했다. 마침 십자가에 달리신 곳 가까이에 동산이 있었고 그 동산 안에 아직 장사한 일이 없는 새 무덤이 있었다(마 27:60). 예수의 시신은 그곳에 안치되었다. 예수는 마지막 순간까지도 평범한 범죄자의 무덤에 묻힌 것이 아니라 왕적인 품위와 거룩함에 어울리는 새 무덤에 장사된 것이다(사 53:9).

정리하면, 예수의 수난과 죽음을 언급하는 18-19장은 빌라도와의 대화를 중심으로 삼등분되어 있다. 빌라도와의 대화가 중요한 것은 3장의 니고데모와의 대화에서 처음 언급된 "하나님 나라"라는 주제가 여기서 다시 언급되면서 이 두 부분이 상응한다는 데 있다. 이를 통해 요한이 말하고자 하는 메시지는 분명하다. 두 사람이 다 주류 상류층에 속하는 지도자인데, 니고데모는 예수를 만나 중생한 후 세상 나라의 일시적 부귀영화를 버리기로 결단하고 좁은 길로 간 반면(마 10:37-38; 눅 14:26-27), 빌라도는 세상 나라의 일시적 부귀영화를 버리지 못해 멸망으로 가는 넓은 길을 선택했다는 것이다.

한편, 18-19장의 수난 이야기는 예수의 수난이 힘없어서 당하는 것이 아니라 하나님의 깊은 경륜에 따라 자발적으로 선택한 수난이며, 요한은 예수의 수난을 왕적 메시아로 등극하는 것으로 그리고 있다는 점이다.

아울러 예수의 수난 이야기는, 하나님이 이스라엘을 구원(출애굽)하기 위해 요셉을 죄악의 땅 애굽으로 먼저 보냈듯이(창 45:7-8; 50:20-21) 새 이스라엘을 구원(새 출애굽)하기 위해 예수를 죄악의 나무인 십자가에 달게 하심으로 인류를 구원한, 위대한 구원(감동)의 드라마이다.

악으로 선을 이긴 것을 환호하며 자축하는 우리를 슬프게 하는 이 세상에서, 선으로 악을 이기기 위해 고난을 스스로 선택한 십자가 사건은 '수난은 곧 영광'이라는 아이러니의 극치, 인류 최대의 역설, 통쾌한 역전 드라마가 아닐 수 없다. 이 감동의 드라마를 연출한 우리 하나님은 참으로 멋진 하나님이시다.

제20장

요한복음은 예수의 부활에 관해 두 장(20-21장)을 할애하는데, 이것은 공관복음서의 두 배의 분량이다. 그리고 그 중간에 복음서 전체의 저작 목적이 삽입되어 있다. 본론의 첫 장(2장)과 가운데 장(11장)과 끝 장(20장)이 부활과 관련되어 있다는 점에서 요한복음은 기본적으로 "부활의 신학"으로 엮어진 책이다.

예수의 부활은 표적 중에 표적이다(11장의 나사로의 소생과 관련하여). 가장 큰 표적인 부활을 가장 먼저 접한 자들은 "마리아"라 이름 하는 세 여인이었다. 본론의 세 장(2, 11, 20장)에 나오는 이들이야말로 부활신앙을 지닌 예수의 참된 제자라는 것을 말씀하고 있다. 부활하신 주님을 만난 자들의 상황은 슬픔이 기쁨으로(막달라 마리아의 경우), 두려움이 즐거움으로(제자들의 경우) 변한다.

예수의 부활에 관한 초기 전승에는 두 형태가 전해진다. 하나는 부활하신 주님께서 제자들에게 나타나셨다는 현현 전승(고전 15:5-8)이고, 다른 하나는 예수의 시신을 매장했던 무덤이 비어 있다는 빈무덤 전승이다(막 16:1-8)이다. 요한복음에는 이 두 전승이 결합되어 있다.

요한복음의 부활 기사는 공관복음처럼 빈 무덤 기사로 시작하나 여러 면에서 사뭇 다르다. 전자는 유대 지방 중심인데, 후자는 갈릴리 중심이다. 전자는 막달라 마리아가 중심인데, 후자는 갈릴리 여인들이 중심이다. 전자는 예수를 당신 사명을 마치시면서 '아버지께로 올라가시는 분'으로 묘사하는 데 반해, 후자는 예수를 '다시 살아나신 분'을 제시하려는 데 현저한 관심을 보인다.

1. 막달라 마리아와 두 제자의 빈 무덤 방문(1–10절)

이 단락은 막달라 마리아가 예수의 빈 무덤을 발견하고 난 후 시몬 베드로와 애제자에게 그 사실을 알린 내용(1-2절)과 두 제자가 예수의 빈 무덤을 확인한 내용(3-10절)으로 구성되어 있다. 막달라 마리아에 관한 기사는 이어서 계속된다(11-18절). 이런 보도의 맥락으로 보면 막달라 마리아가 보도의 중심을 이루고 두 제자에 대한 보도는 삽입된 셈이다.

"안식 후 첫날 일찍이 아직 어두울 때에 막달라 마리아가 무덤에 와서 돌이 무덤에서 옮겨진 것을 보고"(1절). 첫 절은 많은 중요한 정보를 제공한다. 예수께서 죽으시고 묻히심으로 모든 것이 끝장난 것이 아니다. 오히려 새로운 시작이다. 새 날이 밝았다.

"안식 후 첫 날"은 주님께서 부활하신 날, 주님의 날(主日, 계 1:10)로서 일요일에 해당한다. 요한은 부활절 전날인 구약의 유월절에 대해서는 언급하지 않는다. 그리스도인의 축제일, 해방절(부활절)은 주님께서 부활하신 날로서 주간의 첫 날이다. 영광을 드러내신 주님의 날은 부활하신 주님께 평화의 축복을 받는 날, 생명과 사랑과 기쁨이 가득 찬 날이다.[1] 그러니까 부활하던 날(20장)은 결혼하던 날(2장)과 상응하는 내용을 갖는 날이다.

공관복음서와 달리 "아직 어두울 때에"라는 말이 들어가 있는데, 이는 예수의 부활을 믿지 못한 것(9절 참조)을 가리키는 상징적 의미로 이해할 수도 있다(8:12; 12:35, 46 참조). "막달라 마리아"는 본서에서 십자가 밑에 있었던 네 명의 여인들 중 한 사람으로 처음 등장한다(19:25). 막달라는 갈릴리 바다 서안에 위치한 지명으로 마리아의 출생지를 가리킨다. 이 여인은 일곱 귀신 들렸다가 예수에 의해 고침받은 여인으로(눅 8:2; 막 16:9), 이제 부활 사건에서 중요한 역할을 한다. 공관복음서에는 여러 여인들[2]이 무덤에 간 것으로 서술되어 있으나 본서는 오직 막달라 마리아 혼자서 간 것으로 보도하고 있다. 이로써 요한은 막달라 마리아만을 빈 무덤의 최초의 발견자요 증언자로 나타내려고 하였다.

"돌이 무덤에서 옮겨진 것을 보고." 막달라 마리아는 주님의 시신을 누군가가 훔쳐간 것으로 생각했다(2, 13절). 당시 무덤을 도굴하는 일은 흔히 있는 일이었다.[3] 그녀는 "시몬 베드로와 예수께서 사랑하시던 그 다른 제자"(2절)에게 이 사실을 알렸다. 본서에서 이 두 제자는 제자들의 대표자로 나타난다.

"사람들이 주님을 무덤에서 가져다가"(2절). 그녀는 '시신' 대신 '주님'(13절에 다시 나타남)이라는 말을 쓰고 있는 데에서 우리는 말을 조심스럽게 가려서 하는 모습을 보게 된다. 이 같은 추측적인 발언을 한 것은 그 당시에 널리 유포되어 있던 유대인 적대자들의 주장, 즉 예수의 제자들이 예수의 시체를 훔쳐갔다는(마 27:64;

---

1) 최안나, 《예수님의 사랑》, 208.

2) 마태는 "막달라 마리아와 다른 마리아"(28:1), 마가는 "막달라 마리아와 야고보의 어머니 마리아와 또 살로메"(16:1), 누가는 "여자들"(24:1)이라고 서술하고 있다.

3) 나사렛에서 발견된 클라우디우스 황제(주후 41-54년)의 칙령 사본에는 무덤을 파헤치거나 시체를 훔쳐가는 행위, 또는 인봉한 것이나 돌을 옮겨 놓는 등의 죄를 범한 자는 중벌에 처하라고 명하고 있다. C. K. Barrett, *The New Testament Background, Selected Documents*, 15.

28:11-15) 주장과 의식적으로 관련지은 것으로 볼 수 있다. 그녀는 시신이 사라진 것에 대해 두 제자에게 "우리가 알지 못하겠다"고 말한다.[4]

이제 막달라 마리아는 사라지고 두 제자의 빈 무덤 확인 보도가 나타난다(3-10절). 유대인들이 무서워서 문을 걸어 잠그고 있는 상황에서(19절 참조) 제자들의 대표격인 두 제자가 나가서 무덤을 향해 달려갔다. 그런데 애제자가 베드로보다 더 먼저 무덤에 다다른 것이다(4절). 여기서 우리는 두 제자 사이에 긴장관계를 엿볼 수 있다. 이를 두고 애제자가 더 젊기에 빨리 달렸다고 말할 수도 있고 그가 베드로보다 예수에 대한 애정이 더 컸다고 말할 수도 있다.

그런데 우리가 항상 염두에 두어야 할 사실은 복음서가 편집될 당시 이미 베드로는 교회의 권위있는 지도자의 위치에 있었다는 사실이다. 애제자는 몸을 굽혀 세마포가 놓인 것을 보았으나 들어가지는 아니하였다(5절). 이는 연장자 베드로에 대한 예의로 볼 수도 있고, 초대교회가 사도들에 대해 가졌던 존경과 수제자로서의 베드로의 권위있는 위치에 대한 반영일 수도 있다(6:69; 21:2, 15-19). 애제자는 주님께서 자기를 사랑해 주신 것(13:23; 19:26; 20:2; 21:7, 20)처럼 베드로를 사랑했다. 요한은 애제자를 통해 실수한 베드로를 여전히 존중함으로 제자들끼리 맺는 관계에 대한 새 계명(13:34; 15:17)을 실천하는 제자로서의 상을 제시하고 있다.

뒤늦게 도착한 베드로는 무덤에 들어가 세마포가 놓였고 머리를 쌌던 수건이 딴 곳에 개켜있는 것을 보았다(6-7절). 무덤 내부에 대한 자세한 묘사는 시체가 도둑맞지 않았음을 입증해 준다. 그런

4) 여기서 "우리"라는 말은 다른 사람들이 그녀와 함께 있었다는 것을 암시해 준다(막 16:1-3 평행구). 아니면 복수형이 단수로 사용될 수 있는 동양적인 표현법으로 볼 수도 있다.

데 변증적인 입장에서 말한다면 당시에 여자들의 증언은 유대인들에게 받아들여지지 않았다. 유대 풍습에 어떤 증언이 효력이 있으려면 성인 남자 두 사람의 증언이 필요했다. 따라서 두 제자의 빈 무덤 확인은 신명기 19:15에 따라 확실한 증거를 원하는 유대인들의 요구를 충족시킬 수 있었음을 보여준다.

머리를 쌌던 수건이 딴 곳에 개켜 있었다는 묘사는 나사로의 사건과 비교된다. 나사로는 베에 동인 채로 나왔다(11:44)고 했는데, 이는 그가 죽음의 권세를 온전히 벗어나지 못했다는 것을 상징한다. 이에 반해 예수는 머리에 썼던 수건을 벗고 나옴으로써 죽음의 권세를 온전히 이겼음을 상징한다. 요한은 이러한 비교를 통해 예수의 부활과 나사로의 소생을 구분하고 있다.

"그 때에야 무덤에 먼저 갔던 그 다른 제자도 들어가 보고 믿더라"(8절). 애제자가 무덤에 들어가 보고 믿은 것을 두고 애제자의 믿음과 베드로의 몰이해를 분명하게 대비시키는 것으로 보기도 한다. 그러나 그 이후의 구절들을 통해 볼 때 애제자가 베드로와는 달리 예수의 부활을 믿었다고 보기는 어렵다(9-10절). 단지 두 제자 모두 무덤이 비어 있음을 알았다는 정도로 이해할 수 있다.

"이에 두 제자가 자기들의 집으로 돌아가니라"(10절). 인류 초유의 사건인 예수의 부활을 믿는다는 것은 쉬운 일이 아니다. 부활하신 주님을 만나고 성령 강림을 체험하기 전까지 제자들은 예수의 말씀과 사건들이 무엇을 의미하는지를 정확하게 이해하지 못했다(2:22; 12:16 참조). 그래서 두 제자는 빈 무덤을 보고도 여전히 예수의 부활을 확신할 수 없었다. 그래서 그들은 쓸쓸히 집을 향해 발걸음을 옮겼던 것이다.

2. 막달라 마리아에게 나타나심(11–18절)

요한복음에는 여인들에 대한 기사가 많다.[5)] 그 가운데서도 세 명의 '마리아'는 요한복음에서 '예수의 부활'과 관련된 아주 중요한 위치에 포진되어 있다.

이같이 여인의 역할을 중요시하는 복음서에서 요한은 부활장인 제일 마지막 장에서 막달라 마리아 이야기를 싣고 있다. 단지 싣지만 않고 그녀를 아주 중요한 인물로 부각시키고 있다. 초대교회 전승(고전 15:5; 눅 24:34)과 달리 본서에서는 부활하신 주님께서 막달라 마리아에게 제일 먼저 나타나시고, 그녀가 부활의 소식을 제자들에게 전했던 부활의 첫 증인으로 나타난다.[6)]

이 단락은 두 천사의 현현(11-13절)과 부활한 예수의 현현(14-18절)이라는 두 장면으로 구성되어 있다. 11-13절은 마가복음 16:5과 누가복음 24:3-4을 상기시키고, 14-18절은 마태복음 28:9-10을 생기시킨다. 서로 다른 이 두 장면은 막달라 마리아가 "뒤로 돌이켜"라는 묘사(14절)로서 연결되어 보도되고 있다.

"마리아는 무덤 밖에 서서 울고 있더니"(11절). 두 제자는 집으로 돌아갔는데, 마리아는 무덤에 혼자 남아 예수의 시신이 없어진 것에 대해 슬퍼하며 울고 있다. 이 모습은 그녀 또한 두 제자처럼 예수의 부활을 확신하지 못했다는 사실을 뒷받침한다. 그러나 이 모습은 주님의 사랑을 많이 받은 마리아의 예수에 대한 애정을

---

5) 예수의 모친(2장), 사마리아 여인(4장), 간음하다 현장에서 붙잡힌 여인(8장), 마르다와 마리아(11장), 나사로의 누이 마리아(12장), 십자가 밑에 여인들(19장), 그리고 막달라 마리아(20장).

6) 브라운은 막달라 마리아에게 사도와 유사한 역할이 부여되었음을 주장한다. 그 까닭은 사도직의 가장 본질적인 요소가 부활하신 예수를 만난 것과 주님의 부활을 선포하기 위해 보냄을 받았다는 이 두 가지인데(고전 9:1-2; 15:8-11; 갈 1:11-16). 막달라 마리아가 그 역할을 수행했다는 점을 들고 있다. R. E. Brown, 《요한공동체의 역사와 신학》, 225-226.

보여준다. 이 대목은 누가 부활하신 주님을 가장 먼저 만나는 행운을 쟁취하느냐 할 때 '주님의 사랑을 많이 받고 주님을 가장 사랑한 사람'이라는 사실을 보여주고 있다.

"흰옷 입은 두 천사가…하나는 머리 편에, 하나는 발 편에 앉았더라"(12절).[7] 흰옷을 입은 천사들의 현현은 하나님에 의하여 이루어지는 계시에 대한 묵시문학적 관념으로 많이 언급되나(단 7:9; 계 3:4-5; 7:9,13), 당시 사람들에게는 실제적인 증거의 의미로 받아들여졌다(막 9:3 평행구; 16:5; 행 1:10).

두 천사는 마리아에게 "여자여 어찌하여 우느냐"(13절)라고 말할 뿐 아무 것도 선언하지 않는다. 부활하신 주님이 그녀에게 나타나셔서 천사가 했던 것과 유사한 질문을 하신다. "여자여 어찌하여 울며 누구를 찾느냐"(15a절). 이 질문은 대단히 중요한 의미를 지닌다. 첫 제자들을 향하여 "당신들은 무엇을 찾고 있소?"(1:38)라고 물으셨던 주님이 이번에는 "왜 울고 있습니까? 누구를 찾고 있습니까?"라고 묻고 계신다. 주님은 그 사람이 처한 처지에서 질문을 시작하시고, 본인이 자기 처지를 스스로 깨닫게 만드신 다음에 당신의 정체를 드러내신다.[8]

"마리아는 그가 동산지기인줄 알고 이르되 주여 당신이 옮겼거든 어디 두었는지 내게 이르소서 그리하면 내가 가져 가리이다"(15b절). 동산지기를 "주여"(원어로는 '퀴리에')라고 한 표현은 남자에 대한 정중한 호칭으로 "아저씨" 정도의 의미이다. 시신을 찾으려는 열의로만 가득 찬 그녀는 아직도 부활하신 주님을 알아보지

---

7) 무덤의 돌판 양 끝에 있었던 천사들은 부활이요 생명을 상징하는 법궤의 속죄소의 양 끝에 있던 그룹 천사들과 같은 역할을 한다고 볼 수도 있다(N. T. Wright, 《하나님의 아들의 부활》, 1032). 천사에 대한 보도에 있어서 공관복음과 차이가 난다. 마가(16:5)는 "흰옷을 입은 한 청년", 마태(28:5)는 "천사", 누가(24:4)는 "찬란한 옷을 입은 두 사람"으로 보도하고 있다.

8) C. M. Martini, 211.

못하고 연약한 여자의 몸으로 시신이라도 자기가 메고 가겠다는 것이다. 사랑은 두려움도, 약함도 잊게 한다.

"예수께서 마리아야 하시거늘"(16a절). 예수의 이 부름은 평상시에 마리아가 듣던 바로 그 음성이었다. 마치 목자가 양들의 이름을 부르는 것(10:3 참조)을 연상케 한다. 이제야 그녀의 귀와 눈이 열린 것이다. "마리아가 돌이켜 히브리말로 랍오니 하니"(16b절). 여기서 히브리말은 다른 대목에서처럼(5:2; 19:13,17,20) 아람어를 가리킨다. "랍오니"(랍부니, *Ραββουνι*)[9]는 "나의 선생님"이란 뜻이다. 마리아는 예수의 음성을 듣고 평상시에 자기가 사용한 존칭으로 응답한 것이다(10:4 참조).

"예수께서 이르시되 나를 붙들지 말라"(17a절). 부활하신 주님을 만난 마리아는 너무나도 기쁜 나머지 주님을 붙들려고 했다.[10] 그런데 주님은 "나를 붙들지 말라"고 하셨다. 학자들은 마리아에게는 예수를 만지는 것이 금지된 반면 8일 후에 도마에게는 허용된 것과 관련하여(26-27절) 문제를 제기했다. "나를 붙들지 말라"는 원어로 '메 무 하프투'(*Μή μου ἅπτου*) 인데, 이를 직역하면 '나를 계속해서 잡고 있지 마시오'이다. 다시 말하면 '나를 붙잡지 말고 놔두라'는 뜻이다. 왜 주님은 마리아에게 붙잡지 말라고 명령하셨을까?

그녀는 예수께서 죽으시기 이전의 모습대로 이해하며 다시금 주님과의 관계가 이전과 같이 이 지상에서 지속되리라고 생각했다. 하지만 주님은 단순히 이전의 모습이 아니라 부활주로서 승천하여 새로운 하나님의 영광에 참여해야만 했다. 마리아는 그것을 이해하지 못하고 계속 같이 계실 것을 바라며 예수를 붙잡고자 했기에 주님은 붙잡는 것을 멈추고 가서 제자들에게 부활한 자신을 알리

---

9) 이 말은 "랍비"(1:38, 49; 3:2, 26; 4:31; 6:25; 9:2; 11:8)라는 말과 병행해서 사용되지만 좀더 정중하고 엄숙한 의미가 있다.
10) 마 28:9에는 여자들이 "그 발을 붙잡고 경배"했다고 보도하고 있다.

라고 명령한 것이다.[11)]

"내가 아직 아버지께로 올라가지 아니하였노라 너는 내 형제들에게 가서 이르되 내가 내 아버지 곧 너희 아버지, 내 하나님 곧 너희 하나님께로 올라간다 하라"(17b절). "아버지께로 올라간다"라는 표현은 요한복음에서만 볼 수 있는 독특한 표현으로 본서의 이해를 위해 대단히 중요한 구절이다. 부활의 중요성은 죽음(십자가)을 내포하면서 승천과 관계되기 때문이다. 부활과 승천을 하나로 연결시키는 것은 요한의 기독론의 전형적인 모습이다. 예수의 땅의 사역은 죽음(십자가)으로 끝나고, 부활(승천)은 하늘의 사역이 시작됨을 의미한다.

주님은 이 사역을 위해 죽었다가 부활하셨으며 아버지께로 올라가신다. 그 일은 특별히 다락방 강화를 통해 제자들에게 알려졌다. 주님은 본향인 하늘 아버지께로 올라가서 성도들을 위하여 처소를 예비해야 한다(14:2, 18-19). 무엇보다도 중요한 것은 보혜사 성령을 보내주시겠다고 약속하신 것이다. 성령은 예수를 대신하여 그들에게 그리스도의 계시를 밝히 알려주고 그들이 자기들의 사역을 감당할 수 있도록 도울 것이다(14:16-17, 26; 16:13-14). 예수의 승천은 만지고 보는 믿음에서, 보혜사 성령의 도움으로 보지 않고 믿는 믿음으로 대치되는 새로운 시대가 시작되었음을 말해준다.

하늘 아버지께로 돌아가는 예수의 부활(승천)은 그를 믿는 모든 성도들이 하늘 가족이 되어 아버지 하나님 안에서 다 "형제"(자매)가 된다(막 3:35; 행 9:17; 히 2:11). 그러기에 부활하신 주님은 전에는 제자들을 "친구"라고 부르셨는데(15:15), 이제는 "내 형제들"이라는 부르시고, "내 아버지 곧 "너희 아버지"라는 말씀을 하셨던 것이다. 그러니까 부활공동체로서의 요한공동체(교회)는 부활로 말미암아

---

11) 《그랜드종합주석》(누가복음-요한복음), 1001.

하나님을 아버지로 모시는 한 가족, 즉 '예수가족공동체'가 된 것이다(룻 1:16 참조).[12)]

"막달라 마리아가 가서 제자들에게 내가 주를 보았다…말씀하셨다 이르니라"(18절). 마리아는 곧 제자들에게 부활의 소식을 전했다. 마가복음 16:11에 의하면 그들은 마리아의 말을 듣고도 믿지 아니하였다. 그리고 누가복음 24:11에 의하면 사도들은 예수가 살아 계시다는 여인들의 말이 허탄한 듯이 들려 믿지 아니하였다고 보도하고 있다. 예수께서 직접 제자들을 상대해야 할 필요성이 절박해졌다.

아무튼 초대교회에서 막달라 마리아가 그렇게 나서서 극성을 부리지 않았더라면, 자기가 보고 아는 대로 남한테 알려주어 사람들을 충동하지 않았더라면, 무덤은 빈 채로 있었고 아무도 그곳을 찾아가지 않았을 지도 모른다. 예수의 부활이 아무 소용이 없게 되었을지도 모른다.[13)] 부활하신 주님은 천하디 천한 막달라 마리아를 만나주시고 부활의 증인으로 삼았던 것이다. 주님을 믿고 사랑했던 그녀는 부활을 증언한 예수의 참 제자였다.

본서를 비롯한 모든 복음서는 막달라 마리아(또는 그와 함께 한 다른 여자들)를 예수 부활의 첫 증인으로 기록한다. 이것은 여자는 증인이 될 수 없다는 당시의 관습에 비추어 볼 때 매우 놀라운 일이다. 이는 여인을 차별하는 당시의 관습의 장벽을 넘어서서 그리스도의 부활의 기쁜 소식('복음')을 선포하는 데 있어서 초대교회가 아무 차별을 두지 않았음을 의미한다.[14)]

---

12) 엄밀하게 구분해서 표현해 보자면 육화된 말씀은 유일한 의미로 아버지의 외아들(1:14, 18; 3:16, 18 등)이며, 그리스도인들은 하나님의 자녀들(1:12-13; 11:52)이라고 할 수 있겠다.

13) C. M. Martini, 209.

14) 김세윤, 220.

3. 제자들에게 나타나심(19-23절)

이 단락은 부활하신 주님의 현현 장면(19-20절)과 제자들에게 사명을 부여하는 장면(21-23절)으로 구성되어 있다. "이 날 곧 안식 후 첫날 저녁 때에 제자들이 유대인들을 두려워하여 모인 곳의 문들을 닫았더니"(19a절). 주님이 예루살렘에서 부활하신 주일 저녁 때에 제자들은 문들을 걸어 잠근 채 불안과 공포에 떨고 있었다. 스승 예수를 십자가에 달아 참혹하게 죽인 유대 종교 지도자들이 자기들까지 죽이지 않을까 두려워해서였다. 이때 부활하신 주님이 제자들이 모인 곳에 찾아온 것이다.

부활하신 주님은 돌무덤을 열고 나왔듯이(20:1; 막 16:3 평행구) 문이 굳게 닫혀 있었음에도 불구하고 제자들에게 나타났다. 이제 주님은 인간의 이해를 벗어나 원하시는 곳은 어디든지 나타나실 수 있다. 이는 주님이 더 이상 육체나 시공간의 제한을 받지 않음을 보여준다. 주님의 부활체는 육체적인 동시에 육의 제한을 받지 않는 영체였다.

바울은 "육의 몸"(소마 프쉬키콘, *σῶμα ψυχικόν*)과 구별되는 "영의 몸"(소마 프뉴마티콘, *σῶμα πνευματικόν*)이 있음을 말하였다(고전 15:44). 바울의 이 증언은 부활하신 주님은 육의 몸을 벗어버리고 영의 몸이 되셨다는 의미가 아니라 영과 육이 함께 하는 변형된 몸을 가지셨다는 것을 의미한다.

두려움에 떨고 있는 제자들에게 나타나신 주님은 "너희에게 평강이 있을지어다"(19b절)라고 인사말을 하셨다. 이 말은 유대인들의 일상적인 인사인 "샬롬!"(שָׁלוֹם, 헬라어로 에이레네 *Εἰρήνη*)에 해당하는 것으로서 평소에도 예수께서 제자들에게 자주 사용하신 인사말이었을 것이다. 바울 서신에는 "은혜"와 더불어 "평강"("샬롬")이라는 말을 늘 함께 사용하고 있다(롬 1:7; 고전 1:3; 고후 1:2; 갈 1:3

등등).

주님은 고별강화에서 제자들에게 평안을 주시겠다는 약속을 하셨는데(14:27), 이제 그 약속을 이루신 것이다. 그런데 여기서의 "샬롬"은 더욱 큰 의미가 있다. 그것은 죽음의 공포와 불안을 이기고 나서 하는 가장 적합한 부활절 인사였다. 특히 이러한 상황에서 이 같은 인사를 건넨 것은 당신의 갑작스런 출현과 아울러 문이 닫혀 있었음에도 불구하고 그곳에 나타난 주님에 대해 두려워하는 제자들을 안심시켜 주려는 의도에서였다. 사실 제자들은 처음에는 이러한 주님의 출현을 유령으로 생각할 정도로 크게 놀랐다(눅 24:37-38).

"이 말씀을 하시고 손과 옆구리를 보이시니 제자들이 주를 보고 크게 기뻐하더라"(20절). 주님께서 상처를 보여주신 것은 자신이 십자가에 못 박힌 바로 그 예수임을 깨닫게 하려는 의도에서였다. 십자가에 못 박힌 분이 부활하신 주님이며, 부활하신 주님이 바로 십자가에 못 박힌 분이다.

손에는 못자국, 옆구리에는 창자국이 나신 분이 죽으셨다가 부활하신 자신들의 스승 예수라는 사실을 깨닫은 제자들은 그제서야 크게 "기뻐하였다." 이는 "너희 근심이 도리어 기쁨이 되리라"(16:20)는 예수의 예언의 말씀이 성취된 것이다. '부활의 기쁨'이야말로 천국 백성에게 주신 하나님의 선물이며(롬 14:17; 빌 4:4; 살전 5:17), 부활절에 가장 적합한 어울리는 축복의 언어이다.

부활하신 주님의 나타나심은 항상 선교 명령으로 막을 내린다(마 28:16-20; 막 16:14-18; 눅 24:44-49; 행 1:6-8; 갈 1:15-16). 요한복음에서 이 선교 명령은 "보냄의 형식"으로 표현된다(17:18). "아버지께서 나를 보내신 것 같이 나도 너희를 보내노라"(21b절). 선교 명령은 "샬롬"이라는 반복된 인사말에 뒤이어 나온다. 그러니까 샬롬의 말씀은 자신만이 홀로 누리는 단순한 위로의 말씀이 아니라 제자들의 사명 수행과 관련된 말씀이다.

여기 "보내다"라는 말에서 '보냄을 받은 자'라는 뜻의 '사도'(使徒)의 원어 '아포스톨로스'(ἀπόστολος)라는 말이 나왔다. 당시 제자들에게 주어진 명예로운 칭호인 '사도'는 단순히 그냥 보내는 것이 아니라 사명을 주어 파견하는 것을 말하는 용어이다. 주님 자신이 하나님으로부터 '보냄을 받은 자'이듯이 제자들은 주님으로부터 '보냄을 받은 자'들이다.

예수께서 아버지로부터 보내심을 받은 존재라는 파견사상은 요한복음의 일관된 주제이다.[15] 이 구절은 유대인들의 권한 위임 법칙을 잘 반영해준다. "보냄 받은 자는 그를 보낸 자와 같다"(사 6:8; 렘 1:7; 겔 3:4-7). 보냄 받은 자는 보낸 자의 전권 대사이다. 예수께서 보냄 받은 아들로서 보내신 아버지의 전권을 대행하듯이 보냄 받은 제자들(곧 교회)은 보내는 예수의 전권을 대행하는 대리인으로서 세상 속으로 나아가야 할 때가 되었다.

아들의 사역은 그가 하늘로 "올라가심"으로 끝나지 않는다. 부활하신 주님은 그의 사역을 제자들에게 완전히 넘겨주신 것이 아니라 그의 사역을 남겨주셨다. 14:12-14에 전제되어 있는 놀라운 말씀들은 이 같은 배경에서 주어진 것이다. 제자들은 세상에 나아가 자신들이 맡은 사역을 감당하며 거기에서 주님의 도우심을 구한다. 그리하면 그들의 기도에 응답하여 주님은 그들을 통해 자신이 육신으로 이 땅에 있을 때보다 "더욱 큰 일"을 행하신다. 그것은 "아버지로 하여금 아들로 인하여 영광을 얻으시게"(14:13) 하기 위함이다.[16]

"이 말씀을 하시고 그들을 향하여 숨을 내쉬며 이르되 성령을 받으라"(22절). 이 구절은 요한복음에서 부활의 중요성을 단적으로

---

15) 요 3:34; 5:36; 7:29; 13:20; 16:28; 17:3, 8.
16) G. R. Beasley-Murray, 683-684.

보여주는 결정적 실마리를 제공한다. 부활절은 죽음을 이긴 새 생명이 탄생하는 새 창조의 날로서 십자가와 접촉점을 가지는 날이다. 동시에 유대교의 옛 시대를 닫고 기독교의 새 시대를 여는 날이다. 부활절은 하늘로 올라가는 날이라는 점에서 승천일과 연결된다. 또한 부활절은 제자들이 성령을 받는 날로서 오순절과 연결되며 성자 시대를 접고 성령 시대가 열리는 날이다.[17] 또한 제자들이 사명을 받고 온 세상을 뒤집어 엎기 위해 세상으로 나아가는 날이다.

"숨을 내쉬며"라는 표현은 구약성경에서 "생명"을 주는 상징적 의미로 사용되었다. "숨"은 히브리어 '루아흐'(רוּחַ)에 해당하는 말로, 이 단어는 바람, 생기, 하나님의 영 등을 의미한다. 하나님은 흙으로 사람을 지으시고 생기를 그 코에 불어넣으심(창 2:7)으로 생명을 창조하셨다. 또한 에스겔은 마른 뼈들에 생기가 들어가서 살아 일어나는 환상을 보았는데(겔 37:9) 이는 이스라엘 민족의 회복(부활)과 관련된 환상이었다.

부활하신 주님은 제자들에게 성령을 불어 넣어 주셨다. 이것은 당신이 높임 받은 후 성령을 주시겠다고 말씀한 약속의 성취이다(7:39; 16:7). 성령은 '예수의 영'(행 16:6-7), 또는 '그리스도의 영'(롬 8:9)으로서 '숨'으로 표현되었다. 주님께서 제자들에게 성령을 주신 것은 사람을 살리는 일, 세상을 구원하는 일에 헌신하도록 사명을

---

17) 요한복음에서 그리스도의 죽음, 부활, 그리고 승천은 본질적으로 하나의 행위이며, 성령의 수여는 부활절 사건에서 앞의 세 가지 일과 밀접한 관계를 이룬다. 누가는 부활이 발생한 지 40일 이후에 승천이 일어났고, 오순절에 성령이 임했다고 말한다. 여기서 부활절과 오순절(성령강림)을 분리하여 다루는 누가복음과 하나로 취급한 요한복음의 차이를 어떻게 보아야 할 것인가? 요한은 두 권의 성경을 기록한 누가와는 달리 (부활의 관점에서) 단 한권만을 남겼다. 성령의 오심에 관련하여 그가 기록한 내용은, 주님 안에서 형제된 누가의 기록에 비추어 보아도, 신학적으로, 그리고 역사적으로 아무 문제가 없다. G. R. Beasley-Murray, 686-688.

주신 것이다.

"너희가 누구의 죄든지 사하면 사하여질 것이요 누구의 죄든지 그대로 두면 그대로 있으리라"(23절). 이 단락은 부활하신 주님이 제자들에게 죄를 용서하는 권한을 주시는 것으로 끝나고 있다. 제자들에게 주어진 복음 전파의 사명은 기본적으로 용서의 복음을 선포하는 것이다. 제자들에게 숨을 불어넣으신 것이 사람을 살리는 일인 것처럼 사람을 용서할 수 있는 권한을 주신 것 또한 사람을 살리는 일이다.[18]

여기서 "죄의 용서와 유지"는 마태복음 16:19(18:18)의 "매다와 풀다"와 관련해서 이해할 필요가 있다. 예레미아스는 "매다와 풀다"는 죄를 사하는 것과 죄를 선언하는 것에 관련된 재판관의 권세인데, 이 한쌍의 반의어는 셈어에서 전체를 묘사하는 데 종종 사용된다고 하였다.[19] 여기서의 한쌍도 제자들이 구원의 선포와 죄의 판결이라는 이중적인 권세를 부여받았음을 의미한다. 그리스도를 못 박고 그의 말씀을 거부한 자들에게는 죄의 선고와 멸망이 주어지고, 그리스도를 사랑하고 그의 말씀을 받아들인 자들에게는 죄의 용서와 구원이 주어진다(3:17; 9:39).

4. 도마에게 나타나심(24-29절)

이미 언급했듯이 요한복음에서 도마는 회의주의자나 의심이 많은 제자라는 일반적인 평가와는 달리, 애제자와 더불어 이상적인 제자의 모델이라는 것이 필자의 생각이다. 예수의 부활은 인류 초유의 사건이기에 쉽게 믿어지는 일이 아니었다. 더구나 동료들이

---

18) 최안나, 《예수님의 사랑》, 220-221.
19) J. Jeremias, 《신약신학》, 346.

부활하신 주님을 보았다는 경험을 도마도 함께 공유하기를 원하는 것은 너무나도 당연한 일이다.

"여드레를 지나서"(24절) 주님은 전과 같은 방법으로 나타나셨다. 그 날은 "여덟 번째" 날, 즉 그 다음 일요일이었다. 이 날은 예수께서 죽음에서 부활하신 날, 즉 '주의 날'로 기억되었다. '주의 날'은 부활하신 주님께서 하나님의 보좌로 승천하신 것을 축하하는 날이 되었다. 그리하여 초대교회는 매 주의 첫째 날인 이 날을 예배를 위해 모이는 날로 삼았다.

"네 손가락을…내 옆구리에 넣어보라 그리하여 믿음 없는 자가 되지 말고 믿는 자가 되라"(27절). 요한복음에서 도마의 말과 행동은 요한의 독특한 어법인 이중의미(또는 아이러니 기법)를 고려해야 제대로 파악할 수 있다. 도마의 말과 행동은 액면 그대로의 의미보다는 예수로부터 위대한 말과 행동을 이끌어내기 위한 길잡이 역할을 한다는 것이다. 곧 부활하신 주님으로부터 '믿음 없는 자'(아피스토스, *ἄπιστος*)가 되지 말고 '믿는 자'(피스토스, *πιστός*)가 되라는 요한복음의 핵심 메시지에 도달하는 역할을 도마가 맡고 있는 것이다.

이 같은 주님의 말씀에 도마는 어떠한 행동도 없이 곧바로 이렇게 고백한다. "나의 주님이시요 나의 하나님이시니이다"(28절). 원문상으로 보면 완전한 문장이 아니라 "호 퀴리오스 무 카이 호 테오스 무(*Ὁ κύριός, μου καὶ ὁ θεός, μου*)로 되어 있다. 몇몇 영역 성경이나 일부 한글 성경은 이를 "나의 주님, 나의 하나님!"으로 감탄의 외침처럼 번역하고 있다(NIV, RSV, NASB, 공동번역, 표준신약성서 등).

도마가 회의주의자나 의심 많은 사람이었다면 부활하신 주님을 만져 보지도 않고 주님의 말씀 한 마디에 어떻게 이 세상에서 가장 위대한 신앙고백을 할 수 있었겠는가! 도마의 신앙고백이야말로 부활한 예수가 서문의 절정인 육화된 말씀(1:14) 바로 그분이라는 사실을 입증한다.

요한의 부활 현현 기사는 예수 이야기의 절정(climax)이며, 특히 도마를 모든 제자를 대표해서 부활 이야기의 최절정에 등장시킴으로써 불신자에게는 신앙을 갖도록 하고, 믿는 자에게는 표적신앙에서 부활신앙으로 나아가도록 하고자 하는 메시지를 전하고자 이 같은 장치를 마련했다는 것이 필자의 생각이다. 아무튼 도마는 제자들 가운데 가장 늦게 부활체험을 하였으나 가장 완벽한 신앙고백을 함으로써 베드로처럼 나중 된 자 먼저 된다는 '차자중시의 원리'를 다시 보여주고 있다.

"너는 나를 본 고로 믿느냐 보지 못하고 믿는 자들은 복되도다" (29절). 20장의 부활 기사는 보지 않고 믿는 자에게 주어지는 복으로 끝난다. 즉 도마와 같은 경험을 하지 않고서도 도마의 믿음을 소유한 사람은 복이 있다는 말씀이다. 도마는 부활체험을 하고 부활신앙을 가졌지만 이제 부활 승천하셔서 직접 주님을 볼 수 없는 후대의 신앙인들은 제자들의 증언이나 기록된 말씀만으로 부활신앙을 가질 수밖에 없다. 그런 상황에서 보고 믿는 신앙(표적신앙)을 넘어 보지 않고 믿는 신앙(부활신앙)을 갖는 이들은 더욱 복되다는 말씀이다.

제자들 가운데 부활하신 예수를 도마처럼 "하나님"으로 고백한 제자는 없었다. 도마의 신앙고백은 완전히 한바퀴 순환해서 서곡의 첫 절("이 말씀은 하나님이시니라"[1:1])과 끝 절("독생하신 하나님" [1:18])로 우리를 인도한다. 이는 요한복음 전체를 괄호로 묶는 역할을 하고 있다. 서곡에 뚜렷하게 드러나 있는 '고등 기독론'(선재한 아들 기독론)은 도마의 신앙고백에서 그 절정에 도달한다. 서곡의 첫 절과 끝 절은 궁극적으로 이 부활체험으로부터 성장한 것들이다.[20] 그리고 도마의 신앙고백은 요한공동체(교회)의 신앙고백이

기를 바란다는 점에서 도마는 요한공동체(교회)의 대변인(메신저)이자 '최고의 신앙의 모델' 역할을 하고 있다.

한편, 도마는 부활하신 예수를 "나의 주님"이라고 고백하였는데, 이 또한 대단히 중요한 의미를 지닌다. '주님'(큐리오스, *κύριός*)이라는 말은 다른 사람에 대한 정중한 호칭(님, 씨, 귀하 등)에서부터 능력의 하나님(아도나이=야웨)에 이르기까지 탄력적으로 사용할 수 있지만 부활하신 예수에게 적용될 때에 가장 완전한 의미를 지니게 된다.[21]

예배를 받으실 분은 하나님이시며 그분만이 주님이 될 수 있다. 그런 의미에서 도마의 고백은 부활하신 예수가 예배를 받으실 하나님이시며 주님이 되신다는 고백을 하고 있는 것이다. 이는 유대교의 하나님 야웨를 대신해서 예수가 예배를 받으실 기독교의 하나님이 되신다는 의미이다. 나아가 이 대목은 부활장인 20장이 성전정화를 통해 예수가 성전을 대신할 자임을 말씀하고 있는 2장과 상응한다라는 사실을 잘 보여준다.

5. 본론의 종결어(2): 요한복음의 저작 목적(30-31절)

요한복음에는 두 개의 결론이 있다고 말한다. 이 단락과 21장이 그것이다. 이 단락은 원래의 결말에 해당하고, 21장은 후대에 추가 삽입된 부록이라고 할 수 있다. 그런데 1장이 서론이고, 21장이 결론이라고 할 때 이 단락은 결론이 아닌 본론의 종결어 역할을 한다. 이 단락의 중요성은 다른 복음서에서 볼 수 없는 요한복음의 저작 목적이 기록되어 있다는 데 있다. 이는 요한복음이 한편의

20) 《성경전서 개역개정판》(독일성서공회해설), 신약 184.
21) G. R. Beasley-Murray, 698-699.

신학논문이라는 것을 암시해 준다.

그 동안 이 단락을 1-20장의 마지막 결론으로만 생각한 나머지 이 단락이 두 부활장(20장과 21장) 사이에 있다는 사실의 중요성의 간과하였다. 왜 요한은 본서의 저작 목적을 말하는 이 중요한 단락을 본서의 맨 앞이나 21장 끝에 붙여 놓을 수도 있는데 하필 이곳에 배치했는가? 그것은 요한복음을 부활의 관점에서 해석하라는 사인(암시)이라는 것이 필자의 생각이다. 그러한 관점에서 이 단락을 살펴보자.

부활과 관련된 모든 장들 끝부분(2:23; 11:47; 20:30)에 가서 표적 이야기를 하는 것은 표적신앙과 부활신앙의 대조를 극명하게 밝힐 목적으로 기술되었음이 분명하다. 도마에 관한 기사(20:24-29)는 보고 믿는 표적신앙이 아닌 보지 않고 믿는 부활신앙을 역설하고 있다.

"예수께서 제자들 앞에서 이 책에 기록되지 아니한 다른 표적도 많이 행하셨으나"(30절). 요한은 예수의 지상활동을 "표적"이라는 개념으로 요약하고 있다. 그럴 경우 제1부의 마지막 표적이 나사로의 소생이듯이, 부활 자체는 일련의 표적들 중에서 마지막 표적으로 보아야 한다.

그런데 31절은 "오직 이것을 기록함은"으로 시작하고 있다. 이는 부활체험을 고백한 도마의 신앙고백 위에서 이 기록 목적을 생각해야 한다는 것이다. 즉 예수가 행한 표적을 보고 믿는 표적신앙 이외에 책을 쓰는 또 다른 목적, 즉 보지 않고 믿는 부활신앙을 촉구하기 위해 이것을 기록했다는 것이다.

"너희로 예수께서 하나님의 아들 그리스도이심을 믿게 하려 함이요"(31a절). 이 같은 신앙고백은 진정으로 부활신앙을 가진 자만이 할 수 있다. 유대인들에게 "메시아"와 "하나님의 아들"은 동의어로 여겨졌다.[22] 따라서 이 구절은 부활하신 예수가 유대인들이 그토록 기다리는 메시아(그리스도)이며 유대인들이 믿고 예배하는 하나님(의 아들)이라는 사실을 통해 유대교에 대한 기독교의 대치를 말하고자 하는 의도가 숨겨져 있다.

"또 너희로 믿고 그 이름을 힘입어 생명을 얻게 하려 함이니라"(31b절). 부활이요 생명이신(11:25) 예수를 하나님의 아들 그리스도로 믿는 자에게는 생명(영원한 생명)을 얻게 된다는 영생으로의 초대의 말씀이다. 간결하게 요약된 이 기록 목적을 통해서 우리는 예수가 하나님의 아들 그리스도라는 〈기독론〉과 그를 믿는 〈신앙론〉, 그리고 그를 믿어 생명을 얻는 〈구원론〉이 함께 연결되어 있음을 볼 수 있다. 요한은 부활장을 통해 우리에게 이렇게 도전해 온다. "당신은 참으로 부활을 믿습니까?"

정리하면, 20장(본론의 끝장)과 22장(본론의 첫장)은 부활의 신학을 말하고 있다는 점에서 상응한다. 이 두 장에서는 공히 여인들, 2장에서는 예수의 모친 마리아가, 20장에서는 막달라 마리아가 중요한 역할을 하고 있다. 한편, 의심 많은 제자로 일컬어지는 도마는 부활하신 주님을 뵙고 "나의 주, 나의 하나님"이라는 최고의 신앙 고백을 하고 있다. 이는 도마에 대한 재고, 즉 도마를 요한공동체의 '최고의 신앙의 모델'로 보아야 한다는 것이 필자의 생각이다. 그리고 끝자락에 본서의 저작 목적을 둔 것은 요한복음을 부활의 신학의 관점에서 해석해야 한다는 것을 암시한다고 볼 수 있다.

---

22) '하나님의 아들'의 일차적 의미는 삼위일체의 두 번째 위격이 아니라 '이스라엘의 메시아'이다. N. T. Wright, 《하나님의 아들의 부활》, 598.

제21장(결론)

현재 우리 앞에 놓여 있는 정경으로서의 요한복음은 본서의 첫 저자가 본서를 쓴 이후 오래 세월에 걸쳐 다듬어지면서 하나의 통일된 작품으로 완성된 최종적 편집물이다. 따라서 21장은 후대에 첨가된 부록임이 분명하지만[1] 최종편집자인 요한에 의해 1-20장과의 관계성 속에서 형성된 요한복음서의 결론적 성격을 갖는다.[2]

모든 것의 첫 시작이 중요하듯이 마지막 끝도 중요하다. 그 동안 요한복음 연구에 있어서 첫 장(1장)은 중요하게 취급되었으나 끝 장(21장)은 후대에 첨가된 부록으로서 없어도 괜찮을 정도로 소홀히 취급되어 왔다. 그러나 21장은 요한복음 전체의 결론이자 사복음서 전체의 결론이라는 점에서 1장 못지않게 중요한 장이다.

21장은 원저자에 의한 첨가이든 최종편집자에 의한 첨가이든 1장 서론과 상응하는 결론적 성격을 띠고 있다. 결론으로서의 21

1) 21장은 교회적 성격이 현저하기에 마르티니는 "장로(長老)들의 교회"라는 제목을 붙였다. C. M. Martini, 219.
2) 21장이 요한적인 1-20장과 여러 가지 면에서 관련이 있다는 사실에 대해서는 박수암, 417-418; S. S. Smalley, 147-148을 참조하라.

장의 역할 내지 중요성을 열거하면 다음과 같다.

a. 숫자상징주의를 고려한다면, 정경으로서의 요한복음이 20장이 아닌 21장으로 형성되었다는 것은 7X3=21, 즉 완전수 7이 세 번(끝, 더 이상은 없다는 의미) 곱해진 것으로 완벽한 숫자상징주의적 의미를 갖는다. 즉 짝수장으로 되어 있는 공관복음(마 28장, 막 16장, 누가 24장)과는 다른 의미를 갖는다.

b. 공관복음에서는 부활장이 한 장인데 반해 요한복음에서는 21장이 첨가됨으로써 부활장이 20장과 더불어 두 장이 되었다. 이는 요한복음이 부활을 강조하는 책임을 시사한다.

c. 20:30-31은 21장이 없는 상태에서는 결론이라고 할 수 있을지 모르나 21장이 있는 상황에서는 진정한 결론이 아니다. 21장이 결론의 역할을 대신한다. 이미 언급했듯이 20:30-31은 그 자리에 위치함으로써 또 다른 특별한 의미, 즉 부활의 의미 속에서 해석되어진다는 것이다.

d. 하늘의 말씀이 땅의 육신이 된 성육신적 하강구조(1:14)처럼 21장은 부활하신 주님이 예루살렘에서 갈릴리로 내려오는 하강구조를 이루고 있다. 이로써 요한복음 전체가 모세오경처럼 다섯 차례의 하강구조의 모습을 띠게 되었다

e. 1장에서 나중 된 자(42절)로서 시작한 베드로가 21장에서는 먼저 된 자(2절)로서 나타난다. 이는 구약적 특징인 "차자 중시의 원리"를 보여준다.

f. 21장에 "디두모라 하는 도마"를 언급함으로써 요한복음에서 도마가 완전수인 일곱 번 나오는 데, 이는 도마에 대한 이해를 새롭게 하는 계기를 마련하고 있다.

g. 요한복음에서 "세베대의 아들들"(야고보와 요한, 2절)이 처음으로 등장함으로써 사도 요한이 애제자일 가능성을 시사한다.

h. 예루살렘에서 제자들에게 두 번 나타난 부활하신 주님이 갈

릴리에서 세 번째 마지막으로 나타나고 있다는 점에서 21장은 '갈릴리 지향적 복음서'로서의 역할에 이바지하고 있다.

i. 1장에서 처음 사용한 "요한의 아들 시몬"이라는 어구를 21장에서 다시 세 번(15-17절) 사용하고 있다. 이는 그 동안 예수와 베드로의 단절된 관계를 회복하는 데 이바지한다.

k. "진실로 진실로(아멘 아멘)"(18절) 문구는 21장이 요한적인 문서라는 것과 더불어 '숫자상징주의'(25회[5×5])에 이바지하고 있다.

l. 베드로와 애제자의 관계를 다시 언급함으로써 베드로공동체(예루살렘 중심의 사도공동체)와 요한공동체(갈릴리-사마리아 중심의 이방인공동체)와의 교회연합을 꾀하는 데 이바지하고 있다.

여기서 우선적으로 짚고 넘어가야 할 중요한 사실은 21장이 내포하고 있는 시대적 상황이다. 21장은 예수의 부활이 있은 지 수십 년의 세월이 지난 후에 요한의 교회(요한공동체)가 당면한 문제를 해결하기 위해 쓰여졌다고 말할 수 있다. 이미 베드로는 순교했고(18-19절) 애제자도 죽은 상황에서(23절) 날로 성장하던 기독교회는 유대회당으로부터 박해를 당하고 있었다.

이 같은 상황에서 요한은 사후(事後) 예언의 형식[3], 즉 예수께서 제자들에게 앞으로 일어날 일들을 예상하듯 말씀하는 것으로 기록하고 있다. 그러기에 본장에서의 예수의 말씀은 본서의 특징인 이중 의미, 즉 부활 직후에 있었던 과거의 사실이라는 문자적 의미를 넘어 현재의 교회 상황이라는 상징적 의미를 동시에 띠고 있다는 사실이다. 그러니까 본장은 부활 이후에 있었던 과거의 예수의 이야기를 통해 현재의 요한(요한공동체)의 이야기를 하고자 한 것이다.[4]

3) 이영헌, 384.

4) "요한복음서 기자(혹은 기자들)는 '그때'(예수의 시대)와 '지금'(요한의 시대)을

21장은 〈교회론〉("목회와 선교의 보고서")에 이은 '제자도'를 핵심 주제로 하고 있다. 1장에서 예수는 성육신적 내리사랑을 보여주고 있듯이, 본장의 첫 단락은 부활하신 주님의 갈릴리행을 통해 그 같은 내리사랑의 모습을 재현하고 있다. 그런데 본장은 부활하신 주님과 베드로와의 대화(15-23절) 중에 나오는 "나를 따르라"(19b절, 22절), 즉 제자도(제자의 길)에 그 핵심이 있다. 주님을 향한 제자(베드로)의 사랑은 '순교로 보답한 사랑'이다. 여기에는 제자를 향한 주님의 사랑, 즉 '십자가로 보여준 사랑'이 전제되어 있다.

1. 디베랴 바닷가에 나타나심(1-14절)

"그 후에 예수께서 디베랴 호수에서 또 제자들에게 자기를 나타내셨으니"(1절). 예루살렘에서 제자들에게 이미 두 번 나타났으니까(20:24-29) 이번은 세 번째[5] 나타난 셈이다(14절). 그런데 여기서 주목할 사실은 예루살렘이 아닌 디베랴[6] 호수(바다)로 일컬어진

시간적으로 연결시키는 방법으로 과거 사건들을 소개하고 있다. 여기서 과거의 '역사적인 이야기들'은 현재 요한공동체를 위한 '상징적인 이야기들'이 된다. 예수의 이야기와 그 이야기를 다시 이야기하는 요한의 이야기가 너무 밀접하게 관련되어 있어, 이 둘은 서로 쉽게 나누어질 수 없다. 따라서 요한이 전하는 예수의 옛 이야기 속에는 요한(요한공동체)의 현재 모습이 직접, 간접으로 반영될 수밖에 없다"(서중석, 《복음서해석》, 239).

5) 이 단락(1-14절)의 처음과 끝에 "예수께서 제자들에게 나타나셨다"라는 표현, 그것도 세 번째라는 표현은 주목할 만한 대목이다. 삼 세 번이라는 말이 있듯이 세 번째란 마지막, 즉 더 이상은 없다는 뜻을 내포한다. 마지막이라는 의미에서 세 번째 출현은 매우 중요한 의미를 지닌다.

6) 디베랴 바다가 구약성경에서는 긴네렛 바다(민 34:11), 또는 긴네롯 바다로 불리기도 했다(수 12:3). '디베랴'란 헤롯 안디바가 주후 25년경에 로마 황제 티베리우스(Tiberius)를 기념하기 위해 갈릴리 바다 서쪽 해변에 도시를 건설하고 그 이름을 붙인 데서 연유한 명칭이다(요 6:1). 《그랜드종합주석》(누가복음-요한복음), 697-698. 이 명칭은 아마도 예수 시대 이후 특히 이방인들에게 더 일

갈릴리 해변(어촌)에 나타났다는 사실이다.[7] 즉 부활하신 주님은 "예루살렘에서 갈릴리로 내려오신" 것이다.

1장과 상응하는 21장의 중요성은 바로 이 "예수의 하강"에 있다. 요한은 요한복음서를 다섯 번의 하강구조로 편집해 놓았다. 21장은 마지막 하강구조를 보여주는데, 예수의 모든 사역이 갈릴리에서 마치는 것으로 끝나고 있다. 1장은 선재하신 로고스의 성육신을, 21장은 부활하신 주님의 갈릴리행이라는 예수의 하강을 보여주고 있다. 이 점이 중요하다. 서곡(1:1-18)의 핵심 구절인 14절의 성육신은 위(하늘)에서 아래(땅)로의 하강을 보여주고 있다. 이어서 증인본문(1:19-51)에서 예수는 유대(예루살렘)에서 갈릴리(사마리아 경유)로의 행보(43절)를 보여주고 있다. 즉 예수의 행보는 위에 해당하는 유대(예루살렘)에서 갈릴리(사마리아)로의 지향을 보여주고 있다. 그런 의미에서 요한복음은 이미 언급했듯이 "갈릴리 지향적 복음서"이다.

2절은 일곱 제자를 열거하고 있다. 시몬 베드로[8]와 디두모라 하는 도마와 갈릴리 가나 사람 나다나엘과 세베대의 아들들과 또 다른 제자 둘[9]이라고 기술하고 있다. 충만함을 상나타내는 상징적인 숫자 "일곱"이란 표현은 요한계시록 1:11의 일곱 교회처럼 교회

반적으로 사용되었다는 방증(傍證)이 될 수 있다. 이 표현은 황제의 도시에서 누구를 경배하고 사랑해야 할 것인가 할 때 이 세상 나라의 왕인 로마 황제가 아니라 하나님 나라의 왕인 부활하신 주님을 경배하고 사랑해야 한다는 것을 암시하는 것은 아닐까.

7) 부활하신 주님이 갈릴리에 먼저 현현했느냐(마 28:7, 16; 막 14:28; 16:7), 아니면 예루살렘에서 먼저 현현했느냐(눅 24:13; 요 20:19)에 대한 진실성 여부는 알 수 없다. 또한 제자들이 예루살렘을 떠나 갈릴리로 돌아온 이유에 대해서도 요한은 침묵하고 있다(마 28:7; 막 16:7 참조).

8) 여기서 시몬 베드로가 제일 앞서 나오는 것은 21장이 편집될 때에 이미 베드로는 교회의 수장이 되어 있었음을 시사한다.

9) "다른 제자 둘"은 요한복음에서 중요한 위치를 차지하고 있는 안드레와 빌립(1:44; 6:7-8)으로 볼 수 있으나 확실치는 않다.

전체를 대표하는 것으로 볼 수 있다.[10] "세베대의 아들들"은 야고보와 요한을 가리킨다(마 4:21). 이 구절에서 베드로가 맨 앞에 나오고 일곱 제자 가운데 "애제자"(7절)가 포함되어 있는 것으로 볼 때 이 구절은 베드로의 지도권과 우위권을 보여준다.

한편, 이 단락에는 고기잡이 이야기(1, 3, 4a, 5-6, 10, 11절)와 식사 이야기(4b, 7-9, 12-13절)라는 두 개의 이야기가 결합되어 있는데, 전자는 베드로의 고기잡는 이야기(눅 5:1-11)와, 후자는 성만찬(요 6장)과 관련된 것으로 읽을 수 있다. 그러나 여기서 주목해야 할 핵심 문제는 제자들이 물고기를 잡으러 갔으나 그날 밤에 아무것도 잡지 못하였다(3절)는 대목과 다음 날 새벽에 많은 물고기를 잡았다(4절 이하)는 대목에 있다.

베드로가 "나는 물고기 잡으러 가노라"(3절)고 말하자 다른 제자들도 함께 가기로 뜻을 모았다. 이 같은 제자들의 행동을 어떻게 해석해야 할까?[11] 이미 언급했듯이 본서는 예수의 시대와 요한의 시대가 함께 결부되어 있다. 따라서 "나는 물고기 잡으러 가노라"는 말은 실제적인 문자적 의미와 더불어 상징적 의미를 담고 있는 말이라고 보아야 한다. 이 말 속에는 사람 낚는 어부로서의 제자들의 전도(선교)적 사명이 내포되어 있다. 이 일에 제자들 모두가 함께 동참한 것이다.

---

10) 《성경전서: 개역개정판》(독일성서공회해설), 185.

11) 첫째, 제자들은 목적 상실과 실망 속에서 사람 낚는 어부로서의 사명을 저버리고 예전의 일터로 되돌아간 일종의 환속(還俗)이라는 견해이다. 이 견해는 본래 어부 출신이 아닌 제자들(도마나 나다나엘 등)도 있다는 점에서 설득력이 적다. 둘째, 제자들이 갈릴리에 나타나실 주님을 기다리는 동안 무료함을 달래기 위해서 소일삼아 고기 잡으러 갔다고 보는 견해이다. 본서는 주님이 부활 후에 갈릴리에서 만나자고 제자들에게 약속한 일이 없다는 점에서 이 견해도 설득력이 적다. 셋째, 비록 제자들이 사도로서의 사명을 포기한 것은 아니나 생활비를 벌어야 할 현실적 필요성 때문에 고기잡이에 나섰다는 견해이다. 이 견해는 상당히 개연성이 있으나 본서가 말하고자 하는 핵심에는 미치지 못하고 있다는 것이 필자의 생각이다.

그런데 문제는 그날 밤에 고기를 전혀 잡지 못했다는 데 있다. 이 말도 상징적 의미를 담고 있다고 보아야 한다. 갈릴리 바다에서 오랫동안 고기 잡는 일에 경험이 많았던 그들이 밤에 나가 고기를 잡는 것은 자연스러운 일이다. 갈릴리 호수가 맑아서 낮에는 배 그림자가 보이므로 고기들이 모두 도망쳐 버리기 때문이다. 따라서 여기서의 문제는 "어두운 밤"이라는 상징어가 갖는 부정적 의미에 있다고 보아야 할 것이다(13:30 참조). 제자들은 지금 영혼의 어두운 밤, 즉 빛 되신 부활의 예수가 없는 밤 속에 머물러 있었던 것이다.

부활하신 주님은 이미 그들에게 두 번이나 나타났고(20:19-29), 성령을 받으라(20:22)고 말씀하셨다. 그런데 많은 세월이 흐르면서 제자들은 첫 사랑을 잃어버리고(계 2:4 참조), 부활에 대한 감격도, 성령 체험의 뜨거움도, 다 잃어버리고 형식적 신앙과 일상적인 일에 매몰되어 갔다.

따라서 그들은 부활하신 주님을 다시 만나 사명자로서의 자각을 새롭게 하고, 다시 성령 충만으로 능력을 받기 위해 깨어 있어야 할 필요성이 있었다. 그렇지 않고서는 교회에 곧 닥칠 유대교의 박해를 감당하기도 어렵고, 사람 낚는 어부로서의 선교적 사명도 제대로 감당할 수 없다. 3절속에 담긴 요한의 진정한 의도는 바로 이 점에 있었다는 것이 필자의 생각이다.

'빈 그물'(3절)과 '고기로 가득 찬 그물'(4절 이하) 사이에는 밤과 새벽, 즉 부활의 주님을 새롭게 만났느냐의 여부에 있다. 야곱의 밤(옛 사람)이 이스라엘의 새 아침(새 사람)이 되기 위해서는 브니엘의 체험이 필요한 것처럼, 부활하신 주님과의 만남과 체험, 즉 부활신앙을 간직한 자만이 사람 낚는 어부로서의 확실한 전도자가 될 수 있고(1-14절), 제대로 된 목양을 할 수 있으며, 주님과 양떼를 위해 순교할 수 있다(15절 이하).

"날이 새어갈 때에 예수께서 바닷가에 서셨으나 제자들이 예수신줄 알지 못하는지라"(4절). 아무 것도 할 수 없는 어두운 밤, 무력한 밤이 가고 부활의 새벽, 성령충만의 새 아침이 밝아 온 것이다. 그런데 제자들은 바닷가에 서신 분을 보고도 부활하신 주님이신 줄을 몰랐다. 그 이유는 무엇일까?

예수의 부활을 믿는 우리에게는 그것이 어렵지 않게 너무나도 당연한 일로 받아들여진다. 그러나 사상 초유의 사건인 예수의 부활은 접해야 했던 당시의 제자들로서는 이미 두 번씩이나 부활하신 주님을 만났다고 하더라도 그것이 생시가 아닌 꿈처럼 느껴졌을 것이다. 더구나 세계의 중심이요 메시아의 보좌가 세워지고 모든 민족들이 그곳으로 모여들 장소로 여겨진 예루살렘이면 모를까 멸시와 소외를 당하는 이방인의 땅 갈릴리에 부활하신 주님이 나타나리라고는 예상하지 못했을 것이다. 제자들이 부활하신 주님을 알아보지 못했다는 이 말 속에는 부활절과 오순절 사이의 특별한 기간 동안에 느꼈을 혼란스러움을 엿볼 수 있다.[12]

아무튼 제자들은 어둠이 가시지 않은 새벽시간에다 예상치 못한 출현이기에 주목해 보지 않음으로써 부활하신 주님을 빨리 알아보지 못했다. 그런데 제자들의 영적 상태라는 측면에서 본다면 부활하신 주님을 알아보지 못할 정도로 그들의 영안은 열리지 않았고, 영적으로 어둡고 무지한 상태 속에 처해 있었다고 볼 수 있다.

"얘들아 너희에게 고기가 있느냐"라는 주님의 질문에 "없나이다"(5절)라고 대답하자 주님은 "그물을 배 오른편에 던지라 그리하면 잡으리라"(6절) 말씀하셨다. 그러자 물고기가 많아 그물을 들 수가 없었다고 요한은 보도하고 있다. 예수께서 제자들에게 그물을 배 오른편에 던지라고 명하신 것에 대해 오른편이 행운을 가져

12) G. R. Beasley-Murray, 713.

다준다는 통설 때문이라고 보기는 어렵다.

이 말씀은 죽은 자 가운데서 부활하신 주님은 하늘의 오른편에 앉으신 분(엡 1:20)으로, 부활하신 주님이 계신 쪽에 그물을 던지라는 말씀일 것이다. 나아가 자신의 경험에 비추어 볼 때 상식적으로 이해가 안 되는 명령이라도 초자연적 지식을 지닌 주님의 말씀에 순종하여 그물을 던지라는 말씀일 것이다. 그럴 때 무수히 많은 사람들이 주님께로 돌아오는 예상치 못한 엄청난 기적의 역사가 일어난다는 영적 교훈을 담고 있다고 하겠다.

애제자가 베드로 보다 먼저 주님을 알아보고 "주님이시라"고 외친다. 이 장면은 신기하게도 빈무덤에서 있었던 일과 비슷하다(20:4-8). 주님이시라는 말에 시몬 베드로는 벗고 있던 겉옷을 두른 후에 바다로 뛰어 내렸다고 보도하고 있다(7절). 베드로가 겉옷을 입은 것은 예의를 갖추고 부활하신 주님을 만나고자 함이라고 볼 수 있다.

그런데 여기서 문제가 되는 것은 요한이 본서를 통해 베드로를 부정적인 시각으로 묘사하면서 애제자가 베드로보다 우월하다는 시각에 대한 문제이다.[13] 애제자는 베드로보다 먼저 주님을 알아보았는데 반해, 베드로는 뒤늦게 주님을 알아보았으며 주님을 보자 자신의 벌거벗은 수치(계 3:17 참조)를 가리기 위해 겉옷을 둘렀

---

13) 요한복음에서 애제자의 문제는 두 가지 문제, 즉 "그가 누구인가?"라는 문제와 더불어 "베드로와 애제자와의 관계"라는 문제가 있다. "베드로와 애제자와의 관계"에 대해 요한은 베드로를 부정적으로 묘사함으로써 애제자의 현저한 우위를 보여준다는 주장이 있다. 그와는 정반대로 요한은 베드로를 부정적으로 소개하고 있는 것이 아니라 오히려 그를 긍정적으로 요한공동체에 소개함으로써 애제자가 죽은 이후 요한공동체와 베드로공동체간의 통합을 시도하고 있다는 주장이 있다. 서중석 교수는 전자의 견해인 애제자의 현저한 우위를 주장한다("요한복음서의 베드로와 애제자", 《복음서해석》, 263-288). 필자는 후자의 견해를 지지한다. 이 문제에 대한 자세한 논의는 김득중, 《요한의 신학》, 181-203을 참조하라.

다는 말에서 우리는 베드로의 영적 빈곤을 엿볼 수 있다. 그러나 이것이 베드로에 대한 애제자의 우위를 드러내는 것은 아니다. 베드로는 영적 지각에서 뒤졌지만 그의 성급한 성격이 보여주듯 바다에 먼저 뛰어들었고 고기가 가득 담긴 그물을 해변에 끌어내면서 주님께 가장 먼저 도달했다.

"다른 제자들은 육지에서 거리가 불과 한 오십 칸쯤"(8절) 떨어져 있었다. 여기서 "오십 칸"은 원문에 '페콘 디아코시온'(*πηχῶν διακοσίων*)으로 '페콘'은 '규빗'이고 '디아코시온'은 '200'이다. '규빗'이란 성인 남자의 손가락 끝에서 팔꿈치까지의 길이를 말하는 것으로 짧게는 45.6cm, 길게는 52.5cm 로서 약 50cm로 잡을 때, 200 규빗은 약 100m쯤 된다.

베드로를 비롯한 제자들이 육지에 올라왔을 때 이미 주님은 숯불을 피워놓고 생선과 떡으로 아침식사를 마련해 놓고 기다리고 계셨다(9-13절). 이 장면은 우리가 주님을 사랑하기에 앞서 주님이 먼저 우리를 사랑하사 선택하시고 세워주시는(15:16 참조) '여호와 이레'(창 22:14) 되시는 하나님을 연상케 한다. 이 대목에서 중요한 것은 "그물을 육지에 끌어올리니 가득히 찬 큰 물고기가 백쉰세 마리라 이같이 많으나 그물이 찢어지지 아니하였더라"(11절)는 말씀이다.

여기서 153마리를 실제적인 고기의 숫자로 볼 수도 있으나 상식적으로 생각해서 부활하신 주님을 만난 이 순간에 일일이 잡은 고기의 숫자를 세었다고 보기는 어렵다. 그렇다면 153이라는 숫자에는 어떤 상징적 의미가 있을 것이다. 153이라는 숫자에 대해 많은 견해들[14]이 있으나 정확한 의미를 알기는 어렵다.

14) 대표적인 견해를 소개하면, 첫째, 153은 당시에 전체 물고기 종류가 153 종(種)이었다는 지식에 근거한 견해로 이는 모든 종류의 사람들이 구원받는 것을 의미한다(Jerome). 둘째, 153은 1에서 17까지를 더한 숫자로서 17은 신구

여기서 외람되지만 153이라는 숫자에 대한 필자의 생각을 피력하면 이러하다. 필자는 우선 네 가지 경우를 전제하고, 이 모두에 적합한 견해를 제시하고자 한다. 첫째, 기독교 선교의 성공적 확장을 의미하는 숫자라는 것, 둘째, 본문의 상황과 관련된 숫자라는 것(물고기라든지, 세 번째라든지), 셋째, 당시 유대교의 박해 상황을 전제로 하고 있는 숫자라는 것, 넷째, 당시 독자들이 쉽게 알 수 있는 상징적 숫자라는 것이 그것이다.

이 같은 네 경우를 충족시킬 수 있는 것으로 히브리어의 세 알파벳(קנג)을 들고자 한다. 히브리어의 각각의 알파벳은 그 자체가 갖는 수치와 이름값이 있다. ק(코프)는 100(그 뜻은 '바늘귀'), נ(눈)은 50(그 뜻은 '물고기'), ג(기멜)은 3(그 뜻은 '낙타')을 나타낸다.[15] 153은 이 세 알파벳의 숫자이자 그 이름값의 종합을 말한다는 것이 필자의 생각이다.

이를 부연 설명하면 이렇다. 우선 11절에서 언급된 물고기는 5절의 고기(프로스파기온, *προσφάγιον*)나 9절의 생선(옵사리온, *ὀψάριον*)과는 달리 익투스(*ἰχθύς*)라는 단어를 사용하고 있다. 이 단어를 풀어서 한 글자씩을 각각 첫 자로 하면 예수스 크리스토스 데오스 휘오스 소테르(*Ἰησοῦς Χριστὸς θεὸς υἱὸς Σωτῆρ*), 즉 '예수 그리스도 하나님의 아들 구세주'라는 말이 된다. 이 때문에 초대교회 교

약성서의 총화(10은 구약의 십계명, 7은 신약의 성령)의 상징이므로 모든 은혜의 시대에 하나님에게로 돌아올 충만한 사람의 수를 의미한다(Augustine). 셋째, 153은 100+50+3으로서 100은 이방인의 완전수(10X10), 50은 이스라엘의 남은 자의 수, 3은 성삼위의 수를 의미한다(Cyril of Alexandria). 넷째, 153은 에스겔 47:10에 나오는 히브리어 '에글라임'(עגלים)의 수를 의미한다(Emerton, Ackroyd), 다섯째, 153은 헬라어 *ΙΧΘΥΣ*의 약자인 *ΙΧΘ*의 수를 의미한다(McEleny). 여섯째, 153은 17(창 7:11; 8:4 참조)을 3번 더하고 3번 곱한 수이다(조철수, 273-275). 이에 대한 보다 자세한 내용은 G. R. Beasley-Murray, 715-719; 박수암, 422-423을 참조하라.

15) 이순한, 《성서 히브리어》, 9.

인들은 물고기 모양을 기독교인을 상징하는 부호로 삼았다.

그러니까 유대교의 박해상황에서 물고기로 상징되는 한 사람의 그리스도인이 된다는 것(예수 그리스도를 하나님의 아들 구세주로 고백한다는 것)은 낙타가 바늘귀로 들어가는 것만큼 어렵다(마 19:24)는 것이다. 그런데 부활의 증인인 제자들로 말미암아 그물(교회의 상징)에 가득 찰 정도로 그리스도인이 많아질 것이라는 희망 섞인 전망(약속)이자 초대교회의 급속한 성장(현실적 반영)을 보여주는 상징적 숫자라는 것이 필자의 생각이다.

그물 안에 큰 물고기가 "이같이 많으나 그물이 찢어지지 아니하였더라"라고 보도하고 있다. 이 또한 문자적 의미만이 아닌 상징적 의미가 있다고 보아야 할 것이다. 즉 고기잡이에 나타난 기적적인 풍성한 어획은 기독교회의 예상치 못한 놀라운 부흥이라는 희망섞인 전망을 시사한다.

그런데 요한이 본서를 쓸 당시 초대교회는 급속히 성장했고, 그 결과 교회 안에 모여든 다양한 사람들로 인해 여러 공동체간의 갈등이 있었다. 이런 상황에서 유대교의 박해라는 외적인 도전만이 아니라 내적으로 공동체간의 연합과 일치라는 하나됨이 절실히 요청되었다. 따라서 이 대목은 교회의 연합과 일치를 바라는 희망섞인 전망을 담고 있다고 볼 수 있다(10:16; 17:20-23 참조).

2. 베드로의 회복과 사명(15-23절)

숯불을 피워놓고 아침식사를 하면서 주님은 베드로에게 세 차례 질문을 던지신다. 이 같은 분위기는 앞서 베드로가 주님을 부인할 때 숯불 곁에서 불을 쬐고 있는 상황(18:18, 25)을 연상케 한다. 그리고 베드로가 세 차례 주님을 부인한 것에 상응하게 주님은 세 차례 베드로에게 질문을 한다. 15-17절에 나타난 예수님의 질문, 베드로의 대답, 그리고 목양의 사명 부여를 일목요연하게 정리하면 아래와 같다.

A. 예수님의 질문

1. "요한의 아들 시몬아, 네가 이 사람들보다 나를 더 사랑하느냐(*ἀγαπᾷς*)?"(15절)
2. "요한의 아들 시몬아, 네가 나를 사랑하느냐(*ἀγαπᾷς*)?"(16절)
3. "요한의 아들 시몬아, 네가 나를 사랑하느냐(*φιλεῖς*)?"(17절)

B. 베드로의 대답

1. "주님, 그러하나이다. 내가 주님을 사랑하는(*φιλῶ*) 줄 주님께서 아시나이다"(15절)
2. "주님, 그러하나이다. 내가 주님을 사랑하는(*φιλῶ*) 줄 주님께서 아시나이다"(16절)
3. "주님, 모든 것을 아시오매 내가 주님을 사랑하는(*φιλῶ*) 줄 주님께서 아시나이다"(17절)

C. 목양의 사명 부여

1. "내 어린 양(*ἀρνία*)을 먹이라(*Βόσκε*)"(15절)
2. "내 양(*πρόβατά*)을 치라(*Ποίμαινε*)"(16절)
3. "내 양(*πρόβατά*)을 먹이라(*Βόσκε*)"(17절)

먼저, 생각해 볼 수 있는 것은 예수님의 질문, 베드로의 대답, 목양의 사명 부여가 조금씩 다르게 나타나는 것을 볼 수 있다. 예수님의 첫 질문에서 "이 사람들보다"라는 말이 들어가 있다. 베드로의 세 번째 대답에서 "모든 것을 아시오매"라는 말이 들어가 있다. 목양의 사명 부여에서는 "내 어린 양"과 "내 양", 그리고 "먹이라"와 "치라"가 다르게 나타나는 것을 볼 수 있다.

원어로 보면 '사랑하다'(아가파스[*ἀγαπᾷς*]와 필레이스[*φιλεῖς*])와 '먹이다'(보스케[*Βόσκε*]와 포이마이네[*Ποίμαινε*])라는 두 개의 동사와 '양'에 대한 두 개의 명사(아르니아[*ἀρνία*]와 프로바타[*πρόβατα*])가 다르게 나타나는 것을 볼 수 있다. 이 같이 다른 용어들이 사용된 것에 대해 여기에는 분명한 의도를 가지고 있다고 주장하는 학자도 있으나(Westcott) 대부분의 학자들은 이것을 단순한 문체적인 변형을 구사한 것으로 보고 있다.[16)]

다음으로, 이 대목에서 우리가 주목해 보아야 할 것은 세 차례씩이나 길게 반복해서 "요한의 아들 시몬아"라는 주님의 질문이다. 본서는 베드로를 주로 "시몬 베드로"라고 부르고 있다.[17)] 그런데 유독 첫 장(1:42)과 끝 장(21:15-17)에서만 "요한의 아들 시몬아"라고 부르고 있다. 그냥 "시몬아" 또는 "베드로야"라고 부르면 될 것을 번거롭게 이 같이 하신 데에는 주님의 깊은 뜻이 깃들어 있다.

주님은 옛 이름, 부름받기 이전의 이름, 즉 당신과 관계를 맺기 전의 이름으로 부르고 있다. 이는 베드로(믿음의 반석)라는 귀한 이름을 받기 이전 미천한 어부로서 부름 받았을 때, 즉 요한의 아들 시몬이었던 시절을 기억하라는 것이다. 또한 이 말씀 속에는 첫사랑의 날카로운 추억을 간직한 곳-아름다운 갈릴리 바닷가에서 처음 예수를 만났을 때의 그 시절, 그때의 그 초심(初心)으로 돌아가

---

16) G. R. Beasley-Murray, 705-706; J. F. Walvoord & R. B. Zuck(ed), *The Bible Knowledge Commentary*(New Testament), 345. 요한복음 내에서 하나님이나 예수님의 사랑을 언급할 때 '아가파오'(*ἀγαπάω*)와 '필레오'(*φιλέω*)를 서로 바꾸어 가면서 사용했다는 점(3:35; 5:20; 13:23; 19:26; 20:2, 20; 21:17)을 감안하면 두 단어를 번갈아 가며 사용하는 이유는 반복을 피하려는 문체의 구사로 간주할 수 있다. 최홍진, 《요한복음》, 294.

17) 마태 1회(16:16), 누가 1회(5:8), 요한 18회가 등장한다.

라, 첫 눈에 반해버린 연인처럼 그 첫사랑의 떨리던 순간을 잊지 말라는 사인이 깃들어 있는 것이 아닐까.[18)]

"요한의 아들 시몬아 네가 이 사람들보다 나를 더 사랑하느냐?" 그러자 베드로는 이렇게 대답한다. "내가 주님을 사랑하는 줄 주님께서 아시나이다." 그러자 주님은 목양의 사명("내 어린 양을 먹이라"[15절], "내 양을 치라"[16절], "내 양을 먹이라'[17절])을 그에게 맡기신다. 이로써 베드로는 실패한 제자로서의 면모를 일신하고 사도들의 대표요 동료 제자들 중에 첫 번째(primus inter pares=a first among equals)로 복직하게 되었다.

하나님은 크신 하나님이요 예수님은 크신 분이듯이, 수제자 베드로는 큰 사람이었다. 하나님은 실패하고 넘어진 자를 일으켜 세워 찬란하게 들어쓰시는 멋진 하나님이시다. 믿음의 영웅들이었던 아브라함, 모세, 엘리야, 바울, 베드로가 모두 넘어졌다가 다시 세워주신 주님에 의해 크게 쓰임받은 신앙의 인물들이었다.

베드로가 전에는 "주를 위하여 내 목숨을 버리겠나이다"(13:37)라고 호언장담했지만 그 결국은 세 번의 부인이라는 참담한 결과로 끝났다. 그러기에 "네가 나를 사랑하느냐?"라는 주님의 거듭된 질문에 베드로는 전처럼 그렇게 대답하지 않았다. 베드로는 "내가 주님을 사랑하는 줄 주께서 아시나이다"라고 거듭해서 겸손하게 대답하였다.

심지어 주님의 세 번째 질문에 대해서는 베드로가 근심(슬퍼)하였다고 보도하고 있다. 이는 이전에 예수를 부인한 일을 상기하면서 부끄러움과 슬픔에 빠져 참회하는 모습을 그려주고 있다. 그리고 세 번째 대답 속에 담겨 있는 "모든 것을 아시오매"라는 말 속에서 우리는 베드로가 모든 자기 확신을 포기하고 자신을 전적으로

18) 박호용, 《첫사랑의 날카로운 추억》, 20-28.

부활하신 주님께 내맡기는 겸허한 자세를 엿볼 수 있다.

이 대목에서 주목해 보아야 할 또 하나의 사실은 첫 장의 증인 본문에서 거론된 일곱 개의 기독론적 호칭이 단 하나의 호칭인 '주님'(퀴리오스, *κύριός*)으로만 나타난다는 사실이다(7, 12, 15, 16, 17, 20, 21절). 이 같은 현상은 20장(종결어 제외)에서도 두드러지게 나타난다(13, 15, 18, 20, 28절).[19] '주님'이라는 기독론적 칭호는 예배의 대상에게 붙여진 칭호이다. 부활 이후 예수는 하나님만이 받으실 수 있는 예배의 대상이 되었고, 따라서 주님이라는 칭호를 획득했다. 유대교의 '여호와 하나님' 대신 기독교의 '예수 하나님'이 예배의 대상이 된 것이다. 도마의 고백(20:28)은 바로 이것을 잘 드러내 주고 있는 좋은 실례이다.

베드로에게 행한 주님의 첫 질문에 "이 사람들보다"라는 말이 들어 있는데, 이는 제자들의 대표자요 당시에 교회를 대표하는 지도자로서 "네가 네 동료 제자들이 사랑하는 것보다 더 사랑하느냐?"라는 의미를 내포하고 있는 것이 분명하다. 또한 이 같은 질문 속에는 이전에 예수를 세 번씩이나 부인한 전력을 가지고 있는 베드로이기에 다른 제자들보다 예수에 대한 충성을 더 분명하게 해 둘 필요가 있음에서 나온 질문이라고 볼 수 있다(마 26:33; 요 13:36-37 참조).

그런데 이 질문(15-17절)의 중요성은 1장에 나타나는 예수의 첫 질문, "무엇을 구하느냐?"에 상응하는 질문이라는 데 있다. 1장의 예수의 첫 질문은 인간 실존의 궁극적 문제인 메시아를 찾고 메시아를 만나는 것이 가장 중요하다는 의미의 질문이라면, 21장의 예

19) "주님"이란 호칭은 지상 예수가 아니라 부활한 그리스도를 가리키는 대목(20-21장)에서만 언급된다. 물론 지상 예수를 가리키는 예외적인 대목도 있다. 하지만 그것은 후대의 최종 편집자에 의해서 삽입되었거나(6:23; 11:2), 단순히 하나의 존칭으로서 사용된 것에 지나지 않는다(9:36-38; 12:21). 이영헌, 44.

수의 마지막 질문은 당신이 만난 그 메시아를 어떻게 사랑할 것이냐 하는 질문이다. "네가 이 사람들보다"(15절)라는 질문의 의미는 "그 무엇보다", 즉 주 예수보다 더 귀한 것은 아무 것도 없다(찬 102장)는 신앙고백을 요청하는 대목이다.

'예수사랑', 이것이 요한복음서의 결론이요 사복음서의 결론이요 심지어 성경 전체의 결론이라는 것이 필자의 생각이다. 21장의 중요성은 바로 이 점에 있다. 21장에는 두 개의 사랑이 있다. 먼저, 예수의 갈릴리행이 보여주듯 제자를 향한 예수의 성육신적 내리사랑(십자가로 보여준 사랑)이 있다. 다음으로, 베드로의 순교가 보여주듯 예수를 향한 제자의 사랑(순교로 보답한 사랑)이 있다.

'예수에 대한 사랑'이라는 분명한 신앙고백이 선행되어야 영혼에 대한 사랑으로서의 목양이 가능하다. '주님사랑'에 대한 신앙고백이 분명치 않을 때 내게 맡겨준 양떼를 '주님의 양떼'가 아닌 '목사의 양떼'로 착각하고 목회자 자신을 위한 빗나간 목양을 하게 된다. 그리고 목양을 하다가 어려움에 처하면 양떼를 버리고 도망치는 삯꾼 목사로 전락할 수밖에 없게 된다.

주님의 양을 돌보는 목자로서 주님을 섬기라고 베드로에게 내려진 명령은 그를 지도적인 제자로 또는 사도로서 복직시켜 주시는 과정의 일부였다. 이제 주님과의 교제가 회복되고 제자들의 대표자의 위치에 있는 베드로는 목자장인 예수를 대신하여 주님의 양을 치고 양 무리의 본이 되어야 한다(벧전 5:1-3; 행 20:28).

그리고 선한 목자인 예수께서 양들을 위해 자신의 생명을 바쳤듯이(10:11-18 참조) 베드로 또한 좋은 목자로서 양 떼를 위해 자신의 생명을 바침으로써 주님이 가신 그 길을 따라 걸어가야 한다. 그런데 베드로의 죽음은 양들을 위한 죽음이라기보다는 오히려 예수사랑, 즉 주님에 대한 순종(충성)의 죽음으로 이해된다는 사실이다.[20]

한편, 이어지는 18-19절은 60년대 중반에 있었던 베드로의 순교를 시사한 사후 예언이다. "젊어서는 스스로…늙어서는 네 팔을 벌리리니 남이… 원하지 아니하는 곳으로 데려가리라"(18절). 이는 베드로가 장차 순교당하게 될 것임을 예고하는 구절이다(19절). 이 구절에서 "네 팔을 벌리리니"라는 표현은 해석하기가 매우 어려운 대목이다. 십자가의 가로보를 직접 메고 갔던 예수처럼(19:17) 베드로 또한 십자가 처형이라는 순교방식을 말하는 것인지에 대해서는 논란이 있다.[21]

"이 말씀을 하심은 베드로가 어떠한 죽음으로 하나님께 영광을 돌릴 것을 가리키심이러라"(19a절). 이 대목은 12:33의 말씀을 거의 그대로 되풀이 한 것이다(18:32 참조). 예수의 죽음이 하나님께 영광이 된 것처럼(12:27-28; 13:31-32; 17:1), 베드로의 죽음 또한 그러하다고 말씀하고 있다. 십자가를 지심으로 부활의 영광에 참여한 주님처럼, 베드로는 순교함으로 부활의 영광에 참여한 자가 된 것이다(13:36의 성취).

"이 말씀을 하시고 너는 나를 따르라"(19b절)는 이 대목은 그 아래 22절과 더불어 제자도를 언급하는 21장의 핵심 대목이다. 그런 의미에서 이 단락은 증인 본문(1:19-51)과 상응한다. 첫장은 세례 요한을 증언자로 묘사하고 있고, 첫 다섯 제자들은 예수의 부름을 받고 제자가 되어 예수의 증인으로서의 길을 갔다. 끝장에서 두 제자(베드로와 애제자) 또한 예수의 증인으로의 삶을 살다 갔다.

베드로는 죽음으로 신앙을 증언한 데 비하여 요한은 장수를 하고 평안히 눈을 감았다. 요한도 죽음으로 신앙을 증거했어야 하지 않은가? 어떤 의미에서 이 의문은 요한의 이미지에 그늘을 드리우는 것이기도 하였다. 주님께 가장 사랑을 받는 제자는 베드로만큼

20) 이영헌, 387.

21) 이에 대해서는 G. R. Beasley-Murray, 724-726를 참조하라.

용기가 없지 않았느냐는 힐문이다. 이에 대해 주님은 하나님의 행위에는 누구에게도 구애받지 않는 절대 자유가 있다고 단언하신다.

베드로는 이해가 느리고 충동적인 인물이라서인지 자기 목숨을 바쳐 증언하는 사명을 부여받았다. 이에 반해 요한은 교회 내에 오래 남아서 예수의 증인이 되고, 예수의 말씀으로 신앙인들의 공동체를 양육하며, 초대교회에 파스카(부활) 신비에 관한 깊은 의식을 심어주라는 사명을 부여받은 것이다.[22)]

베드로는 피흘리는 순교(김대건 신부의 예)로 짧게 살다 갔고, 애제자는 땀흘리는 순교(최양업 신부의 예)로 오래 살다 갔다. 공통점은 둘 다 예수를 사랑하는 까닭에 예수의 증인으로서의 삶을 살다 갔다는 점이다. 그 결과 베드로는 첫 순교자라는 영광의 면류관을 썼고, 수제자로서의 그의 지도력은 회복되었으며, 뒤따르는 제자들에게 제자도의 모델이 되었다. 그리고 애제자는 영감을 받고 그 어떤 책과도 비교가 되지 않는 '요한복음서'라는 책을 기록한 자로 영원히 기억되었다.

예수와 베드로의 대화(20-23절)는 두 제자의 경우가 보여주듯 제자도에 있어서 은사와 소명이 각기 다르다는 것을 보여주고 있다. 베드로는 애제자가 예수를 따르고 있는 것을 보면서(20절) "주님 이 사람은 어떻게 되겠사옵나이까?"(21절)라고 애제자의 운명에 대해 물었다. 그러자 주님은 이렇게 대답하신다. "내가 올 때까지 그를 머물게 하고자 할지라도 네게 무슨 상관이냐 너는 나를 따르라"(22절). 다른 제자들이야 순교하든 말든 네가 상관할 바가 아니고 오직 네게 주어진 순교의 길을 가면 된다는 말이다.

그런데 "내가 올 때까지 그를 머물게 하고자 할지라도"라는 이

---

22) C. M. Martini, 231-232.

말씀을 두고 오해가 있었던 모양이다. “내가 올 때까지”라는 표현은 그리스도의 재림(고전 4:5; 11:26; 계 1:7; 3:11; 22:7, 12, 20 참조), 특히 그리스도의 임박한 재림을 가리킨다(살전 4:15-17; 롬 13:11). “그를 머물게 하고자 할지라도”라는 이 표현은 요한공동체로 하여금 애제자가 살아있을 때 그리스도의 재림이 이루어진다는 오해를 불러일으켰던 것 같다.

애제자가 그리스도의 재림 전에 죽게 되자 요한공동체는 예수의 말을 오해했던 것을 스스로 인정하고 이제 올바르게 정정하고자 했다. 그러면서 애제자가 “머물다”라는 말을 그 제자가 죽지 않는다는 뜻으로가 아니라 다른 방식으로 계속 남아 있게 된다는 뜻으로 이해하고 받아들인 것이다. 즉 요한은 애제자가 요한공동체나 이 복음서 안에서 정신적으로 머물러 선포하고 증언한다는 사실을 말하고자 한 것으로 이해할 수 있다(24절 참조).[23]

본장에서 쟁점이 되는 것은 베드로와 애제자와의 관계이다. 요한복음에서 애제자는 요한의 신학적 의도가 반영된 후반부에서만 나타난다(13:23-25; 19:26-27; 20:2; 21:7, 20-24). 요한은 애제자를 이상적 제자, 제자도의 모범으로 제시하고 있다. 애제자는 가르쳤고, 생각나게 했으며, 참된 증거를 해왔다는 점에서 보혜사 성령의 역할(14:17,26; 16:13)을 해왔다.[24]

여기서 주목해야 할 것은 베드로는 일곱 제자(교회)의 대표로서 부활하신 주님과 대화를 하고 있다는 사실이다. 그런데 베드로와 애제자의 관계에 있어서 요한은 이중적 목적을 가지고 본장을 기술했다는 것이 필자의 생각이다. 첫째로, 요한은 제자들의 대표로 베드로공동체(교회)의 주도적 역할을 긍정적으로 인정하고 있다는 점이다.[25] 둘째로, 애제자로 대표되는 요한공동체(교회) 또한 베드

23) 이영헌, 390.

24) R. A. Culpepper, 《요한복음 해부》, 192-195.

로 공동체(교회) 못지않게 중요하다는 것을 여러 방식으로 드러내고 있다.[26] 이는 외적으로는 유대교의 박해에 대처하고 내적으로는 대립이나 경쟁관계로 인한 교회의 통일성을 깨는 혼란을 피하면서 서로 협력을 통한 교회 발전을 이룩해 갈 것을 소망한 것이라고 볼 수 있다.[27]

그렇다면 베드로와 나란히 애제자의 중요성을 부각시키려는 의도는 무엇인가? 초대교회 당시 베드로와 12제자들을 중심으로 한 예루살렘의 유대 기독교 공동체가 있었고, 바울을 중심으로 한 이방 기독교 공동체가 있었다는 것은 잘 알려진 사실이다. 그리고 "애제자"를 중심으로 한 요한공동체가 있었다는 것을 가정하는 것은 어려운 일이 아니다. 요한복음은 베드로와 12제자로 대표되는 사도공동체와 애제자로 대표되는 요한공동체간의 관계(통합, 연합 등)가 중요 관심사로 논의 되던 시기에 기록되었을 것으로 보인다.

이런 상황에서 베드로와 애제자 간의 관계가 새롭게 정립되어야 할 필요성이 있었을 것이다. 더욱이 애제자가 죽은 후 요한공동체는 자신의 정체성을 확립해야 했고 좀 더 확고한 사도적 전통과

---

25) 요한은 본서가 기록될 당시에 이미 베드로는 교회의 대표자로서 다른 모든 제자들보다 우위에 있었다는 것을 전제하고 인정하고 있다. 베드로는 일곱 제자 가운데 제일 앞서 기술되어 있으며(2절), 부활하신 예수께 제일 먼저 도달하는 자로 묘사되어 있다(11절). 또한 그는 유일하게 주님과 대화하는 제자로서 과거의 실수를 용서받고 지도권을 회복했으며 양 무리를 치는 자로 위임명령을 받았다(15-17절). 그리고 그는 주님처럼 순교를 당함으로써 하나님께 영광을 돌린 최초의 증인이라는 면류관을 획득한 자로 묘사되고 있다(18-19절).

26) 애제자는 부활하신 주님을 제일 먼저 알아보는 영적 지각을 가졌으며(7절), 예수로부터 특별히 신뢰받는 제자로 여겨졌으며(20절), 요한공동체에 잘 알려진 중요한 인물이었으며(23절), 본서는 애제자의 권위적인 증언에 근거한다고 말하고 있다(24절).

27) 요한의 의도는, 베드로공동체로 하여금 베드로의 권위만을 내세우지 말고 요한공동체를 인정하고 이해하도록 이끌어주고, 요한공동체로 하여금 베드로의 권위를 인정하면서 공동체의 창설자요 스승인 애제자의 명예를 존중하도록 강조하고자 한 것이다. 이영헌, 388-389.

연관성을 맺기 위해 베드로와 같은 잘 알려진 역사적 인물을 필요로 했을 것이다. 사도공동체와 요한공동체를 결속 혹은 통합시키려는 움직임이 요한복음 전반에 나타나고 있는데 21장[28]에서 가장 분명히 나타난다.[29]

3. 종결어(3): 이 책을 기록한 증인(24–25절)

"이 일들을 증언하고 이 일들을 기록한 제자가 이 사람이라 우리는 그의 증언이 참된 줄 아노라"(24절). 여기서 "이 사람"은 애제자를 가리키는 것으로 보아야 할 것이다. 이 복음서의 기록은 애제자의 권위적인 증언에 근거한다는 것이다. 즉 요한은 복음서 전체를 최종적으로 마무리 지으면서 그의 증언이 참되다는 것을 말함으로써 "애제자"의 권위를 강조했다. 그리고 여기서 "우리"는 애제자의 후계자인 요한공동체(교회)로 보는 것이 무난할 것이다.[30]

여기서 주목해야 할 사실은 제자도의 핵심이 증언(증거)에 있다

---

28) 21장의 주인공은 베드로이다. 그를 등장시키는 교회적 분위기가 베드로를 위시한 일곱 제자, 베드로와 예수의 대화, 베드로와 애제자의 대조 등 세 번으로 나뉘어 나온다.

29) "요한은 두 공동체의 '하나됨'을 기도하고 있다(17:11, 21, 22, 23). 또한 '새 계명'이란 이름으로 '서로 사랑'(형제사랑)을 강조하고 있다(13:34-35). 이렇게 본다면 요한복음은 1세기 말경에 기독교 공동체에서 싹트고 있었던 통합운동의 한 단면을 보여주고 있는 셈이며, 바로 이 점에서 요한복음은 기독교 통합운동을 위한 최초의 성서적 전거가 되고 있는 셈이다"(김득중, 《요한의 신학》, 201-203).

30) "우리"에 대한 여러 견해들이 있다. '에베소 교회의 장로들'(Westcott), '편집상의 우리'를 사용한 저자로서 그는 종종 복음서(3:2; 11:20; 20:2)와 그의 서신서(요일 1:2,4; 요삼 11절)에서 그런 예를 보여주었다(J. Chapmann), '저자와 그와 밀접하게 연관되어 있는 다른 사람들'(Schlatter), '저자와 그가 속한 교회(R. Bultmann), '누군가'라는 막연한 표현(C. H. Dodd). G. R. Beasley-Murray, 733-734 참조하라.

는 사실이다. 요한복음은 '제자'와 '증언'에 대해 특별히 강조한다.[31] 이는 제자도의 핵심이 증언에 있음을 잘 말해주고 있다. 요한복음이 '부활의 신학'에 기초하고 있다는 사실에 대한 중요한 근거는 바로 이 증언이라는 동사의 사용이다. 제자는 예수를 따라다니면서 자신이 직접 보고 들은 바를 증언하는 예수의 증인이다. 사도(제자)의 가장 중요한 요건은 그가 부활의 증인이냐에 있다(행 1:22).

증인에 해당하는 '마르튀레스'(*μάρτυρες*)의 원형 '마르튀스'(*μάρτυς*)에서 영어에 마터(martyr[순교자])가 나왔다. 증인의 사역을 하다가 체포, 비방, 추방, 죽음을 당했기 때문에 증인=순교자가 된 것이다. 제자로 부름을 받는다는 것은 세상적으로 볼 때는 결코 자랑스럽거나 즐거운 일이 아니다. 그것은 죽음을 각오해야 하는 길이기 때문이다. 그러기에 본회퍼(D. Bonhoeffer, 1906-1945)는 이런 말을 했다. "그리스도께서 제자를 부르실 때 죽으라고 부르신다."

요한복음서의 마지막 절(25절)은 본론의 종결어인 20:30-31과 유사하다. 두 구절을 나란히 놓고 비교해 보면 그 같은 사실은 더욱 분명하게 드러난다.

예수께서…이 책에 기록되지 아니한	예수의 행하신 일이 이 외에도 많으니
다른 표적도 많이 행하셨으나	만일 낱낱이 기록된다면
오직 이것을 기록함은	이 세상이라도 이 기록된 책을 두기에
너희로...믿게 하려 함이라	부족할 줄 아노라

31) 제자(*μαθητής*)가 신약 전체에 261회 나타나는데, 마 72회, 막 46회, 눅 37회, 요 48회가 나타난다. 증언하다(*μαρτυρέω*)가 신약 전체에 76회 나타나는데, 마 1회, 막 없음, 눅 1회, 요한 33회가 나타난다.

20:30-31에는 복음서 기자가 이 책을 기록한 목적이 선명하게 담겨 있다. 즉 사람들로 예수를 믿고 생명을 얻게 하기 위함이었다. 반면에 21장의 편집자는 예수의 삶과 사역에 더욱 치중하고 있다. 이에 걸맞게 이 구절에는 당시 주변 문학에서 흔히 볼 수 있는 과장법이 사용되고 있다. 이 구절에 나타나 과장법은 예수의 행적들을 문학적인 기교로서 더욱 빛내는데 기여한다.

애제자와 동시대 사람이었던 요하난 벤 자카이(Johanan ben Zakkai, 주후 80년 사망)는 이런 말을 했다. "만일 모든 하늘이 양피지이고, 모든 나무가 붓이며, 모든 바닷물이 먹물이라 하여도, 내가 스승들로부터 배운 지혜를 기록하기에는 충분치 못할 것이다. 하지만 나는 대양에 빠졌던 한 마리 파리가 물을 조금 운반한 만큼만 지혜자의 지혜를 맛보았을 뿐이다"(Strack-Billerbeck 2: 587).[32)]

"우리"가 "나"로 갑자기 바뀜으로써 문맥상으로 볼 때 이 25절은 후대에 첨가된 것이 분명하다. 이 또한 이 복음서가 최종적으로 편집되기까지 여러 차례의 과정을 거쳤다는 것을 시사해 준다. 즉 21장은 원복음서(1-20장)에 추가된 부록편이라고 말할 수 있다.

정리하면, 지금까지 21장은 요한복음서의 후기 내지 부록 정도로 소홀히 취급되어 왔다. 그러나 21장은 서론(1장)에 상응하는 결론에 해당하는 장이라는 점에서 중요한 의미를 갖는다. 1장이 기독론을 바탕으로 제자도를 말하고 있다면, 21장은 교회론을 바탕으로 제자도를 말하고 있다. 십자가로 보여준 주님의 사랑에 대해 베드로는 순교로서 응답했다. 그리고 애제자는 본서를 기록함으로써 예수의 증인으로서의 사명을 다했다.

요한복음서의 결론이자 사복음서의 결론, 나아가 성경 전체의 결론은 이 네 글자이다. "예수사랑"(Amore Jesusi).

---

32) G. R. Beasley-Murray, 736-737.

▌참고문헌 ▌

강문호. 《수건벗고 구약보면 예수다》, 서울: 한국가능성계발원, 2002.

______. 《성막으로 성경을 말한다》, 서울: 한국가능성계발원, 2005.

강성열. 《기독교 신앙과 카오스 이론》, 서울: 대한기독교서회, 2005.

《그랜드종합주석》(누가복음-요한복음), 서울: 성서교재간행사, 1991.

《그랜드종합주석》(예레미야-에스겔), 서울: 성서교재간행사, 1995.

김경진. 《설교를 위한 누가복음연구: 잃어버린 자를 찾아오신 주님》, 서울: 한국성서학연구소, 2000.

김달수. 《신약신학과 묵시문학》, 서울: 나눔사, 1994.

김덕기. "요한복음 6장의 '텍스트사회학'적 분석과 해석: 독자의 이야기 재창조를 위하여", 신학논총(제4집), 서울: 연세대학교 기독교문화연구소, 1998: 241-272.

김동수. 《요한의 교회론》, 서울: 대한기독교서회, 2005.

______. 《요한신학 렌즈로 본 요한복음》, 서울: 솔로몬, 2006.

김득중. 《마가복음과 부활신학》, 서울: 컨콜디아사, 1981.

______. 《복음서 신학》, 서울: 컨콜디아사, 1985.

______. 《누가의 신학》, 서울: 컨콜디아사, 1991.

______. 《요한의 신학》, 서울: 컨콜디아사, 1994

김문경. 《요한신학》, 서울: 한국성서학연구소, 2004.

김세윤. 《요한복음 강해》, 서울: 두란노, 2001.

김선정. 《요한복음서와 로마황제숭배》, 서울: 한들출판사, 2003.

김용옥. 《동경대전 1》, 서울: 통나무, 2004.

______. 《절차탁마 대기만성》, 서울: 통나무, 1987.

______. 《요한복음 강해》, 서울: 통나무, 2007.

김이곤. 《출애굽기의 신학》, 서울: 한국신학연구소, 1989.

김정준. 《히브리서》, 서울 대한기독교서회, 1964.

김재진. "현대후기 성서해석의 모형: 시-공간의 극복과 하늘과 땅의 지평융합", 《현실적 경험철학》, 서울: 대한기독교서회, 2003: 122-140.

김지찬. 《요단강에서 바벨론 물가까지: 구약 역사서의 문예적-신학적 서론》, 서

울: 생명의 말씀사, 1999.
김지철. 《영혼의 혁명을 일으키시는 성령》, 서울: 두란노, 2006.
______. 《고린도전서》, 성서주석, 서울 대한기독교서회, 1999.
김진호 편. 《예수 르네상스: 역사적 예수의 새로운 지평》, 서울: 한국신학연구소, 1996.
김창락. "율법과 복음", 《신약성서는 오늘 우리에게 이렇게 증언한다》, 월요신학서당 편, 서울: 한국신학연구소, 1991: 149-170.
김춘호. 《요한복음을 읽으려면》, 서울: 가톨릭 출판사, 2002.
김태평. 《자세히 보는 성막 여행》, 서울: 멘토, 1998.
김하중. 《떠오르는 용 중국》, 서울: 비전과 리더십, 2003.
김형종. 《바울의 13가지 설교원리》, 서울: 처음, 2001.
김회권. 《모세오경 2: 하나님 나라 신학의 관점에서 읽는》, 서울: 대한기독교서회, 2006.
나채운. "요한복음 서론의 문학적 구조와 신학적 의미(IV)", 《교회와 신학》(제25집), 1993: 215-239.
남정우. 《동방정교회 이야기》, 서울: 쿰란출판사, 2003.
류호준. 《아모스》, 서울: 크리스챤다이제스트, 1999.
박동현. 《하늘양식을 비같이: 출애굽기 이야기》, 서울: 한들출판사, 1993.
박성모. 《갈릴리의 예수》, 서울: 대한기독교서회, 2003.
박수암. 《요한복음》, 서울: 대한기독교서회, 2002.
박호용. 《너와 나는 약혼한 사이》, 서울: 성지출판사, 1997.
______. 《부르다가 내가 죽을 노래》, 서울: 성지출판사, 1997.
______. 《야웨인지공식》, 서울: 성지출판사, 1999.
______. 《구약강의노트 1》, 서울: 성지출판사, 2001.
______. "21세기 서구 기독교: 패러다임의 전환"과 "종교개혁-베드로의 종교(가톨릭)에서 바울의 종교(개신교)로-", Von Loewenich, W. 《마르틴 루터》, 박호용 옮김, 서울: 성지출판사, 2002: 3-18, 587-597.
______. 《첫사랑의 날카로운 추억》, 서울: 성지출판사, 2003.
______. 《폰 라드》, 서울: 살림출판사, 2004.
______. 《예수사랑의 연가》, 서울: 성지출판사, 2005.
______. 《감악산의 두 돌판: 요한복음서 강해설교》, 서울: 성지출판사, 2005.
______. "요한복음서의 구조와 시간의 문제" 《시간과 해석학》(제8회 학술발표회) 광주: 호남신학대학교, 2006: 30-68.

______. 《출애굽기 강의》, 서울: 한들출판사, 2006.
백성호. "달마부터 혜능까지: 중국 선종 6대 선사를 만나다", 중앙일보(2207.3.15).
서중석. 《복음서해석》, 대한기독교서회, 1991.
______. "예수의 하강과 특권상실", 《현대와 신학》, 서울: 연세대연합신학대학원, 1999.6: 63-79.
______. "요한공동체의 기원과 성장", 《신약성서는 오늘 우리에게 이렇게 증언한다》, 월요신학서당 편, 서울: 한국신학연구소, 1991: 128-148.
서용원. "마가복음에 나타난 '생존' 모티프: 마가의 '갈릴리-예루살렘 구조와 공간 정체성", 한국기독교 신학논총(제18집), 2000: 33-60.
______. 《생존의 복음: 초기 기독교의 산앙과 복음 해석에 대한 탐구》, 서울: 한들출판사, 2000.
선한용. 《성 어거스틴에 있어서 시간과 영원》, 서울: 대한기독교서회, 1998.
《성경전서: 개역개정판》(독일성서공회해설), 서울: 대한 성서공회, 2004.
성서와함께 편집부, 《예수를 따라-성서가족을 위한 마르코복음서 해설》, 서울: 성서와 함께, 1998.
성종현. 《신약총론》, 서울: 장로회신학대학교출판부, 1992.
______. 《신약성경: 해설대조연구》, 서울: 장로회신학대학교출판부, 2002.
송천성. 《아시아인의 심성과 신학》, 왜관: 분도출판사, 1982.
안병무. "예루살렘 성전체제와 예수의 대결", 《신학사상》(1987년 가을호): 511-530.
오픈성경편찬위원회. 《오픈성경》, 서울: 아가페출판사, 1987.
옥스퍼드원어성경대전. 《요한복음 제1-6장》, 《요한복음 제7-12장》, 《요한복음 제13-21장》, 서울: 제자원, 2000.
왕대일. 《새로운 구약주석》, 서울: 성서연구사, 1996.
______. 《다시 듣는 토라 - 설교를 위한 신명기 연구》, 서울: 한국성서학연구소, 1998.
유동식. 《풍류도와 요한복음》, 서울: 한들출판사, 2007.
이상훈. 《요한복음》, 서울: 대한기독교서회, 1993.
이선민. 《신앙의 고향을 찾아서》, 서울: 조선일보사, 2001.
이영헌. 《요한복음서》, 경북: 분도출판사, 1999.
이원우. 《성서-거룩한 글들의 도서관》, 서울: 살림, 2005.
이현주. 《요한복음묵상》, 서울: 대한기독교서회, 1998.

이형근. 《예수 그리스도의 복음》, 서울: 한들출판사, 1999.
이형기. 《세계교회사(I)》, 서울: 한국장로교출판사, 1994.
장일선. 《역대기 사가의 신학》, 서울: 한국신학연구소, 1981.
정기철. 《시간문제와 종말론-시간의 철학과 시간의 신학》, 서울: 한들출판사, 2000.
정양모. 《마태오 복음 이야기》, 서울: 성서와함께, 1999.
정태현. 《거룩한 독서(1): 모세오경 · 네 복음서》, 서울: 바오로딸, 2002.
조찬선. 《기독교 죄악사(상하)》, 서울: 평단문화사, 2000.
조철수. 《유대교와 예수》, 서울: 길, 2002.
최승락. "요한복음의 경우를 통해 독창적 복음 증거에 이르게 하는 성경 해석", 《빛과 소금》, 서울: 두란노, 2004.10: 106-109.
최안나. 《나오너라 - 성서가족을 위한 요한복음서 해설(1)》, 서울: 성서와 함께, 1998.
______. 《예수님의 사랑 - 성서가족을 위한 요한복음서 해설(2)》, 서울: 성서와 함께, 1999.
최영실. "기름 부은 여인, 그녀는 누구인가?", 한국기독교 신학논총(제22집), 2001: 57-76.
최흥진. "예수에 대한 고백과 만찬", 《설교를 위한 성서연구》, 서울: 한국성서학연구소, 1999: 134-141.
______. 《요한복음》, 서울: 한국장로회출판사, 2006.
田川建三. 《마가복음과 민중해방: 원시그리스도교연구》, 김명식 옮김, 서울: 사계절, 1983.

Achtemeier, P. J. *Romans*. Interpretation, 《로마서》, 김도현 옮김, 서울: 한국장로교출판사, 2003.
Achtemeier, P. J., Green J. B., & M. M. Thompson, *Introducing The New Testament: Its Literature and Theology*. 《새로운 신약성서개론》, 소기천 · 윤철원 · 이달 옮김, 서울: 대한기독교서회, 2004.
Anderson, B. W. *Understanding The Old Testament*. 《구약성서이해》, 강성열 · 노항규 옮김, 서울: 크리스찬다이제스트, 1994.
Ashton, J. *Understanding the Fourth Gospel*. Oxford: Clarendon, 1994.
Aune, D. E. *Revelation 1-5*. WBC, 《요한계시록(1-5장)》WBC 주석, 김철 옮김, 서울: 솔로몬, 2003.

Barker, M. "Beyond the Veil of the Temple: The high Priestly Origins of the Apocalypses," *SJT* 51(1998): 1-21.

Barrett, C. K. *The Gospel According to St. John.* 《요한복음(1,2)》, 국제성서주석, 서울: 한국신학연구소, 1978.

______. *The New Testament Background, Selected Documents.* London: SPCk, 1957.

Beasley-Murray, G. R. *John 1-21.* WBC, 《요한복음》, 이덕신 옮김, 서울: 솔로몬, 2001.

Bernard, J. H. *A Critical and Exegetical Commentary on the Gospel According to St. John.* Ebingburgh, 1928.

Boice, J. M. *The Gospel of John.* 《요한복음강해 I》, 서문 강 옮김. 서울: 크리스챤다이제스트, 1986.

Borg, M. J. *Jesus: A New Vision,* 《예수새로보기》, 김기석 옮김, 천안: 한국신학연구소, 1997.

Brown, R. E. *The Gospel According to John,* 2 Vols. New York: Doubleday & Company, 1966.

______. *THe Community of the Beloved Disciple.* 《요한공동체의 역사와 신학: 사랑받는 제자공동체》, 최흥진 옮김, 서울: 성광문화사, 1994.

Buber, M. *Ich Und Du,* 《나와 너》, 김천배 옮김, 서울: 대한기독교서회, 2000.

Bultmann, R. *The Gospel of John.* Philadelphia: Westminster Press, 1971.

______. *The Gospel of John,* 《요한복음서연구》, 허혁 옮김, 서울: 성광문화사, 1979.

______. *New Testament Theology.* 《신약성서신학》, 허혁 옮김, 서울: 성광문화사, 1976.

Buttrick, G. A. (ed). *The Interpreter's Bible.* Vol. 8(Luke-John). New York: Abingdon Press, 1952.

Carson, D. A. *The Gospel According to John.* Grand Rapids: W. E. Eerdmans Publishing Company, 1991.

Childs, B. S. *Biblical Theology of the Old and New Testament.* Mineapolis: Fortress Press, 1993.

______. *Introduction to the Old Testament as Scripture.* Philadelphia: Fortress Press, 1979.

Conzelmann, H. *I Corinthians.* Hermeneia. Philadelphia: Fortress Press, 1975.

______. *Grundriß der Theologie des Neuen Testaments.* München, 1967.

______. *The Theology of St Luke.* London: SCM Press, 1982.

Crossan, J. D. *The Historical Jesus: The Life of a Mediterranean Jewish Peasant.* 《역사적 예수》, 김준우 옮김, 서울: 한국기독교연구소, 2000.

Culpepper, R. A. *Anatomy of the Fourth Gospel.* 《요한복음 해부 - 서사비평으로 보는 제4복음서》, 권종선 옮김, 서울: 요단, 2000.

______. *The Gospel and Letters of John.* Nashville: Abingdon press, 1998.

Durham, J. I. *Exodus.* 《출애굽기》, 손석태 · 채천석 옮김, 서울: 솔로몬, 2000.

Fuller, R. H. *The Foundations of New Testament Christology.* Collins: The Fontana Library, 1969.

______. *The New Testamment in Current Study.* 《현대신약학의 주류》, 황성규 옮김, 서울: 한국신학연구소, 1984.

Gnilka, J. Das *Evangelium nach Markus.* 《마르코복음(II)》, 국제성서주석, 서울: 한국신학연구소 1986.

Gowan, D. E. *Theology in Exodus.* 《출애굽기 신학》, 박호용 옮김, 서울: 성지출판사, 2004.

Gundry, R. H. "In My Father's house Are Many Monai." *ZNW* 58(1967): 68-72.

Hasel, G. F. *Old Testament Theology: Basic Issues in the Current Debate.* 《구약신학: 현대 논쟁의 기본 이슈들》, 김정우 옮김, 서울: 엠마오, 1991.

Haenchen, E. *A Commentary on the Gospel of John.* 2 vols. Philadelphia: Fortress Press, 1984.

Hengel, M. *The Johannine Question.* London: SCM Press, 1989.

Holland, T. *Contours of Pauline Theology.* 《바울신학개요》, 박문재 옮김, 서울: 크리스챤다이제스트, 2005.

Hoskyns, E. C. *The Fourth Gospel.* ed. F. N. Davey. London: Faber & Faber, 1947.

Jeremias, J. *New Testament Theology.* 《신약신학》, 정충하 옮김, 서울: 새순출판사, 1990.

Josephus, F. *Jewish War.* 《유대전쟁사》, 서울: 생명의 말씀사, 1987.

Kee, H. C. *Jesus in History.* 2nd. New York: Harcourt Brace Jovanovich, Inc, 1977.

______. *Understanding The New Testament.* 《신약성서 이해》, 서중석 옮김, 서울: 한국신학연구소, 1990.

______. *Community of the New Age.* 《마가복음 연구: 새시대의 공동체》, 서중석 옮김, 서울: 대한기독교출판사, 1983.

Kohlenberger, J. R. *The NRSV Concodance.* Grand Rapids: Zondervan Publishing House, 1991.

Kysar, R. *The Fourth Evangelist and His Gospel: An Examination of Contemporary Scholarship.* Minneapolis: Augsburg, 1975.

______. *John: The Maverick Gospel.* 《요한복음서 연구 - 그 독자성을 중심으로》, 나채운 옮김, 서울: 성지출판사, 1996.

______. *John's Story of Jesus.* 《요한의 예수이야기》, 최흥진 옮김, 서울: 한국장로교출판사, 1995.

______. *Preaching John.* 《설교자를 위한 요한복음 해석》, 서울: 한국장로회출판사, 2006.

Lindars, B. *Behind the Fourth Gospel.* London: SPCK, 1971.

Martyn, J. L. *History and Theology in the Fourth Gospel.* Nashville: Abingdon Press, 1979.

Martini, C. M. *Il Vangelo Secondo Giovanni nell' esperienza degli esercizi spirituali.* 《요한복음》, 성염 옮김, 서울: 바오로딸, 1986.

McGrath, A. *The Future of Christianity.* 《기독교의 미래》, 박규태 옮김, 서울: 좋은 씨앗, 2005.

Metzger, B. M. *The Canon of the New Testament.* 《신약정경형성사》, 이정곤 옮김, 서울: 기독교문화사, 1993.

Milton, J. P. *Our Hebrew-Christian Heritage.* 《히브리식 사고와 기독교》, 신성종 옮김, 서울: 컨콜디아사, 1980.

Mochulskij, K. *Dostoevsky.* 《도스토예프스키(2)》, 김현택 옮김, 서울: 책세상, 2000.

Mordillat G. & Prieur J. *Jésus Après Jésus.* 《예수 후 예수》, 이상용 옮김, 서울: 한언, 2005.

Morrison, L. *Jesus is the Christ.* 《요한신학》, 홍찬혁 옮김, 서울: 기독교 문서선교회, 1998.

Nigg, W. *Prophetische Denker.* 《예언자적 사상가》, 강희영·임석진·정경석 옮김, 경북: 분도출판사, 1991.

Nisbett, R. E. *The Geography of Thought.* 《생각의 지도》, 최인철 옮김, 서울: 김영사, 2004.

Perkins, P. *Gnosticism and the New Testament.* 《영지주의와 신약성서》, 유태엽 옮김, 서울: 감신대성서학연구소, 1993.

Reymond, R. L. *Paul Missionary Theologian.* 《바울의 생애와 신학》, 원광연 옮김, 서울: 크리스챤다이제스트, 2003.

Rolland, R. *Vie De Beethoven.* 《베에토벤의 생애》, 이휘영 옮김, 서울: 문예출판사, 1972.

Sanders, E. P. *Jesus and Judaism.* Philadelphia: Fortress, 1985.

Schnackenburg, R. *The Gospel According to John.* 3 vols. AB, New York: Crossroad, 1990.

Segovia, F. F. *Love Relationship in the Johannine Tradition: Agape / Agapan in I John and the Fourth Gospel.* California: Scholars Press, 1982.

SKA, Jean-Louse. *Introduction à la lecture du Pentateuque.* 《모세오경 입문》, 박요한 영식 옮김, 서울: 성바오로출판사, 2000.

Sloyan, G. S. *John.* Interpretation, 《요한복음》, 김기영 옮김, 서울: 한국장로교출판사, 2000.

______. *What are they saying about John.* 《요한복음 신학》, 서성훈 옮김, 서울: 기독교문서선교회, 2000.

Smalley, S. S. *John Evangelist & Interpreter.* 《요한신학》, 김경신 옮김, 서울: 생명의 샘, 2004.

Smith, D. M. *The Theology of the Gospel of John.* 《요한복음 신학》, 최흥진 옮김, 서울: 한들출판사, 2001.

Theißen. G. & Merz, A. *Der Historische Jesus.* 《역사적 예수: 예수의 삶에 대한 총체적 연구》, 손성현 옮김, 서울: 다산글방, 2001.

______. *A Socio-rhetorical Approach.* 《복음서의 교회정치학》, 류호성 · 김학철 옮김, 서울: 대한기독교서회, 2002.

Von Loewenich, W. *Martin Luther.* 《마르틴 루터》, 박호용 옮김, 서울: 성지출판사, 2002.

Walker, N. "The Lord's Prayer in Matthew and in John." *NTS* 28: 237-256.

Walvoord, J. F. & Zuck(ed), R. B. *The Bible Knowledge Commentary*(New Testament). USA: Victor Books, 1983.

Wenham, D. *Paul: Follower of Jesus or Founder of Christianity?* 《바울: 예수의 추종자인가 기독교의 창시자인가?》, 박문재 옮김, 서울: 크리스챤다이제스트, 2002.

Wright, N. T. *Jesus And The Victory of God.* 《예수와 하나님의 승리》, 박문재 옮김, 서울: 크리스챤다이제스트, 2004.

______. *The New Testament and the People of God.* 《신약성서와 하나님의 백성》, 박문재 옮김, 서울: 크리스챤다이제스트, 2003.

______. *The Resurrection of the Son of God.* 《하나님의 아들의 부활》, 박문재 옮김, 서울: 크리스챤다이제스트, 2005.

Yee, G. A. *Jewish Feasts and The Gospel of John.* Delaware: Michale Glazier, 1989.

Zimmerli, W. *Ezekiel II*, Hermeneia. Philadelphia: Fortress Press, 1983.

Zima, P. V. *Textsoziologie: Eine kritische Einführung.* 《텍스트사회학: 비판적 개론》, 허창훈 옮김, 서울: 민음사, 1991.

▮ 후기(Epilogue) ▮

"다시 성경", "다시 예수"

1. 19세기 예언자적 사상가였던 키에르케고르(1813-1855)는 타락한 기독교회를 향하여 폭탄을 던졌다. 그는 20세기에 있을 타이타닉호의 침몰을 내다보며 이런 말을 하였다. "대단히 큰 배 한 척을 생각하라. 아마 지금 있는 거대한 배들보다 더 큰 배를. 수많은 선객들이 그 위에 타고 있고 모든 것은 가능한 한 그토록 아름답고 호화롭게 설비되어 있다. 선장실에는 즐거운 분위기가 감돈다. 그리고 모든 사람들 중에서 가장 즐거워하는 자는 선장이다. 그런데 수평선에 흰 점이 나타난다. 무서운 밤이 있다. 그러나 아무도 이 흰 점을 보지 못한다."[1)]

오늘날 기독교, 특히 개신교는 위기에 처해 있다.[2)] 지난 2천년 동안 이어져 온 기독교의 역사는 예수의 정신을 구현하기도 했지만 예수의 정신을 떠나 엄청난 죄악을 범해 왔다는 것도 주지의

---

1) W. Nigg, 《예언자적 사상가》, 103.

2) 전세계적 차원에서 위기를 맞고 있는 기독교의 미래에 대해서는 A. McGrath, 《기독교의 미래》(서울: 좋은 씨앗, 2005)를 참조하라.

사실이다.[3] 최근에는 세계 패권주의에 빠진 초강대국 미국이 9.11 테러에 대한 보복으로 아프가니스탄과 이라크를 침공함으로써 기독교의 이미지는 더욱 나빠졌다.

게다가 “오직 믿음으로”, “오직 성경으로”를 외치며 시작된 개신교는 500주년을 10년 앞 둔 지금 다시 종교개혁을 하지 않으면 안 될 정도의 위기 상황에 처해 있다. 교회 내부를 깊이 들여다보면 거기에는 성경도, 예수도 잘 안 보이고 대신 그 자리에 물질과 인간이 똬리를 틀고 있는 모습을 어렵지 않게 볼 수 있다. 이제 예수의 영성을 상실한 개신교는 관성의 법칙에 따라 굴러 갈 뿐 새로운 것을 줄 만한 것이 별로 없다.

수운(水雲) 최제우 선생은 19세기 무너져 가는 조선을 향하여 “다시 개벽(開闢)”을 외쳤다. 새로운 문명의 패러다임이 요청되는 시대에 그는 동학(東學)을 통해 서학(西學)과 맞섰다.[4] 대외적으로는 이슬람과 포스트모더니즘(종교다원주의)의 도전, 대내적으로는 세속주의와 이기주의에 의한 부패와 타락으로 무너져가는 기독교회를 다시 세우기 위해서는 본질로 돌아가는 길밖에 없다. 그래서 나 천명(天命)은 외친다. “다시 성경”, “다시 예수”.

2. 종교개혁자 마르틴 루터는 이런 말을 했다. “우리는 지금 새 시대의 새벽에 서 있다.” 이 말은 새 시대를 여는 패러다임의 전환을 시사한 말이었다. 그것은 한 마디로 ‘베드로의 종교’(가톨릭)에서 ‘바울의 종교’(개신교)로의 ‘패러다임의 전환’을 말하는 것이었다.[5] 종교개혁 시대가 새로운 패러다임을 요청하는 시대였다면, 21세기

---

3) 지난 2천년 동안 기독교가 범한 죄악의 역사에 대해서는 조찬선, 《기독교 죄악사(상,하)》(서울: 평단문화사, 2000년)을 참조하라.

4) 김용옥, 《동경대전(1)》, 110-111.

5) 이에 대해서는 박호용, 역자해설 “종교개혁-베드로의 종교(가톨릭)에서 바울의 종교(개신교)로-”, W. von Loewenich, 《마르틴 루터》, 587-597을 참조하라.

야말로 새로운 패러다임을 강력히 요청하는 변화의 시대가 아닐 수 없다.

지난 2천년 동안의 기독교회의 역사는 약 500년 단위로 분열과 개혁의 길을 걸어왔다. 프로테스탄트 종교개혁이 있은 지 500년이 되어가고 있다. 그런데 많은 이들이 지금이야말로 또 다시 종교개혁이 필요한 때라고 말하고 있고 필자도 이에 동의한다. 제1의 종교개혁은 예수님에 의한 (팔레스타인) 유대교에서 (팔레스타인) 예수교로의 종교개혁이다. 제2의 종교개혁은 루터에 의한 베드로의 종교인 가톨릭에서 바울의 종교인 개신교로의 종교개혁이다.

그런데 모든 종교개혁은 "아드 폰테스"(ad fontes), 즉 근원으로 되돌아가는 데 있다. 제3의 종교개혁도 근원으로 되돌아가는 데 있다. 그 근원이란 바로 성경 말씀과 예수 그리스도이다(요 1:1). 제2의 종교개혁에서 제3의 종교개혁으로의 패러다임의 전환은 한마디로 서구 기독교, 즉 바울서신에 기초한 바울의 종교로서의 서구 기독교에서 복음서에 기초한 예수의 종교로서의 아시아 예수교로 되돌아가는 데 있다. 이를 도표로 그려보면 다음과 같다.

(주후 1세기)		(주후 16세기)		(주후 21세기)
First Reformation	→	Second Reformation	→	Third Reformation
(Jesus' Religion)		(Paul's Religion)		(Jesus' Religion)
Jesus(New Moses)		M. Luther(롬 1:16-17)		Tianming Park(요 1:1)
↑		↑		↑
Moses		中世 Catholic		Ad Fontes!
(Religion of Moses)		(Peter's Religion)		(Return to Bible & Jesus)
(Palestine Judaism)	→	(Western Christianity)	→	(Asian Jesusianity)

요한복음서는 인류 역사상 최고의 걸작품이자 불후의 명작이다. 그리고 장쾌한 대서사시이자 인류 최고의 드라마이다. 이 세상에서 요한복음서에 비견할만한 책은 없다. 그 까닭은 이 세상의 모든 책은 땅에 속한 유한한 인간이 들려주는 이야기라면, 복음서 중에서도 요한복음서는 하늘에 속한 예수[6]를 통해 영원한 하나님의 이야기를 가장 잘 드러내 준 신비와 계시의 책이기 때문이다. 우리 신앙의 주체와 대상은 예수 그리스도이다. 그런데 사도 요한보다 예수 그리스도를 잘 알고 사랑한 이는 없다. 따라서 요한복음서야말로 앞으로 있을 "제3의 종교개혁의 텍스트"라는 것이 필자의 생각이다.[7]

3. 요한복음서가 앞으로 있을 "제3의 종교개혁의 텍스트"라고 한다면 그 이유는 어디에 있는가? 루터가 성경의 재발견, 특히 바울 서신의 〈로마서〉를 재발견함으로 제2의 종교개혁을 일으켰다면, 21세기 제3의 종교개혁 또한 성경의 재발견, 특히 〈요한복음서〉가 들려주는 메시지에 귀를 기울여야 한다는 것이 나 天命(Tianming Park)의 생각이다.

종교개혁 당시는 '구원론'의 문제, 즉 인간은 어떻게 구원을 얻는가 하는 것이 중심문제였다. 여기서 루터는 율법을 행함으로 구원을 얻는 것이 아니라 십자가에 달리신 예수 그리스도를 믿음으로 구원을 얻는다는 것을 역설했다. 여기서 루터는 두 가지, 즉 "다시 성경", "다시 예수"를 외친 것이다. "다시 성경"이란 "성경 말씀으로 돌아가자"는 것이었고, "다시 예수"는 "예수 그리스도에게 돌아가자"는 것이었다.

---

6) 이에 대한 보다 자세한 내용은 박호용, "왜 예수(교)이어야 하는가? 하늘 때문", 《예수사랑의 연가》, 391-432을 참조하라.

7) 박호용, 《감악산의 두 돌판》, 13-14.

루터의 종교개혁은 "스콜라 철학(이성과 신앙의 종합)을 끊고 헤브라이즘(신앙)으로 돌아가자는 운동"이었다. 그리고 인간과 우주 만물을 통하여 하나님과 관계를 갖는 경향의 신학, 즉 '영광의 신학'(Theologia gloriae)에 대해 오직 예수 그리스도를 통해서만 하나님과 관계를 맺는 '십자가 신학'(Theologia crucis)을 주장하였다.

서구 기독교 내에서 일어난 제2의 종교개혁의 구호, "다시 성경", "다시 예수"는 제3의 종교개혁의 시대에 요한복음서를 통해 다시 외쳐져야 한다. 필자는 요한복음 연구를 통해 "스콜라 철학(헬라적 배경과 히브리적 배경)을 끊고 헤브라이즘(히브리적 배경)으로 돌아가자"고 외친다. 그 까닭은 오늘날 성경의 권위가 실추한 종교다원주의 시대에 하나님의 말씀으로 믿는 "성경 말씀"을 통해 하나님의 음성에 귀 기울여야 한다는 뜻에서이다. 요한은 "다시 성경"을 이렇게 외친다. "태초에 (성경) 말씀이 있었다." 이보다 더 적절한 종교개혁의 구호가 있는가.

루터의 '십자가 신학'은 지난 500년 동안 서구 신학의 머릿돌 역할을 해 왔다. 그것은 중세의 빗나간 기독교의 모습을 바로 잡는데 큰 기여를 했다. 십자가 신학이 부활의 신학과 더불어 기독교 케리그마의 한 축을 형성하고 있는 것은 사실이다. 그런데 분명한 것은 기독교의 시작이요 머릿돌은 십자가가 아니라 부활이라는 것이 신약성경이 분명하게 보여주고 있다. 그 동안 요한복음의 중심 신학을 '성육신 신학'이나 그의 연장선상에 있는 '십자가 신학'으로 보았으나 요한복음은 '부활의 신학'을 케리그마의 머릿돌로 하고 있으며, 이는 요한복음에만 국한되지 않는다. 요한은 "다시 예수"를 이렇게 외친다. "나는 부활이요 생명이다." 이 보다 더 적절한 이 시대에 요청되는 구호가 있는가.

필자가 '부활의 신학'을 강조하려는 까닭은 비단 학문적 연구의 결과만이 아니다. 오늘날 위기에 처한 (서구) 기독교회와 크리스천에 "요한의 영성", 즉 '부활의 영성'과 '사랑, 생명, 평화의 영성'이 위기를 치유할 수 있는 대안이 될 수 있다는 희망섞인 전망 때문이다.

요한공동체(요한의 교회)는 "부활의 비밀을 간직한 공동체(교회)"였다. 요한공동체는 부활의 신학이 함축하고 있는 그 비밀을 가지고 자신들이 당면한 시대적 문제를 해결했을 뿐만 아니라 오고 오는 세대에 기독교회가 지향해야 할 불변의 진리를 전했다.

여기서 '부활의 신학'이라는 말을 다른 말로 확대해서 표현하면 부활의 신앙, 부활의 복음, 부활의 진리, 부활의 영광, 부활의 능력, 부활의 기쁨, 부활의 승리, 부활의 생명, 부활의 빛 등등의 많은 의미를 함축하고 있다. '부활'이 갖는 이 같은 의미 확대는 그 말 안에 기독교인들이 이 세상을 살아가면서 이 세상 나라에서 하나님 나라를 이룩할 수 있는 강력한 동인(능력과 힘)과 목적(목표)을 지니고 있다.

서방 기독교를 그대로 수용한 한국교회는 서방교회 전통인 '십자가 신학'(십자가 영성)을 강조해 왔다. 그러면서 기독교인들로 하여금 십자가의 길을 걸으신 예수처럼 십자가를 질 것을 늘 강조해 왔다. 그런데 그 결과는 어떠했는가. 위대한 신앙고백을 한 베드로조차 "내 제자가 되려면 십자가를 지고 나를 따르라"는 주님의 말씀에 크게 당황하다가 결국 십자가 앞에서 도망쳤다. 마찬가지로 십자가 신학이 결국은 십자가도 지지 못하게 할 뿐만 아니라 부활의 능력으로 이 세상을 능히 이기며 살아가지도 못하게 하는 결과를 초래하고 말았다.

왜 그럴까. 우선 인간 본성이 십자가와 같은 고통이나 고난, 그리고 수치나 죽음 같은 것을 싫어한다는 것이다. 웬만한 높은 수준의 신앙인이 아니고서는 머리속에서는 십자가를 지는 것이 당연하다고 인정할는지는 모르나 그것을 실제 삶에서 실천한다는 것은 생각처럼 쉬운 일이 아니다. 부활의 영성이 확실해야 십자가의 영성을 실천할 수 있는 것이다.

예수의 제자들이 모두 십자가를 지고 순교로 그들의 생을 마칠 수 있었던 것은 부활하신 주님을 만나고 그 후 성령 강림을 체험한 이후이다. 즉 부활체험과 성령체험이 없이는 십자가를 진다는 것은 그리 용이한 일이 아니다. 그래서 목회자들과 기독교회는 매주일이 주님이 부활한 날이라는 사실과 부활신앙을 늘 강조해야 하고, 본시 기독교회의 태동이 성령강림을 통한 성령체험에서 비롯되었다는 사실을 늘 강조할 필요성이 있다.

기독교에 대한 박해가 심할 때 초대교회 성도들은 캄캄한 지하 무덤인 카타콤 속에서 살면서도 이 세상이 별 것 아닌 것처럼 당당하게 세상을 이기며 살 수 있었다. 그 비결이 어디에 있었는가 하면 비록 세상 사람들이 볼 때는 어리석고 비참하게 사는 것 같지만 이렇게 살다 죽더라도 부활하신 주님처럼 우리도 영원히 산다는 부활신앙이 있었기 때문이다.

그런데 오늘날 세상적으로 부족한 것이 별로 없을 정도로 너무나도 많은 것들을 가지고 살아가는 그리스도인들이 세상에 끌려가듯 살아가는 이유는 어디에 있는가. 그것은 부활신앙에 대한 확실한 정립이 제대로 되지 않아서 그렇다고 말해도 조금도 지나치지 않다.

세상 사람들은 그들이 가지고 있는 세상적 가치관을 가지고 살아간다. 그들은 이 세상에서 남보다 육신적으로 좀 더 평안을 누리고 좀 더 잘 살면서, 건강한 가운데 좀 더 오래 살면 그것이 행복한 삶이고, 이 같은 것들이 충족되면 그것에 만족하면서 이 세상에서 자신이 성공적으로 잘 살아가는 것으로 생각한다. 기독교인들이 세상 사람들과 별 다름없는 이 같은 세상적 가치관에 매여 산다면 어떻게 이 세상이 하나님의 나라로 바뀔 수 있겠는가. 기독교인들이 예수적이고 성경적인 가치관으로 무장되지 않는 한 이 세상에 달라질 것은 아무 것도 없다.

오늘날 많은 목회자들이 수많은 성도와 엄청난 헌금, 그리고 화려한 교회 건물을 가진 대형교회에 집착하고, 큰 교회를 맡고 있으면 그 외양으로 자신이 마치 신앙이 좋고 크게 성공한 목회자인양 착각하고, 그 반대로 교회가 작으면 스스로 위축되어 마치 자신의 신앙에 문제가 있고, 하나님으로부터 축복받지 못한 목회자인양 스스로를 비하하면서 크게 좌절에 빠지는 바람직하지 못한 모습을 흔히 접하게 된다. 실로 가슴 아프고 안타까운 일이 아닐 수 없다.[8)]

오늘의 세상이 추구하는 거대주의와 현세주의, 그리고 시대적인 불안과 두려움, 그리고 생명을 경시하는 시대 속에서 인간이 실존적으로 안고 있는 죄와 죽음의 문제까지 일거에 해결할 수 있는 근본적인 해결책이 있다면 그것은 무엇일까? 이 같은 현실적 물음과 오늘날 기독교회가 처한 시대적 위기 속에서 위기 해결의 근본적 대안은 바로 요한복음서가 제시하는 '부활의 신학'에 있다는 것이 필자의 생각이다.

4. 21세기는 '아시아의 세기'이다. 이것은 기독교에서도 예외가 아니다. 〈서구 기독교에서 아시아 예수교로!〉 이것이 제3의 종교개혁의 모토가 될 것이다.[9)] '서구'라는 말 대신 '아시아'라는 말을

---

8) '다시 태어나야 할 한국교회'에 대해서는 박성모, 《갈릴리의 예수》(서울: 대한기독교서회, 2003)를 참조하라.

9) 도올 사상의 핵심은 플레타르키아(Pletharchia, '多衆'을 뜻하는 plathos와 '지배하다'를 뜻하는 archia를 합성한 조어)라는 그가 만든 신조어에 있다. 이 말을 번역하면 '민본성'(民本性)이라 할 수 있다. 이 말은 희랍 민주주의를 나타내는 데모크라티아(demokratia, 자유민에 한정된 개념으로서의 민주주의)보다 더욱 광범위하고 계층적 제약이 없는 용어이다(김용옥, 《東經大全 1-플레타르키아의 신세계》, 37-48). 서구 기독교가 하늘의 '신본성'(神本性, Theocratia)에 빠져 땅

사용하고 '기독교'라는 말 대신 '예수교'라는 말을 굳이 사용하는 이유가 있다. 본래 기독교는 서구에서 시작된 것이 아니라 아시아(팔레스타인)에서 시작되었다. 기독교는 본질에 있어서 '아시아의 종교'이다.[10] 그리고 '그리스도교'(기독교) 이전에 '예수의 종교'(예수교)였다. 이제 기독교는 그 본래의 위치로 돌아가야 한다. 그 이유는 서구인(서구 기독교)의 '선형적 멘탈리티'에서 아시아인(예수)의 '원형적 멘탈리티'로의 전환이 요청되기 때문이다.[11]

서구의 선형적 멘탈리티를 보여주는 대표적인 상징이 〈십자가〉이다. 그리고 아시아의 원형적인 멘탈리티를 보여주는 대표적 상징이 〈연꽃〉이다.[12] 십사가를 오래 동안 바라본 기독교인들은 자신도 알지 못하는 무의식 속에 선형적 멘탈리티를 갖게 되었다. 사실상 십자가에 달린 예수는 두 팔을 직선으로 뻗고 있는 것이

의 '민본성'을 잃었다면, 동양종교(특히 유교)는 땅의 '민본성'에 빠져 하늘의 '신본성'을 잃어버렸다. 아시아 예수교(예수의 종교)는 하늘의 '신본성'과 땅의 '민본성'을 통합한 예수가 지배하는 지저스크라티아(Jesuscratia), 즉 예본성(耶本性)이라는 신세계이다. 도올이 꿈꾸는 신세계는 서구중심주의에 대한 반기로서 21세기 아시아적 가치인 '민본성'에 있다. 그는 이를 위해 치열하게 씨름하는 〈고독한 지적 방랑자〉이다. 필자인 나 天命(Tianming Park)이 꿈꾸는 신세계는 이 땅에 예수가 다스리는 "예수 나라"(Jesuscratia)를 이루는 것이다. 이를 위해 치열하게 씨름하는 〈고독한 영적 순례자〉가 되고 싶다.

10) 김용옥, 《절차탁마 대기만성》, 137-138.

11) 이에 대한 자세한 논의는 박호용, "21세기 서구 기독교: 패러다임의 전환", W. von Loewenich, 《마르틴 루터》, 3-18을 참조하라. 동양과 서양의 세상을 보는 서로 다른 시선에 대해서는 R. E. Nisbett, 《생각의 지도》(서울: 김영사, 2004)를 참조하라.

12) "십자가는 힘있고 고통스럽고 당당하게 땅 위에 솟아나 있다. 공중을 찌르고 자연과는 어울리는 못하는 모습이다. 연꽃은 우리의 심미감에 호소하지만 십자가는 보는 이의 눈에 혐오감을 준다. 연꽃은 꽃잎이 보드랍고 그 생김새가 단아하지만 십자가는 거칠고 딱딱하다. 연꽃은 자연에 순하여 움직이지만 십자가는 땅거죽에 험상궂고 비극적인 자태로 고정되어 있다. 연꽃은 유순함이 특징인 데 비해서 십자가는 인간의 야만성을 함축하고 있다. 연꽃은 사람에게 손짓하고 십자가는 사람이 피하게 만든다"(송천성, 《아시아인의 심성과 신학》, 152-153).

아니라 세계를 감싸듯 원형으로 하고 있는데, 우리는 그것을 보지 못하고 가로와 세로의 직선으로 보는데 익숙하게 되었다.

아시아인(유대인)이었던 예수는 본래 아시아적 멘탈리티인 원형적 멘탈리티를 갖고 있었다. 그것은 '사랑과 평화의 멘탈리티'였다. 예수는 갈릴리 호숫가에서 "공중의 새와 들의 백합화"(마 6:26-29)를 노래한 근본적으로 시인이었다. 이와는 달리 이방인의 사도인 바울은 근본적으로 학자였고, 그래서 논리에 밝았다. 그는 서구적 멘탈리티인 선형적 멘탈리티를 갖고 있었다. 그것은 '정의와 자유의 멘탈리티'였다. 그가 예수를 만나 복음을 전하는 선교사가 되면서 그는 선교 현장에서 싸우는 투사가 되지 않으면 안 되었다. 그는 십자가의 구속의 은총을 말씀의 칼을 사용하여 외쳐야 했다. 그가 십자가를 자랑(갈 6:14)하고, 성경을 "성령의 검"(엡 6:17)으로 비유한 것은 그의 선형적 멘탈리티를 잘 보여주는 실례이다.

바울의 신학에 기초하고 있는 서구 기독교는 성경 말씀을 〈칼〉로 보았고, 결국 서구 기독교는 "칼의 종교"가 되었다. 칼은 선용하면 유익하지만 악용하면 해악이 된다. 아무튼 직선적인 칼은 너무나도 차갑고 무섭다. 이제 기독교는 꽃처럼 따뜻하고 부드러운 모습으로 변해야한다. 성경 말씀은 〈꽃〉이고 새로운 시대의 기독교(아시아 예수교)는 차갑고 무서운 "칼의 종교"(힘의 종교)가 아닌 따뜻하고 부드러운 "꽃의 종교"(사랑의 종교)가 되어야 한다.

아시아 예수교는 강한 칼처럼 '힘으로 이기는 종교'가 아니라 약한 꽃처럼 '사랑 때문에 져주는 종교'가 되어야 한다. 아시아 예수교는 칼로 온 세상을 전쟁판을 만드는 종교가 아니라 꽃이 만발하여 온 세상이 사랑과 생명이 넘치는 평화의 꽃동산을 이루는 종교가 되어야 한다. 십자가보다는 부활을 더욱 강조하고, 자유와 정의보다는 사랑과 생명을 더욱 강조한 요한의 멘탈리티,[13] 그것은 선형적 멘탈리티를 넘어 원형적 멘탈리티를 보여주었다는 점에서 멘탈리티의 전환, 즉 새로운 패러다임(paradigm shift)이 아닐 수 없다.

5. 누가 내게 "당신의 전공은 무엇입니까?"라고 묻는다면 나는 이렇게 대답하리라. "내 전공은 구약학도, 신약학도 아니라 예수학(Jesusology)이라고." 오늘날까지 산 모든 것이 예수님 때문이라고, 요한복음서에 그토록 매달린 것도 예수님 때문이라고, 앞으로 남은 생애도 모두 예수님 때문이라고. 그리고 예수를 사랑하는 까닭에 예수의 증인으로 살다 가면 가장 잘 살다 가는 것이라고. 그러기에 내 인생의 마지막 고백은 이것이다. "오, 나의 주, 나의 하나님이여, 내가 당신을 사랑하나이다."

참으로 부족한 나를 은혜와 사랑으로 오늘날까지 인도한 하나님께 깊은 감사를 드리고 싶다. 그리고 오늘이 있기까지 甘義道(E. Otto DeCamp) 선교사님을 비롯한 많은 사람들로부터 사랑의 빚을 졌는데, 일일이 다 기록하지 못함을 송구스럽게 생각하며 이 자리를 빌어 머리 숙여 감사를 드립니다. 그리고 이 책을 쓰느라 아프다고 하는 아내도 돌아보지 못하고 아이들과도 놀아주지 못한 못난 아빠를 오랫동안 참아준 아내와 아이들에게 감사하면서 이 책을 그들에게 선물로 드린다.

열일곱 번째 책을 쓰면서 나는 열일곱 살 때 만난 예수를 생각했다. 예수는 내게 열일곱 살 첫사랑이었다. 예수를 만난 그때의 감격을 노래한 시를 여기에 다시 옮겨보는 것으로 붓을 놓는다.

---

13) '요한복음의 시간관'이 잘 보여 주듯이 요한은 선형적 멘탈리티(주변)와 원형적 멘탈리티(중심)가 결합된 통합적(동심원적) 멘탈리티를 지니고 있었다.

감 격

멈추게 하고 싶은 거다
흐르는 時間을
멈추게 하고 싶은 거다

모으고 싶은 거다
온 세계를 한 點에
모으고 싶은 거다

찾고 싶은 거다
땅 끝까지라도 그 純粹와 眞實을
찾고 싶은 거다

그리고 싶은 거다
하늘이 열리던 그 瞬間을 목마르게
그리고 싶은 거다

보고 싶은 거다
눈물이 나도록 아름다운 그 거룩한 靈魂을
보고 싶은 거다

알고 싶은 거다
永遠에 잇대어진 그 秘密을 피 토하며
알고 싶은 거다

사랑하고 싶은 거다
가슴 깊은 곳에서 病이 나도록 그 빛을
사랑하고 싶은 거다

노래하고 싶은 거다
죽는 날까지 내 心臟에 불을 당겨 그 첫사랑을
노래하고 싶은 거다

2007년 5월 초하룻날에
바울을 사랑하여 선교사가 되고 싶은
天命 박호용 拜.

판 권
소 유

요한복음서 재발견

2007년 6월 5일 인쇄
2007년 6월 10일 발행

지은이 | 박호용
발행인 | 이형규
발행처 | 쿰란출판사

주소 | 서울 종로구 이화동 184-3
TEL | 02-745-1007, 745-1301, 747-1212, 743-1300
영업부 | 02-747-1004, FAX | 02-745-8490
본사평생전화번호 | 0502-756-1004
홈페이지 | http://www.qumran.co.kr
E-mail | qumran@hitel.net
qumran@paran.com
한글인터넷주소 | 쿰란, 쿰란출판사

등록 | 제1-670호(1988.2.27)

값 18,000원

ISBN 978-89-5922-389-3 93230

* 이 출판물은 저작권법에 의해 보호를 받는 저작물이므로 무단 복제할 수 없습니다.
잘못된 책은 교환해 드립니다.